Editer Diderot

Etudes recueillies par
GEORGES DULAC

Avant-propos de
JEAN VARLOOT

Ouvrage publié avec le concours du
Centre national de la recherche scientifique et du
Centre d'étude du XVIIIe siècle de Montpellier

THE VOLTAIRE FOUNDATION
AT THE TAYLOR INSTITUTION, OXFORD
1988

ISSN 0435-2866

ISBN 0 7294 0365 3

British Library cataloguing in publication data

Dulac, Georges

Editer Diderot. — (Studies on Voltaire and the eighteenth century, ISSN 0435-2866; 254)

1. French literature. Diderot, Denis.
– Critical studies

I. Title II. Series

848'.509

ISBN 0-7294-0365-3

Printed in England at The Alden Press, Oxford

Table des matières

Abréviations

A.T.	Diderot, *Œuvres complètes*, éd. J. Assézat et M. Tourneux. Paris 1875-1877.
Best.D	Voltaire, *Correspondence and related documents*, éd. Th. Besterman, *Œuvres complètes de Voltaire* 85-135. Genève, Banbury, Oxford 1968-1977.
C.L.	*Correspondance littéraire, philosophique et critique*, par Grimm, Diderot, Raynal, Meister, etc., éd. M. Tourneux. Paris 1877-1882.
CORR	Diderot, *Correspondance*, éd. G. Roth et J. Varloot. Paris 1955-1970
D.H.S.	*Dix-huitième siècle*
DPV	Diderot, *Œuvres complètes*, éd. H. Dieckmann, J. Proust, J. Varloot. Paris 1975-.
D.Stud.	*Diderot studies*
ENC	*Encyclopédie, ou dictionnaire raisonné des sciences, des arts et des métiers*. Paris 1751-1766.
INV	H. Dieckmann, *Inventaire du fonds Vandeul et inédits de Diderot*. Genève, Lille 1951.
PMLA	*Publications of the Modern Language Association of America*
RHLF	*Revue d'histoire littéraire de la France*
S.V.E.C.	*Studies on Voltaire and the eighteenth century*

JEAN VARLOOT

Texte et recherche

SANS mépriser l'intérêt des 'lectures' auxquelles il sert de tremplin, nous considérons que notre affaire, notre métier est de donner *le texte*. Dès qu'il ne s'agit plus seulement de reproduire un exemplaire unique, la tâche requiert un apprentissage, engage dans des recherches originales qu'on peut qualifier de 'scientifiques'; si bien que toute édition contribue au 'renouvellement des méthodes d'approche de ce qu'on continue d'appeler le texte'.[1] En même temps, sous l'effet des recherches, le *texte change*. Il en va de Diderot comme de Balzac, Flaubert ou Marcel Proust, les commentateurs successifs n'ont pas parlé du même auteur, même s'ils ont pris la peine de lire de près un texte provisoire. Chaque édition sérieuse, et spécialement celle d'œuvres complètes, renvoie aux historiens des idées les discours fondés sur la précédente. Et sans doute en sera-t-il ainsi de celle qui est à l'origine du présent recueil d'études.

L'objet de la 'table ronde' qui lui fut consacrée en 1984 n'était pas d'en retracer l'histoire. Rappelons seulement qu'elle a dû son existence à Herbert Dieckmann, dont le premier mérite avait été de trouver et de garder à la France l'héritage des papiers de Diderot:[2] 'Il n'y a qu'une seule façon de mettre à profit les manuscrits du fonds Vandeul,' écrivait-il en 1951 dans son *Inventaire* (p.xliii), 'c'est de faire une nouvelle édition des œuvres de Diderot.'

Mais entre temps, heureuse coïncidence, les copies envoyées à Catherine II et conservées à Leningrad devinrent accessibles, et de même celles de la *Correspondance littéraire*. Devant une telle abondance d'*états* du texte, le problème éditorial était moins de redonner toutes les œuvres que de fournir de chacune un *dossier textuel*, entourant la version retenue comme 'texte de base', le copy-

1. L'expression est de Michael Werner introduisant le colloque consacré à *Edition et manuscrits* qui précéda d'un an notre 'table ronde'. Ces deux réunions de travail furent organisées par le Centre national de la recherche scientifique, la nôtre à l'occasion du bicentenaire 'à condition', selon les mots de M. le Directeur scientifique Pouilloux, 'de laisser à d'autres les mondanités', et, ajouterai-je, de ne pas craindre le reproche de 'positivisme philologique'. On peut regretter à cette occasion l'étanchéité persistante qui sépare l'enseignement et la recherche, les méthodes, les écoles, les pays. Le colloque de 1983, franco-allemand, a été publié à Berne (Peter Lang). On trouvera de riches études méthodologiques interdisciplinaires dans *Text*, revue de la Society for Textual Studies (New York).

2. Sans H. Dieckmann et ceux qui le comprirent et l'aidèrent, les manuscrits seraient sans doute éparpillés chez les collectionneurs du monde entier (lire, sous le titre 'L'épopée du Fonds Vandeul', dans la *RHLF* 85 (1985), p.963-77, la traduction intégrale de la conférence de Pittsburgh dont j'avais lu des extraits à la séance inaugurale de notre 'table ronde').

text. Et c'est surtout sur le dernier point que les recherches menées parallèlement ont pu aider ou peuvent infirmer notre choix, par la datation des imprimés et des manuscrits.

Il ne s'agit pas, dans notre cas, d'identifier un texte *définitif*,[3] mais d'établir, si possible, la chronologie des *états* dont le dossier textuel donne connaissance et permet de reconstituer un autre que celui qui fut provisoirement élu. Encore se méfiera-t-on, comme le physiologiste, des 'sauts' dans une famille. La 'génétique' d'une même œuvre de Diderot n'est pas linéaire, elle fait penser aux rameaux successifs d'un arbre qui produit des fruits comparables mais parfois uniques: tel autographe qu'on est tenté de prendre pour une première version ou pour une 'mise au net' finale se révèle mouture isolée, personnalisée par un donataire, marquée par les pulsions stylistiques d'une nuit. La codicologie peut en retrouver la date, mais, pas plus que la bibliographie matérielle pour une 'émission', ne pourra garantir le rôle de cet état dans la 'genèse' de l'œuvre.[4] Le devoir essentiel de l'éditeur reste donc de procurer, par l''apparat critique', un multi-portrait interne du texte, hors duquel tout est littérature.

Le portrait interne privilégie la lettre sur le commentaire, mais ne va pas sans l'explication des mots. C'est une tâche qu'on souhaiterait simultanée que de leur restituer dénotations et connotations, à la date où ils sortirent de la plume de l'auteur.[5] Tâche 'scientifique' elle aussi, préalable à toute référence à des faits, des concepts ou images, des documents et des textes, indispensable

3. L'édition moderne, qui a écarté le préalable éthique du 'texte d'auteur' (sauf dans le domaine financier), préfère croire encore, par commodité, au texte *ne varietur*. Mais les œuvres des 'philosophes' du dix-huitième siècle étaient conditionnées par des censures de toute espèce, y compris l'auto-censure devenue habitude. La clandestinité peut en libérer l'auteur, mais elle entraîne des révélations toujours possibles: en ce qui concerne Diderot, des *états* du texte continuent à être mis à jour, et peuvent manquer à nos dossiers textuels.

4. Loin de moi l'intention de déprécier ces deux nouvelles et riches disciplines à qui nous devons beaucoup, mais il faut mettre en garde contre les conclusions prématurées répandues par d'autres que les chercheurs. Voici deux exemples.

Dans sa thèse, *L'Interdiction du roman et la librairie, 1728-1750* (Paris 1986), Françoise Weil, poussant l'enquête sur les éditions des *Bijoux indiscrets* montre que le texte retenu comme base dans DPV, iii, en 1978, n'est pas l'originale, et en préfère une autre qui lui semble plus proche de celle-ci matériellement. J'applaudis, mais rappelle que, dans l'ignorance, notre critère avait été un 'style plus personnel', et surtout je me demande si une contrefaçon postérieure n'est pas, parfois, plus conforme à l'originale qu'une seconde 'émission' de celle-ci. Continuons à la chercher.

Passons aux manuscrits: Jeanne Carriat avait identifié le copiste H de Paul Vernière, l'abbé Mayeul, et Ulla Kölving, constatant que ledit secrétaire de Mme d'Epinay disparaît en 1773, en déduit que sa copie des *Regrets sur ma vieille robe de chambre*, bien que conservée avec d'autres copies dans le fonds Vandeul, leur est antérieure. Faut-il en conclure, contrairement à ce qui fut dit dans DPV, xviii.51, que l'autographe, proche de la version de Mayeul, est antérieur aussi? La chute d'un argument est un acquis, mais toute hypothèse sur une date doit attendre des preuves comme celles de la bétagraphie. Sinon, il est tant de stemmas imaginables!

5. Il va sans dire que les mots, à commencer par la façon dont ils sont écrits et compris par tel copiste, servent aussi à dater un état du texte. L'explication lexicale est associée à l'étude du support.

pour éviter les interprétations anachroniques et avant d'organiser en réseau la compréhension de l'œuvre.

Bien sûr, ces exigences sont quelque peu utopiques. Peu de collaborateurs sont capables d'assumer tous les aspects de la présentation d'un texte, il a bien fallu se partager le travail: et malgré les efforts d'harmonisation, comment éviter toute contradiction d'un tome à l'autre et même en un tome des *Œuvres complètes*? C'est le lot d'une entreprise conçue autrement qu'un reprint ou un fac-similé.

Les contradictions sont donc les bienvenues dans le présent recueil. Les communications effectivement prononcées à la 'table ronde' ont été révisées, développées, et elles sont accompagnées, pour un tiers du volume, d'études nouvelles (y compris dans des domaines traditionnels): elles détruisent parfois des hypothèses considérées comme sûres, remettent peut-être en question l'image traditionnelle du texte et de l'auteur. Nous avons fait appel à des spécialistes qui ne sont pas tous familiers des *Œuvres complètes* ni même de Diderot, mais la convergence des résultats sera constatée dans la suite de l'édition, tout en ouvrant des voies neuves à la recherche en général.

La première partie est consacrée aux 'sources du texte', à la quête des documents originaux. Diderot ayant laissé la plupart de ses œuvres sous forme manuscrite, les contributions portent sur les fonds qui les conservent, et dont les trésors sont loin d'être totalement explorés.

Mme Couvret révèle enfin ceux des archives de Chaumont, dont d'autres s'étaient réservé l'exclusivité trop longtemps provisoire. Les trouvailles du persévérant Georges Dulac dans les fonds soviétiques si divers sont connues: comme celles de Maurice Tourneux en 1882, qui bénéficièrent d'un arrêté ministériel avec mission de 'préparer les éléments d'une édition définitive', les siennes n'ont été possibles que grâce au Centre national de la recherche scientifique et sont décisives pour une grande part des *Œuvres complètes*.

Est-ce l'impécuniosité qui empêcha Tourneux de consulter à Nancy le manuscrit nouvellement acquis du débat sur la postérité? Le mot éditeur recouvre en français deux activités différentes, et il est de toute façon aléatoire de s'adresser aux collectionneurs: Assézat ou Tourneux eurent-ils en mains tout ou partie de la première version des *Deux Amis de Bourbonne* qui vient d'être récupérée, et publiée, dans sa revue, par la Bibliothèque nationale? Quand le hasard est défavorable, on n'obtient pas les copies personnelles de Grimm un instant espérées; quand il favorise un chercheur de la valeur de notre amie regrettée Jeanne Carriat, il permet d'accéder au fonds Meister de Suisse. Et quand aurons-nous un inventaire précis et complet du fonds de Coppet?

H. Dieckmann croyait qu'une nouvelle grande édition susciterait de nouvelles révélations, des générosités spontanées chez les propriétaires de manuscrits.

On sait quel temps il fallut pour accéder au fonds Vandeul. Même pour la *Correspondance*, la besogne, confiée désormais au dévouement de Michel Delon, n'a plus pour objet principal le collationnement des catalogues de vente. Au reste, l'exploitation des fonds connus, plus ou moins publics, plus ou moins accessibles, est loin d'être terminée, retardée qu'elle est souvent par l'insuffisance des inventaires et des fichiers.

La seconde partie de ce volume concerne l'identification des documents utilisés, qu'ils soient trouvés récemment ou connus depuis longtemps. L'apparition de moyens techniques amène à des révisions ou simplifie notre tâche.

La bibliographie 'matérielle' était dans l'enfance quand nous publiâmes les premières œuvres, d'après des imprimés. Comme nous l'apprend Jeroom Vercruysse par l'exemple de l'*Essai sur les règnes de Claude et de Néron*, des épreuves pouvaient aisément être corrigées à Paris malgré l'éloignement d'une imprimerie comme celle de Bouillon. Les dates de publication sont souvent mensongères, surtout lorsqu'on veut joindre les textes à d'autres déjà réunis: c'est dans une édition composite que Gianluigi Goggi a pu enfin retrouver l'origine des feuilles imprimées, conservées dans le fonds Vandeul, qui contiennent les pages dues à Diderot dans l'*Histoire des deux Indes*. Autre révélation capitale d'une source et d'un chercheur.

Reste que nous aurions bien besoin d'une datation plus précise que celle de l'année qui figure sur une page de titre, alors qu'il est souvent possible de la préciser à une semaine près. Ce fut une des tâches de Jochen Schlobach pour reconstituer la chronologie des comptes rendus insérés par Grimm dans la *Correspondance littéraire*. Une des grandes nouveautés des *Œuvres complètes* restera l'édition des textes journalistiques, ce qui nous ramène de l'imprimé au manuscrit.

Les manuscrits du dix-huitième siècle ont une fonction bien différente, visible d'un coup d'œil, par rapport aux beaux manuscrits médiévaux, œuvres achevées, et aux brouillons ou avant-textes qui depuis 1850 sont offerts aux 'généticiens'. Ceux de Diderot surtout posent maint problème, d'origine, de date et d'ordre chronologique. Les nouvelles méthodes scientifiques ont été ici très fructueuses. Le lecteur découvrira plus loin, grâce à Marianne Bockelkamp, l'apport de l'analyse bétagraphique du papier: le témoignage des filigranes est indispensable, comme l'avait montré Paul Vernière, étudiant les copistes pour la première fois. Ceux de la *Correspondance littéraire* méritent une étude exhaustive et longue, qu'avait commencée Jeanne Carriat en compagnie d'Ulla Kölving, et celle-ci fait dans ces pages le bilan toujours provisoire de cette entreprise d'identification: les conséquences iront fort loin, car tout copiste peut avoir travaillé pour d'autres patrons que Grimm ou les Vandeul. A l'intérieur même de l'atelier où furent exécutées les copies qui devaient être envoyées à Catherine II et celles qui devaient rester à Paris, le processus de transcription, jusqu'ici matière à conclusion 'littéraire', sera désormais éclairé par les constatations d'Annie Angremy et d'Annette Lorenceau. Regrettons seulement, pour terminer encore par une revendication, le coût des moyens d'analyse et en général les lenteurs des procédures de reproduction.

La modernité de Diderot commence à son mépris des formes classiques de l'écriture. Sa confiance dans la postérité alla-t-elle jusqu'à considérer comme destinées à des 'Œuvres complètes' les notes qu'il mit en marge d'Hemsterhuis ou d'Helvétius, ses corrections à la traduction des *Satires* de Perse par Lemonnier? Georges Dulac développe ce qu'il a dit des premières dans notre tome ix et Roland Desné nous met en appétit pour le tome xii, dont la gestation s'est avérée plus longue et compliquée qu'il n'eût semblé d'abord. Ce genre de textes donne du fil à retordre à ceux qui assument l'humble tâche de les présenter. Emita Hill a passé des années sur le puzzle de la *Dispute sur la postérité*, et pose, en mettant en lumière ce que j'appelle parfois la vandeulisation des textes, la question de son rapport avec les intentions de l'auteur. Il est vrai que Naigeon a copié ou imprimé, surtout dans l'*Encyclopédie méthodique* qu'on lit trop peu, des pages ou 'fragments' dont l'origine et la destination restent mystérieuses. Et il en serait tout autant de maint morceau des *Eléments de physiologie*, si Jean Mayer ne montrait comment la composition fragmentaire suppose des stades successifs, des additions et peut-être des éliminations.

Cette forme originale de la création mérite autant d'intérêt que les formes classiques du théâtre et du roman, mais complique extrêmement le travail d'éditeurs qui se donnent pour devoir l'exhaustivité. Comment, après tout, faut-il présenter des articles destinés à un dictionnaire où règne le désordre alphabétique? comment publier le commentaire de planches dont l'image fait l'unité? et comment la correspondance, qui mêle aux grandes lettres soignées les billets-express griffonnés dans un vestibule? Chacun de nos artisans a la peine et la fierté de tracer son canevas particulier dans cet atelier d'œuvres qui sont aussi diverses que complètes.

A peine moins complexes sont les questions que tous se posent pour établir et commenter un texte, et que simplifierait la combinaison des deux tâches – s'il existait une formation combinée d'éditeur dans l'université. Nous ne nous sommes pas étendus sur les difficultés de la *transcription*. Les 'Notes' consacrées, pour chaque texte, à la 'modernisation' donnent de la graphie des scripteurs un relevé qui répond à la demande des historiens de la langue, en même temps que le respect systématique de la ponctuation.

Le 'choix du texte de base', nous l'avons dit plus haut, pose maint problème, et peut être remis en cause par une trouvaille insoupçonnée. A ces inconvénients, que souligne à juste titre Anne-Marie Chouillet, on ne peut opposer que la richesse la plus grande possible de l'appareil critique: les variantes permettent de reconstituer une version différente de celle qui fut retenue comme 'base' et même de comparer à toutes une nouvelle venue. Plus aisément, le 'lecteur de variantes' qu'imagine et encourage Annette Lorenceau peut refaire à son gré l'histoire du texte, et apprécier ainsi personnellement l'art de l'écrivain.

Commenter est pour nous à la fois présenter et annoter: la rédaction d'une 'introduction' est affaire individuelle, mais la fonction des notes explicatives prend beaucoup d'importance au bas des pages d'un discours souvent allusif. Diderot désigne de façon peu explicite les êtres, les lieux, les ouvrages. Le devoir d'identification va de soi pour la correspondance et la tâche est et sera fort ingrate, qu'on m'en croie, ne serait-ce que par et pour la graphie des noms; Georges Dulac attire l'attention sur les noms russes, que seule une transcription normalisée permettrait d'attribuer à coup sûr. L'identification devient absolument indispensable quand il s'agit d'œuvres d'art éparpillées dans le monde, sans lesquelles le texte qui les décrit ne peut être apprécié: remercions de sa vaste enquête Else Marie Bukdahl. Remercions aussi Madeleine Pinault de ses recherches sur les sources graphiques des planches de l'*Encyclopédie*: elles jettent une lumière très neuve sur l'élaboration de la description des arts qu'a dirigée Diderot.

L'origine d'une idée et surtout de sa formulation ne se détecte pas aisément, si l'on se fie ou ne se fie pas aux intermédiaires. Quelle connaissance Diderot pouvait-il avoir d'un maître comme Hobbes? G. Goggi, ici encore, montre qu'il faut y aller voir de près.

Expliquer un simple mot, enfin, c'est encore identifier; la sémantique des états passés de la langue est loin d'être chose faite, et même si nous disposons des relevés lexicaux établis pour le 'Trésor de la langue française', il reste à les interpréter par le contexte et la connotation. C'est pourquoi sont sujets à caution les dictionnaires d'époque, d'autant qu'ils se copient entre eux à de longues distances, et Roland Desné donne judicieusement l'alarme contre leur emploi irréfléchi et systématique. Reste à savoir si les moyens, une fois de plus, existeront pour fournir, à la fin des *Œuvres complètes*, l'étude linguistique souhaitable.

La liste serait close des sujets indiqués, abordés ou traités dans le présent volume, véritable programme pour les équipes intéressées à Diderot,[6] si nous

6. Nous avons renoncé à dresser une liste des sujets qui auraient pu entrer dans le présent recueil, comme la bibliographie des éditions, l'étude des premières traductions, la conception des index convenant à des *Œuvres complètes* …

n'avions pas réservé une place spéciale à ses dernières œuvres, les plus mal connues, qui restent à éditer. Plus qu'aucun autre, ce chapitre manque d'ordre et, cela va de soi, d'exhaustivité. Nous laisserons au lecteur le plaisir de découvrir l'originalité prometteuse de ces sondages ponctuels dans un gisement fort riche, en insistant cependant sur les 'références'. Nous regrettons que Jean Deprun n'ait pu reprendre dans ces pages sa synthèse des sources néo-latines de l'*Essai sur les règnes de Claude et de Néron*; on se reportera aux notes du tome xxv des *Œuvres complètes*. Ce genre de recherche est ingrat, lui aussi, mais permet de détruire des affirmations prématurées.

Heureusement Roland Mortier a bien voulu reprendre ce qu'il a depuis longtemps préparé, l'édition du *Plan d'une université*, dont l'annexe démontre les compétences philologiques de Diderot. Ajoutons que cette contribution a scellé l'entrée de Roland Mortier au Comité de publication des *Œuvres complètes*.

Notre édition, répétons-le, s'est voulue en accord avec la recherche, en la suscitant, en en bénéficiant. Le risque est, bien entendu, de ne pas être compris immédiatement. Le lecteur pressé a de la peine à imaginer ce que nous avons appelé le multi-portrait du texte; il répugne à déchiffrer le langage des variantes. Il est vrai qu'un certain manque d'unité dans la méthode affaiblit encore l'édition critique en général et commence au niveau du discours technique élémentaire; c'est une cause de malentendus regrettables, qui prêtent aux interprétations sommaires sinon calomnieuses. Mais qu'importe! La caravane passe. Et dans le cercle des chercheurs honnêtes, les règles d'or sont la compréhension mutuelle, la coopération cordiale, et la persévérance.

Herbert Dieckmann (1906-1986)

Herbert Dieckmann est mort le 16 décembre 1986 à Ithaca. Il était gravement malade depuis sept ans. Le 2 juillet 1984, à l'ouverture de la Table ronde du CNRS consacrée à l'édition des *Œuvres complètes* de Diderot, un hommage lui avait été rendu: Jean Varloot avait lu des extraits d'une conférence[1] où le pionnier des études modernes sur Diderot évoquait avec humour les conditions dans lesquelles il avait retrouvé le fonds Vandeul, au château des Ifs, près de Fécamp, et en avait opéré le sauvetage. Mme Dieckmann avait apporté son témoignage au cours de la même séance: nous publions, en lui conservant sa forme orale, un passage de son intervention. Ces lignes sont dédiées à la mémoire de celui dont les efforts tenaces ont rendu possible l'édition scientifique des œuvres de Diderot.

'On peut imaginer combien la découverte du fonds Vandeul, en 1948, a bouleversé le monde universitaire, surtout en France, où bien des gens étaient choqués parce que les manuscrits avaient été transférés aux Etats-Unis et se trouvaient entre les mains d'un Allemand de naissance, citoyen américain. En janvier 1949, *Time magazine* a fait connaître la nouvelle dans un article à sensation, selon le style habituel de cette publication. Herbert Dieckmann était convaincu que le fonds devait entrer à la Bibliothèque nationale, afin que les érudits puissent le consulter. Mais il a dû avoir recours à des avocats parce que des marchands de manuscrits avaient pris contact avec le baron Levavasseur dans l'intention d'acheter et de diviser la collection. Il a alors mené des négociations assez compliquées et indirectes avec Julien Cain, administrateur de la Bibliothèque nationale. Elles ont abouti puisque le baron a vendu le fonds à la fondation Singer-Polignac qui l'a offerte à l'Etat. Par décision du Conseil des ministres, les manuscrits ont été remis à la Bibliothèque nationale. En outre, Herbert Dieckmann a obtenu une déclaration de l'Etat faisant du fonds un monument historique. Le fonds Vandeul ne pouvait donc plus être dispersé.

Herbert Dieckmann a travaillé sur Diderot à partir de 1930. Il a soutenu sa thèse à l'Université de Bonn sur Claudel; mais pour être *Privatdozent*, il fallait une

1. Le texte intégral a été publié depuis: H. Dieckmann, 'L'épopée du fonds Vandeul', *RHLF* 85 (1985), p.963-77. Sur l'entrée du fonds Vandeul à la Bibliothèque nationale, voir l'article d'Annie Angremy sur 'Les manuscrits de Diderot à la Bibliothèque nationale', in *Diderot: autographes, copies, éditions*, éd. Béatrice Didier et Jacques Neefs (Saint-Denis 1986), p.23-37.

seconde thèse et Diderot en fut le sujet. Il a publié en 1931 un petit ouvrage, *Stand und Probleme der Diderot-Forschung: ein Beitrag zur Diderot-Kritik*, où déjà il pose les problèmes des manuscrits. De 1930 à 1940, il prépare un livre entier sur Diderot. En 1949, il dispose des manuscrits aux Etats-Unis et en prépare l'*Inventaire* qui paraît en 1951. En 1956-1957, il fait des conférences sur Diderot au Collège de France; les principales devait être publiées en 1959 sous le titre de *Cinq leçons sur Diderot*. La même année, avec son ami Jean Seznec, il édite les *Six premières lettres* de la correspondance entre Diderot et Falconet.

En mai 1952 le fonds Vandeul est entré à la Bibliothèque nationale. Julien Cain a alors décidé de former un Comité national pour établir les bases d'une édition critique. Il avait en vue, comme Herbert Dieckmann, la formation d'un groupe international d'érudits et de spécialistes. En 1960, un éditeur allemand, Gunther Holzboog, a rencontré Herbert Dieckmann à Munich avec l'idée de faire cette édition en Allemagne. C'était une proposition sérieuse, et comme H. Dieckmann n'avait pas réussi à trouver un editeur français, il a commencé à négocier. En même temps il y avait des pourparlers avec l'Akademie Verlag, de Berlin-Est, et avec les Presses universitaires de Harvard: on envisagea un moment de lancer une coédition réunissant Harvard et les éditeurs allemands. Mais le projet n'a pas abouti, et la difficulté de trouver un bon éditeur a duré encore quelques années. Pour Herbert Dieckmann, après tout le travail qu'il avait consacré au fonds Vandeul, il était évident que cette édition devait se faire, c'était son rêve.

Une lettre qu'il a adressée en janvier 1961 à Jean Pommier montre qu'à ce moment là il était très déçu et découragé parce qu'il ne trouvait pas d'éditeur français. Il faut se rappeler que Jean Seznec a publié les *Salons* à Oxford (Oxford University Press) pour la même raison. Dans cette lettre Herbert Dieckmann expliquait à J. Pommier qu'il allait faire l'édition avec les éditeurs allemands parce qu'il n'y avait pas d'autre choix. Il précisait qu'elle devait à son avis être confiée à plusieurs érudits, à une équipe internationale: 'Je suis devenu citoyen du monde,' écrivait-il, 'je me réjouirais simplement que l'édition se fasse.' En octobre 1961 il a reçu une lettre de Pierre Berès qui lui déclarait que sa 'maison serait extrêmement heureuse d'assumer l'entreprise'. Cependant les négociations avec G. Holzboog n'étaient pas interrompues: en 1962 encore, cet éditeur envoyait des pages-échantillons. Il existait un plan de l'édition, une liste de collaborateurs, un contrat, mais les choses n'avançaient pas. En 1963, Pierre Berès est allé à Stuttgart pour régler les problèmes avec l'éditeur allemand qui a enfin décidé de se retirer. Herbert Dieckmann a été particulièrement heureux de cette solution puisqu'il désirait que l'édition se fît en France. En novembre 1964 eut lieu la première réunion du Comité national de l'édition des œuvres de Diderot, et la grande entreprise a commencé.

I

Les sources du texte

ANNE-MARIE COUVRET

Le fonds Diderot-Caroillon de Vandeul des Archives départementales de la Haute-Marne

Le fonds Diderot-Caroillon de Vandeul des Archives départementales de la Haute-Marne n'est pas inconnu. Diverses publications, de Jean Massiet Du Biest ou du chanoine Marcel par exemple,[1] ont fait appel à ces documents. D'autre part les pérégrinations des papiers de Diderot et de la famille Caroillon, alliée aux Diderot par le mariage de l'aîné des fils Caroillon avec la fille du philosophe, ont été retracées par Hubert Gillot[2] et surtout par Herbert Dieckmann.[3] Mme Dieckmann a rappelé ici même l'action de son mari pour le sauvetage de ces papiers et leur conservation dans un grand dépôt public français, ce qui nous dispensera de longues explications.

Le 16 mai 1911 meurt Albert de Vandeul, dernier descendant en ligne directe de Diderot. Les papiers Diderot et Caroillon (ou du moins une bonne partie d'entre eux), alors conservés au château d'Orquevaux,[4] sont confiés par le baron Levavasseur, héritier de Vandeul, au comte Ducos, châtelain de Septfontaines[5] son voisin, amateur d'art et d'histoire. Celui-ci mort à son tour en 1913, les papiers déposés chez lui furent inventoriés le 13 juin de la même année, en présence de Pierre Gautier, archiviste du Département, représentant le baron Levavasseur. Figuraient notamment parmi ces papiers: des correspondances de Diderot avec Mlle Volland, Mme d'Epinay, Grimm, Falconet, Caroillon père, sa famille etc. et des manuscrits littéraires (*Essai sur l'homme*, *La Religieuse*, *Le Joueur*, par exemple); des lettres adressées *à* Diderot; enfin des manuscrits du chanoine Diderot. Or, quelques mois plus tard, Gautier écrit dans son rapport annuel:[6]

M. le baron Levavasseur a également fait abandon, en faveur du dépôt départemental,

1. Entre autres: Jean Massiet Du Biest, *La Fille de Diderot: madame de Vandeul (3 septembre 1753-5 décembre 1824)* (Tours 1949); *Monsieur de Vandeul gendre de Diderot, capitaine d'industrie, 1746-1813* (Langres 1967); Marcel (chanoine), 'Les premiers aérostats à Langres', *Bulletin de la Société historique et archéologique de Langres* 8 (1919), p.32, J. Varloot, 'Angélique Diderot and the White Terror', *Essays in honor of J. S. Spink* (London 1979), p.243-50.

2. Hubert Gillot, *Denis Diderot: l'homme, ses idées philosophiques, esthétiques, littéraires* (Paris 1937), et 'Les papiers Diderot', *Bulletin de la Société historique et archéologique de Langres* 10 (1932), p.116.

3. Herbert Dieckmann, *Inventaire du fonds Vandeul et inédits de Diderot* (Genève, Lille 1951).

4. Haute-Marne, cant. de Saint-Blin.

5. Haute-Marne, cant. et comm. d'Andelot-Blancheville.

6. *Rapports des chefs de Service au Conseil général de la Haute-Marne* (1913).

des très importantes archives qu'il tenait de son cousin, M. Albert de Vandeul: elles se composent d'environ cinquante-cinq liasses de documents divers et d'une vingtaine de registres et présentent, au point de vue de l'histoire économique surtout, une très réelle importance. Ces archives comprennent trois fonds différents: papiers de la famille Diderot, papiers d'Abel-François-Nicolas Caroillon de Vandeul et papiers du frère de ce dernier Pierre-Abel-Théophile Caroillon de Melville. Les Archives de la famille Diderot, celle même du grand philosophe, ne renferment en réalité que des titres de propriétés provenant des ancêtres de Denis Diderot et intéressant différentes communes voisines de Langres.

Suivent quelques précisions sur les Caroillon, leurs biens fonciers et leurs affaires. Mais pas un mot des correspondances et manuscrits littéraires énumérés dans l'inventaire dressé en 1913.

Pourtant ces documents devaient se trouver effectivement sur les rayons des Archives quand l'archiviste fut mobilisé aux premiers jours d'août 1914: ils lui avaient été prêtés, vraisemblablement en vue de publication. Mais P. Gautier fut tué en 1917. Sa veuve, avec l'autorisation du baron Levavasseur, reprit correspondances et manuscrits,[7] qui passèrent ensuite aux mains d'Alex Tisserand, puis d'André Babelon, de M. Ledieu, avant de rejoindre les Ifs, propriété des Levavasseur. On sait la suite: leur examen par H. Dieckmann, leur voyage aux Etats-Unis, leur retour en France grâce aux démarches du même H. Dieckmann, enfin leur dépôt à la Bibliothèque nationale. Notons au passage qu'aucun inventaire ne paraît avoir été dressé lors de ces changements de détenteurs. Au surplus la comparaison des fonds de la Bibliothèque nationale et des Archives de la Haute-Marne avec l'inventaire de 1913 serait malaisée, car ce dernier n'est guère précis.

Cependant, la partie familiale et économique du fonds n'avait jamais quitté les Archives de la Haute-Marne depuis 1913. Ces documents, maladroitement amputés, lors du partage, de pièces sans aucun caractère littéraire, avaient été très sommairement répertoriés par Gautier. Puis, Jean Massiet Du Biest inventoria selon les normes de 1920 les 107 premiers articles du fonds, riches en correspondances. Cet inventaire, resté manuscrit,[8] contient de très longs extraits de documents, mais aussi des analyses réduites à un renvoi aux futures publications de l'auteur concernant Angélique Diderot. Ce travail a été, en outre, défiguré par les nombreuses fautes du copiste qui mit le texte au net. D'autre part, un répertoire numérique, établi d'après ce premier travail et ne portant toujours que sur les 107 premiers articles, a connu une diffusion très limitée sous une forme multigraphiée. Le reste du fonds, composé plus particulièrement de documents fonciers et économiques, consistait en vingt-

7. Arch. dép. Haute-Marne, 1 J 563: Lettre d'Hubert Gautier sur la reprise des papiers par la veuve de Pierre Gautier.

8. Arch. dép. Haute-Marne.

cinq registres et une trentaine de très grosses liasses de contenu hétérogène. Il convenait donc d'inventorier ce qui ne l'avait jamais été et de remanier l'inventaire de Massiet Du Biest pour présenter au public un ensemble cohérent, plus concis et, nous l'espérons du moins, plus aisément exploitable par le lecteur. C'est ce que nous avons tenté de faire. Le Répertoire a paru en 1984.

Tel qu'il se présente actuellement, ce fonds concerne d'une part les ancêtres de Diderot, son père le coutelier, sa sœur Denise, sa femme Antoinette Champion; d'autre part Nicolas Caroillon marchand et entreposeur de tabac à Langres, sa femme, son beau-père Pierre Lasalette et ses quatre fils: Vandeul, Destillières, Melville et La Charmotte, les deux aînés hommes d'affaires, le troisième propriétaire terrien et le plus jeune fonctionnaire des Domaines. Vandeul recueillit les papiers non seulement de Melville mais aussi ceux de La Charmotte, tous deux décédés avant leur frère sans avoir été mariés. Sont encore compris dans le fonds quelques documents sur lesquels nous ne nous étendrons pas: titres du prieuré de Saints-Geosmes[9] dont les Caroillon furent fermiers; titres du domaine de Montigny-le-Roi,[10] dont Lasalette tenta de devenir engagiste; deux registres intéressant la succession du baron Crozat de Thiers, dont il n'a pas été possible de déterminer si la présence dans notre fonds est due à leur oubli dans les greniers d'Orquevaux, qui appartint au baron Crozat avant de devenir la propriété de Denis-Simon de Vandeul, ou aux soins que prit Diderot d'acquérir les tableaux possédés par le défunt pour Catherine II.

Les papiers composant notre fonds relèvent de trois catégories:
- des papiers proprement familiaux: extraits de baptême, programmes d'exercices de collège, certificats et passeports de l'époque révolutionnaire, fondations pieuses et testaments, consultations médicales et surtout d'abondantes correspondances;
- des titres de propriétés sises en Haute-Marne, et plus précisément dans l'arrondissement de Langres, héritées par Angélique Diderot et Caroillon de Vandeul de leurs aïeux;
- enfin des archives que nous qualifierons d'économiques: registres et correspondances relatifs aux entreprises industrielles de forges, verrerie, filature, aux domaines ruraux, aux affaires d'argent, à la Compagnie des Indes et à la Caisse d'Escompte, dont fit partie Vandeul.

La partie la plus séduisante du fonds est sans doute la correspondance. Si celle des époux Caroillon de Vandeul n'est plus inconnue par suite des travaux de Massiet Du Biest, si le chanoine Marcel a exploré, semble-t-il, les longues missives de Mme Caroillon, qui constituent une vraie gazette langroise, il existe

9. Haute-Marne, canton de Langres.
10. Haute-Marne, chef-lieu de canton

aussi des lettres de Destillières lorsqu'adolescent il faisait à Rochefort son apprentissage commercial, des lettres de Melville quand il passait des hivers moroses à Clavières en qualité de maître de forges et en profitait pour envoyer à son aîné de longs extraits comptables, des lettres de La Charmotte, parisien casanier, qui faisait part à sa mère d'abord, à Vandeul ensuite, des nouvelles parisiennes et financières.

Les lettres d'affaires sont adressées à Vandeul par certains de ses collaborateurs: Guillaume Delarbre, fondé de pouvoir qui de l'an III à l'an VII se partage entre Paris et la Normandie au gré des allées et venues de son patron; Caroillon de Beaulieu, Petit, Voirin, Gautier, Humblot, régisseurs des domaines de Beaulieu,[11] Prauthoy, Auberive,[12] ou hommes de loi langrois, rendent compte de l'évolution des travaux et des affaires.

Les registres entrent dans le détail des ouvriers et de la production, des entrées de matières et des livraisons aux marchands. La Compagnie des Indes est représentée par de nombreux mémoires imprimés et d'interminables procès-verbaux de vente aux enchères de marchandises venues de l'Inde ou de la Chine.

Cette énumération fastidieuse ne doit pas nous induire à penser que le fonds, du moins la partie haut-marnaise du fonds, est complète: elle ne l'est pas. Indépendamment des documents conservés à la Bibliothèque nationale et dont certains articles (particulièrement les correspondances familiales) complètent très évidemment le fonds haut-marnais, il faut noter l'absence complète de papiers du chanoine Diderot, qui figuraient bien dans l'inventaire de 1913. Il est logique que les archives de Destillières aient été transmises à sa fille qui épousa le marquis d'Osmond. Il n'est pas étonnant non plus que de nombreux titres fonciers aient disparu: selon l'usage, ils ont sans doute été remis aux acquéreurs des domaines. Ainsi les actuels détenteurs de Melville[13] possèdent-ils bon nombre d'actes relatifs à leurs propriétés. Les archives industrielles sont visiblement limitées aux entreprises haut-marnaises: faut-il penser que les papiers concernant les forges et bois en Normandie et en Berry, par exemple, sont restés entre les mains de Destillières, ou au contraire qu'ils n'ont pas retenu l'attention de Pierre Gautier en 1913? D'ailleurs, ces séries de registres de comptabilité ou copies de lettres sont eux-mêmes lacunaires et deux disparitions au moins sont probables depuis l'entrée du fonds aux Archives de la Haute-Marne. Aucune note technique ou plan concernant ces installations ne figure dans le fonds, ce qui a lieu de surprendre, à lire, dans les lettres de

11. Haute-Marne, cant. Terre-Natale, comm. Hortes.
12. Haute-Marne, chefs-lieux de cantons.
13. Haute-Marne, cant. Langres. comm. Saint-Martin.

Vandeul, les mentions de travaux exécutés ici ou là.[14]

Diverses hypothèses viennent à l'esprit pour expliquer ces absences. Tout d'abord, rien ne précise au départ ce qui a été réellement remis à Gautier soit pour les Archives départementales, soit à titre de prêt personnel: tous les papiers ont-ils bien alors quitté Orquevaux? Les transferts successifs ont-ils favorisé les pertes, voire les 'emprunts' de très longue durée? ... Il faut admettre que les conditions de conservation, à Orquevaux d'abord et peut-être aux Ifs ensuite, n'ont pas dû être très favorables: une partie des papiers qui se trouve aujourd'hui dans les dépôts publics a visiblement souffert et a été restaurée. Nous n'avons pu vérifier si des documents se trouvent encore aux mains de la famille Levavasseur. Mais nous ne pouvons, par contre, nous défendre de quelque appréhension en consultant un petit dossier compris dans les collections de la bibliothèque du Grand Séminaire de Langres: s'il est bien compréhensible que des lettres de Mme de Vandeul à Huin, son régisseur de Prauthoy, aient pu passer de cette famille à un ecclésiastique qui les aura léguées au Séminaire, il est plus surprenant d'y trouver quelques correspondances adressées à Vandeul et à son fils par des relations d'affaires et même une minute de la main de Vandeul. Il est à craindre que beaucoup de ces questions restent sans réponse, mais il n'est pas interdit non plus d'espérer la réapparition de quelque document fugitif.[15]

Dans ces limites, quel peut être véritablement l'intérêt du fonds et plus particulièrement pour des éditeurs de Diderot?

Transparaissent assurément dans ces documents de nombreux aspects de la vie quotidienne de familles langroises appartenant à cette bourgeoisie artisanale et marchande en voie d'ascension sociale à la fin du dix-huitième siècle et au début du dix-neuvième. A l'attraction exercée par la capitale sur Diderot lui-même et sur les fils Caroillon (à l'exception de Melville) qui profitent sans vergogne des relations et des recommandations du grand homme, s'oppose après la Révolution, le retour de Vandeul dans sa province pour y mener une vie d'industriel châtelain, qui se partage entre les usines, les travaux aux bâtiments, la chasse et la bonne chère en aimable compagnie.

Nous sommes un peu surpris, au contraire, de ne trouver dans les correspondances que d'assez rares mentions des grands événements qui se sont succédé

14. Ces documents ont-ils pu rester aux mains de techniciens tels que Dobson ou Milne?

15. Les Archives départementales de la Haute-Marne ont ainsi acquis en 1981 en vente publique un petit dossier réparti entre les cotes 1 J 563 et 2 E 34, 166, 171, 172. Des lettres de Diderot apparaissent de temps à autre. Voir *Bulletin de la Société historique et archéologique de Langres*, numéro spécial *Autour de Diderot* (Langres 1984), les articles d'André Garnier (p.17) et de Michèle Gautier (p.99).

de 1789 à 1815. Quant aux réflexions ou émotions que les temps auraient pu inspirer aux correspondants, elles sont à peu près absentes. Prudence? Il est vrai que Vandeul et Destillières ont été quelque temps emprisonnés, mais la radiation des frères de la liste des émigrés n'est que formalité, puisqu'aucun d'entre eux n'a émigré. La correspondance d'Angélique Diderot livre quelques aspects de la vie de société parisienne au hasard des récits de visites, de bals, de dîners, de politesses, de détails de santé, de nourriture ou de ménage. Destillières se glisse dans les entours de Talleyrand et de la reine de Hollande, mais toutes ces notations sont fugitives. Plus consistantes seraient certainement les données contenues dans les registres et lettres d'affaires qui, à défaut de permettre des monographies sur des usines particulières, complètent heureusement les sources d'origine administrative sur la vie économique dans les toutes dernières années du dix-huitième siècle et l'Empire, ou du moins sur certains aspects de celle-ci touchant plus particulièrement les industries métallurgiques et textiles.

Mais les œuvres de Diderot, la vie littéraire et artistique? Force est d'avouer que dans ce domaine la moisson est à peu près nulle. Certes nous voyons quelquefois Angélique aller au théâtre ou aux 'tableaux', plus rarement s'asseoir à son clavecin. Mais jamais elle ne confie à son mari son opinion ou son sentiment à propos d'une œuvre. Est-ce par crainte de n'être pas comprise? Un dépouillement systématique de l'index du fonds fait bien apparaître les noms de Grimm, d'Alembert, d'Holbach et de Saint-Lambert. Ce dernier, dans sa lettre de condoléance après la mort du philosophe, souhaite que Naigeon publie les œuvres de Diderot et, en effet, trois lettres de Naigeon à Vandeul témoignent qu'il recherchait des indications biographiques et divers manuscrits. Angélique elle-même écrit à son mari, en vendémiaire an V, que *Jacques le fataliste* est paru et, un an plus tard, qu'on va publier une belle édition des œuvres de son père. Mais ce projet parut s'évanouir aussitôt et Mme de Vandeul n'en souffle plus mot. Si on ajoute qu'en 1782 Mme Caroillon, pourtant assez étrangère habituellement à l'actualité littéraire, croyait Diderot occupé à un *Supplément à la vie de Sénèque*, si on tient compte de très rares mentions de l'avancement des travaux de l'*Encyclopédie* et de sa diffusion auprès de parents et amis et des allusions que fait le père de Diderot à son fils emprisonné, on aura vraiment tout dit.

C'est évidemment fort peu, mais ce n'est pas étonnant. Cette constatation confirme même le rapport de Pierre Gautier en 1913, dans lequel ne figure aucune mention de documents littéraires, auxquels il a été fait allusion au début de cet exposé, et les témoignages qui ont signalé l'enlèvement de ces documents après le décès de Gautier.

Tout ce que ce fonds peut apporter sur la personnalité de Diderot c'est, au delà d'allusions à ses faits et gestes, un éclairage sur le cadre de sa jeunesse et ses relations langroises poursuivies longuement, en dépit des dissensions familiales et des divergences d'opinions. Diderot n'appartenait-il pas plus profondément qu'il n'affectait de le dire, à cette classe bourgeoise issue de l'artisanat et du négoce, pieuse, morale, économe, travailleuse, mais aussi ambitieuse, qui réprouva sans doute souvent les écrits de son fils éloigné, mais ne renia pas leur auteur et, en définitive, reçut avec satisfaction quelques reflets de sa gloire?

Ce n'est pas ici le lieu d'insister sur l'intérêt que présente d'autre part le fonds pour l'histoire haut-marnaise aux dix-huitième et dix-neuvième siècles, notamment l'histoire économique et sociale, ni sur la présence de documents qui complètent heureusement les archives du prieuré de Saints-Geosmes et celles des domaines royaux engagés dans la future Haute-Marne. Il faut cependant souligner que, si le fonds est assurément décevant en ce qui concerne directement Diderot, il ne l'est pas à d'autres égards et mérite parfaitement l'attention des chercheurs.

LARISSA L. ALBINA

A la recherche de la bibliothèque de Diderot

Le sort compliqué de la bibliothèque de Diderot a maintes fois attiré l'attention des chercheurs.[1] Le philosophe ayant tenté de la vendre sans d'abord y parvenir, elle fut proposée en 1765 à Catherine II sur le conseil du ministre plénipotentiaire de Russie à Paris, le prince Dmitri A. Golitsyn. Catherine II acheta cette collection de trois mille volumes pour 15000 livres, laissant à celui qu'elle avait institué son bibliothécaire le droit d'en jouir sa vie durant. En novembre 1785, quinze mois après la mort de Diderot, la bibliothèque arriva à Pétersbourg et fut disposée dans une des salles de l'Ermitage.

Son histoire ultérieure est énigmatique. Jusqu'à nos jours il n'existe pas d'opinion unanime parmi les savants au sujet de la date de sa dispersion. O. Bitch, conservateur des archives du Musée de l'Ermitage, estimait qu'en 1802 la bibliothèque de Diderot n'existait déjà plus dans son intégralité. Selon l'académicien M. P. Alekseev, les bibliothèques de l'Ermitage ont été laissées à l'abandon après le départ à la retraite, en 1797, de A. I. Loujkov, le bibliothécaire le plus consciencieux et le plus exact de Catherine II. C'est alors que la bibliothèque de Diderot aurait été dispersée et confondue avec d'autres fonds.[2] En 1861-1862 plusieurs collections de livres de l'Ermitage sont entrées à la bibliothèque publique impériale, dont une partie importante de celle de Diderot.

On a cru longtemps que la bibliothèque avait été perdue irrémédiablement et qu'il n'était pas possible de la reconstituer, même partiellement, l'existence du catalogue étant incertaine.[3] Commencées au dix-neuvième siècle, les recherches concernant les livres ayant appartenu à Diderot sont restées sans résultats jusqu'en 1957, date des premières trouvailles révélatrices dues au grand diderotiste américain Arthur Wilson et à l'historien et bibliographe de Leningrad V. S. Lioublinski: leur enquête a alors abouti à des découvertes importantes et

1. O. Bitch, 'Le sort de la bibliothèque de Diderot' (en russe), *Ejegodnik Gos. Ermitaja* 1 (1937), fasc.2, p.115-24; J. Proust, 'La bibliothèque de Diderot', *Revue des sciences humaines* avril-juin (1958), p.257-73; V. S. Lioublinski, 'A la recherche des lectures de Diderot' (en russe), *Annuaire d'études françaises, 1959* (1961), p.512-27; L. L. Albina, 'Les livres d'un grand encyclopédiste' (en russe), *Kniga: recherches et documents* 41 (1981), p.117-25.

2. M. P. Alekseev, 'La bibliothèque de Voltaire en Russie' (en russe), dans *La Bibliothèque de Voltaire: catalogue des livres* (Moscou, Leningrad 1961), p.29 [ci-après: BV].

3. Sur le catalogue confectionné en 1785, voir G. Dulac, 'L'envoi des livres et des manuscrits de Diderot en Russie', *D.H.S.* 12 (1980), p.233-45 (notamment p.242).

inattendues. La conclusion principale en était qu'il fallait surtout chercher les livres de la bibliothèque de Diderot dans le fonds des livres étrangers de la Bibliothèque publique d'Etat de Leningrad.[4]

L'examen préalable de quelques centaines de livres d'une partie du fonds des livres étrangers a permis la découverte de sept ouvrages de la bibliothèque de Diderot. Ces exemplaires portaient des notes de sa main en marge, au dos ou sur les pages de titre. Les trouvailles de 1957 ont attiré l'attention sur un ensemble de marques qui semblent propres aux livres de Diderot et dont certaines ont permis aux chercheurs de conclure que la manière de lire de Diderot était différente de celle de Voltaire. Par exemple, il avait une manière caractéristique de marquer légèrement au crayon quelques lignes au moyen de petits traits parallèles très courts, dans la marge et empiétant parfois un peu sur les interlignes.

A. Wilson et V. S. Lioublinski ont aussi proposé quelques directions de recherches, et des moyens encore hypothétiques pour identifier les livres. Ainsi ils recommandaient un examen complet et systématique de certaines parties des fonds, et, en premier lieu, des livres français de 1740-1780. La découverte la plus intéressante de A. Wilson et de V. S. Lioublinski fut celle d'un exemplaire de *De l'Esprit* d'Helvétius portant des notes au crayon de Diderot: elles ont été publiées dans l'édition critique des *Œuvres complètes* (DPV, ix.265-98). Des notes de Diderot ont été trouvées sur le faux-titre de l'œuvre de Charles de Brosses, *Traité de la formation mécanique des langues*, et au dos d'un exemplaire des *Pensées sur l'interprétation de la nature*. A. Wilson a remarqué sur la page de titre du deuxième volume du *Dictionnaire de médecine* de Robert James les lettres 'D.D.' et le chiffre '1765'. Cette date étant celle de la vente de la bibliothèque, il a supposé que Diderot, qui avait traduit cet ouvrage de l'anglais avec Eidous et Toussaint et l'avait sans doute utilisé comme ouvrage de référence en travaillant à l'*Encyclopédie*, avait peut-être commencé à marquer ainsi ses livres. Une dédicace de l'auteur, 'Pignus amicitiae', découverte sur un exemplaire des *Eléments d'algèbre* de Clairaut, a quelque chance d'avoir eu le philosophe pour destinataire. Sur la page de titre d'un ouvrage d'Alexandre Deleyre, *Analyse de la philosophie du chancelier François Bacon*, on a trouvé une autre dédicace, plus explicite: 'A Monsieur Diderot. De la part de l'auteur'.[5]

Les trouvailles de 1957 ont déterminé dans une grande mesure les recherches ultérieures. En 1973 la bibliothécaire du fonds des livres étrangers de la Bibliothèque publique, Mme G. P. Louknitskaïa, qui avait assisté A. Wilson et

4. Arthur M. Wilson, 'Leningrad 1957, Diderot and Voltaire gleanings', *The French review* 31 (1958), p.351-63.

5. Wilson, 'Leningrad 1957', p.353-54, et Lioublinski, 'A la recherche', p.518.

V. S. Lioublinski, a découvert un exemplaire de la traduction des *Nuits* portant: 'Pour monsieur Diderot de la part de l'auteur'. Cette dédicace est de Pierre Letourneur, qui avait donné en 1769 cette traduction complète du poème d'Edward Young.[6] On sait que Diderot appréciait hautement la traduction de Letourneur: la jugeant 'pleine d'harmonie et de la plus grande richesse d'expression', il la défendait contre les critiques de Voltaire et de Grimm (DPV, xviii.184-88).

A la même époque les livres de la bibliothèque de Diderot ont été également recherchés dans la section des livres rares de la Bibliothèque publique. On a pu ainsi vérifier la valeur d'une hypothèse de V. S. Lioublinski sur la présence dans la bibliothèque de Voltaire de livres du philosophe. En 1970, j'ai moi-même découvert une inscription: 'Monsieur Diderot, rue Taranne' sur la reliure d'un ouvrage du philosophe hollandais François Hemsterhuis, la *Lettre sur la sculpture*, offert probablement à Diderot par l'auteur lui-même.[7] La rencontre avec Hemsterhuis a peut-être eu lieu dès le premier séjour de Diderot à La Haye dans la famille de D. A. Golitsyn. Ce livre a pu passer dans la collection de Voltaire pendant les transferts des fonds de l'Ermitage à la bibliothèque publique impériale.

Malgré l'absence de preuves indiscutables, on peut admettre avec V. S. Lioublinski que l'un des deux exemplaires de l'ouvrage de Boureau-Deslandes, *Essai sur la marine des anciens*, conservés dans la bibliothèque de Voltaire, appartiendrait en réalité à celle de Diderot.[8] La présence dans les marges de traits parallèles et horizontaux, au crayon, semblables à ceux portés par Diderot sur un exemplaire de *De l'Esprit* d'Helvétius, et surtout un type de signet particulier, 'à cheval', avec le chiffre '1511' et la lettre 'D', distinguent ce livre de ceux de Voltaire. Les signets 'à cheval' sont extrêmement rares dans la collection de Voltaire et ne sont pas typiques de sa manière de lire. De plus la destination de ce signet comportant une note qui n'était pas utilisable pour la lecture n'est pas claire. Peut-être les signets portant la lettre 'D' et des chiffres devaient-ils marquer les livres préparés pour l'envoi en Russie en renvoyant aux numéros du catalogue des livres de la bibliothèque de Diderot. L'association du signet 'à cheval' avec des signes de lecture caractéristiques permet de supposer que ce livre a pu appartenir à sa collection. On sait que Boureau-

6. E. Young, *Les Nuits*, traduites de l'anglais par M. Le Tourneur (Paris 1769); cote: 6.11.8.20.

7. F. Hemsterhuis, *Lettre sur la sculpture* (Amsterdam 1769). Voir à ce sujet: L. L. Albina, 'Un livre ayant appartenu à Diderot dans la bibliothèque de Voltaire' (en russe), dans: *'Pamiatniki koultoury, novye otkrytia. Ejegodnik 1980* [Monuments de la culture, découvertes nouvelles. Annuaire 1980] (Leningrad 1981), p.45-47.

8. A.-F. Boureau-Deslandes, *Essai sur la marine des anciens, et particulièrement sur leurs vaisseaux de guerre* (Paris 1768); BV 516.

Deslandes, qui collaborait à l'*Encyclopédie*, était en termes amicaux avec Diderot et lui avait rendu visite dans la prison du château de Vincennes. Son ouvrage, condamné à cause de quelques remarques courageuses sur le mauvais état de la marine, aurait pu attirer l'attention du philosophe. L'*Essai* figure dans le catalogue manuscrit de Ferney mais cette mention se rapporte sans aucun doute à l'autre exemplaire qui seul a dû appartenir à Voltaire.

V. S. Lioublinski a trouvé un signet 'à cheval' avec la note '2150. D' dans l'ouvrage du déiste anglais Warburton, *The Principles of natural and revealed religion* (London 1753-1754 (BV3829)). Un signet semblable avec la note '1515. D' a été découvert dans l'édition de 1762 de *La République* de Platon (BV2755). On conserve dans la bibliothèque de Voltaire une autre édition de cet ouvrage (1726) portant des notes et d'autres signes de la lecture attentive qu'il en avait faite. Autres signets 'à cheval' pareillement annotés dans l'ouvrage de John Boyle, *Remarks on the life and writings of Dr. Jonathan Swift* (London 1752) (avec la note '2207.D'; BV530); dans *La Vie de monsieur l'abbé de Choisy* (Lausanne et Genève [en fait Paris] 1748), de Pierre Joseph Thoulier d'Olivet (avec la note '1032. D'; BV2612); dans *Julian, or a discourse* [...] de W. Warburton (London 1751) (avec la note '2155. D'; BV3828).

Les recherches concernant la bibliothèque de Diderot sont devenues très intensives et efficaces à partir de 1978, quand la bibliothécaire du fonds des livres étrangers, A. A. Poliakina, a commencé un examen systématique des livres des salles 6, 7, 16 et 36 des sections anciennes 'Philosophie', 'Philologie' et 'Belles-lettres'. Le choix de ces salles a été déterminé par les trouvailles que A. Wilson et V. S. Lioublinski y avaient faites. Après l'étude scrupuleuse de plus de six mille volumes, on a choisi près de quatre cents ouvrages. En avril 1979 A. A. Poliakina a trouvé un exemplaire des *Eléments de la philosophie de Newton* (nouvelle édition de 1745), avec des corrections de l'auteur sur cinq pages.[9] Ce livre a peut-être appartenu à Diderot car Voltaire lui avait envoyé son ouvrage en juin 1749 en remerciement pour la *Lettre sur les aveugles*, que celui-ci lui avait adressée. L'échange épistolaire qui a eu lieu à cette date traduit les profondes divergences existant entre les deux philosophes. C'est à ce moment-là que Voltaire a annoté la *Lettre sur les aveugles* et qu'il a écrit à Diderot: 'Mais je vous avoue que je ne suis point du tout de l'avis de Saunderson, qui nie un dieu parce qu'il est né aveugle' (CORR, i.74). Dans sa réponse, Diderot ne discute pas ouvertement avec Voltaire. En le remerciant pour l'envoi des *Eléments*

9. Voltaire, *Eléments de la philosophie de Newton*, nouv. éd. ([Paris] 1745); cote: 36.9.10.15. Voir L. L. Albina, 'Un livre ayant appartenu à Voltaire, dans la bibliothèque de Diderot' (en russe), recueil *Istotchiki po istorii otetchestvennoï koultoury v sobraniakh i arkhivakh* ... [Les sources de la culture nationale dans les collections et archives du département des manuscrits et des livres rares] (Leningrad 1983), p.115-19.

de la philosophie de Newton, il écrit seulement: 'Ah, monsieur qu'il est facile à un aveugle de se perdre dans un labyrinthe de raisonnements semblables et de mourir athée, ce qui toutefois n'arrive point à Saunderson' (CORR, i.78). Cet épisode, lié à l'envoi des livres, a joué un certain rôle dans l'histoire des relations assez compliquées entre Voltaire et Diderot. D'après A. Wilson, Voltaire a également reçu de Diderot les *Mémoires sur différents sujets de mathématiques* (Paris 1748) et *Le Fils naturel* (Paris 1757). Ces livres se trouvent à présent dans sa bibliothèque (BV1032 et 1036).

Les recherches dans la section des imprimés ont abouti à la découverte d'une quarantaine de livres portant des signets 'à cheval' pareils à ceux trouvés dans la collection des livres de Voltaire. Quelques-uns sont endommagés, d'autres ont conservé les chiffres et la lettre 'D'. Tous les signets ont visiblement la même origine: ils sont faits du même papier, la forme de l'entaille est aussi la même, les chiffres et la lettre 'D' sont écrits de la même main. On a trouvé un signet de ce type entre les pages de l'*Odyssée*, dans une édition parisienne des œuvres d'Homère en grec et en latin,[10] et un autre, endommagé, dans le dixième volume de cette édition, sur une page de la version latine de l'*Iliade*; même signet, avec le chiffre '1658. D', dans les œuvres d'Euripide, publiées à Padoue en 1749 (en italien et en grec),[11] et dans la *Poétique* d'Aristote traduite du grec par André Dacier (Paris 1692).[12] Un traité d'Anne Lefebre, femme de Dacier, connue par ses traductions de l'*Iliade* et de l'*Odyssée*, est aussi marqué d'un signet 'à cheval' endommagé. Intitulé *Des Causes de la corruption du goût*, cet ouvrage qui polémique avec Antoine Houdar de La Motte est paru juste après la publication de la traduction de l'*Iliade* de La Motte.[13] L'ouvrage d'Anne Dacier a pu attirer l'attention de Diderot, qui s'intéressait vivement aux questions abordées dans cette controverse sur les poètes anciens et modernes.

Autre signet 'à cheval' endommagé dans les pages d'un ouvrage de Claude Buffier, le *Traité des premières vérités*:[14] Diderot appréciait hautement ses *Principes du raisonnement* et son ouvrage principal, le *Cours de sciences sur des principes nouveaux et simples*, où était inclus le *Traité*. On a également trouvé un signet de ce type, endommagé, dans le *Traité du poème épique* de Le Bossu,[15] chanoine de Sainte-Geneviève, et un autre, avec le chiffre '1541. D.', dans la 7e partie de

10. Homère, *L'Iliade* (Paris 1749); cote: 7.23.8.5.

11. Euripide, *Ifigenia in Aulide. Ifigenia in Tauri.* Tragedia nonadecima del P.-Carmeli (Padua 1749); cote: 7.32.5.1.

12. Aristote, *La Poëtique* d'Aristote traduite en français avec des remarques [par A. Dacier] (Paris 1692); cote: 7.27.6.97.

13. Mme Dacier (Anne Lefebre), *Des causes de la corruption du goût* (Paris 1714); cote: 6.56.7.13.

14. Claude Buffier, *Traités des premières vérités et de la source de nos jugements* (Paris 1724); cote: 36.66.5.24.

15. R. Le Bossu, *Traité du poème épique* (La Haye 1714); cote: 7.34.7.78.

l'édition parisienne de 1769 des *Amusemens de société ou proverbes dramatiques* de Louis Carmontel (cote: 6.49.8.16). Diderot a consacré à cet ouvrage deux notices, le critiquant très sévèrement: 'C'est qu'à regarder ses proverbes de près,' écrit-il, 'on n'y trouve ni chaleur, ni verve' (DPV, xviii.337). Bien que les 'signets à cheval' ne constituent que des indices hypothétiques, l'appartenance de ces divers ouvrages à la bibliothèque de Diderot peut être considérée comme assez vraisemblable.

En l'absence de signets, d'autres indices plus tenus peuvent faire supposer que tel livre a pu appartenir à Diderot. Ainsi les marges d'un ouvrage très connu au dix-huitième siècle, l'*Essai d'éducation nationale* de La Chalotais, sont littéralement parsemées de légers soulignements au crayon, de traits parallèles à côté des lignes, signes muets qui paraissent caractéristiques de la manière de lire du philosophe.[16] La Chalotais, procureur général du parlement de Bretagne, ami de d'Alembert et d'autres hommes de lettres, s'était fait connaître par sa critique des 'constitutions' des jésuites et par son projet de modernisation de l'instruction publique en France. Ce dernier ouvrage, dont Voltaire félicitait l'auteur en le déclarant 'excellent' (Best.D10447), devait être traduit en plusieurs langues. Cependant l'appréciation de Diderot sur l'*Essai* de La Chalotais est fort critique. Dans le *Voyage à Langres* il parle assez ironiquement du célèbre procureur général de Rennes, qui 'n'a rien fait qui vaille' parce qu'il 'a pris pour modèle de son instruction un enfant comme il s'en trouverait à peine un seul sur cinq cents': au lieu de cela, il aurait dû choisir un représentant typique de la génération contemporaine qui ne soit 'ni un imbécile, ni un aigle' (A.T., xvii.360). Rapprochée de ce jugement du philosophe, la présence des signes de lecture suggère que le livre a pu faire partie de sa bibliothèque.

On peut avancer la même hypothèse à propos de cas analogues. Ainsi on a découvert de nombreux signes de lecture – soulignements, points, 'Nota bene' (p.11, 45, 55, 111, ...) – dans le cinquième volume des œuvres de David Hume qui contient *An Enquiry concerning the principles of morals* (London 1751; cote: 36.38.6.42). Il est probable que Diderot avait pris part à la traduction publiée par Robinet en 1760 sous le titre de *Recherches sur les principes de la morale* (CORR, iv.281, n.9). Il ne devait faire la connaissance du philosophe anglais qu'en octobre 1763 dans le salon du baron d'Holbach et le sentiment de sympathie qui les avait rapprochés s'était vite transformé en amitié. Signalons encore un exemplaire de *De l'Homme* d'Helvétius (Amsterdam 1774, 3 vol. in-8°):[17] on observe dans les marges de nombreux traits horizontaux au crayon

16. L.-R. Caradeuc de La Chalotais, *Essai d'éducation nationale ou plan d'études pour la jeunesse* ([Genève] 1763); cote 36.34.7.1.

17. Cet exemplaire porte actuellement la cote P Э Did/H-52 M dans la Section des livres rares (ancienne cote: 36.7.10.18). Au verso du premier plat figure l'*ex-libris* de la Bibliothèque impériale

semblables à ceux que porte l'exemplaire de *De l'Esprit* qui a indubitablement appartenu à Diderot. On ne peut certes avoir la même certitude dans ce cas. Dans la table sommaire (iii.301) un NB semble être de la même main qui a annoté le volume de David Hume; on retrouve la même marque dans un autre livre qui était conservé sans la salle 36: *De l'Education publique propre à la jeune noblesse* (Saint Pétersbourg, Imprimerie du Corps des cadets, 1772; cote: 36.23.4.47). Dans cet ouvrage anonyme attribué au professeur Boell,[18] les noms de Betzki, président du Noble corps des cadets, du 'comte Volodimir d'Orlov, Directeur de l'Académie des Sciences' et des 'Eulers, si célèbres dans la République des Lettres', sont soulignés à l'encre. On sait que Diderot avait rencontré ces différents personnages.[19] Aurait-il reçu ce livre en cadeau pendant son séjour à Pétersbourg? Il avait visité le Corps des cadets et relevé des défauts dans les méthodes pédagogiques de l'école.

En présence de certains livres qui ne portent pas de signes de lecture, on est tenté de penser pour diverses raisons qu'il existe quelques chances pour qu'ils aient appartenu au philosophe. Il en est ainsi par exemple d'un exemplaire des *Conseils à une amie* de Mme de Puisieux trouvé dans la salle 6 du fonds des livres étrangers (s.l. 1749; cote: 6.64.8.21): 'C'est Diderot, son bon ami, qui a fait tout le corps de ce livre,' notait l'inspecteur Joseph d'Hémery dans son journal (1er janvier 1749). Dans le même fonds, un exemplaire du roman de Fielding, *Amélie*, traduit ou plutôt adapté par Marie Riccoboni (Paris 1762; cote: 6.49.11.21), pourrait être la traduction que Diderot demandait à Damilaville de lui envoyer en décembre 1762 (CORR, iv.235): il possédait une autre traduction du roman, par Philippe Florent de Puisieux, et il la jugeait mauvaise, d'après ce qu'il écrivait à Mme d'Epinay (CORR, iv.49-50). En revanche on sait qu'il estimait 'les ouvrages charmants' de Mme Riccoboni (*Paradoxe sur le comédien*, A.T., viii.410). Citons encore deux volumes du *North Briton* de 1763 (cote: 36.2.1.51): c'est au mois de mars de cette année-là que Diderot avait fait la

de l'Ermitage (livres étrangers). Ce n'est pas à cette édition que renvoient les références données dans la *Réfutation* mais le philosophe a pu en utiliser plus d'une au cours de son travail. Certaines marques correspondent à des passages qu'il a commentés. C'est le cas, par exemple, dans le chapitre 'De la sociabilité' (section II, ch. 8) d'un alinéa qui commence par: 'Malgré la prétendue force du sentiment ...'; il est marqué de deux traits verticaux et Diderot en discute une phrase dans la *Réfutation* (A.T., ii.309). Dans la même section, ch. 10, 'Que les plaisirs des sens ...', un alinéa marqué d'un trait ('Plaisir et douleur sont ...') a également été commenté par Diderot (A.T., ii.310). Mais plusieurs autres passages marqués ne sont pas signalés dans la *Réfutation* si bien que dans l'ensemble on ne peut guère tirer de conclusions de cette confrontation.

18. *Svodni katalog knig na inostrannykh iazykakh izdannykh v Rossii v XVIII veke* [Catalogue général des livres en langue étrangère imprimés en Russie au dix-huitième siècle], tome i (Leningrad 1984), p.137.

19. Georges Dulac, 'Diderot et deux académiciens de Pétersbourg', *Europe* 661 (mai 1984), p.84-93.

connaissance de John Wilkes chez le baron d'Holbach, son ancien condisciple de l'université de Leyde (CORR, iv.250), et des relations très amicales s'en étaient suivies qui peuvent faire croire à un cadeau reçu de l'homme politique anglais.

Ce ne sont là bien sûr que des suppositions qui cependant s'avéreront utiles si d'autres critères d'attribution peuvent être définis qui permettraient d'examiner de tels exemplaires d'un œil nouveau. Le travail systématique de recherche qui a été entrepris amènera peut-être des progrès à cet égard. En attendant, il faut continuer à prendre pour guide la liste des lectures connues ou probables de Diderot, sans renoncer à chercher dans les archives de Moscou et de Leningrad le catalogue dressé en 1785. Le sort de la bibliothèque du directeur de l'*Encyclopédie* reste donc une question d'actualité et c'est une de celles où la coopération internationale des spécialistes peut avoir des effets bénéfiques.

GEORGES DULAC

Les manuscrits de Diderot en URSS

On sait le rôle prédominant joué par les manuscrits conservés à Pétersbourg dans la révélation de l'œuvre de Diderot au cours du dix-neuvième siècle: les copies intermédiaires procurées par F. M. Klinger, A. Jeudy-Dugour et Léon Godart sont à l'origine de la première édition du *Neveu de Rameau*, dans la traduction allemande de Goethe (1805), des quatre volumes d'inédits de l'édition Paulin (1829-1830), de la première publication de *Est-il bon? Est-il méchant?* par J. A. Taschereau (1834), de la révélation de quatre *Salons* par Walferdin (1857) et enfin d'une bonne partie des œuvres 'complètes' publiées par Assézat et Tourneux (1875-1877).[1] Dans l'ensemble, cependant, les manuscrits de la collection de l'Ermitage sont restés longtemps mal connus: si utile qu'il soit, le catalogue publié en 1885 par Tourneux[2] est sommaire et parfois inexact. Fait plus grave, les copies intermédiaires, préparées furtivement, ou du moins à la hâte et sans contrôle suffisant, ont véhiculé de nombreuses fautes qui se sont parfois perpétuées jusqu'aux éditions contemporaines. Les copies originales s'en sont trouvées dévalorisées. C'est ainsi qu'éditant pour la première fois *Le Rêve de d'Alembert* à partir du manuscrit autographe, Paul Vernière avait quelque raison, en 1951, d'évoquer avec suspicion le 'document russe'[3] qui avait été à l'origine du texte publié en 1830 et repris par Assézat. Or précisément dans ce cas, qui n'allait pas rester isolé, la copie de Leningrad devait bientôt apparaître comme témoignant seule de l'état le plus achevé de l'œuvre (édition Varloot, 1962). La confrontation systématique avec les autres sources du texte, inaugurée en 1927 par Viktor Johansson dans son étude consacrée au tome xvii de la collection de Leningrad (que nous désignerons par le sigle *L* comme les copies qui la composent), n'a permis que très progressivement une évaluation plus exacte de ces manuscrits. Pourtant ni la mise au point très attentive et nuancée, mais rapide, que leur consacrait H. Dieckmann en 1963[4] ni la publication de plusieurs éditions critiques qui leur empruntaient leur texte de base ne devaient venir entièrement à bout d'une certaine prévention dont on pourrait citer des

1. A ce sujet, voir J. Viktor Johansson, *Etudes sur Denis Diderot* (Paris, Göteborg 1927), 'Héritage littéraire de Diderot', p.3-55.

2. Maurice Tourneux, *Les Manuscrits de Diderot conservés en Russie* (Paris 1885).

3. *Le Rêve de d'Alembert*, éd. Paul Vernière (Paris 1951), p.xxvi-xxvii.

4. H. Dieckmann, 'Observations sur les manuscrits de Diderot conservés en Russie', *D.Stud.* 4 (Genève 1963), p.53-71.

exemples récents. Le plus curieux a été donné par les auteurs de la première édition critique de *Jacques le fataliste* (Lecointre et Le Galliot, 1976) qui, pour mieux mettre en valeur la 'précellence' de la copie *L* qu'ils éditaient, ont jugé bon d'insinuer qu'elle était quasiment une exception dans cette collection où plusieurs grandes œuvres porteraient 'la trace exubérante des scrupules des héritiers de Diderot': appréciation pessimiste, on le verra, car les traces laissées par les Vandeul dans les copies envoyées à Catherine II sont en général extrêmement discrètes.

Longtemps méconnue, mais célèbre, la collection *L* est loin de rassembler tous 'les manuscrits de Diderot conservés en Russie' comme pourrait en donner l'impression l'étude que, sous ce titre, lui a consacrée H. Dieckmann à une date où les fonds soviétiques étaient trop difficiles d'accès pour qu'on pût en avoir une vue d'ensemble.[5] Quelques années plus tard, l'étude fondamentale des papiers et des copistes du fonds Vandeul et de la collection *L* entreprise par P. Vernière[6] n'a pu être menée avec la même précision pour les manuscrits conservés dans d'autres fonds et notamment à Moscou. Malgré certaines difficultés subsistantes, la situation est aujourd'hui bien plus favorable à la prise en considération de l'ensemble des autographes et des copies arrivés à divers moments de l'histoire des relations du philosophe et de son œuvre avec la Russie: l'adoption de ce point de vue devrait faciliter une mise en parallèle, souvent très instructive, des informations que nous possédons sur la constitution et la transmission des textes; elle devrait également permettre de tenir compte de certaines différences de statut qui séparent les manuscrits selon leur origine; enfin on peut en attendre une meilleure appréhension des lacunes qui restent à combler. Afin de donner une vue d'ensemble qui soit en même temps bien différenciée, il nous a paru utile de schématiser la succession des apports, qui,

5. On trouvera en annexe une liste des manuscrits classés selon leur localisation. Les numéros dans le texte renvoient à cette liste. Précisons dès à présent, pour la clarté de ce qui va suivre, que la plupart des manuscrits de Diderot conservés à Moscou se trouvent aux Archives centrales d'Etat (Bolchaïa Pirogovskaïa oulitsa, 17) qui comprennent les Archives centrales d'actes anciens (Ts.G.A.D.A.) et les Archives centrales de la Révolution d'Octobre (Ts.G.A.O.R.) incluant les anciennes Archives centrales historiques (de Moscou). Quelques documents sont également conservés à la Bibliothèque Lénine, aux Archives centrales de littérature et d'art (Ts.G.A.L.I., Leningradskoe chossé, 50) et au Musée historique d'Etat (G.I.M., Section des sources écrites, sur la Place Rouge). A Leningrad, outre la Bibliothèque publique Saltykov-Chtchédrine (Sadovaïa oulitsa, 18), dont l'intérêt pour les diderotistes est bien connu, plusieurs autres institutions possèdent des autographes ou des copies de textes du philosophe: les Archives de l'Académie des sciences (naberejnaïa [quai] ouniversitetskaïa, 1), la Maison Pouchkine (Institut de littérature russe de l'Académie des sciences d'URSS, naberejnaïa Makarova, 4), les Archives de la Section de Leningrad de l'Institut d'histoire de l'Académie des sciences d'URSS (L.O.I.I., oulitsa Petrozavodskaïa, 7), les Archives historiques centrales (Ts.G.I.A., naberejnaïa Krasnogo flota, 4). Enfin une lettre est conservée à Tartou (Bibliothèque de l'université).

6. P. Vernière, *Diderot, ses manuscrits et ses copistes* (Paris 1967).

en un siècle et demi, ont fait la richesse des fonds soviétiques dans notre domaine. Nous avons donc distingué cinq catégories d'importance très inégale:
- Les manuscrits envoyés à Pétersbourg du vivant de Diderot.
- Les manuscrits qui datent du séjour à Pétersbourg.
- Les copies envoyées à Catherine II en même temps que la bibliothèque du philosophe, ou peu après.
- Les copies tardives élaborées à partir des manuscrits précédents.
- Les manuscrits, des lettres surtout, dispersés dans d'anciennes collections privées, où ils sont entrés au dix-neuvième siècle, voire au début du vingtième: cette catégorie ne peut être placée sur le même plan que les précédentes puisqu'elle contient des documents d'origines diverses.

1. Les manuscrits envoyés en Russie du vivant de Diderot

Les premières œuvres de Diderot que Catherine II put lire en manuscrit lui parvinrent par la *Correspondance littéraire*: Grimm commença ainsi à jouer un rôle d'intermédiaire qui devait rester essentiel pendant une vingtaine d'années. L'abonnement de l'impératrice débuta en janvier 1764 mais la collection subsistante ne commence qu'avec la livraison de décembre 1765.[7] La première œuvre importante qu'elle contient est donc le *Salon de 1765* publié de janvier à juillet 1766. Mais nous savons par une lettre de Grimm au vice-chancelier A. M. Golitsyn que la livraison datée du 15 juin contenant le chapitre consacré aux sculpteurs ne fut envoyée à Catherine que le 17 novembre, probablement pour éviter toute interférence avec le recrutement de Falconet et son installation à Pétersbourg à la mi-octobre.[8] Nous aurons l'occasion de signaler un ou deux autres cas de retards volontaires dans l'envoi de documents par Grimm. Parmi les grandes œuvres publiées ultérieurement dans la revue, la lacune la plus grave concerne la *Réfutation de l'Homme*, le volume de 1783 étant perdu (*Inventaire*, p.lviii). La collection ne semble comporter d'ailleurs aucune particularité notable touchant les contributions de Diderot: ainsi le *Fragment échappé* intitulé 'Qu'il faut commencer par le commencement' figure bien à sa place (*Inventaire*, 72:214) alors qu'il contient une critique allusive mais très claire des moyens employés par Catherine II pour 'civiliser' la Russie. Cet exemplaire de la *Correspondance littéraire* est conservé aux Archives centrales d'actes anciens (Ts.G.A.D.A.), à Moscou, dans le fonds 181, qui contient notamment diverses correspondances du dix-huitième siècle.

7. U. Kölving et J. Carriat, *Inventaire de la Correspondance littéraire de Grimm et de Meister*, S.V.E.C. 225-227 (1984), i.LVI (désormais: *Inventaire*).
8. G. Dulac, 'Grimm et la *Correspondance littéraire* adressée à Catherine II', *S.V.E.C.* 217 (1983), p.221-22.

Dans le fonds 17 des mêmes archives, qui contient des documents concernant les sciences, les arts et les lettres à l'époque de Catherine II, se trouve la copie du *Plan d'une université* (no 4) envoyée à Pétersbourg pour répondre à la demande formulée par l'impératrice dans une lettre à Grimm du 27 février / 10 mars 1775.[9] Ainsi que l'a noté Jean Varloot, Diderot acheva probablement son ouvrage vers la fin juillet et non en mai comme on l'a cru: dans une lettre à Catherine dont la date avait été mal interprétée et qui est du 6 décembre, il déclare l'avoir remis à Grimm 'il y a quatre ou cinq mois' (CORR, xiv.172). L'impératrice n'en accusa réception que le 29 novembre / 10 décembre,[10] peut-être parce que Grimm avait retardé l'expédition afin d'y joindre sa propre contribution, l'*Essai sur les études en Russie*, que les éditeurs du dix-neuvième siècle, de Belin à Assézat, ont attribué à Diderot. Comme l'a relevé Roland Mortier, qui a étudié le manuscrit du *Plan* pour l'édition critique à paraître dans le tome xxii de DPV, la copie est incontestablement de Roland Girbal: il s'agit donc du plus ancien des travaux connus de celui qui allait être le copiste favori du philosophe et l'artisan principal de la collection *L*. Son travail pour la *Correspondance littéraire* ne semble avoir commencé qu'en juin 1776 et on a supposé qu'il n'avait dû faire la connaissance de Diderot que vers 1779. Certains détails, dans la copie du Ts.G.A.D.A., peuvent en faire douter. Elle comporte d'assez nombreuses additions et corrections autographes, dont certaines ont été portées sur le 'Tableau du plan général figuré plus correctement' (f.21-22, hors texte après la p.36) et sur le 'Tableau du plan réduit figuré plus correctement' (f.25-26 hors texte), c'est-à-dire sur des parties du manuscrit qui ont été refaites à la demande de l'auteur qui n'était pas satisfait de la présentation adoptée initialement. D'autre part à la fin du chapitre sur les livres classiques (f.102), le copiste avait initialement laissé en blanc, en trois endroits, la place d'un nom propre (*Euler*) qu'il n'avait pas dû pouvoir déchiffrer sur son modèle et qu'il a rajouté ensuite. Le manuscrit a donc été achevé après une première révision de Diderot et selon ses instructions, ce qui a entraîné un va-et-vient entre l'auteur et son copiste et peut laisser supposer qu'un contact direct a pu s'établir entre eux à cette occasion. L'ensemble de la copie est sur papier D & C BLAUW (marque: écusson couronné au cor de chasse), marque utilisée par Girbal pour

9. *Sbornik imperatorskogo rousskogo istoritcheskogo obchtchestva* (Recueil de la Société impériale russe d'histoire, en abrégé: *SRIO*), 23, p.19.

10. A cette date, Catherine annonce avoir reçu 'le traité de M. Diderot sur les écoles' mais conclut en souhaitant que 'Dieu veuille conserver [...] M. Ernesti': il s'agit du professeur de Leipzig que Grimm, et non Diderot, recommande vivement de consulter dans une note de son bref *Essai sur les études en Russie* (A.T., iii.416). Le 31 janvier suivant Catherine écrira qu'elle a 'reçu le gros livre de Denis Diderot' sur les universités (CORR, xiv.184): on peut se demander si le premier accusé de réception ne concerne pas uniquement l'*Essai* que Grimm a peut-être voulu faire lire à sa protectrice avant l'ouvrage du philosophe.

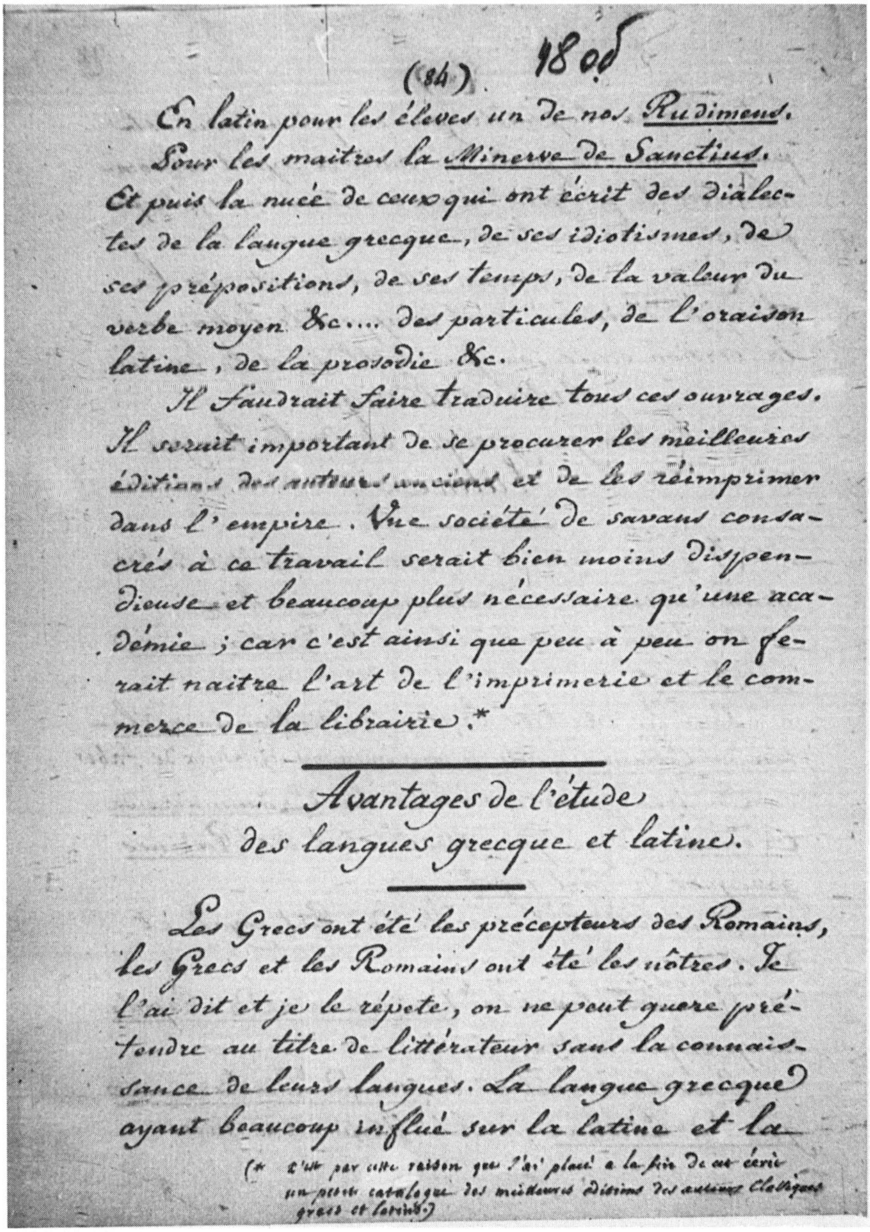

(84) 1805

En latin pour les élèves un de nos Rudimens.
Pour les maitres la Minerve de Sanctius.
Et puis la nuée de ceux qui ont écrit des dialectes de la langue grecque, de ses idiotismes, de ses prépositions, de ses temps, de la valeur du verbe moyen &c.... des particules, de l'oraison latine, de la prosodie &c.

Il faudrait faire traduire tous ces ouvrages. Il serait important de se procurer les meilleures éditions des auteurs anciens et de les réimprimer dans l'empire. Une société de savans consacrés à ce travail serait bien moins dispendieuse et beaucoup plus nécessaire qu'une académie; car c'est ainsi que peu à peu on ferait naitre l'art de l'imprimerie et le commerce de la librairie.*

Avantages de l'étude
des langues grecque et latine.

Les Grecs ont été les précepteurs des Romains, les Grecs et les Romains ont été les nôtres. Je l'ai dit et je le répete, on ne peut guere prétendre au titre de littérateur sans la connaissance de leurs langues. La langue grecque ayant beaucoup influé sur la latine et la

(* C'est par cette raison que j'ai placé a la fin de cet écrit un petit catalogue des meilleures éditions des auteurs classiques grecs et latins.)

1. Copie par Girbal du *Plan d'une université* (1775), avec des additions de la main de Diderot. Moscou, Ts.G.A.D.A., fonds 17, no 82, f.48*v*.

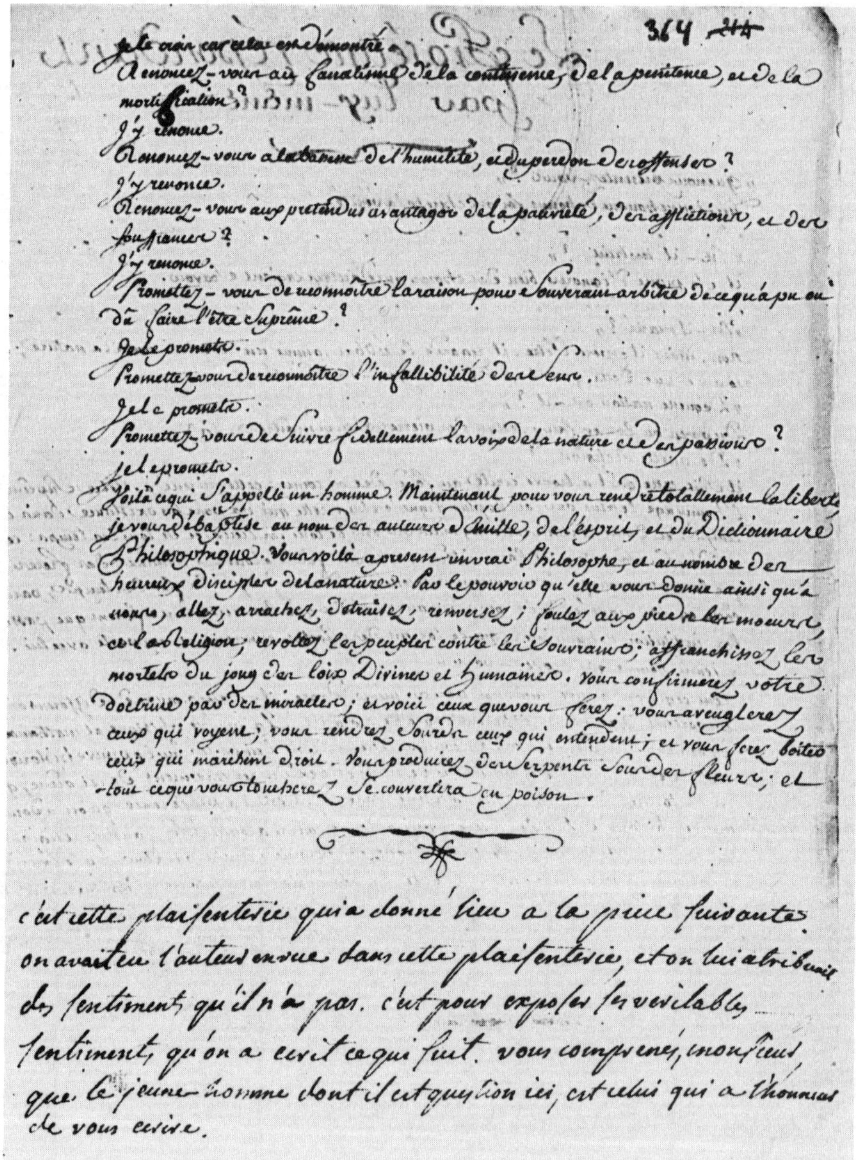
364

je le crois car cela est démontré.
Renoncez-vous au fanatisme de la continence, de la pénitence, et de la mortification?
J'y renonce.
Renoncez-vous à la bassesse de l'humilité, et du pardon des offenses?
J'y renonce.
Renoncez-vous aux prétendus avantages de la pauvreté, des afflictions, et des souffrances?
J'y renonce.
Promettez-vous de reconnoître la raison pour souverain arbitre de ce qu'a pu ou dû faire l'être suprême?
Je le promets.
Promettez vous de reconnoître l'infallibilité des sens.
Je le promets.
Promettez vous de suivre fidellement la voix de la nature et des passions?
je le promets.
Voilà ce qui s'appelle un homme. Maintenant pour vous rendre totallement la liberté je vous débaptise au nom des auteurs d'Emile, de l'esprit, et du Dictionnaire Philosophique. Vous voilà à present un vrai Philosophe, et au nombre des heureux disciples de la nature. Par le pouvoir qu'elle vous donne ainsi qu'à nous, allez, arrachez, détruisez, renversez; foulez aux pieds les moeurs, et la religion; revoltez les peuples contre les souverains; affranchissez les mortels du joug des loix Divines et humaines. Vous confirmerez votre doctrine par des miracles; et voici ceux que vous ferez: vous aveuglerez ceux qui voyent; vous rendrez sourds ceux qui entendent; et vous ferez boiter ceux qui marchent droit. Vous produirez des serpents sous des fleurs; et tout ce que vous toucherez se convertira en poison.

c'est cette plaisanterie qui a donné lieu à la pièce suivante. on avait eu l'auteur en vue dans cette plaisanterie, et on lui attribuait des sentiments qu'il n'a pas. c'est pour exposer ses véritables sentiments, qu'on a écrit ce qui suit. vous comprenez, monsieur, que le jeune homme dont il est question ici, est celui qui a l'honneur de vous écrire.

2. *Introduction aux grands principes*, copie partielle avec une note de la main d'un correspondant non identifié de Voltaire. Leningrad, Bibliothèque Saltykov-Chtchédrine, Collection des ms de Voltaire, t.ii, f.364.

plusieurs manuscrits du fonds Vandeul et de la collection *L* (Vernière, *Diderot, ses manuscrits*, p.27).

Signalons enfin une copie très partielle de l'*Introduction aux grands principes* conservée parmi les papiers de Voltaire à la bibliothèque Saltykov-Chtchédrine (no 22). Le nom de Diderot n'y est pas mentionné. Elle semble avoir été envoyée à Ferney par un jeune correspondant du Patriarche et comporte deux notes qui pourraient ne pas être sans intérêt.

Les lettres

La correspondance que Diderot a adressée en Russie constitue un ensemble important, quoique peu étendu, dont la situation n'est guère satisfaisante: seules quelques lettres à Catherine sont restées rassemblées dans le fonds 5 du Ts.G.A.D.A., qui contient également la correspondance de l'impératrice avec Grimm, les lettres qu'elle a reçues de d'Alembert (avec la minute d'une de ses réponses), de Falconet etc. ... Cinq lettres de Diderot (no 1) subsistent dans ce fonds: les originaux de deux autres lettres (4 avril 1774 et 6 décembre 1775) ont disparu depuis leur publication en 1881 dans le Recueil de la Société impériale russe d'histoire (SRIO, 33) et nous ignorons tout des autres lettres adressées à l'impératrice notamment dans les années 1776 à 1779 (voir par exemple CORR, xiv.207). Deux lettres de Diderot au vice-chancelier A. M. Golitsyn publiées avec des indications de destinataires imprécises ou erronées (A.T., xx.87-91) étaient données comme provenant des 'Archives de l'Etat à Moscou': les originaux auraient pu se trouver dans le fonds 1263 (Golitsyn) du Ts.G.A.D.A. (qui contient notamment les lettres de Grimm au vice-chancelier) mais on nous a assuré en 1985 qu'il n'en était rien. Les lettres au comte E. Münnich et au général Ivan Betski sont dispersées dans des collections privées (no 9 et 15); nous ignorons où se trouvent les lettres à la princesse Dachkov. De manière générale le texte des lettres publiées au dix-neuvième siècle est peu fiable et les rectifications opérées par les éditeurs sont sujettes à caution, comme le prouve l'exemple de la grande lettre de remerciements adressée au général Betski après la décision de l'impératrice de verser à son bibliothécaire une 'avance' de 50.000 livres. Cette lettre publiée sous la date du 29 novembre 1766 (CORR, vi.355-61) est conservée à la Maison Pouchkine à Leningrad: le texte imprimé est sensiblement altéré et la lettre est datée en réalité du '29 10bre 1767', c'est-à-dire, en tenant compte d'un lapsus évident, 29 décembre [1766] puisqu'il s'agit d'une réponse à la lettre de Betski datée du 30 octobre 1766 qui sera publiée dans la *Correspondance littéraire* du 1er janvier 1767 (*Inventaire*, 67:005).

Diderot a eu d'autres correspondants en Russie: en 1776 il a écrit plusieurs fois à A. V. Olsoufiev, chef du cabinet de Catherine II (CORR, xiv.214-15) mais il n'y a guère plus de chances de voir réapparaître ces lettres que celles qu'il aurait adressées au prince Nicolaï Vasilievitch Repnine, dont les archives ont brûlé en 1812 dans l'incendie de Moscou.[11] Nous ignorons tout des 'mémoires' qu'il affirme avoir envoyés en 1775 avec la dépêche annonçant à Catherine le *Plan d'une université* (CORR, xiv.220) et il est bien hasardeux d'avancer des hypothèses à propos des 'papiers' qu'en novembre 1776 il demande à Grimm, alors à Pétersbourg, de faire passer au comte E. Münnich et au prince A. M. Golitsyn, ancien vice-chancelier devenu grand chambellan (CORR, xv.17): il ne s'agit pas nécessairement d'écrits dont il était l'auteur, mais ce n'est pas impossible. Le comte Münnich avait souhaité être aidé dans l'établissement du catalogue des peintures de la galerie impériale,[12] et le prince A. M. Golitsyn, de son côté, s'intéressait à l'hôpital des enfants trouvés de Moscou, dont Diderot avait été nommé curateur en février 1774. Les 'papiers' en question se rapportaient peut-être à ces préoccupations des deux personnages. Quoi qu'il en soit, il se peut que de tels documents, anonymes et mal définis, subsistent dans les archives.

2. Les manuscrits datés de Pétersbourg

Produits du travail considérable effectué par Diderot pendant son séjour auprès de Catherine II, ces manuscrits ont en commun avec ceux que nous venons de citer d'avoir un destinataire connu et d'être datés, ce qui n'est pas le cas de la plupart de ceux qui composent les fonds principaux conservés à la Bibliothèque nationale et à la Bibliothèque Saltykov-Chtchédrine. Les deux plus importants, celui des *Mélanges philosophiques, historiques, etc.* (publié par P. Vernière sous le titre de *Mémoires pour Catherine II*) et d'autre part la copie intitulée *Les Deux Dialogues* (*Le Rêve*, accompagné d'un 'Avertissement' et de 'fragments'), sont, comme ceux de la catégorie précédente, conservés aux Archives centrales d'Etat à Moscou, le premier dans un fonds des anciennes Archives historiques centrales à Moscou (incorporées aux Archives de la Révolution d'Octobre, ou Ts.G.A.O.R.), où il est parvenu au terme d'une histoire qui n'est que partiellement connue,[13] le second dans le fonds 17 des Archives centrales d'actes

11. V. S. Ikonnikov, *Opyt rousskoï istoriografii* (Kiev 1891), p.1111.

12. Diderot, *Mémoires pour Catherine II*, éd. P. Vernière (Paris 1966), p.258.

13. Nous pouvons compléter dans une certaine mesure les informations données par S. Kouzmine ('Un manuscrit oublié de Diderot', *Literatournoe nasledstvo* 58, Moscou 1952, p.927-48) et par P. Vernière (*Mémoires pour Catherine II*, p.vi-vii). Le 13 décembre 1811, Friedrich Maximilian Klinger, alors curateur de l'université et du district de Derpt (ou Dorpat, aujourd'hui Tartou, en Estonie), envoie à Goethe, de Pétersbourg, un des 'feuillets' écrits par Diderot pour Catherine II. Ces deux pages, intitulées 'Sur un moyen de tirer parti de la religion et de la rendre bonne à quelque chose'

anciens (Ts.G.A.D.A.), où se trouve également le *Plan d'une université.* Ces manuscrits préparés pour la seule impératrice ont eu un caractère strictement confidentiel (qui est souligné en tête de l'un et de l'autre) si bien qu'on ne leur connaît pas d'équivalent dans d'autres fonds: c'est une des raisons de leur révélation tardive. Il est également à remarquer que Diderot a conçu lui-même la composition de ces deux recueils et les conditions de leur communication: il a été cette fois son propre éditeur au lieu de déléguer cette fonction à Grimm ou à ses héritiers. Ces particularités ont eu des conséquences notables sur l'organisation des textes: sans revenir sur l'étude que nous avons déjà consacrée à cette question,[14] nous nous contenterons d'en rappeler certaines conclusions pour éclairer les problèmes qui se posent aujourd'hui à l'éditeur.

(*Mémoires pour Catherine II*, p.269-70) se trouvent aujourd'hui aux Archives Goethe et Schiller de Weimar (Collection d'autographes de Goethe, cote: 33/187 no 376). Dans le manuscrit de Moscou, le 'feuillet' est remplacé par une mauvaise copie sur laquelle on lit, de la main de Klinger: 'J'ai fait présent de l'original à Goethe'. Le volume n'a dû être relié qu'après cet envoi. Dans la lettre qui l'accompagnait, Klinger affirme être entré par hasard en possession de l'ensemble du manuscrit, sur lequel il porte une appréciation plutôt sarcastique (*Goethe-Jahrbuch*, publié sous la direction de L. Geiger, 3e volume, Frankfurt 1882, p.254-55). Nous ignorons ce qu'il devint à la mort de Klinger (1831): fut-il conservé quelque temps dans sa bibliothèque, qui ne fut pas dispersée et se trouve aujourd'hui à l'université de Tartou? Notons à ce propos qu'il ne serait peut-être pas inintéressant de l'examiner du point de vue des études diderotistes (elle comporte de nombreux livres français: 2337 volumes). On ne retrouve ensuite trace des *Mélanges* que dans un catalogue manuscrit de la bibliothèque d'Avraam Sergueevitch Norov, daté de 1847 mais accru après cette date (Moscou, Bibliothèque Lénine, manuscrits, fonds 201, no 66, p.774). La notice qui lui est consacrée figure parmi les additions qui se sont accumulées entre 1847 et 1854 au moins. Dans une table alphabétique de cette bibliothèque, datée de 1857 (fonds 201, no 60, p.104), le manuscrit a été mentionné dès la rédaction initiale. Il est signalé en marge par trois croix et cette note, à l'encre rouge: 'Offert à S.M. l'Empereur'. Il s'agit d'Alexandre II, dont le monogramme figure sur l'emboitage de maroquin rouge dans lequel est conservé le volume.

Il semble que Tourneux en ait entendu parler sous le titre de 'mémoires' et d'une manière assez confuse avant de se rendre en mission à Pétersbourg. Voici en effet ce qu'il écrivit à Platon de Vaksel le 29 novembre / 11 décembre 1882, au cours de son séjour: 'P.R. Auguis dans la préface d'une édition des *Conseils du trône* de Frédéric II reproche à Mme de Vandeul, fille de Diderot, de ne point publier les *Mémoires inédits* et la *Logique* de son père qu'elle possédait. En 1857, M. Edouard de Muralt alors conservateur de la bibliothèque de l'Ermitage dit à M. Ed. Garder, chargé d'une mission par le gouvernement français, que les volumes contenant ces Mémoires avaient fait partie dès leur arrivée en Russie des collections privées de la couronne et qu'ils se trouvaient alors dans la bibliothèque particulière de l'impératrice mère (morte depuis) au palais d'Anyschkoff, résidence actuelle du grand-duc héritier. M. de Muralt ajoutait qu'il avait eu la bonne fortune d'avoir quelques instants ces *Mémoires* entre les mains, assez longtemps pour s'assurer que Diderot ne s'était jamais plus librement exprimé sur tous et sur toutes choses' (Bibliothèque Saltykov-Chtchédrine, manuscrits, cote: 123, Vaksel, 739; le palais en question se trouve sur la perspective Nevski, c'est actuellement le Palais des pionniers). Tourneux put finalement prendre copie du manuscrit grâce à Alexandre Grimm, 'conservateur de la bibliothèque particulière de S.M. le Czar' (Tourneux, *Les Manuscrits de Diderot*, p.131).

14. G. Dulac, 'Les manuscrits datés de Pétersbourg', *Diderot: autographes, copies, éditions*, éd. Béatrice Didier et Jacques Neefs (Saint-Denis 1986).

Le Rêve

La copie intitulée *Les Deux Dialogues* (no 5) porte la date de 1774 et a été confectionnée peu avant que Diderot quitte Pétersbourg, d'après ce qu'indique l''Avertissement' (DPV, xvii.221-23). Les additions et corrections autographes y sont assez nombreuses. Outre la caractéristique assez superficielle, mais néanmoins significative, que constitue le changement du nom des interlocuteurs (La Mettrie devenant le principal porte-parole du philosophe), le texte offert à Catherine II présente tous les traits d'un état intermédiaire encore très éloigné de la version presque définitive que donnera la mise au net autographe (BN, n.a.fr. 13727). Cet inachèvement n'empêchait nullement une communication restreinte, dont Catherine II ne fut sans doute pas la seule bénéficiaire et qui s'accompagnait de tout un dispositif propre à faciliter la réception de l'œuvre par son premier public. En insistant sur les graves 'défauts' dûs à une prétendue destruction des dialogues et à leur reconstitution imparfaite, l''Avertissement' placé en tête du recueil visait surtout à devancer les réticences et les critiques que devait susciter leur hardiesse conceptuelle et formelle. L'adjonction de 'fragments' de physiologie 'dont on n'a pu retrouver la véritable place' pouvait jouer un rôle analogue en soulignant le prétendu désordre de l'œuvre et aussi en marquant fortement la relation entre les hypothèses philosophiques et l'enquête scientifique. Il semble que, jusque vers 1780, Diderot ait tenu à cette association du *Rêve* avec les 'fragments' ou les *Eléments de physiologie*, dont ils ont sans doute constitué le noyau originel:[15] les deux œuvres semblent avoir été réunies par une préface commune dans la collection de Leningrad. L'état final des dialogues retenu pour l'édition (DPV, xvii) ne garde plus rien des dispositions qui ont entouré leurs débuts: le texte 'définitif' est en même temps intemporel et on ne peut plus y discerner la trace des premières lectures qui en ont été faites dans l'entourage du philosophe. Aussi a-t-il paru intéressant de conserver quelque chose de ce moment particulier de la vie du texte que représente la copie de Moscou en publiant l''Avertissement' sous sa forme de 1774 (bien qu'elle ne soit pas la plus achevée) ainsi que les 'Fragments' qui terminent le recueil (bien qu'ils se retrouvent en partie dans les *Eléments de physiologie*).

Les 'feuillets' pour Catherine II

Le manuscrit que Diderot a intitulé *Mélanges philosophiques, historiques, etc.* (no 7) est aussi un recueil mais d'une tout autre ampleur: plus de quatre cents pages autographes dont la plupart ont été classées par Diderot lui-même au début de

15. Voir, à ce sujet, Jean Varloot, 'La physiologie de Diderot', *Beiträge zur romanischen Philologie* 24 (1985), p.227-33, et les introductions du *Rêve* et des *Fragments* dans DPV, xvii.

décembre 1773, selon la date portée sur la page de titre. Quelques feuillets ont été placés à la suite quand le volume a été relié, sans doute au dix-neuvième siècle, et il faut y ajouter une quarantaine de pages inédites découvertes par E. Lizé dans un autre fonds en 1977 (no 2). L'ensemble présente des traits contradictoires qui n'ont pas été sans poser des problèmes aux éditeurs. D'une part, en effet, on relève dans la soixantaine de notes rassemblées par Diderot divers indices d'un effort d'organisation: une page de titre, une table des matières, des traces d'un premier classement qui a été abandonné, des renvois internes, une conclusion. Mais cette tentative pour constituer un véritable livre est restée inachevée, soit que Diderot n'ait pas pu rassembler tout ce qu'il avait écrit, soit qu'il y ait renoncé, son point de vue ayant changé. D'autre part l'ordre adopté pour les morceaux classés laisse perplexe, car le principe n'en est pas évident. Enfin des discordances entre deux séries de titres (ceux de la table et ceux que comportent les morceaux eux-mêmes) peuvent donner une impression de confusion. L'éditeur est tenté de remédier aux défauts d'organisation qu'il croit constater. Maurice Tourneux, qui a le premier décrit et publié ce manuscrit,[16] est allé très loin en ce sens puisqu'il a reclassé l'ensemble des morceaux en huit chapitres cohérents. Sous le titre de *Mémoires pour Catherine II*, Paul Vernière a donné en 1966 une édition plus fidèle au manuscrit: il a amélioré la transcription très incorrecte de Tourneux et a conservé le classement du recueil en proposant d'y reconnaître un ordre chronologique approximatif correspondant à la succession des entrevues du palais impérial. Quelques aménagements ont cependant régularisé la présentation de l'ensemble, notamment l'affectation à chaque morceau du titre plus explicite qui lui est donné dans la table, qui n'a pas été reproduite. De telles solutions paraissent de bon sens, mais elles reviennent à considérer comme à peu près dépourvus de signification le classement opéré par Diderot et aussi la série des titres primitifs, dont le titre original du recueil lui-même. C'est ainsi que les choix faits par l'éditeur engagent déjà une interprétation. Pour l'édition critique à paraître dans le tome xxi de DPV, nous avons pris le parti de respecter en tout point le manuscrit, jusque dans ses incohérences apparentes, non seulement pour des raisons de principe (les titres sont un élément essentiel du texte), mais parce que certains traits déconcertants nous paraissent significatifs. Ils peuvent en effet éclairer les conditions dans lesquelles Diderot a prévu une double communication de ses écrits à Catherine II: communication orale tout d'abord, au fur et à mesure des entretiens au cours desquels il en faisait lecture, puis sous forme d'un recueil dont il espérait qu'il serait consulté après son départ. L'étude des indices internes de ces deux situations de lecture très différentes nous a

16. Tourneux, *Les Manuscrits de Diderot*, p.32-35, et *Diderot et Catherine II* (Paris 1899).

amené aux conclusions suivantes qui doivent justifier les choix éditoriaux:

1 – Les titres ont fait l'objet d'une attention particulière de la part de Diderot: ils ont parfois été complétés en tête des morceaux qui composent le recueil avant d'être repris dans la table sous une forme plus explicite; cependant les titres primitifs manifestent un souci constant d'effacement comme pour éviter toute apparence de pédantisme politique: d'où l'emploi répété de désignations neutres telles que 'feuillet' (soixante-sept occurrences à cette place), 'papier', 'écrit', 'note' … Cette platitude qu'on retrouve dans le titre du recueil (*Mélanges*) est un des dispositifs du texte qui mérite d'être conservé.

2 – Le classement du recueil n'est pas essentiellement chronologique, même s'il conserve probablement quelque chose de la succession des entretiens. Ainsi le premier texte (*Essai sur notre police*) fait allusion à des conversations précédentes; des indices à la fois internes et externes conduisent à placer le second, qui correspond à une tentative diplomatique de Diderot, environ un mois après l'arrivée à Pétersbourg (*Mémoires pour Catherine II*, p.43) … Enfin, et surtout, le jeu des renvois internes, explicites ou implicites, montre que le classement ne respecte pas la chronologie.

3 – On peut discerner l'ébauche d'une organisation rhétorique du recueil qui concerne une douzaine de morceaux, parmi les plus importants. Les notes qui ont servi à présenter pour la première fois, et non sans précautions, les propositions majeures de Diderot (celles sur lesquelles il reviendra à plusieurs reprises) sont placées au centre du manuscrit: ce sont les numéros 24 (sur la 'commission' législative), 27 (sur le 'concours aux places'), 28 (sur la nécessité de changer de capitale) et dans une moindre mesure 26 (le programme du 'roi Denis'). Au contraire les morceaux qui se réfèrent explicitement ou implicitement à ces propositions, notamment pour en souligner divers avantages pratiques, sont généralement placés *avant*: le rapport logique et chronologique est inversé, comme si Diderot avait voulu que le livre qu'il composait pour l'impératrice pût lui remémorer certaines idées essentielles avec une insistance discrète et insinuante. Un désordre étudié permettait d'éviter une démarche trop ouvertement démonstrative qui aurait paru inspirée par ce fâcheux 'esprit de méthode' qui 'suppose que tout est trouvé' (*Réflexions sur De l'Esprit*, DPV, ix.311). Il convient donc d'éviter non seulement tout remodelage de l'œuvre à l'édition, mais également les soins intempestifs qui, pour achever le dessein de l'auteur, en réalité le trahissent, ou effacent des traces importantes.

Questionnaires et autres manuscrits

Parmi les manuscrits datés de Pétersbourg, il faut encore citer les questionnaires adressés à l'Académie des sciences (no 11), à Catherine II (no 10) et au comte

Münnich (no 9). Seul le second pose un problème de texte. G. Bartenev, qui l'a publié dans *Russki arkhiv* (1880 – iii.1-29), affirme que le manuscrit se trouve aux Archives d'Etat. Bilbasov le contredit sur ce point: le document se trouvait selon lui dans les papiers de Khrapovitski au Musée Roumiantsev à Moscou.[17] En fait il s'agit de deux manuscrits différents. Nous ignorons où se trouve le premier, dont le texte a été repris de *Rousski arkhiv* par Tourneux (*Diderot et Catherine II*, p.532-56; reproduit dans CORR, xiii.162-91). La copie qui se trouve dans le fonds Khrapovitski de l'ancien Musée Roumiantsev (aujourd'hui Section des manuscrits de la Bibliothèque Lénine) est du plus grand intérêt: elle est de la main même de Catherine II (ce qui prouve qu'elle n'était pas sans accorder une certaine importance à cet interview) et le texte en est bien meilleur que celui de Bartenev, qui comporte plusieurs phrases incompréhensibles et une longue interpolation d'origine inconnue.

La révélation plus ou moins tardive des manuscrits datés de Pétersbourg incite à accorder une grande attention à toute indication se rapportant à des documents qui resteraient à découvrir. Ainsi le baron Bühler, directeur des Archives d'Etat à Moscou, avait dit à Tourneux avoir vu dans celles des Affaires étrangères à Pétersbourg 'des observations de Diderot sur un traité entre la Russie et la Sardaigne et des papiers concernant sa nomination à l'Académie des sciences' (Tourneux, *Les Manuscrits de Diderot*, p.36). Pour ces derniers, il s'agit peut-être de la lettre de J. A. Euler informant Diderot de sa nomination et de la réponse du philosophe, quoique leur appartenance aux Archives de l'Académie des sciences, à Leningrad, paraisse ancienne. Mais que penser de ces 'observations' de Diderot? On serait d'autant plus enclin à supposer qu'il s'agit d'une légende sans fondement, qu'il n'existe pour cette époque aucun traité entre la Russie et la Sardaigne. Cependant si l'on songe que A. V. Narychkine, le conducteur de Diderot et son hôte à Pétersbourg, revenait précisément de Turin, où il avait tenté en vain de négocier un rapprochement avec le Royaume de Sardaigne, l'existence du document signalé par le baron Bühler paraît vraisemblable; et ce d'autant plus que, de l'aveu de Diderot, les conversations avec Narychkine ont été à l'origine de bien des 'feuillets' écrits en Russie. Beaucoup de documents des anciennes Archives des Affaires étrangères de Pétersbourg sont aujourd'hui au Ts.G.A.D.A.: notre enquête, notamment dans le fonds Narychkine, n'a pas abouti et il en a été de même aux Archives de la politique étrangère de Russie (A.V.P.R.), à Moscou, où très peu de documents semblent subsister concernant la mission russe à Turin.

17. V. A. Bilbasov, *Didro v Peterbourge* (Pétersbourg 1884), p.311-12, note 74.

3. Les copies envoyées à Catherine II en 1785 (la collection *L*)

Cette collection (no 21) préparée sous la direction de Diderot au cours des dernières années de sa vie est, comme on sait, en grande partie l'œuvre de Girbal,[18] son copiste favori, et du copiste A, qui a travaillé en étroite collaboration avec lui pour les textes de moindre importance: d'où la qualité et l'homogénéité de l'ensemble, appréciation qui n'implique pourtant pas que les copies *L* donnent toujours le meilleur texte et un état définitif, bien que ce soit souvent le cas. Aux yeux de Diderot et de ses héritiers, il s'agissait de manuscrits de référence et ils ont servi de modèles pour de nombreuses copies du fonds Vandeul (voir ci-après l'article d'A. Angremy et A. Lorenceau: 'Du fonds Vandeul au fonds de Leningrad'). Aussi faut-il considérer, outre l'importance propre de la collection, l'intérêt qu'elle présente comme élément central de l'histoire des manuscrits de Diderot dans la période, cruciale mais obscure, qui a précédé et suivi immédiatement sa mort. Qu'il s'agisse des nombreuses questions qui se posent à ce propos ou, plus encore, de l'analyse comparée des copies qui forment les trente-deux volumes conservés à la Bibliothèque Saltykov-Chtchédrine, il nous manque une étude d'ensemble qui serait, pour ce fonds, l'équivalent de l'*Inventaire* que H. Dieckmann a donné du fonds Vandeul. Nous nous contenterons ici de rappeler les faits essentiels, qui sont parfois trop peu pris en compte, et d'apporter sur certains points quelques informations supplémentaires, ou parfois des rectifications.

L'histoire de la collection commence avec la scène que Diderot rapporta à Sophie Volland le 10 décembre 1765 (CORR, v.217): au prince Dmitri A. Golitsyn, qui lui proposait de la part de Catherine II de lui acheter ses manuscrits, il avait déclaré qu'il les lui avait vendus en même temps que ses livres. La veuve et la fille du philosophe devaient s'en tenir strictement à cette position comme le prouve la lettre que Mme de Vandeul adressa à Grimm en avril ou mai 1785[19] en réponse à une nouvelle proposition d'achat de l'impératrice qu'il faut cependant situer, nous le verrons, dans un contexte un peu différent de ce qu'on a cru. Nous ignorons à quel moment exactement a commencé l'entreprise de copie dont Girbal eut la responsabilité principale. Dans une lettre non datée, Diderot invite son copiste à se faire aider par un ou deux 'acolytes', donc à constituer un atelier qui s'occuperait de la 'grosse besogne' qu'il s'agit d'expédier. Cette lettre, qui précise les relations que Diderot

18. Sur Girbal voir notamment: J. de Booy, 'Diderot et son copiste Roland Girbal', *French studies* 16 (1962), p.324-33, et H. Dieckmann, 'Observations'.

19. G. Dulac, 'L'envoi des livres et des manuscrits de Diderot en Russie', *D.H.S.* 12 (1980), p.241. Plusieurs points de cette publication doivent être rectifiés à la lumière des documents que nous citons ci-dessous.

entend avoir avec l'équipe qui reste à former, donne l'impression d'avoir été écrite peu après le début du travail: mais peut-être s'agit-il seulement du début de la phase principale de l'entreprise? Jean Varloot propose de la dater d'octobre 1781 (lettre no 940, CORR, xv.276-77) alors que A. Wilson[20] et J. de Booy inclinaient à la situer en 1780. Paul Vernière estime pour sa part, sans avancer d'argument précis, que Girbal a dû commencer à travailler pour Diderot à la fin de 1780 (*Diderot, ses manuscrits*, p.43). Il faut peut-être avancer un peu cette date. La préparation de la copie *L* de *Jacques le fataliste* a dû suivre de près, ou même accompagner partiellement, du moins pour ce qui est de son état initial, la publication du roman dans la *Correspondance littéraire* (novembre 1778-juin 1780); en effet les additions données par la revue en juillet 1780 ne sont pas intégrées au texte mais reproduites sur des feuilles non paginées qui ont été intercalées parmi les pages numérotées. Autre copie qui peut être approximativement datée, celle des *Eléments de physiologie*: Girbal a copié pour la collection *L* la première version, qui n'a pu être rédigée que courant 1780 au plus tôt (puisqu'il y est fait référence à l'*Histoire de la chirurgie* de Peyrilhe, parue cette même année), mais qui ne doit pas être très postérieure à la fin de 1780 ou au début de 1781, puisque la recomposition complète de l'œuvre dont témoigne la copie du fonds Vandeul est à peu près certainement intervenue avant l'été 1781, époque à partir de laquelle le philosophe semble avoir été incapable de se livrer à un travail soutenu (CORR, xv.263-64). Cependant, si le gros de la 'besogne' a dû être entrepris en 1780, on ne peut exclure que certaines copies soient un peu antérieures, notamment celles, peu nombreuses,[21] qui ne présentent pas exactement le même aspect matériel que les autres manuscrits de Girbal et du copiste A qui, dans leur quasi totalité, se caractérisent par la recherche évidente d'une grande stabilité de leur aspect matériel: par exemple dans la présentation des marges, de dimension uniforme et presque toujours tracées au moyen d'une encre très pâle (alors que d'autres copistes utilisent le crayon ou la pointe sèche).

La fin du travail de Girbal peut être plus précisément située que son début, grâce à une apostille où il a enregistré la date (26 février 1784) à laquelle il a restitué le dernier manuscrit copié, celui de *Est-il bon? Est-il méchant?* (voir à ce propos la note 1 de J. Undank dans DPV, xxiii.295). Des compléments

20. A. M. Wilson, 'Leningrad 1957: Diderot and Voltaire gleanings', *The French review* 31 (1958), p.356-58.

21. Parmi les copies de Girbal, très peu se distinguent des autres par leur présentation: *Les Jésuites chassés d'Espagne* (t.xvii), le *Voyage en Hollande* (t.xxiv) ont des marges rouges; le *Procès-verbal dressé par M. de la Condamine* est copié sans marges. Certaines copies sont d'un format plus petit, peut-être parce qu'il a été envisagé de les joindre à des imprimés. C'est le cas de *Est-il bon? Est-il méchant?* (t.xiv), des *Additions à la Lettre sur les aveugles* (t.xvii), des *Jésuites chassés* (t.xvii).

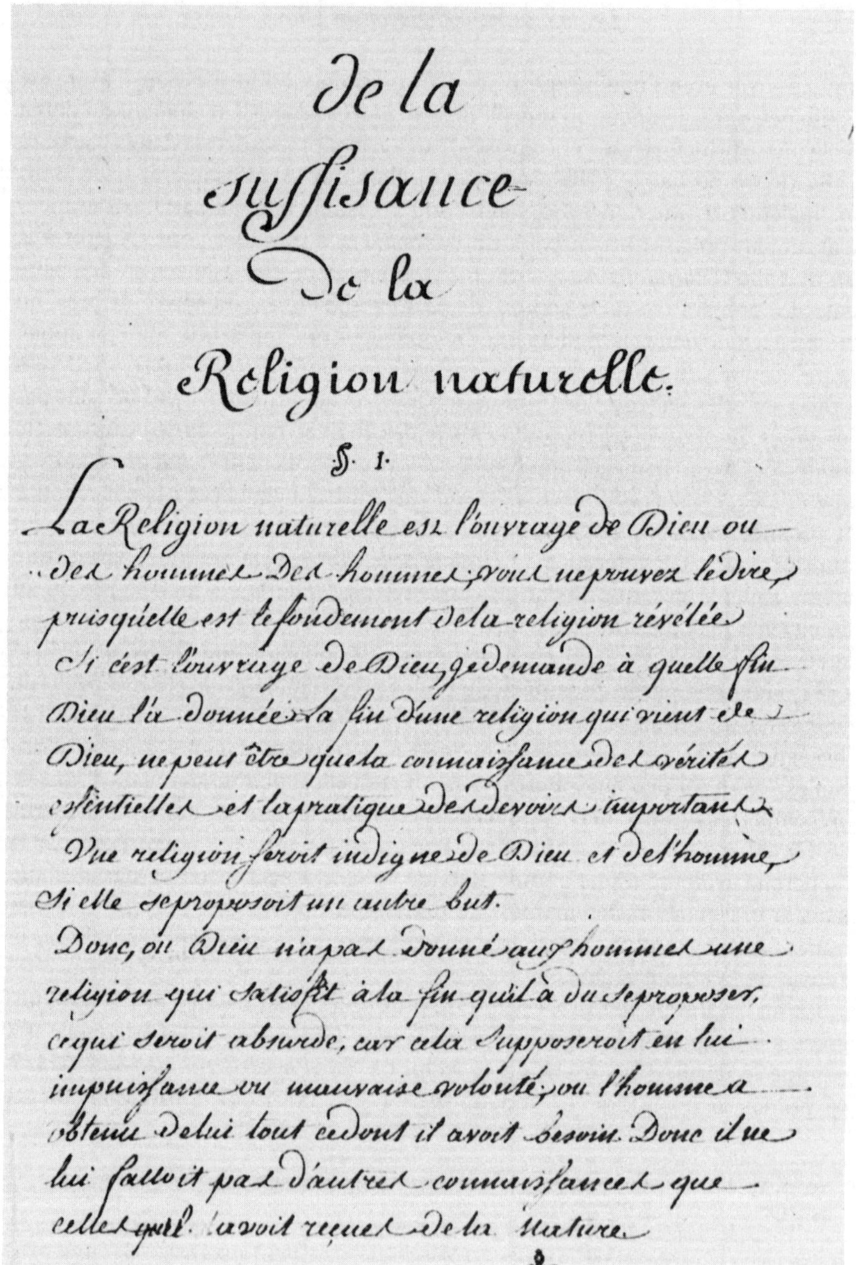

De la suffisance de la Religion naturelle.

§. 1.

La Religion naturelle est l'ouvrage de Dieu ou des hommes. Des hommes, vous ne pouvez le dire, puisqu'elle est le fondement de la religion révélée.

Si c'est l'ouvrage de Dieu, je demande à quelle fin Dieu l'a donnée. La fin d'une religion qui vient de Dieu, ne peut être que la connoissance des vérités essentielles et la pratique des devoirs importans.

Une religion seroit indigne de Dieu et de l'homme, si elle se proposoit un autre but.

Donc, ou Dieu n'a pas donné aux hommes une religion qui satisfit à la fin qu'il a du se proposer, ce qui seroit absurde, car cela supposeroit en lui impuissance ou mauvaise volonté, ou l'homme a obtenu de lui tout ce dont il avoit besoin. Donc il ne lui falloit pas d'autres connoissances que celles qu'il avoit reçues de la nature.

3. Collection *L*, t.xvii, f.1 (*De la suffisance de la religion naturelle*), copiste non identifié qui a également collaboré au t.xxxii (correspondance avec Falconet, f.163-68).

ont cependant été apportés ultérieurement à la collection. Grimm informa Catherine II le 29 juin / 10 juillet 1785 que les lettres à Sophie Volland n'avaient pu être copiées à temps pour être jointes aux autres manuscrits qui venaient d'être chargés avec la bibliothèque du philosophe sur le navire le Neptune (Dulac, 'L'envoi', p.238). Ces deux volumes (actuellement t.xxii et xxiii), auxquels on était alors en train de travailler, selon Grimm, sont l'œuvre des copistes B, C et D; leur aspect général est beaucoup moins soigné que celui de la plupart des autres copies, puisqu'on y observe des corrections en surcharge et des grattages. La correspondance avec Falconet (actuellement t.xxxii) diffère également des autres volumes par sa composition très hétérogène: quatre écritures y alternent, celles de B, K, C et d'un scribe non répertorié qui a copié la fin du volume (f.163-68; le même a copié *De la Suffisance de la religion naturelle* au début du t.xvii). Il est possible que Diderot, qui n'avait finalement pas révisé ses lettres, n'ait pas eu l'intention de les inclure dans la collection. Quant aux douze volumes qui contiennent des articles de l'*Encyclopédie*, on suppose généralement qu'ils ont été ajoutés à l'initiative des Vandeul: mais leur aspect soigné semble exclure qu'ils aient été préparés à la hâte.

Les manuscrits en 1784-1785 d'après les rapports de Grimm

Avant d'aller plus loin dans l'examen des questions liées à l'envoi des manuscrits en Russie, nous devons citer un document qui est à rapprocher de plusieurs autres publiés en 1980 (Dulac, 'L'envoi', p.234-42). Il s'agit d'un rapport à la tsarine daté du 8/19 novembre 1784[22] dans lequel Grimm traite de problèmes en rapport avec la mort de Diderot. Dans l'ensemble, ce texte confirme sa position d'intermédiaire obligé pour les relations que les Vandeul semblent avoir voulu maintenir avec l'auguste bienfaitrice de la famille, et aussi l'autonomie dont il disposait pour interpréter les décisions impériales. Grimm rend compte tout d'abord de l'emploi qu'il a décidé de faire des 1.000 roubles (environ 5.000 livres) dont Catherine lui a demandé de disposer en faveur de la veuve. Compte tenu, écrit-il, qu'elle n'est 'pas dans le besoin, sa fille et son gendre lui ayant laissé tout le bénéfice des anciens bienfaits de votre Majesté', il a fixé cette pension à 600 livres par an, au lieu des 200 roubles pendant cinq ans prévus par l'impératrice. 'Cet arrangement', conclut-il, 'a fait la plus profonde impression sur elle, sur sa fille et sur le public.' Grimm en vient ensuite à une lettre de Mme de Vandeul qu'il a longtemps gardée sur son bureau (elle est datée du 1er septembre 1784) et qu'il se décide enfin à transmettre à sa destinataire. On peut se demander pourquoi il a ainsi attendu plus de deux mois pour envoyer

22. Leningrad, Archives de la Section de Leningrad de l'Institut d'histoire (L.O.I.I.), fonds 203, no 198, f.3*v*-4*v*.

à l'impératrice cet hommage que la fille de Diderot considérait comme un 'premier témoignage de [son] respect et de [sa] reconnaissance': est-ce simplement par souci de méthode, afin de rassembler dans un même rapport ce qui concerne les affaires Diderot? Ou bien n'est-ce pas plutôt parce que cette lettre, que l'impératrice jugera, le 5 mars, 'parfaitement bien écrite et avec force', pouvait constituer une bonne introduction pour aborder le sujet principal du rapport, la question des manuscrits ? Quoi qu'il en soit, voici un extrait de cette 'pancarte' qui fut peut-être envoyée avec plusieurs semaines de retard, Grimm attendant généralement l'occasion d'un voyageur ou d'un courrier, par crainte des indiscrétions de la poste (nous modernisons la graphie).

Aujourd'hui je crois que je ne dois pas priver entièrement cette jeune et aimable femme du bonheur d'épandre son cœur et de donner un libre cours à sa reconnaissance si juste et si légitime. Elle n'a rien à désirer du côté de la fortune dans le mariage qu'elle a fait, elle est même riche pour son état; mais c'est à quoi se borne tout le bonheur de sa position. Diderot s'amusait dans les derniers temps de sa vie à faire copier tous ses ouvrages tant imprimés que manuscrits. Sa veuve m'en a fait remettre deux énormes cartons chez moi; elle m'a chargé de les offrir à votre Majesté Impériale et de les mettre sous sa sauvegarde auguste. Quelques personnes lui persuadent qu'il y a dans ces cartons des trésors que les libraires payeraient au poids de l'or. Je pense qu'il y a sans doute des choses précieuses; mais il faudrait un éditeur bien sévère et d'un grand goût pour en retrancher tout ce qui serait de moindre valeur; et puis il serait encore à craindre que les choses hardies qu'il ne faudrait pas retrancher, ne causassent du chagrin aux éditeurs et à la famille. Mon avis serait donc que préalablement on ne publiât rien, c'est aussi l'avis de la fille; mais il y a des conseillers peut-être intéressés qui ont d'autres vues. J'espère que votre Majesté m'ordonnera d'accepter et d'envoyer ces cartons ou bien de les rendre. Il y aurait un parti mitoyen à prendre, c'est de les accepter, d'en envoyer les originaux si votre Majesté en avait la curiosité, et avant l'expédition d'en faire tirer une copie qu'on rendrait à la veuve et dont elle userait suivant les circonstances. Je suis sûr d'ailleurs qu'il existe plusieurs copies de tout ce que Diderot avait dans ses portefeuilles, parce qu'il donnait toujours à qui voulait prendre, et je connais un homme que je soupçonne d'en avoir la collection complète à deux ou trois morceaux près et que je ne crois pas incapable de vouloir en faire une spéculation de finance à son profit. Je me propose de faire embarquer au printemps prochain la bibliothèque pour Pétersbourg aux ordres de votre Majesté Impériale, à moins d'un ordre contraire; elle est déjà toute emballée.

Il peut paraître surprenant que Grimm ait pu annoncer dès le mois de novembre 1784 que 'deux énormes cartons' de manuscrits, c'est-à-dire vraisemblablement la quasi totalité de la collection qui devait être expédiée en Russie, avaient été déposés chez lui, à la disposition de l'impératrice: on a cru jusqu'à présent que les héritiers de Diderot ne s'étaient dessaisis des manuscrits que le plus tard possible,[23] afin de pouvoir grossir la collection et surtout achever la préparation d'un second ensemble de copies à partir de celles qu'avaient établies

23. Voir notamment Dieckmann, 'Observations', p.65-66.

Girbal et ses 'acolytes'. Si l'on en croit Grimm, l'expédition de la bibliothèque n'a dû être repoussée jusqu'au printemps que parce qu'il était d'usage d'attendre la belle saison pour envoyer par mer une cargaison précieuse. De manière générale, il serait imprudent d'ajouter une foi aveugle aux affirmations de Grimm, comme nous aurons l'occasion de le rappeler, précisément à propos de sa manière de présenter à Catherine II les problèmes délicats que posaient quelques écrits de Diderot. Sur ce point pourtant il n'existe pas de raison sérieuse de le soupçonner de mensonge: aurait-il voulu mettre mieux en évidence l'urgence de prendre une décision concernant le sort des manuscrits? Une affabulation de ce genre n'était guère nécessaire pour cela. Si l'on admet que les manuscrits se trouvaient effectivement chez Grimm moins de quatre mois après la mort de Diderot, comment interpréter le fait? Pourrait-il s'agir d'une mesure de précaution prise dans la crainte d'une perquisition policière, un 'coup de main' comme celui que le philosophe redoutait fin 1781, semble-t-il (CORR, xv.284-85)? Elle aurait pu être déclenchée à l'annonce de sa mort[24] et il n'est pas invraisemblable que des dispositions aient été prises à cet égard, comme tendrait à l'indiquer la dispersion de certains manuscrits autographes confiés à Naigeon et à Meister vers cette époque. Grimm fait-il allusion à des préoccupations de cette sorte en écrivant que la collection est désormais placée sous la 'sauvegarde' de l'impératrice? Peut-être, car les manuscrits pouvaient bénéficier de sa propre immunité diplomatique. Cependant s'il s'agit d'une précaution de ce genre, elle paraît bien tardive et d'autres moyens pouvaient être employés pour les protéger si les Vandeul n'avaient pas achevé à cette date de faire confectionner l'ensemble des copies destinées à rester en France, ce qui demeure l'interprétation la plus simple de l'information donnée par Grimm.

Cette seconde entreprise de copie avait commencé du vivant de Diderot et avait dû se poursuivre parallèlement à celle de Girbal (Vernière, *Diderot, ses manuscrits*, p.43-48): quand Diderot écrivait à Sedaine, le 11 octobre 1781, qu'il avait besoin d'argent pour payer quatre copistes qui travaillaient simultanément, il est très probable qu'un ou deux d'entre eux travaillaient déjà pour ce qui deviendrait le fonds Vandeul. Reste le cas des copies expurgées dès leur état initial, qui ont pourtant été établies à partir de manuscrits de la collection *L*, celles du *Neveu de Rameau* et du *Rêve de d'Alembert* par exemple: leur volume n'est pas tel qu'elles n'aient pu être préparées entre août et novembre 1784, si l'on préfère penser que la 'vandeulisation' des œuvres de Diderot, selon l'expression de Jean Varloot,[25] n'a pu commencer qu'après la mort du philosophe: ce

24. A propos de cette hypothèse, voir de Booy, 'Diderot et son copiste', p.330. Il avait existé un projet de saisie des papiers de Voltaire.

25. J. Varloot, communication au colloque sur les manuscrits de Diderot, Université de Paris VIII, 1984, actes parus sous le titre *Diderot: autographes, copies, éditions* (voir ci-dessus, n.14).

qui, en fait, n'est pas certain. Mais nous reviendrons sur ce point. Si obscures que soient ces questions de chronologie, il nous semble donc qu'on peut accorder une certaine valeur à l'information donnée par Grimm et admettre que les deux collections étaient probablement à peu près achevées à la date de sa lettre.

La suite du texte de Grimm ne révèle pas vraiment de faits nouveaux, du moins de faits précis, mais multiplie insinuations et allusions: il s'y dessine pourtant une démarche qui est peut-être plus facile à interpréter que ce qui précède, bien qu'on en soit toujours réduit à des conjectures. On remarquera qu'au lieu de demander simplement les ordres de l'impératrice au sujet de l'envoi des manuscrits, Grimm commence par évoquer assez longuement les problèmes posés par la publication éventuelle des œuvres de Diderot: les propositions des libraires, la nécessité de 'retrancher' avec sévérité et aussi de se prémunir contre les suites fâcheuses que pourrait avoir la publication de certaines œuvres, celle, qui en découle, de ne rien précipiter et donc de rester maître de l'édition à venir. ... Bien qu'il assure que la fille de Diderot partage son avis sur ces questions, il le présente comme s'il n'était pas du tout assuré de le faire prévaloir au milieu de la lutte d'influence qui se développe autour de la famille. Certaines 'personnes' favorables à une publication rapide, certains 'conseillers peut-être intéressés' ne risquent-ils pas d'être écoutés? Il est clair que cette manière de mettre en valeur l'importance des enjeux et les incertitudes que comporte la situation, peut constituer une invitation implicitement adressée à l'impératrice pour qu'elle se prononce, et donc s'engage, à ce propos. N'est-elle pas concernée au premier chef, maintenant que les manuscrits sont à sa disposition?

D'autres considérations se trouvent plus ou moins allusivement associées à la question de la publication, notamment celles qui concernent l'aspect financier: la fille de Diderot ne dispose pas d'une grande fortune ... Les libraires proposeraient, paraît-il, de l'or pour ces manuscrits[26] ... Des 'conseillers intéressés' poussent à les éditer rapidement ... Un homme soupçonné d'en posséder la collection presque complète – il faut reconnaître là Naigeon – songerait à 'en faire une spéculation de finance' ... Cette insistance de Grimm ne peut être dépourvue d'intention: elle suggère assez clairement que, pour rester maître de l'édition, il faut la financer. Or le problème est urgent puisque certaines personnes sont peut-être en possession d'une partie au moins des matériaux nécessaires. Il faudrait les arrêter: qui pourrait mieux le faire que l'impératrice en annonçant le projet d'une édition fondée sur les copies établies pour elle,

26. Dieckmann cite à ce propos le *Courrier de l'Europe* (INV, p.xiv): les libraires auraient proposé 50.000 livres pour les manuscrits.

une édition qu'elle financerait et qu'elle pourrait contrôler? Car ne serait-elle pas intéressée elle-même par ces retranchements qu'il faudrait opérer, ces précautions qu'il faudrait prendre? ... Quelques années plus tard Delisle de Sales devait écrire, à propos de Diderot, que l'impératrice de Russie avait 'voulu pendant quelque temps contribuer à une édition complète de ses œuvres'.[27] Du moins le bruit en courut, suscité peut-être par certains espoirs de la famille qui pouvaient paraître naturels. Catherine voulait-elle s'engager dans cette voie? Telle semble être la question sous-jacente aux propos de Grimm. Quant aux manuscrits, des trois solutions qu'il proposait, la dernière avait visiblement sa préférence: faire 'tirer copie' de la collection, en vue d'une édition, avant d'envoyer les originaux en Russie. Il oubliait seulement de préciser que ces copies avaient déjà été préparées (comme il est probable), et même qu'elles avaient été conçues pour la publication, puisque de sévères retranchements avaient été pratiqués dans certaines œuvres: on peut en apercevoir la discrète préparation, au crayon, dans certaines copies *L*, ce qui semble indiquer que les Vandeul prévoyaient alors de lancer assez rapidement une édition, à moins qu'ils n'aient agi ainsi par souci d'économie, pour éviter d'avoir à faire préparer d'autres copies destinées à l'imprimeur.

Grimm avait évidemment intérêt à ce que l'impératrice s'intéressât à ces projets: il aurait eu la haute main sur une édition qui aurait été entreprise sous son égide, alors que celle qu'aurait lancée Naigeon, qui alors n'était pas en mauvais terme avec les Vandeul, lui aurait échappé complètement. Mme de Vandeul semble avoir discrètement appuyé sa démarche: sa lettre d'hommage était un appel à la continuation de la protection impériale. Dans sa réponse à la proposition d'achat transmise par Grimm, elle écrira qu'une fois entre les mains de l'impératrice, les manuscrits de son père seraient 'à jamais sauvés de l'oubli' ('L'envoi', p.241). Quant à Catherine elle ne retint, du rapport de Grimm, que deux aspects: la question financière, qui y était évoquée de manière insistante, et la nécessité d'éviter le 'chagrin' que pourrait provoquer la révélation de certaines œuvres dans une édition mal contrôlée. Sur le premier point, elle répondit, le 5 mars 1785, par un ordre d'achat ('vous les paierez ce qu'on vous en demandera'), bien qu'il n'y ait pas eu véritablement de proposition de vente. A propos du second point, la réponse fut également à côté de la question: les œuvres de Diderot, assura-t-elle, 'ne sortiront pas de mes mains et ne feront tort à personne' (SRIO, 23, p.327). Elle ne disait pas un mot du problème de l'édition: entre autres raisons, il est évident qu'elle se souciait peu d'être associée à la publication des œuvres d'un philosophe qui avait suscité une très large hostilité à la Cour et à l'Académie de Pétersbourg en découvrant sans retenue

27. Voir ci-dessous l'annexe de l'article de Michel Delon, 'Editer la correspondance', p.410.

des opinions par trop scandaleuses. D'ailleurs ce qui était bon en privé n'était pas nécessairement à livrer au public: celle qui avait interdit la vente de l'*Emile* en Russie,[28] pouvait-elle patronner l'édition du *Rêve de d'Alembert*?

Une autre question doit être examinée à propos du rôle joué par Grimm au moment de l'expédition des manuscrits en Russie: celle du contrôle qu'il a été ou n'a pas été en mesure d'exercer sur le contenu de la collection. Nous avons déjà eu l'occasion de signaler qu'éprouvant quelques inquiétudes à propos de ce que l'impératrice pourrait y découvrir, il avait jugé prudent de préciser qu'il en ignorait une bonne partie ('L'envoi', p.238, 245). Nous en savons un peu plus aujourd'hui. Quand il a été possible de collationner le texte du morceau sur la princesse Dachkov (no 16) que Grimm prétendait avoir soustrait à la collection pour l'envoyer directement à l'impératrice avec un commentaire approprié ('L'envoi', p.238), il est apparu qu'il avait en réalité fait disparaître la copie originale pour lui substituer une version expurgée (voir DPV, xviii.373). Le problème posé par l'envoi à Catherine II des *Observations sur le Nakaz* est plus sérieux: on sait la colère qu'elle éprouva en découvrant le manuscrit, peu après l'arrivée de la bibliothèque. Grimm put craindre d'avoir démérité en ne prémunissant pas sa protectrice contre le risque d'une divulgation. Il se répandit alors en propos injurieux et méprisants sur les écrits politiques de Diderot (les 'rêvasseries d'un imbécile'), assura l'impératrice que la fille de Diderot n'avait conservé aucune copie de l'œuvre (ce qui bien sûr était faux), et surtout afficha une totale ignorance quant à son contenu, allant jusqu'à supposer qu'elle datait des années 1767-1768, ce qui était contre toute vraisemblance.[29] Il est bien difficile de croire que Grimm n'ait rien su des *Observations* dont Diderot ne faisait pas mystère en 1774, et plus difficile encore d'admettre qu'il ait pu ignorer, en 1785, l'existence du manuscrit, alors que la collection avait été déposée chez lui, qu'il en avait fait préparer le catalogue et l'avait expédié à Catherine ('L'envoi', p.237). D'un autre côté, l'exemple du morceau sur la princesse Dachkov prouve que, très soucieux de ménager la susceptibilité de l'impératrice, il aurait tout fait pour arrêter un texte aussi dangereux: le plus probable paraît donc que des mesures particulières avaient été prises par Diderot lui-même pour que Grimm ne pût s'opposer à l'envoi des *Observations*, ce message posthume qui rétablissait dans toute sa force son appréciation sur les entreprises politiques de Catherine II.

28. Moscou, Archives d'actes anciens (Ts.G.A.D.A.), fonds 10, opis 1, no 400 (ordre secret de Catherine II, 1763).

29. Archives de la Section de Leningrad de l'Institut d'histoire (L.O.I.I.), fonds 203, no 198, f.103*v*-104*v* (rapport de Grimm daté du 8/19 juin 1786). Voir ce texte dans G. Dulac, 'Le discours politique de Pétersbourg' suivi de 'Diderot politique vu par Grimm', *Recherches sur Diderot et sur l'Encyclopédie* 1 (octobre 1986), p.51-52.

Quelques observations sur les copies L

Comme nous le signalions au début de cette étude, les éditions critiques préparées ces dernières années ont confirmé la valeur des copies *L* et ont montré la supériorité de beaucoup d'entre elles qui ont fourni notamment le texte de base du *Salon de 1765* (DPV, xiv), du *Rêve de d'Alembert* (DPV, xvii), du *Supplément au Voyage de Bougainville* et de plusieurs contes (à paraître dans DPV, xii), du *Plan d'une université* (à paraître dans DPV, xxii). ... Il n'entre pas dans notre propos d'établir une synthèse de la masse d'informations que ces éditions ajoutent à notre connaissance de la collection *L*. Nous nous contenterons d'examiner ici quelques points à partir d'une observation directe, mais malheureusement incomplète et trop rapide, des manuscrits.

On remarque dans la collection deux types d'interventions postérieures au travail de copie: celles qui ont eu pour but l'amélioration du texte, à laquelle plusieurs mains ont contribué, chacune pour quelques volumes seulement; celles d'autre part qui ont préparé, plus ou moins discrètement, la confection de versions expurgées de certaines œuvres qui se trouvent actuellement dans le fonds Vandeul. Diderot lui-même a revu certaines copies, la plume à la main, en assez petit nombre toutefois; mais on ne peut être certain d'avoir repéré toutes ses interventions, et il est des cas où l'identification de l'écriture fait problème. Dans la copie Girbal de *Jacques le fataliste* (*L*, t.xiii) il a rétabli des mots sautés (p.69, 127, 332 ...) et quelques menues corrections lui sont sans doute imputables. Le dernier paragraphe du roman a été ajouté de sa main. L'intervention la plus étonnante est une censure opérée, semble-t-il, par l'auteur lui-même qui, dans la digression sur les contes obscènes (p.481-82), a remplacé *foutez* par *aimez*, *foutre* par *j'aime, nous aimons, vous aimez, ils aiment* et *le mot futuo* par *le mot sacramentel, le mot propre.* Le cas est unique dans toute la collection, et même si l'identification de l'écriture était certaine, il serait sans doute abusif d'y voir un précédent à une certaine forme de 'vandeulisation' qui a touché tant d'autres manuscrits préparés par les héritiers du philosophe. Dans *Est-il bon? Est-il méchant?* (t.xiv), la dernière copie établie par Girbal, semble-t-il, les interventions de Diderot sont exceptionnellement nombreuses: il a apporté quelques corrections et surtout une douzaine environ de très courtes additions. Il faut noter que ces modifications ont pour la plupart été reportées sur l'autographe par le copiste (DPV, xxiii.299). On observe également des corrections et des additions de la main de l'auteur, mais peu nombreuses, dans les contes (t.xvi), dans les *Regrets sur ma vieille robe de chambre* (t.xvii, une correction autographe au f.251*v*) et peut-être dans *Sur les femmes* (t.xvii, une correction au f.218*v*). En revanche il est douteux qu'on puisse reconnaître la main de Diderot dans deux additions du *Rêve de d'Alembert* signalées par

Tourneux (xxix.87). La première de ces additions, le rétablissement d'une réplique omise (*Et d'où viennent ces sauts? Bordeu*) est certainement de la main de Naigeon. La seconde, d'une encre plus pâle, apporte une indication scénique (*Après un moment de silence ... question suivante*): elle est peut-être de la main du philosophe. Cependant si on retient cette identification, il en résulte une conséquence curieuse: le manuscrit n.a.fr. 13730 du *Rêve* (que nous appellerons *V1*), certainement établi à partir de *L*, ne comportait pas cette addition dans son état initial; elle a été ajoutée ultérieurement d'une autre main, celle de Vandeul semble-t-il. *V1* serait donc antérieur à la mort de Diderot. Or il s'agit d'une copie outrageusement censurée: les passages sur l'éjaculation de d'Alembert et sur les actions solitaires, notamment, ont été sautés lors de l'établissement de la copie, conformément aux indications au crayon portées sur *L*. La 'vandeulisation' aurait-elle commencée du vivant de Diderot?

Les interventions de Naigeon dans la collection *L* sont nombreuses. Il semble qu'on ne puisse en observer que dans les œuvres où Diderot lui-même n'est pas intervenu, si l'on excepte le cas problématique du *Rêve de d'Alembert*. On les trouve dans le *Paradoxe* (t.xiv), peut-être dans les *Additions aux Bijoux indiscrets* (t.xvi) et dans le *Salon de 1765*, où *Hogarth* semble rétabli deux fois de sa main (xix.160), dans le *Plan d'une université* (t.xxvii, un nom rétabli à la dernière page) et enfin dans le *Rêve* (t.xxix). Les cinq interventions qu'on observe dans cette dernière œuvre paraissent toutes justifiées, y compris la substitution de *irrésistiblement* à *insensiblement*, sur laquelle s'interrogeait H. Dieckmann ('Observations sur les manuscrits', p.67): en effet, la leçon de Naigeon est attestée par la copie établie à Pétersbourg en 1774. De manière générale, Naigeon semble avoir bien connu la collection et l'on a déjà remarqué qu'il y a souvent une nette parenté entre les manuscrits de sa main, ou le texte de ses éditions, et les copies de Leningrad. Ainsi lorsqu'il cite une phrase des *Eléments de physiologie* en marge de sa copie du *Rêve*, elle est tirée de la version représentée par la copie *L*. On pourrait faire la même remarque à propos des citations que comporte ses *Mémoires sur Diderot*[30] écrits peu après la mort du philosophe. Il a donc dû collaborer à la mise au point de la collection et ses rapports avec les Vandeul paraissent avoir été bons au départ.[31] On comprend que Grimm ait pu s'inquiéter, en 1784, de l'influence qu'il pouvait exercer à propos du projet d'édition qui semblait alors pouvoir être réalisé.

Signalons enfin, dans quelques copies *L*, des interventions d'une main que

30. J. A. Naigeon, *Mémoires historiques et philosophiques sur la vie et les ouvrages de D. Diderot* (Paris 1821).

31. J. Massiet Du Biest, 'Lettres inédites de Naigeon à Mr et Mme de Vandeul (1786-1787) concernant un projet d'édition', *Bulletin de la Société historique et archéologique de Langres* 12 (1948), p.1-12.

nous ne savons pas identifier: c'est une écriture assez grosse et ronde, qui tend vers la calligraphie sans être nécessairement une écriture de copiste. Elle pourrait faire songer à celle de Grimm mais une telle identification nous paraît très douteuse. On observe des corrections assez nombreuses de cette main dans *La Religieuse* (t.xxv) et les *Eléments de physiologie* (t.xxxi).

Avec les interventions de la main de Vandeul, nous abordons une autre question, celle de la censure que les héritiers de Diderot ont jugé nécessaire à la préparation d'une édition. Il semble que les copies destinées à Catherine II n'auraient pas dû être atteintes par cette opération: elles l'ont été assez peu, en partie sans doute par inadvertance et pour la seule raison qu'elles ont servi de modèles pour l'établissement des versions expurgées. Il faut observer à ce propos que, vu la médiocrité de ces copies censurées, la décision de les établir à partir de *L* correspondait au choix de la solution la plus facile (c'étaient des modèles très lisibles), plus qu'à un souci de qualité. Les seules interventions vraiment graves que l'on constate dans la collection *L* concernent la copie, établie par Girbal, des *Deux Amis de Bourbonne*: des noms propres, noms de personnes mais aussi noms de terres ou de villages, sont raturés à l'encre noire, de même qu'un membre de phrase désignant un personnage par une périphrase, et enfin le mot *bougre* ... Cette censure est maladroite et semble inachevée: des mots restent en suspens. Sauf erreur il n'existe dans la collection que deux autres interventions à l'encre qu'on puisse attribuer à Vandeul: dans la copie du *Rêve* (t.xxix), une banderole de papier épinglée p.152 propose de substituer *le célibat* à *la chasteté* (il a été tenu compte de cette correction dans la copie n.a.fr. 13730, que nous appelons *V1*). Dans le *Neveu de Rameau* (xxvi.42), une addition marginale a rendu perplexes les commentateurs: 'Ici se trouve une lacune dans le manuscrit original, la scène a changé, et les interlocuteurs sont entrés dans une des maisons qui environnent le Palais-Royal.' H. Dieckmann se demandait s'il n'y avait pas eu effectivement une lacune, à cet endroit, dans l'autographe ('Observations sur les manuscrits', p.63). La raison de l'addition, qui sera reprise sous une forme légèrement différente dans *V1* (n.a.fr. 13760), semble être tout autre: Vandeul a dû juger indécent que le dialogue se déroule dans un café! On observe en effet dans la suite de la copie *L* que des passages faisant allusion au public du café de la Régence (p.90 et 161) sont soulignés au crayon ou marqués d'un trait ondulé en marge: ils seront omis dans *V1*, puis finalement rétablis par une autre main, cette suppression ayant finalement paru trop absurde. L'addition marginale était donc destinée à préparer ces coupures: elle a dû être portée sur *L* par erreur. Dans la quasi totalité des cas, les interventions préparant des coupures sont en effet très discrètes: ce sont des noms propres, ou des mots jugés indécents soulignés au crayon, des passages marqués d'un trait ondulé en marge, parfois à peine visible. Il a été tenu compte de ces indications dans les copies correspondantes du fonds Vandeul. Mais la censure a dû être préparée hâtivement: elle est rarement très cohérente. On observe de ces marques au crayon dans la *Satire 1ère* (t.xviii), où quelques mots ont été en outre barrés au crayon, dans le *Neveu de Rameau* (t.xxvi) et dans le *Rêve de d'Alembert* (t.xxix), où le projet de censure vise, outre les noms propres, tous les passages un peu lestes.

Ajoutons, pour terminer, quelques mots sur cette relation entre les manuscrits destinés à Catherine II et les nombreuses copies du fonds Vandeul qu'ils ont servi à établir. Paul Vernière a montré que les copistes B, C, D et G ont copié Girbal du vivant même de Diderot (*Diderot, ses manuscrits*, p.43-47). Bien que cette affirmation soit appuyée dans quelques cas sur une analyse inexacte des filiations, il n'y a pas lieu de la contester. Un exemple curieux, qui avait été remarqué par Jeanne Carriat, montre que ce travail de reproduction a dû, dans certains cas au moins, accompagner l'activité de Girbal: dans le tome xvii de *L* on trouve, mêlés à la copie Girbal des *Regrets sur ma vieille robe de chambre*, une page de titre en double et, après le texte, un feuillet isolé correspondant aux deux dernières pages, qui sont donc également en double (f.254). Ces trois pages, qui sont de la main du copiste D, auraient dû être insérées dans le ms. n.a.fr. 13764 (*V1*), qui a été préparé par ce copiste à partir de *L*; elles ont été insérées par erreur dans cette dernière copie avant le brochage et le copiste de *V1* a dû refaire les pages manquantes. *L* et *V1* ont donc dû être préparés presque simultanément, peut-être dans le même atelier (voir ci-après, p.208).

4. Les copies postérieures à 1785

Ces copies ne présentent guère d'intérêt pour l'édition mais elles peuvent cependant apporter quelques informations sur la diffusion manuscrite de certaines œuvres de Diderot, sur des projets de publication et, peut-être, indirectement, sur l'état des manuscrits qui ont servi de modèle. Nous donnons quelques précisions dans l'annexe qu'on trouvera ci-après sur une collection de copies (no 23) qui ont été établies vraisemblablement entre 1798 et 1805, à partir des manuscrits envoyés à Catherine II en 1785. Ces copies manifestent même un souci de mimétisme étonnant par rapport aux copies Girbal. Les pages de titre des six liasses portent des annotations en allemand indiquant qu'il s'agit d'œuvres déjà publiées ou inédites.[32] Dans la note qu'on lira ci-après, J. von Stackelberg établit que la copie du *Neveu de Rameau* qui se trouve dans cet ensemble ne

32. T. Voronova décrit cet ensemble de copies dans 'L'héritage manuscrit de Diderot', *Colloque international Diderot (1713-1784): Paris – Sèvres – Reims – Langres (4-11 juillet 1984)*, éd. Anne-Marie Chouillet (Paris 1985), p.441-43.

peut avoir été celle que fit établir F. M. Klinger et qui fut à l'origine de la traduction publiée par Goethe.

Des listes d'œuvres de Diderot (no 24), accompagnées d'un fragment de copie, se trouvent dans un autre fonds de la Saltykov-Chtchédrine: elles ont peut-être quelque rapport avec les copies précédentes et pourraient correspondre à un projet de publication.

Enfin nous ne pouvons signaler que de manière très vague des copies d'œuvres de Diderot, notamment du *Rêve de d'Alembert*, conservées à la Bibliothèque Lénine. Elles datent peut-être de la fin du dix-huitième siècle ou du début du dix-neuvième.

5. Manuscrits conservés dans d'anciennes collections privées et fonds divers

Beaucoup de bibliothèques et d'archives soviétiques possèdent des collections d'autographes qui souvent ne sont pas dépouillées dans les instruments de recherche dont on peut disposer facilement. Une enquête systématique devrait être menée à cet égard. Parmi les autographes qui se trouvent conservés dans de tels fonds, certains ont rapport avec la Russie, où ils sont parvenus au dix-huitième siècle: c'est le cas par exemple de la lettre de Diderot à Betski conservée à la Maison Pouchkine à Leningrad (no 15). Bien souvent il s'agit au contraire d'acquisitions de collectionneurs. Ainsi la plupart des billets connus de Diderot à Girbal se trouvent à Leningrad (nos 14, 18, 19, 20): trois dans la Collection des autographes étrangers de la bibliothèque Saltykov-Chtchédrine, un à la Maison Pouchkine. De tels fonds peuvent réserver d'heureuses surprises: nous signalons une lettre inédite à Suard (no 8), fort intéressante, conservée au Musée historique à Moscou, dans une petite section de manuscrits qui domine la Place Rouge. On trouvera mentionnés dans l'annexe d'autres fonds de ce genre (nos 9, 17, 25).

On peut rattacher à cette catégorie, bien qu'il s'agisse de fonds très différents de ceux que nous venons d'évoquer, les archives de la Société impériale russe d'histoire. On sait que cette société a publié dans son Recueil (*Sbornik*, désigné par le sigle *SRIO*) des lettres de Diderot, de Catherine II ... Il pourrait s'y trouver des copies intéressantes, sinon des originaux. Nous n'avons pu qu'amorcer cette enquête, dernier exemple que nous donnerons des recherches qui pourraient encore être tentées dans les fonds soviétiques avec un espoir raisonnable, fondé sur l'extrême dispersion des manuscrits, la complexité de leur histoire et le peu d'attention dont ils ont longtemps été l'objet.

Annexe:
Les manuscrits localisés dans les fonds soviétiques

Cette liste constitue une simple récapitulation des lieux de conservation: les manuscrits ne sont que sommairement désignés. Nous avons cependant donné un peu plus d'informations sur quelques documents encore mal connus. Nous avons signalé les microfilms (Mf), les photographies (Ph) et les photocopies (Pc) existant à la Bibliothèque nationale, au Centre d'étude des dix-septième et dix-huitième siècles de l'Université de Paris IV (UA 96 du CNRS) et au Centre d'Etude du dix-huitième siècle de l'Université Paul Valéry - Montpellier III (UA 1037 du CNRS), en abrégé: BN, Paris Sorb., Montpellier.

On trouvera de nombreuses précisions sur les archives et fonds manuscrits de Moscou et Leningrad dans l'ouvrage de P. K. Grimsted, *Archives and manuscript repositories in the USSR – Moscow and Leningrad* (Princeton 1972); *Supplément 1*. Bibliographical addenda (Zug 1976).

i. *Moscou*

Archives centrales d'actes anciens (Ts.G.A.D.A.)

1. Fonds 5, no 159. Lettres de Diderot à Catherine II (autographes): (13/9/74; 17/12/74; 22/02/74; 29/06/79; 25/08/81. Mf. Paris Sorb.

2. Fonds 10, opis 3, no 504. 'Feuillets' autographes pour Catherine II, 1774; se rattachent aux *Mélanges* (no 7); publiés par E. Lizé dans *D.H.S.* 10 (1978), p.191-222. Mf. Montpellier.

3. Fonds 11, opis 1, no 1051. Copie tardive d'une lettre de Diderot à sa femme, 9 avril 1774 (CORR, xiii.229-36; no 836).

4. Fonds 17, no 82. [Diderot], *Plan d'une université*: manuscrit envoyé à Catherine II en 1775; copie par Girbal, avec des additions et des corrections autographes.

5. Fonds 17, no 188. [Diderot], *Les Deux Dialogues*: manuscrit offert à Catherine II en février 1774; comprend une version déguisée du *Rêve de d'Alembert*, un 'Avertissement' et 27 'fragments' partiellement inédits; copie avec corrections et additions autographes. Mf. Montpellier.

6. Fonds 181, op. 16, no 1433 (1-26). *Correspondance littéraire* de Grimm et Meister, 1765-1797; exemplaire de Catherine II. Mf. Paris Sorb.

Archives centrales de la Révolution d'Octobre (Ts.G.A.O.R.) (les anciennes Archives historiques centrales en constituent une section)

7. Fonds 728, opis 1, no 217. [Diderot], *Mélanges philosophiques, historiques, etc.*: manuscrit autographe publié par P. Vernière sous le titre de: *Mémoires pour Catherine II*. Mf. BN.

Musée historique d'Etat (G.I.M.), Section des Sources écrites (O.P.I.)

8. Fonds 166, éd. 6, f.16. Lettre autographe de Diderot à Suard, sans date (août 1768),

inédite: 'Il fait, mon cher ami, un tems de diable ...' Dans cette lettre de trois pages, Diderot sermonne son correspondant qui lui a envoyé 'un livre infame, sans le couvrir d'une enveloppe cachetée' (voir la lettre à Sophie Volland du 28 août 1768, CORR, viii.103). Ph. Montpellier.

Archives centrales de littérature et d'art (Ts.G.A.L.I.)

9. Fonds 195, opis 1, ed. 6062. Lettre et questions autographes de Diderot au comte Ernst Münnich (31 janvier 1774): la lettre occupe la première page d'un feuillet double; à l'intérieur se trouvent deux feuillets simples, qui forment quatre pages occupées par les questions (A.T., xx.45-48). Mf. Montpellier.

Bibliothèque Lénine

10. Fonds 323 (Khrapovitski), no 1349.2. *Questions* [de Diderot] *et réponses* [de Catherine II] sur la population, la société et l'économie de la Russie: copie de la main de Catherine II; 29 pages sur deux colonnes. Mf. Montpellier.

ii. *Leningrad*

Archives de l'Académie des sciences

11. Fonds 1, opis 2, no 10. [Questions de Diderot sur la Sibérie, autographe]: 'Mémoire recommandé à sa Maj. Imp.' Feuillet double formant quatre pages; traces de pliure, en croix; en haut de la première page, de la main de J. A. Euler: 'communiqué à l'Académie le 1er novembre 1773'. Mf. Montpellier.

12. Fonds 1, opis 3, no 60, f.95. Lettre autographe de Diderot remerciant l'Académie des sciences pour sa nomination comme membre associé, 27 octobre 1773 (CORR, xvi.48-49; no 814 bis). La lettre de J. A. Euler informant Diderot qu'il a été choisi 'd'après le vœu de Son Excellence Mons. le Comte Orlov, son directeur, pour remplir une place d'associé étranger' est datée du 25 octobre (fonds 1, opis 3, no 55, f.71); elle est adressée 'à monsieur Diderot de l'Académie française', ce qui explique la remarque de ce dernier à la fin de sa réponse: 'Si l'académie de Paris avait été libre, il y a longtemps que son choix aurait justifié le vôtre.'

Archives historiques centrales d'Etat (Ts.G.I.A.)

13. Fonds 1678, opis 1, no 2, f.3^a, 3^b. Copies de deux lettres de Diderot à E. Bach, (1774), de la main du comte W. Nesselrode. Texte sans doute conforme à l'original inconnu, et différent de celui donné dans CORR, xvi.49-51, qui est partiellement issu d'une traduction allemande.

Maison Pouchkine (Institut de littérature russe)

14. Fonds 75 (coll. Kaminskaïa), no 3. Billet autographe de Diderot à Girbal, 'Monsieur Roland, quand ma religieuse reviendra-t-elle donc?' (CORR, xv.289; no 943).

15. R1, opis 41, no 18. Lettre autographe de Diderot à I. Betski datée: '29 10bre 1767' (pour 1766): 'je suis confondu; je reste stupéfait'; 6 pages. Le texte publié (CORR,

vi.355-61; no 421) est très fautif et mal daté. Pc. Montpellier.

Archives de l'Institut d'histoire (L.O.I.I.)

16. Fonds 203 (Catherine II), no 224. [*Sur la princesse Dachkov*] (DPV, xviii.374-83): copie envoyée à Catherine II par Grimm en 1785. Ph. Montpellier.

Bibliothèque publique Saltykov-Chtchédrine

17. Collection Soukhtelen. Autographe de Diderot sur l'album de J. J. Björnståhl daté 'ce 20. 7bre 1774' (CORR, xiv.89).

18. Collection Vaksel, no 710. Lettre autographe de Diderot à Girbal: il lui adresse 'Mr Le Sage' etc.; sans date (CORR, xv.277-78; no 940).

19. Collection des autographes étrangers, no 30 (anciennement coll. Skaldine). Lettre de Diderot à Girbal, sans date, avec le Post-scriptum de *La Religieuse* (CORR, xv.290-91, no 944).

20. Collection des autographes étrangers, no 29. Billet de Diderot à Girbal, sans date: 'Mon cher monsieur Roland, donnez-vous la peine ...' (CORR, xv.318; no 951).

21. ERM. FR. 42/t.1-32. Collection des Œuvres de Diderot parvenue à Pétersbourg en 1785 avec la bibliothèque du philosophe. Mf. BN pour les t.xii-xxi, xxiv, xxvii, xxix, xxx, avec quelques lacunes; Mf. Montpellier pour ce qui manque à la BN, notamment: t.i-xii (*Encyclopédie*), xvi (*Les Deux amis de Bourbonne*), xviii, xxii-xxiii (lettres à Sophie Volland), xxv (*La Religieuse*), xxvi (*Le Neveu de Rameau*), xxviii (*Réflexions sur De l'Esprit*, *Réfutation de l'Homme*), xxxii (Correspondance avec Falconet).

22. Collection des manuscrits de Voltaire, t.ii. f.363-364*v*. '*Introduction aux grands principes ou réception d'un philosophe.*[a] Un Sage, le prosélyte, le parrein. [note au bas du premier feuillet, d'une écriture différente de celle du copiste:]

(a) cette pièce et la troisième sont de m. de seguier lieut. col. du regt, cousin germain de celui qui a l'honneur d'être connu de monsieur de voltaire. [De la même écriture qui est semble-t-il celle d'un jeune correspondant de Voltaire, on lit cette apostille au bas du f.364:] c'est cette plaisenterie qui a donné lieu a la piece suivante. on avait eu l'auteur en vue dans cette plaisenterie, et on lui atribuait des sentiments qu'il n'a pas. c'est pour exposer ses veritables sentiments qu'on a ecrit ce qui suit. vous comprenés, monsieur, que le jeune homme dont il est question ici, est celui qui a l'honneur de vous ecrire.' Ce document reste à interpréter.

23. FR. Q. XVII. 55 / 1-6. Copies d'œuvres de Diderot entrées à la Bibliothèque publique en 1863; origine inconnue; des sondages indiquent que le texte est issu directement ou indirectement des copies arrivées à Pétersbourg en 1785. D'après la répartition qui y est faite entre œuvres inédites et œuvres déjà publiées, cette collection a probablement été préparée entre 1798 et 1805. L'étude de J. von Stackelberg qu'on lira plus loin semble indiquer qu'il ne peut s'agir des copies que F. M. Klinger a fait passer en Allemagne vers cette époque. Notre examen a été très sommaire.

1 – *Les Deux amis de Bourbonne*. Conte
– *Madame de la Carlière*

– *Ceci n'est point un conte ou Madame Reymer et Tanié, et Mademoiselle de la Chaux et Gardeil*
– *Additions aux Bijoux indiscrets.*

2 – *La Suite d'un entretien entre Mr. d'Alembert et Mr. Diderot et le Rêve de d'Alembert* [sur la page de titre:] Soll noch ungedruckt seyn [l'œuvre doit être encore inédite].

3 – *Voyage en Hollande* [même note qu'au no 2]
– *Voyage à Bourbonne et à Langres* [même note]

4 – *Le Neveu de Rameau* [même note]: au sujet de cette copie voir ci-après l'article de J. von Stackelberg. La pagination est exactement celle de la copie Girbal.

5 – Œuvres diverses. *Sur l'Atlantide / De la durée du monde / De l'éducation* ('N'attendez rien ...') / *Remarques sur l'éducation* pour Mad^{e} la Comtesse de Forbach. / *L'Oiseau blanc conte bleu.*

6 – Schon gedruckte Aufsaetze von Diderot [Œuvres de Diderot déjà publiées].
– *Poésies*
– *Supplément au Voyage de Bougainville*
– *Principes de la politique des souverains* [même texte que la copie qui se trouve dans la collection arrivée à Pétersbourg en 1785].
– *Introduction aux grands principes ou réception d'un philosophe.*
– *De la suffisance de la religion naturelle*
– 'Anciennement dans l'île de Ternate ...'
– *Des idées accessoires*
– [*Addition aux pensées philosophiques*] 'Il m'est tombé entre les mains un petit ouvrage fort rare intitulé Objections diverses contre les écrits de différents théologiens ...'
– [*Entretien d'un père avec ses enfants*]. Le début manque et le manuscrit commence à: 'testament qui vous deshérite ...'

24. FR. F XVIII no 40. Karl Gilbert.
– Liste d'œuvres de Diderot (fin dix-huitième – début dix-neuvième?), ressemble à première vue à un projet d'édition; mais on pourrait y reconnaître à la rigueur, sous une tomaison différente, un inventaire des tomes xiv (*Œuvres dramatiques*) et xv (*Jugements sur divers ouvrages*) de la collection arrivée en 1785. Nous ne citons que les principales divisions de la liste et les débuts et fins des énumérations qui les suivent:

Œuvres dramatiques. Tom I.
a) Projet de preface
b) Les Peres malheureux
c) Plan du Shérif.

[...]

Œuvres dramatiques. Tom II.
a) Est-il bon? Est-il mechant ou l'officieux persifleur.
b) Avis à un poete sur la Tragedie de Regulus
c) Paradoxe sur le comédien.

Jugemens sur divers ouvrages tom. I,
a) Lettre aux academiciens du Roiaume et à tous les françois sensés

[...]

hh) Voyage de Bougainville

Jugemens Tom II
a) Histoire de la chirurgie [un mot illisible en allemand]
[...]
hhh) discours de M. Dupaty

– Autre liste sur une petite feuille en forme de signet: 'Œuvres de Diderot' (donne le contenu de six volumes et un supplément; ne semble correspondre à aucune édition connue, malgré quelques ressemblances avec l'édition Belin).

– Dans le même dossier, copie partielle de la lettre à Voltaire datée 28. 9bre. 1760: 'Monsieur et cher maître L'ami Thiriot [...]'. La copie est brusquement interrompue au milieu d'un mot ('... de suite, en cou'); très soignée, elle constitue par sa présentation une sorte de fac-simile du texte donné au tome xviii de la collection arrivée en 1785 (no 21); ressemble également aux copies énumérées sous le no 23; papier C & I Honig. L'étude de ces dossiers reste à faire.

iii. *Tartou (Estonie)*

Bibliothèque de l'Université

25. Ms. 705. Lettre de Diderot à Euler (22 février 1774) (CORR, xiii.196-97; no 829).

JÜRGEN VON STACKELBERG

Un nouveau manuscrit du *Neveu de Rameau* découvert à Leningrad

A L'OCCASION du Colloque international sur Diderot, tenu en été 1984 à Paris, Reims et Langres, Mme Tamara P. Voronova, Conservatrice des manuscrits occidentaux de la Bibliothèque Saltykov-Chtchédrine à Leningrad, fit savoir qu'il s'y trouvait, dans un lot distinct des œuvres de Diderot envoyées à Catherine II après la mort du philosophe, un manuscrit du *Neveu de Rameau* qui pourrait à son avis être celui dont s'était servi Goethe pour sa traduction en allemand, ou, du moins, une copie de ce manuscrit.[1] Intitulée simplement *Le Neveu de Rameau*, cette copie est écrite soigneusement de la main d'un professionnel qui savait bien le français, avec cependant quelques particularités dans sa façon d'écrire, tels les 's' longs, ou longs et courts au milieu des mots. Les noms propres sont tous écrits en majuscules, de même que certains substantifs désignant des professions ou des qualifications de personnes (Courtisane, Moraliste, etc.). La ponctuation est assez régulière, les citations sont toutes soulignées.

La première chose à faire pour savoir s'il s'agissait vraiment du manuscrit procuré par Max Klinger à Goethe, en passant par l'intermédaire de Schiller, ou d'une copie de celui-ci, était évidemment un relevé comparé des 'erreurs de Goethe'. Depuis la thèse de R. Schlösser, parue en 1900 ('*Rameaus Neffe*, Studien und Untersuchungen zur Einführung in Goethes Übersetzung'), nous savons en effet que Goethe s'est trompé assez souvent dans sa traduction du dialogue de Diderot. Pourtant nous ne pouvons établir avec certitude les cas où il ne savait pas assez bien le français pour comprendre le texte original, et ceux où il a peut-être eu sous les yeux une version incorrecte (par rapport à l'autographe de Diderot). Les éditeurs des œuvres de Goethe ont depuis longtemps pris l'habitude de supposer que de telles 'fautes' de copie, ou du moins des passages difficiles à déchiffrer, étaient à l'origine d'une bonne douzaine des 'erreurs de Goethe', de manière à disculper le traducteur. Ainsi, s'il traduisit 'Thron' au lieu de 'Stamm', il leur paraissait évident que dans le manuscrit devait s'être trouvé 'trône' et non pas 'tronc', comme on le lit dans

1. *Colloque international Diderot (1713-1784): Paris – Sèvres – Reims – Langres (4-11 juillet 1984)*, éd. Anne-Marie Chouillet (Paris 1985), p.441-42.

le manuscrit Girbal; si Goethe traduisit 'der Bogen stirbt' au lieu de 'der Bogen bewegt sich', le manuscrit qu'il avait eu sous les yeux devait avoir comporté 'l'archet se meurt' à la place de 'se meut', etc.[2] Qu'en est-il dans le manuscrit nouvellement trouvé à Leningrad? Ces 'fautes' ou passages difficiles à déchiffrer s'y trouvent-ils?

La réponse ne fait pas de doute: non! A une seule exception près, aucune des hypothèses des éditeurs de Goethe ne s'y trouve confirmée. Dans le nouveau manuscrit on lit bien clairement 'tronc' (p.22), on y lit 'l'archet se meut' (p.46), on y lit aussi 'le même bonheur' (et non pas 'honneur', comme on l'avait supposé, p.71), on y lit 'glaner' (et non pas 'planer', ou 'flâner', p.104), on y lit 'belîtres' (et non pas 'bel être', comme Goethe a dû le lire, car il traduisit 'schönes Wesen', p.117), on y lit 'rechignait' (et non pas 'résignait', p.121), on y lit 'une variété infinie' (et non pas 'une vérité infinie', p.145) et c'est bien 'un manteau long' (et non pas 'un menton long') qu'on y lit (p.195). Comparaison faite avec le manuscrit Girbal – que H. Coulet me permit aimablement d'utiliser dans ce but – il s'est avéré que tous ces mots ou passages s'y trouvaient également: *les deux versions manuscrites sont en effet identiques d'un bout à l'autre*, et 'notre' copiste a même eu le soin de commencer et de finir chaque page par les même mots, de telle sorte que sa pagination est exactement la même que celle de Girbal (il n'y a que les lignes qui ne se correspondent pas toujours, mais il rattrape la différence en bas de page).

Une des variantes les plus curieuses entre l'autographe de Diderot et toutes les autres versions connues du *Neveu de Rameau* est le mot 'machine' à la place de 'mâchoire' (p.87 du manuscrit Girbal et du nôtre – p.48 de l'édition Fabre, Genève 1963). Goethe traduisit 'Maschine' ('und die Maschine schließt sich'). Il n'ignorait cependant pas le mot 'mâchoire', car il le traduit correctement un peu plus bas par 'Kinnlade'. Mais ici, il dit 'Maschine' – ce qu'il ne peut avoir inventé. Et de fait, Girbal écrit à cet endroit 'Machine', de même que notre copiste. C'est donc la seule des hypothèses des éditeurs qui se trouve vérifiée par le texte, à moins qu'on ne veuille compter parmi celles-là aussi 'Bertinus', comme l'écrit Girbal, comme l'écrit aussi notre copiste, et comme le traduit Goethe, à la place de Bertinhus (pensant peut-être qu'il s'agissait d'une latinisation du nom du financier, que Diderot en réalité contractait avec celui de sa maîtresse, p.128 – Fabre, p.70).

En d'autres termes: le nouveau manuscrit du *Neveu de Rameau* trouvé à la Bibliothèque Saltykov-Chtchédrine n'est rien d'autre qu'une copie exacte du manuscrit Girbal qu'on connaissait, et il ne nous en apprend pas davantage sur le manuscrit que Goethe a dû avoir sous les yeux. Il n'est pas impossible qu'il

2. Au sujet de la traduction de Goethe, voir ci-après: H. Coulet, 'Les éditions du *Neveu de Rameau*'.

s'agisse d'une copie que Max Klinger aurait fait faire pour la garder, avant de passer *son* manuscrit à Schiller et à Goethe, mais il est impossible qu'il s'agisse de cette copie même. Car notre copiste, en général soigneux, a quand même commis quelques *lapsus calami* qui devraient se retrouver dans la traduction de Goethe, si cette copie avait été la sienne. Ainsi, à la première page du dialogue, nous lisons 'éventré' au lieu de l'authentique 'éventé', page 4, nous lisons 'nations' au lieu de 'notions', et page 12, nous lisons 'ventre de Silence' au lieu de 'ventre de Silène': aucune de ces erreurs ne se retrouve dans la version de Goethe, comme cela aurait dû être le cas si notre copie avait été son modèle.

Ceci dit, tout serait clair – s'il n'y avait dans notre manuscrit une originalité assez déconcertante qui concerne une remarque écrite en marge du manuscrit Girbal par une autre main:[3] 'Ici se trouve une lacune dans le manuscrit original. La scène a changé, et les interlocuteurs sont entrés dans une des maisons qui avoisinent le Palais Royal.' Cette remarque 'd'un lecteur aussi zélé que peu intelligent' (Fabre, p.xix), qui n'est nullement motivée par le texte de Diderot, a été traduite par Goethe, chez qui on lit: 'Hier findet sich im Manuskript eine Lücke. Die Szene ist verändert und die Sprechenden sind in eins der Häuser bei dem Palais Royal gegangen.' Voilà ce que l'on trouve dans la traduction de Goethe, et il faut ajouter que ce qui avait été écrit en marge dans le manuscrit Girbal a été inséré par Goethe dans le texte même (imprimé en italiques). Or, dans notre nouveau manuscrit, cette remarque *manque*. Le copiste a seulement laissé un blanc de deux ou trois lignes, et il enchaîne correctement avec le texte de Diderot. Que faut-il en conclure? Ou notre copiste a été assez attentif au texte pour ne pas se sentir obligé de copier une addition superflue, ou la remarque ne se trouvait pas encore dans le manuscrit Girbal au moment où notre copiste l'a copiée. En tous cas, l'omission, ou la suppression de la remarque en question, prouve, encore une fois, que notre copie ne peut avoir été celle que Goethe traduisit. Tant que nous ne connaîtrons pas celle-là, nous ne saurons pas exactement lesquelles des 'erreurs de Goethe' sont dues à son modèle et lesquelles résultent de l'imperfection de son français; mais après la découverte de la nouvelle copie du *Neveu* de Leningrad, nous avons une raison supplémentaire d'estimer que Goethe aurait quand même mieux fait de se servir de cet instrument à améliorer la vue qu'il détestait: les lunettes.

3. A propos de cette addition, voir ci-dessus: G. Dulac, 'Les manuscrits de Diderot', p.43.

ANNIE ANGREMY

Les manuscrits de Diderot à la Bibliothèque nationale (en dehors de ceux du fonds Vandeul)

Pour qui évoque les manuscrits de Diderot à la Bibliothèque nationale, les 80 volumes du fonds Vandeul viennent immédiatement à l'esprit. L'inestimable richesse de ce fonds fait parfois oublier les autres manuscrits du philosophe qui sont conservés au Département des manuscrits, dans le Fonds français et surtout dans celui des Nouvelles acquisitions françaises. Depuis 1952, en effet, la Bibliothèque nationale, fidèle à sa politique d'enrichissement de ses grands fonds, a fait rentrer sur les rayons du Département des manuscrits des manuscrits autographes importants, tels ceux des *Salons de 1761* et *1767*, aussi bien que des copies présentant un état génétique nouveau de certains textes, telles celles du *Rêve de d'Alembert*, de la main de Naigeon, et des *Deux amis de Bourbonne*, de la main de l'abbé Mayeul, le copiste H de P. Vernière.[1]

Nous donnons ici une liste de ces manuscrits, dans l'ordre de leurs cotes, accompagnée des éventuelles références à l'historique de ces documents[2] et à l'édition.[3]

Fr.14037. *Lettre sur le commerce de la librairie.*

Copie. 72 f. 250×180mm. Ed.: A.T., xviii.7-75; cf. DPV, viii.467-71.

N.a.fr.1177. Mélanges de littérature. Poésies diverses.

112 f. 280×215mm. Textes pour la plupart de la main de Grimm. Sept feuillets autographes de Diderot, 'découverts' seulement en 1981:

- f.63-66 (170×110mm). *Du poète Sadi*, suivi de *Six fables sarrazines. Correspondance littéraire*, 15 janvier 1760. Ed.: DPV, xiii.105-12.
- f.67 (180×120mm). *Autres fables de Sadi* [*Fable d'Atrox* et *Fable d'Osmin*]. *Correspon-*

1. Les références des copistes sont celles de P. Vernière, *Diderot, ses manuscrits et ses copistes* (Paris 1967).

2. Nous exprimons notre reconnaissance à Jean de Booy, qui nous a communiqué les références des ventes anciennes qu'il avait retrouvées.

3. Lorsque le texte ne figure pas encore dans les *Œuvres complètes de Diderot* publiées chez Hermann (DPV), les éditions citées sont celle d'Assézat-Tourneux (A.T.) ou de R. Lewinter (Paris 1969-1973).

dance littéraire, 1er décembre 1761; *Journal étranger*, novembre 1761. Ed.: DPV, xiii.272-75.

– f.68-69 (175×105mm). *Chanson dans le goût de la romance. Correspondance littéraire*, 15 juin 1758. Ed.: DPV, xiii.32-34. Cf. J. Carriat, 'Nouveaux autographes de Diderot', *D.H.S.* 13 (1981), p.421-22.

N.a.fr.1182. Dossier relatif à la publication du *Père de famille* et à sa dédicace à la princesse de Nassau-Sarrebruck.

42 f. 280×210mm.

Epître à la princesse de Nassau-Sarrebruck: f.1-9 (220×165mm). Copie anonyme; f.33-42 (230×175mm). Copie de Grimm. Ed.: DPV, x.180-89.

N.a.fr.4200. Extraits par Suard de la *Correspondance littéraire* provenant de l'exemplaire personnel de Meister, conservé à Zurich.

168 f. 235×190mm.

– f.5-13, 15-20, 37-48*r*, 49-59, 61-67*v*. *Voyage de Hollande*. Copie de Girbal. *Correspondance littéraire*, septembre 1780-août 1781. Manquent les deux dernières livraisons de février et avril 1782. Ed.: A.T., xvii.365-442.

– f.69-87, 89-95, 97-103. *Réfutation suivie de l'ouvrage d'Helvétius intitulé L'Homme*. Copie de Girbal. Un feuillet de Suard (73). *Correspondance littéraire*, janvier, mars-septembre 1783. Manquent onze livraisons, février 1783, mars 1784-janvier 1786. Ed.: A.T., ii.275-83.

– f.124-33*r*, 134-41*r*, 142-68, *Le Rêve de d'Alembert*. Copies de Girbal (12*r*-33*r*) et d'un copiste non identifié. Trois feuillets de Suard (152, 159, 168). *Correspondance littéraire*, juin-novembre 1782. DPV, xvii.23-209. Cf. U. Kölving et J. Carriat, *Inventaire de la Correspondance littéraire de Grimm et de Meister*, S.V.E.C. 225-27 (1985), i.LXXV-LXXVI. J. de Booy, 'Inventaire provisoire des contributions de Diderot dans la *Correspondance littéraire*', *D.H.S.* 1 (1969), p.353-97.

N.a.fr.10165. *Paradoxe sur le comédien*.

Copie de Naigeon. 18 f. 210×150mm. Reliure maroquin vert. Don d'Ernest Dupuy, son découvreur et éditeur, en 1902. Ed.: Lewinter, x.414-90.

N.a.fr.12961. Extraits de la *Correspondance littéraire*, contenant des textes esthétiques de Diderot.

Copies. 237 f. 230×185mm. Reliure basane fauve.

– f.2*r*-7 *r*, 9 *r*-12*v*, 15*v*-19*v*, 21*r*-25*r*. *Salon de 1761*. Ed.: DPV, xiii.209-72.

– f.27-29*r*, 30-32. *Sur Bouchardon et la sculpture. Correspondance littéraire*, 1er et 15 mars 1763. Ed.: DPV, xiii.320-32.

– f.35*v*-39*v*, 45*r*-49*r*, 51*r*-57*r*, 59*r*-62*r*, 63*r*-71*v*, 72*r*-74*r*. *Salon de 1763*. Ed.: DPV, xiii.333-415.

– f. 76*r*-87*v*, 88*r*-107*r*, 108*r*-163*v*, 166*r*-176*r*, 178*r*-183*v*. *Salon de 1765*. Ed.: DPV, xiv.

– f.184-87. Suite du Traité de peinture. 'Tout ce que j'ai compris de ma vie du clair-obscur'. *Correspondance littéraire*, 15 novembre 1766. Ed.: DPV, xiv.358-65.

– f.188-199*v*, 228-37. *Salon de 1767* (début): Introduction générale; articles Michel Van Loo, Hallé et début Vien. Ed.: J. Adhémar et J. Seznec (Oxford 1983), iii.52ss.

– f.200*v*-202*v*, 206*r*, 208*v*, 214*r*, 215*v*, 210*r*, 212*v*. *La Peinture* de Lemierre. *Correspondance littéraire*, 15 mars-15 avril 1770. Ed.: DPV, xviii.133-61.

– f.216-219*r*, 222*v*-225*v*. *Observations sur une brochure intitulée Garrick* ... *Correspondance littéraire*, 15 octobre-1er novembre 1770. Ed.: A.T., viii.339-59. Manuscrit offert par Grimm au comte Firmiani en 1779, passé au décès de ce dernier à son successeur à la tête de la Lombardie, le comte de Wilzek. Catal. vente Emile-Paul, 6 mars 1891, no 107 – Collection Eugène Charavay – Collection Seymour de Ricci. Legs à la Bibliothèque nationale, 1942. Cf. J. de Booy, 'Inventaire provisoire'; U. Kölving et J. Carriat, *Inventaire*, i.LV.

N.a.fr.13004. 'Fragment du sallon de 1769. Regrets sur ma vieille robe de chambre, ou Avis à ceux qui ont plus de goût que de fortune.'

Manuscrit autographe. 4 f. 195×130mm. Reliure moderne maroquin brun. Collection Emile Van Moé. Catal. vente Paris, Hôtel Drouot, 1945, no 220.

Fac-similé: E. Van Moé, 'Présentation d'un manuscrit de Diderot', *Bulletin de la Société des Bibliolâtres de France* (février 1942), p.49-56. Ed.: DPV, xviii.41-60.

N.a.fr.15680. 'Le Sallon de 1767 adressé à mon ami Mr Grimm'.

Manuscrit autographe. 217 f. 195×155mm. Montés sur des feuilles de vélin 360×270mm. Reliure anglaise maroquin rouge signée Wallis. Catal. vente, Londres, J. Pearson, 1918, no 52, et 25 juin 1924, no 205 – Collection de la baronne Alexandrine de Rothschild – Catal. vente, Paris, Hôtel Drouot, 29 mai 1968, no 59. Ed.: J. Adhémar et J. Seznec, iii.52-345 et DPV, xvi à paraître. Cf. Catal. exposition *Diderot et l'art de Boucher à David. Les Salons: 1759-1781* (Paris, Hôtel de la Monnaie. R.M.N., 1984), no 10, p.71-73 (notice de A. Angremy).

N.a.fr.15806. *La Promenade du sceptique, ou Les Allées*.

Copie. 256 f. 190×135mm. Demi-reliure basane. Catal. vente, Paris, Hôtel Drouot, *Bibliothèque A.M.S.*, 20-21 mars 1969, no 119. Ed.: DPV, ii.65-169.

N.a.fr.15807. *Salon de 1761*.

Manuscrit autographe. 23 f. 240×180mm. Rel. moderne maroquin havane. Cédé en 1821 au libraire Brière par Mme de Vandeul – Vente Brière, 29-30 mars et 1er avril 1867, acquis par le libraire Auguste Aubry – Vente, Paris, Hôtel Drouot, 17 mars 1948, no 77; 26 février 1969, no 27. Ed.: DPV, xiii.214-66.

N.a.fr.16544. Recueil de divers textes de Diderot entrés à la Bibliothèque nationale entre 1958 et 1963.

29 f. Reliure moderne maroquin havane.

– f.1-9. Manuscrits autographes.

– f.1-7 (195×120mm). Critique de l'*Eloge du Dauphin* de Thomas. *Bulletin Charavay*, avril 1962, no 28579. *Correspondance littéraire*, 15 avril 1766. Ed.: DPV, xiii.488-93.

– f.5-7*bis* (230×185mm). *Les Eleuthéromanes*. 'Dythirambe ou abdication d'un roi de la fève, l'an 1772'. Catal. vente Autographes G. Morssen, mai 1961, no 69. *Correspondance littéraire*, 1er mars 1772. Ed.: A.T., ix.9-19. Cf. J. Varloot, 'Le poète Diderot: vers inconnus ou méconnus', *Europe* (janvier-février 1963), p.203-19.

– f.9 (190×145mm). *Plan d'une université*: fragment de l'Annexe du *Plan* sur 'les belles actions'. Feuillet paginé 4-5. Catal. vente, Paris, Hôtel Drouot, 26 novembre 1963, no 128 (texte non identifié). Ed.: A.T., iii.537-39. Cf. Catal. exposition, *Diderot, 1713-1784* (Paris, Bibliothèque nationale, 1963), no 509.

– f.15-29 (235×185mm). *Le Rêve de d'Alembert*. Copie de Naigeon. Acheté par la Bibliothèque nationale en 1958 à un collectionneur. Ed.: Lewinter, viii.39-162; DPV, xvii.87-207.

N.a.fr.18312. Recueil d'autographes du dix-huitième siècle.

– f.10-15 (240×190mm). *Les Deux amis de Bourbonne*. Copie d'une première version de la main de l'abbé Mayeul (copiste H). Catal. vente, *Lettres autographes composant le cabinet de feu M. E.-J.-B. Rathery*, 24 avril 1876, no 493 – *Collection d'autographes composant le cabinet de feu M. Grangier de La Marinière*, 2 juin 1883, no 48 – Catal. Cornuau, no 174, mai 1929, no 18120 – Catal., Paris, Hôtel Drouot, 22 mai 1985, no 31. Cf. A.T., xvii.329-32. Ed.: J. Varloot. '*Les Deux amis de Bourbonne*: une version originale fort signifiante', *Revue de la Bibliothèque nationale* 17 (automne 1985), p.46-61.

N.a.fr.18638. *Salons de 1769, 1771, 1775 et 1781.*

Copies. 199 f. 240×195mm. Cartonnage bleu.

– f.1-56. 'Salon de 1769'. Copiste C. Chiffre 145 *in fine* (voir article A. Angremy et A. Lorenceau ci-après, p.205-23).

– f.57-137. 'Salon de 1771'. Copiste D. Chiffre 168 *in fine*.

– f.138-156. 'Salon de 1775'. Copiste G. Chiffre 43 *in fine*.

– f.158-198. 'Salon de 1781'. Copiste G. Chiffre 87 *in fine*.

Copies faites sur celles de Girbal, conservées dans le t.xxi de la collection de Leningrad. Recueil provenant du fonds Vandeul (no 11 des deux listes publiées par H. Dieckmann, INV, p.169 et 173), acquis par la Bibliothèque nationale en décembre 1986. Ed.: J. Adhémar et J. Seznec, iv.

N.a.fr.24983. Correspondance de Diderot et Falconet et documents divers concernant ce dernier.

412 f. 385×240mm.

– f.113-309. *Lettres sur la postérité*. Deux copies annotées par Falconet (113-81 et 182-309). Légué en 1866 par Mme de Jankowitz, fille de P.-E. Falconet et M.-A. Collot, au Musée lorrain de Nancy. Don du Musée lorrain, 1955. Ed.: *Diderot et Falconet. Le Pour et contre. Correspondance polémique sur le respect de la postérité*, éd. Y. Benot (Paris 1958); DPV, xv.

Autographes Rothschild, XVIIIe siècle, t.iv, no 197. *Essai sur les règnes de Claude et de Néron*. Fragment autographe. (Livre Ier. CII).

1 f. 175×110mm. Ed.: A.T., iii.157-58; DPV, xxv.185-86.

Département des imprimés: Rés. p. Yc. 773. *Satires de Perse*. Epreuves corrigées par Diderot de la traduction de l'abbé Le Monnier (Paris, C.-A. Jombert père, 1771).

Cf. R. Desné, 'Diderot correcteur d'une traduction des *Satires de Perse*' (ci-après). Ed.: DPV, xii (sous presse).

ANNIE ANGREMY

Un projet d'édition des œuvres de Diderot par monsieur de Vandeul[1]

Parmi les diverses listes des ouvrages de Diderot contenues dans le fonds Vandeul figurent quelques feuillets de la main de Vandeul dont Herbert Dieckmann a pressenti l'intérêt sans cependant les éditer dans son *Inventaire*: 'Cinq feuillets simples et un feuillet double de la main de M. de Vandeul. Ces listes ont dû servir à établir la collection des manuscrits de Diderot.'[2]

C'est bien là l'une des caractéristiques de ces listes, si on les compare aux deux autres listes émanant des Vandeul publiées par H. Dieckmann dès 1951 (p.169-77). Celles-ci donnent apparemment un état des manuscrits de Diderot peu après sa mort, suivant un ordre répondant encore à un classement en 'portefeuilles'[3] et en paquets. Seules les annotations rajoutées par madame ou monsieur de Vandeul marquent leurs premières interventions dans la collection qu'ils viennent de recueillir.[4] Les listes que nous publions ici correspondent au

1. Cet article reprend et développe une partie de notre communication à l'Université de Paris-VIII, le 10 décembre 1984, 'Les manuscrits de Diderot à la Bibliothèque nationale', *Diderot: autographes, copies, éditions*, éd. Béatrice Didier et Jacques Neefs (Saint-Denis 1986).

2. H. Dieckmann, *Inventaire du fonds Vandeul* (Genève, Lille 1951), p.157. Les listes figurent dans le n.a.fr.24940[II], f.362-64, 357-58 (feuillet double) et 365, pour suivre l'ordre de notre présentation. La foliotation des listes de ce volume, effectuée à la Bibliothèque nationale en 1953, est manifestement erronée. Le cinquième feuillet simple cité par H. Dieckmann, f.370, correspond à une étape antérieure du travail de Vandeul. Il contient une liste de dix titres dont sept constituent le tome xxxiii (n.a.fr.13763) du fonds Vandeul, les trois autres étant *Lettre au public et aux magistrats sur l'affaire de Luneau* (imprimée), *Regrets sur ma vieille robe de chambre* et *Entretien d'un père avec ses enfants*.

3. Le terme de 'portefeuille' fait partie du vocabulaire de Diderot: 'je vous porterai moi même l'édition complette de tous les ouvrages que j'ai publiés et d'un plus grand nombre qui se sont entassés successivement dans mes portefeuilles' (lettre à M. M. Rey, 12 mai [1777], CORR, xv.50).

4. Dans la 'liste des ouvrages de mon père', dressée par Mme de Vandeul, figurent, sous le no 17, les *Mémoires* de Voltaire et l'*Apologie de l'abbé Raynal*, accompagnés chacun de la mention 'ôté'. Ces deux textes ne feront pas partie de l'envoi à Catherine II de juin 1785, l'un comme étranger à Diderot, l'autre peut-être en raison de sa trop grande audace. Voir à ce sujet notre article précédemment cité 'Les manuscrits de Diderot', n.17, et l'article ci-après 'Du fonds Vandeul au fonds de Leningrad', p.208-209.

Dans la 'Liste des ouvrages de M. Diderot', qui reprend la même numérotation des textes, mais omet la répartition en portefeuilles, Vandeul note sous les numéros 30 et 31 deux 'oublis', la préface du sixième volume de l'*Encyclopédie* et la 'lettre sur Newton entre les mains de M. l'abbé Basset'. Ce second texte, nous le verrons, figure à nouveau dans la liste ici publiée. Il a fait l'objet d'une double correspondance de Vandeul avec l'abbé Basset et avec Naigeon, en juillet et août 1786. Cf.

contraire à la démarche finale du gendre du philosophe dans la constitution du fonds qui porte désormais son nom.

Après l'étape de la recherche ou de l'identification de certains textes de Diderot avec l'aide de Naigeon, après l'envoi du jeu de copies destinées à Catherine II en juin 1785 (un peu plus tardivement pour les lettres à Sophie Volland, œuvre du copiste D),[5] après l'étape plus décisive et personnelle des corrections portées sur les copies restées dans la collection familiale, ces listes concrétisent la mise en chantier d'un nouveau jeu de copies exécutées à la seule instigation de Vandeul, à partir de copies ou de textes imprimés corrigés par lui, jeu dont le principal exécutant aurait été Michel, avec parfois l'intermédiaire du copiste E pour les textes les plus délicats.[6] Elles répondent incontestablement au projet d'édition des œuvres de Diderot un moment caressé par Vandeul.

Fortement endommagé, comme bon nombre de manuscrits du fonds Vandeul, le premier feuillet de la liste ne livre plus le titre entier donné par M. de Vandeul: '[...] tion [...] es [...] Diderot'.[7] Répartition ou édition des œuvres de Diderot? Encore qu'incomplète, il s'agit d'une répartition en trente-cinq volumes, eux-mêmes regroupés sous neuf rubriques, des œuvres de Diderot, œuvres publiées, textes de la *Correspondance littéraire* et manuscrits inédits confondus. La mention marginale 'fait', rajoutée par M. de Vandeul pour les copies déjà exécutées, permet de saisir l'état d'avancement du projet ou, pour mieux dire, de regrouper les copies Michel disséminées dans le fonds Vandeul, à la numérotation aberrante, et de repérer certaines des copies archétypes destinées à être mises au net.

Sous la rubrique 'Œuvres polémiques', qui ouvre la liste, figurent précisément, accompagnés de la mention 'fait', cinq des huit volumes dus à Michel dans le fonds Vandeul, soit les tomes xxiii à xxvi (n.a.fr.13753-13756), qui portent pour titre 'Œuvres polémiques et critiques de Mr D...', et le volume, sans tomaison ni pagination continue, de 'Correspondance polémique ou Lettres de MM.

J. Massiet Du Biest, 'Lettres inédites de Naigeon à Mr et Mme de Vandeul (1786-1787) concernant un projet d'édition des œuvres de Diderot et l'opinion de ceux-ci sur le même sujet d'après leur correspondance inédite (1784-1812)', *Bulletin de la Société historique et archéologique de Langres* 12 (janvier 1948), p.1-12, ici p.4 et 7.

5. Cf. Georges Dulac, 'L'envoi des livres et des manuscrits de Diderot en Russie: quelques documents inédits', *D.H.S.* 12 (1980), p.233-45, et ci-dessus: 'Les manuscrits de Diderot en URSS'.

Nous adoptons, comme tous les diderotistes depuis 1967, les identifications des copistes de P. Vernière, *Diderot, ses manuscrits et ses copistes* (Paris 1967).

6. Dans la liste des œuvres copiées par Michel, P. Vernière omet les *Synonimes et définitions* (t.xlii, n.a.fr.13742) et les *Observations sur le Nakaz* (n.a.fr.24939, no 61); dans la liste des œuvres copiées par E, il omet les 'Pensées détachées' (n.a.fr.24939, no 64), *ibid.*, p.28-30 et 37.

7. Les trois premiers feuillets de la liste (n.a.fr.24940^{II}, f.362-64) sont écrits sur un papier bleuté, 220×270mm; le filigrane, incomplet et difficile à identifier, comporte les lettres C.D.

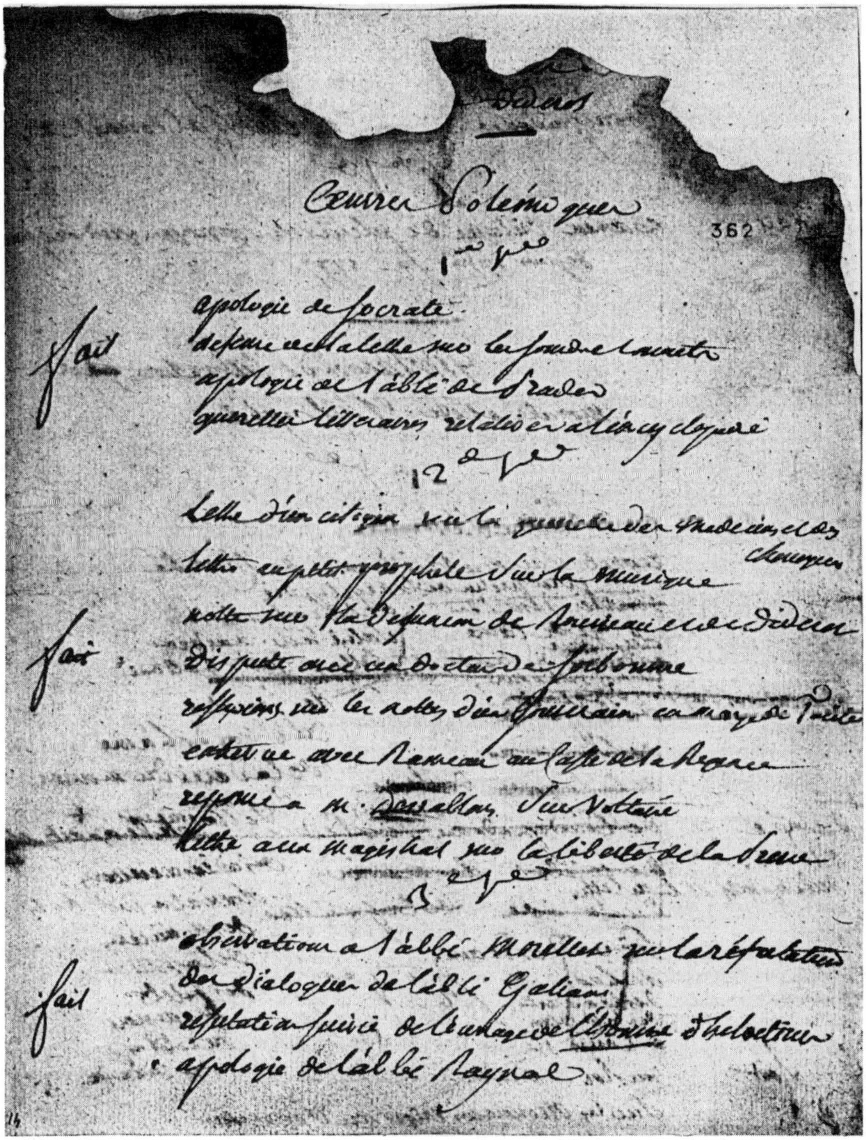

Liste de la main de M. de Vandeul (B.N., n.a.fr.24940^II, f.362)
(*Bibliothèque nationale*)

Diderot et Falconet 1765 à 1773' (n.a.fr.13777).

Sous la rubrique 'Mélanges de littérature, de morale et de philosophie', qui réunit quatre volumes, seul le deuxième porte la mention 'fait'. Il correspond au tome xxxviii (n.a.fr.13768), œuvre de Michel dont le titre est 'Mélanges. Œuvres de M. D..., 2° volume'. L'intitulé des articles du premier volume de *Mélanges* de la liste – dépourvu de la mention 'fait' – confirme le rôle de Michel dans le projet Vandeul. Il a commencé à recopier ces articles dans le n.a.fr.13782, volume à la pagination continue ayant pour titre 'Œuvres de M. D... Mélanges. 1er volume'.[8] Cette copie, décrite par H. Dieckmann à la suite de la série des volumes cartonnés bleu du fonds Vandeul, était simplement brochée à l'arrivée du fonds à la Bibliothèque nationale en 1952. Elle est en effet inachevée, incomplète des treize derniers articles de la table des matières rédigée par M. de Vandeul, au verso de la page de garde, en conformité avec sa liste d'articles du projet.[9] Elle marque ainsi l'interruption du travail de Michel et de la reliure du nouveau jeu de copies.

Les troisième et quatrième volumes de *Mélanges* programmés par Vandeul n'ont pas été copiés par Michel. Leur contenu soulève une fois de plus les innombrables questions liées aux textes des *Observations sur le Nakaz* et de l'*Histoire des deux Indes*. Certains titres de chapitres du troisième volume semblent repris des feuillets de M. de Vandeul, 'Fragment d'un manuscrit de 1774 ayant pour titre Observations etc.' (n.a.fr.24938, no 59). Le quatrième volume, intitulé 'Pensées détachées', contient seulement une partie des articles de la copie de 436 pages de E portant le même titre (n.a.fr.24939, no 64). Certains articles de cette copie E sont ici ventilés dans le premier volume ('sur les beaux-arts et belles-lettres') et le troisième volume ('sur la morale'). Et l'on peut se demander si le texte de E, à peine corrigé par Vandeul, n'était pas destiné à servir de relais à une nouvelle copie Michel, conforme au projet d'édition.[10]

8. Les deux volumes de *Mélanges* (1, n.a.fr.13782, et 2, n.a.fr.13768) sont – il faut bien le souligner – les deux seuls volumes du fonds Vandeul à devoir ce titre au copiste. Les tomes xxxiii à xxxvii et xxxix-xl (n.a.fr.13763-13767 et 13769-13770), qui regroupent des textes à la pagination individuelle, dus à différents copistes, portent uniquement le titre 'Mélanges' sur l'étiquette placée au dos du cartonnage, d'une écriture non identifiée.

9. La liste de ces treize derniers articles annoncés par Vandeul dans sa table des matières du n.a.fr.13782 est publiée par H. Dieckmann à la fin de sa description du volume (INV, p.112). Il commet toutefois une erreur de lecture pour le troisième article, qui s'intitule 'De l'honneur', et non 'De l'homme'.

10. Dans la table des matières ajoutée en tête de la copie E des *Pensées détachées* (n.a.fr.24939, f.93*v*), Vandeul inscrit un chapitre 9, l'*Apologie de l'abbé Raynal*, titre qu'il raye pour le remplacer par *Sur la diversité des jugements*. Si la copie de l'*Apologie* ne figure plus dans le fonds Vandeul, après avoir vraisemblablement servi de modèle à Michel dans le tome xxv (n.a.fr.13755), le texte *Sur la diversité des jugements* ouvre le cahier de 42 pages de E trouvé, inséré mais non relié, par H. Dieckmann dans le tome xxxiv (n.a.fr.13764, f.13-34). Ecrit sur le même papier que les cahiers des *Pensées détachées*, ce cahier porte en tête de la main de Vandeul 'Suitte des Mélanges'. Cette

Après ces neuf volumes de Polémiques et de Mélanges, la liste Vandeul se poursuit par un volume d''Eloges et nottes historiques' qui témoigne à nouveau de l'arrêt brutal du travail de copie et, vraisemblablement, de cartonnage. Les six premiers textes notés dans le projet figurent dans le fonds Vandeul, copiés par Michel en une pagination continue dont la succession initiale a été définitivement rompue par l'ordre alphabétique des 'morceaux detachés', adopté par H. Dieckmann dans son *Inventaire* et repris par le classement de la Bibliothèque nationale dans les n.a.fr.24937-24939. Ce sont:

Eloges de Richardson (p.1-29), *d'Eliza Draper* (p.29-34), *de Lycurgue* (p.34-45): n.a.fr.24937, f.205-28.

Philosophie de Socrate (p.47-61), *de Platon* (p.63-71); *Eloge de Térence* (p.73-88): n.a.fr.24939, f.386-406.

Ces six textes faisaient donc originellement partie d'un même corpus qui aurait dû être continué et relié comme les autres copies Michel. Huit des neuf textes suivants du corpus, énumérés dans la liste, figurent dans les copies Vandeul de la main de divers copistes, antérieurs à l'ère Michel: Girbal, A, D et G. Le texte sur les imprimeurs correspond peut-être à l'article de l'*Encyclopédie*.

La section des *Romans et contes*, en quatre volumes, peut trouver des archétypes dans la collection Vandeul. Toutefois dans la liste le 'Supplément' des *Bijoux indiscrets* est bien évidemment annoncé avec le roman (imprimé), alors que les trois additions des *Bijoux* se trouvent dans le tome xl (n.a.fr.13770) avec les divers contes et *L'Oiseau blanc, conte bleu*, qui constituent le dernier volume de cette section.

Un volume sur les *Eléments de physiologie* compose à lui seul une section de la liste. Il ne résout malheureusement aucun des problèmes soulevés par cette œuvre dans les copies Vandeul (t.xxxii, n.a.fr.13762) et Leningrad (t.xxxi). Pour cette œuvre controversée, une fois de plus, le modèle corrigé par Vandeul, qu'aurait sans doute copié Michel s'il avait poursuivi son travail, est de la main de E. Il contient uniquement l'Avertissement et le texte que Vandeul, dans son projet, souhaitait enrichir par un bourrage d'articles de l'*Encyclopédie*.

L'importante section sur les *Œuvres philosophiques* débute par les trois volumes de 'fragments de l'histoire des dogmes sur les Philosophes', soit les n.a.fr.24933-

indication, vraisemblablement destinée à Michel, rappelle celles qui jalonnent les fragments imprimés de l'*Histoire des deux Indes* (n.a.fr.24940^{I}) que Michel recopie dans le deuxième volume des *Mélanges*, le n.a.fr.13768.

Rappelons que c'est à une annotation de M. de Vandeul à l'intention de 'M. Michel', sur l'un des fragments imprimés de l'*Histoire des deux Indes* (n.a.fr.24940^{I}, f.233), recopié par ce dernier dans le n.a.fr.13768, f.239-58, que le copiste doit son identification. Cf. H. Dieckmann, INV, 92-93 et 153-55.

24935 (sans tomaison et t.xlv et xlvi). Les quatre volumes suivants sont des ouvrages imprimés. Vandeul omet toutefois de citer les *Additions à la Lettre sur les aveugles* représentées dans la collection parisienne par trois copies, de E (n.a.fr.13763), H^1, copiste inconnu, voir ci-dessous p.206 (n.a.fr.13765), et D (n.a.fr.24937). Le volume 'Dialogue et entretiens philosophiques: Supplément au voyage de Bougainville' de cette même section a vraisemblablement pour archétype la copie Vandeul du tome ii (n.a.fr.13730), qui reprend des textes du tome xvii de Leningrad, avec des variantes pour deux des copies de E, l'*Entretien d'un père avec ses enfants* et surtout la célèbre *Préface* ou *Lettre d'envoi* des *Dialogues*.

Le volume suivant envisagé par Vandeul regroupe apparemment des textes contenus dans le tome xxii (n.a.fr.13752), dont seul le deuxième, 'Opuscules mathématiques', se retrouve, copié par Girbal, dans le tome xxx de Leningrad. Là encore le futur éditeur grossit son corpus d'un article de l'*Encyclopédie*, 'Géométrie souterraine'. Il espère toujours récupérer la *Lettre sur Newton*, objet de ses démarches auprès de l'abbé Basset et de Naigeon au cours de l'été 1786.[11]

Là s'arrêtent les trois feuillets identiques répondant au projet d'édition de Vandeul dans sa forme définitive, mais il faut les compléter par trois autres feuillets, de papier et de format différents, qui correspondent peut-être à une étape antérieure de la suite de la liste.

Sur un double feuillet blanc intitulé 'Sciences, arts et métiers extraits de l'Encyclopédie',[12] Vandeul a distribué thématiquement des articles de l'*Encyclopédie* en six volumes. Pour quatre d'entre eux, les références aux tomes et aux pages et un décompte des pages de chaque article permettent de totaliser leur nombre de pages. Les troisième et quatrième volumes, *Articles de métaphysique* et *Articles de religion*, ne comportent pas de sommaire, mais la liste des articles de religion figure en fait sur un troisième feuillet, bleuté, à la présentation similaire.[13] Ce panorama sélectif de l'*Encyclopédie*, loin de correspondre à la liste alphabétique des articles des douze premiers volumes envoyés par les Vandeul à Catherine II, manifeste une recherche nouvelle menée à bien, semble-t-il, uniquement dans le cadre du deuxième volume prévu, 'Synonimes et définitions'. Sous une forme remaniée, le tome xiii (n.a.fr.13743), toiletté par le gendre de Diderot, et sa mise au net par Michel au tome xii (n.a.fr.13742), pourraient prendre leur source dans ce choix d'extraits. Le tome xii représente

11. Cf. ci-dessus, note 4, et Jean de Booy, 'A propos d'un texte de Diderot sur Newton', *Diderot studies* 4 (1963), p.45-51.

12. N.a.fr.24940^{II}, f.357-58. Feuille blanche, pliée et réglée, 210×135mm. Filigrane: licorne et ROMANA. Ce papier est également employé par Vandeul dans son 'Fragment d'un manuscrit de 1774 ayant pour titre Observations etc.' (n.a.fr.24938, no 59).

13. N.a.fr.24940^{II}, f.365. Feuille de papier bleuté 245×165mm, au filigrane indiscernable.

le huitième et dernier volume de la main de Michel dans la série uniforme des copies cartonnées du fonds Vandeul.

Au verso du deuxième feuillet relatif à l'*Encyclopédie*, la répartition se poursuit par les 'Œuvres de théâtre', incluant des articles spécialisés de l'*Encyclopédie* dans les deux volumes de textes inédits (plans de divers drames et *Paradoxe sur le comédien*), que pourraient recouper le tome vii et le début du tome viii (n.a.fr.13736-13737). Les nombreux copistes de ces deux volumes Vandeul, B, C, D et G, n'ont pas été relayés par Michel. L'absence de la liste d'*Est-il bon? Est-il méchant?* reste inexpliquée, si ce n'est par la présentation désordonnée de cette page. Vandeul a jeté hâtivement sur le papier les rubriques envisagées. Le dernier volume annoncé s'intitule 'sur la Russie'. Le détail n'en est pas donné, mais il évoque le contenu du tome xxxvi (n.a.fr.13766) dont trois textes sur quatre sont l'œuvre de E: la version problématique des *Observations sur le Nakaz* y est corrigée par Vandeul. Sa copie par Michel dans un des morceaux détachés (n.a.fr.24939, no 61) amorce sans doute le volume définitif du projet.

Ce projet d'édition de M. de Vandeul est-il inachevé ou amputé de quelques feuillets? Ne sont cités ni les *Salons*, ni la correspondance, ni les 'Voyages de Mr D…', pourtant préparés par lui dans les copies de la collection. Les diverses traductions de Diderot, imprimées ou manuscrites, ne sont pas non plus répertoriées. Difficile à dater[14] tant qu'aucun indice ne permettra de situer précisément l'ère d'activité du copiste Michel, le projet met ainsi en lumière le rôle des deux copistes que seul Vandeul a dû faire travailler, le copiste E, spécialiste de la mise au net des textes les plus controversés, et Michel.

14. Seule la mention de la *Lettre sur Newton* inciterait à situer ce projet en 1786 (cf. ci-dessus notes 4 et 11), mais aurait-il eu le temps, deux ans après la mort de son beau-père, de préparer ainsi tout un jeu de copies, toilettées par ses soins?

Projet d'édition des œuvres de Diderot par monsieur de Vandeul[15]

[362] [Edi]tion [d]es
[œuvres de] Diderot.

Œuvres Polémiques
1er V^e^ *[t.xxiii, n.a.fr.13753. Michel]*

Apologie de Socrate
fait Défense de la Lettre sur les sourds et muets
Apologie de l'abbé de Prades
Querelles littéraires relatives à l'Encyclopédie

2e V^e^ *[t.xxiv, n.a.fr.13754. Michel]*

Lettre d'un citoyen sur la querelle des médecins et des chirurgiens.
Lettre au petit prophète sur la musique
Notte sur la désunion de Rousseau et de Diderot
fait Dispute avec un docteur de Sorbonne
Réflexions sur les nottes d'un souverain en marge de Tacite
Entrevue avec Rameau au caffé de la Régence
Réponse à M. Dessablon sur Voltaire
Lettre aux [*sic*] magistrat sur la liberté de la presse.

3e V^e^ *[t.xxv, n.a.fr.13755. Michel]*

Observations à l'abbé Morellet sur la Réfutation des Dialogues de l'abbé Galiani
fait Réfutation suivie de l'ouvrage de *l'Homme* d'Helvétius
Apologie de l'abbé Raynal

[362*v*] [5e*?* V^e^] *[n.a.fr.13777. Michel]*

[fait*?*] Correspondance [polémique*?*] avec Falconnet

15. Nous avons placé entre crochets carrés les passages restitués et tous ceux qui appellent un commentaire de présentation:
[*add. int.*] addition interlinéaire
[*add. marg.*] addition marginale
[*rayé*]
[*corr. sur*] texte récrit sur une première version
[*?*] lecture douteuse.

Nous signalons également entre crochets carrés et en italiques les copies de Michel correspondant aux volumes de la liste et les archétypes possibles des volumes non réalisés par Michel. Comme l'avait fait H. Dieckmann dans l'édition des listes de son *Inventaire* (p.167-81), nous avons mis des majuscules à chacun des titres cités, l'écriture souvent difficile de Vandeul ne permettant pas toujours de les discerner.

[4e *corr. sur 6?*]V[e] [*t.xxvi, n.a.fr.13756. Michel sur t.v, n.a.fr.13734, A, C, D, et G*]

fait Examen critique de plusieurs ouvrages qui ont paru depuis 1759 à 1777.

Mélanges de littérature, de morale et de philosophie.

1er V[e] [*n.a.fr.13782. Michel*]

Caractère du Philosophe
Regrets sur ma vieille robe de chambre
[Prospectus de l'Encyclopédie
De l'Encyclopédie
Satire à M. Naigeon
Lettre à l'abbé Galiani *add. int.*]
[Sur les *rayé*] Des Jésuites
[Siège de l'âme *add. int.*]
[Du génie *rayé*]
Durée du monde
[*Colonne de gauche, les 14 lignes suivantes rayées*
Des passions, plaisirs, volupté, etc.
Observations sur St Roch
Du génie
De la police
De l'honneur
De la sagesse Du luxe
Des arts
De l'indépendance Sur l'éducation Des beaux arts et belles lettres
Du célibat Des manières
Du suicide De la politesse
Traité du Beau
Du luxe
Des beaux arts
Des belles lettres]
[*Colonne de droite: 13 lignes rajoutées*]
Des Jésuites
Du siège de l'âme
[*La copie Michel s'arrête à ce titre. La table des matières placée en tête du n.a.fr.13782 correspond également aux titres suivants*]
De la durée du monde
Du génie
De l'honneur
[Du luxe
Art. Art.
Des beaux arts et belles lettres *add. marg.*]
Des idées accessoires
Observations sur St Roch
Des manières
De la politesse

Des prêtres
Des moines
Du célibat
Du suicide]
[*La séparation entre les titres des deux volumes semble avoir été faite postérieurement*]

2e V^{e} [*t.xxxviii, n.a.fr.13768. Michel*]

A Louis 16
fait Au Roi de Prusse
Sur les monumens érigés au Souverain
[363] Sur les aziles
Sur les hôpitaux
Sermon d'un Jésuite
Sur les montagnes
Discours au Roi par des députés de cour souveraine en 1771
Sur le gouvernement de Venise
Sur le gouvernement ecclésiastique
Discours d'un philosophe à un Roi
Sur l'impôt et le crédit public
Révolution de l'Amérique anglaise
Sur la découverte de l'Amérique par les Espagnols
[les Jésuites chassés
Sur les créoles *add. marg.*]
Sur les flibustiers
[Lettre sur la diversité des caractères *rayé*]
Portrait du Français
[Sur la Hollande
Sur l'Angleterre *add. marg.*]
[Lettre sur le livre de l'Esprit
Sur les femmes *rayé*]
Sur les nègres
Sur les femmes

3e V^{e}

De la morale
De la loi naturelle
Du droit naturel
De la société non [représentative?]
De l'autorité politique
De la raison d'état
De la législation
[Du citoyen *rayé*]
Du souverain
De la politique
De la théocratie
[Des prêtres *rayé*]
De la propriété
Des privilèges
[363*v*] [De l'indépendance *rayé*]

Du citoyen
[Des prêtres
Du célibat
Du suicide
Des moines *rayé*]
Des fondations
Des croisades
Miracles de la St Jean
[De la durée du monde *rayé*]
Anecdotes
Lettre sur la librairie

4me Ve *[Sur n.a.fr.24939, f.93-114, 120-290, E?]*

Pensées détachées sur la religion
le gouvernement
les mœurs des nations sauvages
la guerre
le commerce
les colonies

Eloges et nottes historiques

de Richardson *[début: n.a.fr.24937, f.205-28;*
Elisa Draper *n.a.fr.24939, f.386-406. Michel]*
de Socrate
de Lycurgue
de Platon
de Térence
Notte sur Boulanger
le poète Sady
Bignecour
[364] sur La Fontaine
Van Loo et Rouelle
Bouchardon et la sculpture
les imprimeurs
sur Coligny
[sur l'expulsion des Jésuites *rayé*] Anecdotes

Romans et contes 4 Ves

1 Ve

Les Bijoux indiscrets
Suplément 1 Ve
[L'Oiseau blanc conte bleu *rayé*]
Jacques le fataliste 1 Ve
La Religieuse 1 Ve
Me La Carlière *[sur t.xl, n.a.fr.13770 ?]*
Les Amis de Bourbonne 1 *[corr. sur* 2] Ve
L'Oiseau blanc conte bleu

M^de^ Reymer et Mlle La Chaux

Élémens de Phisiologie

1 V^e^

Préface [*sur t.xxxii, n.a.fr.13762, E?*]
Élémens de Phisiologie
Art. animal
santé
nutrition
alimens
choses non naturelles

[364*v*] Oeuvres philosophiques

Fragmens de l'histoire des dogmes sur les Philosophes 3 V^es^
[*t.xlv-xlvi, n.a.fr.24933-24935?*]

Essai sur les règnes de Claude et Néron 2

Lettre sur les sourds et muets
supplément 1
Lettre à M^de^ sur la métaphysique
Lettre sur les aveugles

Pensées philosophiques
supplément aux Pensées
Interprétation de la nature 1
Suffisance de la religion naturelle

Dialogue et entretien philosophique [*sur t.ii, n.a.fr.13731?*]
Supplément au Voÿage de Bougainville 1

Lettre sur Newton
Opuscules mathématiques [*sur t.xxii, n.a.fr.13752?*]
Elémens de géométrie
Géométrie souterraine 1
Calculs

[357 *Page entièrement rayée*] Sciences, arts et métiers.
extraits de l'Encyclopédie

1er V^e^

Prospectus		10	30
Ame encyclopédique			3
Art. Encyclopédie			80
[Traité du Beau			40 *rayé*]
Art. Art			5
Agriculture	t.1	P.183	3 1/2
Traité d'anatomie	1	409	13 1/2
Art. Histoire naturelle	8	225	9
	2	490	5
Végétation	16	953	19
Livres	9	601	41

Bibliothèques		2	228	24	
		17	758	2 1/2	
Journaliste		8	897	1	
				235	[*corr. sur* 275]
	2e V^{e}				[*t.xii, n.a.fr.13742. Michel*]
Synonimes				40	
Définitions	grammaire et morale				
	logique et métaphisique			41	
Des termes		16	155	6 1/2	
Du néologisme		11	94	1	
De la prosodie		13	497	3	
De la tachygraphie		15	815	6 1/2	
De la langue hébraïque		8	8	52	
				150	
[357*v*]	3me volume				
Articles de Métaphisique					
	4me volume				
Art. de Religion.					[*détaillé f.365?*]
	5me volume Arts.				
Monnoÿes		V^{e} 5	P.957	25	
			292	50	
Caractères d'imprimerie		2	650	30	
Embaumemens		5	552	3 1/2	
[Chemins		3	275	3 1/2	*rayé*]
Composition en peinture		3	772	4 1/2	
Miniature		10	548	7	
Emailleur		5	533	23	
Fondeur en bronze		2	437		
				22	
		3	539		
Gravure en creux		7	896	10	
Lapidaire		9	282	3	
Horloge		8	300	3	
[Charpente de	Teinture	16	8	46	*rayé*]
[Verrerie		17	102	106	*rayé*]
Peinture en cire		10		300	[1/2 *rayé*]
	6me Ve Métiers				
Bas au métier		2	98	31	
Dentelle		4	844	6	
Cordier		4	215	44	
Etoffe en laine		9	176	41	
Etoffe en soye		15	268	76	

Marbreur de papier	10	72	10
[358] D'autre part			208
Moulin	10	P.792	50
Charpente de pont	13	26	44
Tanneur	15	889	
		275	11
		535	
Taffetas	15	827	4
Velours	16	982	46
			369

[*Fin de la page blanc*]

[358*v*] Œuvres de théâtre.

Le Fils naturel et Poétique	1
Le Père de famille	1
Préface	
Plans de divers drames	
Avis sur Regullus	
[Lettre sur *rayé*] Plan d'un opéra comique	2
Paradoxe sur le comédien	[*corr. sur* 1]
[Art. de théâtre extraits de l'E. *rayé*]	

Articles

	Ve	P	
Cirque	3	476	4 1/2
Course du cirque	4	397	2 1/2
Amphiteâtre	1	377	2
Course amphiteâtrale	3	228	1/2
Combat des bêtes	2	214	1/2
Rhapsodies	14	244	1
[De la Parodie	12 *rayé*]		
Intérêt			
Baptes–			
Sur la Russie			1 V. [*sur t.xxxvi, n.a.fr.13766 E ?*]

[365] Encyclopédie

Religion

Dieu	tome IV	page 976	15 col.
Polythéisme	12	954	20
[Idolâtrie *rayé*]			
Sabaisme	14	453	1
Religion	14	78	9
Révélation	14	224	3 1/2

Prophète	13	459	8
Prophétie			
Messie	10	401	12
Mistère	10	921	1
[Christianisme *rayé*]	3	381	4 1/2
[du Paradis	11	893	1 *add. int.*]
Théologie	16	249	5
Texte	16	215	1
Chroniques	3	387	1 1/2
[Canon *add. int.*	2	601	7]
Liturgie	9	596	6
Chronologie sacrée	3	392	15
Traité sur la Bible	2	226	3
Types	16	778	4
Transubstantiation	16	561	5
Prescience	13	310	2
Prémotion	13	292	4
Molinisme et Molianisme	10	629	2
Jansénisme	8	448	4
[De la charité *rayé*]	3	205	4
Cas de conscience	2	738	3
[Mânne du désert *rayé*]			
Casuiste	2	756	1

[*A partir de là, partie droite du feuillet endommagé.*]

Divination	4	1070	5
Théurgie	16	278	1
Magie, magicien	9	850	
Sorciers	15	369	
Sabat	14	455	
Talisman	15	866	
[De la charité *rayé*]			

2

Attribution et datation des textes

JEROOM VERCRUYSSE

Diderot et la Société typographique de Bouillon

NOUS ignorons à quelle date Diderot entra en relations avec la Société typographique de Bouillon. Sans doute le *Journal encyclopédique* attira-t-il son attention. Dès 1760 le philosophe songe à Bouillon pour y imprimer l'*Encyclopédie*.[1] Sa correspondance connue ne contient aucune allusion précise à des relations, et pourtant nous sommes en mesure d'affirmer aujourd'hui qu'elles furent réelles, durables et familières.

Carra a affirmé que Diderot et le fondateur de la Société, Pierre Rousseau, firent connaissance vers 1770-1771, c'est-à-dire au lendemain de la publication à Bouillon de l'*Histoire générale des dogmes*. Rien ne permet de prouver son propos. Mais on notera que la livraison du 15 décembre 1769 de la *Correspondance littéraire* contient, sous la signature de Diderot, un bel éloge du travail de Robinet et de Castilhon, pour lors associés avec Rousseau à la direction de la Société typographique.

Le *Journal encyclopédique* ne parle de Diderot que de manière épisodique mais toujours bienveillante. Dès la première livraison paraît un compte rendu des *Pensées sur l'interprétation de la nature* (1756, I.i.31-32, ii.3-18), bientôt suivi de considérations sur *Le Fils naturel* (1757, III.ii.119-33) et sur *Le Père de famille* (1758, VIII.iii.132-41). Puis pendant vingt ans ce sera le silence ou à peu près. On comprend d'autant mieux les propos sur l'*Essai sur les règnes* (1782, ii.454-67, iii.74-87) que celui-ci est imprimé dans la maison. Entre 1758 et 1782, le *Journal encyclopédique* ne parlera plus de Diderot en détail en rendant compte des *Contes* de Gessner en 1773 (iii.479-91). Mais il est aussi une présence invisible qu'une lecture sage a tôt fait de déceler. Lorsque le philosophe meurt, le *Journal encyclopédique* republie la nécrologie parue dans le *Journal de Paris* du mardi 24 août 1784 (vi.515-19) en retranchant toutefois le passage consacré aux ouvrages philosophiques. Pourquoi ce retranchement? Plus d'une fois le *Journal* avait connu des difficultés de diffusion en France: c'est plutôt la prudence qui a donc commandé cette attitude.

Le premier ouvrage qu'imprima la société fut l'*Histoire générale des dogmes* en 1769 sous la fausse marque de Londres, en 3 volumes in-8°. Comme le sous-

1. Lettre du 21 novembre 1760 à Sophie Volland (CORR, no 218). Toutes les références à la correspondance sont prises dans cette édition.

titre l'annonce, c'est une compilation tirée de l'*Encyclopédie* par Jean Louis Castilhon. Diderot en a parlé[2] pour illustrer l'adage 'sic vos non vobis' à propos des pirateries littéraires. Mais il n'en prit pas ombrage puisque l'on se rappellera que la *Correspondance littéraire* du 15 décembre félicitait le même Castilhon et Robinet. Les papiers conservés aujourd'hui, et qui ne représentent qu'une partie réduite des archives de la Société typographique, ne nous apprennent rien au sujet des intentions et des circonstances qui présidèrent à la confection de l'*Histoire générale*. On sait que 300 exemplaires expédiés à Paris par l'intermédiaire du libraire Lacombe furent arrêtés le 6 avril 1770 à la Chambre syndicale: leur renvoi fut décidé une semaine plus tard.[3]

D'un prix de revient d'une livre et demie (1-10), vendue avec un large bénéfice à 6 livres, l'*Histoire* figura longtemps dans les catalogues de la Société.[4] On la trouve en 1774, en 1780. En 1783 il en reste encore 73 exemplaires à 6 livres et 3 autres à 8 livres 8, ce qui pourrait laisser croire à l'existence d'un tirage sur meilleur papier. Deux ans plus tard, il restait encore 58 volumes en magasin. Une vente honnête mais lente, sans doute entravée par l'interdiction des autorités françaises et peut-être imputable aussi à la qualité moyenne de cet ouvrage.

La participation de Diderot aux *Suppléments* à l'*Encyclopédie* est une question qui demeure ouverte. Elle ne concerne toutefois la Société typographique de Bouillon que dans la mesure où celle-ci fut associée pour un temps à cette entreprise.

On sait par les piquantes lettres à Sophie Volland des 31 août et 11 septembre 1769 comment Panckoucke, le grand animateur de l'affaire, fut éconduit par Diderot au cours d'une première démarche. Et de fait, son nom ne figure pas parmi ceux des premiers collaborateurs dont la liste est annexée au célèbre contrat des 10-12 avril 1772. On a cité plus d'une fois le propos de J. L. Carra,[5] qui dans un virulent pamphlet contre Robinet, factotum de l'entreprise, prétend que celui-ci, installé à Bouillon, aurait offert 50 livres la feuille au philosophe, écrivant 'nombre de lettres à ce sujet, auquel il n'a pas daigné répondre; & sans

2. 'Le Goût de bien des gens', DPV, xviii.348-50.

3. Paris, B.N., Ms.fr.21932, f.132.

4. Toutes nos références aux documents de la Société typographique sont prises dans les Archives Weissenbruch. Nous tenons particulièrement à remercier M. L. de Weissenbruch pour sa bienveillante autorisation à étudier ces documents.

5. J. L. Carra, *Le Faux philosophe démasqué* (Bouillon 1772), p.39-40. Signalé en premier lieu par G. Charlier et R. Mortier, *Le Journal encyclopédique* (Bruxelles 1952), p.30-31. Cf. G. B. Watts, 'The *Supplément* and the *Table analytique et raisonnée* of the *Encyclopédie*', *The French review* 28 (1954), p.49. Cf. R. F. Birn, *Pierre Rousseau and the philosophes of Bouillon*, S.V.E.C. 29 (Genève 1964), p.119-35; J. Lough, *Essays on the Encyclopédie* (Oxford 1968), p.52-110.

le dernier voyage de M. Rousseau à Paris, M. Diderot n'aurait pas fait une panse d'A pour vos supplémens'. Ce que cette 'panse d'A' désigne exactement, on l'ignore encore: s'agit-il du mémoire destiné à convaincre Sartine de la nécessité de ces *Suppléments* auquel font allusion les *Mémoires secrets* du 29 juin 1772 (vi.186-87) et qui n'a pas été identifié?[6] Où sont passées les lettres de Robinet? Quelle démarche, quels arguments utilisa Pierre Rousseau, en vertu de quel lien? Plus de questions que de réponses ...

En 1773 la Société typographique publia, toujours sous la marque de Londres, une édition de la *Collection complète des œuvres philosophiques, littéraires et dramatiques de M. Diderot* en 5 volumes in-8°. La présence dans cette édition compilatoire de textes apocryphes ou douteux a fait dire, plus d'une fois, que le philosophe n'a pu cautionner cette entreprise. Peut-être. Sur le plan bibliographique même, elle suscite encore bien des questions.[7] Les paginations erronées du tome i concernant l'entrée des différents textes ne semblent pas être le fait de la simple négligence de typographes distraits. Au tome ii de certains exemplaires, des pages ont été cartonnées pour permettre l'inclusion de la *Prière* avec pagination séparée; *A Messieurs les esprits forts* et l'*Epître philosophique* ont été insérés de même. Manifestement, les éditeurs voulurent être aussi 'complets' que possible soit parce qu'ils étaient persuadés de la paternité de Diderot, soit pour appâter les lecteurs de textes hardis, convaincus qu'ils étaient d'un succès commercial appréciable. La seule certitude que nous ayons est que cette édition se vendit fort mal. Coincée entre les *Œuvres philosophiques de Mr. D**** parues en 1772 sous la fausse marque de Marc-Michel Rey et les *Œuvres philosophiques et dramatiques de M. Diderot* parues la même année sous la fausse marque d'Amsterdam, la 'collection' de Bouillon coûtait 10 livres. La vente stagna: six ans plus tard on voit le directeur des presses, Trécourt, suggérer à Pierre Rousseau le 19 janvier 1780 d'accepter la proposition du libraire genevois Jean Abraham Nouffer d'échanger le Diderot contre ses éditions récentes in-8° et in-4° de la *Philosophie de la nature* de Delisle de Sales.[8] L'affaire ne se fit pas. Le 18 juillet, Trécourt propose alors de solder l'édition à 20 sols le volume, c'est-à-dire à moitié prix, pour concurrencer une nouvelle édition faite par Dufour de Maestricht en 11 volumes in-12° à 20 sols.[9] Rousseau n'accepta pas non plus, semble-t-il, puisque l'inventaire manuscrit de 1783 du fonds de la Société mentionne

6. G. Roth, CORR, xii.79.

7. Cf. nos 'Recherches bibliographiques sur les premières éditions des œuvres complètes de Diderot 1772-1773', *Essays on Diderot and the Enlightenment in honor of Otis Fellows*, éd. J. Pappas (Genève 1974), p.363-85.

8. Cette édition n'a pas encore été identifiée à ce jour.

9. *Id.*

encore la présence de 405 séries complètes à 10 livres. Une circulaire imprimée vers la même époque les propose à 9 livres. Le catalogue du fonds, dressé en 1785, signale encore la présence de 203 séries en 7 volumes: on a donc joint les deux volumes de l'*Essai* et l'ensemble coûte désormais 12 livres et demie (12-10).[10]

Autre affaire, l'édition des *Contes* de La Fontaine, faite à Bouillon en 1777. On se borne généralement à répéter qu'il s'agit d'une contrefaçon de la célèbre édition des fermiers-généraux réalisée en 1762. On sait que Diderot rédigea pour cette édition une brève mais attachante *Vie abrégée de La Fontaine* au lieu de Fréron d'abord pressenti.[11] Au moment où les *Contes* sont sous presse, Trécourt écrit à Pierre Rousseau le 31 mai 1776: l''Exemplaire que vous avés achetté si cher lannée derniere a cause de la beauté des Planches ne seroit il point de l'Edition a laquelle M Diderot a présidé et n'en avez vous point conservé le discours?' 'Discours', opposé à 'planches', désigne sans aucun doute le texte, mais le propos ne prend tout son sens que si l'on admet qu'il existait des exemplaires en feuilles. Le 'discours' est envoyé à Bouillon et il sera renvoyé à Paris en octobre 1777 à l'adresse d'un important fonctionnaire de la librairie, Antoine Perrin,[12] sous le couvert du Garde des sceaux et du Directeur général de la librairie. Voilà bien des soins pour un imprimé, coûteux certes, à moins qu'il ne s'agisse d'autre chose ... Si l'on veut bien examiner les textes liminaires de l'édition bouillonnaise des *Contes*, on trouve d'abord un 'Avertissement' (i.III-VI) qui est bien plus qu'un propos de libraire ou d'éditeur, et ensuite l'*Abrégé de la vie de La Fontaine* (i.VII-X). Celui-ci présente quelques variantes notoires par rapport à l'imprimé de 1762 et aux manuscrits conservés dans le fonds Vandeul.[13] De qui sont-elles? Nous ne pouvons le dire. Mais on sait combien Diderot aimait à réécrire des textes,[14] et l'intérêt qu'il portait à La Fontaine est connu:[15] n'a-t-il pas retouché l'*Eloge de La Fontaine* par Naigeon, publié en 1775 à ... Bouillon? Enfin, ajoutons que les *Fables* publiées également par la Société typographique en 1776 sont pourvues d'une ample introduction philosophique, fort engagée, dont l'auteur n'a pas encore été identifié mais qui rappelle en plus d'un point l'*Eloge* de Naigeon.

L'édition des *Contes* de Bouillon fut achetée en bloc par le libraire lillois

10. Pour un prix de revient de 5l. 7-6, soit donc un bénéfice de 213%.

11. Rochambeau 90. Voir 'Vie de La Fontaine', DPV, xiii.285-91.

12. L'auteur de l'utile *Almanach de la librairie* (1781). Sur ses relations avec Bouillon, voir notre réédition de cet ouvrage (Aubel 1984).

13. Paris, B.N., Ms. n.a.fr.13765, f.76-77; 24938, f.15. Cf. note 11.

14. Voir un exemple récent mis en lumière, G. Dulac, 'Diderot, éditeur des *Plans et statuts* des établissements de Catherine II', *D.H.S.* 16 (1984), p.323-43.

15. Voir le catalogue de la vente Dufour de Villeneuve, 12 mai 1820, no 32.

Lehoucq, fidèle correspondant et client de la Société.[16] Les exemplaires, envoyés à Paris, sont saisis, et ce n'est qu'à grand-peine que Pierre Rousseau obtint qu'ils lui fussent restitués. Ce fut donc un nouvel échec: en 1786 les magasins de la Société gardaient encore 102 exemplaires de l'édition in-4° et 1072 de l'édition in-8° sur papier fin, auxquels il faut ajouter encore 1074 exemplaires de l'édition in-8° sur papier ordinaire.[17]

Dans l'ordre chronologique se situe au lendemain de la publication des *Contes* une autre affaire compliquée, le compte rendu de l'*Histoire de la chirurgie* de Bernard Peyrilhe. On connaît le billet, présumé de la fin de l'année 1780, par lequel Diderot autorise un éditeur, ou mieux un directeur de périodique, à *limer* son compte rendu et fixe certaines conditions pour la publication: initiales au bas du compte rendu, publication unique, lecture attentive des épreuves. Roth (no 920) n'a pas indiqué de destinataire. Le compte rendu figurant dans le *Journal encyclopédique* des 15 août et 1er septembre 1781 (vi.16-22, 222-37), R. Lewinter (xiii.960-61) en a déduit que le destinataire du billet était Pierre Rousseau. L'affaire n'est pas aussi simple. J. de Booy a montré[18] que le compte rendu a paru dans le *Mercure* du 9 juin 1781 (p.71-81) et dans une version quasi semblable à celle de la copie du fonds Vandeul et du texte publié par Assézat-Tourneux. Le billet pourrait donc avoir été écrit à un responsable du *Mercure*. Il n'en demeure pas moins que le compte rendu figure également dans le *Journal* de Bouillon, considérablement *limé*, 'remanié dans sa totalité, au point qu'on ne peut plus dire que c'est le texte de Diderot,' dit Lewinter. Les deux versions diffèrent notablement: 1. les élans philosophiques, la référence à Raynal et aux spéculatifs ne figurent pas dans le *Journal*; 2. des passages de nature médicale et scientifique ont été intercalés; 3. de longs passages sont identiques, d'autres paraissent avoir été réécrits tout en conservant l'esprit du texte antérieur. On devine les questions: 1. où le *Journal* a-t-il pris son texte, au *Mercure* ou le tient-il d'une autre source? 2. qui est l'auteur de la version de Bouillon, le *limeur*? 3. cela s'est-il fait avec ou sans le consentement de Diderot? Aucun élément ne permet de répondre pour l'instant avec certitude à ces questions. On notera cependant qu'en 1781 Rousseau et Diderot se connaissent fort bien comme on le verra sous peu, et que l'équipe de la Société typographique dispose d'un technicien qualifié: le docteur Grunewald, responsable de la *Gazette salutaire* (peu étudiée, soit dit en passant), et publiée par ladite Société.

16. Dans la correspondance sur cette transaction l'expression 'tout le discours' désigne cette fois l'ensemble des exemplaires.

17. Lettres de Pierre Rousseau à C. de Weissenbruch, 26 octobre et 2 novembre 1782.

18. J. de Booy (éd.), D. Diderot, *Ecrits inconnus de jeunesse 1745*, S.V.E.C. 178 (Oxford 1979), p.30 n.

Enfin, vers le même moment, Diderot prépare le remaniement de son *Essai sur les règnes de Claude et de Néron* qui sera publié en 1782 par la Société typographique de Bouillon. On ne connaissait jusqu'ici que fort peu de détails sur cette édition. Deux brefs extraits de lettres écrites par Pierre Rousseau à son beau-frère Charles de Weissenbruch les 2 et 5 janvier 1782 et attestant la satisfaction de Diderot au vu des épreuves.[19] Nous pouvons en dire davantage aujourd'hui.

Quand la nouvelle rédaction de l'*Essai* fut achevée, vers la fin de juin 1780, Diderot semble quelque peu indécis; peu de lettres de l'époque ont été conservées. Ce n'est que le 10 juin 1781 (CORR, no 931) qu'on le voit rappeler à Suard la promesse de lui obtenir une permission tacite, mais le projet n'eut pas de suite. J. Varloot a suggéré qu'en se rendant à Spa, Raynal en fuite serait passé par Bouillon (xv.241). Mais cette hypothèse doit être abandonnée: rien n'atteste le passage de Raynal dans la petite principauté et les décisions étaient prises à Paris, où Pierre Rousseau résidait la plupart du temps. En même temps, Diderot songe à réunir tous ses ouvrages et reprend le projet d'une édition de ses œuvres complètes, projet soumis jadis à Marc-Michel Rey et sans doute abandonné après le décès de ce dernier en 1780. Comment l'affaire fut décidée, nous ne le savons pas. Mais dès le 1er septembre Trécourt fait savoir à Pierre Rousseau que la 'copie de M. Diderot peut arriver quand elle voudra nous en ferons usage sur le champ'. Même invitation le 25 avec cette précision que le directeur des presses aimerait disposer de toute la copie du premier volume pour juger de l'importance de l'entreprise. Le principe de deux volumes est donc déjà acquis à cette date et a été décidé à Paris. La copie arrive enfin à Bouillon et le 4 octobre Trécourt s'extasie: 'La copie de M. Diderot est aussi belle que lon puisse la desirer et nos compositeurs pourront travailler dessus comme s'ils travailloient sur de limprimé.' Peut-être doit-on songer ici à une copie Girbal qui a disparu.[20] La lettre contient encore d'autres particularités intéressantes: les deux volumes seront d'abord composés in-12°, remaniés ensuite in-8°; l'on fera diligence, mais il est impossible d'achever la besogne pour le 1er novembre comme demandé. 'Nous suivrons les intentions de Lauteur', continue Trécourt, 'en faisant les notes du même corps que le texte, mais si nous les reservions toutes pour la fin du dernier volume il seroit bien plus fort que le premier, si M. Diderot vouloit nous ajoutterions au premier Volume les notes qui doivent y etre adaptées et nous en ferons de même pour le second, ce qui les rendroient par ce moyen de la même egalité, cependant

19. G. Charlier, R. Mortier, p.27. F. Clément, 'Quand Bouillon imprimait Diderot, Voltaire, Mirabeau et La Fontaine', *La Grive* 27 (1955), p.3-9, ne consacre que dix lignes à l'*Essai* pour affirmer entre autres choses que l'édition put entrer grâce à Lenoir. On verra plus loin que la question est plus complexe.

20. Cf. J. de Booy, 'Diderot et son copiste Roland Girbal', *French studies* 16 (1962), p.324-33.

nous ne ferons rien sans l'avis et Lattache [?] de M Diderot a qui j'Ecrirai ainsy que vous me conseillés de le faire.'

Le propos est donc important: il nous révèle les intentions d'un Diderot pour qui les notes, grâce à leur composition et à leur disposition, ne devraient pas tant éclairer le texte mais plutôt le compléter. Autre propos encore: Diderot a lui-même souhaité qu'un certain Charpentier revoie les épreuves: ce personnage, inconnu dans la vie du philosophe jusqu'ici, jouit de sa confiance, et nous le voyons en même temps graviter autour de la Société typographique.[21] Ledit Charpentier se mettrait, d'ailleurs, lui aussi, en rapport avec le philosophe 'au p.er jour', au moment où la première épreuve serait envoyée à Paris. De plus on lui fera tenir les 15 exemplaires demandés. Enfin, autre propos important de cette lettre du 4 octobre: Diderot a laissé entendre que, s'il était satisfait de l'impression de l'*Essai*, il confierait volontiers à la Société l'édition de ses œuvres complètes. Trécourt remarque qu'une telle entreprise, prévue en 30 volumes, exigerait des fonds considérables et qu'il faudrait quelque aide pour 'faire face aux avances'.

Tout ceci montre donc clairement que Diderot s'est longuement concerté avec Pierre Rousseau et que la Société semble exécuter un plan, sinon réaliser un contrat bien étudié. Le travail fut acharné, 'fete et dimanche' compris, écrit Trécourt les 6 et 8 octobre; deux jours plus tard, la première feuille d'épreuves est envoyée à Paris. Trécourt ajoute qu'il écrit le même jour à Diderot pour traiter avec lui plusieurs questions en détail. Le texte a été revu deux fois par Charpentier, qui écrit également à Diderot ce jour-là, et une fois par un autre collaborateur de la Société, Maignaud.[22] Mêmes assurances de soins attentifs le 17 octobre, quand Trécourt expédie à Paris 'la premier feuille de remaniement de l'ouvrage de M diderot pour faire suite a la Collection de ses œuvres que nous avons faites il y a quelques années'. Le propos n'est pas très clair: peut-on imaginer qu'en une semaine de temps la feuille d'épreuves envoyée à Paris ait été corrigée, approuvée, retournée pour de nouvelles dispositions? Non. Nous y voyons plutôt une allusion à l'expédition de la première feuille composée in-8°. On se souviendra que la lettre du 4 octobre faisait allusion au remaniement in-8°: manifestement si l'imposition in-12° est la première, celle au format in-8° la suit de près et cette entreprise particulière complétant les 5 volumes de

21. Il rédigeait entre autres les tables du *Journal encyclopédique* et s'occupait à l'occasion d'affaires personnelles de librairie (lettre de Pierre Rousseau à Weissenbruch du 12 [octobre 1782]). Il était rédacteur à l'occasion et Rousseau lui portait beaucoup d'intérêt (lettres des 24 juillet et 23 décembre).

22. D'une convention Weissenbruch-Maignaud signée le 24 février 1786, il ressort que Maignaud travaillait à Bouillon depuis 1774 et qu'il participait à la rédaction des trois périodiques édités par la Société.

1773 donnera à la collection ses tomes vi et vii. Dès lors surgissent deux nouvelles questions: Diderot a-t-il vu l'imposition in-8° et partant donne-t-il son aval à l'édition de 1773? Une réponse affirmative serait lourde de conséquences. Seconde question: existe-t-il des feuilles du tirage in-8° établissant la suite? Nous n'en connaissons pas.

Au moment où cette lettre du 17 octobre parvient à Paris, Diderot réside à la campagne. Trécourt se plaindra les 20 et 24 d'être sans nouvelles de l'auteur pour résoudre la question pendante de l'emplacement des notes: 'sil persiste dans son opinion que je regarde plus comme celle de M Naigeon que la sienne Cela sera fait ainsy'. Naigeon, on le sait, a été associé à l'édition de l'*Essai* mais aucun document établissant ses relations avec la Société (qui a publié en 1775 son *Eloge de La Fontaine*, rappelons-le) n'est parvenu jusqu'à nous.

Ce qui se passe au cours des semaines suivantes, nous l'ignorons. Cette période coïncide avec le congé donné à Trécourt à la suite de sa gestion catastrophique. Pierre Rousseau reprend lui-même la barre avec le concours de son beau-frère Weissenbruch, directeur de la Société. On connaît un bref extrait de la lettre du 2 janvier 1782 écrite par Rousseau: en voici davantage. 'M. Diderot vint hier chés moi au moment même ou je recevois le paquet des feuilles tirées de son second volume, que je lui fis voir. il parut content de L'execution; mais il parut trés étonné de ce que cela trainoit si longtems, et il a bien raison. je vous prie de faire finir cet ouvrage le plutot possible; c'est le moment de la vente. il faut en faire passer tout au moins 600 exemplaires a Paris a l'adresse de Mr Lenoir Lieutenant general de Police, qui a permis a L'auteur de le faire entrer sous le nom de ce Magistrat. il faudra y couler 25 exemplaires au moins de L'Helvetius;[23] n'oubliés pas cela. si le 1er volume du Diderot est fini, faites L'assembler et bien collationner, car vous ne sçauries concevoir le desordre qu'il y a eu dans les envois qui ont eté faits jusqu'a present.

Quand le 2e volume sera fini, qu'on tirera la derniere feuille faites assembler et expedier le tout le plus promptement que vous le pourrés, par ce que cela presse beaucoup.' Weissenbruch faisait de son mieux. Le 5 son beau-frère accuse réception des '288 premieres pages du 1er volume, c'est la feuille de la lettre M qui termine ce qu'on m'a envoyé pour ce volume, et j'aurois du en recevoir le reste; car il est a presumer que depuis plus d'un mois on a du en finir avec les notes'. C'est donc le tirage in-12° qui a la priorité:[24] il n'est plus question de l'in-8° et de la disposition des notes. L'examen bibliographique montre que finalement les raisons de l'imprimerie eurent raison des désirs de

23. Jeroom Vercruysse, 'Helvétius imprimé à Bouillon', *Le Livre et l'estampe* 33 (1987), p.21-46.
24. La feuille M s'achève avec le texte in 12°, restaient donc les notes du tome i.

l'auteur. 'vous m'avés envoyé dernierement', poursuit Rousseau, 'jusqu'a la Lettre N inclusivement du 2e volume,[25] et je crois que c'etoit alors tout ce qu'il y avoit de tiré; mais depuis huit a dix jours il y auroit bien du malheur si l'on n'avoit pas fini le tirage.' Rousseau insiste sur l'expédition des 600 volumes, qui lui feraient une belle rentrée: 'j'en ai grand besoin'. Nouvelles insistances le 9. Tout alla aussi vite que possible: en mars Meister évoque l'*Essai* dans la *Correspondance littéraire* (xiii.103-105).

L'histoire des 600 exemplaires expédiés à Paris est connue. Ils furent saisis, Diderot fut admonesté et fit semblant de se rétracter. Vraisemblablement destinés au pilon, les exemplaires ne furent dégagés qu'à grand-peine. Ce n'est que le 26 octobre que Rousseau pourra annoncer à son beau-frère leur renvoi à l'étranger, peut-être à Bruxelles.[26] Ajoutons ce passage d'une lettre du 2 novembre au même: 'Cet auteur est la bête noire du Garde des sceaux; ainsi il ne faut pas esperer d'obtenir grace pour sa collection. le Neron nous a donné des peines infinies, et je n'ai jamais pu obtenir la remise des 200 exemplaires qui ont été a la Bastille d'ou, dit on, ils ne partiront jamais.' L'édition de l'*Essai* et de la 'collection' complétée furent donc au point de vue commercial un nouvel échec. L'inventaire de 1783 note la présence en magasin de 1396 exemplaires de l'in-12° à 3 livres 15 (3-15), et de 1503 exemplaires de l'in-8° au même prix. Un capital de 10.871 livres 5 était bloqué.[27] Le sort des exemplaires nous est inconnu car ils ne furent plus mentionnés ultérieurement.

Deux éléments se dégagent de cette affaire:

1. l'existence de liens complexes sur lesquels nous ne sommes pas renseignés. Les relations entre Rousseau et Diderot, la correspondance entre Trécourt et Diderot, entre Charpentier et Diderot, qu'en savons-nous?
2. l'édition à Bouillon de l'*Essai* a été faite sur les indications de l'auteur. C'est l'édition in-12° qui constitue l'édition originale, l'in-8° n'étant qu'un remaniement avec toutes les conséquences typographiques et textologiques que cela peut comporter (voir DPV, xxv.28-29). Les notes doivent figurer, groupées, après le texte; le désir de les voir imprimées dans le même corps est significatif à souhait. Pour les rééditions on fera bien de s'en tenir aux volontés de Diderot, dont la correspondance de Pierre Rousseau offre l'écho.

Le champ de la bibliographie scientifique et de l'histoire des éditions anciennes est vaste et passionnant. Sa fréquentation révèle bien des trouvailles intéressantes

25. Soit 312 pages sur 345 [1 bl.]. Il fallait encore tirer la feuille O^{12} et un cahier P^{5}.

26. Cf. le billet de Miromesnil à Lenoir et Neville du 29 août et se faisant l'écho du roi: P. Manuel, *La Police de Paris dévoilée* (Paris an II), i.48-49, et surtout P. Chevallier, 'Les philosophes et le lieutenant de police (1735-1785)', *French studies* 17 (1963), p.105-20.

27. Sans compter 7 exemplaires à 4 livres dont le format n'est pas précisé.

et l'entreprise d'une édition de textes ferait bien d'en tenir compte. Une bibliographie descriptive et analytique de Diderot manque toujours, faute, non pas d'auteur, mais d'éditeur. Le bibliographe ne se contentera point de décrire les éditions anciennes, d'explorer les archives: il analysera également les textes.

Dans cette perspective, les éditions de Diderot réalisées par la Société typographique de Bouillon occupent une place non négligeable dans l'inventaire des ressources qui permettent de réaliser une *bonne* édition d'œuvres complètes. Certes, il demeure bien des énigmes, et certaines ne seront sans doute jamais résolues: des documents et des lettres se sont perdus, des identifications s'avèrent impossibles, mais les surprises ne sont jamais exclues.

Les échecs successifs des éditions de Diderot entreprises à Bouillon et largement imputables aux autorités françaises, le manque de curiosité des chercheurs ensuite, ont relégué ces éditions dans un état voisin de l'oubli. Notre modeste intervention n'a d'autre ambition que de rendre justice à leur cause.

GIANLUIGI GOGGI

avec la collaboration de

GEORGES DULAC

L'édition de l'*Histoire des deux Indes* dont sont issus les *Fragments imprimés* du fonds Vandeul

PARMI les morceaux détachés du fonds Vandeul (INV, 151-55) on trouve une série de *Fragments imprimés* [FI], à peu près trois cents feuillets imprimés tirés d'un exemplaire de la troisième édition de l'*Histoire des deux Indes* [HDDI] de G.-T. Raynal. Ces FI (reliés actuellement dans les deux tomes des n.a.fr.24940) sont importants. Ils ont servi à préparer beaucoup de manuscrits du fonds Vandeul contenant des contributions de Diderot à l'ouvrage de Raynal. Les FI, en effet, ont été préparés et corrigés par Vandeul: c'est à partir d'eux que deux copistes (le copiste E et Michel[1]) ont recopié les manuscrits contenant des contributions à l'HDDI.

Tous les chercheurs qui ont étudié les FI (en particulier, H. Dieckmann et Mme Duchet[2]) ont tâché d'identifier la réimpression de la troisième édition de l'HDDI à laquelle appartient l'exemplaire dont on a tiré les FI. Leurs recherches n'ont pas abouti et l'origine des FI constituait une véritable énigme bibliographique. Or, après bien des recherches[3] en France, en Suisse, en Hollande et ailleurs, on est enfin parvenu à retrouver *trois* exemplaires de cette 'édition' de l'HDDI in-12° (10 vol.) [sigle: H]: un à Genève à l'Institut et musée Voltaire (cote: KD Raynal 1780/1) [sigle: HG]; un deuxième à la Karl Marx Universi-

1. Voir P. Vernière, *Diderot, ses manuscrits et ses copistes: essai d'introduction à une édition de ses œuvres* (Paris 1967), p.28-31 et 37.

2. Michèle Duchet, 'Diderot collaborateur de Raynal: à propos des "Fragments imprimés" du fonds Vandeul', *RHLF* 60 (1960), p.547 et n.3, et M. Duchet, *Diderot et l'Histoire des deux Indes ou l'écriture fragmentaire* (Paris 1978), p.22-23 (c'est par erreur que Mme Duchet dit que G. Goggi a identifié l'édition dont sont issus les FI avec celle de l'exemplaire de la Bibliothèque cantonale de Fribourg en Suisse).

3. Ces recherches n'auraient pu se faire sans l'aide toujours généreuse de beaucoup de personnes et d'institutions. Nous nous plaisons à remercier surtout: M. Charles Wirz, Conservateur de l'Institut et musée Voltaire; la Direction de la Karl Marx Universitätsbibliothek de Leipzig; M. Etienne Verley; M. le professeur Enrico De Angelis, Directeur de l'Institut de littérature allemande de la Faculté de langues de Pise; messieurs les professeurs Onofrio Nicastro et Remo Ceserani de l'Université de Pise; le Cabinet photographique et le Bureau du prêt de la Bibliothèque de la Scuola normale superiore de Pise. Nous devons remercier aussi Mlle Françoise Weil, Mme Marianne Bockelkamp et M. J.-D. Candaux.

tätsbibliothek de Leipzig (cote: Cultur-gesch. $442^{b\,1\text{-}8}$) [sigle: HL]; un troisième chez un particulier de Montpellier, M. Etienne Verley [sigle: HEV]. Seul l'exemplaire de Genève est complet (10 vol.); les deux autres exemplaires sont incomplets: dans HL ce sont les volumes ix et x qui manquent; dans HEV les volumes vii et viii. HG et HEV sont brochés, tandis que HL est actuellement relié. Mais il semble bien s'agir d'une reliure postérieure. Il faut remarquer que, lors du travail de reliure, quelques feuillets entièrement blancs des premiers ou des derniers cahiers ont été coupés (voir la description bibliographique).

Les caractères de trois exemplaires de H concordent entièrement avec ceux des FI.

De l'analyse des trois exemplaires il ressort que H présente des caractères très particuliers: d'où l'utilité d'une description bibliographique détaillée des dix volumes.[4] Nous avons pris comme base HG, le seul exemplaire complet que l'on connaisse. Mais nous avons toujours comparé la description de HG avec celle des deux autres exemplaires.

Tome I

Titre: HISTOIRE / PHILOSOPHIQUE / ET POLITIQUE / DES ÉTABLISSEMENS ET DU COMMERCE / DES EUROPÉENS DANS LES DEUX INDES. / [*entre deux filets*] *Par* GUILLAUME-THOMAS RAYNAL. / TOME PREMIER. / [*fleuron*] / A GENEVE, / Chez JEAN-LÉONARD PELLET, Imprimeur, / de la Ville & de l'Académie. / [*filet*] / M. DCC. LXXXIV.

Format et pagination: 12°. 252 feuillets, p.*I-IV* V-XVI, *1* 2-487 *488* [Erreurs: 23 au lieu de 231; 268 avec faux alignement de 2; le 2 de 424 se lit assez mal;[5] 78 au lieu de 478]

Signatures: a^8 [deux seuls feuillets avec signatures: *a iij*, *a iv*] A – V^{12} X^4 [Erreurs: B3 au lieu de D3; B5 au lieu de D5; sur le feuillet E1*r* il n'y a pas sur la gauche l'indication: *Tome I.*; 4S au lieu de S4; V5 avec le 5 renversé]

Contenu: a1*r*: [*faux-titre*] HISTOIRE / PHILOSOPHIQUE / ET POLITIQUE / DES ÉTABLISSEMENS ET DU COMMERCE / DES EUROPÉENS DANS LES DEUX INDES. / [*entre deux filets*] TOME PREMIER. ; a1*v*: page blanche; a2*r*: page de titre; a2*v*: page blanche; a3*r*: AVERTISSEMENT.; a5*v*: ÉVALUATION DES MONNOIES.; a6*r*: TABLE / DES / INDICATIONS. / [*filet*] / LIVRE PREMIER.; a7*v*: LIVRE SECOND.; A1*r*: début du livre I: titre général de l'ouvrage et titre particulier du livre I; L12*r*: début du livre II: titre général de l'ouvrage et titre particulier du livre

4. Nous avons consulté en général: R.-B. McKerrow, *An introduction to bibliography for literary students* (Oxford 1967; 1ère éd. 1927); F. Bowers, *Principles of bibliographical description* (New York 1977; 1ère éd. 1949); E.-W. Padwick, *Bibliographical method: an introductory survey* (Cambridge, London 1969); et surtout Ph. Gaskell, *A new introduction to bibliography* (Oxford 1974; 1ère éd. 1972). Il est à remarquer que dans la description des titres, des faux-titres, etc., que l'on va donner, nous ne reproduisons pas le jeu entre les différents types de caractères majuscules (et surtout entre les caractères majuscules romains et les caractères majuscules italiques) que l'on y trouve employés. Voir à ce propos les reproductions photographiques.

5. Egalement dans HL, tandis que dans HEV on a 424 avec faux alignement de 2.

II; V1*r*: TABLE / ALPHABÉTIQUE / DES MATIERES / CONTENUES DANS CE VOLUME.; X4*v*: page blanche

Titre courant: A1*v* – L11*v*: HISTOIRE PHILOSOPH. / ET POLITIQUE. LIV. I.; L12*v* – T12*v*: HISTOIRE PHILOSOPH. / ET POLITIQUE. LIV. II. [Erreur: sur le feuillet M1*r* et M2*r* on lit LIV. I. au lieu de LIV. II.]

Vignettes et ornements: a2*r*: [*page de titre*] fleuron: un rameau avec des fleurs; a3*r*: une frise en haut de la page; a5*v*: un filet en haut de la page; a6*r*: une frise en haut de la page; a7*r*: une frise en haut de la page; A1*r*: un bandeau rectangulaire avec des motifs floraux, signé: Gritner; L12*r*: un bandeau rectangulaire avec un feston floral, signé: Gritner [le *t* de Gritner est un peu rongé]; V1*r*: une frise en haut de la page [la même qu'en a7*r*]

Culs-de-lampe: a5*r*: un petit soleil rayonnant; a5*v*: un bige avec un conducteur et deux chevaux au galop; a7*r*: un motif ornemental; a8*v*: une lyre rayonnante; G7*v*: un motif ornemental.

Lettrines: A1*r*: à l'intérieur d'un carré un I entouré d'un feston; L12*r*: à l'intérieur d'un carré un L entouré d'un feston

Filigrane: Marque: Grappe de raisin. Contremarques: trois contremarques clairement visibles: 1) 'I [*cœur*] T' (la contremarque la plus employée), 2) 'M', 3) 'J C'

Remarque: Les titres et les numéros des chapitres sont placés au-dessus de la première ligne des chapitres, dans le corps de la page.

Tome 2

Titre: HISTOIRE / PHILOSOPHIQUE / ET POLITIQUE / DES ÉTABLISSE MENS ET DU COMMERCE / DES EUROPÉENS DANS LES DEUX INDES. / [*entre deux filets*] *Par* GUILLAUME-THOMAS RAYNAL. / TOME DEUXIEME. / [*fleuron*] / A GENEVE, / Chez JEAN-LÉONARD PELLET, Imprimeur, / de la Ville & de l'Académie. / [*filet*] / M. DCC. LXXXIV.

Format et pagination: 12°. 264 feuillets, p.*I-V* VI-XII, *1* 2-516 [Erreurs: 21 au lieu de 213; 56 au lieu de 356; 425 avec faux alignement de 2 et 5; 426 avec faux alignement de 2 et 6]

Signatures: a^6 [un seul feuillet avec signature: *a iij*] A — X^{12} Y^6

Contenu: a1*r*: [*faux-titre*] HISTOIRE / PHILOSOPHIQUE / ET POLITIQUE / DES ÉTABLISSEMENS ET DU COMMERCE / DES EUROPÉENS DANS LES DEUX INDES. / [*entre deux filets*] TOME DEUXIEME.; a1*v*: page blanche; a2*r*: page de titre; a2*v*: page blanche; a3*r*: TABLE / DES / INDICATIONS. [*filet*] LIVRE TROISIEME.; a5*r*: LIVRE QUATRIEME.; A1*r*: début du livre III: titre général de l'ouvrage et titre particulier du livre III; K10*v*: début du livre IV: titre général de l'ouvrage et titre particulier du livre IV; X4*v*: TABLE / ALPHABÉTIQUE / DES MATIERES / CONTENUES DANS CE VOLUME.

Titre courant: A1*v* – K10*r*: HISTOIRE PHILOSOPH. / ET POLITIQUE. LIV. III. [Erreur: sur le feuillet C 4*r* on lit LIV. II. au lieu de LIV. III.]; K11*r* – X4*r*: HISTOIRE PHILOSOPH. / ET POLITIQUE. LIV. IV.

Vignettes et ornements: a2*r*: [*page de titre*] fleuron: un feston attaché à un motif architectural; a3*r*: une frise en haut de la page; a5*r*: une frise en haut de la page; A1*r*: un bandeau rectangulaire avec deux vases à fleurs et des festons[6]; K10*v*: un bandeau rectangulaire: un paysage avec un vaisseau poussé par le vent sur la mer agitée; sur la gauche, un rocher avec des personnages les bras levés; X4*v*: une frise en haut de la page

Lettrines: A1*r*: à l'intérieur d'un carré un O entouré d'un feston; K10*v*: à l'intérieur d'un carré un E entouré d'un feston

Filigrane: Marque: Grappe de raisin. Contremarques: trois contremarques visibles: 1) 'M' (la contremarque la plus employée); 2) 'V C'; 3) 'I [*cœur*] T'[7]

Remarques: Les numéros et les titres des chapitres sont placés au-dessus de la première ligne des chapitres, dans le corps de la page. Les deux feuillets G1 et G2 ont été arrachés dans HG.

Tome 3

Titre: HISTOIRE / PHILOSOPHIQUE / ET POLITIQUE / DES ÉTABLISSEMENS ET DU COMMERCE / DES EUROPÉENS DANS LES DEUX INDES. / [*entre deux filets*] *Par* GUILLAUME-THOMAS RAYNAL. / TOME TROISIEME. / [*fleuron*] / A GENEVE, / Chez JEAN-LÉONARD PELLET, Imprimeur, / de la Ville & de l'Académie. / [*filet*] / M. DCC. LXXXIV.

Format et pagination: 12°. 258 feuillets, p.*I-VII* VIII-XII, *1* 2-274 *275* 276-484 *485* 486-504 [Erreurs: 8 au lieu de 89; 141 avec faux alignement de 4 et 1; 311 avec faux alignement du deuxième 1; 289 au lieu de 489]

Signatures: π^6 A – X^{12} [8]

Contenu: π1*r*: page blanche; π1*v*: page blanche; π2*r*: [*faux titre*] HISTOIRE / PHILOSOPHIQUE / ET POLITIQUE / DES ÉTABLISSEMENS ET DU COMMERCE / DES EUROPÉENS DANS LES DEUX INDES. / [*entre deux filets*] TOME TROISIEME.; π2*v*: page blanche; π3*r*: page de titre; π3*v*: page blanche; π4*r*: TABLE / DES / INDICATIONS. [*filet*] LIVRE CINQUIEME.; π5*v*: LIVRE SIXIEME.; A1*r*: début du livre V: titre général de l'ouvrage et titre particulier du livre V; M6*r*: début du livre VI: titre général de l'ouvrage et titre particulier du livre VI; X3*r*: TABLE / ALPHABÉTIQUE / DES MATIERES / CONTENUES DANS CE VOLUME.

Titre courant: A1*v* – M5*v*: HISTOIRE PHILOSOPH. / ET POLITIQUE. LIV. V.; M6*v* – X2*v*: HISTOIRE PHILOSOPH. / ET POLITIQUE. LIV. VI. [Erreur: sur P5*r* on lit LIV. V. au lieu de LIV. VI.]

Vignettes et ornements: π3*r*: [*page de titre*] fleuron: quelques rameaux avec des épées, des boucliers et des drapeaux; π4*r*: une frise en haut de la page [la même qu'en a3*r* du t.ii]; π5*v*: une frise au milieu de la page [la même qu'en a5*r* du t.ii]; A1*r*: un bandeau rectangulaire comportant un soleil rayonnant au centre, avec deux vases à fleurs, l'un

6. Le bandeau du t.ii, p.1, et celui du t.viii, p.1, sont deux variantes du même ornement: ils présentent le même dessin avec quelques différences assez nettes entre eux.

7. Dans HL également la contremarque la plus employée est 'M', mais à côté d'elle on trouve deux autres contremarques: a) 'F [*cœur*] A'; b) 'IT' ou 'TI'.

8. Dans HL on a π^6 (- π1): le premier feuillet du premier cahier a été coupé quand le volume a été relié.

sur la gauche, l'autre sur la droite, et des festons floraux; M6*r*: un bandeau rectangulaire avec un paysage: sur la gauche, des barques, dont une à voiles, sur la mer; sur la droite, un château et une église; X3*r*: une frise en haut de la page [la même qu'en X4*r* du t.ii]

Lettrines: A1*r*: à l'intérieur d'un carré un L entouré d'un feston; M6*r*: à l'intérieur d'un carré un L entouré d'un feston

Filigrane: Marque: Grappe de raisin. Contremarques: 1) 'F [*cœur*] A'; 2) 'M'; 3) 'J C'; 4) 'F ACHAR' (contremarque de lecture difficile)

Remarque: Les numéros et les titres des chapitres sont placés au-dessus de la première ligne des chapitres, dans le corps de la page.

Tome 4

Titre: HISTOIRE / PHILOSOPHIQUE / ET POLITIQUE / DES ÉTABLISSE-MENS ET DU COMMERCE / DES EUROPÉENS DANS LES DEUX INDES. / [*entre deux filets*] *Par* GUILLAUME-THOMAS RAINAL. / TOME QUATRIEME. / [*fleuron*] / A GENEVE, / Chez JEAN-LÉONARD PELLET, Imprimeur / de la Ville & de l'Académie. / [*filet*] M. DCC. LXXX.

Format et pagination: 12°. 210 feuillets, p.*I-IV* VI-XII, *1* 2-206 *207* 208-384 *385* 386 406 *407-408* [Erreurs: VII au lieu de XII; 197 au lieu de 397. Des numéros de page sont presque illisibles ou tachés: voir le numéro 3 et le numéro 27]

Signatures: a^{6} [un seul feuillet avec signature: a.3] A – R^{12} [9] [Erreur: O3 au lieu de O4: deux feuillets de suite sont signés: O3]

Contenu: a1*r*: [*faux-titre*] HISTOIRE / PHILOSOPHIQUE / ET POLITIQUE / DES ÉTABLISSEMENS ET DU COMMERCE / DES EUROPÉENS DANS LES DEUX INDES. / [*entre deux filets*] TOME QUATRIEME.; a1*v*: page blanche; a2*r*: page de titre; a2*v*: [*déclaration d'originalité*:] *Les seules éditions originales, sous le / nom de Pellet de Geneve, dans les formats / in-4°., in-8°. & in-12, sont celles qui se / vendent avec le volume d'Atlas, & les vingt- / trois Tableaux de Calcul, indispensables à / la lecture de cet ouvrage. /* [*alinéa*] *Nous avons cru devoir placer ces tableaux / à la suite de l'Atlas, où le Lecteur s'en / servira plus facilement: leur grandeur / n'auroit pas permis de les accommoder aux / différens formats.*; a3*r*: TABLE / DES / INDICATIONS MARGINALES. / [*filet*] / LIVRE SEPTIEME.; a5*r*: LIVRE HUITIEME.; A1*r*: début du livre VII: titre général de l'ouvrage et titre particulier du livre VII; I8*r*: début du livre VIII: titre général de l'ouvrage et titre particulier du livre VIII; R1*r*: TABLE / ALPHABÉTIQUE / DES MATIERES / CONTENUES DANS CE VOLUME.; R12*r* et *v*: feuillet blanc

Titre courant: A1*v* – I7*v*: HISTOIRE PHILOSOPHIQUE / ET POLITIQUE. LIV. VII.; I8*v* – Q12*v*: HISTOIRE PHILOSOPHIQUE / ET POLITIQUE. LIV. VIII. [Erreur: sur Q3*r* on lit LIV VI. II. au lieu de LIV. VIII.]

Vignettes et ornements: a2*r*: [*page de titre*] fleuron: un vase en forme de console avec des roses; a3*r*: un filet décoratif en haut de la page; a5*r*: un filet en haut de la page; A1*r*: un bandeau rectangulaire avec des rameaux; I8*r*: un bandeau rectangulaire avec des motifs ornementaux; R1*r*: un filet décoratif en haut de la page [le même qu'en a3*r*]

9. Dans HL on a R^{12} (- R12): le dernier feuillet du dernier cahier a été coupé quand le volume a été relié.

Filigrane: Marque: Grappe de raisin. Contremarques: 1) 'I [*cœur*] LE BON MYSYER' / 'AUVERGNE 1742'; 2) 'C [*cœur*] MYSSONYER' (au-dessus un cornet) / 'AUVERGNE 1742' / Qualité: 'MOYEN'; 3) 'P [*cœur*] I'; 4) 'C [*cœur*] NOURYSSON' / 'AUVERGNE 1742'; 5) 'P. F. VERM' (quelques doutes sur le dernier M)[10]

Remarque: Les numéros et les titres des chapitres sont en marge.

Tome 5

Titre: HISTOIRE / PHILOSOPHIQUE / ET POLITIQUE / DES ÉTABLISSEMENS ET DU COMMERCE DES EUROPÉENS DANS LES DEUX INDES. / [*entre deux filets*] *Par* GUILLAUME-THOMAS RAINAL. / TOME CINQUIEME. / [*fleuron*] / A GENEVE, / Chez JEAN-LÉONARD PELLET, Imprimeur / de la Ville & de l'Académie. / [*filet*] / M. DCC. LXXX.

Format et pagination: 12°. 180 feuillets, p.*I-V* VI-XII, *1* 2-180 *181* 182-326 *327* 328-346 *347-348* [le numéro de la page 3 est une tache presque illisible]

Signatures: π^6 A – O^{12} P^6 [11] [Erreurs: on lit D5 sur le verso de D4; H3 au lieu de H4: deux feuillets de suite sont signés H3; I6 au lieu de I5: deux feuillets de suite sont signés I6; N3 au lieu de O3; N5 au lieu de O5]

Contenu: π1*r*: [*faux-titre*] HISTOIRE / PHILOSOPHIQUE / ET POLITIQUE / DES ÉTABLISSEMENS ET DU COMMERCE / DES EUROPÉENS DANS LES DEUX INDES. / [*entre deux filets*] TOME CINQUIEME.; π1*v*: page blanche; π2*r*: page de titre; π2*v*: [la même déclaration d'originalité que l'on lit sur a2*v* du t.iv]; π3*r*: TABLE / DES / INDICATIONS MARGINALES. [*filet*] LIVRE NEUVIEME.; π5*r*: LIVRE DIXIEME.; A1*r*: début du livre IX: titre général de l'ouvrage et titre particulier du livre IX; H7*r*: début du livre X: titre général de l'ouvrage et titre particulier du livre X; O8*r*: TABLE / ALPHABÉTIQUE / DES MATIERES / CONTENUES DANS CE VOLUME.; P6*r* et *v*: feuillet blanc

Titre courant: A1*v* – H6*v*: HISTOIRE PHILOSOPHIQUE / ET POLITIQUE. LIV. IX.; H7*r* – O7*v*: HISTOIRE PHILOSOPHIQUE / ET POLITIQUE. LIV. X.

Vignettes et ornements: π2*r*: [*page de titre*] fleuron: un rameau avec une fleur; π3*r*: un filet décoratif en haut de la page [le même qu'en a3*r* et R1*r* du t.iv]; π5*r*: un filet au milieu de la page [le même qu'en a5*r* du t.iv]; A1*r*: un bandeau rectangulaire avec des ramages; au centre, une femme et un enfant marchant, les épaules au soleil: ses rayons sont réfléchis par un miroir que la femme tient devant le visage; H7*r*: un bandeau rectangulaire avec des motifs ornementaux [le même qu'en I8*r* du t.iv]; O8*r*: un filet décoratif en haut de la page [le même qu'en π3*r* du t.v, a3*r* et R1*r* du t.iv]

Filigrane: Marque: Grappe de raisin. Contremarques: 1) 'I [*cœur*] LE BON MYSYER' / 'AUVERGNE 1742'; 2) 'C [*cœur*] MYSSONYER' (au-dessus un cornet) / 'AUVERGNE 1742' / Qualité: 'MOYEN'; 3) 'P. F. VERM' (quelques doutes sur le dernier M); 4) 'I [*cœur*] NOURISON' / 'FOREST 1742'; 5) 'P. CHALAR' / Qualité: 'MOYEN'

10. Dans HL la présence de la contremarque 3) ci-dessus est douteuse. En plus, on lit clairement la contremarque: 'C [*cœur*] BEGON' (au-dessus un soleil) / 'AUVERGNE 1742' / Qualité: 'MOYEN'.

11. Dans HL on a P^6 (- P6): le dernier feuillet du dernier cahier a été coupé quand le volume a été relié.

Remarque: Les numéros et les titres des chapitres sont en marge.

Tome 6

Titre: HISTOIRE / PHILOSOPHIQUE / ET POLITIQUE / DES ÉTABLISSEMENS ET DU COMMERCE / DES EUROPÉENS DANS LES DEUX INDES. / [*entre deux filets*] *Par* GUILLAUME-THOMAS RAINAL. / TOME SIXIEME. / [*fleuron*] / A GENEVE, / Chez JEAN-LÉONARD PELLET, Imprimeur / de la Ville & de l'Académie. / [*filet*] / M. DCC. LXXX.

Format et pagination: 12°. 216 feuillets, p.*I-V* VI-XII, *1* 2-236 *237* 238-390 *391* 392-418 *419-420*. [Erreurs: 27 et 28 au lieu de 26 et 27; 48 au lieu de 248; 279 au lieu de 179; 389 au lieu de 379; le numéro 400 est peu clair[12]]

Signatures: a^6 [un seul feuillet avec signature: a 3] A – R^{12} S^6 [13]

Contenu: a1*r*: [*faux-titre*] HISTOIRE / PHILOSOPHIQUE / ET POLITIQUE / DES ÉTABLISSEMENS ET DU COMMERCE / DES EUROPÉENS DANS LES DEUX INDES. / [*entre deux filets*] TOME SIXIEME.; a1*v*: page blanche; a2*r*: page de titre; a2*v*: [la même déclaration d'originalité que l'on lit sur a2*v* du t.iv et sur π2*v* du t.v]; a3*r*: TABLE / DES / INDICATIONS MARGINALES. [*filet*] LIVRE ONZIEME.; a5*r*: LIVRE DOUZIEME.; A1*r*: début du livre XI: titre général de l'ouvrage et titre particulier du livre XI; K11*r*: début du livre XII: titre général de l'ouvrage et titre particulier du livre XII; R4*r*: TABLE / ALPHABÉTIQUE / DES MATIERES / CONTENUES DANS CE VOLUME.; S6*r* et *v*: feuillet blanc

Titre courant: A1*v* – K10*v*: HISTOIRE PHILOSOPHIQUE / ET POLITIQUE. LIV. XI.; K11*v* – R3*v*: HISTOIRE PHILOSOPHIQUE / ET POLITIQUE. LIV. XII.

Vignettes et ornements: a2*r*: [*page de titre*] fleuron: un vase en forme de console avec des roses [le même que celui de la page de titre du t.iv]; a3*r*: un filet décoratif en haut de la page [le même qu'en a3*r* et R1*r* du t.iv et qu'en π3*r* et O8*r* du t.v]; a5*r*: un filet en haut de la page [le même qu'en a5*r* du t.iv et qu'en π5*r* du t.v]; A1*r*: un bandeau rectangulaire avec des ramages [le même qu'en A1*r* du t.iv]; K11*r*: un bandeau rectangulaire avec des motifs ornementaux [le même qu'en H7*r* du t.v et de I8*r* du t.iv]; R4*r*: un filet décoratif en haut de la page [le même qu'en a3*r* (voir ci-dessus)]

Filigrane: Marque: Grappe de raisin. Contremarques: 1) 'P. F. VERM' (quelques doutes sur le dernier M); 2) 'C[?] [*cœur*] NOURYSSON' / 'FOREST 1742'; 3) 'I [*cœur*] NOURISON' / 'FOREST 77' / Qualité: 'FIN'

Remarque: Les numéros et les titres des chapitres sont en marge.

Tome 7

Titre: HISTOIRE / PHILOSOPHIQUE / ET POLITIQUE / DES ÉTABLISSEMENS ET DU COMMERCE / DES EUROPÉENS DANS LES DEUX INDES. / [*entre deux filets*] *Par* GUILLAUME-THOMAS RAYNAL. / TOME SEPTIEME. /

12. Dans HL on a 40[?] au lieu de 400; dans HEV le deuxième o de 400 est petit et déformé.

13. Dans HL on a S^6 (- S6): le dernier feuillet du dernier cahier a été coupé quand le volume a été relié.

[*fleuron*] / A GENEVE, / Chez JEAN-LÉONARD PELLET, Imprimeur / de la Ville & de l'Académie. / [*filet*] / M. DCC. LXXX.

Format et pagination: 12°. 230 feuillets, p. [*4*] *I* II-XII, *1* 2-270 *271* 272-422 *423* 424-443 *444*. [Erreur: 174 au lieu de 274.[14] Numéros de page qu'on lit mal: V (le numéro est taché); 351 (le 1 est taché); 428 (le 4 est taché). Le numéro 145 est imprimé irrégulièrement.]

Signatures: π^2 a^6 [les trois premiers feuillets signés: a, aij, aiij] A – S^{12} T^6. [Erreur: T au lieu de T3[15]]

Contenu: *π1r*: [*faux-titre*] HISTOIRE / PHILOSOPHIQUE / ET / POLITIQUE / DES ÉTABLISSEMENS ET DU / COMMERCE DES EUROPÉENS / DANS LES DEUX INDES. / [*entre deux filets*] TOME SEPTIEME.; *π1v*: page blanche; *π2r*: page de titre; *π2v*: page blanche; a1*r*: TABLE / DES / INDICATIONS MARGINALES. [*filet*] LIVRE TREIZIEME.; a4*r*: LIVRE QUATORZIEME.; A1*r*: début du livre XIII: titre général de l'ouvrage et titre particulier du livre XIII; M4*r*: début du livre XIV: titre général de l'ouvrage et titre particulier du livre XIV[16]; S8*r*: TABLE / ALPHABÉTIQUE / DES MATIERES / CONTENUES DANS CE VOLUME; T6*v*: page blanche.

Titre courant: A1*v* – M3*v*: HISTOIRE PHILOSOPH. / ET POLITIQUE. LIV. XIII. [Erreurs: sur E2*r*, sur G7*r* et sur K11*r* on lit LIV. III. au lieu de LIV. XIII.]; M4*v* – S7*v*: HISTOIRE PHILOSOPH. / ET POLITIQUE. LIV. XIV. [Erreurs: sur N4*r*, sur N5*r*, sur N6*r* et sur N7*r* on lit LIV. XIII. au lieu de LIV. XIV.]

Vignettes et ornements: *π2r*: [*page de titre*] vignette représentant deux enfants assis, dont l'un, le plus petit des deux, tend les bras vers l'autre, qui, couronné de fleurs, tient une verge appuyée contre lui. Le fleuron est signé: Grit. [Gritner]; a1*r*: un filet décoratif en haut de la page; a4*r*: un filet décoratif en haut de la page; A1*r*: un bandeau rectangulaire avec un paysage: au centre, un fleuve; sur chacun des deux bords, un arbre; sur le fond, trois groupes de maisons; M4*r*: un bandeau rectangulaire avec un paysage: au centre, un pont sur un ruisseau; sur la droite, un pasteur avec son troupeau, au bord du ruisseau; sur le fond, des collines; S8*r*: un filet décoratif en haut de la page [le même qu'en a1*r*]

Culs-de-lampe: a3*v*: deux branches avec une fleur

Filigrane: Marque: Grappe de raisin. Contremarques: 1) 'FIN DE / F [*cœur*] ARTAUD' / 'AUVERGNE 1742'; 2) 'B [*cœur*] CHAPON' (au-dessus, un chapon) / 'AUVERGNE 1742'; 3) 'D [?] [*un lis*] LE BON FYN' / 'AUVERGNE 1742'

Remarque: Les numéros et les titres des chapitres sont en marge.

Tome 8

Titre: HISTOIRE / PHILOSOPHIQUE / ET / POLITIQUE / DES ÉTABLISSEMENS ET DU COMMERCE / DES EUROPÉENS DANS LES DEUX INDES. / [*entre deux filets*] Par GUILLAUME-THOMAS RAYNAL. / TOME HUITIEME. / [*fleuron*] / A GENEVE, / Chez JEAN-LÉONARD PELLET, Impri- / meur de la Ville & de l'Académie. / [*filet*] / M. DCC. LXXX.

14. Dans HL on a aussi 14 au lieu de 214.
15. Dans HL on a régulièrement T3.
16. Dans le titre général de l'ouvrage au début des livres XIII et XIV un accent est placé sur le premier E de ÉUROPÉENS [*sic*].

Format et pagination: 12°. 264 feuillets, p.*I-V* VI-XII, *1* 2-122 *123* 124-272 *273* 274-458 *459* 460-480 491-524 *525-526* [= XII, 516] [Erreurs: 45 avec faux alignement du 5; 74 au lieu de 75; 113 avec faux alignement du 3; 259 avec faux alignement du 9; 382 avec le 3 renversé;[17] 42 au lieu de 429;[18] 50 au lieu de 501.[19] Parfois des chiffres de numéros de page sont à demi rongés: voir le 7 de 57, le 7 de 317, le 8 de 268,[20] le 4 de 480[21]]

Signatures: a⁶ [un seul feuillet signé: a iij] A – X¹² Y⁶ [22]

Contenu: a1*r*: [*faux-titre*] HISTOIRE / PHILOSOPHIQUE / ET / POLITIQUE / DES ÉTABLISSEMENS ET DU COMMERCE / DES EUROPÉENS DANS LES DEUX INDES. / [*entre deux filets*] TOME HUITIEME.; a1*v*: page blanche; a2*r*: page de titre; a2*v*: page blanche; a3*r*: TABLE / DES / INDICATIONS SOMMAIRES. [*filet*] LIVRE QUINZIEME.; a3*v*: LIVRE SEIZIEME.; a5*r*: LIVRE DIX-SEPTIEME.; A1*r*: début du livre XV: titre général de l'ouvrage et titre particulier du livre XV; F2*r*: début du livre XVI: titre général de l'ouvrage et titre particulier du livre XVI; M5*r*: début du livre XVII: titre général de l'ouvrage et titre particulier du livre XVII; V2*r*: TABLE / ALPHABÉTIQUE / DES MATIERES / CONTENUES DANS CE VOLUME.; Y6*r* et *v*: feuillet blanc

Titre courant: A1*v* – F1*v*: HISTOIRE PHILOSOPHIQUE / ET POLITIQUE. LIV. XV.; F2*v* – M 4*v*: HISTOIRE PHILOSOPHIQUE / ET POLITIQUE. LIV. XVI.; M5*v* – V1*v*: HISTOIRE PHILOSOPHIQUE / ET POLITIQUE. LIV. XVII.

Vignettes et ornements: a2*r*: [*page de titre*] fleuron: une flèche, un carquois et une torche entrecroisés; a3*r*: un filet décoratif en haut de la page; a3*v*: un filet au milieu de la page; a5*r*: un filet au milieu de la page; A1*r*: un bandeau rectangulaire avec deux vases à fleurs et des festons[23]; F2*r*: un bandeau rectangulaire avec un paysage: un petit lac avec une barque à voiles; sur le fond, un château; sur la gauche, une maison; M5*r*: un bandeau rectangulaire avec un paysage: sur la gauche, des barques, dont deux à voiles, sur la mer; sur la droite, un château et une église [à quelques détails près, il s'agit du même paysage que celui du bandeau de M6*r* du t.iii]; V2*r*: un filet en haut de la page

Culs-de-lampe: E6*r*: un petit motif décoratif [le même qu'en G7*v* du t.i]; H8*v*: deux petites branches; P7*r*: un petit motif décoratif [le même qu'en E6*r*]); Q9*r*: deux petites branches [le même qu'en H8*v*]; R1*r*: un petit motif décoratif

Filigrane: Marque: Grappe de raisin. Contremarques: 1) 'C [*cœur*] MYSSONYER' (au-dessus un cornet) / 'AUVERGNE 1742' / Qualité: 'MOYEN'; 2) 'C[?] [*cœur*] NOURYSSON' / 'FOREST 1742'; 3) 'I [*cœur*] NOURISON' / 'FOREST 77' / Qualité: 'FIN'; 4) 'I [*cœur*] LE BON MYSYER' / 'AUVERGNE 1742'

17. Dans HL on a régulièrement 382.
18. Dans HL on a régulièrement 429.
19. Dans HL on a 501 avec faux alignement de 1.
20. Dans HL on a régulièrement 268.
21. Dans HL on a 80 au lieu de 480.
22. Dans HL on a Y⁶ (- Y6): le dernier feuillet du dernier cahier a été coupé quand le volume a été relié. Dans HL le feuillet S4 est sans signature.
23. Comme on l'a déjà remarqué, ce bandeau est une variante de celui de A1*r* du t.ii.

Remarque: Les numéros et les titres des chapitres sont placés au dessus de la première ligne des chapitres, dans le corps de la page.

Tome 9

Titre: HISTOIRE / PHILOSOPHIQUE / ET POLITIQUE / DES ÉTABLISSEMENS ET DU COMMERCE DES EUROPÉENS DANS LES DEUX INDES. / [*entre deux filets*] *Par* GUILLAUME-THOMAS RAYNAL. / TOME NEUVIEME. / [*fleuron*] / A GENEVE, / Chez JEAN-LÉONARD PELLET, Imprimeur / de la Ville & de l'Académie. / [*filet*] / M. DCC. LXXX.

Format et pagination: 12°. 178 feuillets, p.*I-V* VI-XII, *1* 2-343 *344* [Erreurs: le 3 du numéro de page 213 est peu clair; le deuxième 1 de 311 est taché; 223 au lieu de 323]

Signatures: a^6 [un seul feuillet avec signature: a iij] A – O^{12} P^4 [Erreur: L au lieu de L4]

Contenu: a1*r*: [*faux-titre*] HISTOIRE / PHILOSOPHIQUE / ET POLITIQUE / DES ÉTABLISSEMENS ET DU COMMERCE / DES EUROPÉENS DANS LES DEUX INDES. / [*entre deux filets*] TOME NEUVIEME.; a1*v*: page blanche; a2*r*: page de titre; a2*v*: [la même déclaration d'originalité qu'on lit sur a2*v* du t.iv; la composition typographique du texte est de toute façon différente]; a3*r*: TABLE / DES / INDICATIONS MARGINALES. / [*filet*] / LIVRE DIX-HUITIEME.; A1*r*: début du livre XVIII: titre général de l'ouvrage et titre particulier du livre XVIII; O9*v*: TABLE / ALPHABÉTIQUE / DES MATIERES / CONTENUES DANS CE VOLUME.; P4*v*: page blanche

Titre courant: A1*v* – O8*v*: HISTOIRE PHILOSOPHIQUE / ET POLITIQUE. LIV. XVIII.

Vignettes et ornements: a2*r*: [*page de titre*] deux feuilles de palmier entrelacées d'un ruban; a3*r*: une frise de neuf croix en haut de la page; A1*r*: un bandeau rectangulaire avec des motifs ornementaux: au centre, une petite tête humaine; O9*v*: une frise de fleurs stylisées en haut de la page

Filigrane: Pas de filigranes

Remarque: Les numéros et les titres des chapitres sont en marge.

Tome 10

Titre: HISTOIRE / PHILOSOPHIQUE / ET POLITIQUE / DES ÉTABLISSEMENS ET DU COMMERCE / DES EUROPÉENS DANS LES DEUX INDES. / [*entre deux filets*] *Par* GUILLAUME-THOMAS RAYNAL. / TOME DIXIEME. / [*fleuron*] / A GENEVE, / Chez JEAN-LÉONARD PELLET, Imprimeur / de la Ville & de l'Académie. / [*filet*] / M. DCC. LXXX.

Format et pagination: 12°. 230 feuillets, [*2*] *I* II, *1* 2-432 439-462 [= IV, 456]

Signatures: π^2 A – T^{12}

Contenu: π1*r*: page de titre; π1*v*: [la même déclaration d'originalité qu'on lit sur a2*v* du t.ix]; π2*r*: TABLE / DES / INDICATIONS MARGINALES. / [*filet*] / LIVRE DIX-NEUVIEME.; A1*r*: début du livre XIX: titre général de l'ouvrage; Q11*v*: TABLE / ALPHABÉTIQUE / DES MATIERES / CONTENUES DANS CE VOLUME.

Titre courant: A1*v* – Q11*r*: HISTOIRE PHILOSOPHIQUE / ET POLITIQUE. LIV. XIX.

Vignettes et ornements: π1*r*: [le même fleuron que dans la page de titre du t.ix]; π2*r*: une frise en haut de la page (fleurs stylisées); A1*r*: un bandeau rectangulaire avec des motifs floraux stylisés; Q11*v*: une frise en haut de la page (fleurs stylisées) [la même qu'en O9*v* et qu'en π2*r* (sauf, dans ce dernier cas, deux points à la place de la quatrième et de la treizième fleur)]

Filigrane: Un seul filigrane est visible sur le cahier G:[24] Marque: Grappe de raisin. Contremarque: 'M'

Remarque: Les numéros et les titres des chapitres sont en marge.

Il semble ressortir de notre description que l'édition en question est une contrefaçon,[25] assez mauvaise du point de vue typographique, de l'édition en dix volumes in-12° qui fut imprimée à Genève chez Jean-Léonard Pellet en 1780, en même temps, à ce qu'il semble, que l'édition in-4° (4 vol.) et l'édition in-8° (10 vol.).[26]

On a affaire à une 'édition' composite, c'est-à dire préparée et mise au point par la réunion de volumes qui présentent des caractères bibliographiques disparates. A l'intérieur de la série des dix volumes on peut distinguer plusieurs groupes: 1. un premier groupe constitué des volumes i, ii et iii; 2. un deuxième groupe constitué des volumes iv, v, vi; 3. un troisième groupe constitué des volumes ix et x; 4. enfin, les volumes vii et viii, qui sont, pour ainsi dire, dépareillés: chacun d'eux présente des caractères autonomes et particuliers (ils sont à rapprocher pour certains aspects, d'une part, des volumes du premier groupe, d'autre part, des volumes du deuxième groupe).

Cette distribution en groupes est fondée sur une série d'éléments qui sont homogènes à l'intérieur de chaque groupe: a. avant tout, la page de titre; b. le

24. Dans HEV, pas de filigranes.

25. Les volumes i, ii, iii portant la date 1784 se présentent comme une réimpression de l'édition originale in-12 imprimée à Genève chez J.-L. Pellet en 1780 (A. Feugère, *Bibliographie critique de l'abbé Raynal*, Angoulême 1922, p.34, no 46 et no 47; voir aussi ci-dessous, n.26), tandis que les volumes iv-x présentent un caractère plus évident de contrefaçon: ils ont en effet la même adresse et la même date que l'édition originale sur la page de titre. De plus, les volumes iv, v, vi, ix et x présentent sur le *v* de la page de titre la même déclaration d'originalité qu'on lit dans tous les volumes de l'édition originale. Il faut aussi considérer que la graphie RAINAL qu'on lit sur la page de titre des volumes iv, v, ix de l'édition originale est reprise sur les volumes iv, v et vi de H.

26. Le format in-12 n'est pas mentionné dans le 'contrat' pour la troisième édition de l'HDDI passé entre les libraires Stoupe et Brunet. Mais l'édition en ce format était déjà en vente dans la première moitié de l'année 1781: voir G. Goggi, 'Les contrats pour la troisième édition de l'Histoire des deux Indes', *D.H.S.* 16 (1984), p.269 et 277, n.32. Pour l'édition in-12 (Genève, chez J.-L. Pellet, 1780), nous avons consulté l'exemplaire de la Bibliothèque universitaire de Pise (cote: F.l. q.2-11) et l'exemplaire de la Bibliothèque cantonale et universitaire de Fribourg-en-Suisse (cote: D 604). Les exemplaires de la Bibliothèque nationale de Paris (cote: G 28169-76) et de la Bibliothèque publique et universitaire de Genève (cote: La Grange 25/9) sont incomplets.

papier employé; c. d'autres éléments typographiques: la place des titres et des numéros des chapitres; la présence ou l'absence de la prétendue 'déclaration d'originalité'; l'emploi des mêmes motifs ornementaux.

Le résultat le plus important à tirer de la découverte des trois exemplaires de cette édition 'composite' est qu'il faut exclure que les FI aient été tirés de volumes dépareillés de l'HDDI (c'est-à-dire provenant de différentes réimpressions de l'ouvrage de Raynal) réunis par Diderot (ou son gendre) pour en arracher les feuillets. Diderot (ou son gendre) a acheté pour son travail une 'édition' qui était en vente à un prix sans doute modique.

Plusieurs problèmes sont posés par cette 'édition' composite de l'HDDI. Quelle est, tout d'abord, l'origine de cette 'édition'? Comment a-t-elle été préparée et mise au point? On ne peut avancer là-dessus que quelques hypothèses.

On pourrait penser, tout d'abord, à une série d'exemplaires assemblés en utilisant les défets de différentes éditions in-12 de l'HDDI, c'est-à-dire en utilisant les feuilles de chaperon restées après l'assemblage des différentes éditions pour lesquelles elles avaient été imprimées.[27] Mais, pour confirmer une telle hypothèse, il faudrait retrouver les réimpressions in-12 de l'HDDI dont on a utilisé les défets. Or aucune recherche dans cette direction n'a abouti. D'autres considérations, d'ailleurs, semblent rendre peu vraisemblable une telle hypothèse.[28]

Une deuxième hypothèse, qui semble assez naturelle, est que H a été préparée dans plusieurs imprimeries qui ont travaillé en même temps à différentes parties de l'ouvrage. Pour expliquer la disparité entre les différents groupes des volumes,

27. Pour tous ces problèmes, voir R. Darnton, 'A bibliographical imbroglio: hidden editions of the *Encyclopédie*', dans *Cinq siècles d'imprimerie genevoise*, publié par J.-D. Candaux et B. Lescaze (Genève 1981), ii.71-101.

28. Comme on l'a vu, on peut distinguer, à l'intérieur de la série des dix volumes d'un exemplaire de H, plusieurs groupes différents. Ces groupes sont les mêmes dans tous les exemplaires connus de H. Cette récurrence est d'autant plus intéressante que jusqu'à aujourd'hui on n'a pas trouvé d'exemplaires in-12 de l'HDDI ayant des caractères bibliographiques qui puissent être rapprochés, par des aspects significatifs, de ceux de H (par exemple, d'exemplaires ne présentant, en commun avec H, que la série de caractères qui permet de distinguer un de ses groupes de volumes). Or, comment expliquer cette récurrence par l'hypothèse des défets? Si les exemplaires de H étaient constitués de défets, ne serait-il pas plus vraisemblable que les différents exemplaires ne présentent pas les mêmes caractéristiques? En effet, pour expliquer la récurrence des mêmes groupes (ou des groupes avec les mêmes caractères), il faut supposer que, pour chacune des éditions d'où sont issus les défets, il ne soit resté que le stock des défets relatif à un groupe (par exemple que de l'édition d'où l'on aurait tiré les défets du premier groupe, il ne soit resté que les défets relatifs à ce groupe et non ceux relatifs aux autres groupes): ce qui semble un peu difficile (mais voir le tableau des empreintes en annexe); ou bien il faut supposer que dans l'ensemble des exemplaires constitués de défets, le hasard nous ait fait tomber sur trois exemplaires qui présentent des groupes ayant les mêmes caractéristiques: ce qui semble encore plus difficile.

il suffirait de penser que, pour accélérer la préparation de la contrefaçon, le travail a été fait en même temps par plusieurs imprimeurs qui ont travaillé de manière autonome et sans plan commun.

Mais il ne s'agit là que d'hypothèses ... Quelques renseignements plus solides peuvent être tirés de l'analyse des bandeaux et des ornements de H comme du papier employé pour son impression.

Les bandeaux et le graveur Gritner. Deux bandeaux du t.i, f.A1*r* (p.1) et f.L12*r* (p.263), sont signés Gritner (la signature de la p.263 présente le *t* un peu rongé). Le même graveur a aussi signé [Grit.] le fleuron de la page de titre du t.vii. M. Audin croit que ce graveur est lyonnais.[29] Son activité est attestée à partir des années 60 du dix-huitième siècle jusqu'au début du dix-neuvième. Ses bandeaux ou fleurons se trouvent dans des livres imprimés par (ou pour) des libraires-imprimeurs (ou des libraires) de Paris, d'Avignon, et surtout de Lyon (frères Périsse, Bruyset) et de Toulouse (Pijon, Desclassan, Gaude).[30]

D'autres bandeaux de H sont employés depuis longtemps dans l'imprimerie lyonnaise, ou du Midi de la France:

– deux bandeaux, celui que l'on trouve sur le f.A1*r* (p.1) du t.viii[31] et celui du f.K10*v* (p.236) du t.ii, se trouvent employés plusieurs fois dans le *Recueil des œuvres de madame Du Bocage* (à Lyon, chez les frères Périsse, 1764), 3 vol. in-12 (l'ouvrage a été imprimé dans l'imprimerie de J. M. Barret: voir iii.408).[32]

29. Marius Audin, *Essai sur les graveurs de bois en France au dix-huitième siècle* (Paris 1925), p.185-90. Sur Gritner voir aussi en général: Ch. Marionneau, 'Les salons bordelais ou expositions des beaux-arts à Bordeaux au XVIIIe siècle (1771-1787)', *Publications de la Société des bibliophiles de Guyenne* 3 (1882), p.127, 297; U. Thieme, F. Becker, *Allgemeines Lexikon der bildenden Künstler von der Antike bis zur Gegenwart* (Leipzig 1922), xv.58; E. Bénézit, *Dictionnaire critique et documentaire des peintres, sculpteurs, dessinateurs et graveurs de tous les temps et de tous les pays, nouvelle édition* (Paris 1976), v.220.

30. Sur l'activité de Gritner à Toulouse, voir le catalogue mis au point sous la direction de R. Mesuret, *L'Imagerie populaire et les graveurs en taille d'épargne de 1600 à 1830* (Toulouse 1952), p.53-64. Voici la notice générale que l'on lit sur Gritner à la page 53 de ce catalogue: 'Cet artiste a travaillé pour les libraires de Paris, de Lyon, de Bordeaux, d'Avignon, de Toulouse et de Nîmes, de 1763 à 1796. Nous ne donnerons ici que les œuvres exécutées dans le Languedoc en 1763 et à partir de 1780. Son origine est inconnue, mais le choix de ses sujets et le travail de son outil font penser qu'il avait étudié en Angleterre et qu'il cherchait à imiter Thomas Bewick. Bien que ses vignettes soient gravées au canif et sur bois de fil, l'entaille est si légère que l'effet se rapproche de celui des illustrations traitées au burin et sur bois de bout dans l'atelier du maître de Newcastle. Il était si fier de ce tour de force que, pour montrer que sa xylographie pouvait approcher de la délicatesse de l'eau-forte, il signait un de ses ouvrages: *Gritner inv. et ligno Sculp.* [...] Le style de ses ornements passe de la rocaille la plus touffue au néo-classicisme le plus dépouillé. Artiste de talent, dont les vignettes honorent l'édition toulousaine.'

31. Comme on l'a vu dans la description bibliographique, une variante de ce bandeau du t.viii se trouve dans le t.ii, p.1 (voir FI, f.192).

32. Pour le premier bandeau, voir *Recueil*, i.33; ii.53, 161, 271; pour le second bandeau, voir *Recueil*, i.81, 207; ii.3, 107, 243; iii.79. En ce qui concerne ce second bandeau, il faut souligner

– le bandeau du f.A 1*r* (p.1) du t.viii se trouve employé aussi dans la 'quatrième édition' de l'ouvrage de l'abbé Nonnotte, *Les Erreurs de Voltaire* (à Lyon, chez V. Reguilliat, 1770), 2 vol. in-12, t.i, f.A1*r* (p.1).[33]

Papier et filigranes[34]. La seule marque que l'on trouve sur le papier employé pour l'impression de H est la *grappe de raisin.*[35] Il y a plusieurs contremarques et elles donnent lieu à une distinction assez facile:

– la contremarque d'une série de filigranes permet d'établir d'une manière claire la région d'origine du papier: l'Auvergne.[36] Très souvent en effet la contremarque est accompagnée de l'indication 'légale':[37] 'AUVERGNE 1742' (parfois aussi: 'FOREST 1742' ou 'FOREST 77');[38]

– la contremarque d'une autre série de filigranes ne donne pas l'indication de la région d'origine du papier.

Le papier d'Auvergne a été utilisé pour imprimer les volumes iv, v, vi (c'est-à-dire les volumes du deuxième groupe) et aussi les volumes vii et viii. Le papier dont l'origine n'est pas indiquée a été employé pour imprimer les volumes i, ii, iii, mais aussi, à ce qu'il semble, les volumes ix et x.

En ce qui concerne le papier des FI, beaucoup d'indices montrent d'une manière claire qu'il s'agit de papier raisin. Quant aux contremarques, peu

quelques légères différences entre celui de H et ceux du *Recueil*.

33. Il faut aussi remarquer que le fleuron de la page de titre du t.iii de H est à rapprocher de celui que l'on trouve sur une des impressions de 1759 de *Candide* de Voltaire. Il a été classé par G. Barber, qui le désigne par la lettre *e* (voir *Candide ou l'optimisme*, éd. R. Pomeau, dans *Les Œuvres complètes de Voltaire* 48, Oxford 1980, p.105). L'édition en question de l'ouvrage de Voltaire est sortie des presses de Cramer à Genève (*ibidem*, p.87). G. Barber signale aussi une variante de ce fleuron (qu'il désigne par *e**) que l'on trouve dans une autre édition de 1759 de *Candide*, imprimée, semble-t-il, en Angleterre (*ibid.*, p.88).

34. Sur l'étude du papier et des filigranes, voir en général: I.-F. Leif, *An international sourcebook of paper history* (Archon Dawson 1978); W.-A. Churchill, *Watermarks in paper in Holland, England, France, etc., in the XVIIth and XVIIIth centuries and their interconnection* (Amsterdam 1935); E. Heawood, *Watermarks mainly of the 17th and 18th centuries* (Hilversum 1950).

35. Comme on le sait, la grappe de raisin est une marque de papier français: voir Churchill, *Watermarks in paper*, p.86 et cccli-cccliii, no 474-79. Comparer aussi Heawood, *Watermarks*, planches 296-326, no 2088-2432.

36. Sur le papier d'Auvergne, voir en général: E. Cottier, *Le Papier d'Auvergne* (Clermont-Ferrand 1974); J.-L. Boithias, C. Mondin, *Les Moulins à papier et les anciens papetiers d'Auvergne* (Nonette 1981).

37. Arrêt du Conseil d'Etat du Roi, du 18 septembre 1742, art. 3: 'Veut Sa Majesté que les Maîtres Fabriquants, outre les marques qui, suivant l'Article XI de l'Arrêt du Conseil du 27 Janvier 1739, doivent être mises sur chaque feuille de Papier, soient tenus au premier Janvier prochain, d'y ajouter en chiffres *mil sept cent quarante-deux*, à peine de confiscation' (*Descriptions des arts et métiers faites ou approuvées par Messieurs de l'Académie royale des sciences: l'art de faire le papier par M. Delalande*, Paris 1761, p.97). Voir aussi Gaskell, *A new introduction to bibliography*, p.319.

38. Parmi les familles des papetiers citées dans les contremarques il y en a de bien connues: par exemple, Nourisson (voir Churchill, *Watermarks in paper*, p.61; Heawood, *Watermarks*, planche 319, no 2403; Cottier, *Le Papier d'Auvergne*, p.85); Begon (voir Churchill, *Watermarks in paper*, p.61).

d'entre elles sont clairement visibles: elles concordent de toute façon avec celles que l'on trouve dans les trois exemplaires de H.[39]

Lieu d'impression de H. Il est assez difficile d'établir d'une manière précise le lieu d'impression de H. On pourrait penser à Lyon, qui, comme on le sait, a joué un rôle considérable dans la contrefaçon des livres aux environs des années 80 du dix-huitième siècle.[40] C'est à Lyon, d'ailleurs, que semblent nous ramener les quelques indices que l'on tire de l'analyse des bandeaux. Mais dans l'état de nos connaissances on ne peut exclure que H ait été imprimée dans une autre ville de la France méridionale (par exemple Toulouse ou Avignon).[41]

Date d'impression de H. Il est difficile d'établir la date de parution (ou de mise en vente) de H: comme on l'a vu dans la description bibliographique, sur la page de titre des trois premiers volumes on lit la date 1784; tandis que sur la page de titre des sept autres volumes on lit la date 1780.

Il semble de toute façon assez improbable qu'elle ait été mise en vente avant 1784: il est, en effet, difficile de citer des exemples (en dehors des cas limites: utopies, uchronies, etc.) d'éditions postdatées, c'est-à-dire qui portent sur la page de titre une date postérieure à celle de leur parution. Il semble donc que la date à retenir soit celle de 1784. Cette date est importante: elle permet de dire que le travail sur les FI a commencé au mieux dans les tout derniers mois de la vie de Diderot.

Mais pourquoi Diderot (ou son gendre) a-t-il choisi pour son travail une édition telle que H, c'est-à-dire une édition très mauvaise du point de vue typographique? On peut établir d'une manière sûre que Diderot disposait aussi d'un exemplaire d'une des deux impressions originales de la troisième édition de l'HDDI, c'est-à-dire d'un exemplaire in-4° (Genève, chez J.-L. Pellet, 1780, 4 vol.).[42] Pourquoi alors a-t-on employé pour le travail de transcription une édition moins fiable que l'in-4°? Les raisons du choix semblent assez naturelles: le travail de transcription entraînait la destruction d'un exemplaire de l'ouvrage

39. Voir par exemple FI, f.53, contremarque: 'F [*cœur*] ARTAUD'; FI, f.35, contremarque: 'I [*cœur*] T'; FI, f.130, contremarque: 'F [*cœur*] A'; FI, f.141, 248, 252, contremarque: 'I [*cœur*] LE BON MYSYER'.

40. Voir R. Darnton, *The Business of Enlightenment: a publishing history of the Encyclopédie (1775-1800)* (Cambridge, London 1979).

41. Voir en général, sur Toulouse, M. Ventre, *L'Imprimerie et la librairie en Languedoc au dernier siècle de l'Ancien Régime (1700-1789)* (Paris, La Haye 1958); sur Avignon, R. Moulinas, *L'Imprimerie, la librairie et la presse à Avignon au XVIIIe siècle* (Grenoble 1974).

42. Ce n'est qu'à cette édition qu'on peut appliquer ce qu'on lit dans la *Lettre apologétique de l'abbé Raynal*: 'J'ai fini la lecture du premier volume de l'abbé, et dans plus de sept cents pages Je ne lui ai pas vu une seule fois [...] *l'image de la postérité colée sur le nez*' (INV, p.251). Le premier tome de l'édition in-4° a en effet 741 pages.

et on a préféré employer un exemplaire bon marché plutôt qu'un exemplaire luxueux, comme l'in-4°.

Le choix de H et la transmission du texte des contributions à l'HDDI. Le choix d'une 'édition' telle que H pour transcrire les contributions de Diderot à l'HDDI a eu des conséquences fâcheuses. L'impression de H est mauvaise: elle a été faite à la hâte et on y trouve beaucoup d'erreurs ou de coquilles. Vandeul semble bien avoir relu le texte des FI: il est parvenu parfois à corriger certaines coquilles (par exemple, sur le f.51*r* des FI [= H, VII, XIII, 57, p.249] il a corrigé *fonction* en *sanction*; sur le f.51*v* [= H, VII, XIII, 57, p.250] il a corrigé *précieuses* en *précises*); mais il n'a pas aperçu des erreurs plus graves (par exemple, la chute de membres de périodes par passage du même au même: voir f.154*v* des FI [= H, IV, VIII, 23, p.292] *l'homme sauvage et l'homme policé; l'homme né dans les langes de l'esclavage.* au lieu de *l'homme sauvage et l'homme policé; l'homme né dans les bras de la liberté et l'homme né dans les langes de l'esclavage.*).

Il faut donc, dans l'établissement du texte des contributions de Diderot à l'HDDI et dans l'édition des manuscrits contenant ces contributions, se référer toujours à une des deux impressions originales de la troisième édition de l'HDDI, c'est-à-dire à l'édition in-4° (Genève, J.-L. Pellet, 1780, 4 vol.) ou à l'édition in-8° (Genève, J.-L. Pellet, 1780, 10 vol.).[43]

43. Mr David W. Smith a eu l'extrême obligence de nous signaler un exemplaire de l'HDDI en 10 vol. in-12° qui est probablement identique aux exemplaires de H déjà connus. Nous n'avons pu encore en avoir confirmation. Cet exemplaire, qui est complet, se trouve à la Kress Library (réserve de la Baker Library, Université de Harvard). Depuis la rédaction de cet article, la Bibliothèque nationale a acquis auprès d'un libraire de Pézenas (Hérault) un exemplaire complet de H (cote: Rés. p. G. 48). D'autre part Gilles Bancarel (Centre d'étude du XVIIIe siècle de Montpellier), qui prépare une bibliographie de l'*Histoire des deux Indes*, a repéré deux exemplaires incomplets dans les bibliothèques municipales de Lavaur (Tarn) et de Bagnols sur Cèze (Gard). Avec HEV, ce sont donc quatre exemplaires de H découverts dans une zone située entre Toulouse et le Rhône où ils semblent avoir été conservés depuis longtemps: reste à savoir si le fait constitue un indice quant à l'origine de cette édition.

Les pages de H reproduites ci-après sont aux dimensions de l'original: on ne peut toutefois garantir une parfaite exactitude à cet égard.

Annexe:
les empreintes de H

Le tableau des empreintes relevées sur les 10 volumes de H est destiné à faciliter le repérage de volumes entièrement ou partiellement semblables à ceux qui composent cette édition composite: des volumes donc qui comporteraient la même empreinte de seize caractères que ceux de H (avec la même page de titre ou une page de titre différente) ou bien des volumes qui n'auraient en commun avec H qu'une partie de l'empreinte (deux des quatre groupes par exemple).

Pour une description complète du système de l'empreinte on se reportera au guide du releveur d'empreintes publié en trois langues par l'I.R.H.T.: *Fingerprints – Empreintes – Impronte*, Institut de recherche et d'histoire des textes (C.N.R.S.), 40 av. d'Iéna, 75116 Paris, in association with the National Library of Scotland, 1984 (2 fascicules).

Nous nous contenterons ici d'indications sommaires qui suffisent dans le cas présent.

L'empreinte consiste en quatre groupes de deux paires de caractères figurant à la dernière et à l'avant-dernière ligne de quatre pages déterminées, à raison d'une paire de caractères par ligne. Les caractères sont relevées de gauche à droite, à la fin des lignes pour les rectos, au début des lignes pour les versos. On procède en remontant de la dernière ligne à l'avant-dernière. Les pages à utiliser sont les suivantes:

1er groupe: 1er recto imprimé qui suit la page de titre et qui n'est pas lui-même un titre.

2ème groupe: le 4ème recto après le précédent.

3ème groupe: recto du feuillet correctement chiffré 13 en chiffres arabes, ou à défaut le recto correctement chiffré 17.

4ème groupe: verso du recto utilisé pour le 3ème groupe.

On relève les lettres, les chiffres (le zéro est noté Ø), les signes de ponctuation, l'esperluète. On ne tient pas compte des lignes contenant seulement des éléments tels que titres courants, réclames, signatures, numéros de pagination …

Le complément de l'empreinte, donné ici en dessous de l'empreinte proprement dite, comporte:

– l'indication du lieu où le 3ème groupe a été relevé; c'est-à-dire 3 s'il a été relevé à la page 13 (c'est le cas pour tous les volumes considérés), 7 s'il a été relevé à la page 17.

– la date du volume (ici en chiffres romains).

– le numéro du volume.

En tête du tableau des empreintes (page suivante) nous avons donné la transcription de la page de titre du premier volume des trois exemplaires déjà repérés; pour les autres volumes nous avons seulement indiqué leur date et ce qui, dans leur page de titre, diffère de celle du premier volume. En cas de découverte de volumes ayant une empreinte entièrement ou partiellement semblable à ceux de H, il serait utile de compléter les moyens d'identification en photocopiant la page de titre et une page specimen selon les indications données dans la colonne de droite du tableau. Toute information à ce sujet peut être adressée au Centre d'étude du XVIIIe siècle, Université Paul Valéry, B.P. 5043, 34032 Montpellier Cedex.

HISTOIRE / PHILOSOPHIQUE / ET POLITIQUE / DES ÉTABLISSE-MENS ET DU COMMERCE / DES EUROPÉENS DANS LES DEUX INDES. / [*entre deux filets*] *Par* GUILLAUME-THOMAS RAYNAL. / TOME PREMIER / [*fleuron*] / A GENEVE, / Chez JEAN-LÉONARD PELLET, Imprimeur, / de la Ville & de l'Académie. / [*filet*] / M. DCC. LXXXIV.

	Page de titre	Empreintes	Pages à reproduire
Tome 1		e-e- 6Øns a-n- rad' 3 M.DCC.LXXXIV. 1	p.*1* p.263
2	TOME DEUXIEME M.DCC.LXXXIV.	33is ntes mese fopo 3 M.DCC.LXXXIV. 2	p.*1*
3	TOME TROISIEME M.DCC.LXXXIV.	3Øes deî- dede prOn 3 M.DCC.LXXXIV. 3	p.96
4	RAINAL TOME QUATRIEME M.DCC.LXXX.	t,17 ésje e,nt fûsa 3 M.DCC.LXXX. 4	p.*1* p.292
5	RAINAL TOME CINQUIEME M.DCC.LXXX.	,7au e.es n&de au&v 3 M.DCC.LXXX. 5	p.*1*
6	RAINAL TOME SIXIEME M.DCC.LXXX.	d.u- onde tse, quou 3 M.DCC.LXXX. 6	p.378
7	TOME SEPTIEME M.DCC.LXXX.	la19 58a- s.r- laLe 3 M.DCC.LXXX. 7	p.218
8	TOME HUITIEME Chez Jean-Léonard PELLET, Impri-/ meur M.DCC.LXXX.	65es s,r- sees leLa 3 M.DCC.LXXX. 8	p.7
9	TOME NEUVIEME M.DCC.LXXX.	1611 é,s. e.es Potr 3 M.DCC.LXXX. 9	p.196
10	TOME DIXIEME M.DCC.LXXX.	3919 eses cea- brce 3 M.DCC.LXXX. 10	p.99

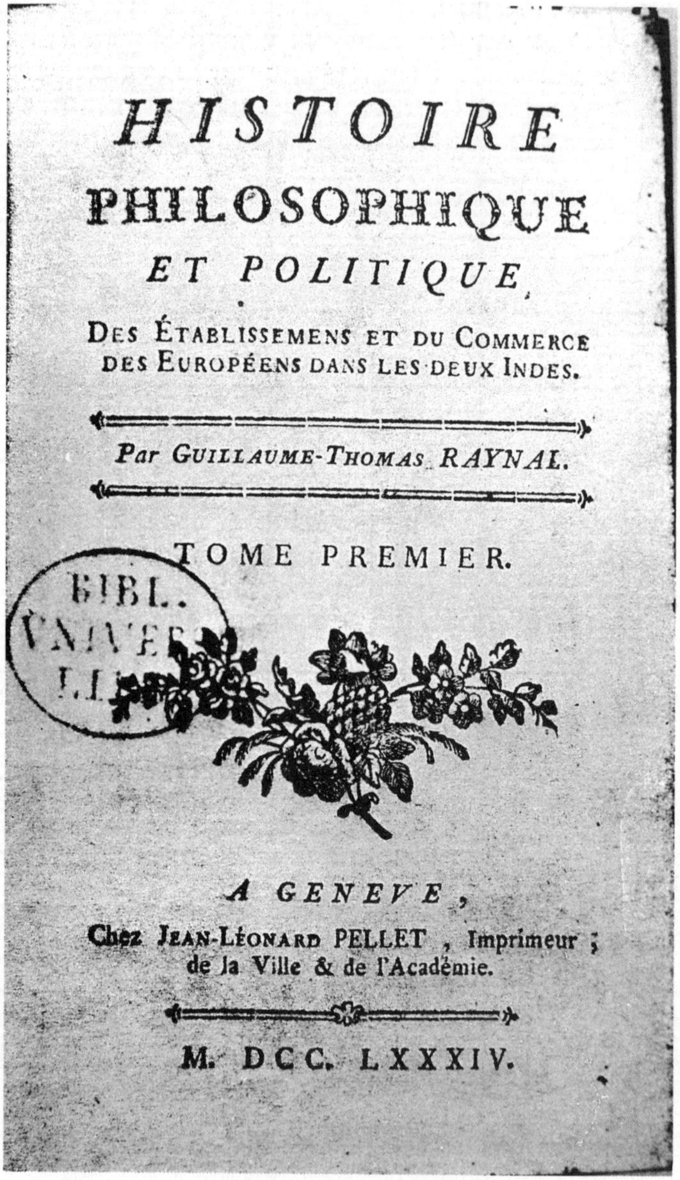

HISTOIRE
PHILOSOPHIQUE
ET POLITIQUE
DES ÉTABLISSEMENS ET DU COMMERCE
DES EUROPÉENS DANS LES DEUX INDES.

Par GUILLAUME-THOMAS RAYNAL.

TOME PREMIER.

A GENEVE,
Chez JEAN-LÉONARD PELLET, Imprimeur de la Ville & de l'Académie.

M. DCC. LXXXIV.

HL, tome i, page de titre

HISTOIRE PHILOSOPHIQUE ET POLITIQUE

DES ÉTABLISSEMENS ET DU COMMERCE DES EUROPÉENS DANS LES DEUX INDES.

Par GUILLAUME-THOMAS RAYNAL.

TOME DEUXIEME.

A GENEVE,

Chez JEAN-LÉONARD PELLET, Imprimeur de la Ville & de l'Académie.

M. DCC. LXXXIV.

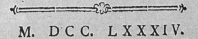

HG, tome ii, page de titre

HISTOIRE PHILOSOPHIQUE ET POLITIQUE

DES ÉTABLISSEMENS ET DU COMMERCE DES EUROPÉENS DANS LES DEUX INDES.

Par GUILLAUME-THOMAS *RAYNAL.*

TOME TROISIEME.

A GENEVE,

Chez JEAN-LÉONARD PELLET, Imprimeur de la Ville & de l'Académie.

M. DCC. LXXXIV.

HL, tome iii, page de titre

HISTOIRE PHILOSOPHIQUE ET POLITIQUE

DES ÉTABLISSEMENS ET DU COMMERCE DES EUROPÉENS DANS LES DEUX INDES.

Par GUILLAUME-THOMAS RAINAL.

TOME QUATRIEME.

A GENEVE,

Chez JEAN-LÉONARD PELLET, Imprimeur de la Ville & de l'Académie.

M. DCC. LXXX.

HL, tome iv, page de titre

HISTOIRE
PHILOSOPHIQUE
ET POLITIQUE

DES ÉTABLISSEMENS ET DU COMMERCE DES EUROPÉENS DANS LES DEUX INDES.

Par GUILLAUME-THOMAS RAINAL.

TOME CINQUIEME.

A GENEVE,

Chez JEAN-LÉONARD PELLET, Imprimeur de la Ville & de l'Académie.

M. DCC. LXXX.

HG, tome v, page de titre

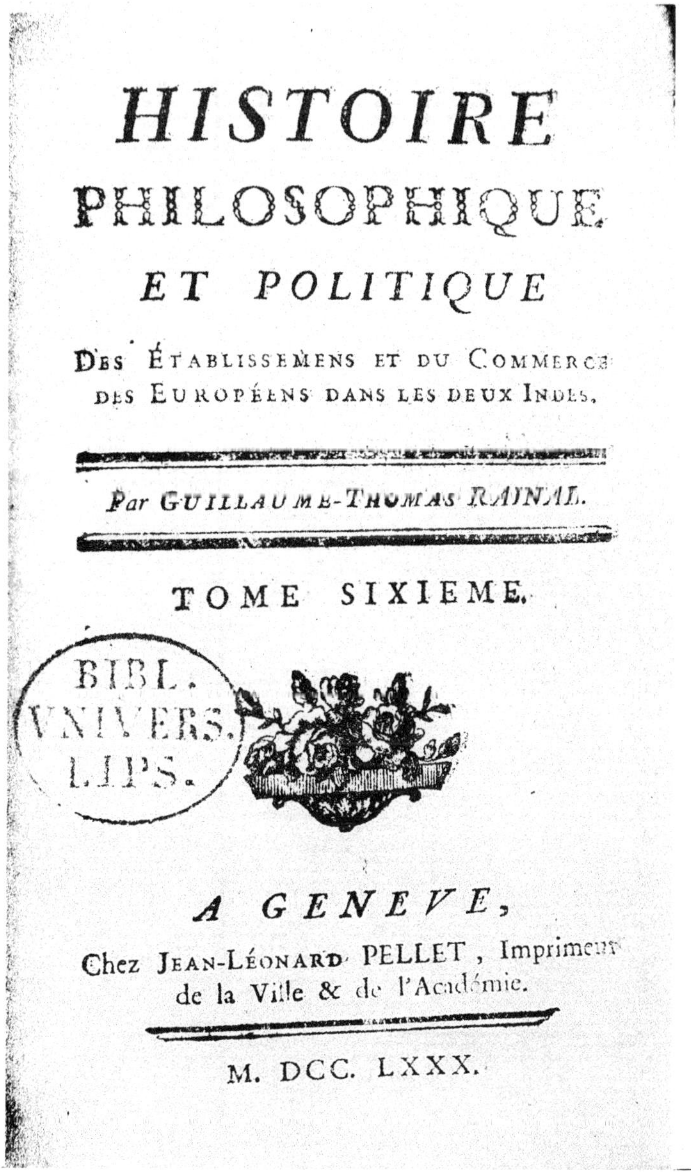
HISTOIRE
PHILOSOPHIQUE
ET POLITIQUE
DES ÉTABLISSEMENS ET DU COMMERCE
DES EUROPÉENS DANS LES DEUX INDES.

Par GUILLAUME-THOMAS RAYNAL.

TOME SIXIEME.

A GENEVE,
Chez JEAN-LÉONARD PELLET, Imprimeur
de la Ville & de l'Académie.

M. DCC. LXXX.

HL, tome vi, page de titre

HISTOIRE PHILOSOPHIQUE ET POLITIQUE

DES ÉTABLISSEMENS ET DU COMMERCE DES EUROPÉENS DANS LES DEUX INDES.

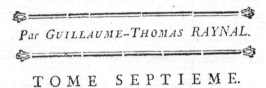

Par GUILLAUME-THOMAS RAYNAL.

TOME SEPTIEME.

A GENEVE,

Chez JEAN-LÉONARD PELLET, Imprimeur de la Ville & de l'Académie.

M. DCC. LXXX.

HG, tome vii, page de titre

HISTOIRE PHILOSOPHIQUE ET POLITIQUE

DES ÉTABLISSEMENS ET DU COMMERCE DES EUROPÉENS DANS LES DEUX INDES.

Par GUILLAUME-THOMAS RAYNAL.

TOME HUITIEME.

A GENEVE,
Chez JEAN-LÉONARD PELLET, Imprimeur de la Ville & de l'Académie.

M. DCC. LXXX.

HG, tome viii, page de titre

HISTOIRE PHILOSOPHIQUE ET POLITIQUE

DES ÉTABLISSEMENS ET DU COMMERCE DES EUROPÉENS DANS LES DEUX INDES.

Par GUILLAUME-THOMAS RAYNAL.

TOME NEUVIEME.

A GENEVE,
Chez JEAN-LÉONARD PELLET, Imprimeur de la Ville & de l'Académie.

M. DCC. LXXX.

HG, tome ix, page de titre

HISTOIRE PHILOSOPHIQUE ET POLITIQUE

DES ÉTABLISSEMENS ET DU COMMERCE DES EUROPÉENS DANS LES DEUX INDES.

Par GUILLAUME-THOMAS RAYNAL.

TOME DIXIEME.

A GENEVE,
Chez JEAN-LÉONARD PELLET, Imprimeur de la Ville & de l'Académie.

M. DCC. LXXX.

HG, tome x, page de titre

HISTOIRE PHILOSOPHIQUE ET POLITIQUE

DES ÉTABLISSEMENS ET DU COMMERCE DES EUROPÉENS DANS LES DEUX INDES.

Découvertes, guerres & conquêtes des Portugais dans les Indes Orientales.

INTRODUCTION.

IL n'y a point eu d'événement aussi intéressant pour l'espece humaine en général, & pour les peuples de l'Europe en particulier, que la découverte du Nouveau-Monde & le passage aux Indes par le Cap de Bonne-Espérance.

Tome I. A

H, i.1 (exemplaire HEV)

HISTOIRE
PHILOSOPHIQUE
ET
POLITIQUE

DES ÉTABLISSEMENS ET DU COMMERCE DES EUROPÉENS DANS LES DEUX INDES.

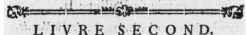

LIVRE SECOND.

Etabliſſemens, guerres, politique & commerce des Hollandois dans les Indes Orientales.

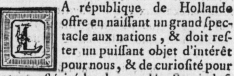

LA république de Hollande offre en naiſſant un grand ſpectacle aux nations, & doit reſter un puiſſant objet d'intérêt pour nous, & de curioſité pour notre poſtérité la plus reculée. Son induſtrie & ſon audace ont éclaté par-tout;

H, i.263 (exemplaire HEV)

HISTOIRE PHILOSOPHIQUE ET POLITIQUE

DES ÉTABLISSEMENS ET DU COMMERCE DES EUROPÉENS DANS LES DEUX INDES.

LIVRE TROISIEME.

Etabliſſemens, commerce & conquêtes des Anglois dans les Indes Orientales.

I. *Idée de l'ancien commerce des Anglois.*

ON ne ſait ni à quelle époque les iſles Britanniques furent peuplées, ni quelle fut l'origine de leurs premiers habitans. Tout ce que nous apprennent les monumens hiſtoriques les plus dignes de foi, c'eſt qu'elles furent

Tome II. A

H, ii.1 [=FI, f.192] (exemplaire HEV)

iſles. Tous les jours, ils le reſſerrent davantage ; & bientôt ils ſe verront maîtres de ſa poſſeſſion, s'ils ne ſont prévenus par quelque nation Européenne plus puiſſante ou plus active que celle qu'ils combattent.

En 1762, les Anglois s'emparerent des Philippines avec une facilité qu'ils n'avoient pas eſpérée. Si les traités leur arracherent leur proie, ce fut ſans étouffer peut être l'ambition de la reſſaiſir, lorſque l'occaſion s'en préſenteroit. D'autres peuples peuvent également aſpirer à cette conquête, pour en faire le centre de leur empire dans les mers & ſur le continent des Indes.

Les Eſpagnols ſeront donc probablement chaſſés des Philippines. Il y a des politiques qui penſent que ce ne ſeroit pas un mal, & cette opinion eſt fort ancienne. A peine les Philippines eurent-elles ouvert leur communication avec l'Amérique, qu'on parla de les abandonner, comme nuiſibles aux intérêts de la métropole. Philippe II & ſes ſucceſſeurs ont conſtamment rejetté cette propoſition, qui a été renouvellée à pluſieurs repriſes. La ville de Séville en 1731, & celle de Cadix, en 1733, ont eu des idées plus raiſonnables. Tous deux ont imaginé, ce qu'il eſt bien étonnant qu'on n'eût pas vu plutôt, qu'il ſeroit utile à l'Eſpagne de prendre part direc-

tement

H, iii.96 (exemplaire HEV)

sol & des travaux ; la distance des lieux ; la lenteur & le mépris des ordres souverains ; la tyrannie des gouverneurs ; l'impunité des forfaits ; l'incertitude & des relations & des délations & de tant d'autres élémens divers : doit-on être surpris de la longue perplexité de la cour de Madrid, lorsqu'au centre des nations Européennes, aux pieds des trônes, sous les yeux des administrateurs de l'état, les abus subsistent & s'accroissent souvent par des opérations absurdes ? Alors on prit l'homme, dont on étoit entouré, pour le modele de l'homme lointain, & l'on imagina que la législation qui convenoit à l'un convenoit également à l'autre. Dans des tems antérieurs, & peut-être même encore aujourd'hui, confondons-nous deux êtres séparés par des différences immenses l'homme sauvage & l'homme policé ; l'homme né dans les langes de l'esclavage. L'aversion de l'homme sauvage pour nos cités naît de la mal-adresse avec laquelle nous sommes entrés dans la forêt.

Maintenant les Indiens qu'on n'a pas fixés dans les villes, sont tous réunis dans des bourgades qu'il ne leur est pas permis de quitter, & où ils forment des assemblées municipales, présidées par leur cacique. A chacun de ces villages est attaché un territoire plus ou moins étendu, selon la nature du sol & le nombre des habi-

H, iv.292 [=FI, f.154] (exemplaire HEV)

HISTOIRE PHILOSOPHIQUE ET POLITIQUE

DES ÉTABLISSEMENS ET DU COMMERCE DES EUROPÉENS DANS LES DEUX INDES.

LIVRE NEUVIEME.

Établiſſemens des Portugais dans le Bréſil. Guerres qu'ils y ont ſoutenues. Productions & richeſſes de cette colonie.

I. Les Européens ont-ils bien connu l'art de fonder des colonies?

L'ESPRIT national eſt le réſultat d'un grand nombre de cauſes, dont les unes ſont conſtantes, & les autres variables. Cette partie de l'hiſtoire d'un peuple eſt peut-être la plus intéreſſante & la moins difficile à ſuivre. Les cauſes conſtantes ſont fixées ſur la partie du Globe qu'il habite.

Tome V. A

H, v.1 (exemplaire HEV)

qu'en la mitigeant, elle auroit son utilité même dans nos contrées. J'approuverois fort, que tout citoyen, revêtu de fonctions honorifiques, à la cour, dans les armées, dans l'église, dans la magistrature, en fût suspendu au moment où il seroit légitimement poursuivi par un créancier, & qu'il en fût irrémissiblement dépouillé au moment où les tribunaux l'auroient déclaré insolvable. Il me semble qu'on prêteroit avec plus de confiance, & qu'on emprunteroit avec plus de circonspection. Un autre avantage d'un pareil réglement, c'est que bientôt les conditions subalternes, imitatrices des usages & des préjugés des hautes classes de citoyens, craindroient la même flétrissure, & que la fidélité dans les engagemens deviendroit un des caracteres des mœurs nationales.

Les productions annuelles des isles Danoises, se réduisent à un peu de café, à beaucoup de coton, à dix-sept ou dix-huit millions pesant de sucre brut, & à une quantité proportionnée de rum. Une partie de ces denrées est livrée aux Anglois, propriétaires des meilleures plantations, & en possession de fournir les esclaves. Des états très-authentiques, que nous avons sous les yeux, prouvent que depuis 1756 jusqu'en 1773, cette nation a vendu dans les établissemens Danois

H, vi.378 [=FI, f.140] (exemplaire HEV)

se séparer de leur métropole, indépendamment de tout mécontentement.

Ces principes, nés en Europe & particuliérement en Angleterre, avoient été transplantés en Amérique par la philosophie. On se servoit contre la métropole de ses propres lumieres, & l'on disoit:

Il faut bien se donner de garde de confondre ensemble les sociétés & le gouvernement. Pour les connoître, cherchons leur origine.

L'homme, jeté comme au hasard sur ce globe; environné de tous les maux de la nature; obligé sans cesse de défendre & de protéger sa vie contre les orages & les tempêtes de l'air, contre les inondations des eaux, contre les feux & les incendies des volcans, contre l'intempérie des zones ou brûlantes ou glacées, contre la stérilité de la terre qui lui refuse des alimens ou sa malheureuse fecondité qui fait germer sous ses pas des poisons; enfin, contre les dents des bêtes féroces qui lui disputent son séjour & sa proie, & le combattant lui-même, semblent vouloir se rendre les dominatrices de ce globe, dont il croit être le maître: l'homme dans cet état, seul & abandonné à lui-même, ne pouvoit rien pour sa conservation. Il a donc fallu qu'il se réunît & s'associât avec ses semblables, pour mettre en commun leur force & leur intelligence. C'est par cette réunion qu'il a triomphé de tant de maux, qu'il a façonné ce globe à son usage, contenu les fleuves, asservi les mers, assuré sa subsistance, conquis une

H, ix.196 [=FI, f.264] (exemplaire HEV)

Il ose enfin s'y montrer. Un des siens le trahit ; un autre le renie. Il est pris, accusé de blasphême & supplicié entre deux voleurs. Après sa mort, ses disciples paroissent sur les places publiques, dans les grandes villes, à Antioche, à Alexandrie, à Rome. Ils annoncent aux barbares & aux peuples policés, dans Athenes, à Corinthe, la résurrection de leur maître. Par-tout on croit à une doctrine qui révolte la raison. Par-tout des hommes corrompus embrassent une morale austere dans ses principes, insociable dans ses conseils. La persécution s'éleve. Les prédicateurs & leurs prosélytes sont emprisonnés, flagellés, égorgés. Plus on verse de sang, plus la secte s'étend. En moins de trois siecles, les temples de l'idolâtrie sont renversés ou déserts ; & malgré les haines, les héresies, les schismes & les querelles sanglantes qui ont déchiré le christianisme depuis son origine jusqu'à nos derniers tems, il ne reste presque d'autres autels élevés qu'à l'homme Dieu mort sur une croix.

Il n'étoit pas difficile de démontrer aux païens l'absurdité de leur culte ; & dans toutes les disputes en général, dans celles de religion en particulier, si l'on parvient à prouver à son adversaire qu'il se trompe, il en conclut aussitôt que vous avez raison. La providence, qui tend à ses fins par toutes sortes de moyens, voulut que cette mauvaise logique conduisît les hommes dans la voie du salut. Le fondateur du christianisme

H, x.99 [=FI, f.64] (exemplaire HEV)

JOCHEN SCHLOBACH

Attribution et datation des textes journalistiques

C'EST après avoir terminé, avec d'autres, l'édition du tome xviii de DPV (*Critique* II), que je me sens en mesure de rendre compte de quelques problèmes particuliers que posent l'édition critique et le commentaire de ces textes mineurs dont peu de chercheurs jusqu'ici ont essayé d'apprécier la valeur. Mon expérience a porté sur la tranche chronologique des années 1767 à 1770, et par conséquent les exemples choisis en seront tirés pour la plupart, avec une nette prédominance de l'année 1769, où prirent naissance 46 du total des 58 textes que contient le tome xviii.

Mais je commencerai le chapitre des attributions par la présentation d'un autre problème assez important que je n'ai pas l'ambition de résoudre, mais qu'il faut cerner et discuter: le problème d'une attribution éventuelle (et au moins partielle) du début de la *Correspondance littéraire*, à Diderot. Je m'appuierai sur quelques documents inédits trouvés dans les Archives d'Etat de Mersebourg, où sont conservés, depuis la dernière guerre, les anciens fonds d'Archives de Prusse.

Le mérite revient à Madame Christiane Mervaud d'avoir découvert à Mersebourg la seule copie, jusqu'ici connue, du début de la *Correspondance littéraire*, attribuée généralement sans restriction à Frédéric Melchior Grimm. Ces premiers envois conservés à Mersebourg sont au nombre de 21 et datés du 1er juin 1753 au 1er mai 1754. Le manuscrit porte le titre: '*Corr*[*espondance*] *litt*[*éraire*] de Mr. Diderot trouvée dans la succession du prince Ferdinand de Prusse'.[1] Cette attribution est de toute évidence de la main d'un archiviste allemand. Intriguée par ce fait surprenant, Madame Mervaud a poussé ses recherches et elle nous montre dans son article publié en 1979 dans la *Revue d'histoire littéraire de la France*,[2] que les trois abonnés de la correspondance à Berlin, Ferdinand, Henri et Auguste Guillaume, tous trois princes de Prusse et frères de Frédéric II, considèrent eux-mêmes Diderot comme l'auteur de ces feuilles. En effet, dans les lettres de 1753 et 1754 que s'adressent les trois princes, ils parlent plusieurs fois de cette correspondance, à laquelle ils sont abonnés en commun. Ces documents font apparaître les indications suivantes:

1. Zentrales Staatsarchiv Merseburg, HA Rep. 57 I, F.10, f.1*r*.

2. 'Les débuts de la *Correspondance littéraire* en Prusse: une copie inconnue: 1er juin 1753 – 1er mai 1754, *RHLF* 79 (1979), p.14-25.

dès février 1753 l'abbé de Prades a convaincu les princes de choisir Diderot comme correspondant littéraire à raison de deux lettres par mois et de cent vingt-cinq écus par an.[3] L'abonnement se réalise et, dans les papiers du prince Ferdinand, se trouve bien la *Correspondance littéraire* avec des envois datés à partir du 1er juin 1753.

Mais les choses se compliquent. Le 7 décembre les abonnés princiers craignent qu'on ne les 'dupe' de leur argent: dans un envoi où il est question d'un ouvrage de Diderot, on parle de son auteur à la troisième personne.[4] Et quelques jours plus tard, le 18 décembre 1753, Ferdinand annonce à son frère: 'Bientôt vous saurez si Diderot est l'auteur des lettres littéraires.'[5] Madame Mervaud, après présentation de ces témoignages des destinataires, conclut avec prudence: 'Reste parmi bien des problèmes une inconnue: l'emploi du nom de Diderot.'[6]

Quelques témoignages nouveaux trouvés à Mersebourg, et surtout l'étude de la copie du prince Ferdinand, nous ont amené à reprendre la question. Dans plusieurs lettres des princes de Prusse que Mme Mervaud n'avait pas vues, se confirment et se précisent les détails de cet abonnement. Une lettre non datée du prince Auguste Guillaume nous informe d'abord que 'M. Diderot [...] ayant appris que je cherchais un correspondant s'est offert et veut se contenter de la modique pension.'[7] C'est Ferdinand qui avait négocié l'abonnement par l'intermédiaire de l'abbé de Prades. En revanche, Auguste Guillaume, *le* Prince de Prusse, c'est-à-dire le prince héritier, est l'abonné officiel et reçoit une copie qui est reproduite deux fois à Berlin, pour Ferdinand et pour Henri. Le payement passe par l'intermédiaire de l'abbé de Prades sous forme d'un 'Billet de change payable au banquier Bauer de Paris'.[8]

Une lettre d'Auguste Guillaume à Darget du 10 juillet 1753 nous renseigne en outre, du moins indirectement, sur le début exact de cet abonnement berlinois de la *Correspondance littéraire*. Le prince y dit avoir 'recu trois lettres de Diderot,

3. Lettre du prince Ferdinand à son frère Auguste-Guillaume, du 16 février 1753 (Merseburg, HA Rep. 57 I, J.29, tome ii, lettre 223, voir Mervaud, p.15) et lettre du même au même du 20 février 1753 (lettre 224; voir Mervaud, p.16).

4. Lettre de Ferdinand du 7 décembre 1753 (lettre 284; Mervaud, p.23).

5. Lettre de Ferdinand du 18 décembre 1753 (lettre 288; Mervaud, p.24).

6. Mervaud, p.25.

7. Auguste Guillaume, prince de Prusse, à Darget (Merseburg, HA Rep.56 I, J.12, f.8*r*). Cette lettre, non datée dans le manuscrit, doit être du mois de mars 1753 environ, parce que Auguste Guillaume s'y déclare prêt à payer le correspondant littéraire précédent 'pour avoir envoyé trois mois de ses feuilles'. Or, les envois de Guertoy avaient commencé au début de décembre 1752. Guertoy, que les princes congédient, et Darget peuvent d'ailleurs être ceux qui font savoir à Paris le fait confirmé par Fréron dans une lettre du 26 mai adressée à d'Hémery: 'Le prince Henri frère du Roi de Prusse a choisi Diderot pour son correspondant littéraire' (J. Balcou, *Le Dossier Fréron*, Genève 1975, p.59). Sur Guertoy, voir *Correspondances littéraires inédites*, éd. J. Schlobach (Genève 1987), p.49 et 155ss.

8. Lettre du 7 décembre 1753 (voir note 4).

écrites dans la dernière perfection et un jugement sur les ouvrages de littérature qui marque que c'est un homme d'une autre espèce et qui est juge compétent en fait d'ouvrages d'esprit'.[9]

Après les doutes émis par Ferdinand sur l'auteur des lettres, c'est Auguste Guillaume qui somme son frère Ferdinand 'de faire [son] possible pour découvrir si le prêtre [l'abbé de Prades] nous fourbe'.[10] Et Ferdinand de lui répondre le 27 décembre 1753: 'Je vous remets ici [...] une lettre de Diderot que je viens de recevoir de l'abbé, je sais de bonne part que c'est Diderot qui les écrit. Je remets à vous dire, comment j'ai fait pour m'en informer, lorsque j'aurai le plaisir de vous revoir.'[11]

C'est le dernier mot sur la question existant dans la correspondance des princes de Prusse, correspondance que nous avons dépouillée complètement. A partir de ce moment, c'est-à-dire, à la fin de l'année 1753, ils sont donc plus convaincus que jamais qu'ils reçoivent des lettres de Diderot. Le fait que les doutes des abonnés aient été définitivement écartés après ces graves accusations, représente un argument assez fort pour nous faire prendre au sérieux l'attribution qu'ils font eux-mêmes de la *Correspondance littéraire* à Diderot.

Que nous revèle sur cette question la copie même de la *Correspondance littéraire* conservée à Mersebourg? Il y a d'abord les passages où est mentionné le nom de Diderot, qui sont au nombre de huit. L'analyse de ces textes montre qu'il est toujours question du philosophe à la troisième personne et que les jugements extrêmement positifs qui y sont contenus ne peuvent avoir été rédigés, sous cette forme, par Diderot lui-même. Longtemps avant que les abonnés ne commencent à émettre des doutes, dans l'envoi du 15 août, 'l'inscription pour la toile du théâtre de l'opéra de Paris' est accompagnée de la notice: 'Cette inscription est de M. Diderot.' Le 15 novembre, il est question du tome iii de l'*Encyclopédie* et le journaliste de préciser: 'Les auteurs nous assurent etc'. Et il parle de Diderot comme du 'génie le plus fécond et le plus singulier qui ait peut-être jamais été'.[12]

9. Lettre d'Auguste Guillaume à Darget, du 10 juillet 1753 (Merseburg, HA Rep.56, I, J. 12, f.9*r*). Dans la discussion qui a suivi cette communication faite à la *Table ronde*, le 2 juillet 1984, J. Vercruysse a posé la question de savoir si le fait qu'on ait pu avoir intérêt à se servir du nom de Diderot pour lancer la *Correspondance littéraire* laissait supposer qu'il était déjà considéré, à cette époque, comme un auteur connu. Les papiers de Mersebourg confirment qu'il n'y a pas de doute que les princes prussiens se sentirent attirés par le philosophe. Ils changent de correspondant littéraire pour s'abonner aux feuilles qu'ils croient être de Diderot. Mais c'est sans doute un cas particulier; tandis que Voltaire est déjà, vers 1750, une vraie image de marque pour la publicité, la vente des journaux et autres correspondances littéraires, le nom de Diderot n'y apparaît encore que très rarement.

10. Lettre d'Auguste Guillaume à Ferdinand, sans date (Merseburg, HA Rep.56, J. 19a, f.77).

11. Lettre de Ferdinand à Auguste Guillaume, du 27 décembre 1753 (Merseburg HA. Rep. 57 I, J. 29, t.ii, f.153).

12. Merseburg, HA Rep.57 I, F 10, f.86*r* et 86*v*/87*r* (envoi du 15 novembre 1753).

Ces deux exemples suffisent à montrer que ces chapitres du moins ne peuvent pas être de Diderot: il semble en ressortir que Diderot n'est pas l'auteur de la *Correspondance littéraire*.[13]

Considérons à présent les passages du manuscrit de Mersebourg où il est question, directement ou par allusion, des ouvrages de Grimm. Ils sont au nombre de trois et confirment, par leur forme et leur contenu, que Grimm lui-même peut ou doit en être l'auteur. Deux mentions du *Petit prophète de Boehmischbroda* d'abord, sans que l'auteur en soit précisé, font supposer que les lecteurs connaissent l'ouvrage; c'est de cette façon discrète que Grimm peut parler de ses propres ouvrages. Le troisième passage, où il est question du *Journal étranger*, permet très facilement d'identifier l'auteur. C'est en effet Grimm qui parle ici, sans équivoque, de lui-même: 'On vient de nous donner le premier volume du *Journal étranger*, nouvel ouvrage périodique qui sera continué tous les mois comme le *Mercure de France* [...]. Après beaucoup de disgrâces particulières que les entrepreneurs de ce journal ont essuyées, ils m'en avaient donné la direction depuis deux mois, et je l'avais acceptée d'autant plus volontiers que ce travail, en amusant beaucoup, pouvait en même temps faire honneur à son auteur. Ce n'est qu'après m'être convaincu par moi-même de l'impossibilité de bien faire que je l'ai abandonné.'[14] Il paraît assez étonnant, après l'analyse de ces textes de la *Correspondance littéraire*, telle qu'elle a été envoyée à Berlin, que les abonnés aient accepté l'idée que l'auteur en était Diderot. A notre avis, un seul argument a pu les convaincre – et il n'est peut-être pas tellement loin de la vérité – c'est, nous semble-t-il, une distinction faite entre le rédacteur du journal et ceux qui y contribuent par des articles. Comme l'*Encyclopédie*, ce début du périodique de Grimm peut être un ouvrage collectif. Bien que la responsabilité de l'édition et de la présentation didactique qui doit tenir compte des goûts et des connaissances des abonnés, ainsi que le choix des articles, incombent, à n'en pas douter, à Grimm, il est bien possible que, lancé par Raynal et Diderot dans cette carrière de correspondant littéraire, il soit soutenu par eux dans son travail.[15] Toujours est-il que Diderot considère un journal comme étant la tâche de plusieurs savants. Il écrit dans l'article 'Journaliste' de l'*Encyclopédie* qu'"un journal embrasse une si grande variété de matières,

13. f.100 (15 août 1753), f.86*v* (15 novembre 1753), f.92*r* (1er décembre 1753), f.93*r* (15 décembre 1753), f.96*r*-96*v* (15 décembre 1753), f.81*v* (15 janvier 1754), f.105*v* (1er avril 1754), f.69*v*-70*v* (1er mai 1754).

14. *Correspondance littéraire*, envoi du 1er mai 1754, C.L., ii.352-53; Mers. f.70*v*.

15. Comme nous l'avons montré dans *Romanische Forschungen* 82 (1970, p.22), Grimm succède à Raynal en tant que correspondant littéraire à la fois à Sarrebruck, Gotha et Darmstadt. Et Raynal recommande expressément Grimm auprès de la princesse de Nassau-Sarrebruck (p.14). Rappelons également que les premiers éditeurs de la *Correspondance littéraire* attribuent l'année 1753 et 1754 à Raynal (p.23).

qu'il est impossible qu'un seul homme fasse un médiocre journal. On n'est point à la fois grand géomètre, grand orateur, grand poète, grand historien, grand philosophe: on n'a point l'érudition universelle. Un journal doit être l'ouvrage d'une société de savants.'[16]

Le cercle des encyclopédistes était une source idéale d'informations de toute sorte et, très certainement, des journaux et de l'actualité littéraire dans laquelle Grimm pouvait puiser. Rappelons aussi quelques détails biographiques: l'amitié très intime existant entre Grimm et Diderot dès 1752, le fait que le *Petit prophète de Boehmischbroda*, paru au début de l'année 1753, soit attribué par certains journalistes à Diderot,[17] le soutien évident que l'abbé Raynal accorde en 1752 et 1753 à la personne de Grimm, en lui cherchant un poste de précepteur et en le mettant en rapport avec les abonnés de ses propres *Nouvelles littéraires*.

Les premiers éditeurs de la *Correspondance littéraire*, Michaud et Chéron, affirment même dans leur *Préface* que 'les années 1753, 1754, 1755 sont rédigées par l'auteur de l'*Histoire philosophique des deux Indes* [et qu']en 1755, il céda cette correspondance au baron de Grimm'.[18] Cette attribution est confirmée par Suard, mieux placé encore pour connaître les informateurs, collaborateurs éventuels et protecteurs de Grimm au début de sa carrière de correspondant littéraire: 'M. Capperonnier avait entre les mains le manuscrit de la Correspondance [littéraire] commencée par l'abbé Raynal en 1752 et continuée jusqu'à l'époque et même par delà l'époque des cinq volumes déjà publiés. Cette première partie a été acquise par Buisson et un autre libraire; elle formera six volumes dont l'impression est avancée, et qui ne tarderont pas à paraître.'[19]

Conclure de ces témoignages assez tardifs que Raynal est peut-être réellement l'auteur de la *Correspondance littéraire* serait encore moins justifié que d'attribuer l'ensemble de ce début à Diderot. Car, dès le premier numéro, Raynal est mentionné et même critiqué assez sévèrement dans la *Correspondance littéraire*.[20] Mais, considérant ces nombreux indices divergents, ne faut-il pas mettre en cause aussi une attribution exclusive de ce début de la C.L. à Grimm? Grimm, qui a pu profiter, probablement, de la multitude des matériaux dépouillés et

16. DPV, vii.578.

17. Correspondance littéraire de Guertoy, Merseburg, HA. Rep.57 I, F 10, f.4*v* (19 décembre 1752). 'Une petite brochure qui parait d'avant-hier et qui est attribuée à trois personnes, capables de faire quelque chose de mieux, Mrs. Diderot, d'Alembert et Rousseau de Genève, ci-devant cité.'

18. Michaud, Chéron, *Correspondance littéraire, philosophique et critique, adressée à un souverain d'Allemagne, depuis 1753 jusqu'en 1769*, par le baron de Grimm et par Diderot (Paris 1813), t.i (1753-1756), p.ij.

19. Cité d'après J. Th. de Booy, 'Henri Meister et la première édition de la *Correspondance littéraire*, 1812-1813', *S.V.E.C.* 23 (1963), p.242.

20. C.L., ii.239-42.

préparés pour l'*Encyclopédie*, ainsi que des discussions et conversations avec Diderot et d'autres collaborateurs de l'*Encyclopédie*, tout en étant assuré du soutien de l'abbé Raynal et de son ami intime Diderot, est certes – rien ne nous permet de le mettre en doute – le rédacteur responsable de la *Correspondance littéraire* dès son début, mais il n'est pas forcément l'auteur exclusif de tous les articles. Comme pour l'*Encyclopédie* elle-même et pour l'*Histoire des deux Indes*, il s'agira de déterminer dans le détail quelle est la contribution exacte de Diderot à ces premières années du périodique.

Mais cette tâche est doublement compliquée. Les fonds Vandeul et de Leningrad ne semblent pas contenir de traces de cette éventuelle activité journalistique de Diderot entre 1753 et 1755. L'autre complication résulte du problème des remaniements que Grimm apportait, de toute évidence, aux textes rédigés par d'autres auteurs. Comme l'a montré Jean Garagnon, dans un cas privilégié où il a pu comparer un autographe de Diderot de 1759 avec le texte que Grimm insère dans ses feuilles, Grimm n'hésite pas, avec l'accord de Diderot, à transformer considérablement l'original. Mais il semble honnête et dans ce cas ne met pas le nom de Diderot après avoir remanié le texte du philosophe.[21] En revanche, lorsqu'il indique le nom de Diderot, c'est qu'il est resté fidèle au texte. En 1753 déjà, nous l'avons vu, il cite effectivement Diderot comme étant l'auteur d'une inscription qu'il donne à ses lecteurs.[22] On peut donc supposer que Grimm emploie ce procédé dès 1753; par conséquent, il est probable que le texte définitif d'un article de Diderot qu'il insère dans la *Correspondance littéraire* sans l'indiquer comme auteur est un texte remanié et, de ce fait même, plus difficile encore à attribuer à Diderot, d'après des critères internes, soit de style, soit de contenu.

Concluons, pour ce problème des premières années de la *Correspondance littéraire*, qu'en l'absence d'autographe et d'autres indices évidents permettant de prouver qu'il en est l'auteur, il n'est pas actuellement possible de les attribuer à Diderot; cependant, pour cette période (comme plus tard pendant les absences de Grimm de Paris), les articles de la *Correspondance littéraire* peuvent – ceci est beaucoup plus vraisemblable – avoir pris naissance avec la collaboration de Diderot, et ils méritent une attention particulière de la part des chercheurs diderotistes.

Comparées au problème d'une contribution de Diderot aux premières années de la *Correspondance littéraire* – dont nous venons de parler – les questions d'attribution que posait le tome xviii, c'est-à-dire l'édition des textes journalisti-

21. J. Garagnon, 'Problèmes d'attribution et de texte: l'article de Diderot sur la *Suivante généreuse*', *La Correspondance littéraire de Grimm et de Meister (1754-1813): colloque de Sarrebruck* (Paris 1976), p.25-48.

22. C.L., ii.272 (envoi du 15 août).

ques des années 1767 à 1770, étaient plus terre à terre et demandaient une solution immédiate.

Dans un seul cas, celui d'un petit texte de quatorze lignes de l'édition, nous avons cru pouvoir procéder à une attribution nouvelle. Il s'agit d'un passage inséré dans la *Correspondance littéraire* du 1er avril 1770, dans un article nécrologique qui semble, à première vue, être de Grimm. Aucune des copies courantes et des éditions de la *Correspondance littéraire*, ni des *Œuvres* du philosophe, ne cite Diderot comme auteur de cet article. Seul Georges Roth suppose, mais sans en donner les raisons, que l'article est 'peut-être' de Diderot (CORR, x.35). Or, dans le manuscrit de La Haye, qui est la copie d'une copie, cet article contient une présentation indiquant clairement que Diderot est l'auteur d'un passage précis, mis entre guillemets et introduit ainsi: 'Quelque temps auparavant M. Diderot m'avait écrit de la campagne la suivante.'[23] Cette attribution d'un passage de la *Correspondance littéraire* a été faite sans doute par Dmitri Alekseevitch Golitsyn, ambassadeur de Russie en France, puis à La Haye, qui était lié aux cercles philosophiques et que Diderot connaissait bien. L'attribution précise de ce passage à Diderot paraît donc digne de foi, malgré les transformations parfois arbitraires du copiste qu'on rencontre ici et là dans le manuscrit de La Haye.[24] A ce critère précis pour l'attribution s'ajoute un critère de contenu: le passage ressemble bien à ces railleries de Diderot et de ses amis et confirme son goût du persiflage et des parodies littéraires qui touchaient, comme on le sait, jusqu'aux meilleurs amis, tel le marquis de Croismare.

Un autre problème d'attribution – ou mieux de restitution – de quelques lignes à Diderot que nous avons rencontré dans le tome xviii des *Œuvres* concernait le compte rendu des *Ephémérides*, en 1769, inséré dans la *Correspondance littéraire* du 15 novembre 1769. Dans ce texte, Diderot s'amuse à présenter un pastiche du style de Grimm. Il écrit en introduction: 'Après avoir fait une vingtaine d'extraits à ma manière, il serait honnête, mon ami, d'en faire un à la vôtre.' Suit une parodie du style 'énergique', un peu sec, de Grimm, dans laquelle il utilise les formules typiques du journaliste. Et restant fidèle à ce jeu, il parle de lui-même à la troisième personne: 'Il y a dans ce volume une fable de mon ami Diderot qui montre qu'il aurait eu le cœur assez honnête et la tête assez folle pour entrer compagnon dans la boutique économique; mais soit à jamais bénie la Providence qui l'en a garanti. Voici la fable.'

Tourneux n'a pas reconnu le jeu de Diderot et il donne ce bref passage, de même que les présentations et commentaires de deux autres fables, comme

23. La Haye, Koninklijke Bibliotheek, cote 128 F 14, t.vii, p.74-75.

24. LH, p.74. Pour ces transformations, voir W. Kuhfuss dans *La Correspondance littéraire de Grimm et de Meister (1754-1813): colloque de Sarrebruck*, p.114-16.

note de Grimm,[25] contrairement au texte de la copie de Gotha qu'il avait à sa disposition. Dans son 'Inventaire provisoire', Jean de Booy a déjà signalé cette erreur de lecture de Tourneux,[26] et, dans le tome xviii, nous avons naturellement rétabli le texte de Diderot dans son intégrité.

Je terminerai cette partie de ma communication concernant les problèmes d'attribution qui se posaient pour le tome xviii, par un mot sur les textes de la tranche chronologique de 1767 à 1770, que nous avons exclus du volume pour des raisons diverses. Comme l'a montré G. B. Rodgers, l'attribution de l'*Envoi à Mlle d'Oligny de la Comédie française* à Diderot semble très discutable.[27]

Nous avons également été très réticent quant à l'attribution de quelques textes du fonds Vandeul, à la rédaction desquels madame d'Epinay semble avoir participé: le texte sur le *Tableau parlant* ainsi que le compte rendu de la *Peinture* de Le Mierre, qui se trouvent dans le manuscrit 24 939 du fonds Vandeul, ne sont pas de Diderot, mais dus à Mme d'Epinay ou à un de ses aides. D'une façon générale, il faudrait étudier en détail, et avec les matériaux des Archives de Naples, la part précise que l'amie de Grimm prit à la *Correspondance littéraire* à condition cependant de rester prudent, même si elle parle à mainte reprise de 'la besogne que je fais pour lui'.[28] En l'état actuel de la recherche, sa collaboration aux textes que nous publions dans le tome xviii semble à exclure, encore qu'elle en envoie parfois des fragments à l'abbé Galiani. Rappelons que le philosophe est assez catégorique, en 1769, au sujet de l'activité de Mme d'Epinay, en parlant d'"une petite femme tracassière qui se mêle de tout et qui brouille tout, parce qu'elle se croit bonne à tout et que dans le vrai elle n'est bonne à rien'.[29]

Les problèmes de datation des textes journalistiques de Diderot sont nombreux et présentent parfois des difficultés qui semblent presque insurmontables. Il ne peut s'agir, dans cette brève communication, de vous présenter toutes les questions de chronologie rencontrées dans le seul tome xviii. La datation exacte d'un texte est toujours un problème de détail; pour le résoudre, on doit naturellement avoir recours à la biographie du philosophe. La correspondance de Diderot et d'autres témoignages, soit de lui-même, soit de ses contemporains, nous fournissent les précisions nécessaires. Il n'y a pas lieu d'insister davantage sur ce point. Les textes journalistiques présentent

25. C.L., viii.370-71.
26. 'Inventaire provisoire des contributions de Diderot à la *CL*', *D.H.S.* 1 (1969), p.371.
27. G. B. Rodgers, 'Diderot and the eighteenth-century French press', *S.V.E.C.* 107 (1973), p.30-31.
28. F. Nicolini, *La Signora d'Epinay e l'abate Galiani: lettere inedite* (Bari 1929), p.25.
29. CORR, ix.229.

néanmoins des particularités et je voudrais en exposer ici quelques-unes.

Il convient d'abord de faire une distinction, du moins pour la période qui nous intéresse, entre les textes réellement insérés dans un périodique et donc publiés à un moment précis de l'actualité (ils sont au nombre de 27 dans le tome xviii), et ceux qui, tout en ayant été destinés à un périodique, n'y semblent jamais avoir été publiés (ils sont au nombre de 31 dans le tome xviii). En ce qui concerne la première catégorie, la date limite, le *terminus ante quem*, date avant laquelle Diderot doit avoir écrit ces textes, semble être tout naturellement la date de parution du texte en question dans le journal. Par conséquent, les biographes et éditeurs des œuvres de Diderot ont, jusqu'à présent, recouru aux datations de la *Correspondance littéraire* avec une confiance presque absolue. Or, nous avons pu constater (et prouver dans le détail pour le compte rendu des *Saisons*, par exemple) que Diderot a dû écrire, ou du moins finir, des comptes rendus après la date signalée en tête des envois de Grimm. Naturellement, une 'Correspondance littéraire' tirait son prix d'une certaine régularité et actualité et, en général, on peut considérer que les livraisons étaient envoyées à la date indiquée. Les précisions chronologiques que donne Grimm sur des représentations théâtrales, ainsi que ses relations d'autres événements datables, confirment en général que son actualité est supérieure même à celle des journaux (encore que cette proximité relative entre l'événement et la date marquée en tête des livraisons puisse justement s'expliquer par un certain retard de l'expédition). Mais des anachronismes évidents, ainsi que des allusions venant des abonnés,[30] confirment des retards parfois considérables, causés surtout par les voyages de Grimm: pour certains textes de 'remplissage' de fin d'année, nous avons pu relever des retards allant jusqu'à un an. Je ne cite que l'exemple le plus significatif, le *Salon de 1767*, que Grimm pensait expédier séparément, comme 'un ouvrage à part qu'on ajoutera à la *Correspondance littéraire* de l'année 1767'. Et nous savons par une lettre de Diderot qu'il n'avait pas encore été envoyé le 10 septembre 1768.[31] Nous devons en conclure qu'il faut utiliser avec une extrême prudence les datations contenues dans la *Correspondance littéraire* pour délimiter le *terminus ante quem* des textes journalistiques de Diderot.

Quant au *terminus a quo*, l'on sait depuis longtemps que de nombreux textes de Diderot, en particulier les grandes œuvres, ne furent insérés que beaucoup plus tard dans la *Correspondance littéraire*. Les datations ne fournissent donc pas,

30. Les abonnés se plaignaient souvent de ces retards; en voici un exemple significatif: le prince Ferdinand de Prusse fait part, sur sa copie même de la *Correspondance littéraire*, de son étonnement au sujet du retard de celle-ci: 'Cette feuille quoique datée du premier novembre est arrivée par la dernière poste' (ms. cité note 1, f.128). Pour d'autres exemples, voir notre introduction à DPV, xviii.xix.

31. CORR, viii.151.

à elles seules, un indice sur le moment de leur genèse. Et ceci cst valable même pour des fragments d'articles, comme celui sur *Trublet*, qui peuvent servir beaucoup plus tard seulement. Sans doute Grimm disposait-il d'un fonds de feuilles volantes (dont des textes de Diderot) qu'il réservait, pour une raison ou une autre, à des publications ultérieures: pour Trublet, c'est à l'occasion de la mort de cet auteur qu'il ouvre le dossier qu'il lui a consacré, se sentant probablement plus libre de le critiquer. Pour la datation des textes de Diderot, l'insertion dans la *Correspondance littéraire* n'a donc qu'une importance très relative.

D'autres instruments doivent par conséquent nous guider: les mêmes d'ailleurs que pour le deuxième type de textes auquel nous avons eu à faire dans le tome xviii, à savoir les textes qui étaient plus ou moins vraisemblablement destinés à la *Correspondance littéraire*, mais qui n'y furent jamais insérés. Que ce soit dans le fonds Vandeul[32] ou dans celui de Leningrad,[33] ils ne sont pas classés dans un ordre qui permette de tirer des conclusions sur leur chronologie. Dans ces manuscrits nous trouvons, en général, à la tête du compte rendu, le titre des ouvrages ou pièces recensés, sans que soit mentionnée la date de leur parution ou mise en scène.[34]

Assézat et Tourneux furent les premiers à essayer de dater les comptes rendus de Diderot en se basant sur l'année de parution des livres ou sur la première représentation des pièces de théâtre dont il traitait. Mais leur travail restait à la fois peu précis – ne sont mentionnées que les années de parution, alors qu'il importe souvent de préciser le mois, la semaine, voire même le jour où Diderot a pu en prendre connaissance – et surtout, cette identification bibliographique assez rudimentaire n'était pas sans risque d'erreurs, parce que personne jusqu'ici ne semble avoir confronté le texte de Diderot à l'ouvrage recensé en faisant une lecture attentive de ce dernier. Prenons un exemple significatif pour les erreurs qui peuvent s'en suivre. Dans les fonds Vandeul et de Leningrad se trouvent des copies d'une critique de la *Rosière de Salenci*. Rien de plus normal pour tous les éditeurs de Diderot, jusqu'ici, que de proposer pour ce texte la date de 1769, à laquelle fut représentée pour la première fois la célèbre *Rosière de Salenci* de Favart.

Nous devons à Madame Anne Boës, chargée du commentaire de cette critique de Diderot pour le tome xviii, une étude minutieuse montrant que 'ni l'intrigue, ni les caractères, ni les noms des personnages [dont parle Diderot]

32. H. Dieckmann, *Inventaire du fonds Vandeul* (Genève 1951), p.64-68.

33. M. Tourneux, *Les Manuscrits de Diderot conservés en Russie* (réimpr. de l'éd. de Paris 1885: Genève 1967), p.15-22.

34. Deux exceptions: une pièce de théâtre, *Julie*, avec la date de la représentation, et le texte de Diderot sur la princesse Dachkov (DPV, xviii.301 et 374).

ne correspondent à l'ouvrage de Favart': il s'agit d'une pièce du même titre par Masson de Pezay. Bien que cette pièce 'n'ait été représentée pour la première fois qu'en 1773, un certain nombre d'indices permettent d'avancer la date de 1768 ou de 1769 pour le texte de Diderot',[35] et aussi d'affirmer, il s'agit là d'une découverte importante, que Diderot a collaboré à la génèse de cette pièce. On lira le détail de la démonstration de Mme Boës dans le tome xviii.

Retenons seulement ici qu'il est absolument nécessaire de confronter, sans exception, les textes dont Diderot rend compte avec sa critique, et il en résultera mainte modification et précision de date.

Pour déterminer plus exactement encore que ne l'ont fait les éditeurs de Diderot jusqu'à nos jours, la date des textes de cet auteur, il a fallu recourir à des moyens bibliographiques de l'époque même. *La Bibliographie parisienne ou catalogue des ouvrages de sciences, de littérature et de tout ce qui concerne les beaux-arts, imprimés tant à Paris que dans le reste de la France* (à Paris chez Ruault, 1774) donne des renseignements très précieux sur les éditions de 1769 et recueille les réactions de la presse périodique à la parution des ouvrages. Extrêmement utile a été pour nous le *Catalogue hebdomadaire des livres nouveaux tant nationaux qu'étrangers; feuille in-8° qui se distribue tous les samedis de chaque semaine* (indispensable 'au bibliothécaire et à ceux qui désirent savoir dans le moment ce qui sort de l'impression', dit la *Bibliographie parisienne*, p.vii). Il signale, semaine par semaine, les livres qui viennent de paraître à Paris. L'exactitude de ces dates se trouve, en plus, confirmée généralement par la *Gazette de France*, qui informe ses lecteurs des publications récentes à peu près au même moment. Certes, on ne peut exclure que Diderot ait lu un ouvrage plus tôt, surtout quand des amis lui remettaient des manuscrits avant leur parution, mais c'est là l'exception.

Un autre document de l'époque, souvent en retard d'une ou deux semaines sur le *Catalogue*, mais parfois aussi en avance de quelques jours, est le *Journal de la librairie*, qui se trouve au Département des manuscrits de la BN; il donne les dates d'enregistrement des livres parus ou à paraître, et il nous a permis en outre de lever l'anonymat de quelques ouvrages dont Diderot et souvent les bibliographes d'aujourd'hui ignorent l'auteur.[36]

A l'aide de ces instruments bibliographiques et des renseignements biographiques dont nous disposons, grâce aussi, bien souvent, aux informations contenues dans les textes de Diderot et dans les ouvrages recensés par lui, nous avons essayé de déterminer la date de rédaction de chacun des textes: l'introduction particulière à chacun des 58 textes fournit presque toujours les éléments ou du moins les indices utiles pour en reconstituer la chronologie. Un tableau général

35. Voir DPV, xviii.200-202.
36. Pour 1768 et 1769, voir f.fr.21964, 21965, 21993 et 22001.

des textes regroupe les résultats de cette recherche, et présente tous les articles dans l'ordre chronologique de leur rédaction qui nous a semblé le plus vraisemblable.

Cette tentative pour dater les textes journalistiques de façon plus précise n'est certes pas sans risques d'erreurs; parfois elle doit nécessairement en rester aux hypothèses; elle n'est pas en outre toujours d'une importance primordiale. Mais pour l'année particulièrement productive de 1769, elle permettra sans doute une approche et une interprétation plus sûres de quelques textes.

Je ne conclurai pas par une synthèse des deux parties de ma communication: l'attribution et la datation des textes. Les deux sujets ne se trouvent pas en effet en relation directe. Tout ce qui les rapproche, c'est au fond qu'il s'agit d'une recherche modeste, souvent dépendante du hasard des témoignages qui ont échappé à l'oubli. Mais les deux approches constituent un travail de base nécessaire dans l'édition critique des *Œuvres* de Diderot, en particulier pour ceux qui continueront la publication des autres volumes de *Critique*.

MARIANNE BOCKELKAMP

L'analyse bétaradiographique du papier appliquée aux manuscrits de Diderot

'MERVEILLEUSE invention qui est d'un si grand usage dans la vie, qui fixe la mémoire des faits et immortalise les hommes!' C'est sur ce ton enthousiaste que le chevalier de Jaucourt commence son article 'Papier', publié en 1765 dans le onzième tome de l'*Encyclopédie*. Support de l'écriture le plus répandu dans la civilisation occidentale depuis le quinzième siècle, le papier est devenu de nos jours l'objet de recherches multiples. On étudie d'une part les sources imprimées ou manuscrites, qui nous renseignent sur sa fabrication et sa diffusion dans le passé; on examine d'autre part ce qui reste des installations et des outils ayant servi à sa production. Enfin, nous pouvons interroger le produit lui-même, la feuille de papier sur laquelle on a écrit ou imprimé, car ses caractéristiques – et surtout le filigrane – possèdent une valeur informative considérable. Une technique relativement récente, qui commence à être utilisée avec profit dans le domaine des manuscrits modernes, nous permet d'analyser le papier d'une manière plus précise qu'auparavant. C'est la bétaradiographie, que nous présentons ici en l'appliquant aux manuscrits de Diderot.

1. L'étude du papier au service de l'édition critique

Pour qui édite un manuscrit ou en étudie la genèse, examiner le papier ne peut pas être une fin en soi, mais une approche pour se forger un instrument servant à résoudre les problèmes de datation, reconstitution, attribution.

Les hellénistes commencèrent déjà vers 1875 à travailler dans cette direction; de nos jours, on doit à l'un d'eux, Jean Irigoin, un excellent aperçu historique de la datation par les filigranes.[1]

1. Jean Irigoin, 'La datation par les filigranes du papier', in E. J. Brill (éd.), *Codicologica. 5. Les matériaux du livre manuscrit* (Leiden 1980), p.9-36. La détermination de l'intervalle entre fabrication et emploi d'un papier sert de base à la datation. On compare le filigrane d'un manuscrit à dater avec les reproductions dans des répertoires (Briquet etc.), afin de retrouver un spécimen identique, provenant d'une source datée. Le manuscrit est ainsi daté à quatre ans près, son papier ayant été fabriqué avec la même forme que celui du document daté. Car nous savons que jusqu'au seizième siècle, la durée de vie d'une telle forme se limitait en général à un an, et que d'autre part l'intervalle entre la fabrication et l'utilisation d'une feuille n'était normalement pas supérieur à quatre ans.

Longtemps, les éditeurs critiques d'auteurs modernes se sont peu souciés du support matériel des textes. En France, Guy Robert et René Journet, éditeurs critiques de Victor Hugo, et Paul Vernière comptent parmi les premiers à avoir essayé de dater des manuscrits à l'aide du papier. Dès 1966, Paul Vernière publia son article: 'Histoire littéraire et papyrologie à propos des autographes de Diderot',[2] dans lequel il donne une liste des sortes de papier utilisées par Diderot, classées chronologiquement d'après les lettres datées. Il peut ainsi distinguer deux périodes principales dans l'emploi du papier: la première, de 1743 à 1765, est celle des papiers d'Auvergne; la deuxième, de 1766 à 1784, celle des papiers hollandais. La prédominance successive de certains filigranes lui permet de proposer des datations plausibles pour quelques œuvres non datées dont les manuscrits portent des filigranes identiques à ceux des lettres datées.

Dans un petit livre paru en 1967, *Diderot, ses manuscrits et ses copistes: essai d'introduction à une édition moderne de ses œuvres*,[3] Paul Vernière montre que l'étude des filigranes contribue également à l'identification des copistes, dans la mesure où ceux-ci se différencient par leur papier, ce qui aide à mieux distinguer leurs écritures, qui se ressemblent souvent beaucoup.

En relevant les filigranes des autographes, Paul Vernière devait rencontrer un grave obstacle: une fois sur deux, ils étaient illisibles. Son enquête était un travail de pionnier, menée dans des conditions peu favorables. Certaines erreurs et lacunes, excusables, voire inévitables en 1966, ne le sont plus en 1985. Grâce à la bétaradiographie, un relevé des filigranes plus exact et plus complet nous semble aujourd'hui réalisable. Profitons du progrès des techniques dans l'étude des manuscrits!

2. Principe et applications de la bétaradiographie

Bétaradiographier un document signifie le photographier au moyen de rayons béta. Cette technique est due au savant russe D. P. Erastov, qui l'utilisa pour la première fois en 1958 à Leningrad.

Le dispositif nécessaire comporte une source d'émission sous forme d'une feuille mince de polymère organique, marquée au carbone 14 ou à un autre radioélément, et un film radiographique. Pour prendre un cliché, on glisse le document entre la source radioactive et le film, en établissant un contact aussi étroit que possible. Selon la loi d'absorption des électrons dans la matière, les particules béta pénètrent dans le papier et enregistrent sa structure sur le film.

2. *RHLF* 66 (1966), p.409-18.

3. Publications de la Faculté des lettres et sciences humaines de Paris-Nanterre (Paris 1967).

Le papier étant plus mince à l'endroit du filigrane, des pontuseaux et des vergeures,[4] les rayons y rencontrent moins de résistance et noircissent le film plus fortement. En revanche, les traces de l'encre ne sont pas enregistrées. La durée de l'exposition, variant de quelques minutes à quelques heures, dépend du grammage du papier, de l'intensité de la source, et de la sensibilité de l'émulsion photographique. Le film est développé normalement. Le grand avantage de cette méthode est de pouvoir étudier le filigrane sans être gêné par les caractères d'écriture ou d'impression. Un autre avantage: il s'agit d'une reproduction par contact, donc absolument fidèle dans les dimensions.[5]

La bétaradiographie du papier a fait son entrée en Occident en 1966, à la British Library à Londres, où un représentant de la Bibliographie matérielle, Allan Stevenson, l'utilisa pour la datation d'incunables.

Un exemple d'application de bétaradiographie en musicologie fut donné par Alan Tyson, avec la reconstitution du cahier d'esquisses de la *Symphonie pastorale* (1808) de Beethoven. Mutilé après la mort du compositeur, ce cahier est conservé dans deux endroits: une partie à Londres à la British Library, l'autre à Berlin-Ouest à la Stiftung Preussischer Kulturbesitz. L'analyse bétaradiographique, jointe à d'autres méthodes d'investigation, a permis d'établir la succession primitive des feuillets, et par là une étude génétique plus précise de la symphonie.[6] On pourrait citer d'autres travaux, mais il suffit ici de constater que ce furent surtout les spécialistes des incunables et les musicologues qui surent profiter de la bétaradiographie du papier pour leurs recherches.

Quand la Bibliothèque nationale fut dotée, en 1978, d'un service de bétaradiographie, il nous a paru indiqué d'élargir le champ d'application de cette technique aux manuscrits littéraires modernes.[7] Peut-être les cas où l'observation d'un filigrane à l'œil nu ne permet pas de le voir nettement sont-ils ici

4. Le filigrane, les pontuseaux et les vergeures – est-il besoin de le préciser? – sont les empreintes de la forme avec laquelle on puisait la pâte à papier dans une cuve. La forme ou moule était constituée d'un cadre de bois rectangulaire garni d'un treillis qui était composé de fils de métal minces et serrés, dites fils vergeures, tendus parallèlement au plus long côté et soutenus par des réglettes de bois, dites pontuseaux, placés parallèlement au plus court côté. On relira, pour avoir une idée précise de la fabrication du papier au dix-huitième siècle, le remarquable article 'Papeterie' de Louis Jacques Goussier dans l'*Encyclopédie*. Voir aussi: Henri Gachet, 'A propos du papier et de l'*Encyclopédie*: le chevalier de Jaucourt et Louis Jacques Goussier', in *IPH Yearbook* vol.3 *Yearbook of paper history*, éd. B. K. Kälin (Bâle 1982), p.79-109.

5. Pour plus de détails voir: J. L. Boutaine, Jean Irigoin, A. Lemonnier, 'La radiophotographie dans l'étude des manuscrits', in *Les Techniques de laboratoire dans l'étude des manuscrits*. Colloques internationaux du CNRS, no 548 (Paris 1974), p.159-76.

6. Alan Tyson: 'A reconstruction of the Pastoral Symphony Sketchbook (British Library Add. MS. 31766)', in *Beethoven studies* (New York 1973), p.67-94.

7. Au cours des dernières années, nous avons fait bétaradiographier les filigranes d'environ 300 autographes littéraires des dix-huitième et dix-neuvième siècles, que l'on peut consulter à l'Institut des textes et manuscrits modernes / CNRS, Paris.

encore plus fréquents que parmi les manuscrits anciens ou les incunables: l'aspect des filigranes modernes est souvent plus compliqué; en outre, les feuillets isolés aux filigranes fragmentés sont nombreux. Et n'oublions pas que dans les archives et bibliothèques publiques, il est interdit de prendre des calques sur les autographes précieux. Pour ceux-ci la bétaradiographie et la photographie classique par transparence sont les seuls procédés de reproduction autorisés en France.

3. Présentation des bétagraphies du fonds Diderot à la Bibliothèque nationale

En publiant les bétagraphies qui suivent, nous essayons d'aider les spécialistes de Diderot à mieux connaître ou reconnaître les sortes de papier utilisées par lui et ses copistes. Nous avons privilégié les autographes en raison de la grande diversité de leurs filigranes. Quant à ceux des copies, ils ne montrent qu'un nombre restreint de types, comme l'a déjà remarqué Paul Vernière, qui en a publié des calques.

Afin de sélectionner les filigranes à bétagraphier, et de relever leurs occurrences, ont été dépouillés 14 volumes d'autographes, dont 10 volumes de manuscrits et 4 volumes de lettres, ainsi que 14 volumes de copies, tous conservés à la Bibliothèque nationale. En voici la liste:

I. Autographes: n.a.fr. 13720 *Essai sur l'homme*; 13721 *Est-il bon, est-il méchant?*; 13722 Projets d'œuvre théâtrale; 13723 Traduction du *Joueur* d'E. Moore; 13724 *Plan d'une université;* 13725 *Réfutation d'Helvétius*; 13726 *La Religieuse*; 13727 *Le Rêve de d'Alembert*; 13728 *Lettres à Sophie Volland*, vol. i; 13729 *Lettres à Sophie Volland*, vol. ii.; 15680 *Salon de 1767*; 24930 *Lettres*; 24931 *Lettres*; 24932 Notes, fragments, œuvres critiques.

II. Copies: n.a.fr. 13739–13746; 13753–13754; 13759; 13766; 13779–13780; 24936 *Lettres sur la postérité*.

Le dépouillement a été confié à Claire Bustarret. Nous tenons à la remercier d'avoir accompli cette tâche avec beaucoup de rigueur et de perspicacité.

Sous le règne de Louis XV, la fabrication du papier fut rigoureusement réglementée. Rappelons que l'arrêt du Conseil d'Etat de 1739 imposa aux maîtres papetiers de placer sur un côté de la feuille le signe du format et sur l'autre côté l'initiale du prénom et le nom de famille en entier du fabricant; puis la qualité du papier et le nom de la province. Il faut citer aussi l'arrêt de 1741 car il explique pourquoi tant de feuilles de l'époque portent en filigrane la date 1742. En effet, cet arrêt obligea les papetiers à ajouter, en chiffres, aux indications signalées ci-dessus, le millésime 1742.[8] On ne s'étonnera donc pas de trouver toutes ces indications dans les filigranes des papiers français utilisés par Diderot.

Prenons par exemple le papier sur lequel celui-ci a rédigé un texte pour les planches de l'*Encyclopédie*, et regardons d'abord le filigrane tel qu'il apparaît sur la feuille entière (voir l'esquisse suivante). Conforme à la réglementation, on y trouve – dans la moitié gauche – comme signe de format un griffon, qui indique le même format que la couronne, c'est-à-dire 460×720mm. Dans un cartouche, en-dessous de l'animal chimérique, on lit la date 1742. Dans la moitié droite, on peut déchiffrer le mot 'moyen' – la qualité – puis les noms de Malmenede et d'Auvergne.

Voyons maintenant la bétaradiographie de ce même filigrane (no 10). Il est ici fragmenté en quatre morceaux parce que Diderot a écrit sur des feuillets in-quarto; par conséquent, les deux parties du filigrane, qu'on appelle marque et contremarque, se trouvent dans le pli – emplacement qui gêne considérablement l'examen du filigrane sur l'original. Or par la bétaradiographie, on obtient facilement la reproduction du filigrane pris dans le pli, la source de rayons se présentant sous la forme d'une feuille mince et souple qu'on peut glisser jusqu'au fond d'un volume relié. Diderot et ses copistes utilisent très souvent le format in-quarto, et les cas ne sont pas rares où seule la bétaradiographie permet de déchiffrer un filigrane et de discerner ses formes. La lecture et la reconstitution du filigrane sont encore plus délicates quand il s'agit de feuillets in-octavo, format assez répandu dans les lettres autographes. La feuille étant pliée trois fois, chacun des huit feuillets porte en coin un fragment du filigrane. Le format offrant les conditions les plus favorables pour examiner le filigrane, l'in-folio, n'est malheureusement pas très fréquent dans le fonds Diderot.

Les papetiers d'Auvergne y sont représentés, outre par Malmenede (ou Malmenaide), par Béal, Berger, Cusson, Marcheval et Vimal. La liste des occurrences qu'on trouvera plus loin renseigne sur la fréquence et la répartition de leurs filigranes dans les autographes de Diderot. Béal, associé à une marque figurative circulaire, est le filigrane le plus fréquent parmi les papiers d'Auvergne, suivi de Malmenaide, associé à une marque similaire à la précédente. Ensuite il faut mentionner Marcheval avec un griffon (non couronné, à la différence de celui de Malmenede, déjà évoqué), ou encore avec une variante de la marque

8. Cité d'après Louis Le Clert, *Le Papier*, 1er vol. (Paris 1926), p.35s. Selon Wisso Weiss, l'arrêt, mal compris, exigea en réalité l'inscription de l'année de la production (*Zeittafel zur Papiergeschichte*, Leipzig 1983, p.172ss). Voir aussi Roger Laufer, *Introduction à la textologie* (Paris 1972), p.113. D'après Jean Irigoin 'la date indique seulement que ces papiers sont conformes, par leur format et leur filigrane, à l'arrêt du Conseil d'Etat du 18 septembre 1741 qui en réglemente la fabrication à compter du 1er janvier 1741.' Cf. 'La datation par les filigranes du papier', p.21, note 19.

Disposition du filigrane

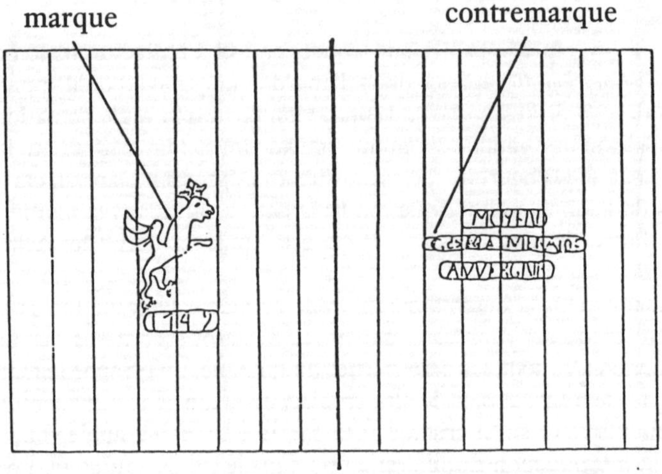

1. Pliage in-folio

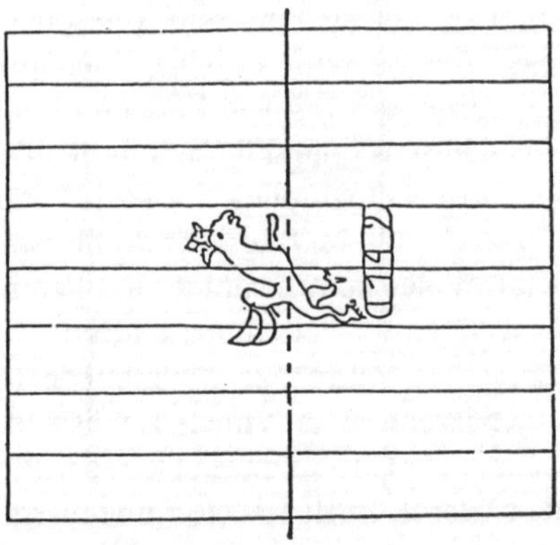

Remarque

Il arrive aussi que la marque se trouve dans la moitié droite et la contremarque dans la moitié gauche de la feuille.

2. Pliage in-quarto

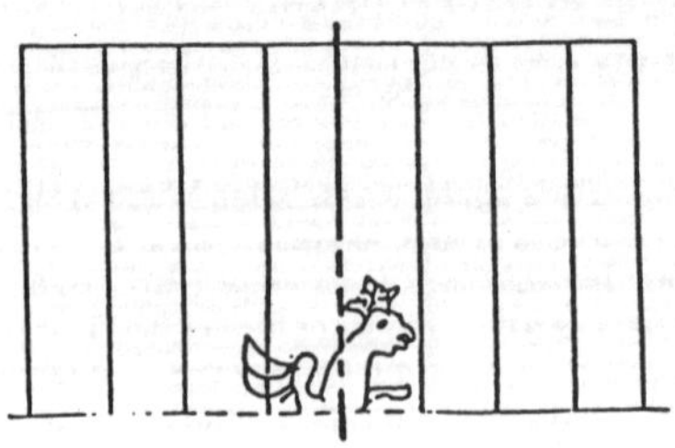

3. Pliage in-octavo

circulaire citée plus haut. Il y a en outre Vimal, accompagné, une fois, d'un griffon. Et enfin quelques spécimens de papier Tellière, fabriqué par Cusson. Il s'agit d'un format un peu plus petit que le griffon (340×680mm), et qui doit son nom à Louis-Michel Le Tellier, ministre de guerre sous Louis XIV: ses armes figurent dans le filigrane. Quant à Berger, dont seule la contremarque a été reproduite, nous n'avons pas encore pu lui attribuer avec certitude des marques complémentaires; quelques feuillets isolés au griffon sont probablement de cette provenance. A notre courte récapitulation des papiers auvergnats utilisés par Diderot, il faut ajouter le nom de Gourbeyre, dont les filigranes n'ont pas été bétaradiographiés. On constatera que tous ces papiers sont à une exception près de la première qualité ('fin'). Une récente étude sur les filigranes des papiers utilisés pour l'édition de l'*Encyclopédie* montre que ceux-ci proviennent également d'Auvergne.[9] Des autres régions de France, deux noms de papetier seulement ont été trouvés dans les autographes de Diderot: Subito de Rouen, accompagné d'un raisin, signe d'un format aux dimensions de 500×650mm, et Montgolfier d'Annonay sans marque figurative, pour l'instant.

Voilà pour les papiers français. Passons maintenant aux papiers hollandais.[10] Le chevalier de Jaucourt, en terminant son article 'Papier' dans l'*Encyclopédie*, constate que c'est la Hollande 'qui fait le plus beau papier du monde et en plus grande quantité'. Cette supériorité était en premier lieu due à l'invention de la pile dite hollandaise. L'ancienne méthode consistant à triturer les chiffons avec des maillets fut remplacée par une technique nouvelle: le broyage au cylindre armé de lames de fer, procédé beaucoup plus efficace et plus rapide. La situation des papetiers français, face à cette concurrence, était d'autant plus difficile que leur gouvernement réglementa la fabrication du papier d'une manière qui ne favorisa pas la modernisation. Ainsi, l'arrêt du Conseil d'Etat de 1739, déjà cité, interdit d'utiliser d'autres outillages que les maillets traditionnels.

Voici les papetiers hollandais dont on lit les noms dans les filigranes du fonds Diderot: Berends, Blauw, Honig, Pannekoek, Sebille van Ketel & Wassenbergh, van der Ley. Nous avons renoncé à les faire bétaradiographier tous; certains sont reproduits dans l'ouvrage de Paul Vernière, *Diderot, ses manuscrits et ses copistes*. Nous publions trois bétaradiographies de filigranes hollandais relevés dans les autographes. Citons d'abord le filigrane le plus fréquent, van der Ley

9. Nous remercions M. Pierre Delaunay, de Clermont-Ferrand, de nous avoir communiqué le résultat de son étude inédite.

10. L'ouvrage de référence sur l'histoire des moulins à papiers hollandais est dû à Henk Voorn, *De papiermolens in de provincie Noord-Holland* (Haarlem 1960); *De papiermolens in de provincie Zuid-Holland* (La Haye 1973), avec des résumés en anglais. Nous n'abordons pas ici le problème des papiers aux filigranes hollandais, fabriqués en France. Voir J.-N. Barrendon et J. Irigoin, 'Comment distinguer les papiers fabriqués en Hollande et en Angoumois de 1650 à 1810', in *Avant-texte, texte, après-texte*, éd. Louis Hay et Peter Nagy (Budapest 1982), p.19-26.

aux armes d'Angleterre (no 15). Destiné à l'origine au marché anglais, cette marque est très répandue dans la production papetière hollandaise. La contremarque montre les chiffres royaux G R (Georgius Rex). Quand celle-ci apparaît sur une demi-feuille détachée, il n'est pas toujours facile de savoir à quelle marque elle appartient car les chiffres royaux se retrouvent dans d'innombrables filigranes hollandais. Egalement associé à van der Ley, on verra un cornet fleurdelysé (no 16), qu'il ne faut pas confondre avec le cornet couronné, reproduit par Paul Vernière sous le no 24. Le troisième filigrane, de faible fréquence dans les autographes, est celui de J & I Honig aux armoiries parlantes de la ruche (no 7). La marque hollandaise par excellence, la Hollandia, associée à J. Honig & Zoonen (no 8), a été trouvée dans une copie; elle ne figure pas parmi les filigranes reproduits par Paul Vernière.

Il nous semble prématuré d'établir la chronologie de l'utilisation des papiers puisque seul le fonds Diderot parisien a été dépouillé, et même pas d'une manière exhaustive. Mais d'ores et déjà, pour ceux qui consultent la liste des occurrences, il est possible de situer dans le temps un filigrane rencontré dans un manuscrit de Diderot.

4. Bilan provisoire et perspectives

Dans leurs grandes lignes, les observations et sondages de Paul Vernière ont été confirmés: pour les autographes, l'existence de deux catégories principales de papier, définies par leur provenance – Auvergne et Hollande – est incontestable; que les copistes utilisent quasi exclusivement du papier hollandais, reste hors de doute. Dans le détail, nous avons pu rectifier des identifications douteuses de filigranes, vérifier et compléter leurs occurrences dans le fonds Diderot de la Bibliothèque nationale.

Comme l'indique son titre, cet article avait pour seul but d'attirer l'attention des diderotistes sur la technique de la bêtaradiographie du papier, ses possibilités d'application aux manuscrits modernes en général, et plus spécialement aux manuscrits de Diderot. Notre ambition ne peut pas être de tirer des conclusions relatives à l'étude et l'édition des textes. Nous n'essayons pas de dater car une datation solide ne s'obtient que par le concours d'indices de diverses natures. Seul un diderotiste saurait réunir et combiner les éléments nécessaires à une datation. Mais s'il veut s'appuyer sur une épreuve matérielle comme l'identité de deux filigranes (l'un sur un manuscrit daté, l'autre sur un manuscrit non daté), il faut que la comparaison ne laisse aucun doute. Les caractéristiques du papier ne sont exploitables pour l'étude du texte que dans la mesure où elles sont recensées avec exactitude.

On pourrait dès maintenant envisager de poursuivre le recensement du fonds parisien: il s'agit d'une part d'intégrer au répertoire de filigranes publié dans cet article des types nouveaux qui se trouvent éventuellement dans les tomes non encore dépouillés, ainsi que des parties complémentaires des filigranes incomplets présentés ici. D'autre part, on devrait noter les occurrences nouvelles des filigranes déjà inventoriés. Nous avons d'ailleurs pu, grâce à l'obligeance et l'attention de M. Gianluigi Goggi, compléter déjà les occurrences du filigrane *H. Petit*. On devrait peut-être commencer une action parallèle à la Bibliothèque Saltykov-Chtchédrine à Leningrad ainsi qu'à la Pierpont Morgan Library à New York. La documentation publiée ici et les expériences acquises permettraient de terminer ce recensement dans un délai raisonnable.

Tout en aidant l'éditeur critique, les recherches sur le papier des manuscrits font progresser les connaissances en histoire du papier. Reproduire, décrire et analyser des filigranes des manuscrits de Diderot signifie aussi apporter sa contribution à la filigranologie, et cela pour une période qu'elle a tendance à négliger.

Reproductions

Quelques mots d'abord sur l'ordre dans lequel les reproductions sont présentées. Nous inspirant des travaux d'un filigranologue russe, S. A. Klepikov, nous les avons classées selon l'ordre alphabétique des noms de papetiers, méthode convenant le mieux à l'époque étudiée et, de surcroît, plus accessible aux néophytes que le classement traditionnel par motifs.[11]

Dans la mesure du possible, nous reproduisons le filigrane entier: sur une page, la marque en haut, la contremarque en bas. Cependant, on n'a pas toujours eu la chance de trouver les deux moitiés du filigrane, soit que la feuille n'ait pas été transmise intégralement, soit que la moitié manquante figure dans un manuscrit qui n'a pas encore été dépouillé ou qui est conservé ailleurs. C'est justement dans le but d'une éventuelle reconstitution que nous publions aussi des filigranes incomplets. Quand il s'agit de la contremarque, celle-ci est classée par ordre alphabétique avec les filigranes complets; les marques figuratives isolées sont placées à la fin.

11. Les recueils de filigranes publiés jusqu'à présent – consacrés surtout aux filigranes anciens, ne comportant qu'une seule marque, figurative – sont classés par types. Nous partageons l'avis de S. A. Klepikov, un des rares spécialistes des filigranes modernes, que pour ceux-ci le classement par ordre alphabétique des noms ou initiales des papetiers est le plus adéquat. Voir l'introduction à son ouvrage. *Filigranes et cachets sur papier fabriqué en Russie et à l'étranger du XVIIe au XXe siècles* (Moscou 1959). Traduction française d'Hélène Ravaisse (dactylographie conservée à l'ITEM/CNRS, Paris).

Chaque reproduction est accompagnée d'une description afin de faciliter la perception et la compréhension de l'image. En même temps nous avons voulu proposer un modèle descriptif.[12] La partie emblématique est désignée par son nom conventionnel, puis décrite dans sa particularité. Les inscriptions, souvent difficiles à déchiffrer, ont été transcrites, avec l'indication du type de caractère. Si elles sont disposées sur plusieurs lignes, une barre oblique indique la fin d'une ligne.

Les reproductions et les descriptions sont suivies de la liste des occurrences. Elle comporte le titre de l'œuvre, la cote et les numéros des feuillets portant le filigrane. Les références sans indication particulière correspondent à des autographes. On mentionne 'copie' dans le cas contraire. Pour les lettres, nous indiquons le numéro dans la *Correspondance* (CORR).[13] Les dates sont indiquées en abrégé: numéro du jour, du mois et de l'année. Les dates restituées hypothétiquement sont données entre crochets carrés, les autres sont autographes. Les feuillets bétaradiographiés sont marqués d'un astérisque. Dans certains cas, on donne aussi les occurrences des variantes qui ne sont pas reproduites. Afin de ne pas surcharger la liste, nous avons renoncé à indiquer systématiquement la distribution des marques et des contremarques sur les feuillets: ce qui compte pour l'exploitation, c'est d'abord la différenciation des sortes de papier et ensuite leur répartition dans les manuscrits et les lettres.

Le manque de netteté de quelques images résulte du mauvais état de conservation du papier, parfois aussi d'une forte inégalité de son épaisseur.

Nous remercions Mlle Jacquinet du Service photographique de la Bibliothèque nationale d'avoir pris les images avec le plus grand soin.

12. Nous nous sommes limités à la seule description du filigrane, qui est selon Briquet 'de toutes les particularités qui différencient les papiers, la plus importante et la plus facile à saisir'. Il n'était pas nécessaire, dans cet article, de décrire les autres particularités: format, couleur, écart des pontuseaux. Tous les feuillets examinés sont du papier vergé, c'est-à-dire présentant des vergeures et des pontuseaux (voir note 4). Ce n'est qu'après la mort de Diderot que le papier vélin, inventé vers 1750 en Angleterre, se répandit en France comme papier d'écriture.

13. *Correspondance* de Diderot, éditée par Georges Roth et Jean Varloot (Paris 1955-1970).

Les filigranes bétaradiographiés ont été reproduits aux dimensions des originaux, sauf dans le cas des numéros 1-3, 7-9, 12-15, 17, 18; là où l'image a dû être réduite, le taux de réduction est uniformément de 80/100e. La collection des clichés bétaradiographiés peut être consultée à l'ITEM, Service de codicologie (61 rue de Richelieu, Paris). Elle sera utilisée pour la publication d'un album des filigranes des manuscrits littéraires conservés à la Bibliothèque nationale (période 1750-1850).

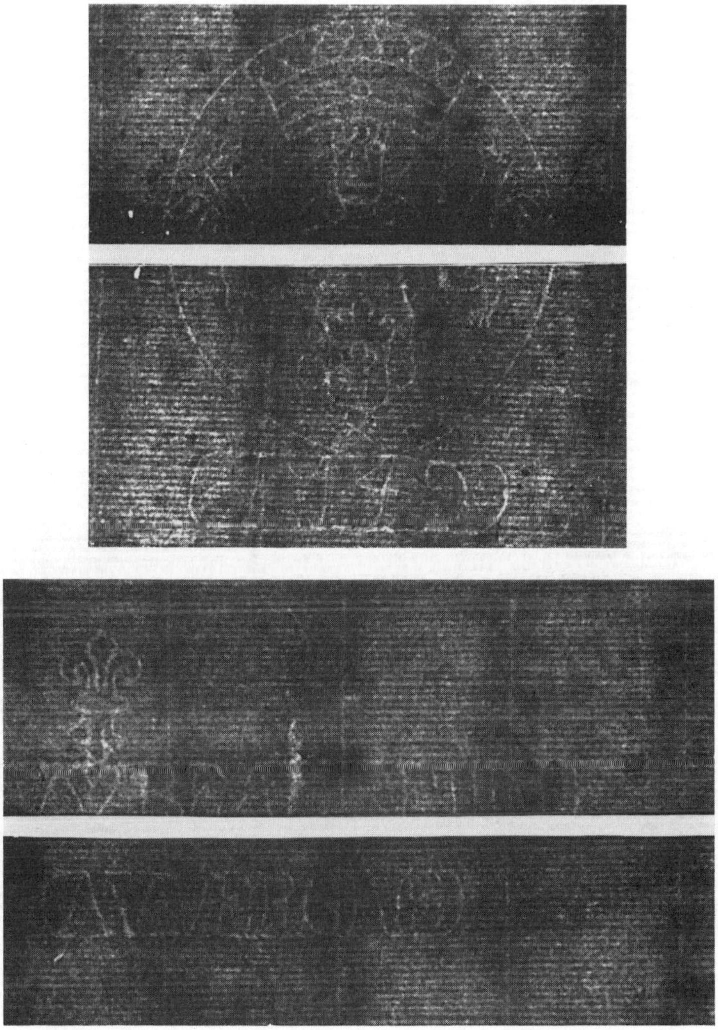

1. Béal

Marque: griffons surmontés d'une couronne à huit perles, placés dans un cercle; au-dessous, dans cartouche: '1742'; ressemble aux armes de Pomponne: voir E. Heawood, *Watermarks ... 17th-18th centuries* (Hilversum 1950), no 714-716.

Contremarque: dans deux cartouches superposés, 'V' – un cœur – 'Béal fin / Auvergne', en capitales romaines, le cœur surmonté d'une fleur de lys.*

B.N., n.a.fr. 13728, f.185-188 (Diderot, Lettre à Sophie Volland)

* Paul Vernière (voir p.411 de son article cité plus haut) voit dans cette marque un colombier qu'il associe au papetier Vimal. Sa datation de *La Religieuse* s'appuie donc sur une identification du filigrane qui me semble erronée.

2. Berger

Dans deux cartouches superposés: 'I' – une fleur de lys – 'Berger fin / Auvergne', en capitales romaines à double trait.

B.N., n.a.fr. 13728, f.174-175 (Diderot, Lettre à Sophie Volland)

3. Cusson. Armes de Le Tellier

Marque: armes de Le Tellier. Trois lézards accompagnés de trois étoiles, dans un écu de fantaisie. Au-dessus dans cartouche '1742', au-dessous dans cartouche 'Auvergne', en capitales romaines.

Contremarque: dans cartouche 'I' – un cœur – 'Cusson fin', en capitales romaines. Le cœur surmonté d'une fleur de lys, les lettres C U surmontées du monogramme de Le Tellier couronné.

B.N., n.a.fr. 24931, f.27, 29 (Diderot, Lettre à son père)

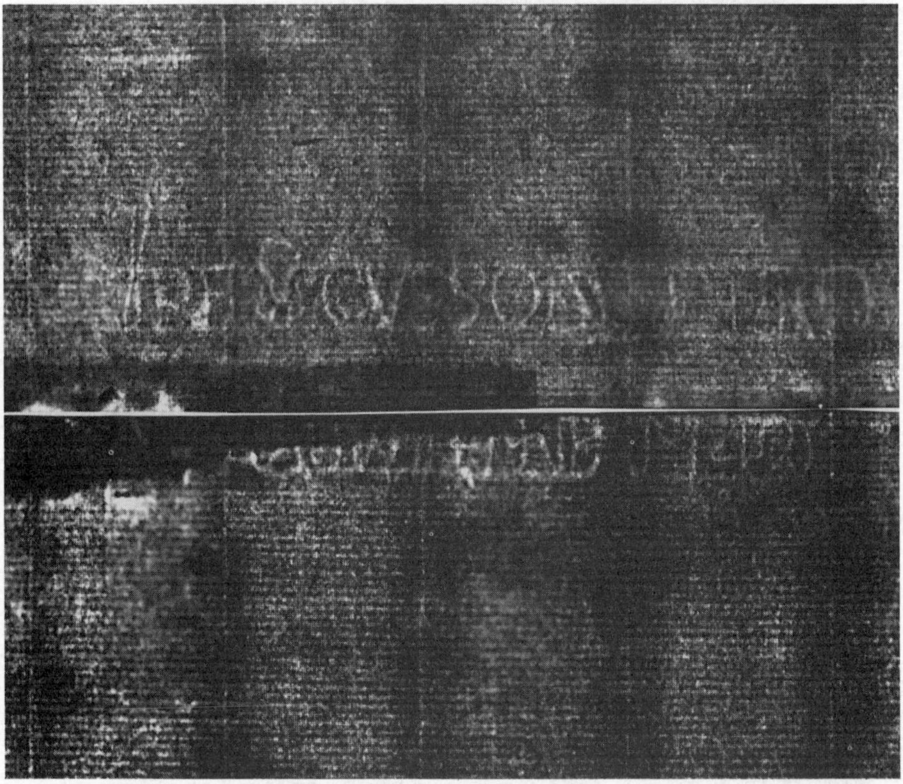

4. Cusson

Dans deux cartouches superposés: initiales illisibles – une fleur de lys – 'Cusson fin / Auvergne 1742'.

B.N., n.a.fr. 13728, f.180, 183 (Diderot, Lettre à Sophie Volland)

5. Dufour

Dans cartouche: 'N' – un cœur – 'Dufour fyn', en capitales romaines.

B.N., n.a.fr. 13728, f.56 (Diderot, Lettre à Sophie Volland)

6. G M

Cornet dans un écu couronné à pendentif sous forme du chiffre quatre avec, en pointe, les initiales 'W R', en capitales romaines entrelacées à un trait, flanquées de 'G M', en capitales romaines à double trait.

B.N., n.a.fr. 13728, f.170-171 (Diderot, Lettre à Sophie Volland)

7. C & I Honig

Ruche placée dans un écu orné, timbré d'un heaume; au-dessous, dans cartouche: 'C & I Honig', en capitales romaines à double trait.*

B.N., n.a.fr. 13729, f.77-78 (Diderot, Lettre à Sophie Volland)

* S. A. Klepikov a essayé d'établir une chronologie des filigranes de Honig, dans son article 'Some information over the "Honig" watermarks', *IPHI Bulletin de l'Association internationale des historiens du papier*, Mainz, janvier 1972, pp.10-12.

8. J Honig & Zoonen

Marque: Hollandia. Minerve casquée, tenant une lance surmontée d'un chapeau, à côté du lion hollandais (couronné, armé d'un sabre et tenant sept flèches, symbole des sept provinces), entourés d'une palissade. Au-dessus, l'inscription: 'Pro Patria';

Contremarque: 'J Honig / & / Zoonen', en capitales romaines à double trait.

B.N., n.a.fr. 24936, f.1, 4 (Diderot, *Lettres sur la postérité*; copie)

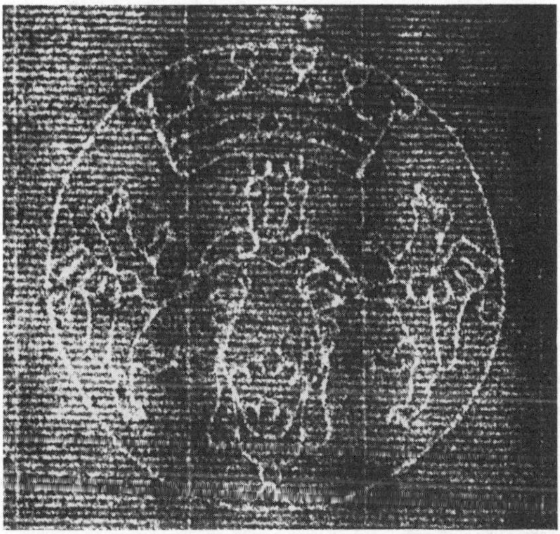

9. Malmenaide

Marque: griffons surmontés d'une couronne à six perles, placés dans un cercle; voir le no 1;

Contremarque: dans deux cartouches superposés: 'G' – un quatrefeuille – 'Malmenaide fin / Auvergne 1742'.

B.N., n.a.fr. 24932, f.35-36 (Diderot, *Lettre sur le commerce de la librairie*)

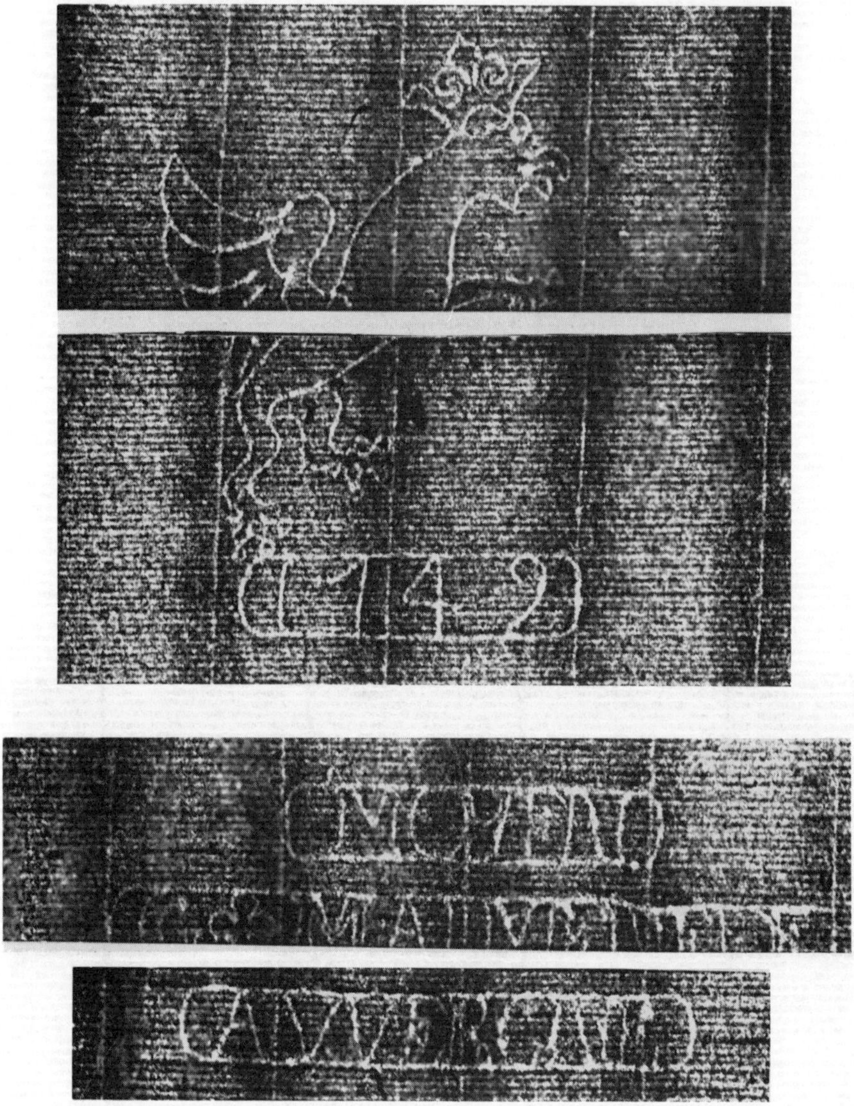

10. Malmenede

Marque: griffon rampant, couronné, en-dessous, dans cartouche: '1742';

Contremarque: dans trois cartouches superposés: 'moyen / G' – un quatrefeuille – 'Malmenede / Auvergne', en capitales romaines.

B.N., n.a.fr. 24932, f.79, 81, 82, 84 (Diderot, légende des planches 'Métier à bas' de l'*Encyclopédie*)

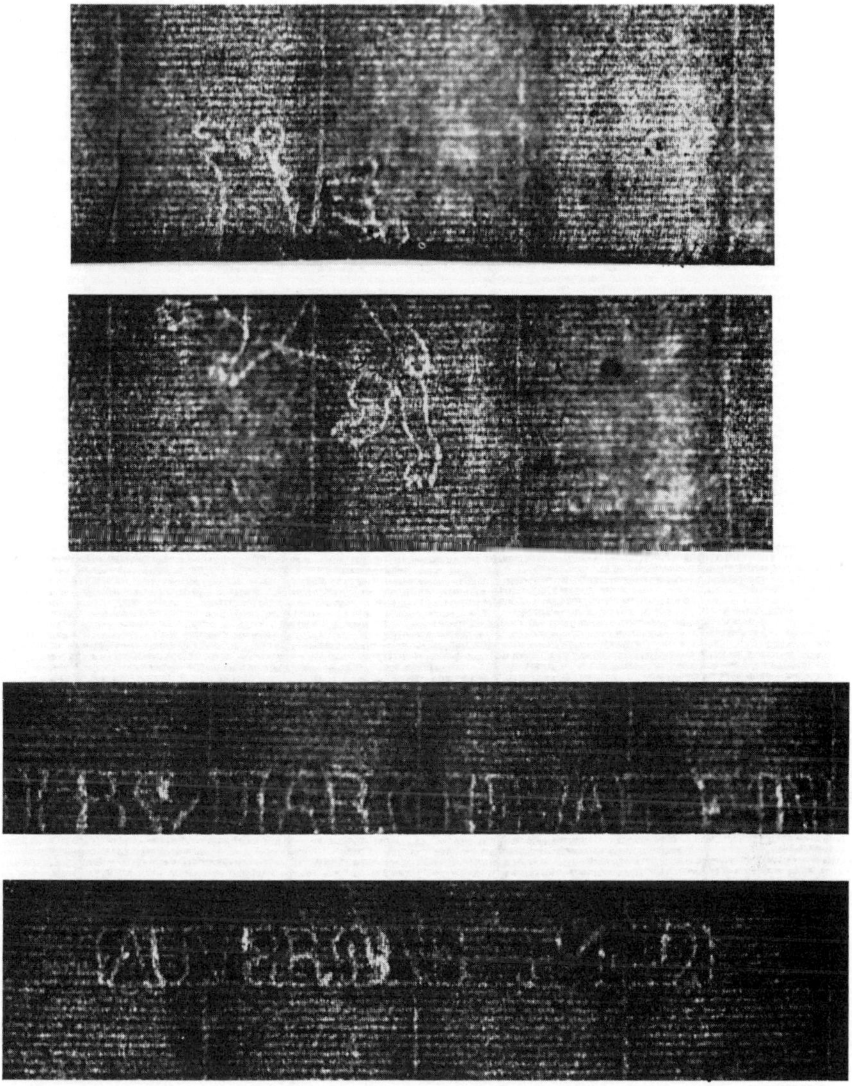

11. Marcheval

Marque: griffon rampant;

Contremarque: dans deux cartouches superposés: 'I B' – un cœur – 'Marcheval fin / Auvergne 1742'.

B.N., n.a.fr. 13728, f.61-62, 77-78 (Diderot, Lettre à Sophie Volland)

12. Montgolfier

Dans quatre cartouches superposés: 'Fin de / R' – un cœur – 'Montgolfier / d'Annonnay / 1742'.

B.N., n.a.fr. 13728, f.12-13 (Diderot, Lettre à Sophie Volland)

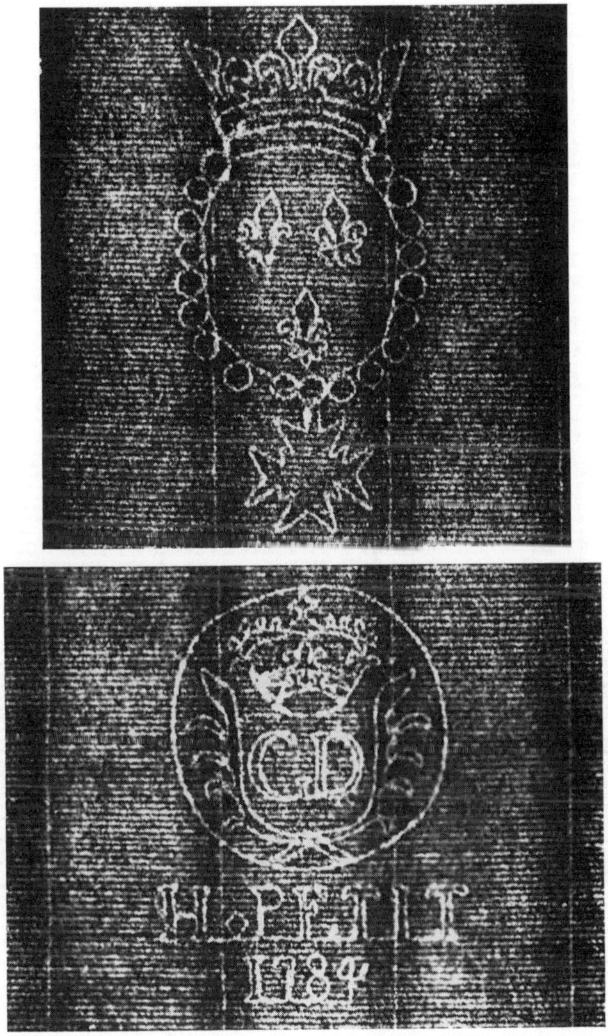

13. Petit

Marque: armes de France dans écu ovale, couronné et entouré de perles, à pendentif sous forme d'une croix de Malte;

Contremarque: 'CD' capitales romaines à double trait, couronnées et placées entre deux branches de laurier dans un cercle; au-dessous 'H. Petit / 1784' en capitales romaines à double trait.*

B.N., n.a.fr. 24936, f.5, 10 (Diderot, *Lettres sur la postérité*; copie, pages ajoutées par Vandeul)

* Il s'agit d'un papier bleuté. C'est le seul cas où le filigrane nous révèle la date de fabrication.

14. Subito

'F' – une fleur de lys – 'de' – une fleur de lys – 'M' – une fleur de lys – 'Subito', en capitales romaines à double trait.*

B.N., n.a.fr. 13726, f.90 (Diderot, *La Religieuse*)

* Un fragment non bétaradiographié de la contremarque indique: 'de Rouen'.

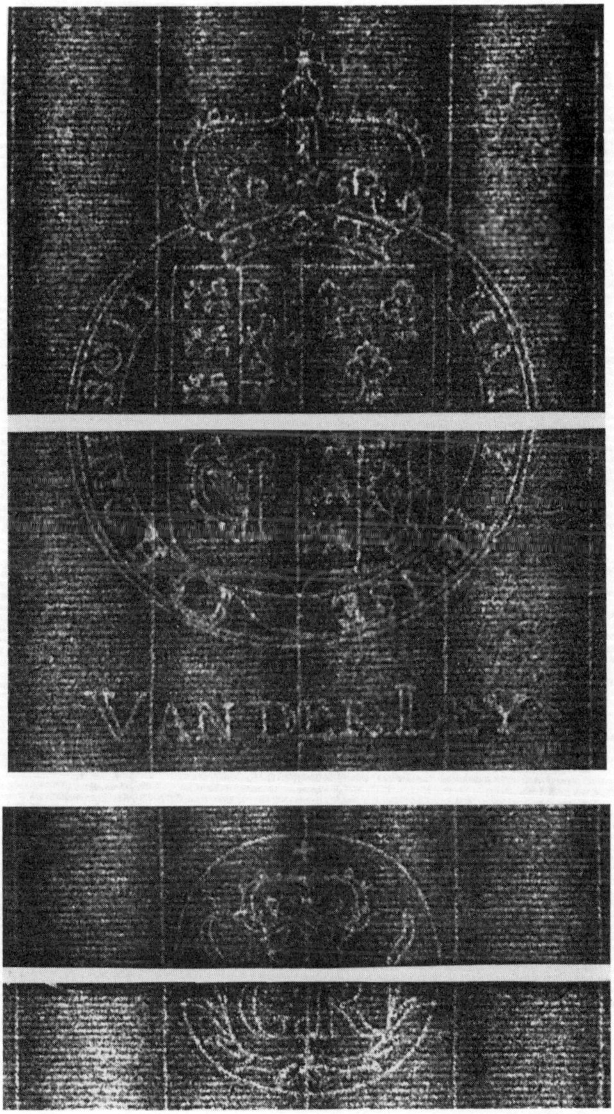

15. Van der Ley, armes d'Angleterre

Marque: armes d'Angleterre avec la devise: 'Honi soit qui mal y pense', au-dessous: 'Van der Ley' en capitales romaines à double trait;

Contremarque: 'GR' en capitales romaines à double trait, couronnées et placées entre deux branches de laurier dans un cercle.

B.N., n.a.fr. 15680, f.179, 181, 182, 183 (Diderot, *Salon de 1767*)

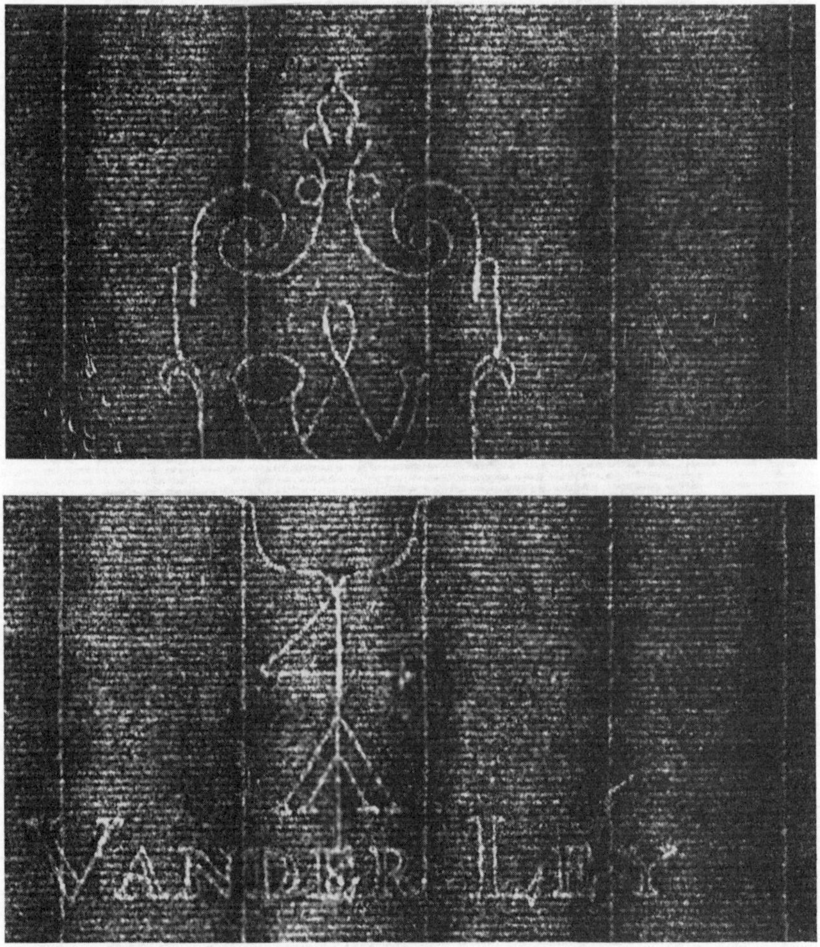

16. Van der Ley, cornet fleurdelysé

Cornet sur écu fleurdelysé à pendentif sous forme du chiffre quatre portant à sa base des chevrons, au-dessous: 'Van der Ley' en capitales romaines à double trait.

B.N., n.a.fr. 15680, f.21-22 (Diderot, *Salon de 1767*)

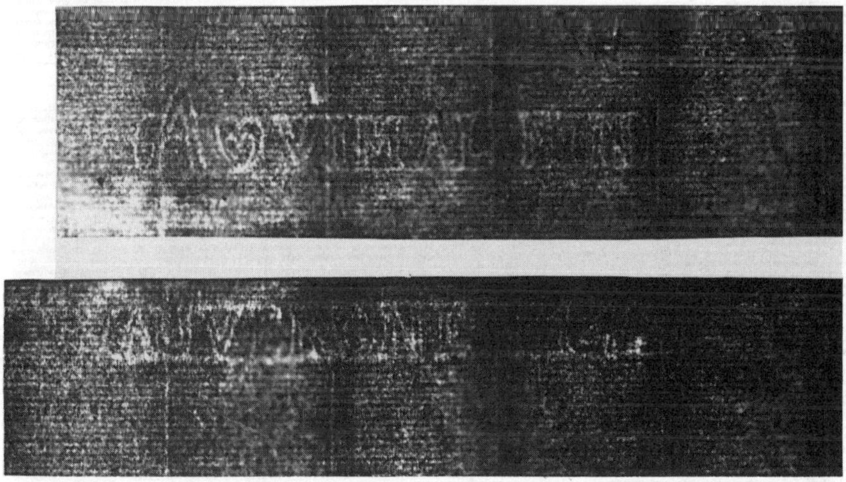

17. Vimal

Dans deux cartouches superposés: 'A' – un cœur – 'Vimal fin / Auvergne 1742'.

B.N., n.a.fr. 13729, f.1-2 (Diderot, Lettre à Sophie Volland)

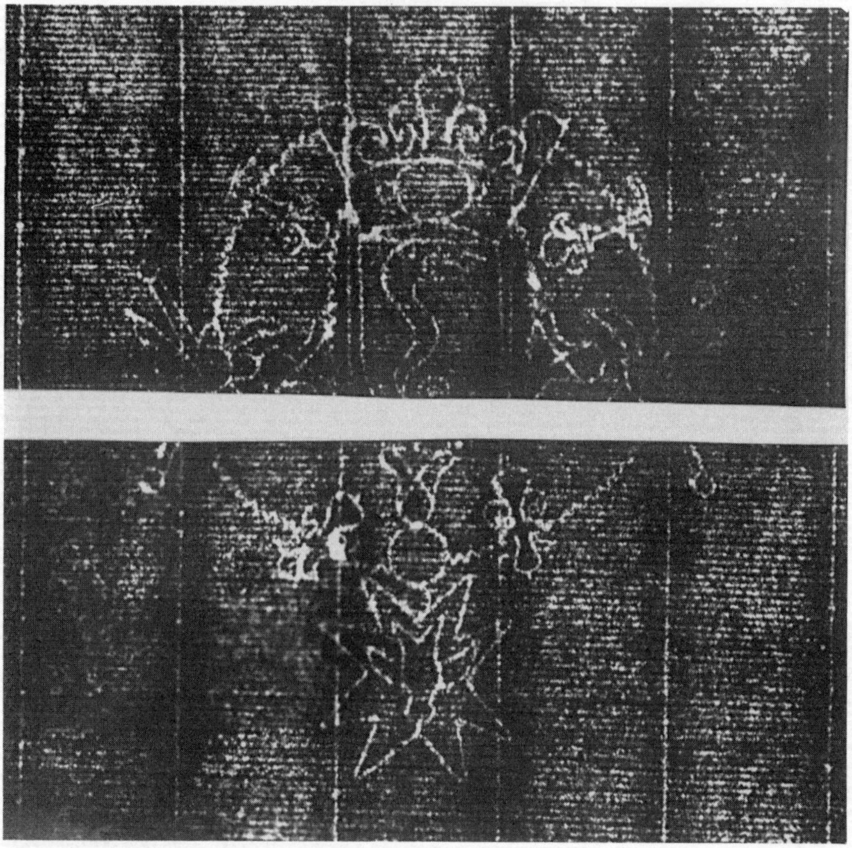

18. Armes de Colbert

Armes de Colbert. Couleuvre dans un écu couronné, entouré du collier de l'ordre du Saint-Esprit.

B.N., n.a.fr. 24931, f.56-57 (Diderot, Lettre à sa sœur; copie)

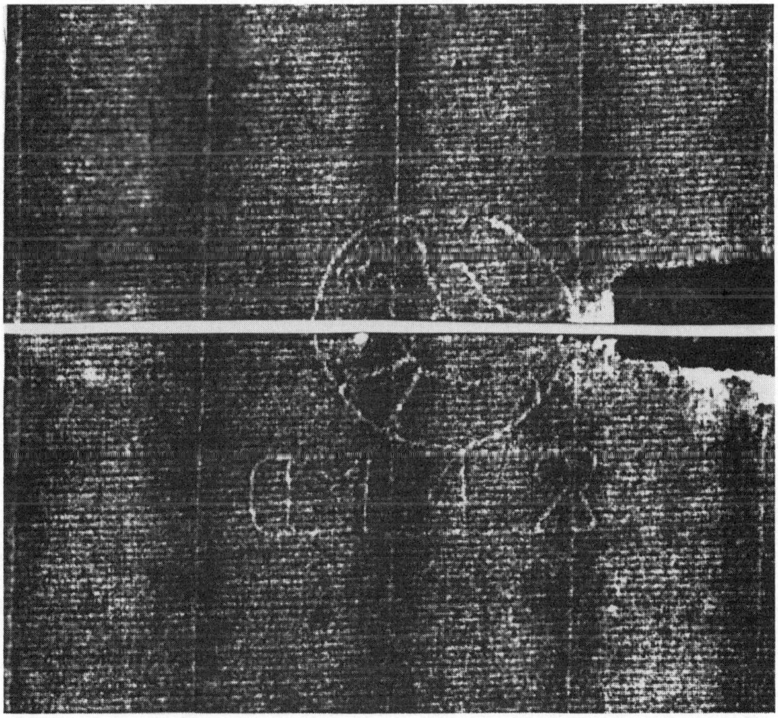

19. Oiseau

Oiseau dans un cercle; au-dessous dans cartouche: '1742'.

B.N., n.a.fr. 13728, f.54-55 (Diderot, Lettre à Sophie Volland)

Liste des occurrences (établie par C. Bustarret)

1. Béal

Projets d'œuvre théâtrale
n.a.fr. 13722
f.1-34

Traduction du *Joueur*
n.a.fr. 13723
f.2-69

La Religieuse
n.a.fr. 13726
f.1-38, 40-84

Lettres à Sophie Volland I
n.a.fr. 13728

f.184	CORR no 256	[20-4-1762]
f.185*-188*	CORR no 258	[14-7-1762]
f.195-198	CORR no 263	[25-7-1762]
f.199-200	CORR no 264	[28-7-1762]
f.227	CORR no 283	[12-9-1762]
f.228-229	CORR no 284	[16-9-1762]
f.230-231	CORR no 285	[19-9-1762]
f.232-235	CORR no 286	[23-9-1762]
f.236-237	CORR no 288	[26-9-1762]
f.238-239	CORR no 292	[30-9-1762]

Lettres à Sophie Volland II
n.a.fr. 13729

f.3-4	CORR no 294	[7-10-1762]
f.5-6	CORR no 295	[14-10-1762]
f.7-8	CORR no 296	[17-10-1762]
f.11-12	CORR no 298	[31-10-1762]
f.13-14	CORR no 299	[7-11-1762]
f.15-16	CORR no 300	[11-11-1762]

Lettres diverses
n.a.fr. 24930

f.13	CORR no 119	[9-6-]1759
f.16-17	CORR no 123	[3-7-1759]
f.18-19	CORR no 125	[13-7-1759]
f.20-21	CORR no 126	18-7-1759
f.22-23	CORR no 127	[20 ou 21-7-1759]
f.33-38	CORR no 144	[15-9-1759]

Œuvres diverses
n.a.fr. 24932
Plan d'une tragédie ... L'Infortunée
f.101-104

2. Berger

Lettres à Sophie Volland I
n.a.fr. 13728

f.75-76	CORR no 186	27-9-1760
f.150-151	CORR no 216	[11-11-1760]
f.157-161	CORR no 219	25-[11]-1760
f.174*-175*	CORR no 235	[7-10-1761]
f.189-192	CORR no 261	[18-7-1762]
f.201-202	CORR no 267	[31-7-1762]
f.211-212	CORR no 272	[19-8-1762]
f.215-216	CORR no 274	[26-8-1762]
f.225-226	CORR no 282	[9-9-1762]

Variante non bétagraphiée:
Lettres diverses
n.a.fr. 24930

f.75-76	CORR no 662	[mars 1771]
f.101	CORR no 760	[16-8-1772]

3. Cusson. Armes de Le Tellier

Lettres diverses
n.a.fr. 24931

f.27*, 28, 29*, 30	CORR no 47	6-1-1755
f.121-122	CORR no 52	22-9-1755
f.123-126	CORR no 53	10-10-1755
f.127-128	CORR no 54	29-12-1755

Variante de la contremarque reproduite:

f.87	CORR no 61	14-7-1756

4. Cusson

Traduction du Joueur
n.a.fr. 13723
f.1 (page de titre, copie)

Lettres à Sophie Volland
n.a.fr. 13728

f.180*-183*	CORR no 241	[25-10-1761]

5. Dufour

Lettres à Sophie Volland
n.a.fr. 13728

f.56*	CORR no 169	[2-8-1760]

6. G M

Lettres à Sophie Volland
n.a.fr. 13728

f.170*-171*	CORR no 232	28-9-1761

Lettres diverses		
n.a.fr. 24930		
f.156-157	CORR no 228	16-9-1761

7. C & I Honig

Lettres à Sophie Volland		
n.a.fr. 13729		
f.77*-78*	CORR no 383	[14-2-1766]
f.83-84	CORR no 388	[27-2-1766]

8. J. Honig & Zoonen

Lettres sur la postérité (copie)
n.a.fr. 24936
f.1*, 4*, 6-9, 12-16, 18-42, 44-64, 66, 68-83, 85-86, 89-136, 138-153, 156, 158, 160-174, 176-178, 180-186

9. Malmenaide

Lettres à Sophie Volland		
n.a.fr. 13728		
f.29	CORR no 145	[29-9-1759]
f.90-91	CORR no 193	12-10-[1760]
Lettres		
n.a.fr. 24930		
f.220-221	CORR no 280	[?-9-1762]
f.228-229	CORR no 242	[?-10-1761]
f.260-261	CORR no 318	[5-3-1764]

Œuvres diverses
n.a.fr. 24932
f.13-36 (35*-36*)
Lettre sur le commerce de la librairie
f.37-50
Plan d'un opéra comique
f.57-59
Discours au roi par les députés d'une cour souveraine

Variante de la contremarque (non bétagraphiée):
Réfutation d'Helvétius
n.a.fr. 13725
f.45-48, 53-54, 59-60, 68-69

10. Malmenede

Notes, fragments
n.a.fr. 24932
f.78-91 (79*, 81*, 82*, 84*)
Métier à bas, premier jet pour les planches de l'*Encyclopédie*

11. Marcheval

Lettres à Sophie Volland
n.a.fr. 13728

f.61*-62*	CORR no 175	[5-9-1760]
f.65-66	CORR no 177	[10-9-1760]
f.77-84 (77*-78*)	CORR no 188	[30-9-1760]

Marque non bétagraphiée, similaire à celle de Malmenaide (griffons surmontés d'une couronne), avec contremarque Marcheval:
Lettres à Sophie Volland I
n.a.fr. 13728

f.94-99	CORR no 194	15-10-1760
f.100-101	CORR no 204	[20-10-1760]
f.102-105	CORR no 199	[18-10-1760]
f.106-115	CORR no 201	20-10-[1760]
f.116-123	CORR no 207	[26-10-1760]
f.124-129	CORR no 208	[28-10-1760]
f.130-33	CORR no 210	[1-11-1760]

Lettres à Sophie Volland II
n.a.fr. 13729

f.9-10	CORR no 297	[24-10-1762]

12. Montgolfier

Lettres à Sophie Volland
n.a.fr. 13728

f.9	CORR no 130	[27-7-1759]
f.12*-13*	CORR no 132	[31-7-1759]
f.14-15	CORR no 133	[3-8-1759]
f.16-17	CORR no 135	[4-8-1759]
f.18-19	CORR no 136	[11-8-1759]
f.20	CORR no 139	[14-8-1759]

Lettres diverses
n.a.fr. 24930

f.25-26	CORR no 134	[3 ou 4-8-1759]

13. Petit

Lettres sur la postérité (copie: pages ajoutées par Vandeul)
n.a.fr. 24936
f.5*, 10*, 11, 17, 65, 67, 84, 88, 159, 172

Fragments de l'*Histoire des deux Indes* (chemises avec titres de Vandeul)
n.a.fr. 24940^{I}
f.1, 17, 62

14. Subito (marque: raisin, non bétagraphiée)

La Religieuse
n.a.fr. 13726
f.85-90*

Œuvres diverses
n.a.fr. 24932
f.146-173, 180-181
Notes sur la philosophie

15. Van der Ley, armes d'Angleterre

Plan d'une université
n.a.fr. 13724

f.1-84		[1775]

Réfutation d'Helvétius
n.a.fr. 13725
f.2-15, 17-23, 25-28, 34-35, 39-40, 43-44, 49-50, 55, 61, 66, 70-72, 74-76, 78-79, 81, 83, 93, 95-96, 99-101, 104-112, 114-121

Rêve de d'Alembert
n.a.fr. 13727
f.1-32

Lettres à Sophie Volland
n.a.fr. 13729

f.124-125	CORR no 490	28-8-1768
f.140-141	CORR no 507	[26-10-1768]
f.142-143	CORR no 508	[4-11-1768]
f.144-145	CORR no 510	[12-11-1768]
f.152-153	CORR no 514	[30-11-1768]

Salon de 1767
n.a.fr. 15680
f.50-115, 148-197 (179*, 181*, 182*, 183*)

Lettres diverses
n.a.fr. 24930

f.90	CORR no 744	[3-5-1772]
f.91-92	CORR no 746	15-5-1772
f.123-126	CORR no 875	[fin août 1776]
f.160-161	CORR no 455	[début octobre 1767]

Lettres diverses
n.a.fr. 24931

f.40-41	CORR no 478	29-5-1768
f.42-43	CORR no 487	[15]-8-1768
f.143-144	CORR no 664	[fin mars 1771]
f.188-189	CORR no 885	[mars 1777?]

16. Van der Ley, cornet fleurdelysé (contremarque: VDL, non bétagraphiée)

Réfutation d'Helvétius
n.a.fr. 13725
f.16

Lettres à Sophie Volland

n.a.fr. 13729		
f.128-129	CORR no 492	10-9-1768
f.134-135	CORR no 502	[1-10-1768]
f.172-173	CORR no 561	[1-10-1769]
f.182-183	CORR no 632	12-10-1770
f.186-187	CORR no 587	25-11-[1770 ou 1769]
f.189-190	CORR no 644	28-11-1770
Lettres diverses		
n.a.fr. 24930		
f.276-281	CORR no 444	[juin ou juillet 1767]
Salon de 1767		
n.a.fr. 15680		
f.1-49 (21*-22*), 116-147, 198-207		
Lettres diverses		
n.a.fr. 24931		
f.92-95	CORR no 610	24-5-1770
f.141-142	CORR no 648	30-10-1770
f.145-146	CORR no 660	11-3-1771
f.147-148	CORR no 720	29-12-1771
f.194-195		[1766 ou 1768?]

17. Vimal

Lettres à Sophie Volland		
n.a.fr. 13729		
f.1*-2*	CORR no 293	[3-10-1762]
f.19-20	CORR no 302	25-11-[1762]

Variantes non bétagraphiées:

Lettres diverses		
n.a.fr. 24931		
Griffon, au-dessous, dans cartouche: 'J VIMAL'		
f.25-26	CORR no 14	[1743]
'J VIMAL FIN'		
f.88-89	CORR no 62	26-7-1756

18. Armes de Colbert

Lettres diverses		
n.a.fr. 24931		
f.56*-57*	CORR no 603	[copie de sa lettre autographe f.54-55 qui porte la date 23-3-1770]

19. Oiseau

Lettres à Sophie Volland		
n.a.fr. 13728		
f.54*-55*	CORR no 160	[23 ou 25-2-1760]

ULLA KÖLVING

Les copistes de la *Correspondance littéraire*: une première présentation[1]

La *Correspondance littéraire* occupe une position centrale dans l'établissement du texte des œuvres de Diderot: y figurent une centaine de ses écrits, de *Jacques le fataliste* à la *Chanson dans le goût de la romance*, et une soixantaine de notices ou de comptes rendus rédigés exprès pour la revue de Grimm. Si dans certains cas on connaît le manuscrit autographe qui aurait servi de 'texte de base' aux copistes de la revue, le plus souvent ce sont les exemplaires de la *Correspondance littéraire* qui offrent le seul témoignage d'une étape importante dans l'élaboration de l'œuvre de Diderot.[2]

Ces exemplaires existaient peut-être au nombre d'une vingtaine. On en connaît aujourd'hui 13, dont des collections ou des fragments se trouvent dispersés dans 19 manuscrits et 17 bibliothèques.[3] Les différences textuelles ne nous permettent guère de décider de l'importance relative des différentes copies. En ce qui concerne les textes insérés, les variantes ne portent que rarement sur des mots ou membres de phrase et la filiation des copies reste souvent difficile, voire impossible, à établir avec certitude.

Nous nous sommes donc proposées une étude des habitudes et des caractéristiques des copistes employés par Grimm et Meister, afin de distinguer plus clairement entre les phénomènes textuels internes et externes au processus de la rédaction de la *Correspondance littéraire*. Cette étude portera aussi sur les manuscrits des intimes et des contemporains de Grimm,[4] dans l'espoir de pouvoir identifier certains copistes et de mieux situer leurs productions dans la masse de la littérature clandestine de l'époque. Je voudrais à ce propos mention-

1. C'est avec regret que je me vois obligée de présenter seule un travail que j'ai commencé il y a plus de dix ans en étroite collaboration avec Jeanne Carriat.

2. Pour une discussion de la valeur textuelle des copies de la *Correspondance littéraire* par rapport aux copies de Leningrad et du fonds Vandeul, voir l'introduction générale de Jean Varloot, DPV, xiii.XIX-XXXII.

3. Voir U. Kölving et J. Carriat, *Inventaire de la Correspondance littéraire de Grimm et Meister*, S.V.E.C. 225-227 (Oxford 1984), i.XLII-LXXXI.

4. Y figureront, entre autres, les dossiers Grimm conservés à la Bibliothèque nationale (n.a.fr. 1177 et 1186); le fonds Vandeul; les manuscrits de Diderot à Leningrad; les papiers Galiani à Naples; les manuscrits de Mme d'Epinay à l'Arsenal, à la Bibliothèque historique de la Ville de Paris, aux Archives nationales; certains manuscrits de Voltaire, etc.

ner ici un projet préparé en collaboration avec Andrew Brown. Nous souhaitons établir, comme l'a proposé Jean Varloot, 'le grand fichier de tous les copistes du dix-huitième siècle, seul moyen qui puisse étayer une histoire solide de la littérature clandestine des Lumières.' Notre point de départ sera la *Correspondance littéraire* qui, comme nous l'avons vu, a en commun certains copistes avec Diderot, Mme d'Epinay, Voltaire, Damilaville, Mme Necker, et bien d'autres. Chaque copiste aura une fiche signalétique avec les données suivantes: graphisme, orthographe, ponctuation, papier, localisation, à quoi s'ajouteront de bonnes photos. Un tel fichier ne pourra se réaliser qu'en collaboration avec d'autres chercheurs et nous nous proposons de publier au fur et à mesure divers éléments de ce travail.

Le présent article se borne cependant à présenter brièvement quelques-uns des copistes les plus importants.

Les copistes de Grimm et Meister étaient sans doute choisis essentiellement d'après deux critères: la lisibilité de leur écriture[5] et leur fiabilité, leur discrétion. Ce dernier critère n'était pas le moins important: il fallait à tout prix éviter 'un pauvre diable' comme Glénat, 'qui sçavoit des mathématiques, qui écrivoit bien et qui manquoit de pain' – mais qui était espion de police.[6] Il est d'ailleurs possible que Glénat ait fait une ou deux livraisons d'essai en 1762, à une époque où Grimm changeait de copistes. S'il arrivait parfois à Grimm de confier le manuscrit à transcrire au copiste qui le rapportait une fois le travail terminé, celui-ci travaillait d'habitude sous la surveillance du copiste principal, qui était chargé de la distribution du papier et de l'envoi des ordinaires, dans 'l'atelier', la plupart du temps une pièce de l'appartement de Grimm.[7]

5. On exigeait moins une écriture calligraphiée qu'un produit lisible. En 1765, après un changement de copistes, Grimm écrit à Caroline de Hesse-Darmstadt: 'je désire que celui-ci puisse convenir à Votre Altesse, sa main est fort vilaine, mais elle est bien lisible, et c'est le principal' (*Correspondance inédite*, éd. J. Schlobach, München 1972, p.45).

6. Le 19 septembre 1762, Diderot écrit à Sophie Volland: 'Imaginez qu'il y a quatre ans que ce Glénat faisoit ce rôle [d'espion de police] chez moi. Heureusement je n'ai pas mémoire de lui avoir donné aucune prise [...] Il est certain que si j'avois eu besoin de copiste, je n'en aurois pas été chercher un autre que celui que je procurois à mes amis. Quand je pense qu'il a été sur le point d'entrer chez Grimm en qualité de secrétaire pour toutes ses correspondances étrangères, cela me fait frémir d'effroi' (CORR, iv.158-59).

7. Quand, en 1773, Grimm part pour la Russie, l'atelier est installé dans l'appartement de Mme d'Epinay; cf. les consignes données par Grimm à Meister dans sa lettre du 1er juin 1773: 'Je vous supplie de me mander comment va l'expédition et de quelle maniere vous pourrez établir l'attelier. Je doute qu'il puisse rester chez Mad^e^ d'Epinay dans l'état où elle se trouve. Mais j'ai laissé à Paris le nommé Lastrucci pour la garde de mon appartement. On pourra établir l'attelier dans mon antichambre, et il doit être là pour ouvrir et fermer mon appartement tous les jours. Je crains que vous ne jouissiez pas tant que je voudrais de M. Hénault [voir ci-dessous]. Il est pourtant le seul qui puisse faire et la distribution du papier et l'expédition des paquets, deux points essentiels pour prévenir le désordre' (U. Kölving et J. Schlobach, 'Cinq lettres de Grimm à Meister (1773-1776)',

Nous ignorons encore combien exactement étaient payés les copistes de Grimm et Meister. En 1773, Grimm avait environ 200 livres de frais de copie et de bureau par abonnement,[8] avec en moyenne cinq feuilles ou cahiers par livraison. Cette somme comprend évidemment à la fois le salaire du copiste, le coût du papier et probablement aussi celui de l'encre et de la plume.

Le premier problème qui se pose pour la différentiation et l'identification des copistes est élémentaire, mais fondamental: l'étude des écritures, leur comparaison, ne peuvent que rarement se faire dans des conditions idéales, c'est-à-dire sur les manuscrits mêmes. La confrontation matérielle de manuscrits conservés dans des bibliothèques éloignées est impossible. Le chercheur est donc réduit à recourir à des moyens de reproduction plus ou moins satisfaisants: calques, photocopies, clichés, microfilms positifs ou négatifs, formats agrandis ou réduits, selon les circonstances et les habitudes des différentes bibliothèques. Ils ont tous en commun de ne rendre qu'imparfaitement les menues caractéristiques d'une écriture.

En m'inspirant des travaux de Paul Vernière et de Jean Varloot, j'ai tenté de différencier les nombreux copistes par 1) le graphisme, 2) l'orthographe, 3) la ponctuation et 4) le papier.

Graphisme

Dans ce domaine je me heurte à de nombreux problèmes. Il s'agit de trouver et de classer les caractéristiques d'une écriture d'après le tracé des lettres, par exemple les lettres finales des mots, les lettres doubles, ou encore le *r*, le *n*, le *d*, et le *p*, certaines majuscules, le *F* et le *P* par exemple. Il faut aussi regarder la façon dont se fait la coupure des mots en fin de ligne (un tiret ou deux, ou rien du tout). Si certaines caractéristiques sont facilement reconnaissables et m'aident à identifier une écriture sans hésitation, il y a bien des cas où j'hésite: s'agit-il d'un même copiste ou de deux différents? La question se pose plus souvent qu'on ne le pense. Car il arrive que le même copiste écrit une même lettre dans la même position, à l'intérieur du même mot, de deux, voire trois façons différentes (la lettre *s* est un cas classique). Il arrive aussi qu'une écriture évolue – les débuts d'un copiste sont souvent très hésitants–, ou que le copiste éprouve le besoin de varier un peu – c'est souvent le cas pour les majuscules. Même une écriture aussi caractéristique que le deviendra avec les années celle de Girbal pose des problèmes, quand il s'agit de déterminer la date à laquelle il a commencé. Dans de tels cas, une étude de fréquence couvrant une période

Du baroque aux Lumières: pages à la mémoire de Jeanne Carriat, Mortemart 1986, p.168).

8. *Correspondance inédite*, p.138.

assez longue devient nécessaire. Encore les distorsions causées par les divers moyens de reproduction rendent-elles ce travail difficile.

Orthographe

J'ai établi une liste de certaines caractéristiques de l'ancienne orthographe dont je fais le relevé pour chaque écriture: emploi de *oi* pour *ai* dans certains mots; absence de la consonne *p* dans temps, de *t* dans talents, enfants; emploi de *-és* pour *-ez*; redoublement de consonnes; emploi de lettres étymologiques; emploi du tréma, des accents grave et circonflexe, etc. Je tiens à signaler que si au début l'orthographe et l'accentuation constituent d'assez bons instruments de différentiation, ils le sont moins au fur et à mesure qu'on avance dans le siècle, quand l'orthographe dite 'de Voltaire', la simplification des consonnes doubles et surtout la généralisation de l'accentuation se répandent.

Ponctuation

Au dix-huitième siècle la ponctuation, on le sait, avait un caractère oral. Son rôle était surtout de faciliter la lecture des textes à haute voix. Comme l'a fait remarquer Annette Lorenceau,[9] elle se manifeste souvent par ce que nous considérons aujourd'hui comme une absence de ponctuation. Les signes habituels avaient en outre une valeur différente, en particulier les deux-points et le point-virgule. J'ai relevé les emplois de la virgule, des deux-points, du point-virgule ainsi que des guillemets et du soulignement. Il est cependant rare que des habitudes individuelles m'aident dans la différentiation des écritures des copistes. Ajoutons que Grimm semble parfois corriger la ponctuation de son copiste en relisant.

Papier

Les copistes de Grimm et Meister utilisent, sauf exception, du papier hollandais de format couronne, c'est-à-dire 460 × 720 mm. Les dimensions du feuillet in-quarto varient quelque peu au cours des années, mais sont le plus souvent de 225 × 185 mm, 230 × 185 mm ou 235 × 185 mm.

J'ai relevé les filigranes (marques et contremarques) de tous les cahiers[10] de l'ensemble des manuscrits pour aboutir à la constatation que le papier utilisé par chaque copiste ne m'aide que rarement dans l'identification d'une écriture,

9. Voir A. Lorenceau, 'Sur la ponctuation au 18ème siècle', *D.H.S.* 10 (1978), p.363-78.

10. J'appelle 'cahier' une feuille pliée une fois pour en former 4 pages, soit deux feuillets (le filigrane se trouve dans le pli, ce qui n'en facilite pas l'identification; voir cependant ci-dessus, l'article de Marianne Bockelkamp).

car pendant une première période, Grimm a dû se procurer séparément le papier destiné à chaque abonnement: le même copiste transcrit alors des livraisons parallèles sur des papiers qui diffèrent suivant les abonnements. Dans l'ensemble, le papier reste alors le même à l'intérieur de chaque abonnement pour une année donnée. A partir de 1767, le changement de papier se fait parallèlement au début de l'année dans la presque totalité des copies, avec parfois un mélange de deux papiers différents dans la livraison de janvier, l'ensemble des exemplaires ayant ainsi en général le même papier pour une période donnée.

Voici un relevé des filigranes les plus courants rangés par ordre alphabétique des noms ou des initiales des papetiers. Les années et les collections concernées figurent entre parenthèses:[11]

– Marque: cornet dans un écu couronné à pendentif en fleur de lys renversée, au-dessous: D & C Blauw en capitales romaines à double trait (posé sur quatre pontuseaux);[12] contremarque: D & C Blauw en capitales romaines à double trait. Occurrences: 1769 (tous les ms), 1770 (Sm, Mo, G2, Fi), 1771 (tous les ms), 1774 (G1, Sm, Zu), 1775-1776 (tous les ms), 1779 (G1, Sm, G2, Zu), 1780 (G1, G2), 1787 (tous les ms), 1788 (G2, Ar).

– Marque: cornet dans un écu couronné sans pendentif, au-dessous: GR en capitales romaines à double trait;[13] contremarque: HR en capitales romaines à double trait (posé entre deux pontuseaux).[14] Occurrences: 1756-1759 (G1), 1766 (Mo, Sm), 1767 (tous les ms), 1768 (Sm), 1777 (tous les ms), 1778 (Mo, G2), 1780 (Sm, Mo, Zu), 1781 (tous les ms), 1791 (tous les ms).

– Marque: cornet dans un écu couronné, sans pendentif, au-dessous: SCK en capitales romaines à double trait (posé sur deux pontuseaux); contremarque: HR en capitales romaines à double trait (entre deux pontuseaux). Occurrences: 1763-1765 (Sm).

– Marque: cornet dans un écu couronné sans pendentif, au-dessous: GR en capitales romaines à double trait (posé sur deux pontuseaux);[15] contremarque: Sebille van Ketel / & / Wassenbergh / en capitales romaines à double trait (posé sur six pontuseaux). Occurrences: 1782-1784 (tous les ms), 1786 (tous

11. Pour les abréviations utilisées pour les manuscrits, voir la 'Liste des sigles et abréviations' de l'*Inventaire*, i.xi-xii.

12. Voir P. Vernière, *Diderot, ses manuscrits et ses copistes* (Paris 1967), p.22 et pl.22.

13. Cf. E. Heawood, *Watermarks, mainly of the 17th and 18th centuries* (Hilversum 1950), no. 2750. La couronne est celle du no. 2749, la contremarque no. 2748.

14. Signalons que ce filigrane figure sur les vingt cahiers reliés à la suite de la livraison d'avril 1786 qui renferment les *Lacunes de Jacques le fataliste* (*Inventaire*, 86:089), copiées par Girbal qui n'utilise pas ce papier dans la *Correspondance littéraire* en 1786. Il s'en sert par contre en 1780 et 1781.

15. Voir Vernière, p.22 et pl.21.

les ms), 1788 (G1, Sm, Bh, Mo), 1790 (tous les ms).
– Marque: cornet dans un écu couronné, à pendentif sous forme du chiffre 4 et un double chevron, au-dessous: VAN DER LEY en capitales romaines à double trait (posé sur quatre pontuseaux); contremarque: couronne à perles, au-dessous: GR en capitales romaines à double trait (posé entre deux pontuseaux).[16] Occurrences: 1760-1762 (G1, Sm), 1764-1766 (G1), 1768 (G1, Mo, Bh), 1770 (G1, Bh), 1772-1773 (tous les ms), 1774 (Mo, Bh).
– Marque: cornet dans un écu couronné, à pendentif sous forme du chiffre 4 et un double chevron, au-dessous: VAN DER LEY en capitales romaines à double trait (posé sur quatre pontuseaux); contremarque: VANDER LEY en capitales romaines à double trait. Occurrences: 1785 (tous les ms), 1792 (tous les ms).

Présentation chronologique

Il importe de rappeler une fois pour toutes que le tableau que je tracerai ici ne peut constituer qu'un bilan provisoire. Plusieurs copies de la *Correspondance littéraire* n'ont pas été retrouvées – il s'agit parfois d'abonnements importants comme ceux de Caroline de Hesse-Darmstadt (1754-1774), de Sophie Erdmuthe de Nassau-Sarrebruck (1757-1767) et de Stanislas Poniatowski (1767-1778)[17] – et la découverte de nouveaux manuscrits viendra probablement compléter les données dont nous disposons aujourd'hui.

1er mai 1753 – 1759

Quand, au mois de mai 1753, Grimm envoyait ses premières feuilles, il ne semble avoir disposé que d'un copiste ou de deux au maximum. Un exemplaire partait régulièrement pour Berlin, où les trois frères de Frédéric II – Auguste-Guillaume, Henri et Ferdinand – se cotisaient pour faire face aux frais de l'abonnement.[18] Une fois arrivé à Berlin, l'exemplaire de Grimm était recopié pour que les trois princes pussent disposer chacun d'un exemplaire personnel. L'original sorti de la boutique de Grimm n'a pas été retrouvé. Nous disposons par contre de la copie exécutée à l'intention du prince Ferdinand par le jeune Dufresne de Francheville (voir ci-dessous, p.186 et ill.1).

Si c'est Grimm lui-même qui fait la première livraison destinée à Louise-Dorothée de Meiningen, duchesse de Saxe-Gotha, celui qui sera son copiste principal, un nommé Girard, maître d'école à Port-Royal, est en place à partir

16. Voir Vernière, p.22 et pl.24 et Best.D.app.150, *q*.
17. Voir l'*Inventaire*, i.XVIII-XX
18. Voir Christiane Mervaud, 'Les débuts de la *Correspondance littéraire* en Prusse: une copie inconnue', *RHLF* 79 (1979), p.14-25, l'*Inventaire*, i.XLII-XLIII, et ci-dessus, p.127-32.

de la livraison du 1er mai 1754 (voir ci-dessous, p.186 et ill.2). Il restera jusqu'à la fin de 1761, avec une interruption importante: il n'a pas suivi Grimm à Genève en 1759. Pendant son séjour genevois (février-octobre), Grimm fait copier ses feuilles sur place (cf. ses corrections), parfois à partir de matériaux fournis par Diderot: cinq copistes interviennent et Grimm est obligé de faire lui-même une livraison, celle du 15 avril.

Pour les années de Girard, le manuscrit G1 présente un texte peu soigné. Le copiste serre les lignes, ne laisse aucune marge, aucun blanc en haut ou en bas des pages, tout en terminant parfois la livraison au milieu d'une page. Les ratures, ajouts et corrections de Grimm sont nombreux. Aux livraisons copiées par le copiste habituel Grimm ajoute parfois des textes d'auteurs transcrits par des copistes étrangers à sa boutique.[19] Il arrive aussi que Grimm lui-même ajoute un article en fin de livraison. Dans ces cas, tout se passe comme si, après avoir reçu le travail du copiste, il s'était décidé à y ajouter un article ou deux, ou à compléter un texte qu'il n'avait pas eu le temps de terminer avant. Le résultat est un ensemble peu homogène.

Années 1760-1761

L'aspect extérieur des feuilles change avec la copie de Louise-Ulrique, dont l'abonnement commence en 1760: c'est l'ouvrage d'un copiste que Grimm semble avoir embauché à Genève. Le texte est régulièrement réparti sur toute la page et sur toute la livraison; l'écriture est soignée; les ratures et corrections sont rares; en général il n'y a qu'un seul copiste par livraison. Quel que soit le copiste – et il y en eut au moins une cinquantaine au cours des années – les copies auront désormais un aspect plus homogène. Grimm continuera pourtant, jusqu'en 1768, à intervenir personnellement en corrigeant les bévues des copistes ou en apportant des modifications à son texte initial. Ce dernier phénomène s'observe surtout dans l'exemplaire destiné à la duchesse de Saxe-Gotha (G1).

Les deux copistes principaux sont Girard (G1) et le copiste embauché pendant le séjour de Genève (Sm), qui restera chez Grimm pendant plus de cinq ans, jusqu'en juin 1765.[20] Dans G1 des copistes occasionnels ont copié des textes

19. Les *Lettres* de Mme d'Epinay à son fils (*Inventaire*, 56:109, 57:009-015) sont transcrites par trois copistes différents. Un quatrième a fait la *Lettre à la gouvernante de ma fille* (56:202), où la rubrique est de la main de Mme d'Epinay elle-même.

20. Voir Grimm, *La Correspondance littéraire, 1er janvier-15 juin 1761*, éd. U. Kölving (Uppsala 1978), ii.19-20, 23, copiste A. Signalons qu'entre la livraison du 15 avril 1762 et celle du 1er février 1764, ce copiste ne fait que de rares apparitions dans les manuscrits qui ont été retrouvés. Quatre abonnements couvrant cette période sont cependant perdus: ceux de Caroline de Hesse-Darmstadt, de Sophie-Erdmuthe de Nassau-Sarrebruck, et à partir de 1763, ceux du baron de Studnitz et de Frédéric II (*Inventaire*, i.XIX). Autre occurrence: BN, n.a.fr. 1177, f.48-50.

d'auteurs insérés, surtout des textes de Voltaire.[21] Nous retrouvons ainsi l'écriture du jeune Jean-Louis Wagnière qui a copié *Les Fréron*, texte inséré par Grimm dans la livraison du 15 août 1760 (ill.3). Parmi ces copistes, il y en a qui ont transcrit d'autres copies des mêmes textes, qui se trouvent aujourd'hui dans des collections manuscrites sans rapport avec la *Correspondance littéraire*.[22] Grimm a probablement inséré dans l'exemplaire de la duchesse de Saxe-Gotha (G1) la copie même qu'il avait reçue de Genève, que ce soit de Voltaire lui-même ou de Cramer (les deux cas se présentaient certainement).

Années 1762-1765[23]

Ces années voient s'élargir la clientèle de Grimm. Le nombre des copistes augmente avec le nombre des abonnements. Ceux qui ne font qu'un bref passage au service de Grimm sont nombreux. Si on observe des périodes plus stables, où chaque copiste s'occupe régulièrement de son ou de ses abonnements, elles sont cependant marquées par des interruptions, où plusieurs copistes 'occasionnels' se relayent, parfois dans la même livraison. Ces phénomènes correspondent en général à des époques où nous savons, par d'autres témoignages, que Grimm avait du retard dans l'envoi de ses feuilles, ou qu'il en avait tout simplement suspendu l'expédition.

Trois copistes travaillent jusqu'au départ de Grimm pour la Westphalie au début du mois d'octobre 1762, quand apparaît un nouveau copiste, peut-être engagé par Mme d'Epinay ou Diderot, chargés de 'la boutique' pendant l'absence du maître d'œuvre.[24] Il sera presque seul dans l'atelier[25] jusqu'à la livraison du 1er décembre 1763. Plusieurs mains interviennent alors, parmi lesquelles celle de l'abbé Mayeul (le 'H' de Paul Vernière), secrétaire de Mme d'Epinay, qui fait les livraisons du 1er et du 15 décembre. L'abbé Mayeul, dont on retrouve aussi l'écriture dans les manuscrits des *Mémoires de madame de Montbrillant*, ne fut probablement pas un copiste régulier de Grimm: il intervient

21. Mais aussi *La Reine de Golconde* du chevalier de Boufflers (*Inventaire*, 61:163).

22. Dans les collections de la Voltaire Foundation, par exemple, se trouve une copie de la *Lettre de M. Clocpicre à M. Eratou*, exécutée par une main qui intervient également dans G1 (*Inventaire*, 61:148).

23. Pour l'année 1762, les livraisons du 1er janvier au 1er octobre inclusivement de G1 ont été copiées sur place à Gotha (*Inventaire*, i.XLV-XLVII).

24. Grimm est parti 'sans avoir mis ordre à aucune de ses affaires'. Et Diderot précise: 'Nous avons ce matin une conférence avec d'Amilaville et Mad^e^ d'Epinai, pour que la Correspondance de Grim ne souffre point de son absence' (à Sophie Volland, 3 octobre 1762; CORR, iv.184-85). Signalons que Damilaville fit effectivement au moins deux comptes rendus, insérés dans les livraisons du 1er et du 15 décembre (*Inventaire*, 62:270, 62:276).

25. Dans G1, la livraison du premier juin 1763, qui existe en double, semble avoir été recopiée sur place à Gotha (cf. Grimm, *La Correspondance littéraire, 1er janvier-15 juin 1763*, éd. A. Hallgren, Uppsala 1979, ii.25 et *Inventaire*, i.135, n.2).

plutôt pour tirer Grimm d'affaire à des moments où celui-ci avait des problèmes de copistes (voir p.187 et ill.4).

A partir du 1er février 1764, on retrouve le copiste embauché à Genève qui travaille seul dans G1 et Sm jusqu'au mois de mai 1765.[26] Une période d'instabilité intervient (5 copistes différents).[27] L'abbé Mayeul fait de nouveau quelques livraisons. Pendant la deuxième moitié de l'année apparaît un copiste, dont on sait qu'il était normand.[28] Il restera jusqu'au début de 1768 (ill.5). C'est un de ceux qui m'a posé le plus de problèmes, car il change ses habitudes fréquemment, à tel point qu'à un certain moment je croyais avoir affaire à trois copistes différents. Signalons qu'il figure aussi dans les manuscrits des *Mémoires de madame de Montbrillant*.[29]

Années 1766-1767

Au fur et à mesure que le nombre des abonnements, donc des copies à exécuter, augmentait – au début de 1766, il y en avait au moins huit dont celui de Catherine II depuis janvier 1764 –, Grimm éprouvait de toute évidence certaines difficultés dans l'organisation de son atelier. Il avait un retard constant dans l'expédition de ses envois, ce dont il s'excuse à maintes reprises dans les lettres qu'il échange avec ses abonnés.[30] Il essayait sans doute de rattraper ses retards, mais sans toujours réussir, témoin la lacune du 15 mars 1767. Ses deux copistes – le Normand déjà mentionné et Simon Bigex, dont on retrouve l'écriture caractéristique à partir de la livraison du 1er mars 1766 (voir p.188 et ill.6) – ont ainsi dû travailler constamment avec un retard considérable par rapport aux dates indiquées au début des livraisons.

Année 1768

L'année 1768, qui voit le début de plusieurs abonnements dont celui du margrave d'Ansbach, fut une année de transition. Le départ simultané de Bigex et de son collègue normand – leurs écritures figurent pour la dernière fois dans les livraisons du 1er février – oblige Grimm à réorganiser complètement son

26. Du moins, je suppose que c'est le même. Signalons pourtant qu'il n'écrit plus 'venés', mais 'venez'.

27. C'est alors que Grimm écrit à Caroline de Hesse-Darmstadt la lettre déjà citée (voir ci-dessus, n.5).

28. Voir ci-dessous, p.189.

29. Bibliothèque historique de la Ville de Paris, cote 19.744, fonds F. G. MS 311-319, volumes 1-2.

30. Voir par exemple la lettre du 25 février 1766 à Caroline de Hesse-Darmstadt (*Correspondance inédite*, p.53) et celles en date de janvier 1766 adressées à la duchesse de Saxe-Gotha (C.L., xvi.442, 444); voir *Inventaire*, i.XXI.

atelier à un moment important de sa carrière de correspondant littéraire et d'homme de confiance. Trois copistes au moins sont engagés pour les remplacer, dont un seul restera jusqu'à la fin de l'année. Grimm a encore de sérieux retards: les livraisons du 15 février, 1er mars et 1er avril ne sont jamais expédiées. Et le séjour du prince héréditaire de Saxe-Gotha à Paris d'octobre 1768 au début de janvier 1769 l'oblige à suspendre complètement ses feuilles. Il essayera de réparer ses retards, mais n'enverra que les livraions du 1er novembre et du 15 décembre, composées en 1769. Y figure pour la première fois l'écriture de Hénault (voir p.190 et ill.7), qui sera son copiste principal à partir de 1769.

Années 1769-1772

C'est pendant ces années que s'ébauche la carrière diplomatique de Grimm. Aussi laisse-t-il plus souvent la responsabilité de sa revue à Diderot et à Mme d'Epinay, qui préparent pendant son absence des matériaux qui sont probablement recopiés au fur et à mesure afin qu'il puisse reprendre l'expédition de ses feuilles dès son retour. Grimm publie ensuite leurs textes avec un certain retard, ou pas du tout: les lacunes de l'année 1769 le montrent bien.[31] Il est donc probable que l'atelier des copistes fonctionnait même quand les feuilles étaient suspendues. Il se composait de deux, et à partir de 1770, de trois copistes principaux, dont Hénault et probablement le nommé Dubois dont il est question dans une lettre de Diderot en date du 13 avril 1773.[32] Quelques copistes secondaires apparaissent avec une certaine régularité, ce qui incite à croire qu'ils travaillaient dans l'atelier de façon permanente, mais sur des abonnements dont les copies ne nous sont pas parvenues.

Années 1773-1785

Avec l'arrivée de Meister à la rédaction, l'organisation de l'atelier se stabilise: les copistes sont moins nombreux et restent plus longtemps. Les copies se ressemblent de plus en plus et les petites divergences observées pendant les années précédentes disparaissent.[33] Les cahiers portent tous des 'signatures' au bas de la première page.

Si en 1773 Meister garde Hénault - d'ailleurs responsable de la distribution du papier et de l'expédition des feuilles pendant l'absence de Grimm - il

31. Nous savons par exemple que de nombreux textes préparés par Diderot ne furent jamais publiés (voir DVP, xviii).

32. Il écrit alors à un marquis (dont le nom reste inconnu), le suppliant d'occuper à nouveau un certain M. Dubois qu'il a fait travailler pendant deux ans: 'Il y a cinq à six ans, qu'il est employé par mes amis et par moi, et nous n'eûmes jamais aucune raison de nous plaindre de son talent, ni de son exactitude, ni de sa discrétion' (CORR, xii.203).

33. Voir par exemple *Inventaire*, i.216-18, 232.

embauche trois copistes nouveaux. D'autres apparaissent de façon intermittente. A un des copistes engagé en 1773 s'en ajoute encore deux à partir de 1775 (ou fin 1774): ils resteront longtemps avec Meister, le premier (ill.8) travaille pour lui jusqu'en 1785,[34] date à laquelle il sera remplacé par Berthet; le second, Roland Girbal (voir p.191 et ill.9), restera fidèle à Meister jusqu'en 1793, tout comme Berthet. D'autres copistes apparaissent avec une certaine régularité pendant un ou deux ans, un notamment pendant les années 1776-1777, un autre en 1782-1783. Ce dernier pourrait éventuellement être Le Sage, voisin de Diderot et recommandé par celui-ci à Girbal.[35]

Années 1786-1793

L'atelier est tenu par Girbal et Berthet (voir p.191 et ill.10), auxquels s'ajoutent parfois d'autres collègues.

Années 1794-1813

Pour la période de Zurich, on ne peut plus guère parler d'atelier de copistes. Des 405 livraisons qui ont été conservées (G1, Da, G2, Mo), 276 sont de la main de Meister lui-même (ill.11), les dernières quatre années (1810-1813) étant entièrement de sa main. Parmi les treize copistes qui ont travaillé pour Meister pendant cette période, un seul l'a fait de façon suivie. De 1795 à 1804, donc pendant la première partie de la période de Zurich, il a copié 97 livraisons: l'année 1803 et la plus grande partie de 1802 sont entièrement de lui. Trois autres copistes ont fait plus d'une livraison, mais les neuf autres sont des collaborateurs occassionnels qui n'ont copié que la moitié d'une livraison ou, au plus, une livraison entière. Rappelons cependant que nous ne disposons que d'un manuscrit principal pour ces années (G1) et que la découverte de nouvelles copies peut changer l'image que nous nous faisons de cette période, surtout en ce qui concerne les premières dix années, pendant lesquelles Meister avait probablement d'autres abonnés.[36]

Quelques copistes

Si la plupart des copistes de Grimm et de Meister restent encore anonymes, j'ai cru pouvoir en identifier certains, grâce en partie à leurs relations avec d'autres écrivains de l'époque.

34. On retrouve sa main dans une ancienne copie de la préface-annexe de *La Religieuse*; voir H. Dieckmann, 'The preface-annexe of *La Religieuse*', *D.Stud.* 2 (1952), p.41-78 (manuscrit A).

35. CORR, xv.277

36. Seules quelques livraisons isolées, provenant des abonnements d'Auguste de Saxe-Gotha, d'Amélie de Bade et de Paul Ier de Russie, sont conservées (voir *Inventaire*, i.LVI, LXXVIII et LXIV).

Dufresne de Francheville

Dufresne de Francheville (ill.1), fils du conseiller Joseph Dufresne de Francheville, fut le secrétaire de Voltaire à Berlin[37] de mars 1752 jusqu'à la fin du mois de février 1753. On connaît le rôle joué par le jeune secrétaire dans l'affaire de l'*Akakia* et la déposition qu'il fut obligé de signer incriminant Voltaire (Best.D.app.118). Pourtant, en quittant Berlin, celui-ci le recommande chaleureusement à son amie la comtesse de Bentinck: 'C'est un garçon laborieux qui sait bien le français et l'allemand, qui écrit correctement et vite, qui est sage, exact, fidèle et attaché. Je ne pourais vous faire un meilleur présent [...] Il est en état de tenir des comptes, de faire la dépense d'une maison. Il est à tout, quiconque le prendra s'en trouvera très bien [...] Ma mauvaise fortune seule m'empêchera de le garder, et je le regretterai toujours' (Best.D5128). Le 2 mars 1753, Francheville entra au service de la comtesse de Bentinck, qui fut cependant obligée de le céder au roi de Prusse après dix semaines seulement.[38] Le 18 mai il arrive à Potsdam où il est attaché au service du marquis d'Argens. C'est à ce moment que l'abbé de Prades lui confie le travail de copier les feuilles de Grimm (mai 1753-15 avril 1754). Francheville passera ensuite au service du prince Auguste-Guillaume, puis à la mort de ce dernier, en 1758, au service du prince Henri (Best.D7890), où il est encore en 1762.[39]

Girard

Entré au service de Grimm en mai 1754 au plus tard, Girard (ill.2) donnait parallèlement 'des leçons d'Histoire aux demoiselles du Couvent de Port Royal' (Leigh 1463), on ignore pendant combien de temps. Il ressort des lettres échangées entre Girard,[40] Rousseau et la duchesse de Montmorency en juillet 1761, quand le copiste et factotum de Grimm, apparemment à la recherche d'un autre emploi, sollicite une recommandation de Rousseau auprès de la

37. C. A. Collini, *Mon séjour auprès de Voltaire* (Paris 1807), p.30-31, 34, 52.

38. Sur les raisons de ce départ précipité, voir la lettre de la comtesse de Bentinck au comte Heinrich von Podewils en date du 14 mai 1753, publiée par André Magnan dans le *Dossier Voltaire en Prusse (1750-1753)*, S.V.E.C. 244 (1986), p.356-59.

39. Best.D10309: n.a.fr. 12901, f.54-55. C'est cette lettre autographe adressée à Voltaire qui m'a permis d'identifier son écriture. Un autre manuscrit de la main de Francheville se trouve également à Zentrales Staatsarchiv, Merseburg: il s'agit de la copie de l'*Art de la guerre* de Frédéric II, exécutée pour Voltaire; voir 'Voltaire's commentary on Frederick's *L'Art de la guerre*', éd. Th. Besterman (qui attribue cependant la copie à Collini), *S.V.E.C.* 2 (1956), p.61-206.

40. C'est la lettre en date du 6 juin 1761, où Girard reprend mot par mot un texte de Grimm sur la *Nouvelle Héloïse* inséré dans la *Correspondance littéraire* du 1er février 1761, qui m'a permis d'identifier le premier copiste de Grimm (Leigh 1427: Bibliothèque de la Ville de Neuchâtel, Ms R 297, f.95-96). D'autres manuscrits de sa main figurent dans BN, n.a.fr. 1177, f.33-34, 71-74 (dossier Grimm), dans Arsenal Ms 5783, f.42 (*Inventaire*, 60:107) et Ms 3158, f.711-23 (papiers d'Epinay).

duchesse, que les deux hommes se connaissaient depuis un certain nombre d'années: Girard a dû faire la connaissance de Rousseau chez Mme d'Epinay avant la rupture de 1759. Rousseau le recommande en ces termes: 'J'ai connu autrefois le maître dont vous me parlez [...]; il y a plusieurs années que je l'ai perdu de vue [...] Je n'ai jamais oui parler qu'en bien et de sa conduite et de ses mœurs. Il ne manque ni d'esprit ni de connoissances et je le crois très en état de bien enseigner. Au surplus d'une suffisance plus folle que vaine, et d'un timbre d'esprit quelquefois un peu incommode, mais toujours fort réjouissant' (Leigh 1464).

Au début d'octobre de la même année, quelques mois avant de quitter le service de Grimm, Girard servit d'intermédiaire entre Diderot, Damilaville et le comédien Bellecour pour présenter aux comédiens français *Le Droit du seigneur* de Voltaire.[41]

Mathieu Mayeul

L'abbé Mathieu Mayeul (ill.4), prieur de la Viaye,[42] fut pendant quelque dix ans le secrétaire de Mme d'Epinay, qui l'appelait tour à tour 'mon scribe', 'l'abbé Jésus', 'l'abbé Toléranski'.[43] On ignore à quelle date il a commencé son service auprès de l'amie de Grimm, mais on n'a sans doute pas tort de supposer qu'il a été embauché après le retour de celle-ci de Genève, peut-être en 1761 ou 1762. Quoi qu'il en soit, en 1763 il copie les livraisons du 1er et du 15 décembre pour Grimm, et en 1765, celles du 15 octobre et du 1er novembre. On retrouve encore son écriture à la fin de 1772, dans les lettres de Mme d'Epinay adressées à l'abbé Galiani et conservées à Naples. A en croire F. Nicolini, son écriture n'y figurerait plus à partir de 1773.[44] A partir de cette

41. CORR, iii.355-58; *Le Droit du seigneur*, éd. W. D. Howarth, *Œuvres complètes de Voltaire* 50 (Oxford 1986), p.21 (les lettres de Diderot peuvent être plus précisément datées en fonction des séances de lecture de la Comédie-Française).

42. C'est ainsi qu'il signe le document qui m'a permis d'identifier son écriture: il s'agit d'une lettre autographe en date du 19 novembre 1771 adressée à l'abbé Galiani et conservée à la Società Napoletana di Storia Patria (XXXI A 13); cf. *La Signora d'Epinay e l'abate Galiani: lettere inedite*, éd. F. Nicolini (Bari 1929), p.221.

43. *La Signora d'Epinay*, p.174, 179, 235.

44. *Gli ultimi anni della signora d'Epinay*, éd. F. Nicolini (Bari 1933), p.263-64. La copie des *Deux amis de Bourbonne* envoyée par Mme d'Epinay à l'abbé Galiani est également de lui, tout comme le *Sermon du papa Nicolas Charisteski* de Voltaire, les deux conservés dans les papiers Galiani à Naples. A la liste des copies du fonds Vandeul exécutées par Mayeul (Vernière, p.39), on peut ajouter n.a.fr. 24937, f.21-27 (*Les Deux amis de Bourbonne*), et n.a.fr.24939, f.91-92 (*La Peinture* de Le Mierre, par Mme d'Epinay), f.440 (*Le Pornographe*), f.502-505 (*Regrets sur ma vieille robe de chambre*), f.539-41 (*Théâtre anglais*, *Variétés sérieuses et amusantes*). On le retrouve en outre dans le dossier Grimm (n.a.fr. 1177) et dans celui sur l'affaire Calas (n.a.fr. 1185). Une partie des copies des lettres de Galiani adressées au baron d'Holbach (n.a.fr. 16814) sont également de sa main. Signalons encore une curieuse copie des *Questions de Zapata* de Voltaire conservée dans la Hessisches Staatsarchiv (H.A.N.558.4), dont la première partie a été copiée par Mayeul et la seconde par Bigex.

date Mme d'Epinay se sert en effet d'un autre secrétaire dont on retrouve également l'écriture dans la *Correspondance littéraire* et dans les manuscrits des *Mémoires de madame de Montbrillant.*[45]

Simon Bigex

Né en 1729, fils d'un cultivateur de La Balme de Thuy, dans la vallée de Thônes en Savoie, Simon Bigex (ill.6) avait rempli à Paris les fonctions de copiste et de valet de chambre, entre autres chez le conseiller Simon Nigon de Berty,[46] avant de se rendre, vers le mois de juin 1763, à Ferney où Voltaire, qui lui attribue alors *L'Oracle des anciens fidèles, pour servir de suite et d'éclaircissement à la sainte Bible* (Berne 1760), 'livre excellent trop peu connu', parle de lui comme d''une espèce de sauvage comme le curé Melier'.[47] Quand Voltaire écrit à Damilaville le 12 août pour lui demander de s'informer auprès de Nigon de Berty au sujet de Bigex, il constate: 'C'est une chose bien extraordinaire qu'un savoyard sans éducation ait si bien ramoné la cheminée des cagots' (Best.D11353). On ignore les raisons pour lesquelles Bigex a quitté Ferney, ainsi que la date de son départ. Il y était encore le 5 octobre, date à laquelle il a signé, avec Mme Denis, un contrat de bail (Best.D.app.238). Puis on n'en entend plus parler jusqu'à la fin de 1765, quelques mois avant qu'il n'entre au service de Grimm. Voltaire demande alors à plusieurs reprises de ses nouvelles à Damilaville, qui venait de passer le mois de septembre auprès du patriarche. En avait-il été question dans leurs discussions? C'est probable, car le 13

45. D'après P. Vernière (p.39, 47), le copiste H, qui est identique à Mayeul, aurait encore travaillé pour Diderot en 1782. Il lui attribue une copie des *Additions à la Lettre sur les aveugles* (n.a.fr. 13765), qui n'a pu être exécutée avant cette date. Un examen approfondi du manuscrit révèle cependant que la copie en question n'est pas de la main de Mayeul, mais bien d'un des autres copistes du fonds Vandeul.

Un autre texte, qui lui est bien de la main de Mayeul, semble indiquer que celui-ci travaillait encore vers 1780. Il s'agit de la copie *V3* des *Regrets sur ma vieille robe de chambre* (n.a.fr. 24939, f.502-505) à laquelle les éditeurs assignent une date postérieure à 1779, comme à 'toutes les autres copies du fonds Vandeul et de Leningrad' (DPV, xviii.50). Ils se basent sur le fait que *V3* est proche de l'autographe, dont on n'a pas tenu compte en établissant les autres copies du fonds Vandeul et celles de Leningrad. On en conclut que *V3* et l'autographe sont postérieurs aux autres copies. Mais d'autres hypothèses sont possibles: cet autographe, qui est certainement une mise au net, a pu se trouver, au moment de la constitution des deux fonds, entre les mains de la personne pour laquelle Diderot l'avait lui-même recopié, peut-être en effet à partir de la copie de Mayeul dont il disposait. Les variantes relevées dans l'apparat critique, tout en soulignant la parenté de l'autographe et de *V3*, ne constituent pas, à mon avis, une preuve de l'antériorité certaine des autres copies sur *V3* et l'autographe. Rien n'empêche que *V3* ait été exécuté en 1771 ou 1772.

46. Voir Louis Bouvier, 'Simon Bigex, secrétaire de Voltaire', *Revue savoisienne* (Annecy 15 novembre 1863), iv.85-87.

47. A Damilaville, 12 juillet [1763] (Best.D11306).

novembre Voltaire lui demande: 'Avez-vous trouvé Bigex à Paris?'[48] comme si Damilaville avait été chargé de le rechercher. Et le 2 décembre, il souhaite à Bigex 'la main la plus prompte' (Best.D13022): Bigex semble être au service de Damilaville,[49] chargé de copier un texte particulier à l'intention de Voltaire, probablement 'du Fréret' (Best.D13127, D13182).

A partir de la livraison du 1er mars 1766, composée et copiée avec un certain retard, Bigex sera, de l'aveu de Grimm lui-même, son copiste principal (C.L., viii.366): la plus grande partie des livraisons qui nous sont parvenues jusqu'à celle du 15 décembre 1767 incluse sont en effet de sa main. On imagine que c'est avec un certain regret que Grimm s'est vu obligé de le céder à Voltaire au début de 1768: 'j'ai perdu mes secretaires. Il y en a un qui a été obligé de s'en retourner chez lui en Normandie; l'autre m'a été enlevé par M. de Voltaire. Un simple fidèle, *ein gemeiner* comme moi, n'a rien à refuser à son supérieur: j'ai donc envoyé mon secretaire à M. de Voltaire. C'était celui qui copiait pour Votre Altesse. J'aurai de la peine à le remplacer: sa petite écriture était nette et lisible. Le métier de copiste devient d'ailleurs tous les jours plus rare et plus cher. Depuis que je m'en sers j'en ai vu considérablement augmenter le salaire, et les plus belles écritures sont ordinairement les moins lisibles.'[50] Bigex a dû arriver à Ferney au mois d'avril. Une des premières lettres de sa main serait celle du 30 avril environ adressée à François Morénas (Best.D14989). Il ne servait d'ailleurs pas seulement de copiste: c'est lui qui a établi, pour l'édition in-4° des *Œuvres complètes*, les index pour l'*Essai sur les mœurs*, *Le Siècle de Louis XIV* et le *Précis du siècle de Louis XV*. Il est probable qu'il a aussi mis à profit ses connaissances en latin dont parle Grimm (C.L., viii.366) en traduisant pour Voltaire un choix des textes recueillis par Fabricius dans son *Codex apocryphus novi Testamenti* que Voltaire publiera en 1769 sous le titre de *Collection d'anciens évangiles*, en attribuant d'ailleurs la traduction à Bigex.

Dans les années 1768 et 1769 le nom et l'écriture de Bigex apparaissent souvent sur les lettres et documents concernant Voltaire, le cas le plus célèbre étant sans doute le procès-verbal dressé à l'occasion des cérémonies du viatique et de la communion de Voltaire (Best.D.app.310).

On sait que Simon Bigex n'a fait qu'un bref séjour auprès de Voltaire qui semble pourtant l'avoir beaucoup apprécié.[51] La méfiance et l'hostilité que Mme

48. Best.D12979; 27 novembre 1765 (D13007; E. Lizé, *Voltaire, Grimm et la Correspondance littéraire*, S.V.E.C. 180 (1979), no. 401).

49. Voir aussi Best.D13066 (28 décembre); D13114 (15 janvier 1766); D13199 (5 mars); D13295 (12 mai).

50. A Caroline de Hesse-Darmstadt, le 18 avril 1768 (*Correspondance inédite*, p.82).

51. Il le couche sur son testament en date du 10 juillet 1769: 'au sieur Bigex douze cent francs' (Best.D.app.315). Il ne figurera pas sur le testament définitif.

Denis et Wagnière manifestaient à son égard dès juillet 1768,[52] ne sont sans doute pas étrangères à son départ à la fin de 1769 ou au début de 1770:[53] il intervient à la suite du procès avec le père Adam au sujet d'une affaire de vol de pommes, et de la publication au début du mois d'octobre 1769 de la *Nouvelle provinciale*, en date du 26 septembre, dirigée contre ce dernier.[54] Grimm s'en explique dans sa livraison du 15 février 1770: 'il paraît que la nièce Denis a fait le rôle de Caton, elle s'est rangé du côté du vaincu [Antoine Adam], et le vainqueur Bigex vient d'être obligé de quitter le château de Ferney [...] Je crois que son généreux protecteur lui a assigné une petite pension en lui donnant son congé. Bigex s'est retiré dans son village en Savoie.'[55] Il y mourra le 20 juin 1806.

Hénault

Celui que nous croyons pouvoir identifier avec le nommé Hénault (ill.7), dont parle Diderot, commence à travailler pour Grimm au début de 1769, quand il prépare la livraison du 1er novembre 1768 dont on sait qu'elle ne fut composée qu'en 1769. Il acquiert vite une position de confiance et copie parallèlement pour Mme d'Epinay et Diderot. Son écriture élégante, coulée et très régulière est bien représentée dans les manuscrits des *Mémoires de madame de Montbrillant*. Diderot pour sa part, ne cesse de réclamer ses services.[56] Il devient vite le responsable de l'atelier des copistes[57] et en assurera le bon fonctionnement pendant les longues absences de Grimm. Il restera auprès de Meister jusqu'à la fin de 1773 (dernière livraison: décembre). A ce moment-là il part probablement pour la cour de Gotha où Grimm a dû lui trouver un poste de secrétaire auprès du prince Auguste. Les nombreuses copies des œuvres de Diderot conservées au château de Friedenstein sont toutes de sa main et ont dû être

52. Le 22 juin elle lui écrit de Paris: 'N'aiez point d'inquiétude de Bigex, s'est un imbécile, et quand même il aurait du credi sur le patron cela ne pourait pas être long' (Best.D15091). Le 6 juillet Wagnière se plaint: 'je ne sais pas ce que tout cela contient, il [Voltaire] ne m'en a point parlé, ce n'est plus moi qui suis son confident c'est Bigex (qui n'est pas un imbécile)' (Best.D15130).

53. Bigex était probablement encore chez Voltaire le 21 janvier quand il envoie la note suivante à Grimm ou Mme d'Epinay: 'Voici la Lettre demandée par la vôtre du 11. Vous avez dû recevoir un souvenir. Les choses utiles et agréables ne tarderont pas. Les neiges et les glaces retardent un peu les couriers. On parle d'une piece dramatique non imprimée, intitulée, je crois, *Ninette* ou *Ninon*. Elle est en vers' (lettre inédite, non signée, conservée dans les papier de Mme d'Epinay; Arsenal, Ms 3158).

54. Voir E. Lizé, 'Une affaire de pommes à Ferney: Simon Bigex contre Antoine Adam', *S.V.E.C.* 129 (1975), p.19-26.

55. C.L., viii.487 où le texte figure à tort dans la livraison du 15 mars 1770 (*Inventaire*, 70:046).

56. Octobre-novembre 1769 (CORR, ix.170, 190, 213, 217, 218). Quelques textes dans n.a.fr. 24938 sont de sa main (f.17-30, 153-54).

57. Voir ci-dessus, n.7.

exécutées sur place à Gotha à partir des textes insérés dans la *Correspondance littéraire*. Une lettre du prince Auguste en date du 14 janvier 1790 s'adresse d'ailleurs à un certain 'Henaut' qui pourrait bien être l'ex-copiste de Grimm et Meister.[58]

Roland Girbal

Si nous savons que Roland Girbal (ill.9) fut, à partir de 1780, le maître d'œuvre de l'atelier constitué par Diderot dans le but de réunir et de mettre au net la collection complète de ses œuvres,[59] nous ignorons encore la date exacte de son entrée au service de Meister. Peut-être y était-il dès la fin de 1774? Dans plusieurs manuscrits apparaît alors une nouvelle main qui pourrait bien être celle d'un Girbal encore jeune, aux habitudes hésitantes. Nous ne pouvons pourtant pas l'affirmer et des études plus poussées restent à faire. Constatons toutefois que son écriture caractéristique est facilement identifiable à partir de 1776. Il semble certain que Girbal a débuté - on ignore encore à quelle date - comme domestique chez Mme d'Epinay qui, en 1782, l'a couché pour cinq louis sur son testament 'en reconnaissance de l'attachement qu'il m'a toujours témoigné depuis'.[60] Peut-être a-t-il exercé les deux fonctions de domestique de Mme d'Epinay et de copiste de Meister parallèlement pendant une première période? Quoi qu'il en soit, il sera un des trois copistes principaux de Meister jusqu'à la clôture de l'entreprise parisienne en 1793, et quand le 3 août 1789, il adresse à Meister une lettre sur l'arrivée de Necker à Paris, il se dit lui-même 'son plus ancien copiste'.[61] Il est d'ailleurs curieux de constater que pendant les années 1780-1784 quand Girbal abattait une besogne énorme pour Diderot, il n'était pas moins assidu auprès de Meister: son écriture domine sur toutes les autres dans les copies conservées.

Berthet

On ignore tout des origines du 'bon Berthet' (ill.10) avant son entrée au service de Meister dans les premiers mois de 1786.[62] Avec Girbal, il dominera

58. 'M. Hénaut est prié de vouloir bien se donner la peine de chercher dans les feuilles de M. Meister l'article concernant les premiers livres des Confessions de J. J. Rousseau. Il doit s'y trouver une scène un peu plus que scandaleuse omise à dessein dans toutes les éditions imprimées' (cf. *Inventaire*, 84:154).

59. J. de Booy, 'Diderot et son copiste Roland Girbal', *French studies* 16 (1962), p.324-33. Vernière, p.10-11, 25-28. CORR, xv.199-200, 277, 284, etc. Girbal habitait alors chez M. de Barrengue, secrétaire du roi, rue des Vieux Augustins.

60. Girbal avait été à son service pendant cinq ans (E. Campardon, *Les Prodigalités d'un fermier général*, Paris 1882, p.84).

61. La lettre fut insérée dans la *Correspondance littéraire* (C.L., xv.503-507).

62. Son écriture caractéristique apparaît pour la première fois dans la seconde partie de la livraison de mars 1786, à la fois dans le manuscrit de Zurich (copie personnelle de Meister) et dans celui de Berlin (manuscrit extrait de l'exemplaire du prince Auguste de Saxe-Gotha).

complètement l'atelier des copistes[63] jusqu'à la livraison d'avril 1793, la dernière à être expédiée de Paris. Il semble avoir déjà occupé en 1791 une position de confiance, car c'est à lui que Mlle Clairon a confié le manuscrit de ses *Mémoires* en vue d'une publication confidentielle dans les feuilles de Meister.[64] Sans doute fut-il aussi responsable de l'organisation de la revue depuis le départ de Meister pour l'Angleterre en septembre 1792.[65]

Au contraire de Girbal qui semble disparaître de la vie de Meister en 1793, Berthet y jouera un rôle de plus en plus important: pendant le séjour de Meister à Londres en 1792-1793, c'est Berthet qui veille à ses intérêts, se procure un certificat de nationalité de Zurich pour obtenir un sursis à l'inventaire de ses effets laissés à Paris, et finit par obtenir la levée du sequestre de son appartement mis sous scellés après son départ.[66] A partir de 1794, et probablement avant cette date, il est au service des Vandeul. Il loge dans un appartement de leur maison, 26 rue Caumartin, jusqu'en 1796, quand la famille déménage.[67] Parallèlement il est l'homme d'affaires et le représentant officiel de Meister à Paris pour cette curieuse entreprise que sera la *Correspondance littéraire* à partir de 1794 et jusqu'à sa fin, en 1813: une revue installée en Suisse qui se propose de rapporter fidèlement l'actualité parisienne.[68] On connaît par ailleurs le rôle d'intermédiaire joué par Berthet dans la publication de la troisième partie de l'édition Buisson, éditée par Suard d'après le manuscrit personnel de Meister.[69] De simple copiste, Berthet est peu à peu devenu l'homme de confiance et l'ami à la fois d'Angélique de Vandeul et de Meister. Son nom revient souvent dans les lettres qu'ils échangent au cours des années:[70] pour Meister, c'est 'l'ami B', 'Mon fidèle ami, mon excellent Berthet' et en 1816, Angélique parle 'du bon cher homme' en ces termes: 'il m'a donné mille preuves de zèle, d'attachement et eut été, je crois, au bout du monde pour vous et pour moi'.[71]

63. Les copistes secondaires sont peu nombreux pendant cette période.

64. Voir la lettre qu'adresse Meister à Féronce de Rotenkreutz sur la publication des *Mémoires*, insérée dans la livraison XV de 1798 (*Inventaire*, 98:130).

65. Voir *Inventaire*, ii.193, n.2.

66. J. Massiet Du Biest, *La Fille de Diderot* (1949), p.61; voir également deux lettres de Berthet en date du 24 avril et du 14 mai 1793, adressées à un ami suisse de Meister et conservées à la Zentralbibliothek, Zurich.

67. J. Massiet Du Biest, *Mr de Vandeul* (1967), p.19-20. Nous hésitons à suivre Massiet Du Biest quand il attribue à Berthet certains ouvrages sur la géographie et les finances.

68. Cf. la lettre que Suard adresse à Berthet au sujet du nouvelliste parisien (*Inventaire*, i.XXXVIII).

69. Voir J. de Booy, 'Henri Meister et la première édition de la *Correspondance littéraire*', *S.V.E.C.* 23 (1963), p.215-69.

70. Voir par exemple Massiet Du Biest, *La Fille de Diderot*, p.116; *Angélique Diderot* (1960), p.68, 70, 77, 86.

71. *Mr de Vandeul*, p.20.

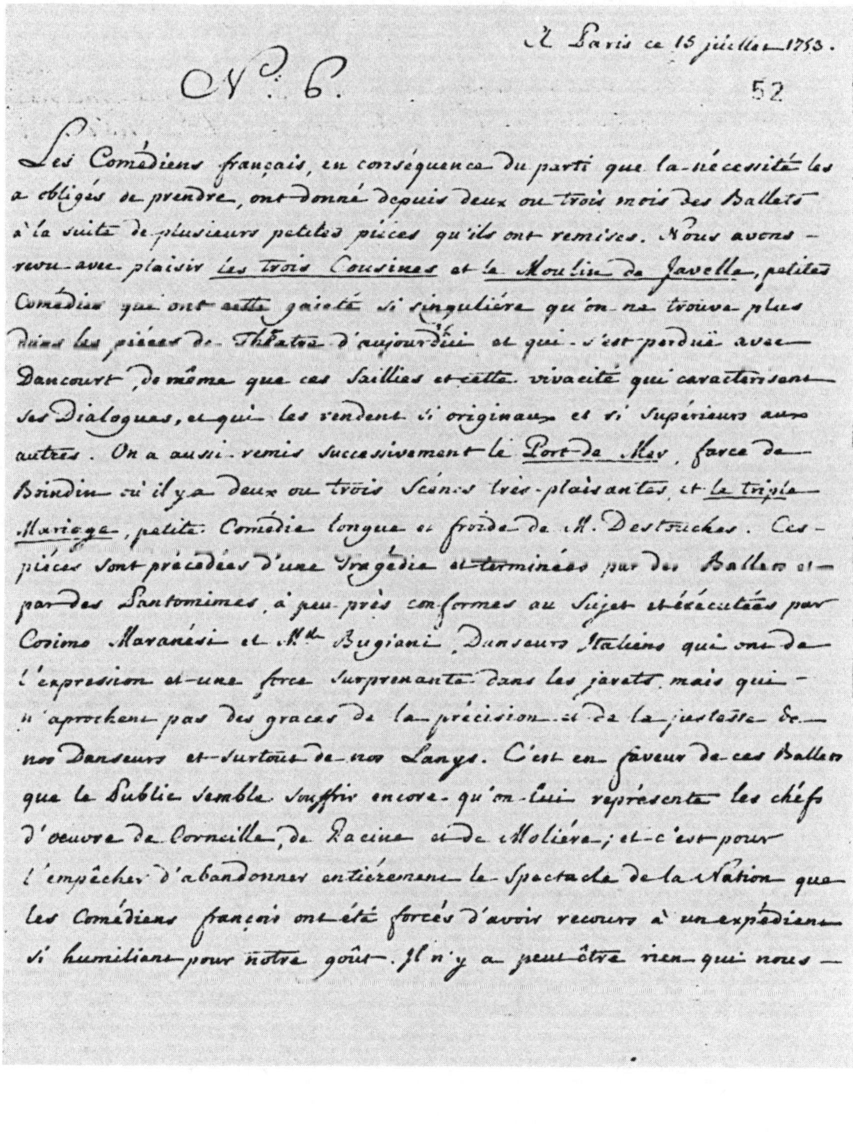

A Paris ce 15 juillet 1753.

No. 6.   52

Les Comédiens français, en conséquence du parti que la nécessité les a obligés de prendre, ont donné depuis deux ou trois mois des Ballets à la suite de plusieurs petites pièces qu'ils ont remises. Nous avons revu avec plaisir les trois Cousines et le Moulin de Javelle, petites Comédies qui ont cette gaieté si singulière qu'on ne trouve plus dans les pièces de Théatre d'aujourd'hui et qui s'est perdue avec Dancourt, de même que ces Saillies et cette vivacité qui caractérisent ses Dialogues, et qui les rendent si originaux et si supérieurs aux autres. On a aussi remis successivement le Port de Mer, farce de Boindin où il y a deux ou trois Scènes très-plaisantes, et le triple Mariage, petite Comédie longue et froide de M. Destouches. Ces pièces sont précédées d'une Tragédie et terminées par des Ballets et par des Pantomimes, à peu-près conformes au Sujet et exécutées par Cosimo Maranési et Mlle Bugiani, Danseurs Italiens qui ont de l'expression et une force surprenante dans les jarets, mais qui n'aprochent pas des graces de la précision et de la justesse de nos Danseurs et surtout de nos Lanys. C'est en faveur de ces Ballets que le Public semble souffrir encore qu'on lui représente les chefs d'oeuvre de Corneille, de Racine et de Molière; et c'est pour l'empêcher d'abandonner entièrement le Spectacle de la Nation que les Comédiens françois ont été forcés d'avoir recours à un expédient si humiliant pour notre goût. Il n'y a peut-être rien qui nous —

1. Duchesne de Francheville, 15 juillet 1753
(Zentrales Staatsarchiv, Merseburg, Rep 57 I F 10, f.52*r*).

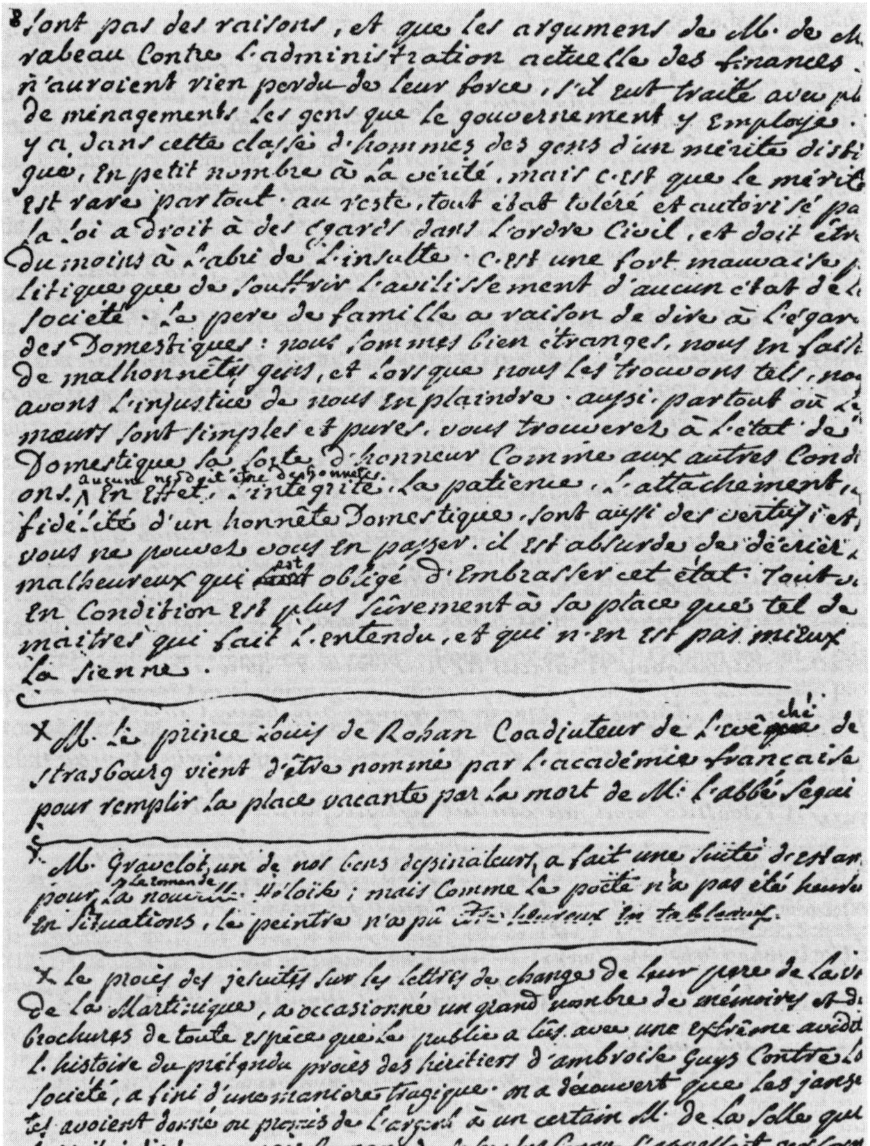

8 sont pas des raisons, et que les argumens de M. de Mirabeau contre l'administration actuelle des finances
n'auroient rien perdu de leur force, s'il eut traité avec plus
de ménagements les gens que le gouvernement y employe.
y a, dans cette classe d'hommes des gens d'un mérite distingué, en petit nombre à la vérité, mais c'est que le mérite
est rare partout. au reste, tout état toléré et autorisé par
la loi a droit à des égards dans l'ordre civil, et doit être
du moins à l'abri de l'insulte. c'est une fort mauvaise politique que de souffrir l'avilissement d'aucun état de la
société. Le pere de famille a raison de dire à l'égard
des Domestiques: nous sommes bien étranges, nous en faisons
de malhonnêtes gens, et lorsque nous les trouvons tels, nous
avons l'injustice de nous en plaindre. aussi partout où les
moeurs sont simples et pures, vous trouverez à l'état de
Domestique la sorte d'honneur comme aux autres Condi-
ons. aucune ne doit être déshonnorée. En effet, l'intégrité, la patience, l'attachement, la
fidélité d'un honnête Domestique, sont aussi des vertus; et
vous ne pouvez vous en passer. il est absurde de décrier le
malheureux qui ~~fait~~ est obligé d'embrasser cet état. tout valet
en condition est plus sûrement à sa place que tel de
maitres qui fait l'entendu, et qui n'en est pas mieux
la sienne.

× M. le prince Louis de Rohan Coadjuteur de l'évê~~que~~ché de
Strasbourg vient d'être nommé par l'académie française
pour remplir la place vacante par la mort de M. l'abbé Seguy

× M. Gravelot, un de nos bons dessinateurs, a fait une suite d'estampes
pour la nouvelle Héloïse; mais comme le poëte n'a pas été heureux
en situations, le peintre n'a pû être heureux en tableaux.

× le procès des jésuites sur les lettres de change de leur pere de la Va-
de la Martinique, a occasionné un grand nombre de mémoires et de
brochures de toute espèce que le public a lus avec une extrême avidité
l'histoire du prétendu procès des héritiers d'ambroise Guys contre la
société, a fini d'une manière tragique. on a découvert que les janse-
tes avoient donné ou promis de l'argent à un certain M. de la Salle qui
faisait jadis de mauvais Romans dont le plus connu s'appellait

2. Girard, avec corrections de Grimm, 15 mai 1761
(Forschungsbibliothek Gotha, B 1138D, f.59*v*).

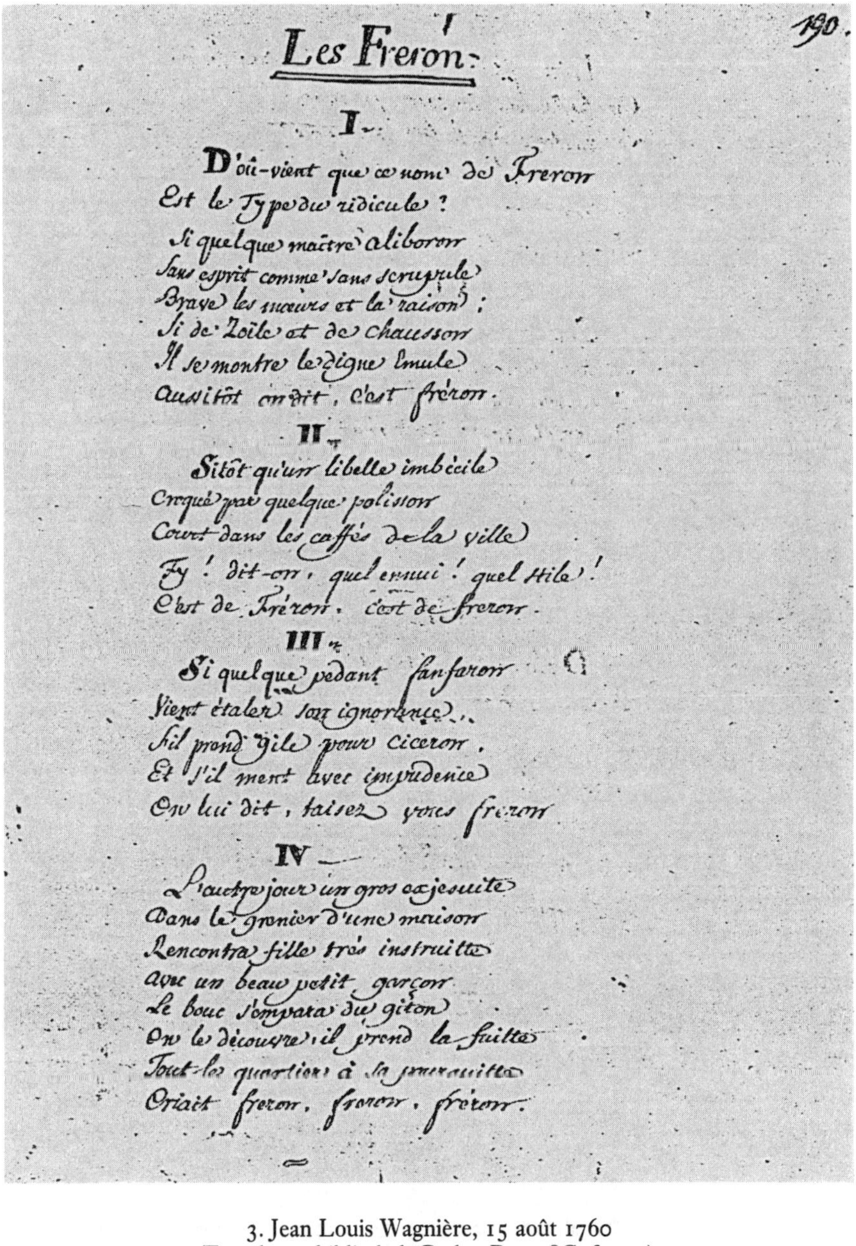
190

Les Freron.

I.

D'où-vient que ce nom de Freron
Est le Type du ridicule ?
Si quelque maître aliboron
Sans esprit comme sans scrupule
Brave les mœurs et la raison ;
Si de Zoïle et de chausson
Il se montre le digne émule
Aussitôt on dit, c'est fréron.

II.

Sitôt qu'un libelle imbécile
Croqué par quelque polisson
Court dans les caffés de la ville
Fy ! dit-on, quel ennui ! quel stile !
C'est de fréron. c'est de freron.

III.

Si quelque pedant fanfaron
Vient étaler son ignorance,
S'il prend Gile pour ciceron,
Et s'il ment avec impudence
On lui dit, taisez vous freron

IV.

L'autre jour un gros ex-jesuite
Dans le grenier d'une maison
Rencontra fille très instruite
Avec un beau petit garçon
Le bouc s'empara du giton
On le découvre, il prend la fuitte
Tout les quartier à sa poursuitte
Criait freron, freron, freron.

3. Jean Louis Wagnière, 15 août 1760
(Forschungsbibliothek Gotha, B 1138C, f.190*r*).

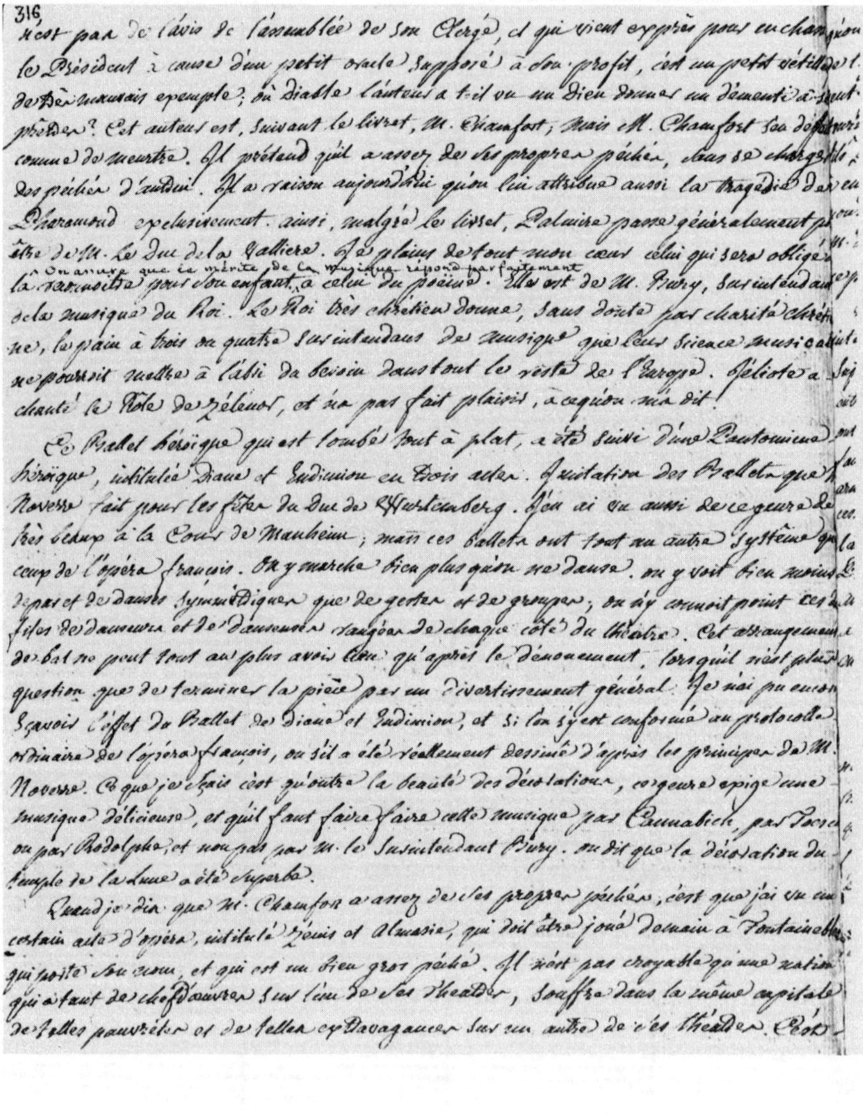

316,
n'est pas de l'avis de l'assemblée de son Clergé, et qui vient exprès pour en chan
le Président à cause d'un petit oracle supposé à son profit, c'est un petit vétill
de très mauvais exemple ; où diable l'auteur a-t-il vu un Dieu donner un démenti à
prêtre ? Cet auteur est, suivant le livret, M. Chamfort ; mais M. Chamfort s'en défe
comme de meurtre. Il prétend qu'il a assez de ses propres péchés, sans se charger
des péchés d'autrui. Il a raison aujourd'hui qu'on lui attribue aussi la tragédie de
Pharamond exclusivement. ainsi, malgré le livret, Palmire passe généralement p
être de M. Le Duc de la Valliere. Je plains de tout mon cœur celui qui sera obligé
la reconnoitre pour son enfant. ᵃ On assure que le mérite de la musique répond parfaitement à celui du poëme. Elle est de M. Bury, surintendant
de la musique du Roi. Le Roi très chrétien donne, sans doute par charité chréti-
ne, le pain à trois ou quatre surintendans de musique que leur science musicale
ne pourroit mettre à l'abri du besoin dans tout le reste de l'Europe. Géliote a
chanté le Rôle de Zélenor, et n'a pas fait plaisir, à ce qu'on m'a dit.

Ce Ballet héroïque qui est tombé tout à plat, a été suivi d'une Pantomime
héroïque, intitulée Diane et Endimion en trois actes. Imitation des Ballets que M.
Noverre fait pour les fêtes du Duc de Wurtemberg. J'en ai vu aussi de ce genre de
très beaux à la Cour de Manheim ; mais ces ballets ont tout un autre système q
ceux de l'opéra françois. On y marche bien plus qu'on ne danse. on y voit bien moins
de pas et de danses symmétriques que de gestes et de groupes ; on n'y connoit point ces
files de danseurs et de danseuses rangées de chaque côté du théatre. Cet arrangement
de bal ne peut tout au plus avoir lieu qu'après le dénouement, lorsqu'il n'est plus
question que de terminer la pièce par un divertissement général. Je n'ai pu encore
sçavoir l'effet du Ballet de Diane et Endimion, et si l'on s'y est conformé au protocole
ordinaire de l'opéra françois, ou s'il a été réellement dessiné d'après les principes de M.
Noverre. Ce que je sçais c'est qu'outre la beauté des décorations, ce genre exige une
musique délicieuse, et qu'il faut faire faire cette musique par Cannabich, par Toeschi
ou par Rodolphe, et non pas par M. le Surintendant Bury. on dit que la décoration du
temple de la Lune a été superbe.

Quand je dis que M. Chamfort a assez de ses propres péchés, c'est que j'ai vu un
certain acte d'opéra, intitulé Zénis et Almasie, qui doit être joué demain à Fontainebl
qui porte son nom, et qui est un bien gros péché. Il n'est pas croyable qu'une nation
qui a tant de chefs-d'œuvre sur l'un de ses théatres, souffre dans la même capitale
de telles pauvretés et de telles extravagances sur un autre de ses théatres. C'est

4. Mathieu Mayeul, avec corrections de Grimm, 1er novembre 1765
(Kungliga Biblioteket, Stockholm, Vu 29:6, p.316).

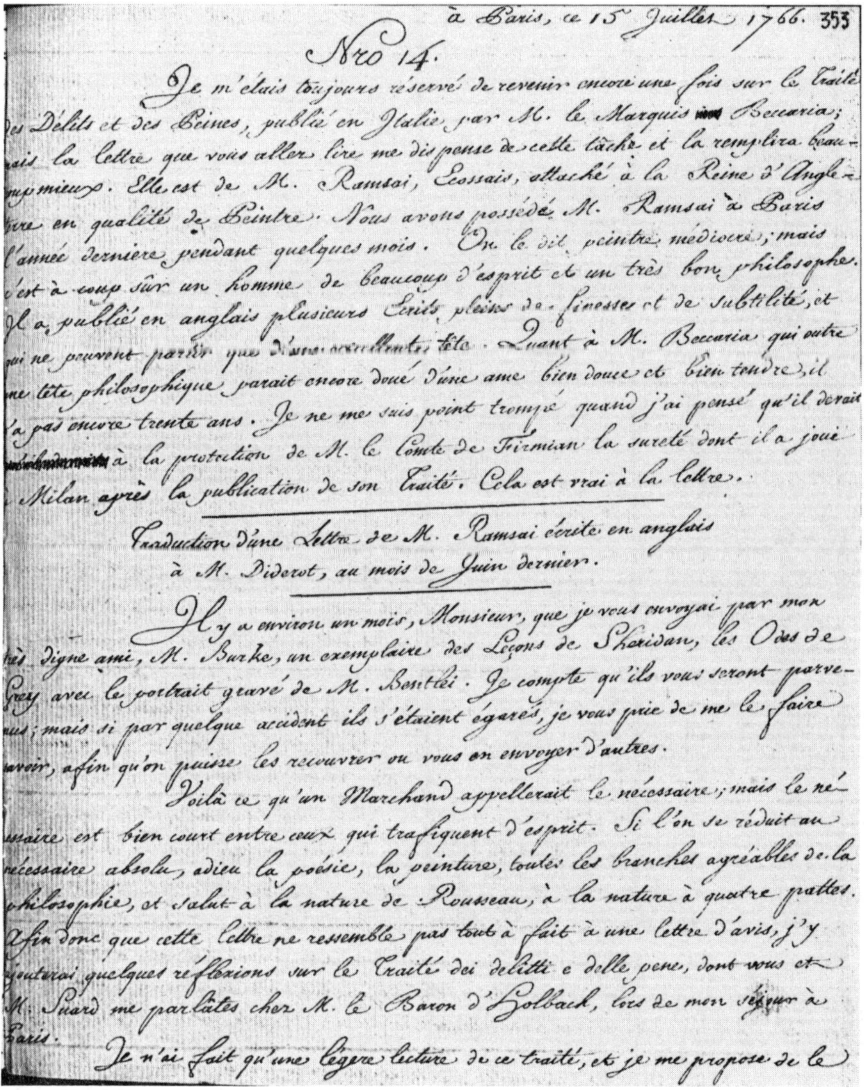

à Paris, ce 15 Juillet 1766. 353

Nro 14.

Je m'étais toujours réservé de revenir encore une fois sur le Traité des Délits et des Peines, publié en Italie par M. le Marquis [illegible] Beccaria; mais la lettre que vous allez lire me dispense de cette tâche et la remplira beaucoup mieux. Elle est de M. Ramsai, Ecossais, attaché à la Reine d'Angleterre en qualité de Peintre. Nous avons possédé M. Ramsai à Paris l'année dernière pendant quelques mois. On le dit peintre médiocre; mais c'est à coup sûr un homme de beaucoup d'esprit et un très bon philosophe. Il a publié en anglais plusieurs Ecrits pleins de finesses et de subtilité, et qui ne peuvent partir que d'une excellente tête. Quant à M. Beccaria qui outre une tête philosophique paraît encore doué d'une ame bien douce et bien tendre, il n'a pas encore trente ans. Je ne me suis point trompé quand j'ai pensé qu'il devait [illegible] à la protection de M. le Comte de Firmian la sureté dont il a joui à Milan après la publication de son Traité. Cela est vrai à la lettre.

Traduction d'une Lettre de M. Ramsai écrite en anglais
à M. Diderot, au mois de Juin dernier.

Il y a environ un mois, Monsieur, que je vous envoyai par mon très digne ami, M. Burke, un exemplaire des Leçons de Sheridan, les Odes de Grey avec le portrait gravé de M. Bentlei. Je compte qu'ils vous seront parvenus; mais si par quelque accident ils s'étaient égarés, je vous prie de me le faire savoir, afin qu'on puisse les recouvrer ou vous en envoyer d'autres.

Voilà ce qu'un Marchand appellerait le nécessaire; mais le nécessaire est bien court entre ceux qui trafiquent d'esprit. Si l'on se réduit au nécessaire absolu, adieu la poésie, la peinture, toutes les branches agréables de la philosophie, et salut à la nature de Rousseau, à la nature à quatre pattes. Afin donc que cette lettre ne ressemble pas tout à fait à une lettre d'avis, j'y ajouterai quelques réflexions sur le Traité dei delitti e delle pene, dont vous et M. Suard me parlâtes chez M. le Baron d'Holbach, lors de mon séjour à Paris.

Je n'ai fait qu'une légère lecture de ce traité, et je me propose de le

5. Le copiste normand, 15 juillet 1766
(Kungliga Biblioteket, Stockholm, Vu 29:7, p.353).

289

à Paris, ce premier Juin 1766.

Nro 11.

Je viens de parcourir rapidement le Philosophe ignorant, brochure in 8vo de cent quatre vingt pages, qui sort de la fabrique de Ferney, et qu'on ne trouve point à Paris. Graces à Dieu, aux Actes de l'assemblée du Clergé et aux Arrêts de la Cour de Parlement, l'ignorance n'est point tolérée en France, et tout philosophe est obligé d'être positif, affirmatif, défenseur d'un recueil d'absurdités métaphysiques et morales, réputées nécessaires à la tranquillité publique, sous peine d'être déclaré homme de mauvaise vie, empoisonneur abominable et sacrilege: c'est ainsi que l'équité de certains fripons, corroborée de la sagesse de toute la masse des sots, l'a décidé. Ce qu'il y a de vraiment déplorable, c'est que les gouvernemens modernes ont presque tous adopté ce funeste systême; ils ont cru qu'il leur était nécessaire ou du moins utile de faire alliance avec les fripons. Ceux-ci se sont chargés de tromper et d'abrutir les hommes, afin de les mieux asservir; et pour récompense de ce service important, ils se sont emparés d'une grande partie des richesses de l'Etat, et ont commencé par essayer la vertu de leur secret sur la personne même du Souverain, afin de le mettre hors d'état de décider par lui-même de l'efficacité de la drogue. Opération aussi prudente qu'indispensable, sans laquelle la droite raison, éclairée par l'expérience de tous les siecles, aurait démontré aux gouvernemens qu'il ne faut point d'artifice, pour se faire obéir; que l'état naturel de l'homme, c'est de se laisser gouverner, parceque son état naturel est de vivre en société, et que toute société suppose un gouvernement; que plus les hommes sont éclairés, plus il est aisé de leur commander, parceque les lumieres adoucissent les moeurs, et que par leur secours et leur longue influence un troupeau de bêtes féroces s'apprivoise et contracte à la fin les moeurs des moutons; que jamais peuple n'a cherché à secouer un joug tant soit peu supportable, qu'il n'a cessé d'obéir que lorsqu'il s'est vu poussé à bout

6. Simon Bigex, 1er juin 1766 (Kungliga Biblioteket, Stockholm, Vu 29:7, p.289).

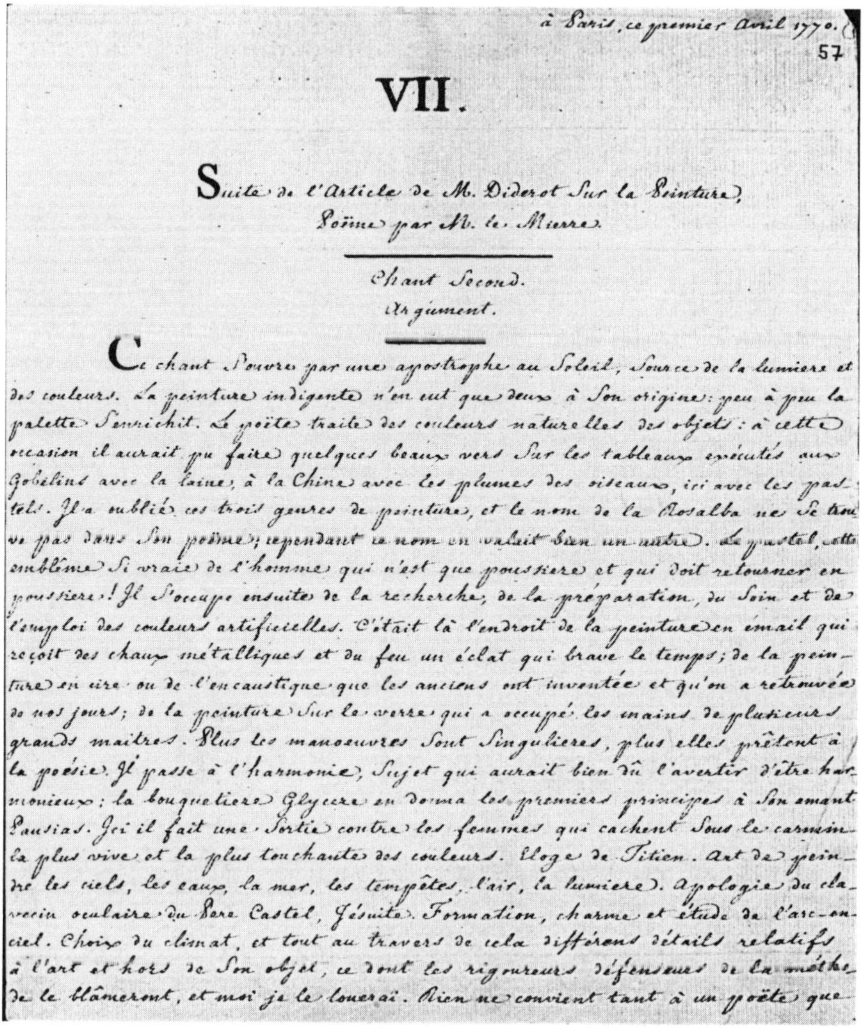
à Paris, ce premier avril 1770.

57

VII.

Suite de l'Article de M. Diderot sur la Peinture, Poëme par M. le Mierre.

Chant Second.

Argument.

Ce chant s'ouvre par une apostrophe au Soleil, source de la lumiere et des couleurs. La peinture indigente n'en eut que deux à son origine: peu à peu la palette s'enrichit. Le poëte traite des couleurs naturelles des objets: à cette occasion il aurait pu faire quelques beaux vers sur les tableaux exécutés aux Gobelins avec la laine; à la Chine avec les plumes des oiseaux, ici avec les pastels. Il a oublié ces trois genres de peinture, et le nom de la Rosalba ne se trouve pas dans son poëme; cependant ce nom en valait bien un autre. Le pastel, cette emblême si vraie de l'homme qui n'est que poussiere et qui doit retourner en poussiere! Il s'occupe ensuite de la recherche, de la préparation, du soin et de l'emploi des couleurs artificielles. C'était là l'endroit de la peinture en émail qui reçoit des chaux métalliques et du feu un éclat qui brave le temps; de la peinture en cire ou de l'encaustique que les anciens ont inventée et qu'on a retrouvée de nos jours; de la peinture sur le verre qui a occupé les mains de plusieurs grands maitres. Plus les manoeuvres sont singulieres, plus elles prêtent à la poésie. Il passe à l'harmonie, sujet qui aurait bien dû l'avertir d'être harmonieux; la bouquetiere Glycere en donna les premiers principes à son amant Pausias. Ici il fait une sortie contre les femmes qui cachent sous le carmin la plus vive et la plus touchante des couleurs. Eloge de Titien. Art de peindre les ciels, les eaux, la mer, les tempêtes, l'air, la lumiere. Apologie du clavecin oculaire du Pere Castel, Jésuite. Formation, charme et étude de l'arc-en-ciel. Choix du climat, et tout au travers de cela différens détails relatifs à l'art et hors de son objet, ce dont les rigoureux défenseurs de la méthode le blâmeront, et moi je le louerai. Rien ne convient tant à un poëte que

7. Hénault, 1er avril 1770 (Kungliga Biblioteket, Stockholm, Vu 29:10, p.57).

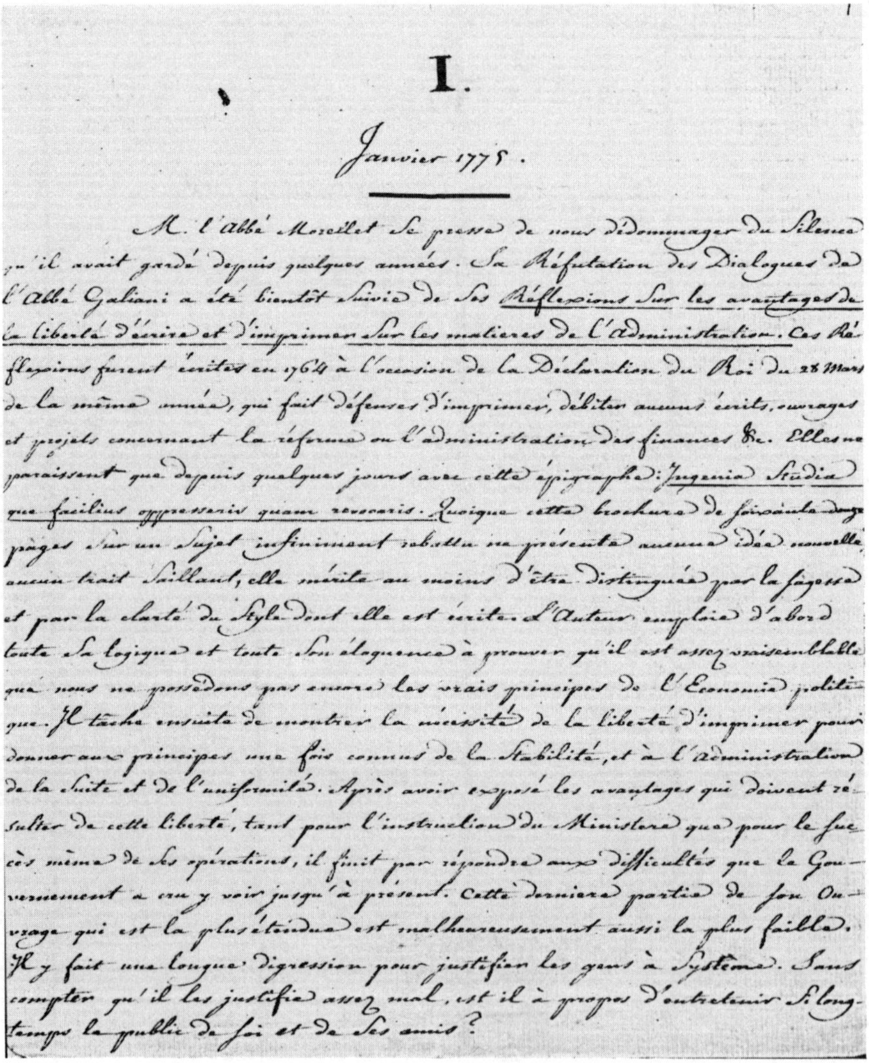

I.

Janvier 1775.

M. l'Abbé Morellet se presse de nous dédommager du silence qu'il avait gardé depuis quelques années. Sa Réfutation des Dialogues de l'Abbé Galiani a été bientôt suivie de ses Réflexions sur les avantages de la liberté d'écrire et d'imprimer sur les matieres de l'Administration. Ces Réflexions furent écrites en 1764 à l'occasion de la Déclaration du Roi du 28 Mars de la même année, qui fait défenses d'imprimer, débiter aucuns écrits, ouvrages et projets concernant la réforme ou l'administration des finances &c. Elles ne paraissent que depuis quelques jours avec cette épigraphe: Ingenia Studiaque facilius oppresseris quam revocaris. Quoique cette brochure de soixante douze pages sur un sujet infiniment rebattu ne présente aucune idée nouvelle, aucun trait saillant, elle mérite au moins d'être distinguée par la sagesse et par la clarté du style dont elle est écrite. L'Auteur emploie d'abord toute sa logique et toute son éloquence à prouver qu'il est assez vraisemblable que nous ne possedons pas encore les vrais principes de l'Economie politique. Il tache ensuite de montrer la nécessité de la liberté d'imprimer pour donner aux principes une fois connus de la stabilité, et à l'administration de la suite et de l'uniformité. Après avoir exposé les avantages qui doivent résulter de cette liberté, tant pour l'instruction du Ministere que pour le succès même de ses opérations, il finit par répondre aux difficultés que le Gouvernement a cru y voir jusqu'à présent. Cette derniere partie de son Ouvrage qui est la plus étendue est malheureusement aussi la plus faible. Il y fait une longue digression pour justifier les gens à systême. Sans compter qu'il les justifie assez mal, est-il à propos d'entretenir si longtemps le public de soi et de ses amis?

8. Un des copistes principaux de Meister, celui de la préface-annexe de *La Religieuse*, janvier 1775 (Kungliga Biblioteket, Stockholm, Vu 29:12, p.1).

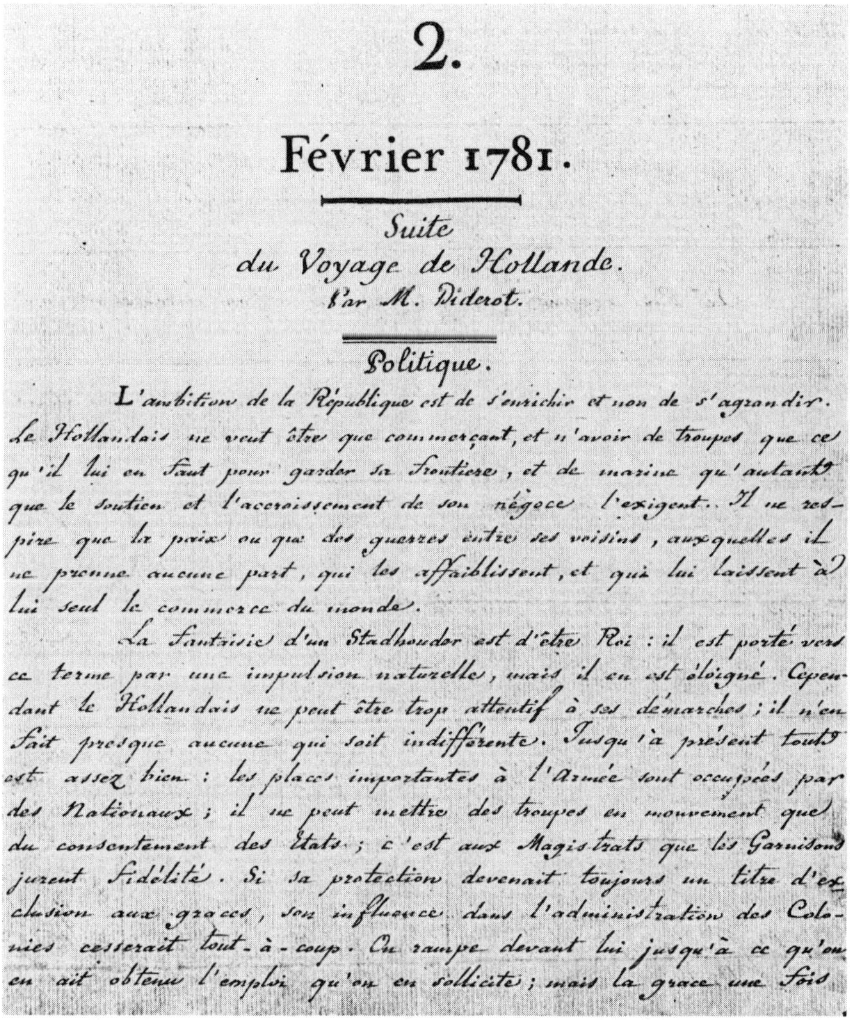

2.

Février 1781.

Suite
du Voyage de Hollande.
Par M. Diderot.

Politique.

L'ambition de la République est de s'enrichir et non de s'agrandir. Le Hollandais ne veut être que commerçant, et n'avoir de troupes que ce qu'il lui en faut pour garder sa frontiere, et de marine qu'autant que le soutien et l'accroissement de son négoce l'exigent. Il ne respire que la paix ou que des guerres entre ses voisins, auxquelles il ne prenne aucune part, qui les affaiblissent, et qui lui laissent à lui seul le commerce du monde.

La fantaisie d'un Stadhouder est d'être Roi : il est porté vers ce terme par une impulsion naturelle, mais il en est éloigné. Cependant le Hollandais ne peut être trop attentif à ses démarches ; il n'en fait presque aucune qui soit indifférente. Jusqu'à présent tout est assez bien : les places importantes à l'Armée sont occupées par des Nationaux ; il ne peut mettre des troupes en mouvement que du consentement des États ; c'est aux Magistrats que les Garnisons jurent fidélité. Si sa protection devenait toujours un titre d'exclusion aux graces, son influence dans l'administration des Colonies cesserait tout-à-coup. On rampe devant lui jusqu'à ce qu'on en ait obtenu l'emploi qu'on en sollicite ; mais la grace une fois

9. Roland Girbal, février 1781 (Kungliga Biblioteket, Stockholm, Vu 29:12, p.729).

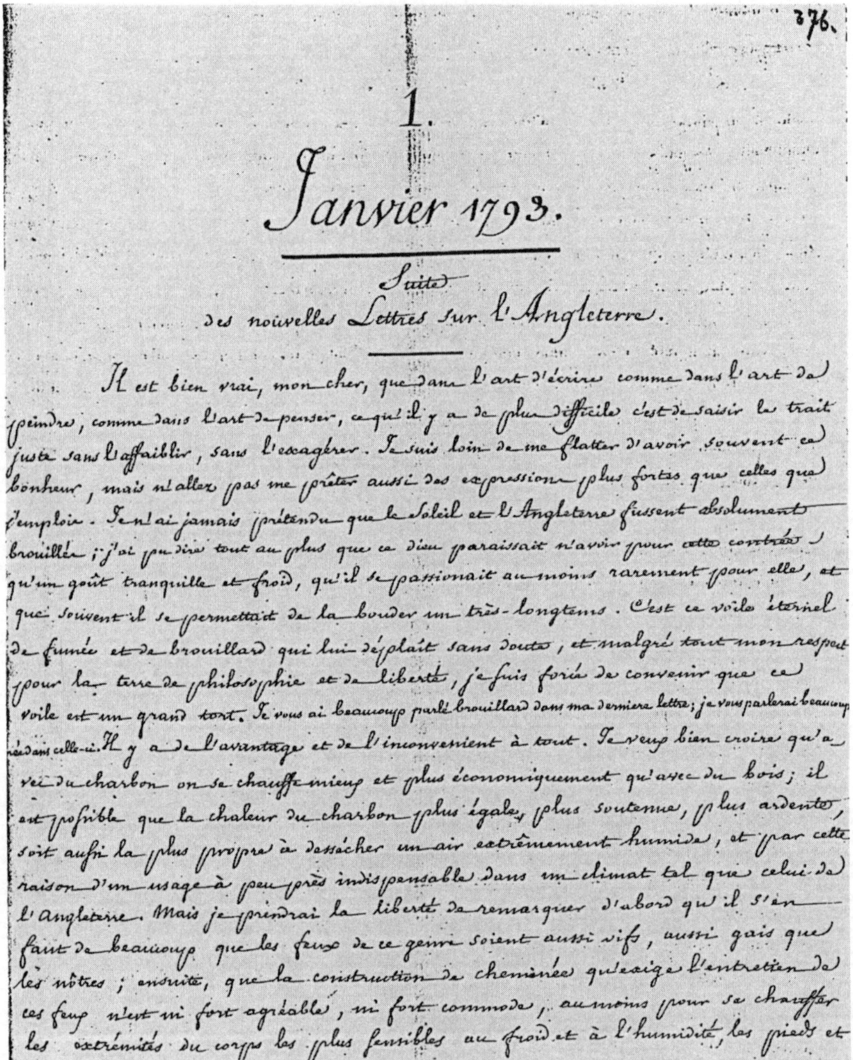

376.

1.

Janvier 1793.

Suite
des nouvelles Lettres sur l'Angleterre.

Il est bien vrai, mon cher, que dans l'art d'écrire comme dans l'art de peindre, comme dans l'art de penser, ce qu'il y a de plus difficile c'est de saisir le trait juste sans l'affaiblir, sans l'exagérer. Je suis loin de me flatter d'avoir souvent ce bonheur, mais n'allez pas me prêter aussi des expressions plus fortes que celles que j'emploie. Je n'ai jamais prétendu que le Soleil et l'Angleterre fussent absolument brouillés; j'ai pu dire tout au plus que ce dieu paraissait n'avoir pour cette contrée qu'un goût tranquille et froid, qu'il se passionait au moins rarement pour elle, et que souvent il se permettait de la bouder un très-longtems. C'est ce voile éternel de fumée et de brouillard qui lui déplaît sans doute, et malgré tout mon respect pour la terre de philosophie et de liberté, je suis forcé de convenir que ce voile est un grand tort. Je vous ai beaucoup parlé brouillard dans ma dernière lettre; je vous parlerai beaucoup feu dans celle-ci. Il y a de l'avantage et de l'inconvenient à tout. Je veux bien croire qu'avec du charbon on se chauffe mieux et plus économiquement qu'avec du bois; il est possible que la chaleur du charbon plus égale, plus soutenue, plus ardente, soit aussi la plus propre à dessécher un air extrêmement humide, et par cette raison d'un usage à peu près indispensable dans un climat tel que celui de l'Angleterre. Mais je prendrai la liberté de remarquer d'abord qu'il s'en faut de beaucoup que les feux de ce genre soient aussi vifs, aussi gais que les nôtres; ensuite, que la construction de cheminées qu'exige l'entretien de ces feux n'est ni fort agréable, ni fort commode, au moins pour se chauffer les extrémités du corps les plus sensibles au froid et à l'humidité, les pieds et

10. Berthet, janvier 1793 (Niedersächsisches Staatsarchiv, Oldenburg, Best.297 H 1, f.376*r*).

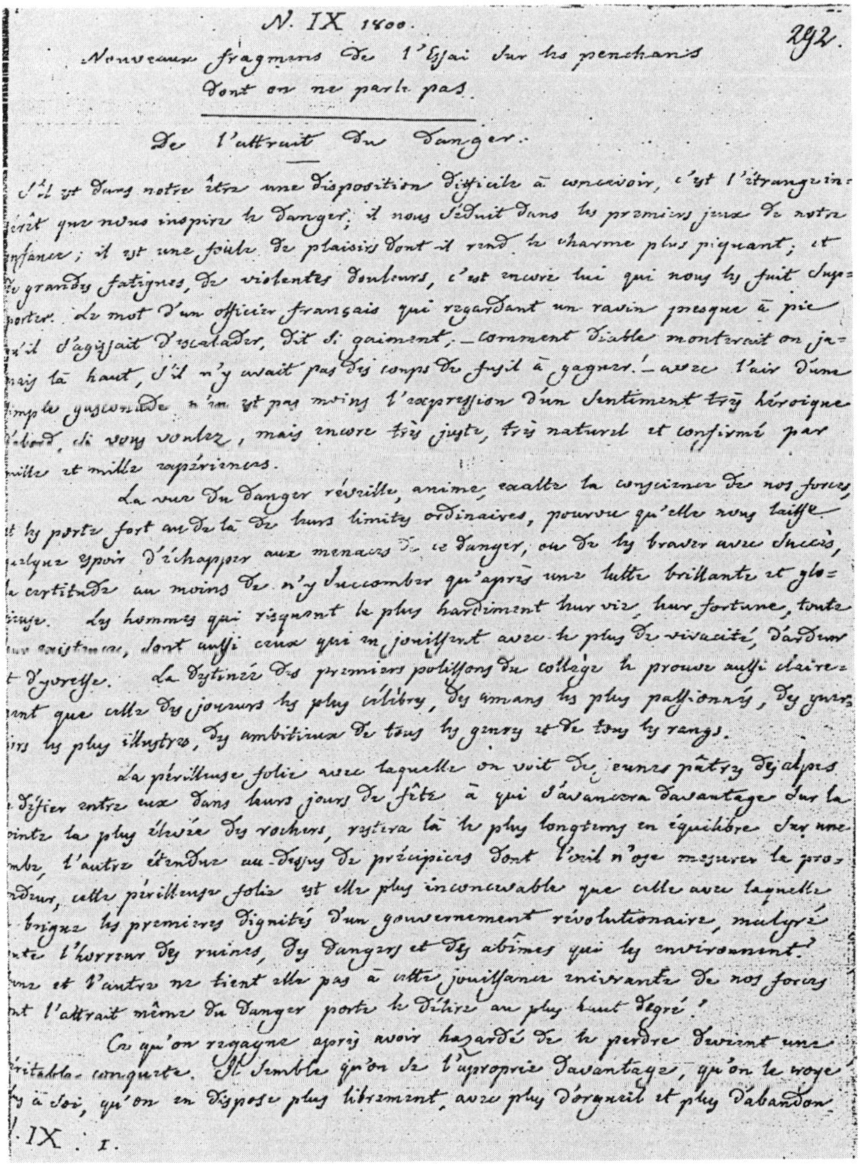

N. IX 1800. 292.

Nouveaux fragmens de l'Essai sur les penchans dont on ne parle pas.

De l'attrait du danger.

S'il est dans notre être une disposition difficile à concevoir, c'est l'étrange intérêt que nous inspire le danger; il nous séduit dans les premiers jeux de notre enfance; il est une foule de plaisirs dont il rend le charme plus piquant; et de grandes fatigues, de violentes douleurs, c'est encore lui qui nous les fait supporter. Le mot d'un officier français qui regardant un ravin presque à pic qu'il s'agissait d'escalader, dit si gaiment, — comment diable monterait on jamais là haut, s'il n'y avait pas des coups de fusil à gagner! — avec l'air d'une simple gasconnade n'en est pas moins l'expression d'un sentiment très héroïque d'abord, si vous voulez, mais encore très juste, très naturel et confirmé par mille et mille expériences.

La vue du danger réveille, anime, exalte la conscience de nos forces, et les porte fort au delà de leurs limites ordinaires, pourvu qu'elle nous laisse quelque espoir d'échapper aux menaces de ce danger, ou de les braver avec succès, la certitude au moins de n'y succomber qu'après une lutte brillante et glorieuse. Les hommes qui risquent le plus hardiment leur vie, leur fortune, toute leur existence, sont aussi ceux qui en jouissent avec le plus de vivacité, d'ardeur et d'ivresse. La destinée des premiers polissons du collège le prouve aussi clairement que celle des joueurs les plus célèbres, des amans les plus passionnés, des guerriers les plus illustres, des ambitieux de tous les genres et de tous les rangs.

La périlleuse folie avec laquelle on voit de jeunes pâtres des alpes défier entre eux dans leurs jours de fête à qui s'avancera davantage sur la pointe la plus élevée des rochers, restera là le plus longtems en équilibre sur une jambe, l'autre étendue au-dessus de précipices dont l'œil n'ose mesurer la profondeur, cette périlleuse folie est elle plus inconcevable que celle avec laquelle on brigue les premières dignités d'un gouvernement révolutionnaire, malgré toute l'horreur des ruines, des dangers et des abîmes qui les environnent? L'une et l'autre ne tient elle pas à cette jouissance enivrante de nos forces dont l'attrait même du danger porte le délire au plus haut degré?

Ce qu'on regagne après avoir hasardé de le perdre devient une véritable conquête. Il semble qu'on se l'approprie davantage, qu'on le voye plus à soi, qu'on en dispose plus librement, avec plus d'orgueil et plus d'abandon.

N. IX. 1.

11. Jacques Henri Meister, no.IX, 1800
(Forschungsbibliothek Gotha, B 1138U, f.292*r*).

ANNIE ANGREMY ET ANNETTE LORENCEAU

Du fonds Vandeul au fonds de Leningrad: nouveaux points de repère

Dans la fabrique de copies de son œuvre mise en chantier par Diderot dans les années 1780, bien des points restent à éclaircir: état de la collection au moment de sa mort en juillet 1784, détermination du rôle exact des Vandeul dans l'achèvement de la collection envoyée à Catherine II, et, partant, du choix même des copies destinées à cet envoi.[1] Seuls s'avèrent incontestables le rôle fondamental de Girbal, maître-d'œuvre de la fabrique, et la primauté de ses copies sur celles dues aux différents copistes auxquels il distribuait le travail.[2]

Les éditions critiques des œuvres de Diderot entreprises depuis l'ouverture des deux fonds, Vandeul et Leningrad, ont confirmé, d'une manière générale, la dérivation des copies Vandeul de celles de Leningrad, qui sont souvent l'œuvre de Girbal, ou du copiste A pour les petits textes.[3] Mais si la critique interne permet d'établir la filiation de certaines copies, la présence d'un chiffre placé par le copiste à la fin de son texte fournit un indice supplémentaire. Ce chiffre, placé soit après le paraphe terminal, soit au bas de la dernière page, correspond au nombre de pages de la copie qui a servi de modèle au copiste.

Herbert Dieckmann a signalé cette pratique dans sa description du tome xiv du fonds Vandeul (n.a.fr.13744; INV, p.48), en en suggérant une étude systématique. A notre connaissance le relevé n'en a jamais été fait et ce n'est qu'au tome xiv des *Œuvres complètes* publiées chez Hermann que ces chiffres ont attiré l'attention d'A. Lorenceau, qui les a mentionnés, à propos du *Salon de 1765* (DPV, xiv.16).[4]

Il nous a paru instructif de dresser le tableau complet des copies Vandeul et

1. Outre les deux travaux primordiaux de H. Dieckmann, *Inventaire du fonds Vandeul et inédits de Diderot* (Genève, Lille 1951), et de P. Vernière, *Diderot, ses manuscrits et ses copistes* (Paris 1967), rappelons l'article, encore valable sur bien des points, de H. Dieckmann, 'Observations sur les manuscrits de Diderot conservés en Russie', *D.Stud.* 4 (1963), p.53-71, et aussi celui de Jean de Booy, 'Diderot et son copiste Roland Girbal', *French studies* 16 (1962), p.324-33.

2. 'C'est à vous qu'ils remettront leur copie. C'est à vous seul que je donnerai de l'argent' (lettre de Diderot à Girbal, CORR, xv.277-78).

3. Nous adoptons, comme tous les diderotistes depuis 1967, l'identification des copistes faite par P. Vernière dans son ouvrage.

4. A. Angremy a consacré, de son côté, une partie de sa communication du colloque Diderot de Paris-VIII à l'étude de ces copies terminées par un chiffre, article cité ci-dessus, p.61, n.1.

Leningrad munies de ce chiffre final, avec une identification des copistes, le rappel des autres copies, le cas échéant celui d'un texte autographe, et la localisation de la copie archétype ou copie modèle, au nombre identique de pages, lorsque nous avons pu la retrouver.

Sur le total approximatif de 500 textes contenus dans le fonds Vandeul, on relève 139 copies 'marquées'.[5] Pour la plupart ces copies font état du nombre de pages de la copie de Leningrad; plus rarement, nous le verrons, d'une copie Vandeul, et cela même si l'autographe figure encore dans la collection.[6]

Cette pratique est courante chez les copistes, B, C, D et G. Elle apparaît une seule fois chez le copiste F pour la *Réfutation de l'Homme d'Helvétius* d'après la copie Girbal de Leningrad (no 2 du tableau), chez le copiste K pour les *Pensées détachées sur la peinture* et le *Nom des peintres et leur genre* (no 75), toujours d'après Girbal, et chez un copiste inconnu, identifié jusqu'à présent comme H, et que nous appellerons H^1, pour les *Additions à la Lettre sur les aveugles* (no 95), d'après, semble-t-il, la copie E du tome xxxiii (n.a.fr.13763) dont les 27 pages sont également portées sur une troisième copie Vandeul de D (no 121).

Les textes copiés sont ceux de Girbal et de A. Il y a cependant huit exceptions: celle de E déjà citée (no 95 et 121); deux textes du copiste I de Leningrad, *Les Pères malheureux* (no 71) et *De la durée du monde* (no 93); deux textes du copiste J de Leningrad, *Eloge de Terence* (no 125) et *Note sur Boulanger* (no 135); un texte d'un copiste non identifié de Leningrad, *De la suffisance de la religion naturelle* (no 92); peut-être un texte de G, la *Lettre de Ramsay traduite de l'anglais* (no 117).[7]

La plupart des copies 'marquées' du fonds Vandeul suivent le texte des copies de Leningrad; treize d'entre elles trouvent toutefois leur modèle dans la collection Vandeul même (elles sont numérotées de 1 à 13 dans la colonne 9 'Observations' du tableau). Six correspondent à une relation D→A (voir les no 8, 65, 79, 86, 94, 99); trois à une relation D→Girbal (no 97, 98, 139); deux à une relation D et H^1→E (no 95 et 121); une à l'éventuelle relation D→G (no 117); une seule à une relation B→Girbal (no 101).

Ce phénomène d'osmose entre des copies des deux fonds se manifeste

5. En fait 138 chiffres finaux apparaissent dans le fonds Vandeul, mais, nous le verrons, la copie D des *Regrets sur ma vieille robe de chambre* (no 88 du tableau) portait initialement ce chiffre. Les quatre copies des *Salons* signalées ci-dessous, n.11, ne sont pas comptabilisées ici.

6. Ainsi, *La Religieuse* (tome x, n.a.fr.13739, no 72 du relevé) exécutée par le copiste C porte le chiffre 362, soit le nombre de pages de la seconde copie Girbal, celle du tome xxv de Leningrad; ou encore la copie de la *Lettre sur le commerce de la librairie* (n.a.fr.24938, no 131 du relevé) due au copiste B, porte le chiffre 156, nombre de pages de la copie Girbal, du tome xviii de Leningrad.

7. Encore faudrait-il vérifier pour les textes E et G du fonds Vandeul que les copies marquées dérivent bien d'eux et qu'ils n'offrent pas fortuitement le même nombre de pages que des copies archétypes disparues.

également par la présence d'un certain nombre de copies marquées d'un chiffre final dans le fonds de Leningrad. Notre examen s'est malheureusement limité aux seuls microfilms de Leningrad disponibles à la Bibliothèque nationale.[8]

Cinq textes copiés par A portent ainsi un chiffre final. Dans quatre cas, ce chiffre correspond également au nombre de pages de la dite copie A. Ce chiffre est repris quatre fois dans des copies Vandeul (no 43, 44, 96 et 111), de C et de D, de trois des textes, qui la reproduisent. On pourrait donc supposer que A, récemment appelé comme maître-d'œuvre dans la répartition des copies à reproduire, ait lui-même signalé le nombre de pages à reproduire à ses agents. Toutefois sa copie de la *Lettre à mon frère* (no 147) porte le chiffre final 9, alors qu'elle a 10 pages, recopiées à deux reprises par D dans le fonds Vandeul (no 96 et 111).[9]

Outre ces cinq textes de A, treize autres textes de la collection de Leningrad que nous avons pu examiner se terminent par un chiffre. Ils sont dus à D et trouvent, pour douze d'entre eux, leur modèle dans le fonds Vandeul où sont conservées les trois copies Girbal et les neuf copies A (deux pour le no 155). Ce sont les no 140, 143, 148 à 157 du tableau.[10]

Enfin, récemment surgies d'une collection particulière, les quatre copies des *Salons* de 1769, 1771, 1775 et 1781, œuvres des copistes C, D et G, font référence au nombre de pages des quatre copies Girbal du tome xxi de Leningrad.[11]

Ainsi peut-on répertorier 161 copies porteuses de ce chiffre qui renvoie au nombre de pages de la copie modèle. Ces 161 copies correspondent en fait à 154 textes, puisque dans trois cas, deux copies ont été faites sur le même original (D no 65 et 140, sur A; D no 96 et 111, sur A (no 147); H^1, no 95 et D no 121, sur E), et que A est marqué également cinq fois.

Les cas des copies du fonds Vandeul qui trouvent leur modèle dans cette

8. Nous numérotons les copies marquées de Leningrad (Tableau II, no 140 à 157) à la suite des 139 copies Vandeul, en suivant l'ordre des volumes. Nous exprimons ici notre reconnaissance à G. Dulac qui, au cours de sa mission en URSS de l'automne 1985, a vérifié les copies de Leningrad et nous a confirmé ne pas avoir trouvé d'autres copies terminées par un chiffre final.

9. Le cinquième texte de A, *L'Entretien d'un père avec ses enfants*, a été copié dans le tome xvii de Leningrad par Girbal, puis par A à partir de la page 25, et porte à la fin: 18+28=46, soit le nombre de pages de la copie (no 145). La copie en dérivant a disparu. Seules subsistent dans le fonds Vandeul une copie de E (t.ii, n.a.fr.13731) et une copie antérieure de H (n.a.fr.24937).

10. Le treizième texte de D, no 144, *Pantomime dramatique*, correspond à l'extrait imprimé de 10 pages du *Mercure de France* du 7 août 1779 (n.a.fr.13736). Le chiffre 14 porte sur la copie D laisse supposer une copie initiale perdue.

11. 145, C; 168, D; 43 et 87, G. Ces quatre *Salons* réunis dans un volume à cartonnage bleu identique à ceux des volumes du fonds Vandeul correspondent apparemment au no 11 des deux listes de Vandeul éditées par H. Dieckmann dans son *Inventaire*, p.169 et 173. Acquis par la Bibliothèque nationale en décembre 1986, le volume porte la cote n.a.fr.18638.

collection, ceux des copies de D égarées dans le fonds de Leningrad, et le cas des archétypes A ou Girbal restés dans la collection parisienne semblent en général trahir la précipitation du printemps de 1785, au moment de l'envoi des copies réclamées par Catherine II. Rappelons que D restait alors un des copistes attachés aux Vandeul puisqu'il est l'auteur des deux volumes des lettres à Sophie Volland 'qui ne purent être copiés à temps pour partir avec le reste', comme le précise Grimm dans sa lettre à l'impératrice du 23 juin/10 juillet 1785, annonçant le départ de la bibliothèque de Diderot sur le navire *Le Neptune.*[12]

De cette précipitation un peu désordonnée qui semble parfois avoir présidé au choix des Vandeul, surtout entre les copies A et D, deux cas sont exemplaires.

Le Shérif (n.a.fr.13736, no 70) est copié par D sur un texte de 22 pages qui, une fois de plus, n'est pas l'autographe (n.a.fr.13722), mais la copie A du tome xiv de Leningrad, copie de 18 pages, incomplète – les dernières pages sur les personnages du *Shérif* manquent. H. Dieckmann et les récents éditeurs des *Œuvres complètes* ont noté cette lacune finale de la copie de Leningrad, signalée dans l'édition A. T. par la mention 'le manuscrit s'arrête là'.[13] En réalité ces dernières pages que, n'ayant connaissance que du texte adressé à Catherine II, l'éditeur du dix-neuvième siècle n'a pu reproduire, n'ont jamais quitté le fonds Vandeul: oubliées par les Vandeul dans leur hâte à satisfaire le désir de l'impératrice, et curieusement paginées 19-21 et 22, elles sont désormais reliées à la fin des 'Morceaux détachés' inventoriés par H. Dieckmann (n.a.fr.24939, f.542-43).[14]

Les *Regrets sur ma vieille robe de chambre* sont l'œuvre du copiste D dans la collection Vandeul et la copie ne présente pas de chiffre final. J. Carriat a identifié dans la copie Girbal de 16 pages de Leningrad qui a servi de modèle à D deux feuillets supplémentaires de la main du copiste D, le faux titre et le dernier feuillet terminé par un 16. La répartition hâtive des deux séries de copies ne laisse aucun doute. D a dû refaire son dernier feuillet qu'il croyait égaré (DPV, xviii.XXXIII et 50).

Ces interversions d'un fonds à l'autre semblent donc jouer essentiellement sur les textes D, A et Girbal. Une seule fois B en fait les frais. La copie des *Notes sur la Réfutation des Dialogues de M. l'abbé Galiani par M. l'abbé Morellet* (no 101) porte la mention finale 104; c'est là le nombre de pages de la copie Girbal reliée dans le tome xxxvii du fonds Vandeul (n.a.fr.13767) avec deux autres textes que Catherine II ne reçut pas, *Mystification, ou Histoire des portraits*,

12. Voir G. Dulac, 'L'envoi des livres et des manuscrits de Diderot en Russie', *D.H.S.* 12 (1980), p.238.

13. H. Dieckmann, INV, p.33; DPV, xi.302.

14. H. Dieckmann ne signale pas ces deux feuillets dans son *Inventaire*. P. Vernière, en revanche, les identifie dans sa liste des copies de A, p.32.

unicum de la main de Girbal, et les *Mémoires de Voltaire*, de la main du copiste E d'après la copie Girbal de n.a.fr.24938.[15]

On revient à la remarque de P. Vernière sur les manuscrits Girbal du fonds Vandeul 'reliquat exclu de l'envoi à Saint-Pétersbourg pour des raisons d'authenticité, de prudence ou de double emploi'.[16] La copie B des *Notes sur la Réfutation* semble témoigner par son chiffre final, de la destination primitive du tome xxxvii à Catherine II.

Plus intéressants sont les cas où la copie Vandeul dûment chiffrée ne trouve son archétype dans aucune des deux collections. Faute d'avoir procédé à une véritable étude critique, nous ne pouvons affirmer que lorsque la différence entre le nombre de pages marqué et celui de la copie de Leningrad se réduit à une demi-page ou à quelques lignes, elle ne traduit pas seulement un scrupule du copiste, vraisemblablement rétribué à la page copiée, et qui n'a pas voulu facturer une page à peine ébauchée. Ces cas sont notés dans la colonne 9 du relevé.

Dans deux cas, la différence suppose un autre modèle pour les textes de D du fonds Vandeul: ce sont *Les Jésuites chassés d'Espagne* (no 129) et la *Lettre de M. Ramsay* (no 117).[17]

Restent enfin deux textes d'un intérêt tout particulier pour la Russie, dont l'archétype n'a pu être retrouvé, alors que le témoignage de Grimm nous garantit leur envoi à Catherine II:

– la copie C des *Observations sur le Nakaz* (no 73, tome xi, n.a.fr.13741 du fonds Vandeul) porte le chiffre 141 qui ne correspond à aucune des trois autres copies Vandeul. Cette cinquième copie du texte, en 141 pages, faite sur la copie corrigée par Diderot (n.a.fr.24938) est vraisemblablement celle destinée à Catherine II qui ne figure plus dans sa collection, égarée, soustraite ou plutôt détruite si l'on en juge par sa fureur en en prenant connaissance.[18]

– la même disparition frappe le texte *Sur la princesse Dashkoff* (no 100) dont D offre une copie marquée 15 dans le tome xxxv (n.a.fr.13765) de Vandeul. Grimm l'avait 'soustraite' de la collection partie sur *Le Neptune* pour en offrir une autre version à son illustre protectrice. La copie, en 8 pages, récemment retrouvée aux Archives de l'Institut d'histoire de Leningrad (L.O.I.I., fonds

15. Dans la 'Liste des ouvrages de mon père' établie par Mme de Vandeul, les *Mémoires de Voltaire* comme l'*Apologie de l'abbé Raynal* qui figurent sous le no 17 sont accompagnés de la mention 'ôtés' (n.a.fr.24940, f.355*v*). Il s'agit vraisemblablement dans les deux cas de la copie Girbal qui n'a pas été envoyée en Russie. Celle de l'*Apologie* a disparu, mais le manuscrit autographe porte de la main de Girbal 'copié' (n.a.fr.24932, f.3).

16. P. Vernière, p.27.

17. Pour *Les Jésuites chassés d'Espagne*, D annonce 20 pages, la copie Girbal de Leningrad a 26 pages de petit format.

18. Voir H. Dieckmann, INV, p.43.

203, no 224) qu'a décrite G. Dulac, ne correspond pas au texte de D et n'offre pas les caractéristiques des copies de 1785.[19]

Pour tirer quelques conclusions, cette filiation de copies permet d'assigner un *terminus ad quem*, le printemps de 1785, aux copies marquées. Ni les copistes anciens, ni Girbal, ni E, ni Michel, le copiste attitré des Vandeul,[20] ni les copistes des neuf volumes de l'*Encyclopédie* du fonds Vandeul, ni ceux de la correspondance avec Falconet et de celle, copiée plus tardivement, de Sophie Volland, ne terminent ainsi leur texte. Sur les 139 copies Vandeul marquées, 120 figurent dans dix-neuf des cinquante-cinq volumes cartonnés bleus et reliés, dix-neuf seulement dans la série des morceaux détachés (n.a.fr.24937 à 24939). Le seul tome v (n.a.fr.13734) compte soixante-et-un textes marqués sur soixante-douze articles.

L'on peut donc supposer que seuls les copistes précédemment cités, B, C, D et G, à l'époque où ils travaillaient sous le contrôle de Girbal, ou de A, ont suivi cette consigne facilitant leur paiement. Plus surprenantes sont les cinq initiatives de A dans le fonds de Leningrad.

Cette filiation infaillible d'une copie chiffrée à une copie mère ne se présente du reste pas comme un phénomène obligatoire, même chez les copistes les plus réguliers, B, C, D et G qui ne signalent pas toujours le nombre de pages de la copie suivie, mais elle constitue néanmoins un nouvel apport dans l'étude de la constitution du fonds Vandeul, répartie 'avant' et 'après' l'ère des deux copistes chefs, Girbal et A.

19. Il s'agit d'une version expurgée, de la main d'un copiste non identifié. Cette version a été faite à l'instigation de Grimm et envoyée à l'impératrice. On a ici la preuve qu'une copie initiale, de 15 pages, a disparu (DPV, xviii.373).

20. Voir l'article de A. Angremy, ci-dessus, p.62ss.

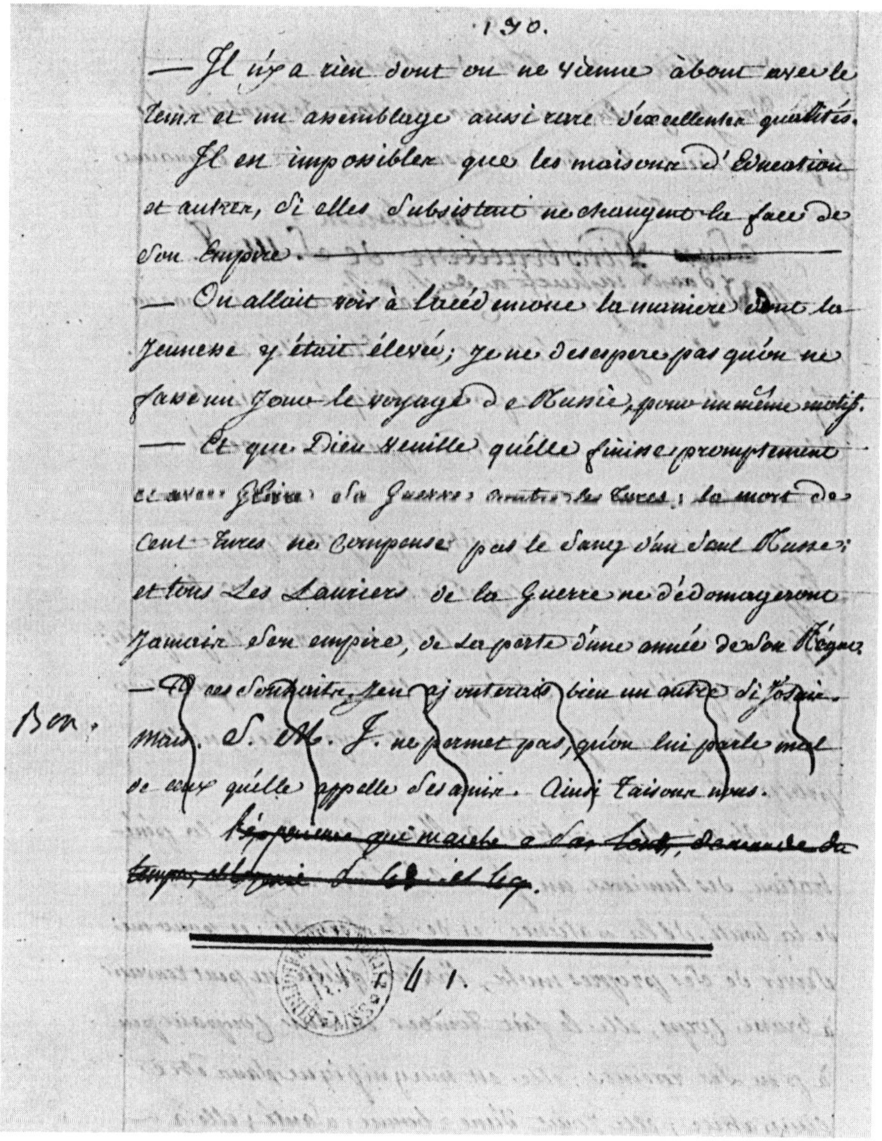
·130.

— Il n'y a rien dont on ne vienne à bout avec le temps et un assemblage aussi rare d'excellentes qualités.

Il est impossible que les maisons d'Education et autres, si elles subsistent ne changent la face de son Empire.

— On allait voir à Lacédémone la manière dont la jeunesse y était élevée; je ne désespère pas qu'on ne fasse un jour le voyage de Russie, pour un même motif.

— Et que Dieu veuille qu'elle finisse promptement et avec gloire sa guerre contre les Turcs; la mort de cent Turcs ne compense pas le sang d'un seul Russe; et tous les Lauriers de la guerre ne dédommageront jamais son empire, de la perte d'une année de son Règne.

Bon. — A ces souhaits, j'en ajouterais bien un autre si j'osais. Mais S. M. I. ne permet pas, qu'on lui parle mal de ceux qu'elle appelle ses amis. Ainsi taisons-nous.

[illegible]

141.

Dernière page de la copie n.a.fr.13741 (copiste C) des *Observations sur le Nakaz* dans le fonds Vandeul: le chiffre 141 est vraisemblablement celui du nombre de pages que comportait la copie modèle, envoyée à Catherine II. (*Bibliothèque nationale*)

Tableau I

Tableau des textes du fonds Vandeul portant un chiffre final

1. Titre de l'ouvrage
2. No de n.a.fr. dans le fonds Vandeul
3. Copiste de la copie Vandeul (N = Naigeon; Mic = Michel)
4. Chiffre marqué *in fine*
5. Autres copies de l'ouvrage
6. Tome de Leningrad où se trouve l'ouvrage
7. Copiste de la copie de Leningrad
8. Nombre de pages effectives de la copie de Leningrad
9. Observations

1	2	3	4	5	6	7	8	9
1 Supp. au Voy. Bougainville	t.ii 13731	B	112	13783 (N) 24939 (corr. Did.)	xvii	Girbal	112	
2 Réfutation de l'Homme	t.iii 13732	F	387	13725 (aut) 13733 (D) 13755 (Mic) 13783 (N)	xxviii	Girbal	387	
3 Réflexions s. De l'Esprit	t.v 13734	G	15	13756 (Mic)	xxviii	A	15	
4 Narcisse	13734	C	12	13756 (Mic)	xv	A	12	
5 Iphigénie en Tauride	13734	C	4	13756 (Mic)	xv	A	4	
6 Voyage de la Frégate	13734	G	14	13756 (Mic)	xv	A	14	
7 Guèbres	13734	C	14	13756 (Mic)	xv	A	15	dans 13734, 14 est corr. sur 15. Dans L, une seule ligne p.15
8 Représentation des citoyens	13734	D	5	13765 (A) 13756 (Mic)				1-13765 a 5 pages

1	2	3	4	5	6	7	8	9
9 Sur les Lettres de la Montagne	13734	G	2 1/2	13756 (Mic)	xv	A	2 1/2	
10 Prospectus du Dict. Commerce	13734	G	6 1/2	13756 (Mic) 13783 (N)	xv	A	7	L=6 p.+ 1/2p.
11 Mort d'Abel	13734	C	15	13756 (Mic)	xv	A	15	
12 Amants sans le savoir	13734	C	20	13756 (Mic)	xv	A	20	
13 Trois poèmes	13734	C	7	13756 (Mic)	xv	A	7	
14 Second volume du Théâtre anglais	13734	C	4	13756 (Mic) 24939 (H)	xv	A	4	
15 Assemblée de Cythère	13734	C	4	13756 (Mic)	xv	A	4	
16 Carite et Polydore	13734	C	19	13756 (Mic)	xv	A	19	
17 Siège de Calais	13734	C	3	13756 (Mic)	xv	A	3	
18 Eloge de la ville de Moukden	13734	C	10	13756 (Mic) 24937 (H)	xv	A	10	
19 Hamlet	13734	C	12	13765 (Mic)	xv	A	12	
20 Les Méprises	13734	C	12	13756 (Mic)	xv	A	12	
21 Origine des principes religieux	13734	G	3 1/2	13756 (Mic)	xv	A	4	L=3p.+5 lignes
22 Lettre aux Académiciens	13734	G	4	13756 (Mic)	xv	A	5	L=4p.+8 lignes
23 Requête au Parl. de Grenoble	13734	G	6	13756 (Mic)	xv	A	6	
24 Lettre d'un fermier de Pensylvanie	13734	G	7 1/2	13756 (Mic)	xv	A	8	L=7+ 1/2 p.
25 Recherche sur le style	13734	G	6	24932 (aut) 13756 (Mic)	xv	A	6	
26 Variétés sérieuses	13734	C	5	13756 (Mic) 24939 (H)	xv	A	5	
27 La Vérité	13734	G	3	13756 (Mic)	xv	A	4	L=3p.+4 lignes
28 Dieu et l'homme	13734	G	3 1/2	13756 (Mic)	xv	A	4	L=3+ 1/2 p.
29 Lettre de M. Raphael	13734	G	2 1/2	13756 (Mic)	xv	A	3	L=2+ 1/2 p.
30 Spéculations utiles	13734	G	3 1/2	13756 (Mic)	xv	A	4	L=3+ 1/2 p.
31 Lettres d'Amabed	13734	G	2 1/2	13756 (Mic)	xv	A	3	L=2+ 1/2p.
32 Parallèle de la condition	13734	G	4	13756 (Mic)	xv	A	4	

1	2	3	4	5	6	7	8	9
33 Observations sur les Turcs	13734	C	3	13756 (Mic)	xv	A	4	L=3p.+5 lignes
34 Poésies pastorales	13734	C	5	13756 (Mic)	xv	A	5	
35 Les Grâces et Psyché	13734	C	2	13756 (Mic)	xv	A	2	
36 Art poétique d'Horace	13734	C	2	13756 (Mic)	xv	A	2	
37 Les Aventures de Pyrrhus	13734	C	3 1/2	13756 (Mic) 13783 (N)	xv	A	4	L=3+ 1/2p.
38 Traduction par M. Jacobi	13734	C	3	13756 (Mic) 13783 (N)	xv	A	3	
39 Amusements poétiques	13734	C	2	13756 (Mic)	xv	A	2	
40 Goût de bien des gens	13734	C	1	13756 (Mic)	xv	A	2	L=1+4 lignes
41 Jugement de Pâris	13734	C	1 1/2	24932 (aut) 13756 (Mic)	xv	A	2	L=1+ 1/2p.
42 Idylles de Saint-Cyr	13734	C	1 1/2	13756 (Mic)	xv	A	2	1=1+ 1/2p.
43 Amusements de société de Carmontel	13734	C	3	13756 (Mic)	xv	A	3	L porte aussi le chiffre 3 (voir no 141)
44 Amusements de société	13734	C	4	13756 (Mic)	xv	A	4	L porte aussi le chiffre 4 (no 142)
45 Argillan	13734	C	4	13756 (Mic) 24937 (H)	xv	A	4	
46 Jardiniers	13734	C	7	13756 (Mic)	xv	A	7	
47 Dom Carlos	13734	C	20	24932 (aut) 13756 (Mic)	xv	A	20	
48 Quiproquo	13734	C	10	13756 (Mic)	xv	A	10	
49 Rosière de Salency	13734	C	8	13756 (Mic)	xv	A	8	
50 Extrait de Julie	13734	C	10	13756 (Mic)	xv	A	10	
51 Recherches sur les ruines d'Herculanum	13734	G	3	13756 (Mic)	xv	A	3	
52 Zinzolin	13734	G	2	13756 (Mic)	xv	A	2	

1	2	3	4	5	6	7	8	9
53 Pornographe	13734	G	3	13756 (Mic) 24939 (H)	xv	A	3	
54 Histoire de la Russie	13734	G	2	13756 (Mic)	xv	A	2	
55 Histoire du Siam	13734	G	1 1/2	13756 (Mic)	xv	A	2	L=1+ 1/2p.
56 Botanique	13734	G	4	13756 (Mic)	xv	A	4	
57 Principes philosophiques	13734	G	6	13756 (Mic)	xv	A	6	
58 Histoire de Savage	13734	G	3	13756 (Mic)	xv	A	3	
59 Recueils philosophiques	13734	G	9	13756 (Mic)	xv	A	9	
60 Consultation d'un fils …	13734	G	3 1/2	13756 (Mic) 13783 (N)	xv	A	4	L=3+ 1/2p.
61 Ephémérides d'un citoyen	13734	G	13 1/2	13756 (Mic) 13783 (N)	xv	A	14	L=13+ 1/2p.
62 Esprit du siècle	13734	G	4	13756 (Mic)	xv	A	4	
63 Lettres de Brutus	13734	G	5 1/2	24932 (aut) 13756 (Mic)	xv	A	7	L=6+ 1/2p.
64 Vie du cardinal d'Ossat	13734	G	4	24932 (aut) 13756 (Mic)	xv	A	4	
65 Avis à un jeune poète	t.vii 13736	D	11	13765 (A) (a 11 pages)	xiv	D marqué 11	11	2 – Les deux copies D sont faites sur A 13765 (voir no 140)
66 Deux amis (Plan)	13736	D	7	13765 (G)	xiv	Girbal	7	
67 Terentia	13736	G	103		xiv	Girbal	103	
68 Mari libertin puni	13736	B	37		xiv	Girbal	37	
69 Train du monde	13736	D	23	13722 (aut)	xiv	A	23	
70 Shérif	13736	D	22	13722 (aut) 24939, 2 pp. A	xiv	A	18	les ff.542-543 de 24939 sont paginés 19-21 et 22; voir article.
71 Pères malheureux	t.viii 13737	C	76		xiv	I	76	

1	2	3	4	5	6	7	8	9
72 La Religieuse	t.x 13739	C	362	13726 (aut) 13740 (Gir) 24939 (Préface)	xxv	Girbal	362	13740 et 24939 portent des corrections autographes
73 Observations sur le Nakaz	t.xi 13741	C	141	13766 (E) 24938 24939 (Mic)				L disparu. Voir article. 24938 porte des corrections autographes
74 Salon de 1765	t.xiv 13744	G	498	13750 (F)	xix	Girbal	498	
75 Pensées détachées sur peinture. Noms des peintres	13744	K	138		xxi	Girbal	138	
76 Salon de 1759	t.xix 13749	G	22	24930 (aut)	xix	Girbal	22	
77 Salon de 1761	13749	C	111	15807 (aut)	xix	Girbal	111	
78 Salon de 1763	13749	G			xix	Girbal	143	
79 Géométrie de l'infini	t.xxii 13752	D	5	13763 (A)				3 – 13763 a 5 pages
80 Plan d'une université	t.xxviii 13758	C	227	13724 (aut) 13783 (N)	xxvii	Girbal	227	
81 Voyage à Bourbonne	t.xxix 13759	G	39		xxiv	A	40	L=39p.+3 lignes
82 Voyage à Langres	13759	G	12		xxiv	A	12	
83 Satire 1ère	t.xxx 13760	D	26	13765 13782 (Mic)	xviii	Girbal	26	
84 Histoire de la chirurgie	t.xxxiv 13764	D	13		xv	A	13	
85 Pensée: Je n'ai jamais employé	13764	D	1		xviii	Girbal	1	
86 Pensée: Il faut une pièce (Composition musicale)	13764	D	4	24932 (aut) 13763 (A)				4 – 13763 a 4 pages
87 Sur le génie	13764	D	4		xviii	Girbal	4	

1	2	3	4	5	6	7	8	9
88 Regrets sur ma vieille robe de chambre	13764	D	16	13004 (aut) 13782 (Mic) 24939 (H)	xvii	Girbal	16	Voir article: il y a 2 dernières pages de D, l'une marquée 16 dans L
89 Sur la diversité des jugements	13764	D	6		xviii	A	6	
90 De l'éducation	13764	D	2		xvii	A	1 1/2	
91 Remarques sur l'éducation et Lettre à Mme de Forbach	13764	D	14	24940[I]	xvii	A	14	5 p.+ 9 p.
92 De la suffisance de la religion	13764	B	24		xvii	inconnu	23	23 p. écrites + 1 p. blanche
93 De la durée du monde	t.xxxv 13765	D	4	24937 (inconnu)	xviii	I	4	
94 Parents et l'éducation	13765	D	42	24939(A)				5–24939 a 42 pages
95 Additions à la Lettre sur les aveugles	13765	H¹	27	13763(E) 24937(D)	xvii	Girbal	39	6–13763 a 27 pages. L a des demi-pages. 2 copies marquées no 95 et 121. Voir article
96 Lettre à mon frère	13765	D	10	13781 (D) marquée 10	xviii	A marquée 9	10	3 copies marquées no 96, 111, 147. Voir article
97 Notice sur La Fontaine	13765	D	3	24938 (Gir.)				7–24938 a 3 pages
98 Anecdote de St-Petersbourg	13765	D	2	24937 (Gir.)				8–24937 a 2 pages
99 M. de Bignicourt	13765	D	3	24937 (A)				9–24937 a 3 pages
100 Princesse Dashkoff	13765	D	15	13766 (E) L.O.I.I.				copie mère disparue: voir article
101 Notes sur la Réfutation de Galiani par Morellet	13765	B	104	13767 (Gir.)				10 –13767 a 104 p. Voir article
102 Sur la statue de Pierre le Grand (lettre à Falconet 6.xii.1773)	t.xxxvi 13766	C	14	13781 (G)				
103 Sur les femmes	t.xxxix 13769	D	26	13768 (Mic) 24938 (G)	xvii	Girbal	26	

1	2	3	4	5	6	7	8	9
104 Ceci n'est pas un conte	t.xl 13770	C	47		xvi	Girbal	47	
105 Mme de La Carlière	13770	C	51		xvi	Girbal	51	
106 Oiseau blanc	13770	C	129		xvi	Girbal	129	
107 Rêve de Mangogul	13770	C	14		xvi	Girbal	14	
108 Les Voyageurs	13770	C	18		xvi	Girbal	18	
109 Lettre à Mme Riccoboni	13781	G	28		xviii	A	28	
110 Lettre à M. de Voltaire et réponse de celui-ci	13781	D C	13		xviii	A	13	L porte 9+4=13, voir no 146 et article
111 Lettre à mon frère	13781	D	10	13765 (D) marquée 10	xviii	A (marquée 9)	10	L porte le chiffre 9. 3 copies marquées (no 96, 111 et 147)
112 Lettre à M. Naigeon. Manière d'éclairer un passage ancien	13781	D	6		xviii	Girbal	6	
113 Anticomanie	13781	D	3	13765 (G)	xviii	Girbal	3	
114 Lettre au Dr Petit. Questions d'anatomie	13781	D	4		xviii	Girbal	4	
115 Réponse du Dr Petit	13781	D	7		xviii	Girbal	7	
116 Réponse d'un autre médecin	13781	D	11		xviii	Girbal	11	
117 Lettre de M. Ramsay	13781	D	16	13765 (G)	xviii	I	15	11–G a 16 pages L=14p.+4 lignes
118 Lettre à Sartine: 'J'ai fait ce que vous' (sur *Le Satyrique*)	13781	D	5		xviii	A	5	
119 Lettre à Sartine: 'Vous désirez savoir' (sur la Réfutation de Galiani par Morellet)	13781	D	4	13765 (G)	xviii	A	4	
120 Sixième Ode de la Satire d'Horace	13781	C	29	13782 (Mic)	xviii	Girbal	29	
121 Additions à la Lettre sur les aveugles	24937	D	27	13765 (H^1) marquée 27 13763 (E)	xvii	Girbal	39	12–13763 a 27 pages; 2 copies marquées (no 95 et 121)

1	2	3	4	5	6	7	8	9
122 Additions aux Pensées philosophiques	24937	G	13		xvii	A	14	L=13p.+9 lignes
123 Anecdote ('Le poète Sadi ...')	24937	D	1		xviii	A	1	
124 Discours d'un philosophe	24937	D	8	13768 (Mic)	xxiv	Girbal	8	
125 Eloge de Térence	24937	D	21	Vienne (aut) 24939 (Mic)	xvii	J	21	
126 Grands hommes vengés	24938	B	7	13754 (Mic)	xv	A	8	L=7 p.+2 lignes
127 Des idées accessoires	24938	D	2		xviii	Girbal	2	
128 Introd. aux grands principes	24938	D C	46	13754 (Mic) 13783 (N)	xvii	A	47	
129 Jésuites chassés d'Espagne	24938	D	20	24932 (aut) 13768 (Mic)	xvii	Girbal	26	pages de L de petit format
130 Lettre d'un citoyen zélé	24938	D	26	13754 (Mic)	xviii	Girbal	26	
131 Lettre sur le commerce de la librairie	24938	B	156	24932 (aut) 13754 (Mic)	xviii	Girbal	156	
132 Lettre sur l'Eloge du dauphin	24938	G	12 1/2	16544 (aut)	xv	A	13	L=12 + 1/2p.
133 Sur la mort 'On a beau dire'	24938	D	1					
134 Note sur Van Loo et Rouelle	24938	G	12		xviii	A	12	
135 Note sur Boulanger	24938	D	13		xvii	J	14	L=13 p.+2 lignes
136 Observations sur l'Eglise St-Roch	24938	D	12		xviii	A	12	
137 Principes de la politique des souverains	24939	C	62	13754 (Mic)	xvii	Girbal	62	
138 Au petit prophète. Les trois chapitres	24939	D	42	13754 (Mic)	xviii	Girbal	42	
139 Beau sujet de fable	24939	D	2	13735 (Gir.)				13–13735 a 2 pages

Tableau II

Tableau des textes du fonds de Leningrad portant un chiffre final

1. Titre de l'ouvrage
2. Tome de la collection de Leningrad où se trouve l'ouvrage
3. Copiste de la copie
4. Chiffre marqué *in fine*
5. n.a.fr. dans le fonds Vandeul (copies archétypes)
6. Copiste de la copie Vandeul
7. Nombre de pages effectives de la copie Vandeul
8. Observations

1	2	3	4	5	6	7	8
140 Avis à un jeune poète	xiv	D	11	13765	A	11	autre copie D marquée no 65
141 Amusements de société de Carmontel	xv	A	3	13734	C	3	copie C marquée 3, no 43
142 Amusements de société	xv	A	4	13734	C	4	copie C marquée 4, no 44.
143 Lettre à Mr [Morellet sur Galiani]	xv	D	6	24938	A	6	
144 Pantomime dramatique	xv	D	14	13736	imprimé		copie modèle disparue. voir note 10
145 Entretien d'un père avec ses enfants	xvii	Girbal et A	18+28	13731 24937	E H		voir note 9
146 Lettre à Mr de Voltaire et réponse de celui-ci	xviii	A	9+4	13781	D+C	13	copie D+C marquée 13 voir no 110
147 Lettre à mon frère	xvii	A	9	13765 13781	D D	10 10	copies D marquées 10 voir no 96 et 111

1	2	3	4	5	6	7	8
148 Lettre écrite de Rome [de Galiani]	xviii	D	4	13781	A	4	6 lignes sur la p.10.
149 Résultat d'une conversation sur les égards … (Lettre à Mr M.)	xviii	D	6	13781		6	
150 Statue de Louis XV	xviii	D	2	13764	A	2	
151 Pensée: Un homme avait été trahi	xviii	D	2	13764	Girbal	2	
152 Pensée: Ile de Ternate	xviii	D	1	13764	Girbal	1	
153 Pensée: Il y a tant de bizarrerie	xviii	D	1	13764	A	1	
154 Sur l'évidence	xviii	D	2	13764	A	2	
155 Du poète Sadi	xviii	D	9	13765	A	9	
				24939	A	9	
156 Observations sur les arts	xxiv	D	2	13764	Girbal	2	
157 Diversité et étendue de l'esprit	xxiv	D	4	13764	A	4	

Liste alphabétique des textes cités avec leur numéro d'ordre

(certains textes apparaissent ici sous deux titres)

3

Les formes du texte

GEORGES DULAC

Les notes et les marques en marge de *De l'Esprit* d'Helvétius

DÉCOUVERTES et étudiées par V. S. Lioublinski,[1] les notes et les marques diverses que Diderot a portées sur son exemplaire in-4° de *De l'Esprit* ont été publiées pour la première fois comme un texte de Diderot dans les *Œuvres complètes* (DPV, ix.265-98). Le philosophe ne les avait visiblement destinées qu'à son propre usage, du moins sous la forme que nous leur connaissons: la communication fictive qu'elles instaurent parfois avec Helvétius aurait certes pu déboucher sur une communication ou un dialogue réels. Mais elles n'en demeurent pas moins tout à fait différentes d'autres notes marginales qui ont eu un destinataire, qu'il s'agisse de l'abbé Le Monnier, dans le cas de la traduction de Perse étudiée ci-après par Roland Desné, ou d'Hemsterhuis, lorsque Diderot a jeté les éléments d'une réfutation en marge d'un exemplaire de la *Lettre sur l'homme et ses rapports* qu'il a rendu à l'auteur.[2] Ce que Diderot a noté sur le livre d'Helvétius forme un ensemble peu étendu en comparaison de ce qu'on observe dans les deux cas que nous venons de citer: pour plus de six cents pages de texte imprimé, on compte une cinquantaine de marques ou groupes de marques 'muettes' et une vingtaine de notes 'écrites' comportant au moins un mot. Elles ont néanmoins posé à l'éditeur quelques problèmes délicats et inhabituels.

Avant d'aborder l'examen de ces difficultés, peut-être n'est-il pas inutile d'opérer un retour en arrière pour poser quelques questions préalables et d'abord celle de l'attribution: comment identifier avec certitude l'auteur d'une croix, d'une accolade ou d'un soulignement? Nous avons admis après V. S. Lioublinski et A. Wilson que les notes, où l'écriture du philosophe est bien reconnaissable, suffisent à authentifier l'ensemble. En effet des marques de même type et de même aspect physique se rencontrent en plusieurs endroits du livre, associées ou non avec des notes 'écrites'. Ajoutons que certaines

1. Vladimir S. Lioublinski, 'Po sledam tchtenia Didro' [Sur les traces des lectures de Diderot], *Frantsouski ejegodnik 1959* (Moscou 1961), p.512-27 (traduction partielle dans *Europe* no 405-406, 1963, p.276-90: 'Sur les traces des livres lus par Diderot'). Voir aussi: A. Wilson, 'Leningrad 1957: Diderot and Voltaire gleanings', *French review* 31 (1957-1958), p.351-63.

2. François Hemsterhuis, *Lettre sur l'homme et ses rapports, avec le commentaire inédit de Diderot*, publié par Georges May (New Haven, Paris 1964).

marques assez caractéristiques, notamment de petits traits 'horizontaux' (de même sens que les lignes d'écriture) se retrouvent dans la grammaire russe annotée par Diderot.[3] Mais il faut bien avouer qu'à lui seul ce dernier argument serait insuffisant. Il ne fait que conforter l'appréciation générale qui peut se fonder également sur l'origine du livre (la bibliothèque de l'Ermitage) et bien sûr le contenu de certaines notes dont nous aurons à reparler.

Autre question préalable: que faut-il éditer? Les notes 'écrites' sans doute, mais les marques 'muettes'? Il faut avouer que ces 'marginalia' ne constituent que très partiellement un 'texte', ou même un 'avant-texte' car leur rapport avec les *Réflexions sur De l'Esprit* parues dans la *Correspondance littéraire* du 15 août 1758[4] est loin d'être aussi étroit qu'on pourrait le supposer. Les marques muettes sont-elles de véritables signes non verbaux, ayant une signification précise et codifiée? On peut en douter, car les mêmes marques, des croix par exemple, sont utilisées avec des valeurs assez différentes, notamment pour indiquer le lieu d'une insertion (comme dans les manuscrits) ou pour noter le point d'accrochage d'une objection. Il en est de même des traits 'horizontaux' dont nous avons parlé. En réalité ces marques semblent plutôt constituer des repères qui désignent occasionnellement un passage, une ligne, un mot, sans comporter eux-mêmes un sens précis. Peut-être en jugerions-nous un peu autrement si le cas de cet exemplaire de *De l'Esprit* n'était pas à peu près isolé, ce qui interdit de supposer, à partir de groupes d'occurrences trop réduits, l'existence d'une sorte de code au moins sommaire ou un ensemble de pratiques organisées. Rien de comparable donc avec ce qu'on peut observer dans l'énorme *Corpus des notes marginales de Voltaire*[5] où se dessinent un certain nombre de constantes qui correspondent à des habitudes, à une méthode de travail bien établies impliquant même la collaboration de secrétaires. Dans le cas présent, la plupart des marques 'muettes' ne peuvent guère être considérées que comme des traces de lecture, et non comme des signes ayant une valeur instrumentale. Comme telles elles constituent néanmoins des indices dont la publication a paru nécessaire.

Les problèmes pratiques qui se sont posés à l'éditeur peuvent être rangés sous trois rubriques: la lecture des notes; le choix d'un mode de présentation; le commentaire.

1. *La lecture.* Les interventions marginales de Diderot ont été fort discrètes et son crayon n'a laissé qu'une trace légère dont le pigment a presque disparu.

3. Jacques Proust, 'La grammaire russe de Diderot', *RHLF* 54 (1954), p.329-31.

4. Ulla Kölving et Jeanne Carriat, *Inventaire de la Correspondance littéraire*, S.V.E.C. 225 (Oxford 1984), no 58:129.

5. *Corpus des notes marginales de Voltaire*, Comité de rédaction: O. Golubieva, T. Voronova, S. Manévitch, L. Albina, N. Elaguina (Berlin 1979-), 3 volumes parus.

Le repérage initial a donc demandé beaucoup d'attention: les personnes qui recherchent d'autres livres annotés par Diderot à la bibliothèque Saltykov-Chtchédrine savent qu'à feuilleter rapidement un exemplaire on aurait toute chance de ne rien voir dans un cas analogue.[6] Les notes étant presque effacées, leur déchiffrement a été difficile et parfois conjectural. Il n'a pas été possible d'utiliser la photoanalyse dont parlait Lioublinski mais seulement une technique rudimentaire: la lecture s'est avérée plus facile sous un angle rasant qui permet à l'œil d'exploiter le creux laissé par la pointe du crayon. Ultérieurement une aide inattendue est venue du microfilm qui avait été commandé pour une autre raison dont nous reparlerons: les contrastes s'y trouvent plus accentués que sur l'original (peut-être grâce à l'emploi d'un filtre) et les notes marginales y apparaissent assez clairement, ce qui a permis au moins de vérifier leur position par rapport au texte imprimé au moment de la mise en page définitive. Toutefois il faut observer que le recours au microfilm pourrait induire en erreur s'il n'intervenait après une étude très soigneuse de l'original: la trace du crayon s'est souvent transférée sur la page opposée où elle apparaît très nettement, au point de donner l'impression que certaines marques de lecture ont été oubliées.

2. *La présentation*. Les notes doivent évidemment être présentées avec le texte auquel elles se rapportent. Mais reproduire plus ou moins largement les passages concernés ne pouvait suffire: en effet certaines marques muettes, accompagnées ou non de notes écrites, signalent précisément une ligne ou un petit nombre de lignes imprimées. Toute modification du contenu du fragment ainsi désigné risquerait d'altérer une relation qu'il importe d'autant plus de préserver que la signification de l'intervention de Diderot est loin d'être toujours évidente. Afin de conserver aux 'marginalia' leur contexte typographique exact, on pouvait songer à recomposer le texte d'Helvétius à l'identique, ligne par ligne: il a paru plus simple de reproduire à partir d'un microfilm des passages prélevés dans l'exemplaire même de Diderot qui se trouve être d'un type rare: comme l'a montré David W. Smith dans son étude des premières éditions de *De l'Esprit*,[7] il se rattache dans l'ensemble à la seconde édition, expurgée, parue à la fin de juillet 1758; mais les passages censurés y ont été rétablis par l'insertion de pages empruntées à la première édition, antérieure d'environ un mois. Diderot n'a donc pas bénéficié d'un exemplaire de la véritable originale, comme les amis les plus proches de l'auteur, mais il en a obtenu l'équivalent, à une date sans doute proche de la sortie de la seconde édition.

Un autre problème de présentation se posait: les notes de Diderot, éparses

6. Notamment Mmes Larissa L. Albina et Olga Pelakina: voir ci-dessus l'article de Mme Albina.

7. David W. Smith, 'The publication of Helvétius's *De l'Esprit*, 1758-1759', *French studies* 18 (1964), p.332-44.

dans l'ouvrage d'Helvétius, mais surtout dans les trois premiers 'discours', forment un ensemble très discontinu: détachés de leur contexte, les passages qu'elles concernent risquaient de perdre beaucoup de leur signification. On a donc inséré les fragments de *De l'Esprit* dans une analyse sommaire qui rétablit une certaine continuité et rend l'ensemble plus intelligible. En outre le lecteur est ainsi en mesure d'apprécier comparativement ce qui a attiré ou non l'attention du philosophe, du moins dans le temps où les notes ont été jetées en marge du livre, peut-être lors d'une première lecture assez rapide.

3. *Le commentaire*. Nous avons signalé déjà l'origine du problème principal posé au commentateur: comment rendre intelligible au lecteur ces notes qui ne lui étaient pas destinées? En pratique les situations sont très variées. Ainsi les remarques marginales assez nombreuses qui relèvent des fautes situées à divers niveaux de l'expression (coquilles typographiques, impropriétés, fautes de ton, ordre défectueux, ...) ne présentent guère de difficultés d'interprétation. Il en est de même de certaines marques 'muettes' qui désignent clairement des répétitions ou des impropriétés. En revanche d'autres marques marginales témoignent de l'attention que Diderot a portée à un passage d'Helvétius, sans qu'on puisse dire à quelle appréciation, ou à quelle réflexion, correspondait ce signal. Nous avons préféré ne pas multiplier les hypothèses.

Le cas des notes 'écrites' un peu développées est plus aisé: elles esquissent une remarque, ou un argument, quelquefois à partir d'un exemple ou d'une image ('le chien changé en docteur de Sorbonne', 'la comparaison du code et d'une ville', DPV, ix.288, 291). Leur tour elliptique fait que certaines sont en elles-mêmes peu claires: elles constituent moins le résumé d'une idée que le projet d'une réflexion à développer. Leur fonction est peut-être surtout mnémotechnique et pourrait être rapprochée de ce que Diderot confiait à Catherine II de sa 'manière de travailler': 'J'ai sur mon bureau un grand papier, sur lequel je jette un mot de réclame de mes pensées [...]'.[8] De telles notes en forme de 'réclames' ne prennent toute leur valeur qu'une fois connu ce qu'elles annoncent: mais la tâche du commentateur est d'autant moins facile que seule une minorité des développements attendus se trouve dans les *Réflexions sur De l'Esprit* écrites quelques jours ou quelques semaines plus tard (DPV, ix.299-312). En réalité les deux 'textes' ne se situent pas exactement au même niveau: les *Réflexions* partent d'un point de vue d'ensemble sur les 'paradoxes' d'Helvétius; les notes marginales, comme il est naturel, sont plus proches du détail et s'accrochent généralement à un mot, à une image, à une idée particulière. Ce qu'elles annoncent ne se rencontre parfois que dans des textes fort

8. *Mémoires pour Catherine II*, éd. P. Vernière (Paris 1966), p.247.

éloignés, par exemple *Le Rêve de d'Alembert* (à propos de 'la vitesse avec laquelle on s'entretient', c'est-à-dire les ellipses de la conversation, DPV, ix.274) ou tel 'feuillet' écrit pour Catherine II en 1774 (le code des lois comparé au plan irrégulier d'une ville). Mais comment être sûr d'avoir songé à tous les rapprochements qui seraient nécessaires à une bonne compréhension des notes de Diderot, alors qu'ils ne sont qu'utiles dans le commentaire d'autres textes? Le commentateur, il est vrai, ne saurait être exhaustif, et il serait déplorable qu'il tente de l'être. Dans le cas présent, l'essentiel est sans doute d'avoir pu mettre sous les yeux du lecteur une sorte de fac-similé d'un document exceptionnel.

ROLAND DESNÉ

Diderot correcteur d'une traduction des *Satires* de Perse

IL y a peu de marginalia de Diderot. Georges Dulac a édité ses notes en marge du livre *De l'Esprit* (DPV, ix.265-98) destinées à lui-même en vue de ses *Réflexions* qui ont paru, dès 1758, dans la *Correspondance littéraire*. Mon travail pour l'édition des *Œuvres complètes* m'a amené à m'occuper de deux séries de marginalia proprement dites et d'une œuvre qui a pour origine des notes marginales.

Je dirai d'abord un mot sur cette œuvre. Il s'agit de la *Réfutation du livre 'De l'Homme' d'Helvétius*. Nous savons que Diderot, dans le cas de *L'Homme* comme dans celui de *L'Esprit* a rédigé des notes marginales pour lui-même et, dès l'origine, afin de préparer une recension de l'ouvrage pour la *Correspondance littéraire*. L'exemplaire annoté par Diderot – de l'édition originale de 1773 – n'a pas été retrouvé. Toutefois, à la différence des *Réflexions sur le livre 'De l'Esprit'* qui constituent un article autonome, analogue à tout article critique qu'on peut écrire sur un livre, la *Réfutation d'Helvétius* conserve l'aspect d'une série de notes se référant, de manière suivie, aux pages du livre *De l'Homme*. Mais ici les marginalia se sont en quelque sorte émancipés de l'ouvrage annoté pour former une œuvre indépendante. Pour l'éditeur, une des tâches consiste à restituer, de la manière la plus explicite, les références au texte commenté, donc à reproduire avec plus d'ampleur et de précision que ne l'ont fait Diderot et ses copistes - et ses éditeurs jusqu'aujourd'hui – les passages qui ont retenu l'attention de Diderot. Dans l'état actuel des deux seules éditions qui existent de la *Réfutation* (Assézat-Tourneux et Lewinter), il est impossible de bien comprendre ce que dit Diderot par rapport à ce qu'Helvétius a écrit. L'édition en préparation permettra, pour la première fois, de rendre au lecteur pleinement intelligibles et Diderot et Helvétius.

Quant aux deux séries de marginalia *stricto sensu*, il s'agit du commentaire sur le livre d'Hemsterhuis (1772) et des notes sur la traduction des *Satires* de Perse par l'abbé Le Monnier. Ces marginalia ont en commun d'avoir été rédigés à l'intention d'un destinataire. Pour la présente communication, j'ai hésité entre ces deux textes. Finalement j'ai écarté le commentaire sur Hemsterhuis parce qu'il est connu et qu'il a fait l'objet d'une édition admirable (avec les pages de l'exemplaire d'Hemsterhuis en fac-similé) par Georges May.[1] J'ai préféré attirer l'attention sur les notes pour Le Monnier.

Ces notes présentent quatre particularités:

1. Elles sont inédites. Ce sera un des apports nouveaux de l'édition DPV au corpus des *Œuvres de Diderot*.
2. Ce sont des notes écrites sur des épreuves d'imprimerie.
3. Elles concernent la traduction d'un texte latin, et par conséquent contribuent à notre connaissance de Diderot latiniste.
4. Enfin, elles datent de 1771, c'est-à-dire qu'elles appartiennent à la période post-encyclopédiste, au début de la vieillesse de Diderot.

Je commenterai rapidement ces diverses particularités.

1. Le fait que ces notes sont inédites est la particularité la plus surprenante. Diderot avait corrigé ces épreuves pour son ami Le Monnier qui les lui a fait parvenir par l'imprimeur au fur et à mesure de la composition. Elles ont été ensuite somptueusement reliées par le premier acquéreur auquel Le Monnier les avait offertes. Le volume, qui porte sur la première page, 'épreuves corrigées par M. Diderot', a été acheté par la Bibliothèque nationale en septembre 1839.[2] Il ne figure pas à l'article 'Diderot' du *Catalogue général des imprimés* de la B.N. publié en 1910. Il est mentionné à l'article 'Le Monnier', publié en 1929, mais sans aucune indication particulière, comme s'il s'agissait d'un quatrième exemplaire de l'édition des *Satires de Perse* procurée par ce traducteur. Ce n'est qu'en 1935, à l'article 'Perse', qu'on pouvait lire à la suite de la cote de notre exemplaire: 'Epreuves corrigées par Diderot, d'après une note manuscrite'. On pouvait le lire, mais il a fallu attendre 1969 pour qu'une étudiante en 3e cycle, Mlle Françoise Aubert, venue d'Aix-en-Provence pour travailler à une thèse sur Diderot linguiste, lise cette notice avec l'attention qui convenait et 'découvre', du même coup, un inédit de notre écrivain qui avait échappé à tous les diderotistes. Il sera publié dans le tome xii de l'édition DPV, à paraître en 1988 – soit 148 ans après son entrée à la B.N.

2. Autre singularité: ces notes sont celles d'un correcteur d'épreuves. C'est, à ma connaissance, le seul exemplaire d'épreuves d'imprimerie corrigées par Diderot. C'est aussi, à sa date, le plus ancien jeu d'épreuves corrigé par un grand écrivain que conserve la B.N. Après Diderot, on ne trouve pour le dix-huitième siècle, qu'une feuille de l'*Ami du peuple* corrigée par Marat.[3]

3. A propos de la compétence de Diderot latiniste et concernant précisément

1. François Hemsterhuis, *Lettre sur l'homme et ses rapports, avec le commentaire inédit de Diderot*, texte établi, présenté et annoté par Georges May (New Haven, Paris 1964).

2. Il est conservé actuellement à la Réserve des imprimés sous la cote Rés. p. Yc.773.

3. On peut consulter, à la Réserve des imprimés, un fichier des épreuves d'imprimerie conservées.

ses observations sur les *Satires* de Perse traduites par Le Monnier, nous avions déjà un document: les notes attribuées à Diderot, reproduites dans un exemplaire de l'édition Le Monnier, publiées et commentées par Charlier et Herrmann dans la *Revue d'histoire littéraire de la France* en 1929.[4] Ces auteurs concluaient que Diderot était un médiocre latiniste. Je n'ai pas le temps de traiter ici, comme il le faudrait, le problème posé par cette publication. Je dirai seulement que les notes en question ne sont pas autographes; elles ont été recopiées à la suite du texte imprimé sur des feuillets insérés dans un exemplaire relié du livre de Le Monnier (conservé à la Bibliothèque royale de Bruxelles). Ces notes ont été faites non pas sur des épreuves ou sur un manuscrit, mais sur l'édition définitive publiée par Le Monnier. On peut les attribuer à Diderot (mais sans être assuré de l'exactitude de la transcription effectuée par le copiste); elles seraient, en ce cas, le produit d'une deuxième lecture de la traduction de Le Monnier (elles figureront en annexe de l'édition DPV des notes autographes). Ces notes, découvertes par Charlier et Herrmann, ont été étudiées à nouveau, et cette fois en relation avec les marginalia des épreuves, par notre collègue latiniste Jean Gérard. Celui-ci estime que 'Diderot apparaît comme un réviseur consciencieux et compétent, soucieux de rendre le texte dans ses nuances et son mouvement', et que Le Monnier a pu tirer 'grand profit' de sa collaboration. L'édition en préparation comportera un commentaire détaillé de Jean Gérard sur la lecture du texte latin par Diderot.

4. Sur la date de ces notes autographes, j'observerai seulement qu'en 1771, Diderot n'a pas attendu Le Monnier pour découvrir Perse, le lire et l'utiliser. Je me bornerai à rappeler que sa première œuvre personnelle, les *Pensées philosophiques*, met en épigraphe une citation de la première *Satire*, et que le *Salon de 1767* comporte une 'Satire contre le luxe à la manière de Perse'.

Ces remarques étant faites, venons-en aux problèmes posés par l'édition des notes autographes sur les épreuves de Le Monnier.

Bien que ces marginalia ne soient pas à l'usage personnel de Diderot, j'adopterai le cadre proposé par Georges Dulac dans son étude des notes sur *De l'Esprit*, car les problèmes que l'éditeur doit résoudre entrent bien dans les trois rubriques qu'il a indiquées.

D'abord la lecture. Cette lecture a été faite par Françoise Aubert, Annette Lorenceau et moi-même; Jean Varloot nous a apporté son aide pour les mots latins. Les notes définitives de Diderot sont à l'encre, et lisibles. Les corrections typographiques sont claires, et on ne peut avoir d'hésitation sur les passages du texte auxquels correspondent soit un changement proposé par Diderot, soit un

4. Gustave Charlier et Léon Herrmann, 'Diderot, annotateur de Perse', *RHLF* 35 (1928), p.39-63.

commentaire à l'usage du traducteur. La seule difficulté concerne les premières corrections proposées par Diderot et ensuite barrées, raturées ou remaniées par lui. Certaines de ces corrections, peu nombreuses, ont été faites au crayon. Dans la plupart des cas, j'ai pu, avec l'aide d'Annette Lorenceau, déchiffrer ces premières rédactions. Prenons quelques exemples:

1. Page 17 des épreuves (illustration no 1). Trad. Le Monnier: 'Quels sont donc les vers doux qu'on doit lire avec une molle inflexion de la tête?' Diderot a d'abord barré *qu'on doit* et mis en marge *et qu'il faut*; puis il a barré *lire*, rayé sa première correction et écrit: *et à réciter*. Il veut donc qu'on lise: 'les vers doux et à réciter avec'.

2. En bas de la même page (*ibid.*). Trad. Le Monnier: 'Courage, écrivains, vous ferez tous tout autant de merveilles.' Diderot a d'abord indiqué – ou commencé d'indiquer – une correction pratiquement illisible (*que ce qui* ou *que ce que* [?]); toute la ligne portant les mots *vous ferez tous tout autant de merveilles* a été barrée. Une première correction en marge, biffée, indique: *autant d'ouvrages que vous ferez tous, je les tiens pour*. Il est possible que les mots *autant de merveilles* n'aient pas été barrés au moment de cette rédaction. Ensuite, et c'est la correction définitive, Diderot porte en bas de la page, avec un signe de renvoi à la ligne barrée: *tout ce que vous ferez tous, je le tiens pour autant de merveilles*. Et il ajoute, entre parenthèses, ce commentaire: *L'imitation du galimathias latin va mal ici*.

3. Page 47 des épreuves (illustration no 2). Trad. Le Monnier: 'Marquez avec une pierre blanche [...] ce jour heureux qui vient ajouter une année à celles qui se sont écoulées.' Diderot a barré *vient ajouter* [...] *écoulées* et il a indiqué, dans une première rédaction, rayée: *vous promet un grand nombre d'autres années* (le mot *autres* ayant été biffé d'abord); il a ajouté, au-dessus, deuxième rédaction, également rayée: *on vous promet une longue suite d'années*. Enfin, encore au-dessus, troisième et dernière proposition: *qui commence pour vous une nouvelle suite d'années*. Logiquement, Diderot aurait dû barrer le mot *qui* dans le texte, puisqu'il le reprend dans sa rédaction (il y a plusieurs omissions de ce genre dans les corrections de Diderot). On observe aussi qu'un premier mot court (probablement *et*) devant *qui* a été raturé.

4. Au milieu de la même page (*ibid.*). Trad. Le Monnier: 'Tout homme n'ose pas supprimer ces petits mots qui se prononcent à voix basse dans les temples, et montrer ses vœux à découvert.' Diderot a barré toute la phrase, à l'exception de *Tout homme*, et écrit d'abord: *n'a pas la franchise de faire ses vœux à découvert et de bannir des temples ces mots étouffés qui s'y prononcent à voix basse*. Il a ensuite ajouté *petits* au-dessus de *mots*, et *faibles* à la suite et au-dessus de *étouffés*; il a barré les mots *à voix basse* pour les remplacer par *à demi-voix*. La fin, remaniée,

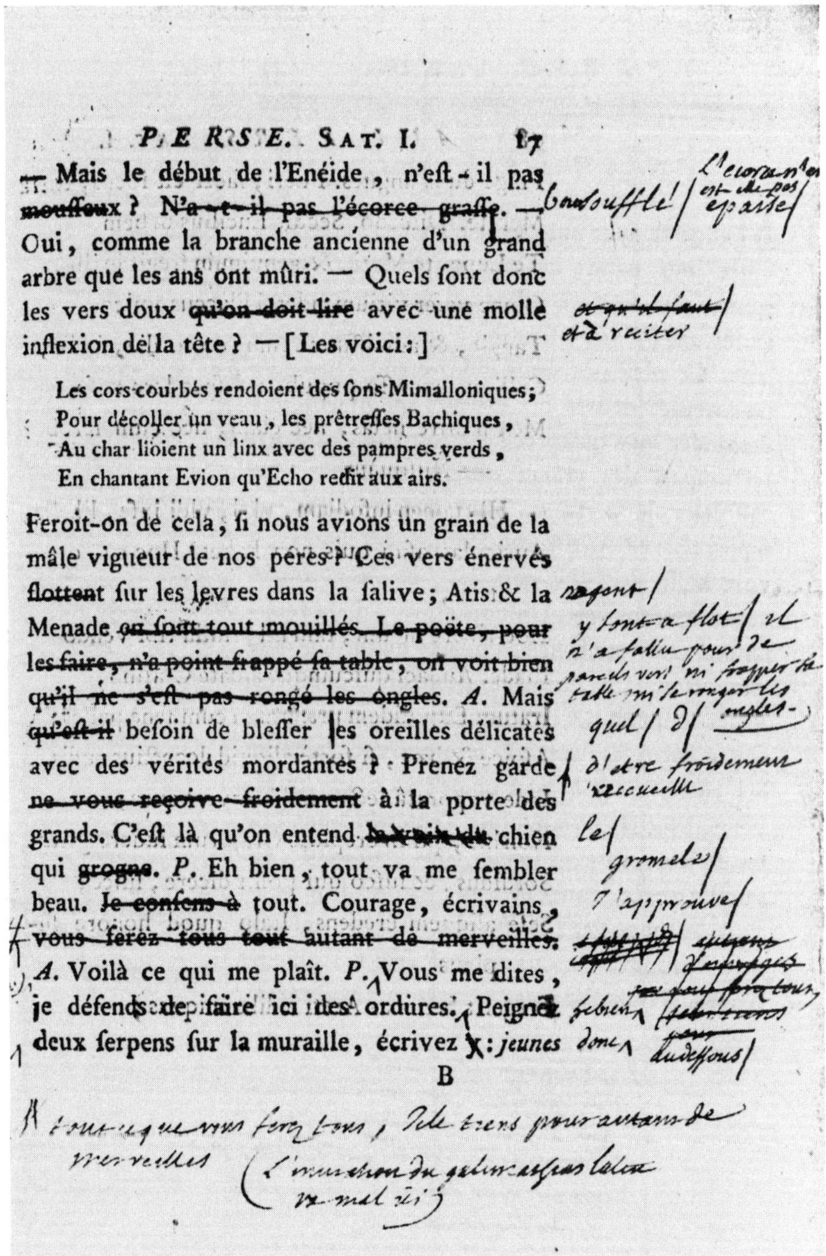

— Mais le début de l'Enéide, n'est-il pas ~~mousseux~~ ? ~~N'a-t-il pas l'écorce grasse~~. — Oui, comme la branche ancienne d'un grand arbre que les ans ont mûri. — Quels sont donc les vers doux ~~qu'on doit lire~~ avec une molle inflexion de la tête ? — [Les voici :]

Les cors courbés rendoient des sons Mimalloniques ;
Pour décoller un veau, les prêtresses Bachiques,
Au char lioient un linx avec des pampres verds,
En chantant Evion qu'Echo redit aux airs.

Feroit-on de cela, si nous avions un grain de la mâle vigueur de nos péres ? Ces vers énervés ~~flottent~~ sur les lèvres dans la salive ; Atis & la Menade ~~en sont tout mouillés. Le poëte, pour les faire, n'a point frappé sa table, on voit bien qu'il ne s'est pas rongé les ongles~~. *A.* Mais ~~qu'est-il~~ besoin de blesser les oreilles délicates avec des vérités mordantes ? Prenez garde ~~ne vous reçoive froidement~~ à la porte des grands. C'est là qu'on entend ~~la voix du~~ chien qui ~~grogne~~. *P.* Eh bien, tout va me sembler beau. ~~Je consens à~~ tout. Courage, écrivains, ~~vous ferez tous tout autant de merveilles~~. *A.* Voilà ce qui me plaît. *P.* Vous me dites, je défends de faire ici des ordures. Peignez deux serpens sur la muraille, écrivez : *jeunes*

1. Bibliothèque nationale Rés. p. Yc.773, p.17. *Satire I*

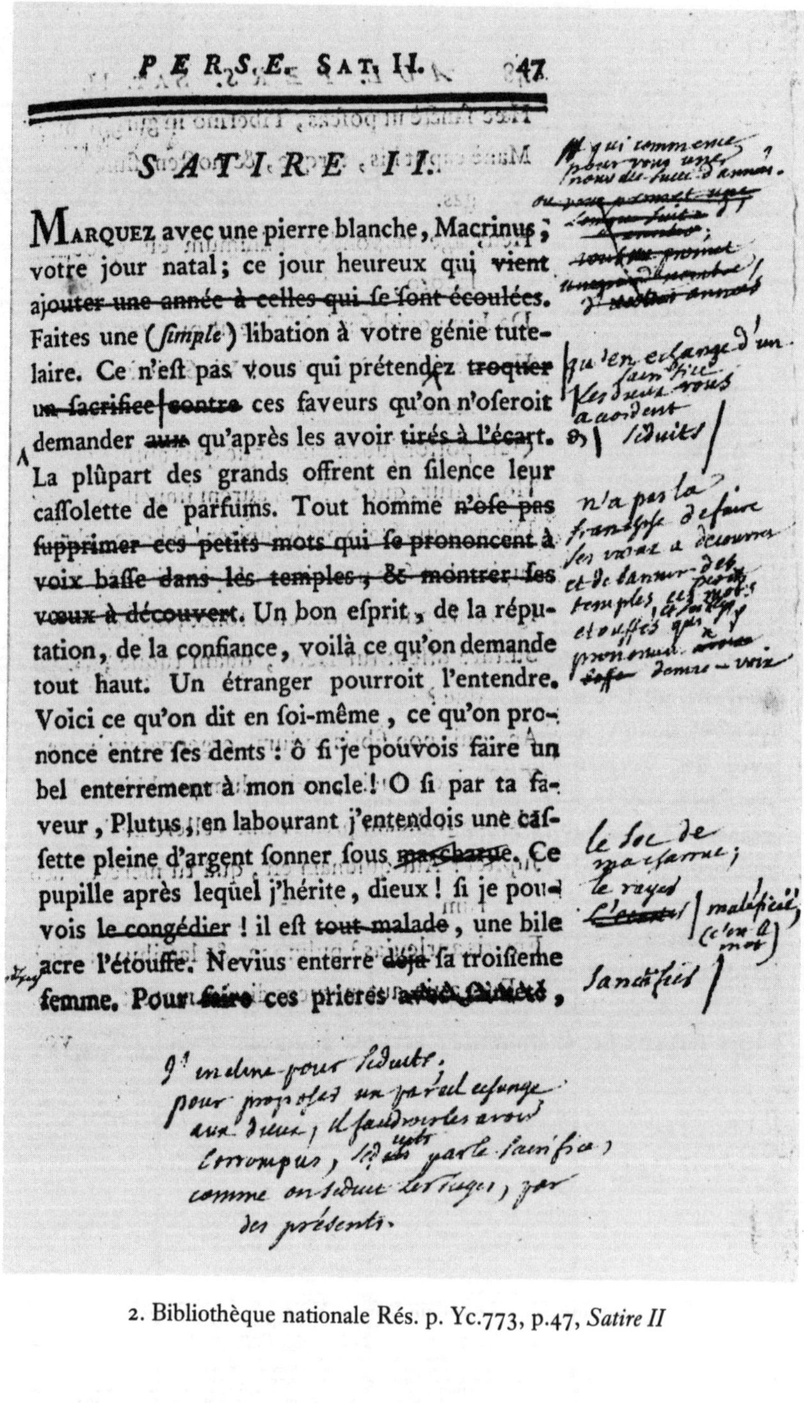

PERSE. SAT. II. 47

SATIRE II.

MARQUEZ avec une pierre blanche, Macrinus, votre jour natal; ce jour heureux qui ~~vient ajouter une année à celles qui se sont écoulées.~~ Faites une (*simple*) libation à votre génie tutelaire. Ce n'est pas vous qui prétendez ~~troquer un sacrifice contre~~ ces faveurs qu'on n'oseroit demander ~~aux~~ qu'après les avoir ~~tirés à l'écart.~~ La plûpart des grands offrent en silence leur cassolette de parfums. Tout homme ~~n'ose pas supprimer ces petits mots qui se prononcent à voix basse dans les temples, & montrer ses vœux à découvert.~~ Un bon esprit, de la réputation, de la confiance, voilà ce qu'on demande tout haut. Un étranger pourroit l'entendre. Voici ce qu'on dit en soi-même, ce qu'on prononce entre ses dents: ô si je pouvois faire un bel enterrement à mon oncle! O si par ta faveur, Plutus, en labourant j'entendois une cassette pleine d'argent sonner sous ~~ma charrue~~. Ce pupille après lequel j'hérite, dieux! si je pouvois ~~le congédier~~! il est ~~tout malade~~, une bile acre l'étouffe. Nevius enterre ~~déja~~ sa troisieme femme. Pour ~~faire~~ ces prieres ~~avec sainteté~~,

2. Bibliothèque nationale Rés. p. Yc.773, p.47, *Satire II*

de sa correction doit donc se lire: *bannir des temples ces petits mots étouffés et faibles qui s'y prononcent à demi-voix.*

5. Au bas de la même page (*ibid*). Trad. Le Monnier: 'si je pouvais le congédier!' Diderot barre *le congédier* et écrit d'abord en marge *l'écarter.* La correction est raturée; on lit, au-dessus: *le rayer.*

Nous pouvons donc suivre le travail de Diderot correcteur dans son évolution et ses hésitations. Les seuls cas de corrections illisibles sont rares et ne concernent que des indications brèves et raturées.

J'en viens au problème le plus difficile, celui de la présentation.

Il paraît impossible, pour des raisons pratiques, de reprendre la solution adoptée pour les marginalia de *De l'Esprit.* L'exemplaire des épreuves de Le Monnier est unique (il procure un texte qui ne correspond pas à la version définitive publiée par le traducteur); on devrait donc reproduire telles quelles les interventions faites par Diderot sur le texte de la traduction, au risque de rendre celle-ci parfois illisible (voir des exemples sur les illustrations 1 et 2), et de compliquer à l'extrême le rapport entre la transcription imprimée des notes de Diderot et les marques portées dans le texte des épreuves (voir la page 165 – notes sur la *Satire V*, illustration no 3).

Nous avons opté pour une autre solution. Nous reproduisons intégralement le texte de la traduction tel qu'il figure sur les épreuves – même lorsqu'il ne fait pas l'objet de corrections par Diderot – de manière à permettre une lecture suivie de l'ensemble des *Satires* et à connaître ainsi les pages et les phrases que Diderot n'a pas corrigées. Les mots ou groupes de mots corrigés par Diderot sont encadrés de crochets obliques suivis, en italiques ou en gras (ce détail n'est pas réglé) par la correction de Diderot.[5] Les commentaires de Diderot (souvent placés par lui entre parenthèses) seront séparés du texte imprimé des épreuves par des lignes et sans doute composés dans un autre corps. Lorsque Diderot a biffé des premières corrections, celles-ci seront reproduites à la place habituelle des variantes.

Reste le problème des corrections strictement typographiques. Faut-il reproduire les corrections qui portent sur des coquilles, des fautes d'orthographe, des signes de ponctuation, etc? Dans ce cas, on devrait aussi maintenir les erreurs que Diderot n'a pas corrigées. Visiblement Diderot n'a pas été – ou n'a pas voulu être – un bon correcteur d'épreuves; il a laissé échapper une quarantaine de fautes. (Toutes, sauf deux, ont été corrigées dans l'édition.) Son attention s'est surtout portée sur le style et le contenu de la traduction et des

5. Tel était le principe d'édition adopté d'abord par le secrétariat de DPV. Depuis la présentation de cette communication, il a été décidé (en 1986) de mettre en note toutes les *corrections* de Diderot.

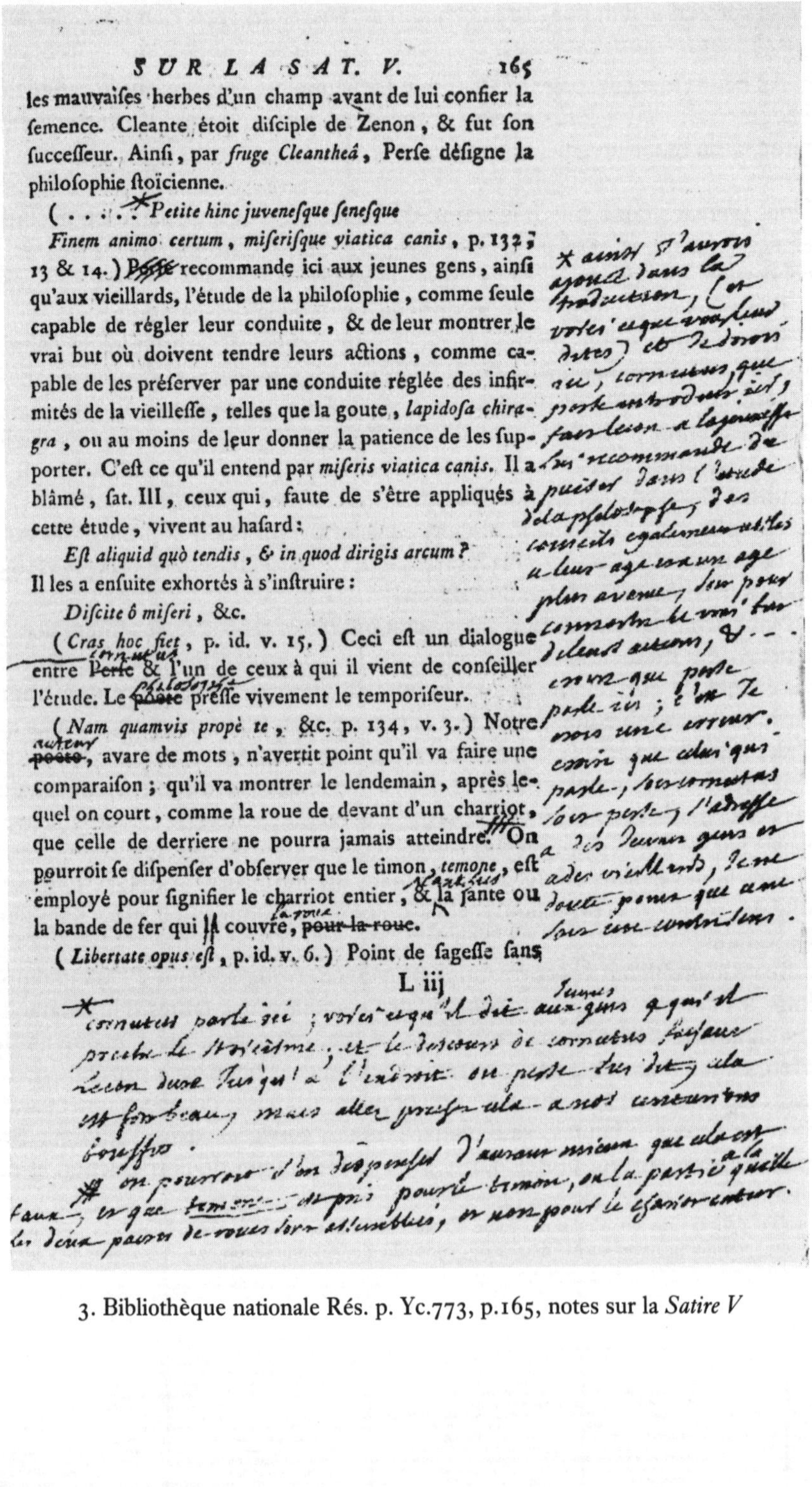

les mauvaises herbes d'un champ avant de lui confier la semence. Cleante étoit disciple de Zenon, & fut son successeur. Ainsi, par *fruge Cleantheâ*, Perse désigne la philosophie stoïcienne.

(. . . . . *Petite hinc juvenesque senesque*
Finem animo certum, miserisque viatica canis, p. 132, 13 & 14.) Perse recommande ici aux jeunes gens, ainsi qu'aux vieillards, l'étude de la philosophie, comme seule capable de régler leur conduite, & de leur montrer le vrai but où doivent tendre leurs actions, comme capable de les préserver par une conduite réglée des infirmités de la vieillesse, telles que la goute, *lapidosa chiragra*, ou au moins de leur donner la patience de les supporter. C'est ce qu'il entend par *miseris viatica canis*. Il a blâmé, sat. III, ceux qui, faute de s'être appliqués à cette étude, vivent au hasard :

Est aliquid quò tendis, & in quod dirigis arcum?

Il les a ensuite exhortés à s'instruire :

Discite ô miseri, &c.

(*Cras hoc fiet*, p. id. v. 15.) Ceci est un dialogue entre Perse & l'un de ceux à qui il vient de conseiller l'étude. Le poëte presse vivement le temporiseur.

(*Nam quamvis propè te*, &c. p. 134, v. 3.) Notre poëte, avare de mots, n'avertit point qu'il va faire une comparaison ; qu'il va montrer le lendemain, après lequel on court, comme la roue de devant d'un charriot, que celle de derriere ne pourra jamais atteindre. On pourroit se dispenser d'observer que le timon, *temone*, est employé pour signifier le charriot entier, & la sante ou la bande de fer qui la couvre, pour la roue.

(*Libertate opus est*, p. id. v. 6.) Point de sagesse sans

L iij

3. Bibliothèque nationale Rés. p. Yc.773, p.165, notes sur la *Satire V*

notes, aux dépens de la forme typographique. Nous avons donc l'intention de reproduire les corrections rédactionnelles et de signaler seulement dans l'Introduction les corrections typographiques. Nous corrigerons aussi les erreurs que Diderot a oublié de corriger.

Toutefois, ces dispositions prises pour transcrire les marginalia de la traduction de Perse ne règlent pas tous les problèmes posés par l'édition de ce travail inédit. La solution idéale consisterait à reproduire intégralement le texte latin (l'édition de Le Monnier est bilingue), le texte français des épreuves et des notes, et le texte définitif de la traduction et des notes tel que Le Monnier l'a publié. Le lecteur aurait ainsi entre les mains le dossier complet de la collaboration de Diderot à cette traduction de Perse, et il pourrait observer ce qui est resté de son travail dans l'édition achevée. Cette solution idéale étant trop coûteuse et trop encombrante, nous avons adopté un compromis. Nous mettrons en note – ou dans le texte – les vers latins qui correspondent aux corrections ou aux remarques de Diderot. Nous ne reproduirons pas toutes les notes de Le Monnier qui accompagnent sa traduction, mais selon la même disposition que pour le texte latin des *Satires*, nous donnerons les passages de ces notes qui font l'objet des remarques de Diderot.

Quant au sort que Le Monnier a réservé aux corrections de Diderot, il suffira d'indiquer en note les modifications correspondantes apportées par le traducteur à son propre texte. Disons, pour simplifier, que celui-ci a réagi de trois manières aux propositions de Diderot: 1. il a retenu la correction de Diderot; 2. il n'en a tenu aucun compte et a conservé le texte tel qu'il existe sur les épreuves; 3. il a modifié son texte en le corrigeant autrement que Diderot le proposait ou en n'acceptant que partiellement la correction indiquée par celui-ci. Il va de soi que d'autres passages, non corrigés par Diderot, ont été modifiés dans la version finale. Le Monnier a pu lui-même faire ces corrections ou profiter des avis formulés par d'autres correcteurs. Rien n'interdit de supposer que Diderot n'ait pas été le seul à aider le traducteur à corriger ses épreuves.

J'en viens enfin au problème de l'interprétation. Je serai bref, car ce problème, dans le cas des marginalia qui nous occupent, est le plus facile. Je l'ai dit, les notes de Diderot, destinées à un ami, sont suffisamment explicites pour qu'on n'ait pas à s'interroger sur ce qu'il veut dire. Il reste que le travail de l'éditeur d'aujourd'hui doit répondre à deux ordres de questions. Tout d'abord aux questions appelées par la compréhension des corrections de Diderot. Lorsque, par exemple, celui-ci propose de remplacer 'il est tout malade, une bile âcre l'étouffe', par 'il est tout maléficié, une bile âcre l'étouffe' (p.47, voir illustration no 2);[6] ou bien, 'cette espèce de mauvaise odeur [...] est celle qui sort de la

6. On remarque qu'au dessous de *maléficié*, Diderot a écrit, entre parenthèses: 'C'est le mot.'

terre qui renferme des mines de soufre', par 'cette espèce de mauvaise odeur [...] est celle qui s'exhale des mines sulfureuses et qu'on appelle mouffette' (p.101); ou encore lorsque dans une note de Le Monnier qui précise que *tesserula* est le diminutif de *tessera* qui signifie 'une marque, une empreinte, un méreau' et que Diderot souligne ce dernier mot, *méreau*, en écrivant en marge 'ce mot est-il français?', il va de soi que *maléficié*, *mouffette* et *méreau* doivent faire l'objet d'un commentaire. De ce point de vue, les notes d'interprétation sont celles qu'on attend de toute édition critique. Mais il existe un autre ordre de questions: celles qui sont posées, plus particulièrement, par le travail de Diderot. Il s'agit de l'interprétation qu'on peut donner de ses corrections et de ses observations sur une traduction du latin, c'est-à-dire d'apprécier la pertinence de sa lecture de Perse. Ici la parole est au latiniste; comme je l'ai dit, nous avons le concours d'un spécialiste, Jean Gérard, pour juger du bien fondé des réactions de Diderot.

EMITA HILL

L'aménagement des manuscrits de Diderot par Vandeul: la *Dispute sur la postérité*

LORSQUE Vandeul a commencé à préparer la *Dispute sur la postérité ou le Pour et le contre* pour la publication, il avait à sa disposition une copie (n.a.fr.24936) faite pour Falconet à Saint-Pétersbourg en 1767, peu après la date des lettres. Falconet avait gardé les lettres de Diderot, et il avait fait des doubles des siennes. Les lettres n'existent plus, mais nous n'avons pas de raison de douter que la copie fût fidèle, même si elle comportait des erreurs. Falconet avait envoyé cette copie à Diderot à Paris, qui la reçut en septembre 1767. A la mort de Diderot, dix-sept ans plus tard, cette copie ne portait qu'une trace de la main de Diderot. Un seul feuillet autographe était épinglé à une des pages du manuscrit. A part cela, rien. Le manuscrit portait, par contre, beaucoup de corrections de la main de Falconet: des blancs laissés par le copiste avaient été remplis, des fautes d'orthographe corrigées, et Falconet avait ajouté des passages et supprimé des mots ou des phrases dans ses propres lettres. Il avait toujours respecté le texte de Diderot et n'y était intervenu que pour corriger les bévues du copiste. Le manuscrit portait aussi une dizaine d'interventions de la main de Naigeon à qui Diderot l'avait montré dès qu'il l'avait reçu en 1767.

Heureusement pour nous, ce manuscrit est parmi ceux qui ont été copiés juste avant ou après la mort de Diderot pour la collection de Catherine de Russie. J'ai pu consulter sur microfilm le manuscrit de Leningrad (fig.1) qui contient, incorporées au texte, toutes les interventions de Falconet et de Naigeon, corrections, suppressions, et additions: ce qui nous permet de distinguer entre les interventions de Falconet et de Vandeul, même lorsqu'il ne s'agit que d'une variante de ponctuation ou d'un trait qui marque la suppression d'un mot isolé comme 'et', 'mais' ou 'de'. Sans l'existence du manuscrit de Leningrad, il serait pratiquement impossible d'attribuer avec certitude ce genre de variante à l'un ou à l'autre. Tous deux utilisent parfois une encre brune; tous deux interviennent dans la ponctuation de la même façon; tous deux utilisent parfois une ligne droite, parfois une ligne tremblée pour des suppressions.

Malheureusement la copie faite pour Catherine ne contient pas les lettres de Falconet. Elle ne contient du sculpteur que les paragraphes qu'il a intercalés comme 'réponses' entre les paragraphes des très longues lettres XV et XVI de

Diderot. Il ne m'est donc pas possible d'identifier l'auteur dc chaque variante de ponctuation ou de chaque suppression dans le texte de Falconet. La plupart pourtant ont une origine évidente parce que Vandeul accompagne les suppressions importantes d'instructions pour le copiste, et sa main et celle de Falconet sont faciles à distinguer. Il reste cependant quelques cas où je ne peux me prononcer, et il faut s'en tenir au plus probable. Mais grâce à la copie de Leningrad ce problème n'existe pas pour les lettres de Diderot, et c'est le texte de Diderot qui nous intéresse ici.

Les révisions de Vandeul sont de plusieurs sortes: les unes sont stylistiques, les autres regardent l'organisation des lettres et sont très importantes. Il faut croire que Vandeul a pris sur lui la responsabilité de cette révision et qu'il a agi de son propre chef. A partir de septembre 1767, Diderot avait répété dans ses lettres à Falconet son intention de réviser les lettres, mais il n'a rien laissé, semble-t-il, à ce sujet: Vandeul ne mentionne pas des instructions de son beau-père lorsqu'il intervient pour changer le ton, l'organisation, le texte même de certaines lettres. Diderot a écrit à Falconet qu'il voulait relire la correspondance 'avec plus de scrupules encore et d'attention pour votre compte que pour le mien', et il avait parlé surtout de vérifier les citations. Il a dit aussi qu'il voulait en adoucir le ton pour ôter tout ce qui pouvait donner l'impression d'une querelle. 'S'il y a dans mes papiers la moindre chose qui puisse vous blesser, je la supprimerai.' Mais il n'a jamais parlé de refaire ces lettres, même pas les premières lettres, qu'il traitait de 'petits chiffons [...] écrits sur le bout de la table'. Au contraire, il avait conseillé à Falconet de ne pas toucher à celles-ci. 'Si vous m'en croyez, vous ne supprimerez rien de ces feuillets-là. Vous risquez, en les châtiant, de leur ôter un air de négligence qui plaît toujours.'

A moins que Diderot n'ait laissé des instructions toutes différentes pour son gendre, à moins de supposer qu'il n'était pas sincère lorsqu'il déconseillait à Falconet ce genre de révision et qu'il voulait se réserver ce rôle parce qu'il se méfiait du jugement et du goût littéraire de son ami, il faut croire que Vandeul a agi seul lorsqu'il a décidé un remaniement important de la *Dispute*. Les révisions stylistiques modifient le ton. Vandeul essaie de transformer ce qui était à l'origine des lettres entre amis en dialogue formel. Il élimine le tutoiement – ce que Diderot aurait certainement approuvé: le manuscrit de Leningrad n'a pas de tutoiement – mais avec le tutoiement Vandeul enlève des expressions comme 'mon ami', 'cher ami', 'je vous aime de tout mon cœur'. Il adoucit le ton agressif de quelques remarques, ce que Diderot aurait peut-être approuvé. *Vous êtes assez bête pour ignorer* devient *vous ignorez*; *avez-vous le diable au corps* devient *y pensez-vous*; *votre furie* devient *votre critique*; *deux ou trois monstres comme vous* devient *deux ou trois hommes*, et ainsi de suite. Il enlève la plupart des jurons comme *diable*, *parbleu*, ou *pardieu*, et les remplace par *eh bien* ou *mais*.

Vandeul supprime la plupart des conjonctions *et* et *mais*; il remplace ensuite les virgules et points-virgules par des points et deux points, transformant ainsi le style syntactique de la correspondance en un style paratactique, plus propre à l'argumentation ou à un traité, moins propre à des lettres entre amis. Tout ceci n'est pas grave. Mais Vandeul ne se limite pas à ces révisions stylistiques d'un éditeur consciencieux. Il intervient surtout dans les premières lettres de Diderot pour les rallonger, ensuite dans les lettres de Falconet pour les raccourcir. Il supprime presque toutes les additions de Falconet, et il supprime beaucoup du texte original. Dans les lettres xv et xvi de Diderot, auxquelles Falconet avait répondu en y insérant directement ses remarques, Vandeul élimine brutalement ces réponses, qui sont préservées dans la copie faite pour Catherine. Sur 78 'réponses' à la lettre xv il en élimine 70; sur les huit qu'il garde en partie ou en entier, il traite les sept premières de 'notes' de Falconet; quant à la dernière, 181 lignes dans le manuscrit, il la supprime d'abord, puis la rétablit comme une 'lettre' pour laquelle il invente une date. Dans la lettre xvi Vandeul supprime 39 des 42 réponses. Les trois réponses qu'il garde sont regroupées par lui pour devenir deux textes indépendants: une 'réponse de Falconet', à laquelle il donne la date du 10 octobre 1766, et une 'lettre' de Falconet de janvier 1767, date donnée par Falconet à toutes ses réponses à cette lettre.

Son intention évidente en ce qui concerne les lettres de Diderot est d'établir un équilibre en raccourcissant les longues lettres et en rallongeant les petites lettres du début de la correspondance. Il supprime peu dans les longues lettres de Diderot, mais il les coupe en plusieurs morceaux. Le manuscrit avait 18 lettres en tout; la version de Vandeul en a 23. Chaque fois qu'il crée une lettre de cette façon il doit inventer une date pour cette lettre. Les dates sont ainsi toutes fictives. Afin de rallonger les trois premières lettres il y fait des ajouts au point que ces lettres deviennent le double de ce qu'elles étaient. Ce ne sont plus dans la version de Vandeul les 'chiffons' dont parlait Diderot lorsqu'il disait à Falconet de ne pas y toucher. 'L'air de négligence' en a disparu. C'est ici que Vandeul agit avec le moins de respect pour le texte, avec une attitude qui est aux antipodes de nos scrupules d'éditeurs modernes, soucieux de respecter le texte et les intentions d'un auteur et d'établir un texte fidèle à l'original. Les ajouts de Vandeul au texte consistent tout d'abord en fragments transposés d'une lettre plus longue à une lettre plus courte à l'intérieur de cette correspondance, mais il y a aussi des textes nouveaux dont nous ne connaissons pas la provenance.

Vandeul essaie de rapprocher des passages ayant trait au même sujet dans le but évident de créer un document plus cohérent et plus systématique, mais il y réussit mal. Des sept paragraphes ajoutés à la lettre I, trois se trouvaient déjà dans cette lettre mais à un endroit différent. Les textes nouveaux présentent des thèmes et un vocabulaire absents de la lettre originale. Là où Diderot parlait de l'artiste, de considérations artistiques et de valeurs esthétiques, il y a maintenant une discussion sur l'homme vertueux et les valeurs éthiques. Des douze paragraphes ajoutés à la lettre III, deux proviennent de la lettre VII; il y en a un, le dernier, qui reproduit (avec des variantes) le texte d'un fragment autographe qui existe dans le fonds Vandeul (B.N., n.a.fr.24932, f.140; fig.2). Ce fragment a pu être destiné par Diderot à la *Dispute*, mais rien ne le prouve. De même les autres ajouts pour lesquels nous n'avons pas d'autographes de Diderot semblent bien par le style et par les thèmes être de lui – Vandeul n'aurait pas écrit ces textes – mais nous ne pouvons savoir si Diderot les destinait à la *Dispute*, ou bien à un des *Salons*, ni à quel endroit il aurait voulu les mettre.

On peut constater que les ajouts aux premières lettres, comme ceux que j'ai mentionnés à la lettre I sur l'homme vertueux, sont mal placés. Les suppressions opérées par Vandeul faussent aussi le dialogue parce que la façon de composer suivie par Diderot et aussi par Falconet dans les longues lettres – c'est-à-dire à partir de la lettre VII – a été de commenter les lettres précédentes. Diderot citait une phrase d'une lettre de Falconet (tous deux soulignaient les passages cités), puis il la commentait, le plus souvent pour la réfuter. Les citations viennent dans l'ordre où elles étaient dans les lettres de Falconet. Celui-ci a travaillé de la même façon jusqu'à la lettre XV où, au lieu d'écrire une lettre, il rédige des réponses à insérer directement dans le texte de la lettre de Diderot, à côté du paragraphe ou de la phrase qui l'avait provoquée. Avant d'envoyer une copie de la *Dispute* à Diderot, il avait fait insérer ces paragraphes par son copiste à Saint-Pétersbourg.

Lorsque Vandeul supprime des passages dans les longues lettres de Falconet, il supprime souvent les endroits auxquels Diderot répondait dans les siennes. Lorsqu'il transpose des passages d'une lettre de Diderot à une autre lettre, il détruit la logique – une logique chronologique – de la suite des idées dans la correspondance. Le résultat pour le lecteur attentif du manuscrit Vandeul est une succession de *non sequitur*. Au lieu d'atteindre son but, établir un ordre cohérent, Vandeul a fait tout le contraire. Diderot et Falconet faisaient un travail d'exégèse méthodique. Leurs lettres étaient certes très longues, et même ennuyeuses, mais l'un et l'autre y avaient contribué. Vandeul n'a pas agi en éditeur consciencieux lorsqu'il a remanié cette correspondance sans faire attention aux intentions évidentes des deux amis.

Dans un seul cas les ajouts au texte sont, semble-t-il, vraiment de Diderot et à leur place dans la correspondance. Il s'agit des quatre fragments insérés par Vandeul dans les lettres VIII et X de Falconet sous forme de paragraphes séparés, chacun appelé à un endroit précis de la lettre de Falconet et commentant de près cet endroit (fig.3). C'est exactement ce que Falconet a fait avec ses réponses aux lettres XV et XVI de Diderot. Ce qui donne encore plus de poids à l'argument en faveur de l'authenticité de ces ajouts (intitulés 'notes de l'éditeur' par Vandeul), c'est qu'à chaque endroit où il a appelé une note, nous pouvons voir sur les marges de la page du manuscrit des trous faits par une épingle et des traces de rouille. Or, à la fin de la lettre IX, Diderot avait déclaré à Falconet: 'Il faut [...] que j'intercale des papiers blancs entre vos feuillets afin de jeter mes observations tout contre les vôtres' DPV, xv.96); et dans une page intitulée 'Sur ma manière de travailler', il écrira: 'S'il se présente quelque idée nouvelle dont la place soit éloignée, je la mets sur un papier séparé' (*Mémoires pour Catherine II*, Paris 1966, p.247). Lorsque Herbert Dieckmann a retrouvé ce manuscrit de la *Dispute* dans le fonds Vandeul, il y avait un seul feuillet autographe attaché par une épingle du dix-huitième siècle au folio 279 (fig.4). Les trous en marge de l'endroit où Vandeul a inseré les 'notes de l'éditeur' indiquent l'existence d'une intervention de Diderot, quoique nous n'ayons plus les feuillets autographes. Les 'notes' aux lettres VIII et X seraient donc bien de Diderot et à leur place. Diderot aurait épinglé de petits feuillets à ces endroits; Vandeul les aurait copiés sur un grand folio, et aurait jeté les feuillets autographes. Ces notes copiées par Vandeul sont nettes, peu raturées, ce qui indique aussi qu'elles n'étaient pas de lui. Par contre les ajouts aux premières lettres sont très raturés (fig.5); Vandeul se ravise sur l'endroit où les mettre; il refait surtout les transitions. De même en tête des lettres et aux endroits où il tire plusieurs morceaux d'une seule lettre, ses introductions et transitions sont raturées et témoignent de ses hésitations. Les folios qui portent les ajouts aux premières lettres ne sont pas à leur place. Dans le manuscrit les pages voisines n'ont pas de trous en marge.

En conclusion donc, Vandeul semble avoir suivi les intentions de son beau-père lorsqu'il a fait une simple révision stylistique en éliminant le tutoiement et en adoucissant le ton de quelques répliques. Il a probablement copié les notes aux lettres VIII et X d'après des feuillets laissés par Diderot. Ces 'notes' critiquent les remarques de Falconet sur Pline. Mais pour tout le reste – y compris les ajouts, les suppressions, et les transpositions de textes d'un endroit à un autre – Vandeul semble n'avoir eu pour guide que ses propres idées et son propre jugement. Il a pris sur lui une responsabilité qui dépasse de loin ce que nous pourrions approuver. Il a refait le texte selon ses vues et ce n'est plus le texte de Diderot et de Falconet.

Cependant, avant de le condamner trop sévèrement, reconnaissons que Falconet lui-même a refait ses propres lettres lorsqu'il a voulu les publier, et qu'il y a mis tant d'ajouts qu'elles sont plus de deux fois plus longues que dans l'original. Ni les auteurs ni les éditeurs n'avaient devant les textes nos scrupules d'exactitude ou d'authenticité. Ils ont fait ce qu'ils croyaient devoir faire; en corrigeant leur travail pour revenir le plus près possible du texte tel qu'il a été conçu, nous avons fait à notre tour ce que nous avons cru devoir faire (voir DPV, xv).

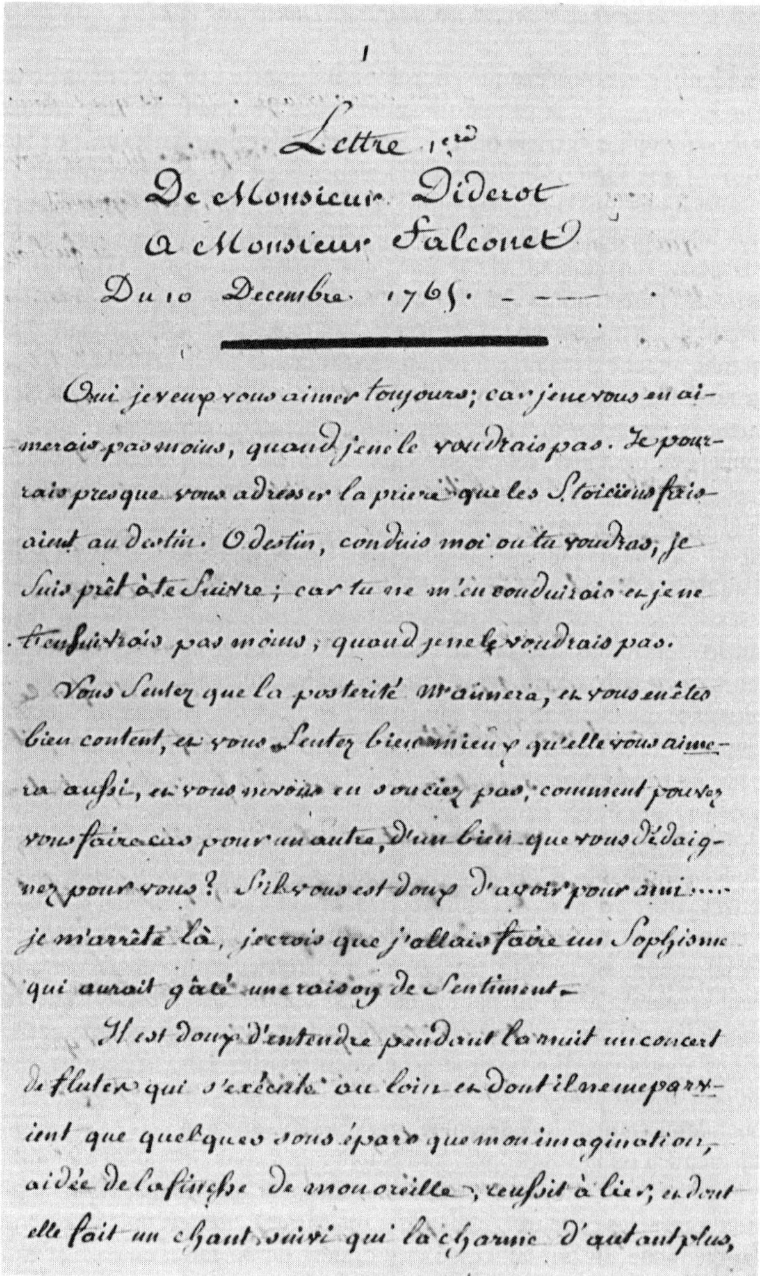
1

Lettre 1.ere
De Monsieur Diderot
a Monsieur Falconet
Du 10 Decembre 1765. ---

Oui je veux vous aimer toujours; car je ne vous en aimerais pas moins, quand je ne le voudrais pas. Je pourrais presque vous adresser la prière que les Stoïciens faisaient au destin. O destin, conduis moi où tu voudras, je suis prêt à te suivre; car tu ne m'en conduirois et je ne t'en suivrais pas moins, quand je ne le voudrais pas.

Vous sentez que la posterité m'aimera, et vous en êtes bien content, et vous sentez bien mieux qu'elle vous aimera aussi, et vous ne vous en souciez pas; comment pouvez vous faire cas pour un autre, d'un bien que vous dédaignez pour vous? S'il vous est doux d'avoir pour ami.... je m'arrête là, je crois que j'allais faire un Sophisme qui auroit gâté une raison de sentiment.

Il est doux d'entendre pendant la nuit un concert de flutes qui s'exécute au loin et dont il ne me parvient que quelques sons épars que mon imagination, aidée de la finesse de mon oreille, reussit à lier; et dont elle fait un chant suivi qui la charme d'autant plus,

1. Correspondance avec Falconet, début, copie *L*; cote: ERM.FR 42/32, f.1 (copiste B, jusqu'au f.8 incl.).

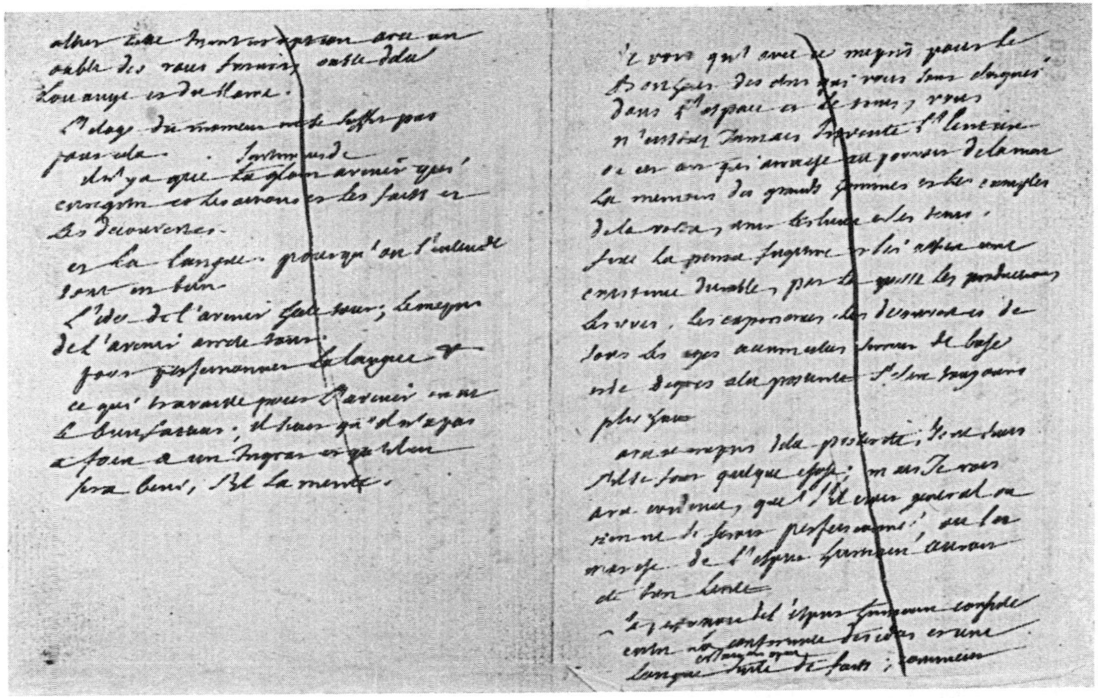

2. n.a.fr.24932, f.140*v*: fragment autographe dont le texte a été ajouté à la lettre III dans le ms.24936. (*grandeur 75%*)

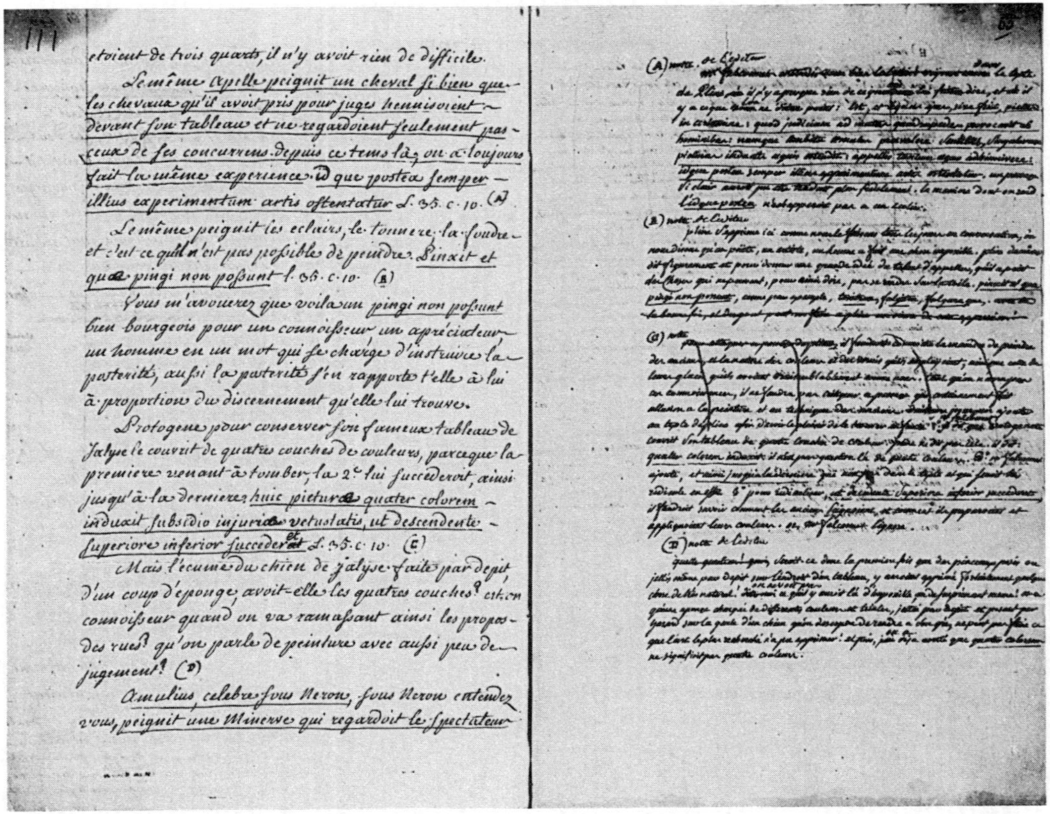

etoient de trois quarts, il n'y avoit rien de difficile.

Le même Apelle peignit un cheval si bien que les chevaux qu'il avoit pris pour juges hennisoient devant son tableau et ne regardoient seulement pas ceux de ses concurrens. depuis ce tems là, on a toujours fait la même experience. id que postea semper illius experimentum artis ostentatur. l. 35. c. 10. (A)

Le même peignit les eclairs, le tonnere, la foudre et c'est ce qu'il n'est pas possible de peindre. Pinxit et quae pingi non possunt l. 35. c. 10. (B)

Vous m'avouerez que voila un pingi non possunt bien bourgeois pour un connoisseur un appréciateur un homme en un mot qui se charge d'instruire la posterité, aussi la posterité s'en rapporte t'elle à lui à proportion du discernement qu'elle lui trouve.

Protogene pour conserver son fameux tableau de Jalyse le couvrit de quatres couches de couleurs, parceque la premiere venant à tomber, la 2e lui succederoit, ainsi jusqu'à la derniere. huic picturae quater colorem induxit subsidio injuriae vetustatis, ut descendente superiore inferior succederet. l. 35. c. 10. (C)

Mais l'ecume du chien de Jalyse faite par depit d'un coup d'eponge, avoit-elle les quatres couches? est-on connoisseur quand on va ramassant ainsi les propos des rues? qu'on parle de peinture avec aussi peu de jugement? (D)

Amulius, celebre sous Neron, sous Neron entendez vous, peignit une Minerve qui regardoit le spectateur

(A) notte de l'editeur

(B) notte de l'editeur

(C) notte

(D) notte de l'editeur

3. Fragments ajoutés par Vandeul dans n.a.fr.24936: ils sont sans doute issus de morceaux autographes qui étaient épinglés aux endroits où l'insertion est faite.

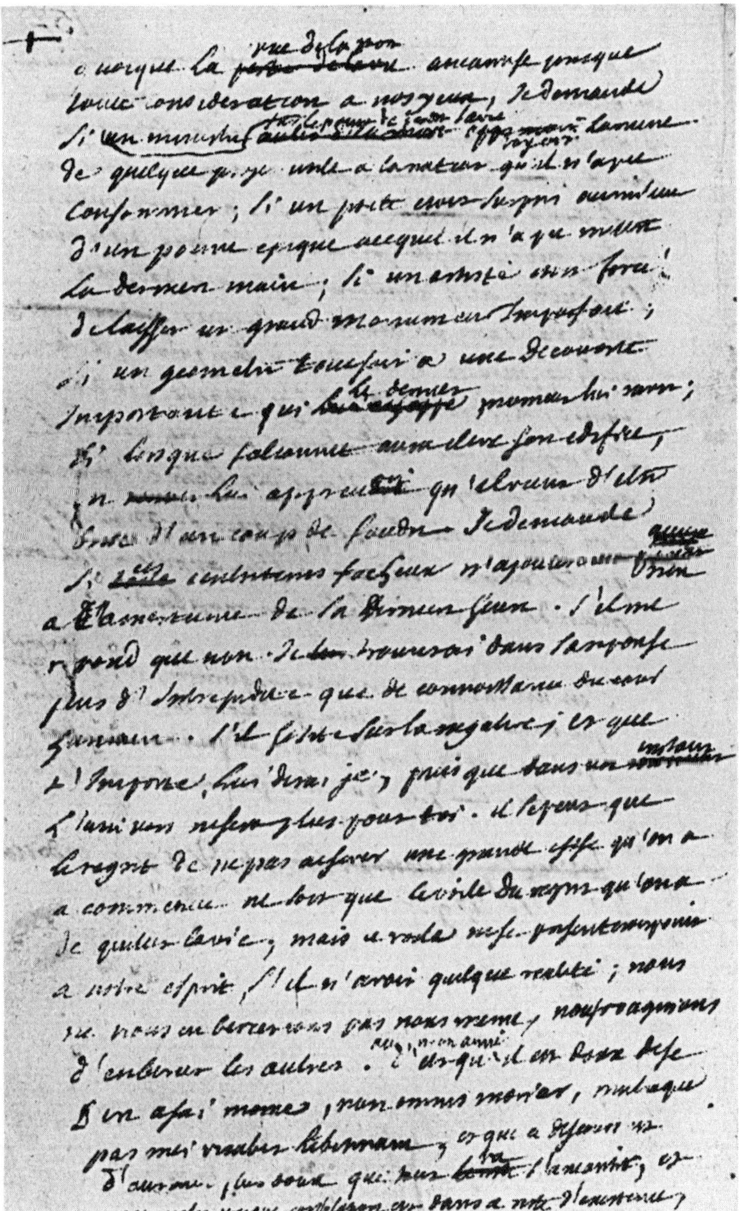

4. n.a.fr.24936: début du fragment autographe qui était épinglé à la page 279 (cette référence figure à la fin du morceau).

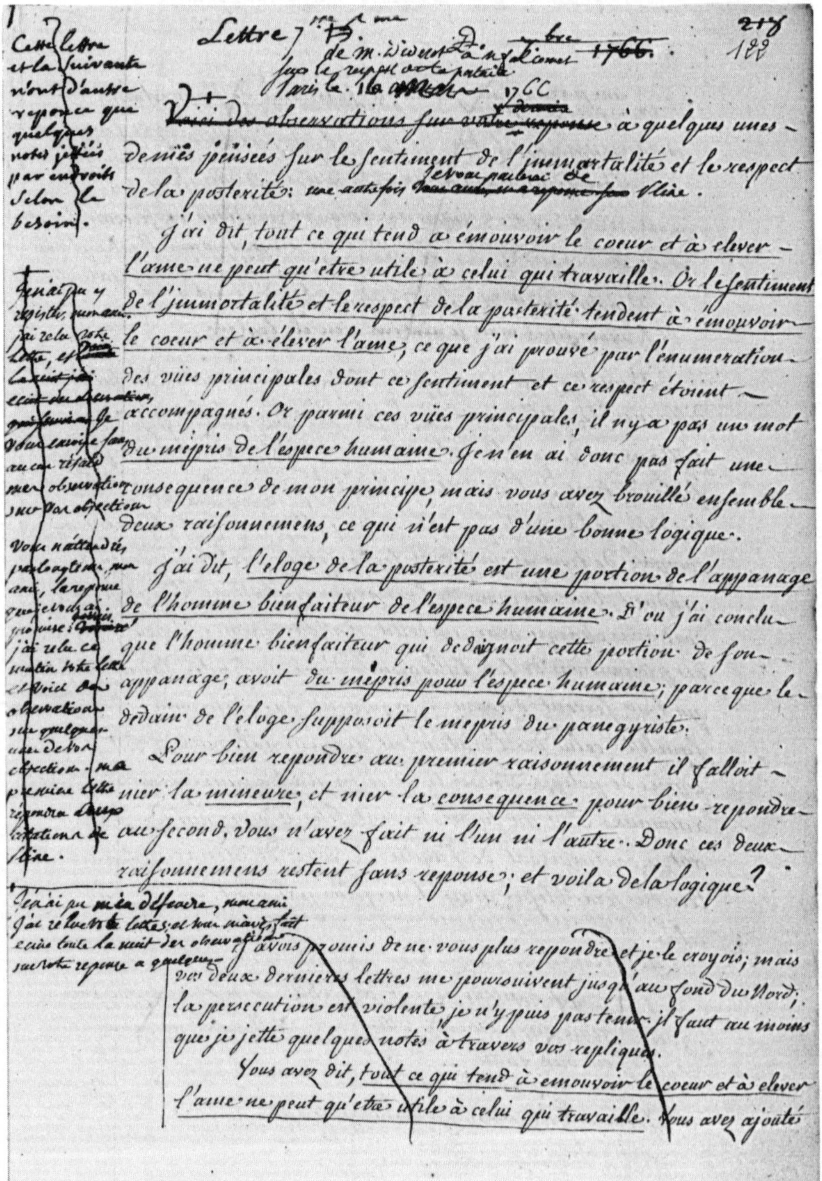

Lettre 7me ~~15~~ de M. Diderot à M. Falconet ~~Xbre 1766~~. 218 / 188

Sans le rappel de la préface

Paris le 16 [illegible] 1766

~~Voici des observations sur votre réponse~~ à quelques unes de mes pensées sur le sentiment de l'immortalité et le respect de la posterité: une autrefois [illegible] Pline.

J'ai dit, tout ce qui tend à émouvoir le coeur et à élever l'ame ne peut qu'être utile à celui qui travaille. Or le sentiment de l'immortalité et le respect de la posterité tendent à émouvoir le coeur et à élever l'ame, ce que j'ai prouvé par l'enumeration des vües principales dont ce sentiment et ce respect étoient accompagnés. Or parmi ces vües principales, il n'y a pas un mot du mepris de l'espece humaine. Je n'en ai donc pas fait une consequence de mon principe, mais vous avez brouillé ensemble deux raisonnemens, ce qui n'est pas d'une bonne logique.

J'ai dit, l'eloge de la posterité est une portion de l'appanage de l'homme bienfaiteur de l'espece humaine. D'où j'ai conclu que l'homme bienfaiteur qui dedaignoit cette portion de son appanage, avoit du mepris pour l'espece humaine; parceque le dedain de l'eloge supposoit le mepris du panegyriste.

Pour bien repondre au premier raisonnement il falloit nier la mineure, et nier la consequence pour bien repondre au second. Vous n'avez fait ni l'un ni l'autre. Donc ces deux raisonnemens restent sans reponse; et voila de la logique?

J'avois promis de ne vous plus repondre et je le croyois; mais vos deux dernieres lettres me poursuivent jusqu'au fond du Nord; la persecution est violente, je n'y puis pas tenir. Il faut au moins que je jette quelques notes à travers vos repliques.

Vous avez dit, tout ce qui tend à émouvoir le coeur et à élever l'ame ne peut qu'être utile à celui qui travaille. Vous avez ajouté

Cette lettre et la suivante n'ont d'autre reponse que quelques notes jettées par endroits selon le besoin.

Je n'ai pu m'en défendre, mon ami, j'ai relu votre lettre, et vous m'avez fait écrire toute la nuit des observations sur votre reponse à quelques

5. n.a.fr.24936: hésitations de Vandeul. (*grandeur 50%*)

JEAN MAYER

La composition fragmentaire des *Eléments de physiologie* (problèmes d'édition)

Les œuvres que Diderot n'a pas publiées de son vivant posent des problèmes particuliers, qui s'ajoutent à ceux que rencontrent ordinairement les éditeurs, mais qui de plus varient d'un ouvrage à l'autre, exigeant chaque fois des solutions adaptées. Confronter dix-sept éditions d'une dissertation de Voltaire – comme nous en avons eu l'occasion – est infiniment plus facile que de comparer les deux versions connues des *Eléments de physiologie*.

Nous évoquerons brièvement l'histoire du texte, telle qu'on peut la reconstituer, et les questions que pose sa genèse, pour concentrer notre attention sur la présentation du texte et des variantes.

L'intérêt de Diderot pour la physiologie remonte au plus tard à 1753 et aux conjectures des *Pensées sur l'interprétation de la nature*. Une première lecture des *Primae lineae physiologiae* de Haller provoque un jugement réservé, sur lequel le philosophe reviendra plus tard. Cependant, très vite, l'*Encyclopédie* envahit son existence et relègue à l'arrière-plan toute étude spéculative. En 1765, libéré, pour l'essentiel, de sa tâche, Diderot s'empresse de reprendre sa lecture des physiologistes les plus récents. Deux rattrapages (Whytt, Le Camus) faits dans une réédition peuvent étayer notre hypothèse sur la date de cette reprise.

Les notes de lecture s'entassent au jour le jour sous forme de feuilles volantes, dans un dossier qui ne nous a pas été conservé (les *nottes de la main de mon pere sur la phisiologie* sont tout autre chose), mais dont l'existence est rendue plus que probable par des arguments de poids: les indications de Diderot dans la page très connue 'Sur ma manière de travailler', adressée à Catherine II; la mobilité exceptionnelle des courtes unités de composition dont est constitué le texte des *Eléments*; le nom de *fragments* que Diderot leur donne dans l''Avertissement' qui accompagne la version du *Rêve de d'Alembert* remise à Catherine II en 1774. L'importante découverte par Georges Dulac de cette version du *Rêve* a montré une fois de plus combien la genèse du *Rêve* et celle des *Eléments* étaient liées; les *Fragmens dont on n'a pu retrouver la véritable place*, joints en appendice à ce texte, corroborent (s'il en était besoin) l'hypothèse d'une composition fragmentaire (voir DPV, xvii.211-60).

L'information de Diderot se poursuit jusqu'en 1780, avec des périodes d'activité plus intense: 1769, date à laquelle les trois dialogues jaillissent d'un dossier déjà volumineux; 1774-1775, époque du *Voyage de Hollande* et de la *Réfutation d'Helvétius*, dont les thèmes s'entremêlent à ceux des *Eléments* et les complètent; 1780 enfin, où la lecture de Peyrilhe et les *Additions à la Lettre sur les aveugles* précèdent immédiatement la coulée en moule de l'ouvrage.

Avant d'exploiter son dossier, Diderot éprouve le besoin d'en fixer le classement initial; ce service lui serait rendu aujourd'hui par la photocopie; c'est l'excellent copiste Girbal qui s'en charge. Puis Diderot recompose l'ensemble, bouleversant profondément l'ordre des quelque seize cents fragments accumulés durant quinze ans, éliminant environ huit pour cent de ses matériaux, mais surtout récrivant fréquemment, phrase par phrase, un texte dont il modifie la perspective, quelquefois même l'esprit ou la teneur.

Tout est problème dans les *Eléments de physiologie*, depuis le titre, repris de Haller et qui convient peu au genre de l'ouvrage, jusqu'à l'état final de celui-ci et aux raisons plus ou moins probantes qu'on peut avoir de le considérer comme inachevé ou imparfait. Si la question des sources a pu être résolue de façon satisfaisante, grâce à une bibliographie autographe que nous avons retrouvée dans le fonds Vandeul à la Bibliothèque nationale de Paris, celle de la datation des fragments est presque impossible sauf dans des cas très limités ('J'avais 66 ans passés quand je me disais ces vérités'[1]).

Ces difficultés-là, plus ou moins considérables, sont le pain quotidien de tous les éditeurs. Tout autre est la question posée par l'établissement du texte, sa présentation et ses variantes. Dès l'abord, le choix du texte de base impose une décision paradoxale: malgré ses qualités, l'excellente copie Girbal doit être écartée au profit du tome xxxii du fonds Vandeul, texte d'une main que P. Vernière a désignée comme celle du 'copiste E'. Bien que moins soignée, moins élégante, la copie Vandeul représente un état plus achevé de l'ouvrage: c'est elle qu'il faut retenir. Mais la copie Girbal, fixant un état antérieur des lectures et réflexions de Diderot, ne doit pas être purement et simplement rejetée. La solution idéale eût été de l'éditer à part; faute de pouvoir nous y rallier, nous en avons fait une analyse qui figure dans les appendices de l'édition (DPV, xvii.519-29).

Le choix, comme texte de base, de la copie la moins soignée conduit l'éditeur à s'en écarter plus fréquemment qu'il n'est d'usage. Une fidélité mal entendue à la lettre du document aboutirait à pérenniser les bévues du copiste E ou les interventions parfois maladroites des Vandeul, ce qui peut aller jusqu'au contresens ou au non-sens. Bien entendu, tous ces écarts nécessaires sont

1. *Eléments de physiologie*, DPV, xvii.313.

signalés par des crochets dans le texte et par une note descriptive dans les variantes.

La comparaison de deux textes aussi radicalement différents que la copie Girbal (désignée dans les sigles par *L*) et la copie Vandeul (*V*) doit tenir compte de deux problèmes qui interfèrent: la réorganisation des matériaux suivant un plan nouveau et les modifications locales du texte. En particulier, il faut perdre l'espoir de conserver dans les variantes une information complète sur le texte de *L*. L'éditeur doit donc mettre le lecteur érudit à même de refaire la comparaison s'il en éprouve le besoin; pour cela, une solution apparaît inévitable, quoique pesante: une table de correspondance établie dans les deux sens (DPV → *V* → *L* et *L* → *V*) met en relation, ligne à ligne, les deux textes (ci-après, p.259-305). Le repérage des morceaux du puzzle, qui nous a pris un nombre considérable d'heures, contribue à fonder scientifiquement l'édition critique.

D'autre part la comparaison linéaire des deux rédactions est fréquemment interrompue par la composition fragmentaire. Les mots d'encadrement qui délimitent habituellement une variante disparaissent très souvent; nous avons pris le parti de nous en passer. Les différences entre les deux textes, usuellement signalées par l'alternance du romain (soulignant les changements) et de l'italique (indiquant les éléments conservés) deviennent impossibles à cerner dans le cas des transpositions, habitude constante chez Diderot. Et que devient la collation linéaire des textes dans le cas d'une réduplication (passage sur les eunuques, utilisé deux fois dans *V*)[2] ou dans celui, plus embarrassant, de la réduction d'un doublon (chapitres sur l'estomac, sur le pancréas,[3] entre autres)? A tous ces problèmes on ne peut trouver de solution satisfaisante. Quelques exemples, donnés ci-après, feront partager notre perplexité.

Les passages de *L* non repris dans *V* doivent figurer en appendice dans l'édition: ils sont riches d'information scientifique et philosophique, et leur suppression témoigne parfois d'une évolution ou d'un repentir de Diderot. Il suffit de les donner (dans l'ordre de *L*) sans chercher à les classer. Encore faut-il, si ces fragments sont trop minces pour comporter un sens autonome, les rattacher à leur contexte originel par une note explicative ou un renvoi.

Comme on l'a vu, l'édition critique, tout en utilisant des techniques extrêmement précises, ne saurait se ranger dans les sciences exactes. Nous pensons même qu'une norme de présentation applicable à tous les cas est impossible à définir et que l'éditeur, celui de Diderot surtout, est condamné à inventer pour chaque problème des solutions spécifiques.

2. DPV, xvii.391 et 421.
3. Deuxième partie, chapitres 16 et 19.

La composition fragmentaire des *Eléments de physiologie*

1. *Interversions*

a) 'Les oreillettes ne sont pas doubles dans tous les animaux. Elles sont très irritables.' (*L*, p.75)

'Les oreillettes ou ventricules du cœur sont très irritables, elles ne sont pas doubles dans tous les animaux.' (*V*, f.54*v*; p.369)

b) 'Ce sang n'est presque jamais coagulé, il est noirâtre et dissous;' (*L*, p.288)
'Il n'y est jamais coagulé, mais il est dissous, et noirâtre:' (*V*, f.82*r*; p.408)

c) 'autant d'impressions différentes, autant de sensations diverses.
Il en est de même du froid et du chaud dans tous leurs degrés.' (*L*, p.206)

'autant d'impressions diverses, autant de sensations différentes. Il en est de même du chaud et du froid dans tous leurs degrés.' (*V*, f.117*v*; p.459)

2. *Recomposition d'un développement*

1. Ris. Pourquoi on n'éclate guère seul souvent en compagnie. 2. Ris contagieux. Ris sobre, immodéré. Ris décompose, ôte de la dignité. 3. Hommes et femmes de Cour n'éclatent guère; 4. le gros ris est bourgeois.

5. Ris dans l'homme physique comme dans l'animal, joie. 6. Ris dans la douleur, ris dans le délire.

(6 bis) Rire sans savoir pourquoi; 7. jamais seul, en compagnie, 8. idée du ridicule en général qu'on cherche à connaître. On cherche qui est-ce qui est bossu, qui est-ce qui a dit une sottise etc. 9. Les stupides rient comme les animaux et les enfants. 10. Dans les uns mémoire d'un plaisir passé, dans les autres présence d'un objet qui les flatte.

11. Progrès du ris: l'œil, la lèvre, les poumons, le diaphragme, les flancs, tout le corps.

12. La douleur et la joie font également pleurer.

L'enfant en venant au monde crie, mais ne verse de larmes et ne rit qu'au bout de quarante jours.
(*L*, p.384-85)

12. La douleur et la joie font également pleurer. L'enfant en venant au monde crie, mais ne verse pas de larmes, il ne rit qu'au bout de quarante jours.

5. Ris dans homme physique comme dans l'animal, effet de la joie.

9. Les stupides rient comme les animaux et les enfants.

11. Progrès du ris. L'œil, la lèvre, les poumons, le diaphragme, les flancs, tout le corps.

10. Dans les uns, ris est produit par la mémoire d'un plaisir passé: dans les autres par la présence d'un objet qui les flatte.

6. Ris dans la douleur, ris dans le délire, effets de la contraction des nerfs.

6 bis. Le ris sans savoir pourquoi, 8. c'est par l'idée du ridicule qu'on cherche à connaître: on cherche qui est-ce qui est bossu, qui est-ce qui a dit une sottise.

2. Le ris est contagieux, on fait rire en riant.

Ris sobre, ris immodéré: le ris décompose, [*le copiste donne par erreur:* décomposé] ôte la dignité: 4. le gros ris est bourgeois: 1.-7. Pourquoi n'éclate-t-on guère seul, et souvent en compagnie? 3. Hommes et femmes de cour n'éclatent guère.
(*V*, f.140; p.497-98)

3. *Double utilisation d'un fragment*

MONSTRES

1. Pourquoi l'homme, pourquoi tous les animaux ne seraient-ils pas des espèces de monstres un peu plus durables?

2. Le monstre naît et passe. 3. La Nature extermine l'individu en moins de cent ans. Pourquoi la Nature n'exterminerait-elle pas l'espèce dans une plus longue succession de temps?

4. L'univers ne me semble quelquefois qu'un assemblage d'êtres monstrueux.

5. Qu'est-ce qu'un monstre? Un être dont la durée est incompatible avec l'ordre subsistant.

6. Mais l'ordre général change sans cesse: 7. comment au milieu de cette vicissitude la durée de l'espèce peut-elle rester la même? Il n'y a que la molécule qui demeure éternelle et inaltérable. (*L*, p.355-56)

a) *V*, 1ère partie, 2 (chapitre 'Animal'):

L'ordre général de la nature change sans cesse: au milieu de cette vicissitude la durée de l'espèce peut-elle rester la même? non: il n'y a que la molécule qui demeure éternelle, et inaltérable.

Le monstre naît et meurt; l'individu est exterminé en moins de cent ans. Pourquoi la nature n'exterminerait-elle pas l'espèce dans une longue suite de temps? (*V*, f.22*v*; p.322)

b) *V*, 2ème partie, 25 (chapitre 'Fœtus'):

Pourquoi l'homme, pourquoi tous les animaux ne seraient-ils pas des espèces de monstres un peu plus durables? Pourquoi la nature qui extermine l'individu en peu d'années, n'exterminerait-elle pas l'espèce dans une longue succession de temps? L'univers ne semble quelquefois qu'un assemblage d'êtres monstrueux.

Qu'est-ce qu'un monstre? un être, dont la durée est incompatible avec l'ordre subsistant.

Mais l'ordre général change sans cesse. Les vices et vertus de l'ordre précédent ont amené l'ordre qui est [...] (*V*, f.106*v*; p.444)

Les chiffres ont été introduits dans le texte pour la commodité de l'étude; les références sont données suivant la pagination de *L*, le foliotage de *V* et les pages de notre édition des *Eléments de physiologie* (DPV, xvii).

Tables de correspondance entre le texte *V* des *Eléments de physiologie* et la copie de Leningrad (*L*)

La comparaison de deux versions aussi dissemblables d'une même œuvre exige un apparat critique très fourni, tel que nous l'avons établi pour l'édition Hermann, dite DPV, des *Œuvres complètes* de Diderot, où les *Eléments de physiologie* figurent au tome xvii (1987), pages 261 et suivantes. Mais la description des variantes ne peut être exhaustive, à moins de donner les deux versions en regard l'une de l'autre, en sacrifiant la continuité de l'une d'elles, en l'espèce la copie *L*. A défaut d'une telle solution, l'étude comparative doit être justifiée par un repérage fait ligne à ligne des correspondances entre les deux textes. C'est l'objet des tables qui suivent, et que leurs dimensions n'ont pas permis d'insérer dans un volume déjà abondant.

La première table fait correspondre au texte de l'édition DPV (1ère colonne) le foliotage de la copie *V* et les fragments identiques ou homologues de *L* (2ème et 3ème colonnes). Pour DPV et *L*, les références sont données par pages et lignes; dans la première colonne, le numéro de page est indiqué en tête de chaque page et n'est pas répété. Pour *V*, dont l'édition DPV suit le texte, nous n'indiquons que les débuts de pages (*r* = recto, *v* = verso), suffisants pour permettre la consultation du manuscrit; à partir de la p.31 où, vu la présence d'un feuillet additionnel, la numérotation de la bibliothèque cesse de coïncider avec celle du copiste, c'est cette dernière que nous avons indiquée.

= devant une référence signale un doublon plus ou moins textuel dans *L*, la répétition étant éliminée de *V*; la référence donnée en premier est celle qui présente la plus grande conformité avec le texte retenu dans *V*.

+ indique la juxtaposition de fragments de *L* dans une phrase ou un paragraphe de *V*.

* signifie que deux ou plusieurs fragments de *L* ont été amalgamés dans la rédaction de *V*.

La seconde table suit ligne à ligne le texte de *L* et indique les passages correspondants de DPV. Les lignes qui manquent dans la première colonne (discontinuités dans la numérotation) correspondent à des fragments non repris ou parfois à des titres non transcrits dans *V*.

Dans la table I, deux rapprochements ('doublons') n'ont pu être signalés, le texte ayant été modifié et refondu. En voici les références:

DPV	*V*	*L*
414, 14-16, et 415, 1-3	86*v*	304, 16-19
425, 16-19	93*r*	309, 20-21

Table I

DPV	*V*	*L*
Avertissement		
293, titre	1*r*	——
1-10	1*v*	——
Des êtres		
295, 1-3	3*r*	235, 9-13
4-7		6, 1-7
8-11	3*v*	6, 16-23
12 à 296, 3	4*r*	5, 1-13
296, 4-8		391, 11-20
9-11		5, 13-17
12-17		7, 9-21
18-21		26, 13-19
Ch.I Végéto-animal		
297, 1-4	4*v*	9, 5-10
5-18	5*r*	9, 20 à 10, 14 + 9, 14
19-22		9, 15-19
298, 1-15	5*v*	8, 1-23
16-17	6*r*	10, 15-16
18	5*v*	12, 2-6
19		——
20 à 299, 3	6*r*	14, 15-23
299, 4-6		15, 2-6
7		14, 24 à 15, 1
7-21	6*v*	15, 7 à 16, 7
298, 17 à 300, 10	6*v*	12, 10 à 13, 9
300, 11-20	7*r*	13, 19 à 14, 10
21-22		26, 9-12
301, 1-5		10, 20 à 11, 2
6-10	7*v*	11, 9-17
10-11		11, 22 à 12, 2
12-13		11, 3-6
14-16		170, 2-5
17-19		9, 1-4
302, 1 à 303, 23	8*r*	16, 8-18
302, 4		——
5 à 303, 21	8*r*-9*v*	16, 19 à 20, 4
303, 24 à 304, 16	8*v*-10*r*	20, 5 à 21, 15
304, 17		——
18-21		11, 18-21
22-23		333, 9-10
24-25		9, 12-13
Ch.II Animal		
305, 1-14	11*r*	22, 8 à 23, 8

DPV	V	L
15 à 306, 7	11*v*	32, 1-18
306, 8-11		202, 8-12
12-17	12*r*	32, 19 à 33, 4
18-23		137, 19 à 138, 7 (= 143, 16-19)
24 à 308, 15	12*v*-13*r*	33, 5 à 35, 21
308, 16-21	13*v*	36, 4-11
22 à 309, 3		35, 22 à 36, 3
309, 4-22	14*r*	36, 12 à 37, 16
23-25		169, 7-10
310, 1-13	14*v*	44, 21 à 45, 18
14-20	15*r*	43, 17 à 44, 2
20-22		47, 20-23
23		48, 3-4
24 à 311, 3		46, 5-10
311, 3-8		47, 11-19
9-10		46, 11-13
10-11		44, 4
11-13	15*v*	46, 14-16
14-22		44, 6-20
312, 1-3		276, 9-13
4-5		46, 20-22
5-6		45, 22-24
7-8	16*r*	396, 20 à 397, 3
8-14		46, 23 à 47, 8
14-17		48, 5-9
18-19		47, 8-10
20 à 313, 1		246, 6-12
313, 2-10	16*v*	48, 10 à 49, 1
11-17	17*r*	6, 9-15*
18-23		157, 17-22
314, 1-2		156, 1-3
3-9		158, 1-13
10-13	17*v*	155, 14-22
14-17		157, 7-13
18-23		159, 15 à 160, 2
24-25	18*r*	160, 21 à 161, 1
315, 1-5		160, 3-9
6-7		352, 12-15
8-11		262, 17 à 263, 2
12-20	18*v*	161, 2-19
20 à 316, 2		162, 21 à 163, 4
316, 3-14	19*r*	161, 20 à 162, 20
15 à 318, 9	19*r*-20*r*	152, 14 à 155, 2
318, 10-13		166, 1-7
14-16		307, 19-20 + 306, 19
17-19	20*v*	303, 6 + 306, 20-21

DPV	*V*	*L*
319, 1-4		345, 15-19
5-7		30, 15-18
8-10		338, 4-8
11-19	21*r*	332, 9 à 333, 1
20-23		303, 15-22
320, 1-5		30, 19 à 31, 5
6-8	21*v*	13, 13-16
9-11		25, 24 à 26, 2 (= 23, 9-11)
12-15		23, 12-19
16-18		338, 9-13
18-19		338, 6-7
321, 1-7	22*r*	23, 21 à 24, 9
8-10		26, 3-8
11-14		25, 10-16
15 à 322, 1		24, 17-24
322, 2-4	22*v*	356, 1-5
5-7		355, 13-17
8-10		31, 6-8
11-13		174, 17-19
14-17		25, 2-9
17-18	23*r*	30, 5-6
19-20		174, 19-21
21-23		29, 24 à 30, 3
24 à 323, 4		29, 15-23
323, 5-11	23*v*	174, 3-16
12-13		25, 20-23
14-15		46, 1-2
15-17		333, 2-5
18-21		24, 10-16
21 à 324, 2		333, 6-8
324, 3-6	24*r*	370, 7-12
7		315, 16
8-10		25, 17-19
10-13		26, 21-24
14-20	24*v*	263, 3-13
21 à 325, 9		264, 22 à 265, 15
325, 9-11		27, 1-6
11 fin		—
12-13		160, 10-11
14-19	25*r*	392, 17 à 393, 3
19 à 326, 2		392, 12-16
326, 2-4		393, 4-9
Ch.III Homme		
5-6	25*v*	369, 12-14
7		389, 10-11
8-12		369, 15-21

DPV	*V*	*L*
13-16		392, 3-10
16-19	26*r*	30, 7-12
327, 1-3		362, 11-15
4-5		28, 10-12
6-13		28, 13 à 29, 5
(5)-17	26*v*	29, 6-13
18 à 328, 4		113, 14-22
328, 5-9		27, 1-4
10-13	27*r*	39, 3-12
14-20		27, 7-17
21 à 329, 2	27*v*	367, 4-14
329, 3		——
4-9		365, 19 à 366, 6
10-22	28*r*	368, 9 à 369, 11
330, 1-11	28*v*	121, 4-21
12-18		217, 20 à 218, 11
19 à 331, 3	29*r*	37, 18 à 38, 6
331, 4-5		202, 4-7
6-23	29*v*	267, 19 à 269, 2
332, 1-3		267, 15-18
4-9	30*r*	393, 19 à 394, 5
10-14		160, 12-20
15-16		46, 17-19
333, 1-3		144, 10-12
3-6		159, 2-7
7-9	30*v*	——
10-13	30 add.	245, 10-16
14-15		368, 3-7
16 à 334, 2		245, 16 à 246, 5
334, 3 à 335, 3	30*v* (suite) à 31*r*	265, 19 à 267, 14
335, 4-7		258, 16-22
8-9	31*v*	270, 2-4
10-11		269, 14-16
12-14		270, 5-10
15-19		269, 17 à 270, 1
20-26	32*r*	27, 19 à 28, 8
336, 1-5		270, 11-21
2e Partie: Eléments et parties du corps humain		
337, 1-2	33*r*	45, 19-21
3-4		59, 2-4
5-7		47, 24 à 48, 3
8		58, 21-22
8-9		59, 4-6
10-11		58, 9 + 58, 20-21
12-13	33*v*	59, 8-9 + 276, 6-8
14-15		59, 18-19

DPV	*V*	*L*
Ch.I Fibre		
338, 1-3	34*r*	49, 9-13 * 50, 18-21
4-5		51, 17 + 53, 6-7
6-13	34*v*	49, 14-23 * 50, 22 à 51, 7
14-17		50, 1-2 * 52, 21-24
18-19		50, 3-5
19		51, 7-8
19-21		50, 6-8
339, 1-3		50, 14-18
3-4		52, 14-16
4-5		53, 19-21
6-9	35*r*	54, 13-17
10-12		53, 23 à 54, 3
13-14		52, 17-18 + 141, 15-16
15-17		51, 9-14
17-20	35*v*	54, 18-23
21-22		51, 24 à 52,1 + 50, 10-11 (= 51, 15-16)
340, 1		141, 17-18(= 150, 11-12)
2-8		52, 2-13
9-10		54, 8-12
10		52, 19-20
11-14	36*r*	53, 1-5
15-17		147, 20 à 148, 1
18-21		51, 18-23
341, 1-3		54, 4-7
4-5		50, 12-13
6-13	36*v*	168, 1-14 (= 148, 13-19)
Ch.II Tissu cellulaire		
14-17		56, 21-23 + 64, 23 à 65, 5
18 à 342, 2	37*r*	56, 23 à 57, 3 + 58, 4-6
342, 3-4		65, 6-9
4-8		57, 4-8
9-11		65, 10-14
12-13		57, 9-12 (=57, 24 à 58, 1)
14-15	37*v*	58, 2-3
16-21		58, 14-19 + 59, 5-7
Ch.III Membranes		
343, 1-2		58, 10-11 + 58, 20
3		58, 14
4-5		58, 8-9
6-10	38*r*	59, 10-18
10-11		——
12-17		179, 21 à 180, 11
18 à 344, 6	38*v*	177, 13 à 178, 5

DPV	*V*	*L*
344, 7-9		178, 21 à 179, 4
10-16		178, 6-17
17-19		179, 5-9
20-25	39*r*	59, 20 à 60, 4
Ch.IV Graisse		
345, 1-2		60, 21 à 61, 2
3-4		57, 17-19 + 57, 21-22 (= 63, 21)
5-6		63, 21-24 + 64, 7-8
7		66, 8-9
8-9		57, 23 + 58, 4-6
10-11	39*v*	63, 7-8
12		57, 15-16
13		64, 9-10
14-15		63, 9-11
16-18		61, 7-12
346, 1-2		61, 3-6
3-4		62, 16
5		61, 14
6-7		64, 11-12
8-9		62, 21-22
10-11	40*r*	63, 1-2 + 63, 19-20
12-13		62, 23-24 + 63, 18
14-15		64, 13-14
16		61, 13 + 65, 15
17-18		62, 8-9
19-20		64, 23-24
347, 1-2		65, 21-23
3-5		65, 16-17 + 62, 9-10 + 66, 1-2
6-7		62, 11-13
8-9	40*v*	64, 3-4
10		57, 13-14
11-14		63, 3-4 + 63, 14-15 + 64, 1-2
15		65, 24
16-17		61, 15-17 + 63, 12
18		64, 17-18
19-20		64, 5-6
21-22		62, 1-2 + 65, 18-20 (= 63, 16-17)
348, 1	41*r*	64, 15-16
2-5		62, 3-7
6		61, 24
7-8		61, 21-22
9-10		64, 19-22
Ch.V Cerveau		
11-12		115, 6-10
13		130, 19-20

DPV	*V*	*L*
14-15	41*v*	115, 15-17
16-20		116, 12-19
349, 1-2		126, 22 à 127, 1
3-6		127, 21-22 * 117, 1-5 * 116, 4-5
7-9		127, 15-18 + 118, 6 + 116, 6-8
10-13	42*r*	127, 8-14
14-15		132, 8-9
16-17		116, 20-22
18 à 350, 2		128, 1-7
350, 3-6		128, 10-15
7-10	42*v*	129, 4-5 + 128, 21 à 129, 3
11-12		115, 18-21
13-16		117, 20 à 118, 3
17-18		115, 21 à 116, 1
351, 1-5		120, 10-16
6-7	43*r*	125, 3-5
8		115, 12-14
9		125, 1-2
10-11		116, 2-3
12-13		117, 10-12
352, 1-2		272, 11-14
3-4		272, 15-18
5-6		117, 12 + 126, 19-21
7-8		128, 20-21 + 126, 12-13
9 à 353, 4	43*v*	125, 6 à 126, 11
353, 5-9	44*r*	133, 2-9
10-14		123, 7-15
15-19		129, 12-19
354, 1-2		132, 22 à 133, 1
3-4		132, 19-21
5-6		137, 10-13
7-9	44*v*	128, 16-19
10-12		123, 16-20
13		129, 20-21
14-17		49, 2-8
18 à 355, 2	45*r*	112, 16 à 113, 13
355, 2		——
Ch.VI Nerfs		
3-8		134, 16 à 135, 5
9-14	45*v*	134, 6-15
15-16		135, 7-9
17-19		130, 21 à 131, 4
356, 1-4		135, 10-13
5-8		132, 1-7
9-10		132, 10-13
11-12	46*r*	141, 12-14

DPV	*V*	*L*
13-15		130, 17-18 + 117, 17-19 (* 118, 7-9)
16-19		120, 4-9
20-24		131, 5-13
25 à 357, 3	46*v*	131, 16-22
357, 4-5		55, 23-24
5-7		124, 5-10
8-12		148, 5-12
13-15		124, 18-22
16-19	47*r*	134, 1-5
20 à 358, 2		155, 3-13
358, 3-5		137, 5-9
6-8		137, 14-18
9-11	47*v*	136, 22 à 137, 4
12-14		145, 16-21
15		141, 19-20
16-20		145, 22 à 146, 7
21 à 359, 2		135, 14-17
359, 3-6		133, 18-19 + 129, 8-11
7-12	48*r*	138, 8-18
13-14		139, 3-5
15-17		132, 14-18
18-20		123, 21 à 124, 5
21 à 360, 2		124, 11-17
360, 3-10	48*v*	220, 9-22
11-18		169, 11-22
Ch.VII Fluide nerveux		
361, 1		55, 17-18
2		——
3		142, 2-3 + 55, 8-9
3		——
4-7	49*r*	398, 13-18
8-15		139, 7-18
16-17		56, 1-3
18-19		56, 6-8
19-20		58, 12-13
20-21		56, 9-10
362, 1-2		55, 19-22
3-8	49*v*	136, 12-21
9-17		139, 19 à 140, 12
18-19		56, 3-5
19-23	50*r*	55, 10-16
363, 1-6		135, 18 à 136, 4
7-16	50*v*	144, 17 à 145, 15 (avec omission de 145, 6-7 et interversions)
17 à 364, 3		140, 13 à 141, 11

DPV	*V*	*L*
Ch.VIII Muscles		
364, 4	51*r*	142, 7-8
5-6		148, 22 à 149, 3
7-8		142, 18-19
9-11		149, 4-7
12-13		142, 9-11 * 149, 1-2
14 à 365, 4	51*v*	149, 8-18
365, 5-6		151, 4-5
7		142, 20-21
8-10		150, 1-4
11-13		148, 15-19
14-17	52*r*	150, 5-10
18-22		143, 9-15
23-25		150, 12-16
366, 1-2		142, 15-17
3	52*v*	146, 8-9
4-5		151, 16-20
6		——
6-9		146, 10-15
9-11		147, 1-5
12-15		146, 16-22
16-22	53*r*	147, 6-18
23 à 367, 3		143, 4-5 + 149, 19-22 + 143, 5-6
367, 4-5		143, 1-3 * 141, 22 à 142, 1
6-7	53*v*	152, 6-8
8-9		151, 21 à 152, 2
10-13		150, 20 à 151, 3
14-15		150, 17-19
16-17		151, 12-15
18-21	54*r*	151, 6-11
368, 1-2		152, 3-5
3		69, 5-6
Ch.IX Cœur		
4-5		76, 9-10
5-6		76, 7-8
7-8		74, 15-17
9-14	54*v*	73, 9-17
15 à 369, 2		74, 10-14
369, 2-4		74, 7-9
5-12		73, 17 à 74, 6
13-14		75, 1-2 (interversion)
14-15	55*r*	76, 5-6
16-18		75, 3-4 + 68, 16-18
370, 1-2		78, 9-10
2-3		75, 5-7

DPV	V	L
3-4		72, 14-15
5-7		88, 11-12
8-14		67, 3-12
15-20	55*v*	70, 8-17
21-23		84, 1-4
24-25		74, 22-24
371, 1-2		74, 20-21
3-4		66, 18-19
5-6		75, 8-9
7-8		66, 20-21
8-9	56*r*	75, 23 à 76, 1
10-11		66, 22 à 67, 1
11-12		76, 2-4
13-16		75, 10-15
17-20		71, 24 à 72, 7
20-21		75, 16
22 à 372, 4	56*v*	69, 20 à 70, 3 * 72, 1-2
372, 5		69, 7-8
6-7		71, 6-8
8-10		69, 8-11
10		76, 24
11-16		67, 22 à 68, 7
17-21	57*r*	67, 15-21
373, 1-4		71, 10-15
5-6		77, 3-5
7-8		68, 8-10
8		68, 19-20
9		75, 20-21
10-14	57*v*	71, 16-23
15-17		68, 11-15
18-19		70, 4-5
20		69, 12-13
21-22		75, 17-18
22		66, 12-13(= 71, 1-2)
23-24		71, 3-5
25 à 374, 2	58*r*	76, 20-23
374, 3		77, 1-2
4		74, 18-19
5-7		66, 14-17
7-8		85, 12-14
Ch.X Sang		
9-10		77, 13 + 80, 6-8 + 82, 12-13
11-12		80, 9-11
13		77, 17-18
375, 1-3	58*v*	78, 3-6 * 79, 2-3
4-5		108, 18-19

DPV	V	L
6-11		78, 11-19 (interversion)
12		77, 19-21
13-15		79, 24 à 80, 2
16-17		78, 20-22
18-19	59*r*	80, 18-19
20-21		78, 23 à 79, 1
22		77, 21-22 (= 80, 17)
22 à 376, 2		77, 9-11
376, 3-4		79, 8-10
5		79, 4
6		79, 22-23
7-8		79, 5-7
9		79, 14-15
9-11		80, 20-22
11-13		79, 16-21
14-15	59*v*	77, 6-8
15-16		76, 11-12
17-18		70, 22-24
19-20		80, 12-14
21		70, 20-21
22-23		80, 15-16
Ch.XI Artères, veines, vaisseaux lymphatiques		
377, 1-5	60*r*	84, 5-13
6-7		142, 19 + 70, 6-7
8		84, 17-18
9		85, 1-2
10-11		85, 23 + 20 + 14
12-13		85, 6 + 86, 8-9
14-16	60*v*	88, 20 à 89, 2
17		88, 3-4
18		84, 21-22
18-19		84, 19-20
20-21		84, 13-16
378, 1-2		85, 7-9
2-3		85, 21
4-5		86, 10-12
6-7	61*r*	87, 14-17
8-9		85, 3-5
10		87, 12-13
11-12		69, 14-16
12-13		86, 22-24
14-15		69, 17-19
16		85, 18-19
16-19		83, 21-24
20		87, 11
20 à 379, 2	61*v*	87, 18-21

DPV	*V*	*L*
379, 3-5		89, 3-6
6-9		80, 23 à 81, 4
10-11		88, 1-2
12-14		86, 14-19
15-16		87, 22-24
16-18		81, 9-12
19-20	62*r*	88, 4-5
20-21		85, 15-17
22		86, 6-7
23-25		72, 11-12 + 83, 17-18 + 72, 12-13 (= 70, 6-7)
380, 1-5		85, 24 à 86, 5
5-6		83, 13-16
7-8		88, 6-7
9		86, 20-21
10-11		97, 10-11
12-17	62*v*	87, 3-10
18-19		85, 20-21
20-22		82, 7-9
22-23		82, 14-16
24		82, 10-11
24-26		82, 22-24
381, 1-2		82, 17-19
3-4		81, 14-16
4-5	63*r*	83, 6-7
5-7		83, 10-12
8-11		81, 17-22
Ch.XII Chyle, lymphe		
12-17		275, 18 à 276, 3
18-19	63*v*	276, 5 + 89, 8-9
19		284, 14
382, 1-2		80, 2-5
3 à 384, 16	64*r* à 65*r*	89, 10 à 93, 18
(382, 11-12, *emprunté à*		275, 9-12)
384, 17-18	65*v*	82, 2-3 + 82, 1
18-20		83, 8-10
21		——
21-23		83, 1-3
Ch.XIII Humeurs, sécrétion, glandes		
385, 1-2		101, 7-8
2-8		95, 17 à 96, 4
9-10	66*r*	102, 12-15
11-12		101, 9-11
12-13		102, 18-20
13-14		102, 16-17

DPV	V	L
15 à 386, 2		101, 12 à 102, 3
386, 2-4	66*v*	102, 20-22
5-7		102, 4-7
7-8		103, 1-2
9-11		102, 8-11
11		103, 2-3
12-13		——
14 à 387, 10	67*r*	94, 8 à 95, 16
387, 11-13	67*v*	103, 10-14
14-20		99, 13-22
21		103, 5-6
22 à 388, 3		93, 19 à 94, 6 (= 96, 9)
388, 4-5	68*r*	99, 9-12
6-7		99, 7-8
8		78, 1-2
9-10		273, 12-14
11-12		103, 7-9
13-14		96, 7-8
15		97, 6-7
16-17		81, 7-8 + 81, 5
389, 1		97, 8-9
1-3		7, 5-8
4-6	68*v*	99, 3-6
7-8		96, 5-6 (= 240, 20)
9-13		98, 16 à 99, 2
14-16		279, 6-10
17-21	69*r*	344, 15-21
22		345, 11-12
390, 1-2		97, 15-17
3-9		344, 22 à 345, 9
10-11		98, 7-9
11-17	69*v*	97, 18 à 98, 6
18-19		97, 12-14
20 à 391, 2		96, 10-16 (= 179, 10-12)
391, 3-4		179, 13-14
5-6		179, 18-20
7-8		179, 15-17
9-12		96, 17 à 97, 5
13-22	70*r*	114, 2-19
Ch.XIV Poitrine		
392, 1		72, 16-18
2-5		105, 18 à 106, 3
6-12	70*v*	105, 8-17
13-17		103, 16-18 + 108, 7-13
18 à 393, 2	71*r*	— (voir *A.T.*, ii.337-38 et 361; cf. *L*, 166, 1-2 et 165, 17-18)

DPV	*V*	*L*
393, 3-6		103, 19 à 104, 5
7-11		72, 19 à 73, 2
12-13		104, 6-9
13-17	71*v*	107, 21 à 108, 6
18-23		106, 4-12
394, 1-2		106, 16-18
3-5		73, 8 + 73, 3-7
6-7		104, 10-13
8	72*r*	106, 14-15
9		76, 16
9-11		105, 4-7
12-16		104, 20 à 105, 3
17-18		76, 17-19
19		106, 19-20
395, 1-2		109, 5-8
3-4		76, 11-13
5-6	72*v*	107, 18-20
7-9		104, 14-19
10-12		109, 1-4
13-14		76, 14-15
15-17		108, 14-17
18-19		108, 20-22
396, 1-14	73*r*	107, 1-17
15-16		109, 9-11
Ch.XV Voix, parole		
17-18		111, 1-2
19-21	73*v*	110, 3-4 + 110, 9-10 + 110, 5-6
397, 1-5		111, 3-10
6		110, 7-8
7-8		111, 12-14
9-11		110, 16-20
12-13	74*r*	109, 21 à 110, 2
14-17		111, 17-22
18-20		109, 15-20
21-22		110, 13-15
23		110, 21-22
23 à 398, 1		112, 1-4
398, 2-3	74*v*	301, 17-20
4-5		112, 5-6 (= 301, 16-17)
6-7		346, 5-6
7-9		——
9-10		109, 13-14
11-18	75*r*	130, 2-15
Ch.XVI Estomac		
399, 1-2		275, 13-15

DPV	V	L
3-4		271, 12-14 + 271, 18-19
5-6		277, 22 à 278, 2
7-8		272, 22 à 273, 2
9-10		271, 15-17
11-12		278, 2-5
12		272, 21
13-18	75*v*	278, 6-15
18-19		271, 19-22 (= 278, 16-17)
20 à 400, 3		278, 17 à 279, 1
400, 4		276, 14-15
5-6		272, 7-10
7-8	76*r*	272, 6-7
8-11		276, 15-21
11-13		279, 1-5
14-15		277, 7-10
16-18		276, 22 à 277, 4
19-23	76*v*	68, 21 à 69, 4
24-25		273, 3-5
26-27		275, 1-4 (= 286, 3-5)
401, 1-6		277, 11-21
7-10	77*r*	279, 11-15
11		277, 5-6
12		273, 20-21
13-15		274, 13-14 + 274, 8-12
16-17		274, 15-17
17-19		370, 20-22
19		274, 18-19
20-23		273, 6-12
24-26		331, 22 à 332, 3
27 à 402, 2	77*v*	318, 21 à 319, 2
402, 3-4		273, 17-19
5		274, 6-7
6-9		273, 22 à 274, 5
10		273, 14-15
11-12		274, 20-22
13-16	78*r*	271, 3-8
17-18		272, 3-5
19		273, 16
20		272, 1-2
Ch.XVII Intestins		
403, 1-2		283, 19-21
2-3		284, 4-5
4		284, 1 (= 287, 15)
4-5		287, 13-14
6-8		275, 5-8
8-9		287, 16

DPV	*V*	*L*
10-15	78*v*	284, 6-13 (= 286, 6-7)
16		284, 15-16
17 à 404, 2		284, 20 à 285, 2
404, 3-10	79*r*	287, 17 + 285, 3-13
10-12		287, 18-21
13-20		285, 13 à 286, 3
21 à 405, 12		286, 9 à 287, 12
405, 13-14		279, 20-22
Ch.XVIII Foie		
15-16	80*r*	280, 18-20
16-17		280, 15-16
17		280, 20-21
18		280, 16-17
19		280, 21-22
20-21		281, 6-8 (interversion)
406, 1-3		281, 1-5
4-14	80*v*	281, 9 à 282, 5
14-16		283, 9-11 (= 282, 10)
17-22		282, 15 à 283, 1
23		283, 13
24-25		282, 11-14
26-28	81*r*	282, 6-9
407, 1-2		283, 2-4
2		283, 16
3-4		283, 5-8
5		283, 14-15
Ch.XIX Pancréas		
6-18	81*v*	290, 1-22
Ch.XX Rate		
408, 1-2		288, 1-4 (= 280, 6-7)
3-4		280, 3-6
5-11	82*r*	288, 4-12
12-13		288, 14-15 + 289, 4
14		288, 13-14
14-15		280, 7
16		280, 2-3
16-18		289, 5-8
19-20		288, 16-19
21-22		289, 10-14
23		289, 9-10
23 à 409, 2	82*v*	289, 14-18
409, 3-6		288, 19 à 289, 3
7-9		289, 19-22

DPV	*V*	*L*	
Ch.XXI Membranes des viscères du bas-ventre			
10-14		291, 1-6 * 279, 16-19	
15-16		291, 11-13	
16-17	83*r*	292, 13-14	
18-20		291, 7-10	
21-22		292, 4-5	
23 à 410, 5		291, 14 à 292, 3	
410, 6-9	83*v*	292, 6-12	
Ch.XXII Reins, vessie			
10-16		292, 15 à 293, 4	
17-18		293, 22 à 294, 1	
19-22	84*r*	293, 5-10	
23 à 411, 3		293, 16-21	
411, 4-5		294, 9-11	
6-7		293, 15 + 294, 2-3 + 294, 19	
7		312, 17	
8		294, 11-12	
8-10	84*v*	293, 11-14	
11-14		294, 13-18	
15-16		294, 6-8	
17-20		294, 20 à 295, 1	
21-22		294, 4-5	
Ch.XXIII Matrice, et organes de la génération			
412, 1		297, 7-8	
1-2		295, 3 + 299, 4-5	
3-6	85*r*	297, 8-10 + 297, 14-17	
7-9		299, 9-13	
10-11		297, 11-13	
12-13		398, 7-9	
14 à 413, 2	85*v*	296, 15 à 297, 3	
413, 3-5		296, 10-14	
6-12		300, 10-22 * 301, 21 à 302, 2	
13-14		297, 4-6	
15-20	86*r*	342, 22 à 343, 8	
21 à 414, 7		295, 4-14	
414, 7-12		305, 10-15	
8-9		—	
13-17	86*v*	299, 18 + 295, 15-16 + 299, 18-20	
17-18		326, 9-11	
18-19		347, 6-7	
415, 1-3		295, 17-21	
3-4		299, 22 à 300, 1	=304, 16-19
4-5		299, 21-22	
6-19	87*r*	323, 21 à 324, 19 + 299, 14	
20-23		310, 20 à 311, 3	

DPV	V	L
416, 1-4		299, 15-17 * 325, 8 (= 115, 1-2)
4-5		296, 8-9
6-7	87v	296, 1-2
8-9		114, 20-22
10-11		115, 2-5
12-18		324, 20 à 325, 7
19 à 417, 2	88r	325, 11-19
417, 3-4		299, 6-8
5-8		338, 14-21
9-13		296, 3-7 (interversion)
13		300, 3 (= 304, 9)
14		300, 2-3
14-16		300, 7-9
17-18	88v	300, 4-6
418, 1-2		77, 14-16
3-4		304, 6-8
5-6		303, 1
6-9		304, 10-12
10-16	89r	304, 20 à 305, 9 * 320, 20 à 321, 2
17-18 (§ intervertis)	88v	302, 11 * 311, 8-9
18-19		302, 12-13
20-21	89r	304, 13-15
419, 1-4		321, 7-9 + 322, 18-21
5		311, 13 * 313, 3
6-7		311, 10-12
8-9		313, 4-5 * 311, 14-15
9-11		313, 6-9
11-13		311, 15-19
14 à 420, 10	89v à 90r	313, 10 à 314, 22
420, 11-13		312, 22 à 313, 2
14		315, 1
15-16		318, 15-17
16-18		303, 2-5
19-20		318, 13-14
21-22		319, 3-6
22-23		315, 21-22
24-25	90v	321, 10-12
421, 1-3		319, 7-11
3-4		318, 18-19
5		312, 13
6-8		322, 9-12
9-12		319, 19 à 320, 3
13-16	91r	114, 12-19
16-18		319, 16-18
19		346, 7-8

DPV	*V*	*L*
20 à 422, 1		310, 11-14
422, 2		346, 3
3-11	91*v*	320, 4-19
12		321, 6
13-14		321, 3-5
15 à 423, 2		322, 13-17
423, 3-4		304, 1-2 (= 322, 22 à 323, 1)
4-5		315, 7-8 + 315, 2-3
6-9	92*r*	312, 4-7 + 315, 4-5 + 312, 7-8 (= 302, 14-16)
10-13		312, 8-12 * 302, 17-21
13-15		315, 9-11
16-17		315, 17-20
18-19		——
Ch.XXIV Génération		
424, 1-8	92*v*	316, 1-10
8-10		316, 16-19
11		316, 14-15
12-14		316, 20-22
14		306, 9-10
15 à 425, 4	93*r*	298, 17 à 299, 3
425, 5-7		309, 12-15 (= 305, 16-17)
8-10		310, 6-10
11-12		309, 16-19 (= 305, 21)
13-14		346, 15-17
15		309, 19
16-19		305, 22 à 306, 6
19-21	93*v*	346, 18-21 + 347, 1-2
426, 1-2		346, 11-12 + 347, 4-5
3-5		347, 11-14
6-7		346, 9-10 + 346, 13-14
7-8		309, 21-22 (= 306, 11-12)
8-10		306, 13-15
11-12		339, 7
13		300, 10
14		310, 3-4
15 à 427, 1	94*r*	339, 10-12
427, 2-3		339, 7-9
4-5		339, 13-14
6-8		317, 1-3
9		303, 12-14
10 à 428, 1		317, 4-6
428, 1-2		316, 11-13
3-4		315, 14-15 + 315, 12-13
4-7	94*v*	317, 7-10
8-16		306, 22 à 307, 14

DPV	*V*	*L*
17-18	95*r*	347, 8-10
19-21		307, 15-18
22 à 429, 4		326, 21 à 327, 10
429, 5-6		346, 1-2
6-7		323, 16-17
8-24	95*v*	353, 18 à 355, 8
24-25		353, 16-17
430, 1 à 431, 2	96*r* à 97*r*	333, 13, à 336, 22
431, 3		323, 18
4-5		307, 19-20 * 306, 19
6-17	96*r* à 97*r*	307, 21 à 308, 18
17-19		317, 11-15
20-22	97*v*	310, 16-19
432, 1-2		303, 7-9
3-13		317, 16 à 318, 12
14 à 433, 6	98*r*	337, 1 à 338, 8
433, 7-13	98*v*	325, 20 à 326, 8
14-19		309, 2-11
19-20		310, 1-2
434, 1-5	99*r*	301, 8-16
6-10		301, 1-7
Ch.XXV Fœtus		
11-14		339, 1-6
15		——
16 à 435, 2	99*v*	326, 12-20
435, 3-4		347, 15-16
4 à 436, 13	100*r* à 100*v*	347, 19 à 350, 18
436, 14-17		339, 15-20 (=350, 6-7)
18-20		298, 3-6 (= 297, 18)
21-24		339, 21 à 340, 3
437, 1	101*r*	341, 3-4
1-8		340, 10-22
9-11		341, 5-9
12-15		298, 7-12 (interversion)
16 à 438, 2	101*v*	341, 10-20
438, 2-3		341, 1-2
4-10		341, 21 à 342, 9
11-13	102*r*	340, 4-9
14-17		342, 10-18
18-21		298, 13-16
22-23		342, 19-21
24 à 439, 4	102*v*	323, 8-15
439, 5-9		343, 7-15
10 à 440, 2	103*r*	327, 12 à 329, 2
440, 3-4		298, 1-2 (= 31, 9-10)
5-6	103*v*	331, 6-8

DPV	V	L
7-9		330, 22 à 331, 5
10-22	104*r*	329, 3 à 330, 2
23		346, 4
24 à 441, 11	104*v*	343, 16 à 344, 14
441, 12-15		330, 3-9
16		345, 10 (= 398, 10-11)
17-22		330, 10-21
442, 1-3	105*r*	398, 2-6
4-8		98, 10-15
9-15		331, 11-20
16-17	105*v*	333, 11-12
443, 1-2		331, 9-10
3-17	106*r*	350, 20 à 351, 22
18-21		352, 1-11 (interversion)
22-24		332, 4-8
25 à 444, 9	106*v*	352, 16 à 353, 10
444, 9		357, 19
10-16		355, 10 à 356, 2
17 à 445, 2	107*r*	356, 6-20
445, 3-6		358, 15-22
7 à 446, 3	107*v* à 108*r*	359, 3 à 361, 11
446, 4-7	108*r*	356, 21 à 357, 3
8-10	108*v*	357, 14-17
11		361, 19
12-14		361, 14-18
15-18		361, 20 à 362, 4
19		361, 12-13
20-22		362, 5-10
3e Partie: Phénomènes du cerveau Ch.I Sensation		
447, 1-3	109*r*	216, 6-10
3		118, 14
4-5		175, 12-15
5-7		218, 21 à 219, 1
8-10		175, 18-21
11-12		216, 11-14
13 à 448, 17	109*v* à 110*r*	176, 1 à 177, 12
448, 18-23		59, 20 à 60, 4
24-26		164, 7-10 (=197, 13-14)
449, 1-3		175, 6-10
4-18	110*v*	156, 4 à 157, 5
19		180, 12
20-21		——
22 à 450, 4	111*r*	180, 16 à 181, 2
450, 5-6		180, 13-15
7-8		181, 5-7

DPV	*V*	*L*
9-12		181, 19 à 182, 4
13-14		182, 7-9
15-16		182, 4-6
16-17		181, 8-9
18-19		182, 11-14
20-24	111*v*	181, 10-18
25-26		182, 15-16
451, 1		182, 17
2		185, 1-2
2-3		182, 20-21
4		182, 18-19
5-10		183, 2-12
11-12		184, 5-7
13-14	112*r*	183, 17-18 + 185, 5-7
15-19		183, 18 à 184, 4 (= 185, 8-9)
452, 1-2		184, 12-14 (= 183, 15-16)
2		184, 9
2-4		182, 22 à 183, 1 + 183, 13-14
4-6		184, 21-23 + 185, 3-4
6-7		184, 10-11
8-9		206, 22 à 207, 2
10 à 454, 24	112*v* à 114*r*	185, 10 à 189, 14
454, 25 à 455, 2		195, 12-16
455, 3		196, 9
4		197, 12-13
5		196, 11-12
6-8	114*v*	220, 3-7
9-11		195, 17 à 196, 1
12-13		219, 15-17
14		219, 12-13
15-17		196, 2-6
18 à 456, 4	115*r*	203, 10-18
456, 5-8		195, 6-11
9-11		195, 1-5
12-19		191, 16 à 192, 9
20 à 457, 7	115*v*	204, 14 à 205, 5
457, 8-9		194, 21-23
10 à 458, 13	116*r* à 116*v*	189, 15 à 191, 15
458, 14		——
14-19		122, 21 à 123, 6
20-23		222, 22 à 223, 4
23-25		216, 15-17
26 à 459, 2	117*r*	118, 15 à 119, 3
459, 3-5		119, 10-13 + 119, 7-9
5-13		119, 13 à 120, 3
14-22	117*v*	206, 5-21

DPV	*V*	*L*
23 à 460, 1		396, 2-5
460, 1-2		219, 1-2
2-5		219, 4-11
6-8	118*r*	396, 6-10
8-9		——
9-10		218, 12-13
11-12		396, 11-14
13-14		222, 19-21
14-16		204, 1-4
17-22	118*v*	216, 18 à 217, 5
461, 1-2		221, 7-10
3-7		213, 20 à 214, 6
8		219, 18-19
9-10		219, 22 à 220, 1
11-14		218, 14-19
15-25	119*r*	225, 4-20
Ch.II Entendement		
462, 1-4		122, 14-20
5		198, 10-11
6		—— + 253, 14-15
6-7		253, 14
8-17	119*v*	221, 11 à 222, 5
18 à 463, 2		222, 11-18
463, 3-27	120*r* à 120*v*	253, 16 à 255, 17
28 à 464, 6		251, 14 à 252, 9
464, 7-8		259, 4-6
9-19	121*r*	255, 18 à 256, 15
20-26		227, 1-12
27		259, 2-3
465, 1-12	121*v*	259, 7 à 260, 3
13-14		390, 14-16
15-18		207, 3-11
19-24		223, 5-13
24 à 466, 1		198, 4-5
466, 1-2		——
3-6	122*r*	127, 2-7
7-10		202, 13-19
11-15		204, 7-13
16-19		207, 12-17
20-21		121, 1-3
21 à 467, 5	122*v*	121, 22 à 122, 13
467, 6-7		198, 6-7
7-10		218, 1-2 + 217, 6-9
10-11		——
12-17		217, 10-19
18-20	123*r*	192, 18 à 193, 1

DPV	*V*	*L*
468, 1-3		192, 10-13 + 198, 8-9
3-4		——
4-6		192, 13-17
7-8		196, 15-17
9-11		198, 15-19
12-13		213, 3-4
13-14		212, 21 à 213, 2
15-16		199, 4 + 198, 19
Ch.III Mémoire		
17 à 470, 4	123*r* à 124*r*	241, 1 à 243, 16
470, 5-7	124*v*	246, 13-16
8-21		244, 2 à 245, 3
22-27	125*r*	197, 15 à 198, 1
471, 1-2		245, 4 + 245, 8
2-4		231, 14-19
5 à 472, 5	125*v*	249, 2 à 251, 1
472, 6-10		252, 16 à 253, 3
11-12		246, 17-20
13-21	126*r*	199, 7-21
22-23		200, 20-22
24-25		248, 18-20
26-29		252, 10-15
473, 1-3		253, 7-12
4-5	126*v*	200, 11-13
6-7		197, 1-2
8-9		251, 2-3 + 251, 4-5
10-11		246, 21 à 247, 1
11-15		247, 6-11
15-16		248, 21 à 249, 1
17-18		251, 12-13
474, 1-2		200, 17-19
3-4		253, 4-6
5-7	127*r*	112, 8-11
8-9		234, 4-6
10		248, 9
11-12		245, 5-7 (= 396, 14-15)
12-15		248, 10-17
16-19		243, 17 à 244, 1
Ch.IV Imagination		
475, 1-3		236, 14-21 (= 196, 20-21)
4-6	127*v*	197, 8-9 + 200, 7-8 + 197, 6-7
7-12		237, 21 à 238, 9
13-14		257, 18-20
15-16		395, 14-16
17 à 476, 2	128*r*	257, 21 à 258, 15

DPV	*V*	*L*
476, 3-15		256, 16 à 257, 17
16-25	128*v*	205, 6 à 206, 1
477, 1-6		234, 21 à 235, 1 * 239, 20 à 240, 5
7-10		235, 2-8
11-22	129*r*	235, 17, à 236, 13
23 à 478, 5	129*v*	233, 6 à 234, 3
478, 6-8		234, 11-15
9-10		234, 18-20
11-14		248, 2-8
15-16		200, 14-16
17-18	130*r*	236, 22 à 237, 19
18 à 479, 17	130*v*	238, 12 à 239, 19
479, 18		389, 15
18-21		389, 18 à 390, 1 (interversion)
480, 1-2		234, 8-10
3-6		247, 12-17 + 247, 20-21 + 247, 18-19
7		248, 1
7		247, 22
8		200, 9-10
9		234, 16-17
Ch.V Sommeil		
10-15	131*r*	230, 2-11
16-17		196, 18-19
18 à 481, 12		228, 10 à 229, 12
481, 13-17	131*v*	240, 6-16
18-21		229, 13-14 + 229, 16-19
22		226, 4-5
22-24		226, 1-2 + 226, 15-16
24-26		226, 11-14
27-28		231, 7-9
29 à 482, 2		229, 20 à 230, 1
482, 3-6		230, 21 à 231, 6
7	132*r*	251, 9-10
8-11		230, 12-18
12-24		232, 4 à 233, 1
483, 1-4	132*v*	231, 20 à 232, 3
4-5		230, 19-20
6-8		231, 10-13
9-10		233, 2-5
10-11		—
12		229, 15
Ch.VI Volonté		
13		208, 3-4
13-15		216, 2-5 (interversion)

DPV	*V*	*L*
16		261, 1-2
16-19	133*r*	208, 4-8
20 à 484, 7		260, 5-18
484, 8-13		261, 6-16
14-16	133*v*	260, 19-22
16-17		261, 3-5
18-19		152, 15-17
20-22		261, 18-21
22 à 486, 2	134*r* à 134*v*	40, 21 à 42, 19
486, 3-5		208, 9-13
Ch.VII Passions		
6-8		208, 14-17
9-10		262, 8-10
11-12		262, 6-8
12-14		261, 22 à 262, 5
15-17	135*r*	262, 11-16
18 à 487, 2		212, 6-13
487, 2-3		388, 17-18
4-5		210, 1-3
6-7		214, 16-18
7-8		214, 9-12
9-12	135*v*	387, 5-11
13-15		214, 13-15
15-18		215, 8-12
19-20		209, 20-23
21-22		214, 21-22
22-23		217, 17 + 379, 18-19
24 à 488, 2		214, 22 à 215, 7
488, 2-3		215, 19-20
4-6	136*r*	388, 12-16
6-10		387, 12-19
11-17		209, 8-19
18-20		210, 4-8
21-23	136*v*	211, 8-13
489, 1-2		397, 21-22
2-5		221, 1-6
6 à 491, 5		387, 20 à 388, 11
489, 13-15	136*v* + 149*r*	371, 1 + ——
16 à 490, 5		371, 3 à 372, 8
490, 6-10	149*v*	374, 3-11
11 à 491, 3	150*r*	372, 10 à 373, 22
491, 6-11	137*r*	208, 18 à 209, 4
12-15		211, 1-7
15 à 492, 2		397, 16-19
492, 3-4		389, 6-9
5-6		198, 20-21

DPV	*V*	*L*
7-14	137*v*	201, 1-14
15-18		379, 5-11
18-19		379, 3-4
493, 1-11	138*r*	386, 1-17
11-15		383, 16 à 384, 1
16-18		379, 12-16
19-27		211, 14 à 212, 5
27		379, 20
494, 1-2		209, 5-7
3-5	138*v*	152, 9-13
6-14		210, 9-23
15-18		393, 10-16
19-21	139*r*	383, 8-11
22 à 495, 3		384, 12-16
495, 4-7		384, 2-7
7-8		384, 9-11 (interversion)
9-11		380, 14-18
11		382, 9
12-13		385, 18-20
14-15		381, 3-9
16		385, 22
16-17		385, 21
18		383, 7
19-21	139*v*	380, 8-13
22 à 496, 4		381, 10-22
496, 5		386, 18-19
6		382, 5-6
7-8		382, 1-4
8-9		382, 10 + 382, 12-13
10-11		386, 20-22
12		382, 20 + 383, 6
12-13		388, 21-22
14		382, 11-12
15-18	140*r*	380, 1-7
19		388, 19-20
20-22		382, 14-17 + 382, 8
23		382, 18-19
497, 1-5		382, 21 à 383, 5
6-8		383, 12-15
9-11		389, 1-5
12-14	140*v*	385, 13-17
15-16		384, 22 à 385, 1 + 385, 7-8
17-18		385, 11-12
19-20		385, 8-10
21 à 498, 3		385, 1-7
498, 4-7		384, 17-21 * 385, 3-4 (interversion)

DPV	*V*	*L*
Ch.VIII Des organes		
8-9		100, 4-6 (= 196, 10)
9-12	141*r*	167, 6-10
13-14		100, 1-3
15		164, 14
15 à 499, 2		158, 17 à 159, 1
499, 2-6		159, 8-14
7-8		120, 17-18
8-15	141*v*	164, 15 à 165, 5
16-20		173, 7-14
21 à 500, 21	142*r*	193, 2 à 194, 20
500, 22		——
22 à 501, 8	142*v*	38, 8 à 39, 2 (= 397, 4-10)
501, 9-11		170, 13-14 + 38, 23 à 39, 1
12-13		100, 7-9
13-14		171, 13-14
14-15		81, 5 + 171, 14-16
16-17		100, 10-12
18-22	143*r*	100, 16 à 101, 1
502, 1-2		100, 13-15
3		101, 2
4-8		167, 12-21
8-14		173, 15 à 174, 2
15		168, 16-17 (= 165, 15-16)
15-16	143*v*	163, 6-8
16-22		168, 17 à 169, 6
23-25		171, 9-12
503, 1-2		171, 19-22
3-6		170, 15-20
6		214, 19-20
7		184, 8
7-8		182, 9-10
8-10		226, 21-22 + 226, 19-20
11-14	144*r*	165, 17-22 + ——
15-17		225, 21 à 226, 3
17-20		226, 8-10 + 226, 4-7
20		226, 17-18
21-23		227, 13-18
23 à 504, 5		201, 17 à 202, 3
504, 5-6		167, 1-3
7-10	144*v*	213, 15-19
11 à 505, 5	145*r*	223, 15 à 225, 2
505, 6-9		213, 5-11
10-14		227, 19 à 228, 3
15-16		196, 7-8
16		263, 14-15

DPV	*V*	*L*
17-20		263, 17 à 264, 1
21 à 506, 1		—— + 311, 6-7 + 311, 4-6
506, 1-4	145*v*	170, 21 à 171, 5
5		263, 15-16
5-8		264, 17-21
9-11		173, 3-6
11-17		163, 9-21
18-19		171, 6-8
19-20		171, 16-18
21-24	146*r*	264, 2-8
24 à 507, 1		264, 10-16
507, 1-2		264, 8-10
3-4		358, 5-8
5-6		112, 14-15 + 112, 12-13
6-8		358, 9-13
9-10		359, 1-2
10-11		——
11-12		170, 11-12
12-15		357, 19 à 358, 4
16 à 508, 7	146*v*	172, 1 à 173, 2
Ch.IX Maladies		
508, 8-16	147*r*	363, 11 à 364, 5
17 à 509, 2		362, 17-22
509, 3-18	147*v*	364, 13 à 365, 18
19-22		363, 5-10
23-24		367, 1-3
510, 1		7, 2-3
2-10		366, 7-22
11-12		370, 4-6
13		370, 3
13-15		369, 22 à 370, 3
16-18	148*r*	374, 13-17
19 à 511, 2		364, 6-12
511, 3-4		363, 1-4
5-20	148*v*	375, 6 à 376, 10
21 à 512, 10		42, 21 à 43, 15
512, 11-15		21, 17 à 22, 2
16-21	149*r*	374, 18 à 375, 5
22 à 513, 8	149*v*	376, 11 à 377, 5
513, 9 à 514, 3	150*r* à 150*v*	—— (ENC, ii.511a)
Conclusion		
514, 4-9		390, 3-13
10-14		394, 7-15
15-18	151*r*	215, 13-18

DPV	*V*	*L*
19		198, 2
515, 1-3		395, 9-13
4-12		394, 16 à 395, 8
12 à 516, 3	151*v*	39, 16 à 40, 20
516, 4-23	152*r*	377, 7 à 378, 20

Table II

L	DPV
5, 1-13	295, 12 à 296, 3
13-17	296, 9-11
6, 1-7	295, 4-7
9-15	313, 11-17
16-23	295, 8-11
7, 2-3	510, 1
5-8	389, 1-3
9-21	296, 12-17
8, 1-23	298, 1-15
9, 1-4	301, 17-19
5-10	297, 1-4
12-13	304, 24-25
14	297, 13 (titre)
15-19	297, 19-22
20 à 10, 14	297, 5-18
10, 15-16	298, 16-17
20 à 11, 2	301, 1-5
11, 3-6	301, 12-13
9-17	301, 6-10
18-21	304, 18-21
22 à 12, 2	301, 10-11
12, 2-6	298, 18
7-9	(v. variantes)
10-23	298, 17 à 300, 5
13, 1-9	300, 6-10
13-16	320, 6-8
19 à 14, 10	300, 11-20
14, 15-23	298, 20 à 299, 3
24 à 15, 1	299, 7
15, 2-6	299, 4-6
7 à 16, 7	299, 7-21
16, 8-18	302, 1 à 303, 23
19 à 20, 4	302, 5 à 303, 21
20, 5 à 21, 15	303, 24 à 304, 16
21, 17 à 22, 2	512, 11-15
22, 8 à 23, 8	305, 1-14
23, 9-11	320, 9-11
12-19	320, 12-15
21 à 24, 9	321, 1-7
24, 10-16	323, 18-21
17-24	321, 15 à 322, 1
25, 2-9	322, 14-17
10-16	321, 11-14
17-19	324, 8-10
20-23	323, 12-13
24 à 26, 2	320, 9-11
26, 3-8	321, 8-10
9-12	300, 21-22
13-19	296, 18-21
21-24	324, 10-13
27, 1-6	325, 9-11
1-4	328, 5-9
(passage utilisé deux fois)	
7-17	328, 14-20
19 à 28, 8	335, 20-26
28, 10-12	327, 4-5
13 à 29, 5	327, 6-13
29, 6-13	327, 5-17
15-23	322, 24 à 323, 4
29, 24 à 30, 3	322, 21-23
30, 5-6	322, 17-18
7-12	326, 18-19
15-18	319, 5-7
19 à 31, 5	320, 1-5
31, 6-8	322, 8-10
9-10	440, 3-4
32, 1-18	305, 15 à 306, 7
19 à 33, 4	306, 12-17
33, 5 à 35, 21	306, 24 à 308, 15
35, 22 à 36, 3	308, 22 à 309, 3
36, 4-11	308, 16-21
12 à 37, 16	309, 4-22
37, 18 à 38, 6	330, 19 à 331, 3
38, 8 à 39, 2	500, 22 à 501, 8
(38, 23 à 39, 1	501, 9-11)
(passage utilisé deux fois)	
39, 3-12	328, 10-13
15 à 40, 20	515, 12 à 516, 3
40, 21 à 42, 19	484, 22 à 486, 2
42, 21 à 43, 15	511, 21 à 512, 10
43, 17 à 44, 2	310, 14-20
44, 4	311, 10-11
6-20	311, 14-22
21 à 45, 18	310, 1-13
45, 19-21	337, 1-2
22-24	312, 5-6
46, 1-2	323, 14-15
5-10	310, 24 à 311, 3
11-13	311, 9-10

L	DPV
14-16	311, 11-13
17-19	332, 15-16
20-22	312, 4-5
23 à 47, 8	312, 8-14
47, 8-10	312, 18-19
11-19	311, 3-8
20-23	310, 20-22
24 à 48, 3	337, 5-7
48, 3-4	310, 23
5-9	312, 14-17
10 à 49, 1	313, 2-10
49, 2-8	354, 14-17
9-13	338, 1-3
14-23	338, 6-13
50, 1-2	338, 14-17
3-5	338, 18-19
6-8	338, 19-21
10-11	339, 21-22
12-13	341, 4-5
14-18	339, 1-3
18-21	338, 1-3
22 à 51, 7	338, 6-13
51, 7-8	338, 19
9-14	339, 15-17
15-16	339, 21-22
17	338, 4-5
18-23	340, 18-21
24 à 52, 1	339, 21-22
52, 2-13	340, 2-8
14-16	339, 3-4
17-18	339, 13-14
19-20	340, 10
21-24	338, 14-17
53, 1-5	340, 11-14
6-7	338, 4-5
19-21	339, 4-5
23 à 54, 3	339, 10-12
54, 4-7	341, 1-3
8-12	340, 9-10
13-17	339, 6-9
18-23	339, 17-20
55, 8-9	361, 3
10-16	362, 19-23
17-18	361, 1
19-22	362, 1-2
23-24	357, 4-5

L	DPV
56, 1-3	361, 16-17
3-5	362, 18-19
6-8	361, 18-19
9-10	361, 20-21
21-23	341, 14-17
23 à 57, 3	341, 18 à 342, 2
57, 4-8	342, 4-8
9-12	342, 12-13
13-14	347, 10
15-16	345, 12
17-19 21-22	345, 3-4
23	345, 8-9
24 à 58, 1	342, 12-13
58, 2-3	342, 14-15
4-6	341, 18 à 342, 2 + 345, 8-9
8-9	343, 4-5
9	337, 10-11
10-11	343, 1-2
12-13	361, 19-20
14	343, 3
14-19	342, 16-21
20	343, 1-2
20-21	337, 10-11
21-22	337, 8
59, 2-4	337, 3-4
4-6	337, 8-9
5-7 (fragments recombinés)	342, 16-21
8-9	337, 12-13
10-18	343, 6-10
18-19	337, 14-15
59, 20 à 60, 4	344, 20-25 (= 448, 18-23)
60, 21 à 61, 2	345, 1-2
61, 3-6	346, 1-2
7-12	345, 16-18
13	346, 16
14	346, 5
15-17	347, 16-17
21-22	348, 7-8
24	348, 6
62, 1-2	347, 21-22
3-7	348, 2-5
8-9	346, 17-18

L	DPV
9-10	347, 3-5
11-13	347, 6-7
16	346, 3-4
21-22	346, 8-9
23-24	346, 12-13
63, 1-2	346, 10-11
3-4	347, 11-14
7-8	345, 10-11
9-11	345, 14-15
12	347, 16-17
13	347, 21
14-15	347, 11-14
16-17	347, 21-22
18	346, 12-13
19-20	346, 10-11
21-24	345, 3-6
64, 1-2	347, 11-14
3-4	347, 8-9
5-6	347, 19-20
7-8	345, 5-6
9-10	345, 13
11-12	346, 6-7
13-14	346, 14-15
15-16	348, 1
17-18	347, 18
19-22	348, 9-10
23 à 65, 5	341, 14-17 (= 346, 19-20)
65, 6-9	342, 3-4
10-14	342, 9-11
15	346, 16
16-17	347, 3-5
18-20	347, 21-22
21-23	347, 1-2
24	347, 15
66, 1-2	347, 3-5
8-9	345, 7
12-13	373, 22
14-17	374, 5-7
18-19	371, 3-4
20-21	371, 7-8
22 à 67, 2	371, 10-11
67, 3-14	370, 8-14
15-21	372, 17-21
22 à 68, 7	372, 11-16

L	DPV
68, 8-10	373, 7-8
11-15	373, 15-17
16-18	369, 16-18
19-20	373, 8
21 à 69, 4	400, 19-23
69, 5-6	368, 3
7-8	372, 5
8-11	372, 8-10
12-13	373, 20
14-16	378, 11-12
17-19	378, 14-15
21 à 70, 1 } 70, 2-3	371, 22 à 372, 4
4-5	373, 18-19
6-7	377, 6-7 (= 379, 23-25)
8-17	370, 15-20
20-21	376, 21
22-24	376, 17-18
71, 1-2 } 3-5	373, 22-24
6-8	372, 6-7
10-15	373, 1-4
16-23	373, 10-14
24 à 72, 1 } 72, 1-2 } 3-7	371, 17-20 + 371, 22 à 372, 4
11-12 } 12-13	379, 23-25
14-15	370, 3-4
16-18	392, 1
19 à 73, 2	393, 7-11
73, 3-7 } 8	394, 3-5
9-17	368, 9-14
17 à 74, 6	369, 5-12
74, 7-9	369, 2-4
10-14	368, 15 à 369, 2
15-17	368, 7-8
18-19	374, 4
20-21	371, 1-2
22-24	370, 24-25
75, 1-2	369, 13-14
3-4	369, 16-18
5-7	370, 2-3
8-9	371, 5-6

L	DPV
10-15	371, 13-16
16	371, 20-21
17-18	373, 21-22
20-21	373, 9
23 à 76, 1	371, 8-9
76, 2-4	371, 11-12
5-6	369, 14-15
7-8	368, 5-6
9-10	368, 4-5
11-13	376, 15-16
	(= 395, 3-4)
14-15	395, 13-14
16	394, 9
17-19	394, 17-18
20-23	373, 25 à 374, 2
24	372, 10
77, 1-2	374, 3
3-5	373, 5-6
6-8	376, 14-15
9-11	375, 22 à 376, 2
13	374, 9-10
14-16	418, 1-2
17-18	374, 13
19-21	375, 12
21-22	375, 22
78, 1-2	388, 8
3-6	375, 1-3
9-10	370, 1-2
11-12 }	
13 }	375, 6-11
14 }	(fragments
15-16 }	recombinés)
17-18 }	
19	375, 10
20-22	375, 16-17
23 à 79, 1	375, 20-21
79, 2-3	375, 1-3
4	376, 5
5-7	376, 7-8
8-10	376, 3-4
14-15	376, 9
16-21	376, 11-13
22-23	376, 6
24 à 80, 2	375, 13-15
80, 2-5	382, 1-2
6-8	374, 9-10

L	DPV
9-11	374, 11-12
12-14	376, 19-20
15-16	376, 22-23
17	375, 22
18-19	375, 18-19
20-22	376, 9-11
23 à 81, 4	379, 6-9
81, 5 }	388, 16-17
7-8 }	(= 501, 14-15)
9-12	379, 16-18
14-16	381, 3-4
17-22	381, 8-11
82, 1 }	384, 17-18
2-3 }	
7-9	380, 20-22
10-11	380, 24
12-13	374, 9-10
14-16	380, 22-23
17-19	381, 1-2
22-24	380, 24-26
83, 1-3	384, 21-23
5-7	381, 4-5
8-10	383, 18-20
10-12	381, 5-7
13-16	380, 5-6
17-18	379, 23-25
21-24	378, 16-19
84, 1-4	370, 21-23
5-13	377, 1-5
13-16	377, 20-21
17-18	377, 8
19-20	377, 18-19
21-22	377, 18
85, 1-2	377, 9
3-5	378, 8-9
6	377, 12-13
7-9	378, 1-2
12-14	374, 7-8 + 377, 10-11
15	379, 20
16-17	379, 20-21
18-19	378, 16
20-22	377, 10-11 + 378, 2-3 + 380, 18-19
23	377, 10
24 à 86, 5	380, 1-5

L	DPV	*L*	DPV
86, 6-7	379, 22	100, 1-3	498, 13-14
8-9	377, 12-13	4-6	498, 8-9
10-12	378, 4-5	7-9	501, 12-13
14-19	379, 12-14	10-12	501, 16-17
20-21	380, 9	13-15	502, 1-2
22-24	378, 12-13	16 à 101, 1	501, 18-22
87, 3-10	380, 12-17	101, 2	502, 3
11	378, 20	7-8	385, 1-2
12-13	378, 10	9-11	385, 11-12
14-17	378, 6-7	12 à 102, 3	385, 15 à 386, 2
18-21	378, 20 à 379, 2	102, 4-7	386, 5-7
22-24	379, 15-16	8-11	386, 9-11
88, 1-2	379, 10-11	12-15	385, 9-10
3-4	377, 17	16-17	385, 13-14
4-5	379, 19-20	18-20	385, 12-13
6-7	380, 7-8	20-22	386, 2-4
8-12	370, 5-7	103, 1-2	386, 7-8
20 à 89, 2	377, 14-16	2-3	386, 11
89, 3-6	379, 3-5	5-6	387, 21
8-9	381, 18-19	7-9	388, 11-12
10 à 93, 18	382, 3 à 384, 16	10-14	387, 11-13
93, 20-21	387, 25	16-18	392, 13-17
22 à 94, 6	}	19 à 104, 5	393, 3-6
94, 2-4	} 387, 22 à 388, 3	104, 6-9	393, 12-13
4-5	} (interversions)	10-13	394, 6-7
6	}	14-19	395, 7-9
8 à 95, 16	386, 14 à 387, 10	20 à 105, 3	394, 12-16
95, 17 à 96, 4	385, 2-8	105, 4-7	394, 9-11
96, 5-6	389, 7-8	8-17	392, 6-12
7-8	388, 13-14	18 à 106, 3	392, 2-5
9	387, 22 à 388, 3	106, 4-12	393, 18-23
10-16	390, 20 à 391, 2	14-15	394, 8
17 à 97, 5	391, 9-12	16-18	394, 1-2
97, 6-7	388, 15	19-20	394, 19
8-9	389, 1	107, 1-17	396, 1-14
10-11	380, 10-11	18-20	395, 5-6
12-14	390, 18-19	21 à 108, 6	393, 13-17
15-17	390, 1-2	108, 7-13	392, 13-17
18 à 98, 6	390, 11-17	14-17	395, 15-17
98, 7-9	390, 10-11	18-19	375, 4-5
10-15	442, 4-8	20-22	395, 18-19
16-à 99, 2	389, 9-13	109, 1-4	395, 10-12
99, 3-6	389, 4-6	5-8	395, 1-2
7-8	388, 6-7	9-11	396, 15-16
9-12	388, 4-5	13-14	398, 9-10
13-22	387, 14-20	15-20	397, 18-20

L	DPV
21 à 110, 2	397, 12-13
110, 3-4	396, 19-21
5-6	
7-8	397, 6
9-10	396, 19-21
13-15	397, 21-22
16-20	397, 9-11
21-22	397, 23
111, 1-2	396, 17-18
3-11	397, 1-5
12-14	397, 7-8
17-22	397, 14-17
112, 1-4	397, 23 à 398, 1
5-6	398, 4-5
8-11	474, 5-7
12-13	507, 5-6
14-15	
16 à 113, 13	354, 18 à 355, 2
113, 14-22	327, 18 à 328, 4
114, 2-19	391, 13-22
(12-19	421, 13-16)
(passage utilisé deux fois)	
20-22	416, 8-9
115, 1-2	416, 1-4
2-5	416, 10-11
6-10	348, 11-12
12-14	351, 8
15-17	348, 14-15
18-21	350, 11-12
21 à 116, 1	350, 17-18
116, 2-3	351, 10-11
4-5	349, 3-6
6-8	349, 7-9
12-19	348, 16-20
20-22	349, 16-17
117, 1-3	349, 3-6
3-5	
10-12	351, 12-13
12	352, 5-6
17-19	356, 13-15
20 à 118, 3	350, 13-16
118, 6	349, 7-9
7-9	356, 13-15
11-14	447, 3
15 à 119, 3	458, 26 à 459, 2
119, 7-9	459, 3-5
10-13	
13 à 120, 3	459, 5-13
120, 4-9	356, 16-19
10-16	351, 1-5
17-18	499, 7-8
121, 1-3	466, 20-21
4-21	330, 1-11
22 à 122, 13	466, 21 à 467, 5
122, 14-20	462, 1-4
21 à 123, 6	458, 14-19
123, 7-15	353, 10-14
16-20	354, 10-12
21 à 124, 5	359, 18-20
124, 5-10	357, 5-7
11-17	359, 21 à 360, 2
18-22	357, 13-15
125, 1-2	351, 9
3-5	351, 6-7
6 à 126, 11	352, 9 à 353, 4
126, 12-13	352, 7-8
19-21	352, 5-6
22 à 127, 1	349, 1-2
127, 2-7	466, 3-6
8-14	349, 10-13
15-18	349, 7-9
21-22	349, 3-6
128, 1-7	349, 18 à 350, 2
10-15	350, 3-6
16-19	354, 7-9
20-21	352, 7-8
21 à 129, 3	350, 7-10
129, 4-5	
8-11	359, 3-6
12-19	353, 15-19
20-21	354, 13
130, 2-15	398, 11-18
17-18	356, 13-15
19-20	348, 13
21 à 131, 4	355, 17-19
131, 5-13	356, 20-24
16-22	356, 25 à 357, 3
132, 1-7	356, 5-8
8-9	349, 14-15
10-13	356, 9-10
14-18	359, 15-17

L	DPV
19-21	354, 3-4
22 à 133, 1	354, 1-2
133, 2-9	353, 5-9
18-19	359, 3-6
134, 1-5	357, 16-19
6-15	355, 9-14
16 à 135, 5	355, 3-8
135, 7-9	355, 15-16
10-13	356, 1-4
14-17	358, 21 à 359, 2
18 à 136, 4	363, 1-6
136, 12-21	362, 3-8
22 à 137, 4	358, 9-11
137, 5-9	358, 3-5
10-13	354, 5-6
14-18	358, 6-8
19 à 138, 7	306, 18-23
138, 8-18	359, 7-12
139, 3-5	359, 13-14
7-18	361, 8-15
19 à 140, 12	362, 9-17
140, 13 à 141, 11	363, 17 à 364, 3
141, 12-14	356, 11-12
15-16	339, 13-14
17-18	340, 1
19-20	358, 15
22 à 142, 1	367, 4-5
142, 2-3	361, 3
7-8	364, 4
9-11	364, 12-13
15-17	366, 1-2
18-19	364, 7-8 + 377, 6-7
20-21	365, 7
143, 1-3	367, 4-5
4-5 5-6	366, 23 à 367, 3
9-15	365, 18-22
16-19	306, 18-23
144, 10-12	333, 1-3
17-19 20-21 22 à 145, 15	363, 7-16
145, 16-21	358, 12-14
22 à 146, 7	358, 16-20
146, 8-9	366, 3
10-15	366, 6-9
16-22	366, 12-15
147, 1-5	366, 9-11
6-18	366, 16-22
20 à 148, 1	340, 15-17
148, 5-12	357, 8-12
13-19	341, 6-13
(15-19	365, 11-13)
(passage utilisé deux fois)	
22 à 149, 3	364, 5-6 + 12-13
149, 4-7	364, 9-11
8-18	364, 14 à 365, 4
19-22	366, 23 à 367, 3
150, 1-4	365, 8-10
5-10	365, 14-17
11-12	340, 1
12-16	365, 23-25
17-19	367, 14-15
20 à 151, 3	367, 10-13
151, 4-5	365, 5-6
6-11	367, 18-21
12-15	367, 16-17
16-20	366, 4-5
21 à 152, 2	367, 8-9
152, 3-5	368, 1-2
6-8	367, 6-7
9-13	494, 3-5
14 à 155, 2	316, 15 à 318, 9
(152, 15-17	484, 18-19)
(passage utilisé deux fois)	
155, 3-13	357, 20 à 358, 2
14-22	314, 10-13
156, 1-3	314, 1-2
4 à 157, 5	314, 14-17
157, 7-13	449, 4-18
17-22	313, 18-23
158, 1-13	314, 3-9
17 à 159, 1	498, 5 à 499, 2
159, 2-7	339, 3-6
8-14	499, 2-6
15 à 160, 2	314, 18-23
160, 3-9	315, 1-5
10-11	325, 12-13
12-20	332, 10-14
21 à 161, 1	314, 24-25
161, 2-19	315, 12-20
20 à 162, 20	316, 3-14

L	DPV
162, 20 à 163, 4	315, 20 à 316, 2
163, 6-8	502, 15-16
9-21	506, 11-17
164, 7-10	448, 24-26
14	498, 15
15 à 165, 5	499, 8-15
165, 15-16	502, 15
17-22	503, 11-14 (et *A.T.*, ii.337-38, 361)
166, 1-7	318, 10-13
167, 1-3	504, 5-6
6-10	498, 9-12
12-21	502, 4-8
168, 1-14	341, 6-13
16-17	502, 15
17 à 169, 6	502, 16-22
169, 7-10	309, 23-25
11-22	360, 11-18
170, 2-5	301, 14-16
11-12	507, 11-12
13-14	501, 9-11
15-20	503, 3-6
21 à 171, 5	506, 1-4
171, 6-8	506, 18-19
9-12	502, 23-25
13-14	501, 13-14
14-16	501, 14-15
16-18	506, 19-20
19-22	503, 1-2
172, 1 à 173, 2	507, 16 à 508, 7
173, 3-6	506, 9-11
7-14	499, 16-20
15 à 174, 2	502, 8-14
174, 3-16	323, 5-11
17-19	322, 11-13
19-21	322, 19-20
175, 6-10	449, 1-3
12-15	447, 4-5
18-21	447, 8-10
176, 1 à 177, 12	447, 13 à 448, 17
177, 13 à 178, 5	343, 18 à 344, 6
178, 6-17	344, 10-16
21 à 179, 4	344, 7-9
179, 5-9	344, 17-19
10-12	390, 20 à 391, 2
13-14	391, 3-4

L	DPV
15-17	391, 7-8
18-20	391, 5-6
21 à 180, 11	343, 12-17
180, 12	449, 19
13-15	450, 5-6
16 à 181, 2	449, 22 à 450, 4
181, 5-7	450, 7-8
8-9	450, 16-17
10-18	450, 20-24
19 à 182, 4	450, 9-12
182, 4-6	450, 15-16
7-9	450, 13-14
9-10	503, 7-8
11-14	450, 18-19
15-16	450, 25-26
18-19	451, 1 + 4
20-21	451, 1-3
22 à 183, 1	452, 2-4
183, 2-12	451, 5-10
13-14	452, 2-4
15-16	452, 1-2
17-18	451, 13-14
18 à 184, 4	451, 15-19
184, 5-7	451, 11-12
8	503, 7
9	452, 2
10-11	452, 6-7
12-14	452, 1-2
21-23	452, 4-6
185, 1-2	451, 2
3-4	452, 4-6
5-7	451, 13-14
8-9	451, 15-19
10 à 189, 14	452, 10 à 454, 24
189, 15 à 191, 15	457, 10 à 458, 13
191, 16 à 192, 9	456, 12-19
192, 10-13	468, 1-3
13-17	468, 4-6
18 à 193, 1	467, 18-20
193, 2 à 194, 20	499, 21 à 500, 21
194, 21-23	457, 8-9
195, 1-5	456, 9-11
6-11	456, 5-8
12-16	454, 25 à 455, 2
17 à 196, 1	455, 9-11
196, 2-6	455, 15-17

L	DPV	*L*	DPV
7-8	505, 15-16	14-17	486, 6-8
9	455, 3	18 à 209, 4	491, 6-11
10	498, 8-9	209, 5-7	494, 1-2
11-12	455, 5	8-19	488, 11-17
15-17	468, 7-8	20-23	487, 19-20
18-19	480, 16-17	210, 1-3	487, 4-5
20-21	475, 1-3	4-8	488, 18-20
197, 1-2	473, 6-7	9-23	494, 6-14
6-7	} 475, 4-6	211, 1-7	491, 12-15
8-9	} (interversion)	8-13	488, 21-23
12-13	455, 4	14 à 212, 5	493, 19-27
13-14	448, 24-26	212, 6-13	486, 18 à 487, 2
15 à 198, 1	470, 22-27	21 à 213, 2	468, 13-14
198, 2	514, 19	213, 3-4	468, 12-13
4-5	465, 24 à 466, 1	5-11	505, 6-9
6-7	467, 6-7	15-19	504, 7-10
8-9	468, 1-3	20 à 214, 6	461, 3-7
10-11	462, 5	214, 9-12	487, 7-8
15-19	468, 9-11	13-15	487, 13-15
19	468, 15-16	16-18	487, 6-7
20-21	492, 5-6	19-20	503, 6
199, 4	468, 15-16	21-22	487, 21-22
7-21	472, 13-21	22 à 215, 7	487, 24 à 488, 2
200, 7-8	475, 4-6	215, 8-12	487, 15-18
9-10	480, 8	13-18	514, 15-18
11-13	473, 4-5	19-20	488, 2-3
14-16	478, 15-16	216, 2-4	} 483, 13-15
17-19	474, 1-2	4-5	} (interversion)
20-22	472, 22-23	6-10	447, 1-3
201, 1-14	492, 7-14	11-14	447, 11-12
17 à 202, 3	503, 23 à 504, 5	15-17	458, 23-25
202, 4-7	331, 4-5	18 à 217, 5	460, 17-22
8-12	306, 8-11	217, 6-9	467, 7-10
13-19	466, 7-10	10-19	467, 12-17
203, 10-18	455, 18 à 456, 4	(217, 17	487, 22-23)
204, 1-4	460, 14-16	(passage utilisé deux fois)	
7-13	466, 11-15	20 à 218, 11	330, 12-18
14 à 205, 5	456, 20 à 457, 7		(467, 7-10)
205, 6 à 206, 1	476, 16-25	(passage utilisé deux fois)	
206, 5-21	459, 14-22	218, 12-13	460, 9-10
22 à 207, 2	452, 8-9	14-19	461, 11-14
207, 3-11	465, 15-18	21 à 219, 1	447, 5-7
12-17	466, 16-19	219, 1-2	460, 1-2
208, 3-4	483, 13	4-11	460, 2-5
4-8	483, 16-19	12-14	455, 14
9-13	486, 3-5	15-17	455, 12-13

L	DPV
18-19	461, 8
22 à 220, 1	461, 9-10
220, 3-7	455, 6-8
9-22	360, 3-10
221, 1-6	489, 2-5
7-10	461, 1-2
11 à 222, 5	462, 8-17
222, 11-18	462, 18 à 463, 2
19-21	460, 13-14
22 à 223, 4	458, 20-23
223, 5-13	465, 19-24
15 à 225, 1-2	504, 11 à 505, 5
225, 4-20	461, 15-25
21, à 226, 3	503, 15-17
(226, 1-2	481, 22-24)
(passage utilisé deux fois)	
226, 4-5	503, 17-20
(4-7	481, 22)
(passage utilisé deux fois)	
8-10	503, 17-20
11-14	481, 24-26
15-16	481, 22-24
17-18	503, 20
19-20 }	503, 8-10
21-22 }	(interversion)
227, 1-12	464, 20-26
13-18	503, 21-23
19 à 228, 3	505, 10-14
228, 10 à 229, 12	480, 18 à 481, 12
229, 13-14	481, 18-21
15	483, 12
16-19	481, 18-21
20 à 230, 1	481, 29 à 482, 2
230, 2-11	480, 10-15
12-18	482, 8-11
19-20	483, 4-5
21 à 231, 6	482, 3-6
231, 7-9	481, 27-28
10-13	483, 6-8
14-19	471, 2-4
20 à 232, 3	483, 1-4
232, 4 à 233, 1	482, 12-24
233, 2-5	483, 9-10
6 à 234, 3	477, 23 à 478, 5
234, 4-6	474, 8-9
8-10	480, 1-2

L	DPV
11-15	478, 6-8
16-17	480, 9
18-20	478, 9-10
21 à 235, 1	477, 1-6
235, 2-8	477, 7-10
9-13	295, 1-3
17 à 236, 13	477, 11-22
236, 14-21	475, 1-3
22 à 237, 19	478, 17-18
237, 21 à 238, 9	475, 7-12
238, 12 à 239, 19	478, 18 à 479, 17
239, 20 à 240, 5	477, 1-6
240, 6-16	481, 13-17
20	389, 7-8
241, 1 à 243, 16	468, 17 à 470, 4
243, 17 à 244, 1	474, 16-19
244, 2 à 245, 3	470, 8-21
245, 4	471, 1-2
5-7	474, 11-12
8	471, 1-2
10-16	333, 10-13
16 à 246, 5	333, 16 à 334, 2
246, 6-12	312, 20 à 313, 1
13-16	470, 5-7
17-20	472, 11-12
21 à 247, 1	473, 10-11
247, 6-11	473, 11-15
12-17 }	480, 3-6
18-19 }	(interversion)
20-21 }	
22 }	480, 7
248, 1 }	(interversion)
2-8	478, 11-14
9	474, 10
10-17	474, 12-15
18-20	472, 24-25
21 à 249, 1	473, 15-16
249, 2 à 251, 1	471, 5 à 472, 5
251, 2-3 }	473, 8-9
4-5 }	
9-10	482, 7
12-13	473, 17-18
14 à 252, 9	463, 28 à 464, 6
252, 10-15	472, 26-29
16 à 253, 3	472, 6-10
253, 4-6	474, 3-4

L	DPV
7-12	473, 1-3
14	462, 6-7
14-15	462, 6
16 à 255, 17	463, 3-27
255, 18 à 256, 15	464, 9-19
256, 16 à 257, 17	476, 3-15
257, 18-20	475, 13-14
21 à 258, 15	475, 17 à 476, 2
258, 16-22	335, 4-7
259, 2-3	464, 27
4-6	464, 7-8
7 à 260, 3	465, 1-12
260, 5-18	483, 20 à 484, 7
19-22	484, 14-16
261, 1-2	483, 16
3-5	484, 16-17
6-16	484, 8-13
18-21	484, 20-22
22 à 262, 5	486, 12-14
262, 6-8	486, 11-12
8-10	486, 9-10
11-16	486, 15-17
17 à 263, 2	315, 8-11
263, 3-13	324, 14-20
14-15	505, 16
15-16	506, 15
17 à 264, 1	505, 17-20
264, 2-8	506, 21-24
8-10	507, 1-2
10-16	506, 24 à 507, 1
17-21	506, 5-8
22 à 265, 15	324, 21 à 325, 9
265, 19 à 267, 14	334, 3 à 335, 3
267, 15-18	332, 1-3
19 à 269, 2	331, 6-23
269, 14-16	335, 10-11
17 à 270, 1	335, 15-19
270, 2-4	335, 8-9
5-10	335, 12-14
11-21	336, 1-5
271, 3-8	402, 13-16
12-14	399, 3-4
15-17	399, 9-10
18-19	399, 3-4
19-22	399, 18-19
272, 1-2	402, 20
3-5	402, 17-18
6-7	400, 7-8
7-10	400, 5-6
11-14	352, 1-2
15-18	352, 3-4
21	399, 12
22 à 273, 2	399, 7-8
273, 3-5	400, 24-25
6-12	401, 20-23
12-14	388, 9-10
14-15	402, 10
16	402, 19
17-19	402, 3-4
20-21	401, 12
22 à 274, 5	402, 6-9
274, 6-7	402, 5
8-12 }	401, 13-15
13-14 }	(interversion)
15-17	401, 16-17
18-19	401, 19
20-22	402, 11-12
275, 1-4	400, 26-27
5-8	403, 6-8
9-12	382, 11-12
13-15	399, 1-2
18 à 276, 3	381, 12-17
276, 5	381, 18-19
6-8	337, 12-13
9-13	312, 1-3
14-15	400, 4
15-21	400, 8-11
22 à 277, 4	400, 16-18
277, 5-6	401, 11
7-10	400, 14-15
11-21	401, 1-6
22 à 278, 2	399, 5-6
278, 2-5	399, 11-12
6-15	399, 13-18
16-17	399, 18-19
17 à 279, 1	399, 20 à 400, 3
279, 1-5	400, 11-13
6-10	389, 14-16
11-15	401, 7-10
16-19	409, 10-14
20-22	405, 13-14
280, 2-3	408, 16

L	DPV
3-6	408, 3-4
6-7	408, 1-2
7	408, 14-15
15-16	405, 16-17
16-17	405, 18
18-20	405, 15-16
20-21	405, 17
21-22	405, 19
281, 1-5	406, 1-3
6-8	405, 20-21
9 à 282, 5	406, 4-14
282, 6-9	406, 26-28
10	406, 14-16
11-14	406, 24-25
15 à 283, 1	406, 17-22
283, 2-4	407, 1-2
5-8	407, 3-4
9-11	406, 14-16
13	406, 23
14-15	407, 5
16	407, 2
19-21	403, 1-2
284, 1	403, 4
4-5	403, 2-3
6-13	403, 10-15
14	381, 19
15-16	403, 16
20 à 285, 2	403, 17 à 404, 2
285, 3-13	404, 3-10
13 à 286, 3	404, 13-20
286, 3-5	400, 26-27
6-7	403, 10-15
9 à 287, 12	404, 21 à 405, 12
287, 13-14	403, 4-5
15	403, 4
16	403, 8-9
17	404, 3-10
18-21	404, 10-12
288, 1-4	408, 1-2
4-12	408, 5-11
13-14	408, 14
14-15	408, 12-13
16-19	408, 19-20
19 à 289, 3	409, 3-6
289, 4	408, 12-13
5-8	408, 16-18
9-10	408, 23
10-14	408, 21-22
14-18	408, 23 à 409, 2
19-22	409, 7-9
290, 1-22	407, 6-18
291, 1-4 5-6	409, 10-14
7-10	409, 18-20
11-13	409, 15-16
14 à 292, 3	409, 23 à 410, 5
292, 4-5	409, 21-22
6-12	410, 6-9
13-14	409, 16-17
15 à 293, 4	410, 10-16
293, 5-10	410, 19-22
11-14	411, 8-10
15	411, 6-7
16-21	410, 23 à 411, 3
22 à 294, 1	410, 17-18
294, 2-3	411, 6-7
4-5	411, 21-22
6-8	411, 15-16
9-11	411, 4-5
11-12	411, 8
13-18	411, 11-14
19	411, 6-7
20 à 295, 1	411, 17-20
295, 3	412, 1-2
4-14	413, 21 à 414, 7
15-16	414, 13-17
17-21	415, 1-3
296, 1-2	416, 6-7
3-7	417, 9-13
8-9	416, 4-5
10-14	413, 3-5
15 à 297, 3	412, 14 à 413, 2
297, 4-6	413, 13-14
7-8	412, 1
8-10	412, 3-6
11-13	412, 10-11
14-17	412, 3-6
18	436, 18-20
298, 1-2	440, 3-4
3-6	436, 18-20

L	DPV
7-9	
9-10	437, 12-15
10-12	
13-16	438, 18-21
17 à 299, 3	424, 15 à 425, 4
299, 4-5	412, 1-2
6-8	417, 3-4
9-13	412, 7-9
14	415, 6-19
15	416, 1-4
16-17	
18	414, 13-17
18-20	
21-22	415, 4-5
22 à 300, 1	415, 3-4
300, 2-3	417, 14
3	417, 13
4-6	417, 17-18
7-9	417, 14-16
10	426, 13
10-22	413, 6-12
301, 1-7	434, 6-10
8-16	434, 1-5
16-17	398, 4-5
17-20	398, 2-3
21 à 302, 2	413, 6-12
302, 11	418, 17-18
12-13	418, 18-19
14-16	423, 6-9
17-21	423, 10-13
303, 1	418, 5-6
2-5	420, 16-18
6	318, 17
7-9	432, 1-2
12-14	427, 9
15-22	319, 20-23
304, 1-2	423, 3-4
6-8	418, 3-4
9	417, 13
10-12	418, 6-9
13-15	418, 20-21
16-19	414, 15 + 415, 1-4
22 à 305, 9	418, 10-16
305, 10-15	414, 7-12
16-17	425, 5-7
21	425, 11-12

L	DPV
22 à 306, 6	425, 16-19
306, 9-10	424, 14
11-12	426, 7-8
13-15	426, 8-10
19	318, 15-16 + 431, 4-5
20-21	318, 18-19
22 à 307, 14	428, 8-16
307, 15-18	428, 19-21
19-20	318, 14-15 + 431, 4-5
21 à 308, 18	431, 6-17
309, 2-11	433, 14-19
12-15	425, 5-7
16-19	425, 11-12
19	425, 15
21-22	426, 7-8
310, 1-2	433, 19-20
3-4	426, 14
6-10	425, 8-10
11-14	421, 20 à 422, 1
16-19	431, 20-22
20 à 311, 3	415, 20-23
311, 4-6	505, 21 à 506, 1
6-7	(interversion)
8-9	418, 17-18
10-12	419, 6-7
13	419, 5
14-15	419, 8-9
15-19	419, 11-13
312, 4-7	423, 6-9
7-12	423, 10-13
13	421, 5
17	411, 7
22 à 313, 2	420, 11-13
313, 3	419, 5
4-5	419, 8-9
6-9	419, 9-11
10 à 314, 22	419, 14 à 420, 10
315, 1	420, 14
2-3	423, 4-5
4-5	423, 6-9
7-8	423, 4-5
9-11	423, 10-15
12-13	428, 3-4
14-15	

L	DPV
16	324, 7
17-20	423, 16-17
21-22	420, 22-23
316, 1-10	424, 1-8
11-13	428, 1-2
14-15	424, 11
16-19	424, 8-10
20-22	424, 12-14
317, 1-3	427, 6-8
4-6	427, 10 à 428, 1
7-10	428, 4-7
11-15	431, 17-19
16 à 318, 12	432, 3-13
318, 13-14	420, 19-20
15-17	420, 15-16
18-19	421, 3-4
21 à 319, 2	401, 27 à 402, 2
319, 3-6	420, 21-22
7-11	421, 1-3
16-18	421, 16-18
19 à 320, 3	421, 9-12
320, 4-19	422, 3-11
20 à 321, 2	(= 418, 11-12)
321, 3-5	422, 13-14
6	422, 12
7-9	419, 1-4
10-12	420, 24-25
322, 9-12	421, 6-8
13-17	422, 15 à 423, 2
18-21	419, 1-4
22 à 323, 1	423, 3-4
323, 8-15	438, 24 à 439, 4
16-17	429, 6-7
18	431, 3
21 à 324, 19	415, 6-19
324, 20 à 325, 7	416, 12-18
325, 8-10	416, 1-4
11-19	416, 19 à 417, 2
20 à 326, 8	433, 7-13
326, 9-11	414, 17-18
12-20	434, 16 à 435, 2
21 à 327, 10	428, 22 à 429, 4
327, 12 à 329, 2	439, 10 à 440, 2
329, 3 à 330, 2	440, 10-22
330, 3-9	441, 12-15
10-21	441, 17-22

L	DPV
22 à 331, 5	440, 7-9
331, 6-8	440, 5-6
9-10	443, 1-2
11-20	442, 9-15
21 à 332, 3	401, 24-26
332, 4-8	443, 22-24
9 à 333, 1	319, 11-19
333, 2-5	323, 15-17
6-8	323, 21 à 324, 2
9-10	304, 22-23
11-12	442, 16-17
13 à 336, 22	430, 1 à 431, 2
337, 1 à 338, 8	432, 14 à 433, 6
(338, 4-8	319, 8-10 +
	320, 18-19)
(passage utilisé deux fois)	
338, 9-13	320, 16-18
14-21	417, 5-8
339, 1-6	434, 11-14
7	426, 11-12
7-9	427, 2-3
10-12	426, 15 à 427, 1
13-14	427, 4-5
15-20	436, 14-17
21 à 340, 3	436, 21-24
340, 4-9	438, 11-13
10-22	437, 1-8
341, 1-2	438, 2-3
3-4	437, 1
5-9	437, 9-11
10-20	437, 16 à 438, 2
21 à 342, 9	438, 4-10
342, 10-18	438, 14-17
19-21	438, 22-23
22 à 343, 8	413, 15-20
343, 7-15	439, 5-9
(chevauchement)	
16 à 344, 14	440, 24 à 441, 11
344, 15-21	389, 17-21
22 à 345, 9	390, 3-9
345, 10	441, 16
11-12	389, 22
15-19	319, 1-4
346, 1-2	429, 5-6
3	422, 2
4	440, 23

L	DPV	*L*	DPV
5-6	398, 6-7	5-10	509, 19-22
7-8	421, 19	11 à 364, 5	508, 8-16
9-10	426, 6-7	364, 6-12	510, 19 à 511, 2
11-12	426, 1-2	13 à 365, 18	509, 3-18
13-14	426, 6-7	365, 19 à 366, 6	329, 4-9
15-17	425, 13-14	366, 7-22	510, 2-10
18-21 }	425, 19-21	367, 1-3	509, 23-24
347, 1-2 }		4-14	328, 21 à 329, 2
4-5	426, 1-2	368, 3-7	333, 14-15
6-7	414, 18-19 + 436, 14-17	9 à 369, 11	329, 10-22
		369, 12-14	326, 5-6
8-10	428, 17-18	15-21	326, 8-12
11-14	426, 3-5	22 à 370, 3	510, 13-15
15-16	435, 3-4	370, 3	510, 13
19 à 350, 18	435, 4 à 436, 13	4-6	510, 11-12
350, 20 à 351, 22	443, 3-17	7-12	324, 3-6
352, 1 }		20-22	401, 17-19
2-3 }	443, 18-21	371, 1	489, 13
4-11 }		3 à 372, 8	489, 16 à 490, 5
12-15	315, 6-7	372, 10 à 373, 22	490, 11 à 491, 3
16 à 353, 10	443, 25 à 444, 9	374, 3-11	490, 6-10
353, 16-17	429, 24-25	13-17	510, 16-18
18 à 355, 8	429, 8-24	18 à 375, 5	512, 16-21
355, 10 à 356, 2	444, 10-16	375, 6 à 376, 10	511, 5-20
(355, 13-17	322, 5-7)	376, 11 à 377, 5	512, 22 à 513, 8
(fragment utilisé deux fois)		377, 7 à 378, 20	516, 4-23
356, 1-5	322, 2-4	379, 3-4	492, 18-19
(chevauchement)		5-11	492, 15-18
		12-16	493, 16-18
6-20	444, 17 à 445, 2	18-19	487, 22-23
21 à 357, 3	446, 4-7	20	493, 27
357, 14-17	446, 8-10	380, 1-7	496, 15-18
19	444, 9	8-13	495, 19-21
19 à 358, 4	507, 12-15	14-18	495, 9-11
358, 5-8	507, 3-4	381, 3-9	495, 14-15
9-13	507, 6-8	10-22	495, 22 à 496, 4
15-22	445, 3-6	382, 1-4	496, 7-8
359, 1-2	507, 9-10	5-6	496, 6
3 à 361, 11	445, 7 à 446, 3	8	496, 20-22
361, 12-13	446, 19	9	495, 11
14-18	446, 12-14	10	496, 8-9
19	446, 11	11-12	496, 14
20 à 362, 4	446, 15-18	12-13	496, 8-9
362, 5-10	446, 20-22	14-17	496, 20-22
11-15	327, 1-3	18-19	496, 23
17-22	508, 17 à 509 2	20	496, 12
363, 1-4	511, 3-4		

L	DPV
21 à 383, 5	497, 1-5
383, 6	496, 12
7	495, 18
8-11	494, 19-21
12-15	497, 6-8
16 à 384, 1	493, 11-15
384, 2-7	495, 4-7
9	495, 7-8
10	(interversion)
11	
12-16	494, 22 à 495, 3
17-21	498, 4-7
22 à 385, 1	497, 15-16
385, 1-2	497, 21 à 498, 3
3	+498, 4-7
3-4	(interversions)
4-7	
7-8	497, 15-16
8-10	497, 19-20
11-12	497, 17-18
13-17	497, 12-14
18-20	495, 12-13
21	495, 16-17
22	495, 16
386, 1-17	493, 1-11
18-19	496, 5
20-22	496, 10-11
387, 5-11	487, 9-12
12-19	488, 6-10
20 à 388, 11	489, 6 à 491, 5
388, 12-16	488, 4-6
17-18	487, 2-3
19-20	496, 19
21-22	496, 12-13

L	DPV
389, 1-5	497, 9-11
6-9	492, 3-4
10-11	326, 7
15	479, 18
18 à 390, 1	479, 18-21
390, 3-13	514, 4-9
14-16	465, 13-14
391, 11-20	296, 4-8
392, 3-10	326, 13-16
12-16	325, 19 à 326, 2
17 à 393, 3	325, 14-19
393, 4-9	326, 2-4
10-16	494, 15-18
19 à 394, 5	332, 4-9
394, 7-15	514, 10-14
16 à 395, 8	515, 4-12
395, 9-13	515, 1-3
14-16	475, 15-16
396, 2-5	459, 23 à 460, 1
6-10	460, 6-8
11-14	460, 11-12
14-15	474, 11-12
20 à 397, 3 (interversion)	312, 7-8
397, 4-10	500, 22 à 501, 8
16-19	491, 15 à 492, 2
21-22	489, 1-2
398, 2-6	442, 1-3
7-9	412, 12-13
10-11	441, 16
13-18	361, 4-7

4

Les problèmes de l'éditeur

ANNE-MARIE CHOUILLET

Le choix du texte de base

Il aurait été intéressant de traiter ce problème sous son aspect le plus général en fonction d'une édition achevée des *Œuvres complètes*. La chose mérite d'être faite et je ne doute pas qu'elle le sera un jour. On aura alors une vue d'ensemble des lois qui président au choix du texte de base, en même temps que des différents types de solution qu'il est permis d'adopter en fonction des situations particulières.

Dans le cas présent, je me suis limitée, fidèle en cela aux directives des organisateurs de ce colloque, à un compte rendu aussi fidèle que possible des difficultés rencontrées et de choix qui ont été les miens dans les textes que j'ai eus à établir.

Il est inutile de souligner l'importance qu'il y a à choisir un texte de base et à bien le choisir. Nous avons tous eu à lutter contre les commentateurs qui négligent de s'adresser à un texte sûr. Plus récemment on constate chez les utilisateurs de l'informatique une tendance à prendre le premier texte venu d'une œuvre de Diderot (par exemple le plus accessible), ce qui risque de jeter le discrédit sur la valeur des résultats statistiques qui en découlent. La même tendance s'observe chez les éditeurs de 'reprints' avec des conséquences encore plus graves puisqu'ils contribuent à diffuser un texte mal établi au détriment d'une édition plus sérieuse qui pourrait être publiée.

Une solution serait de chercher à établir dans chaque cas le 'meilleur' texte possible, en partant de telle ou telle leçon qu'on puiserait tantôt dans un manuscrit, tantôt dans un autre. Cette attitude laisse la part trop belle à la subjectivité et aboutit à créer une suspicion permanente sur la valeur du choix opéré. C'est la raison pour laquelle elle n'a pas été retenue par l'édition DPV.

A partir du moment où le texte de base est choisi, la règle est de le respecter, même (chaque fois que c'est nécessaire) dans sa présentation. Cette règle s'applique, non seulement au texte proprement dit, mais à sa ponctuation. De là découle la nécessité de l'apparat critique, dont la fonction n'est pas de dire quel est le 'meilleur' texte, mais de constater sur quels points les différentes versions s'écartent du texte de base. Toute intervention dans le texte de base qui est imposée par la nécessité de la lecture est mise entre crochets (par exemple dans le cas d'une ponctuation défaillante ou d'une graphie défectueuse).

Quels sont les critères qui président au choix du texte de base? Il a été décidé

1) de choisir 'la dernière version qui a pu recevoir la garantie de Diderot', 2) de privilégier, comme cela semble naturel, le manuscrit autographe, sauf dans le cas où une copie corrigée par Diderot donne un état plus tardif du texte. Tel est le cas du *Joueur* et de *La Religieuse* (voir tome xi). Il ne faut pas se cacher que cette solution risque de faire perdre de vue la ponctuation initiale qui est celle de Diderot: chaque copiste a ses habitudes particulières (surtout sensibles pour l'usage du point-virgule et des deux-points), et Diderot n'intervient que rarement pour rétablir sa ponctuation personnelle.

Que faire quand on ne dispose pas d'autographes? Je renvoie ici à la note de Jean Varloot (DPV, xiii.XXII) concernant les difficultés inhérentes au choix à faire entre différentes copies. En général, celles dont nous disposons se rencontrent soit dans le fonds Vandeul (en un ou plusieurs exemplaires), soit dans le fonds de Léningrad. On dispose aussi des copies de la *Correspondance littéraire*, dont le fonds le plus riche est à Gotha: je renvoie à l'*Inventaire* qui en a été fait par Jeanne Carriat et Ulla Kölving (*S.V.E.C.* 225-27, 1984).

Parmi les textes que j'ai établis, en collaboration avec Jacques Chouillet et avec l'aide de Jean Varloot, je n'ai pas eu de choix trop difficiles à pratiquer, sauf en ce qui concerne la 'notice sur Clairaut' (t.ix). On ne connaissait cette notice que sous la forme où elle avait été publiée par Assézat et Tourneux (A.T., vi.473, et C.L., vi.287) d'après une copie de la *Correspondance littéraire* du 1er juin 1765. Une note précise 'Cet article est en partie de M. Diderot', ce qui implique l'intervention de Grimm dans le texte de Diderot. Or, j'ai retrouvé dans une copie de lettre à Damilaville un 'papier sur Clairaut', qui a été choisi comme texte de base et qui permet d'apprécier les remaniements de Grimm. Il s'agit là, non pas de passages supprimés, comme dans le *Salon de 1761* (où le trait de crayon de Grimm subsiste encore dans la marge, voir xiii.XXVI-XXVII), mais d'une refonte de certaines phrases et d'additions. Mon opinion sur la question des interventions de Grimm dans les manuscrits de Diderot est différente de celle qu'exprime Jochen Schlobach dans sa contribution ('Attribution et datation des textes journalistiques', ci-dessus).

Puisque je viens de faire allusion au *Salon de 1761*, il y a lieu d'indiquer un cas complexe: nous disposons maintenant de l'autographe auquel Jean Seznec n'avait pas eu accès. Mais cet autographe ne contient pas le long commentaire sur l'*Accordée de village* de Greuze, qui a été rédigé après coup. Nous avons donc dû reprendre pour l'établissement du texte de ce passage une copie de la *Correspondance littéraire*.

Un autre cas complexe est celui de l'*Epître* dédicatoire à la princesse de Nassau Sarrebrück qui précède le *Père de famille* (DPV, x.174). Nous avions la version imprimée de l'édition de 1758, mais aussi plusieurs copies manuscrites. Après quelques hésitations, nous avons choisi 'le premier état de la copie de

Grimm comme étant le plus proche de l'original autographe inconnu'. Certains indices (pliures du papier, corrections au crayon) permettent de supposer que cette copie avait été communiquée à la princesse avant l'impression.

Que faire quand on ne dispose d'aucun manuscrit correct? Il faut recourir aux éditions imprimées. Nous entrons là dans une nouvelle série de problèmes qui relèvent de la bibliographie matérielle: recherche des différentes éditions ou impressions, choix du texte qui présente le plus de garanties, étude des contrefaçons. Je me bornerai à citer quatre exemples en ordre dispersé.

Premier exemple: *Histoire et secret de la peinture en cire* (1755), 'petit ouvrage fort rare', comme le dit Naigeon, et dont il existe deux copies (Vandeul et Leningrad) manifestement exécutées d'après l'imprimé. Dans ce cas particulier, c'est l'édition imprimée que nous avons choisie comme texte de base.

Deuxième et troisième exemples: *Le Fils naturel* et *Le Père de famille*. J'ai répertorié 18 éditions du *Fils naturel* et 45 du *Père de famille* parues du vivant de Diderot (il en manque quelques-unes). Naturellement l'édition de 1757 du *Fils naturel* et celle de 1758 pour le *Père de famille* ont été choisies comme textes de base. Mais il faut noter que l'une et l'autre sont porteuses de *cartons*. C'est seulement pour le *Fils naturel* que j'ai pu retrouver des exemplaires non cartonnés. D'autre part, il était impossible de faire entrer dans l'apparat critique toutes les versions imprimées des deux pièces, surtout celles du *Père de famille*. Nous avons privilégié celles qui coïncidaient avec les principales représentations. Nous avons également tenu compte des modifications signalées par la *Correspondance littéraire* (voir F. M. Grimm, *La Correspondance littéraire* 1er janvier-15 juin 1761, texte établi par Ulla Kölving, Uppsala 1978).

Quatrième exemple: la *Lettre sur les sourds et muets*. On sait, depuis les travaux de Wallace Kirsop, la complexité des problèmes posés par la première édition. Il en existe, non pas une, mais deux versions, l'une cartonnée, l'autre non cartonnée. Kirsop a retrouvé un certain nombre d'exemplaires non cartonnés et il a montré les différences entre les deux textes ('La *Lettre sur les sourds et muets* de Diderot', *Bibliographie matérielle et critique textuelle*, 'Biblio-notes', Paris 1970). A une époque où les rapports de l'*Encyclopédie* avec les jésuites, auteurs du *Dictionnaire de Trévoux*, étaient plutôt tendus, Diderot a dû accepter d'apporter un certain nombre d'atténuations à son texte initial. Autre difficulté: la gravure représentant la 'femme mourante' est inversée dans toutes les éditions, sauf dans l'édition in-12 de 1772 (t.ii des *Œuvres philosophiques et dramatiques de M. Diderot*, Amsterdam, 6 vol.). Cette raison, jointe aux soins particuliers qui ont entouré cette édition, et qui ont pu faire penser qu'elle avait *peut-être* été révisée par Diderot, ont entraîné le choix de l'édition de 1772 comme texte de base. Après les travaux de J. Vercruysse ('Recherches bibliographiques sur les premières éditions des *Œuvres complètes* de Diderot', *Essays on Diderot and the Enlightenment in honor of Otis Fellows*, Genève 1974) et mes observations personnelles portant en particulier sur les tomes iv et v contenant le théâtre de Diderot, je dois dire que ce choix ne m'apparaît plus comme étant le meilleur. Je crois de moins en moins à la réalité d'une révision que Diderot aurait opérée en vue d'une des édition parues en 1772 ou 1773. Au contraire l'édition non cartonnée de 1751, malgré l'inversion de la 'femme mourante', qui pourrait s'expliquer par un renversement d'image dû au travail du graveur, s'entoure maintenant de garanties suffisantes pour devoir être préférée.

Je ne cite qu'en passant un cas où les responsables de l'édition ont été amenés à choisir comme texte de base celui d'un périodique: une œuvre de Diderot, l'*Eloge de Richardson*, a paru en effet dans le *Journal étranger* avant de paraître dans les éditions des œuvres de l'abbé Prévost.

Comme on le voit, les sources sont d'une variété qui rend la qualité du texte établi très diverse. Si par exemple on considère un groupe relativement homogène comme les *Salons*, on pourra constater la résonance particulière qu'offrent les textes autographes (*Salon de 1759, Salon de 1761, Salon de 1767*) par rapport aux autres. Ceci donne une ligne idéale de référence, mais il faut bien admettre que, quand elle manque, le choix ne peut se faire que du meilleur au moins bon en fonction de données purement relatives. Un tel choix peut-il être objectif? Disons que nous tendons à l'objectivité dans la mesure où nous nous astreignons à respecter le texte de base que nous avons choisi. Quant au choix lui-même, il est fondé sur une décision qui comporte nécessairement une part d'arbitraire. On est bien obligé de dire *oui* à une hypothèse et d'écarter momentanément toutes les autres. Une fois ce *oui* prononcé, beaucoup de conséquences heureuses ou malheureuses peuvent en découler. Autrement dit toute décision repose sur une juste évaluation des risques, ce qui est après tout la meilleure définition que l'on puisse donner de l'attitude scientifique.

ANNETTE LORENCEAU

Le lecteur de variantes

Au cours des nombreuses heures que j'ai consacrées aux apparats critiques de l'édition, je me suis souvent demandé quels étaient l'intérêt et la finalité de ce travail long, minutieux – et il faut bien le dire, fastidieux. Etait-il vraiment utile? qui était le 'lecteur de variantes', avait-il même une existence réelle, et si oui, qu'attendait-il de l'apparat?

Pour mieux cerner le problème, j'ai tenté de faire un classement des variantes, en particulier telles qu'elles se présentent dans l'œuvre de Diderot. Il m'est apparu que, sous le terme de 'variante', se cachaient des réalités très différentes et que le classement lui-même n'en était pas aisé.

a. On peut les différencier suivant leur auteur et leur localisation:

– on trouve la correction de l'auteur lui-même sur son propre manuscrit. Il existe de Diderot des autographes très corrigés, comme *La Religieuse*, *Sur Térence*, *Est-il bon? est-il méchant?*, le *Salon de 1767*. (Mais l'éditeur de Diderot n'a pas de ces problèmes de 'brouillons' dont il a été tant question au cours de la Table ronde du CNRS, des 28 et 29 juin 1984, sur les 'Problèmes techniques et éditoriaux des éditions critiques'.)

– viennent ensuite des corrections sur un même manuscrit, faites par un ou plusieurs scripteurs autres que l'auteur. C'est un point très important dans l'œuvre de Diderot, dont certains manuscrits – ceux du fonds Vandeul en particulier – ont été très corrigés et remaniés. Ceux qui ont travaillé sur la *Dispute sur la postérité* ou sur *Le Neveu de Rameau* se sont heurtés à ce problème – sur un des manuscrits du fonds Vandeul du *Neveu*, il y a des corrections de cinq mains différentes. (Je voudrais faire ici une remarque sur une carence du vocabulaire: s'il y a dans une copie une 'addition', il y a par voie de conséquence dans un autre manuscrit une 'omission'; mais si la leçon où l'on constate l'absence est antérieure à l'autre, on ne peut pas dire qu'il y a 'omission', mais simplement ajout dans le second; il faudrait pouvoir dire 'absent dans', ce qui est trop long.)

– puis viennent les variantes 'traditionnelles' entre les leçons des différentes copies et éditions, où l'on peut aussi relever des mains différentes.

b. Un autre classement peut être fait par *genre* de variantes, on pourrait dire par ordre d'importance.

– des variantes portent sur des fragments, des paragraphes ajoutés, omis ou déplacés. On se trouve parfois devant de véritables puzzles, comme l'a montré Jean Mayer pour les *Eléments de physiologie*. On peut même être amené à se poser la question de savoir s'il faut éditer *un* ou *deux* textes. Pour l'*Essai sur la vie de Sénèque* ct l'*Essai sur les règnes de Claude et de Néron*, le Club français du Livre a édité les deux œuvres, alors que dans DPV on trouve seulement l'*Essai sur les règnes de Claude et de Néron* avec un apparat critique qui permet de reconstituer la première œuvre. Mais nous avons donné à la fois *La Pièce et le prologue* et *Est-il bon? est-il méchant?* alors que les éditeurs de la Comédie-Française ont seulement publié la seconde pièce, en donnant la première à l'aide de caractères italiques.

– d'autres variantes portent sur un ou plusieurs mots: additions, suppressions, substitutions. Ce sont des mots écrits en interligne, des ajouts en marge ou en bas de page, des mots raturés, grattés, des mots réécrits sur une rature ou sur un autre mot.

– un autre genre de variante, très fréquent chez Diderot, est l'*inversion*, qui peut porter sur quelques mots ou sur des propositions. Il est souvent difficile d'en comprendre l'origine et la signification.

c. Un troisième groupe de variantes concerne les faits de langue: graphie, ponctuation, majuscules, règles de grammaire (je pense notamment aux règles d'accord) et même des variantes typographiques (pour la transcription des jeux de scène dans les pièces de théâtre).

Quelle que soit la présentation adoptée, qu'elle soit plus traditionnelle comme dans DPV, ou plus scientifique, utilisant l'informatique comme ce qui se fait à l'Université de Tübingen par exemple, ces variantes *peuvent être établies*. Mais pour qui? Il faut faire ici une distinction entre l'établisseur du texte et le lecteur de l'ouvrage imprimé.

L'établisseur doit, bien entendu, étudier et analyser la totalité des variantes de toutes les copies et de toutes les éditions retenues. C'est ainsi qu'il peut appréhender totalement l'œuvre qu'il édite, la connaître, en faire la genèse et donc aussi le bon choix du texte de base. Certains pensent qu'il est indispensable que ce soit la même personne qui établisse le texte et qui en fasse le commentaire.

Et j'en arrive alors au thème essentiel de cette communication: 'Le lecteur de variantes'. Je dois faire ici un aveu: lorsque j'ai commencé à réfléchir sur ce problème, j'ai pensé que le lecteur de variantes n'existait pas, que c'était un mythe destiné à soutenir le travail de l'établisseur de texte. Je me suis dit: 'oserais-je demander aux participants de la Table ronde s'il y en a parmi eux qui ont utilisé et contrôlé les apparats critiques'; je me suis répondu que je n'oserais pas … Mais je me suis alors, comme par miracle, transformée en 'lectrice de variantes': en travaillant sur le *Salon de 1765*, j'ai été amenée à étudier les apparats critiques des *Salons* antérieurs et ils m'ont été d'un grand secours pour celui de 1765. Donc le lecteur de variantes existe.

Il peut rechercher dans les apparats des données très diverses, dans des domaines différents.

On pense d'abord à la genèse du texte, à l'établissement de la chronologie des différentes copies et nous savons combien ces problèmes sont importants et passionnants chez Diderot. Il est inutile d'insister.

Il est possible, grâce aux variantes, d'étudier le style de Diderot et ses procédés d'écriture. DPV a sur ce point, je crois, mis à la disposition des érudits un matériel précieux. En voici deux exemples tirés du *Salon de 1765*. Dans la leçon de la *Correspondance littéraire*, qui est le premier jet, Diderot écrit: 'On a aussi accusé l'attitude du berger dormant de ressembler plutôt à celle d'un homme mort qu'à l'attitude d'un homme qui dort' et, dans la copie ultime, on trouve: 'On a accusé son attitude d'être plutôt d'un homme mort que d'un homme qui dort.' Autre exemple: 'Et ce capucin, c'est du bois avec un visage de plâtre. C'est pour la vérité et la vigueur du coloris un petit Rubens' devient: 'Ce capucin, c'est du plâtre. Pour la vérité et la vigueur du coloris, petit Rubens.'

L'apparat critique permet aussi d'analyser les interventions de Vandeul et de Grimm dans l'œuvre de Diderot.

Enfin l'apparat critique d'une édition comme DPV peut être un instrument très précieux pour les grammairiens, les linguistes, les spécialistes de l'orthographe. En regroupant les apparats critiques et les notes de modernisation de chaque texte, on obtient un document d'une valeur certaine. Ici aussi deux exemples: nous avons remarqué que les accents graves, dans nombre d'éditions du dix-huitième siècle, n'existaient que sur des mots très précis comme *à*, *là*, *déjà*, *dès*, *accès*, *succès*; que le mot *âme* ne prenait jamais l'accent circonflexe et que *désirer* et ses composés s'écrivaient le plus couramment sans accent aigu. L'apparat critique a aussi permis de constater que la graphie des noms propres variait d'une leçon à l'autre, et même dans le même manuscrit.

Voilà quelques types de recherche qu'un apparat critique peut alimenter. Mais il faut insister sur un point: cet outil pour être fiable doit être exhaustif. Je suis tout à fait d'accord avec M. Jarry, qui déclarait, à la Table ronde sur les problèmes d'édition critique, que parler de 'variantes significatives' ne voulait rien dire; significatives pour qui, significatives de quoi? Tout choix fait entre des variantes ne peut être que subjectif. Il faut la totalité des variantes.

On peut par contre concevoir que l'on fasse un choix quant au *type* de variantes qui figureront dans l'apparat critique *d'une* édition. Dès l'établissement du protocole d'édition, il faut le préciser. On peut, comme nous l'avons fait dans DPV, décider que l'on ne donnera pas les variantes de graphie et de ponctuation de toutes les copies (ce qui est évidemment regrettable pour les linguistes et les grammairiens). Il faut dans la notice d'établissement définir avec précision le contenu de l'apparat critique et en expliciter toutes les possibilités mais aussi les limites. Ce choix une fois fait, l'apparat doit être exhaustif.

Je ne parlerai pas ici de la rédaction des variantes puisque des règles précises ont été établies dans DPV, mais je voudrais attirer l'attention sur la présentation générale: dans DPV, les variantes sont en bas de page; une variante donne donc toutes les leçons d'un endroit précis du texte; c'est une présentation horizontale, linéaire. Si notre lecteur veut analyser les variantes entre le texte de base et *un* des autres manuscrits (pour étudier les interventions de Vandeul par exemple), il doit reconstituer une lecture verticale de l'apparat. Il faut évidemment faire un choix entre ces deux présentations (pour un des apparats de la *Dispute sur la postérité*, c'est la présentation verticale qui a été choisie: un apparat, mis en appendice, permet de voir d'emblée les interventions de Vandeul).

Il est évident que ce type de problème ne se posera pas avec l'emploi de l'informatique. Des savants allemands de l'Université de Tübingen ont élaboré des programmes qui permettent de classer les variantes d'après leur type et avec leur contexte. On dispose à la fois de l'exhaustivité et d'une grande facilité d'utilisation.

Il est probable que DPV se terminera sans informatique. Aussi dirais-je pour conclure qu'il me semble que les difficultés grandes et variées que nous avons rencontrées d'un manuscrit à l'autre ont fait progresser nos connaissances et notre aptitude à résoudre les problèmes. Les apparats critiques de DPV représentent un apport certain pour l'édition critique. Espérons que cette très modeste communication permettra d'éveiller quelques vocations de lecteurs de variantes.

GEORGES DULAC

Les relations de Diderot avec la Russie: transcription et identification des noms de personnes

PENDANT les vingt années qu'ont duré les relations de Diderot avec Catherine II et son entourage, quelques dizaines de noms russes apparaissent sous sa plume: noms de personnages bien ou mal connus, mais dont il est souvent malaisé de caractériser l'intérêt dans ce contexte et plus généralement dans la biographie intellectuelle du philosophe. Des identifications incertaines et quelques erreurs qui tendent à se perpétuer dans les commentaires illustrent cette difficulté et l'aggravent. Le séjour à Pétersbourg n'est pas seul en cause, car on ne saurait négliger l'expérience des problèmes russes acquise au cours des années précédentes, quand la générosité de l'impératrice lui procura un agent aussi zélé que célèbre qui prit à cœur de soutenir les efforts si ostensiblement déployés pour 'civiliser' l'empire. Qu'il s'agisse de préciser l'historique des échanges très actifs qui eurent alors la rue Taranne pour centre, ou encore d'apprécier comment Diderot acquit une connaissance assez approfondie de la politique de sa protectrice, avec ses difficultés et ses ambiguïtés, bien des questions en ce domaine débordent largement ce qu'on peut attendre de l'étude des relations nouées à Paris ou à Pétersbourg. Si inégale que soit leur importance, qui reste parfois à évaluer, elles ne sauraient pourtant, dans l'ensemble, être reléguées au rang de détails biographiques mineurs: ne serait-ce que parce que la plupart des personnages concernés, membres de l'aristocratie ou représentants de l'élite intellectuelle et artistique, ont été directement en rapport, par leur activité, avec les principales initiatives qui ont marqué si fortement du sceau des Lumières les dix premières années du règne de Catherine.

Les objectifs que nous nous proposons dans cette note sont limités et essentiellement pratiques: la liste très hétérogène qu'on lira ci-après tente d'apporter quelques informations de départ pour l'établissement du commentaire dans les volumes des *Œuvres complètes* les plus concernés par les rapports de Diderot avec la Russie. Certains des noms retenus apparaissent dans les écrits de Diderot; d'autres se rencontrent seulement dans la correspondance de Grimm qui, comme on sait, servit souvent d'intermédiaire; d'autres enfin ne figurent ici que par anticipation sur les besoins probables du commentaire ou pour éviter des confusions.

Nous avons voulu tout d'abord proposer une transcription cohérente des noms de personne pour faciliter le recours aux différents moyens de documentation. A cette fin il serait utile que des formes normalisées soient utilisées ou du moins mentionnées dans le commentaire et les index. Parmi les différents systèmes existants, la norme internationale ISO, malgré sa vocation, est loin de s'être universellement imposée; elle déconcerterait vraisemblablement la plupart des lecteurs des *Œuvres complètes*. Nous avons donc préféré un système de 'conversion courante du russe en français' proposé notamment par l'Institut d'études slaves et qui devrait faire prochainement l'objet d'une norme AFNOR. Ce système sera adopté par la Bibliothèque nationale, qui a utilisé jusqu'à présent un système voisin. La table qu'on trouvera en annexe donne la double équivalence ISO et 'courante' des caractères russes. La normalisation n'interdit d'ailleurs pas de rester au plus près des habitudes françaises dans certains cas: on conservera par exemple sans inconvénient la forme masculine des noms de femme ('la princesse Dachkov') quand elle est d'usage courant; mais dans un tel cas on indiquera également la forme féminine qui sert de vedette, par exemple dans le catalogue Auteurs de la BN à partir de 1960 ('Dachkova, Ekaterina Romanovna'). Le cas des noms d'origine germanique est un peu plus complexe. On peut distinguer, plus ou moins nettement, trois cas:

– lorsque le nom est entièrement et anciennement russifié, on donne évidemment la translittération de la forme russe: Fonvizine (Denis Ivanovitch);

– lorsque le nom reste essentiellement germanique, on l'utilise sous cette forme dans le commentaire: le comte Ernst von Münnich. La translittération de la forme russe pourra cependant être indiquée si on estime qu'elle peut faciliter certaines recherches: Münnich (russe: Minikh);

– lorsque les formes allemande et russe ont été employées concurremment en français – c'est souvent le cas pour les académiciens qui ont publié en plusieurs langues – on préférera la forme germanique originelle mais on donnera la translittération de la forme russe: Stählin (Jakob von; russe: Chtelin, Iakov Iakovlevitch).

Les noms de notre liste sont accompagnés d'un minimum d'éléments d'identification (dates, titres, fonctions ...); certaines erreurs à éviter sont signalées mais d'autres ont pu nous échapper et attendent une rectification ... Plusieurs cas sont notés comme obscurs ou douteux: ce sont autant d'appels à des compléments d'information. Nous avons souvent mentionné très succinctement quelques-unes des raisons qui peuvent amener le commentateur à porter une attention particulière à un personnage: certaines sont des pierres d'attente que des recherches à venir prolongeront peut-être.

Les indications bibliographiques ne pouvaient être qu'extrêmement succinctes. Nous avons signalé des passages de la *Correspondance* et quelques autres textes qui permettent de situer au moins sommairement les relations du philosophe avec le personnage considéré; à défaut nous nous sommes référés, très exceptionnellement, à des documents d'archives. Nous avons par ailleurs mentionné un petit nombre de publications qui fournissent des références utiles pour notre sujet. Enfin on trouvera à la fin de chaque notice l'indication abrégée de quelques instruments documentaires de base auxquels on pourra recourir.

Parmi les personnes qui nous ont aidé au cours de ce travail nous voudrions remercier particulièrement Mmes L. Albina et B. Gradova, ainsi que MM. P. Zaborov et V. Somov.

Abréviations utilisées

Amb.	E. Amburger, *Geschichte der Behördenorganisation Rußlands von Peter dem Großen bis 1917* (Leiden 1966).
Bak.	T. Bakounine, *Répertoire biographique des francs-maçons russes, 18e et 19e siècles* (Bruxelles 1940).
Bén.	E. Bénézit, *Dictionnaire des peintres, sculpteurs, dessinateurs et graveurs* (Paris 1976), 10 vol.
Cat.	*La France et la Russie au siècle des Lumières* [catalogue de l'exposition, Paris, Grand Palais, novembre 1986-février 1987] (Paris 1986).
CORR	Diderot, *Correspondance*, éd. Roth-Varloot (Paris 1955-1970).
DPV	Diderot, *Œuvres complètes* (Paris 1975-), 19 vol. parus.
ES	*Entsiklopeditcheski slovar*, par F. Brokhaus et I. Efron (Saint-Pétersbourg 1890-1907), 82 vol. et 4 vol. de supplément.
Mé.	Diderot, *Mémoires pour Catherine II*, éd. P. Vernière (Paris 1966).
Mé. in.	E. Lizé, 'Mémoires inédits pour Catherine II', *D.H.S.* 10 (1978), p.191-222.
Pek.	P. Pekarski, *Istoria Imperatorskoï Akademi Naouk* (Saint-Pétersbourg 1873), 2 vol.
RBS	*Rousski biografitcheski slovar* (Saint-Pétersbourg 1914), 25 vol. (plusieurs des volumes prévus n'ont jamais paru).
SRIO	*Sbornik Imperatorskago Rousskago Istoritcheskago Obchestva* [*Recueil de la Société impériale russe d'histoire*]; nous nous référons principalement aux tomes 23 et 44, qui contiennent respectivement les lettres de Catherine II à Grimm et celles de Grimm à l'impératrice.

N.B. Les dates données par ces divers ouvrages divergent fréquemment. Nous avons généralement suivi Amburger.

1. ÆPINUS (Franz Ulrich Theodor Hoch, *dit* Æpinus), 1724-1802, professeur de physique, membre de l'Académie des sciences de Pétersbourg (1756) et de la Société libre d'économie; professeur du grand-duc Paul; membre du collège

des affaires étrangères (R. W. Home, 'Sciences as a career in 18th-century Russia: the case of F. U. T. Æpinus', *The Slavonic and East European review* 51 (1973), p.75-94); membre de la commission principale d'éducation (1782); s'oppose à Diderot à propos de Dieu (G. Dulac, 'Diderot et deux académiciens de Pétersbourg', *Europe* 661 (mai 1984), p.84-93, et DPV xvii.258-60; voir plus loin: Lexell). *RBS*; Amb.; Pek.

2. ALEXIS (Alekseï Mikhaïlovitch), 1629-1676, tsar, règne à partir de 1645; fait rédiger un recueil de lois qui aura une importance durable; Diderot rapporte de Pétersbourg un exemplaire de l'édition de 1759, sur lequel il a noté: *Code du père de Pierre Ier* (Anne Basanoff, 'La bibliothèque russe de Diderot', *Association des bibliothécaires français, Bulletin d'information*, N.S. no 29, juin 1959, p.83).

3. BAJENOV (Vasili Ivanovitch), 1737-1799, architecte; élève de l'Académie des beaux-arts de Pétersbourg, pensionnaire à Paris en 1760-1762 (L. Réau, *Histoire de l'expansion de l'art français*, t.iv: *Le Monde slave et l'orient*, Paris 1924, p.267-68). *RBS*.

4. BALLA (Athanasios), †1818, grec, appelé en Russie en 1765 par le comte Vladimir G. Orlov; pendant la guerre russo-turque, remplit les fonctions de traducteur auprès du comte Alekseï Orlov; en 1771 il est 'commis du bureau d'Etat des affaires étrangères' et écrit de Pise (5 avril) au grand-veneur S. K. Narychkine; patriote, il fait l'éloge de sa nation (Moscou, Archives d'actes anciens, Ts.G.A.D.A., fonds 1272, opis 1, no 61-62); employé à Varsovie, Berlin et La Haye; se retire en Autriche en 1785 (voir V. Bilbasov, *Didro v Peterbourge*, Saint-Pétersbourg 1884, p.139, et Valentin Jamerai-Duval, *Œuvres*, Pétersbourg 1784, ii.299); conducteur de Diderot en 1774; le philosophe gardera quelques relations avec lui (CORR, xiii.209 et xv.21).

5. BARIATINSKI (prince Ivan Sergueevitch), 1740-1811, ambassadeur de Russie à Paris de l'automne 1773 à 1783. *RBS*; Amb.

6. BARIATINSKI (prince Fedor Sergueevitch), 1742-1814, chambellan, frère d'Ivan (nommé ambassadeur à Paris en 1773); arrive à Paris durant l'été 1773 (Moscou, Archives de la politique étrangère de Russie, AVPR, Correspondance de la mission russe à Paris).

7. BAUER (Friedrich Wilhelm; russe: Fedor Vasilievitch), 1731-1783, entré au service de la Russie en 1769, 'quartier-maître général' (officier général qui

remplit une partie des fonctions du chef d'état-major général) en 1772, dirige plus tard de grands travaux à Moscou et Pétersbourg. Admire Diderot et regrette l'accueil plutôt froid qu'il a reçu de la société pétersbourgeoise (lettre écrite de Pétersbourg au comte W. Nesselrode, dans V. Bilbasov, *Didro*, p.134). Amb.

8. Beloselski-Beloserski (prince Aleksandr Mikhaïlovitch), 1752-1809, sénateur, grand échanson, homme de lettres, ambassadeur à Dresde (1779-1790) et à Turin (1792-1793); correspondant de Voltaire, Rousseau, Marmontel, Beaumarchais (voir A. Mazon, *Deux russes écrivains français*, Paris 1964); membre de l'Académie de Russie (1800). Bak.; Amb.

9. Beloselski-Beloserski (prince Andreï Mikhaïlovitch), †1779, ambassadeur à Dresde (1766-1778); Grimm le rencontre à Dresde en 1769 (G. Dulac, 'Grimm et la *Correspondance littéraire* envoyée à Catherine II, d'après les lettres de D. Golitsyn et de F. M. Grimm au vice-chancelier A. Golitsyn', *S.V.E.C.* 217 (1983), p.231). Amb.

10. Bestoujev-Rioumine (comte Alekseï Petrovitch), 1693-1768, ambassadeur au Danemark (1735-1740), vice-chancelier (1741-1744) puis grand-chancelier (1744-1758); propose que Catherine II épouse Orlov (Diderot, *La Princesse d'Ashkow* [Dachkov], DPV, xviii.377). *RBS*; *ES*; Amb.

11. Betski (ou Betskoï, Ivan Ivanovitch), 1703 ou 1704-1795, fils naturel du prince Ivan Iourevitch Troubetskoï; voyage en Europe à la fin des années 50, séjourne à Paris (1758-1761); président de l'Académie des beaux-arts de Pétersbourg (1763-1794), directeur des bâtiments impériaux (1765-1796), principal collaborateur de Catherine II pour les établissements d'éducation; il en rédige les *Plans et statuts* dont Diderot édite la traduction (1775); correspond avec Diderot à partir de 1766 (CORR, vi.180). Voir P. M. Maïkov, *Ivan Ivanovitch Betskoï* (Saint-Pétersbourg 1904). *RBS*; Amb.; *Cat.*

12. Bezborodko (Aleksandr Andreevitch, comte en 1784, prince en 1797), 1747-1799, secrétaire d'Etat (1775-1796), chancelier (1797-1799); débauché cynique et mécène averti; Grimm qui a affaire à lui l'appelle 'le factotum impérial' (2/13 avril 1782, *SRIO* 44, p.207). Amb.

13. Bibikov (Aleksandr Ilitch), 1729-1774, général, 'maréchal' de la Grande commission de 1767, combat Pougatchev (CORR, xiii.158). Bak.

14. Bibikov (Vasili Ilitch), 1740-1787, chambellan; directeur du théâtre russe

de 1765 à 1779, directeur des théâtres impériaux (1779-1783 et 1786-1787); fonde en 1779 l'Ecole théâtrale de Saint-Pétersbourg; auteur dramatique (R. Aloys Mooser, *Annales de la musique et des musiciens en Russie au XVIIIe siècle*, t.ii, Genève 1951, p.225). *RBS*; Bak.; Amb.

15. Bobrinski (comte Alekseï Grigorievitch), 1762-1813, fils de G. Orlov et de Catherine II; placé sous la tutelle de Betski en 1775, il entre cette même année au Corps des cadets. *ES*.

16. Boltine (Ivan Nikitich), 1735-1792, major-général, membre du collège de la guerre; publie en 1788 une réfutation de l'*Histoire* [...] *de la Russie* de N. G. Leclerc: ces *Annotations* (en russe) sont un ouvrage de valeur.

17. Borchtcheva (Natalia Semenovna); élève de l'Institut Smolny; à 14 ans, début novembre 1773, elle tient le rôle de Pandolfe dans *La Servante maîtresse* (*La Serva padrona*), opéra bouffe de Pergolèse chanté en français (*Mé.*, 52); jouera dans de nombreux opéras-comiques français de 1773 à 1779 (Mooser, *Annales*, ii.112-14); voir Nélidova.

Cheraskoff, Chotinski etc. voir Kheraskov, Khotinski

18. Choubine (Fedor Ivanovitch), 1740-1805, sculpteur; élève puis pensionnaire de l'Académie des beaux-arts de Pétersbourg, étudie dans l'atelier de Pigalle (1767); végète après son retour à Pétersbourg en 1773 (L. Réau, *Histoire*, p.269, 410). *Cat.*

19. Chouvalov (comte Andreï Petrovitch), 1744-1789, petit cousin d'I. I. Chouvalov; sénateur, chambellan; membre de la Société libre d'économie; député à la Grande commission de 1767; auteur de l'*Epître à Ninon*, de l'*Epître à M. de Voltaire*, de l'*Epître à M. de Saint-Lambert*; correspondant de Voltaire, La Harpe, Titon Du Tillet, etc. *RBS*; Bak.; Amb.; *Cat.*

20. Chouvalov (Ivan Ivanovitch), 1727-1797, grand chambellan; favori d'Elisabeth; fondateur de l'Université de Moscou (1755), président de l'Académie des beaux-arts de Pétersbourg (1757-1763); en 1762 transmet l'invitation de Catherine II à venir achever l'*Encyclopédie* en Russie (CORR, iv.175-76); voyage en Europe de 1763 à 1773. *RBS*; Amb.; *Cat.*

21. Chtchedrine (Feodosi Fedorovitch), 1751-1825, sculpteur; élève pensionnaire de l'Académie des beaux-arts de Pétersbourg, séjourne à Florence, à

Rome, puis à Paris (1775-1785); académicien en 1794 (*SRIO*, 23 et 44; L. Réau, *Histoire*, p.270-71, 410). *RBS*; Bén.

22. CHTCHEDRINE (Semen Fedorovitch), 1745-1804, peintre paysagiste, frère du précédent; élève pensionnaire à Paris en 1767-1769, plus tard professeur à l'Académie des beaux-arts de Pétersbourg (L. Réau, *Histoire* p.274). Bén.; *Cat.*

23. CHTCHERBATOV (prince Mikhaïl Mikhaïlovitch), 1733-1790, sénateur, historien et doctrinaire; député à la Grande commission de 1767; particulièrement attaché à la défense des privilèges de la noblesse, il se montre hostile à toute perspective de libération de la paysannerie; au début des années 1770 il aide le docteur N. G. Clerc (plus tard: Leclerc) à préparer une *Histoire de la Russie* (1783-) dans laquelle il verra un 'mélange de calomnies et de mensonges absurdes' (H. Roggers, *National consciousness in 18th-century Russia*, Cambridge, Mass. 1960, p.227); Diderot rapporte de Pétersbourg le premier tome (1770) de l'*Istoria rossiskaia* de Chtcherbatov (A. Basanoff, 'La bibliothèque', p.85). *RBS*; Bak.

CZERNISCHEW: voir TCHERNYCHEV

24. DACHKOV (princesse Dachkova, Ekaterina Romanovna), 1743-1810, fille du chancelier Roman Vorontsov, directeur de l'Académie des sciences de Pétersbourg (1783-1796), président de l'Académie de Russie. Rencontre Diderot en novembre 1770 et correspond ensuite avec lui (DPV, xviii.370-83; CORR, xiii.158); le rencontre de nouveau à Paris en 1781. Voir ses *Mémoires* au t.xxi de *Arkhiv kniazia Vorontsova* (Moscou 1881). Une monographie récente: L. Lozinskaïa, *Vo glave dvoukh akademi* [A la tête de deux académies] (Moscou 1979). *RBS*; Amb.; Pek.

25. DEMIDOV (Pavel Grigorievitch), 1738-1821; conseiller d'Etat, savant, mécène; voyage en Europe occidentale et notamment en France vers 1760, puis en 1772-1773; correspond avec Buffon, Linné ...; possède une importante collection de minéraux; Diderot, qui l'a rencontré, lui adresse une demande à ce sujet en décembre 1773 (CORR, xiii.137). *RBS*.

26. DEMIDOV (Prokofi Akinfievitch), 1710-1788, philanthrope, soutient la Maison des enfants trouvés de Moscou mais rencontre de l'opposition à ce sujet. *RBS*.

27. DMITREVSKI (Ivan Afanasievitch), 1737-1821, grand acteur du théâtre

russe, auteur dramatique; à Paris en 1768, s'occupe de former une troupe de théâtre pour Pétersbourg (CORR, viii.13-14: 'Mitreski'; voir Mooser, *Annales*, ii.149-50). *RBS*; Bak.

28. DOLGOROUKOV (ou Dolgorouki; prince Vladimir Sergueevitch), 1720-1803, ambassadeur à Berlin (1762-1786); Grimm le rencontre en 1769. *RBS*; Amb.

29. DOMACHNEV (Sergueï Guerasimovitch), 1743-1795, directeur de l'Académie des sciences de Pétersbourg de 1775 à 1782. *RBS*.

30. ELAGUINE (Ivan Perfilievitch), 1725-1794, secrétaire d'Etat (1762-1768); ancien cadet, lié à Khéraskov et à Soumarokov, chargé de la réforme (1766) puis de la direction des théâtres impériaux jusqu'en 1779 (Mooser, *Annales* ii.61). Amb.

31. ELISABETH (Elisaveta Petrovna), 1709-1762, impératrice de Russie (1741-1762).

32. ELTCHANINOV (Bogdan Egorovitch), 1744-1769, auteur dramatique, traducteur du *Père de famille* et du *Fils naturel* (P. Zaborov, 'Le théâtre de Diderot en Russie au dix-huitième siècle', dans *Denis Diderot*, *Colloque international*, juillet 1984, actes recueillis par A.-M. Chouillet, Paris 1985, p.495-96).

33. ERMENEV (Ivan Alekseevitch), 1746-1797?, dessinateur et peintre; élève de l'Académie des beaux-arts de Pétersbourg (1761-1767) et plus tard de l'Académie de peinture, à Paris (1775-1788); peut-être est-ce lui que Falconet propose d'envoyer à Paris en 1768 (CORR, viii.126; Réau, *Histoire*, p.411). Bén.; *Cat.*

34. EULER (Johann Albrecht), 1734-1800, fils de Leonhard Euler; mathématicien, physicien, astronome; secrétaire perpétuel de l'Académie des sciences de Pétersbourg de 1769 à 1800; correspond notamment avec son oncle Formey, secrétaire perpétuel de l'Académie de Berlin, avec Lalande (Paris), le Dr A. R. Sanchès (Paris), J. F. Hennert (Utrecht), D. Bernouilli (Bâle), Magellan (Londres) ... (Leningrad, Archives de l'Académie des sciences; CORR, xiii.85 et 96). Amb.; Pek.

35. EULER (Leonhard), 1707-1783, grand mathématicien et physicien d'origine suisse, membre de l'Académie des sciences de Berlin; membre de l'Académie des sciences de Pétersbourg (1727), il réside dans cette ville jusqu'en 1741;

quitte Pétersbourg pour Berlin en juin 1741 à l'invitation de Frédéric II, mais continue à travailler pour l'Académie impériale; quitte Berlin pour revenir s'installer à Pétersbourg en 1766. Diderot l'a rencontré 'plusieurs fois' (CORR, xiv.14). Pek.

36. FONVIZINE (Denis Ivanovitch), 1745-1792, écrivain, auteur dramatique; travaille dans les services du comte N. I. Panine; traduit *Alzire* de Voltaire et *Sidney* de Gresset (il y ajoute une scène sur la dure situation des paysans); écrit quelques poèmes d'inspiration libérale; sa première comédie, *Brigadir* [Le Brigadier], 1766, ridiculise notamment la gallomanie; Diderot songe à lui pour les sujets de comédies éducatives qu'il propose à Catherine II (*Mé.* 95). *Cat.*

GALITSINE, GALITZIN etc.: voir GOLITSYN

37. GLEBOV (Aleksandr Ivanovitch), 1722-1790, procureur-général au Sénat (1761-1764), gouverneur de Smolensk (1775-1776). Amb.

38. GLEBOV (Sergueï Ivanovitch), 1736-1786, traducteur; sera membre de l'Académie de Russie; donne en 1765 une traduction du *Père de famille* précédée d'une dédicace à son ami Stepan S. Zinoviev (futur ambassadeur en Espagne) et plus tard une traduction du *Fils naturel* dédiée à Alekseï V. Narychkine (Zaborov, 'Le théâtre de Diderot', p.494-95; CORR, viii.80, 130).

39. GOLITSYN (princes). Les princes G. cités ci-dessous ont pour ancêtre commun Andreï Andreevitch G. (†1638); Dmitri Alekseevitch Golitsyn (ambassadeur à Paris puis La Haye) est un cousin éloigné (4 générations) du vice-chancelier Aleksandr Mikhaïlovitch, lui-même petit cousin (2 générations) des deux frères Dmitri Mikhaïlovitch (ambassadeur à Vienne) et Aleksandr Mikhaïlovitch (feld-maréchal). Voir la généalogie des Golitsyn publiée par N. N. Golitsyn (Kiev 1880).

40. GOLITSYN (prince Aleksandr Mikhaïlovitch), 1718-1783, frère de Dmitri M. Golitsyn (ils sont tous deux fils du feld-maréchal Mikhaïl Mikhaïlovitch, 1675-1730, héros de Poltava); feld-maréchal souvent confondu avec le suivant. Amb.; *ES*.

41. GOLITSYN (prince Aleksandr Mikhaïlovitch), 1723-1807, ambassadeur en France (1749-1755), puis en Angleterre (1755-1761), vice-chancelier (1761-1775), grand chambellan (1775-1778); correspond avec Grimm de 1764 à 1775

(G. Dulac, 'Grimm et la *Correspondance littéraire*'); très estimé de Diderot (CORR, xiii.217 et xv.17). Amb.

42. GOLITSYN (princesse Amalia Samovilovna; allemand: A. von Galitzin; née comtesse von Schmettau), 1748-1806, épouse le prince Dmitri A. Golitsyn en août 1768 et l'accompagne à Pétersbourg la même année; catholique, liée notamment avec F. Hemsterhuis, elle s'installe en 1779 à Münster, où elle réunit un cercle d'écrivains et de philosophes (CORR, xiii.32).

43. GOLITSYN (prince Dmitri Alekseevitch), 1734-1803; fils d'Alekseï Ivanovitch G.; il a quatre frères et une sœur, Ekaterina, qui a épousé en 1757 Ivan Sergueevitch Golovine; chargé d'affaires à Paris en 1761, ministre plénipotentiaire à Paris (1763-1767), ambassadeur à La Haye (1768-1782); admirateur des physiocrates; ami du Dr R. Sanchès, de Grimm et de Diderot; en 1765 propose un plan pour l'extinction du servage dans ses lettres au vice-chancelier A. M. Golitsyn; édite *De l'Homme* d'Helvétius (1772-1773); se livre à des travaux scientifiques (sciences naturelles, minéralogie ...). Une monographie récente comportant de nombreuses références, notamment à des documents d'archives: G. K. Tsverava, *Dmitri A. Golitsyn* (Leningrad 1985); erreur sur le patronymique dans plusieurs publications (Aleksandrovitch pour Alekseevitch). *ES*; Amb.

44. GOLITSYN (Dmitri Dmitrievitch), 1770-1840, fils de D. A. Golitsyn, ambassadeur à La Haye; sera missionnaire en Amérique (A.T., ii.313).

45. GOLITSYN (prince Dmitri Mikhaïlovitch), 1721-1793, ambassadeur à Vienne (1761-1792); Grimm a dû le connaître à Paris en 1760-1761 et le rencontre à Vienne en 1769. Amb.

46. GOLITSYN (Marianna Dmitrieva, 'Mimi'), 1769-1824, fille de D. A. Golitsyn, ambassadeur à La Haye (A.T., ii.313).

47. GOLOVKINE (comte Aleksandr Aleksandrovitch), 1732-1781, 'le philosophe', admirateur de Rousseau; séjourne près de Lausanne au début des années 1760; directeur des spectacles à la cour de Frédéric II en 1765-1766; vit ensuite à Paris. En 1797 Grimm déclarera à Paul Ier avoir été lié avec le comte Golovkine qui lui montrait les lettres qu'il recevait du grand-duc (*Correspondance littéraire* de Grimm, éd. M. Tourneux, Paris 1877-1882, i.17). Sur les Golovkine voir: comte Fedor Golovkine, *La Cour et le règne de Paul Ier*, introduction de S. Bonnet (Paris 1905).

48. Golovkine (comte Aleksandr Gavrilovitch), 1689-1760, ambassadeur à Berlin, à Paris (1727-1731), à La Haye (1731-1760). Amb.

49. Gordeev (Fedor Gordeevitch), 1744-1810, sculpteur; élève puis pensionnaire de l'Académie des beaux-arts de Pétersbourg, étudie sous J.-B. Lemoyne de 1767 à 1772 (Réau, *Histoire*, p.269). *ES*.

Hermenioff: voir Ermenev

50. Iakimov (Ivan Petrovitch), 1748-1807, peintre; élève de l'Académie des beaux-arts de Pétersbourg, puis pensionnaire à Paris, où il est l'élève de Roslin (1771-1773) (Réau, *Histoire*, p.274).

51. Ivanov (Arkhip Matveevitch), vers 1749-1821, sculpteur, élève de l'Académie des beaux-arts de Pétersbourg, médaille d'or en 1769, pensionnaire à Paris en 1771, il étudie dans l'atelier de A. Pajou (Réau, *Histoire*, p.270, 411).

52. Ivanov (Mikhaïl Matveevitch), 1748-1823, peintre, élève de l'Académie des beaux-arts de Pétersbourg, pensionnaire à Paris en 1771, travaille avec J. B. Le Prince (Réau, *Histoire*, p.274, 411).

53. Kamenski (Mlle), dame de compagnie de la princesse Dachkov (CORR, xi.17, 21).

54. Karjavine (Fedor Vasilievitch), 1745-1812, philologue, traducteur, écrivain; fils d'un riche marchand, Karjavine est étudiant à Paris au début des années 1760 et fréquente la maison de D. A. Golitsyn; retourne en Russie en 1765 (Tsverava, *D. A. Golitsyn*, p.38; voir aussi sur Karjavine, l'ouvrage de S. R. Dolgova, *Tvortcheski pout F. V. Karjavina*, Leningrad 1984).

55. Kheraskov (Mikhaïl Matveevitch), 1733-1807, écrivain, directeur de l'Université de Moscou (1763-1770), plus tard curateur de cette université (1778-1802); avec le comte A. P. Chouvalov, le comte A. E. Mousine-Pouchkine (président du collège des mines), A. I. Bibikov ('maréchal' de la Grande commission de 1767), les frères Narychkine ..., il publie en 1767 le premier recueil de traductions d'articles de l'*Encyclopédie* (M. Strange, 'Diderot et la société russe de son temps', *Annales historiques de la Révolution française* 173, juillet-septembre 1963, p.299); écrit des odes à la gloire de Catherine II, législatrice et éducatrice, des poèmes épiques, des tragédies; Diderot rapporte en France six volumes de ses œuvres (M. P. Alekseev, 'Didro o rousskoï

literatoure' [La littérature russe vue par Diderot], p.367-69, dans M. P. Alekseev, *Rousskaïa koultoura i romanski mir* [La Culture russe et le monde latin], Leningrad 1985). Bak.; Amb.; *Cat.*

56. KHOTINSKI (Nicolaï Konstantinovitch), chargé d'affaires de Russie à Paris de 1767 à 1773 (CORR, viii.137 et ix.56). Amb.

57. KHRAPOVTSKI (Aleksandr Vasilievitch), 1749-1801, membre de la commission d'éducation (1766), écrivain, secrétaire d'Etat de Catherine II (1783-1785). Amb.; Bak.

58. KLINGER (Friedrich Maximilian von; russe: Fedor Ivanovitch), 1752-1831; arrivé en Russie en 1780; lecteur du grand-duc et de la grande-duchesse qu'il accompagne lors de leur voyage en 1781-1782; officier, plus tard directeur du Corps des cadets; écrivain, ami de Goethe; fait copier certains des manuscrits de Diderot conservés dans la bibliothèque impériale et, en 1798, les fait passer en Allemagne en vue d'une édition (R. Mortier, *Diderot en Allemagne*, Paris 1954, p.254-59). *RBS*; Amb.; Bak.

59. KLINGSTEDT (Timotheus Karl Merzahn von; russe: Klingchtet, Timofeï Ivanovitch), 1710-1786; membre de l'Académie des sciences de Pétersbourg; éditeur des *Troudy* [Travaux] de la Société libre d'économie, qu'il préside à plusieurs reprises; participe vers 1766 aux travaux de la commission pour les projets d'éducation, puis à ceux de la commission du commerce. *RBS*; Amb.; *ES*.

60. 'KLINGCHTED', ou 'Clingstad' (baron de), conseiller d'Etat, lié d'amitié avec Diderot, qui le recommande à John Wilkes en juillet 1772; a des fonctions à la cour de Pétersbourg (CORR, xii.84; *Mé.*, 192); rencontre le graveur Wille à Paris en février et juillet 1772; prend congé de lui en septembre après son voyage en Angleterre (*Mémoires et journal* de J. G. Wille, pub. par G. Duplessis, Paris 1857, tome ii); s'agit-il du précédent, ou d'un parent plus jeune?

61. KOROBINE (Grigori Stepanovitch), à la Grande commission de 1767, un des rares députés de la noblesse à critiquer le servage; s'appuyant sur certains articles du *Nakaz* de Catherine II, propose que le pouvoir des seigneurs sur leurs paysans soit limité et que ceux-ci puissent acquérir des biens (R. E. Jones, *The Emancipation of the Russian nobility*, Princeton 1973, p.142-44). *RBS*.

62. KOZELSKI (Iakov Pavlovitch), 1728?-1793?, de petite et pauvre noblesse

militaire; professeur de mathématiques à l'Ecole des cadets puis secrétaire au Sénat; auteur d'un traité à tendance matérialiste (*Filosofitcheskie predlojenia* [Propositions philosophiques], 1765) et de deux tragédies; collaborateur de G. V. Kozitski à la Société pour l'encouragement à la traduction des livres étrangers, publie en 1770 un recueil d'articles de philosophie et de politique traduits de l'*Encyclopédie*; éloigné ensuite de Pétersbourg (Strange, 'Diderot et la société russe', p.301-302, 307).

63. Kozelski (Iakov Pavlovitch), frère du précédent; député à la Grande commission de 1767, intervient dans le même sens que Korobine en soulignant les dangers du servage (R. E. Jones, *The Emancipation*, p.144, 145). *RBS*.

64. Kozitski (Grigori Vasilievitch), 1724-1775, écrivain, traducteur; membre de l'Académie des sciences de Pétersbourg (1759), secrétaire d'Etat (1768-1775); assiste Catherine II dans la préparation du *Nakaz*; utilisé par l'impératrice pour la publication d'une revue moralisante qu'elle inspire et qui contraint les revues de Novikov à baisser le ton (*Vsiakaia vsiatchina* [De tout un peu], 1769); anime la Société pour l'encouragement à la traduction des livres étrangers créée en décembre 1768 sous le patronage du comte V. G. Orlov et du comte A. P. Chouvalov (favorise notamment la traduction d'articles de l'*Encyclopédie* et d'œuvres de Montesquieu, Voltaire, Mably); destitué en 1775 de son poste de secrétaire d'Etat et de la direction de la Société, il se suicide la même année (Strange, 'Diderot et la Société russe', p.301, 307). *RBS*; Amb.; Pek.

65. Kozlovski (Mikhaïl Ivanovitch), 1753-1802, sculpteur, élève de l'Académie des beaux-arts de Pétersbourg, pensionnaire à Paris de 1775 à 1779 (Réau, *Histoire*, p.271-72); *RBS*.

66. Kracheninnikov (Stepan Petrovitch), 1711-1755, membre de l'Académie des sciences de Pétersbourg (1750); participe à la seconde expédition au Kamtchatka (1733-1743); sa description du Kamtchatka est publiée en 1755 (en russe); traduction abrégée en anglais (1764), puis d'anglais en français (1767).

67. La Fermière (Franz Hermann), 1737-1796, né à Strasbourg, connaît Diderot et Grimm dès 1761; lecteur du grand-duc Paul en 1765 (CORR, iii.348 et vi.346). *RBS*.

68. Lanskoï (Aleksandr Dmitrievitch), 1758-1784, général, favori de Catherine II (1780-1784), correspond avec Grimm (*SRIO*, 23).

69. Lanskoï (Ivan), lieutenant-colonel, cousin du favori, à Paris en 1781, où il rencontre Grimm (*SRIO*, 23).

70. Laxman (Erik, Gustav; russe: Kyrill Goustavovitch), 1737-1796, naturaliste d'origine finlandaise, pasteur luthérien; effectue un grand voyage en Sibérie en 1766-1767; membre de l'Académie des sciences de Pétersbourg et de la Société libre d'économie; prépare les réponses aux questions de Diderot sur la Sibérie (J. Proust, 'Diderot, l'Académie de Pétersbourg et le projet d'une *Encyclopédie russe*', *D.stud.* 12 (1969), p.117-31). *RBS*.

71. Lepekhine (Ivan Ivanovitch), 1740-1802, naturaliste et voyageur, membre de l'Académie des sciences de Pétersbourg (1771); de 1768 à 1772 dirige une expédition de l'Académie dans l'Oural et le nord de la Russie; secrétaire de l'Académie de Russie en 1783.

72. Levitski (Dmitri Grigorievitch), 1735-1823, portraitiste, membre puis professeur de l'Académie des beaux-arts de Pétersbourg; auteur d'un portrait de Diderot. *RBS*; Bak.; Bén.; *Cat*.

73. Lexell (Andreas Johann; russe: Leksell Andreï Ivanovitch), 1740-1784; d'origine suédoise, membre de l'Académie des sciences de Pétersbourg (1769), professeur d'astronomie (1771), membre correspondant de l'Académie des sciences de Paris (1776); séjourne à Paris d'octobre 1780 à mars 1781 et revoit Diderot, qu'il a connu à Pétersbourg; scandalisé par l'athéisme de Lalande, il lui apprend qu'en cette matière Diderot a été 'mis bien bas par Mr Æpinus dans la dispute si connue, qu'ils ont eue chez le Comte Wladimir Orlow' (lettre du 10 novembre 1780 à J. A. Euler; voir G. Dulac, 'L'astronome Lexell et les athées parisiens', *D.H.S.* 19 (1987), p.347-61. *RBS*.

74. Lomonosov (Mikhaïl Vasilievitch), 1711-1765, grand savant et poète; membre de l'Académie des sciences de Pétersbourg (1742); Diderot rapporte de Pétersbourg cinq volumes de ses œuvres (Basanoff, 'La bibliothèque', p.77). *RBS*; Pek.

75. Losenko (Anton Pavlovitch), 1737-1773, peintre; à Paris, pensionnaire de l'Académie des beaux-arts de Pétersbourg en 1760-62 et 1763-65, il est l'élève de Restout et de Vien; recteur de cette Académie en 1772; laissé sans travail malgré les interventions de Falconet, il meurt dans la misère (CORR, xiii.121; Réau, *Histoire*, p.273); *RBS*; Bén.; *Cat*.

76. Loujkov (Aleksandr Ivanovitch), 1754-1808; bibliothécaire de Catherine II: il a commencé à s'occuper de la bibliothèque de l'impératrice en 1771 et en a été conservateur de 1776 à 1797; membre honoraire de l'Académie des sciences de Pétersbourg (1789). Certains historiens pensent que la bibliothèque de Diderot a dû être dispersée après son départ. Proche collaborateur de G. V. Kozitski au début des années 1770; publie plus tard la traduction de deux articles de l'*Encyclopédie*, dont 'Economie politique' de Rousseau en 1777 (Strange, 'Diderot et la société russe', p.306).

77. Maïkov (Vasili Ivanovitch), 1728-1778, auteur d'odes, d'un poème héroï-comique (*Elisei*), de tragédies et de comédies; Diderot rapporte de Pétersbourg quatre volumes de ses œuvres (Basanoff, 'La bibliothèque', p.82).

78. Maria Fedorovna (grande-duchesse, née princesse Sophia Dorothea de Würtemberg), 1759-1828, seconde épouse du grand-duc Paul (1776), tsarine (1796). *ES*.

'Mitreski' (CORR, viii.13-14): voir Dmitrevski, I. A.

79. Mousine-Pouchkine (comte Alekseï Ivanovitch), 1744-1817, président de l'Académie des beaux-arts de Pétersbourg (1794-1797); se préoccupe du rassemblement des vieilles chroniques russes; sera le découvreur du *Chant de la troupe d'Igor* (1795).

80. Mousine-Pouchkine (comte Apollos Epafroditovitch), †1771, président du Collège des mines (1766-1771); traduit des articles de l'*Encyclopédie* (voir: Khéraskov). Amb.

81. Mousine-Pouchkine (Alekseï Semenovitch), 1729-1817, comte en 1779, ambassadeur à Londres de 1766 à 1779; Grimm le rencontre en 1771 (Dulac, 'Grimm et la *Correspondance littéraire*', p.241). Amb.

82. Müller (Gerhard Friedrich; russe: Fedor Ivanovitch), 1705-1783, historien, membre (1725) et secrétaire de l'Académie des sciences de Petersbourg. Amb.; Pek.

Münnich; russe: Minikh.

83. Münnich (comte Burchard Christoph von), 1683-1767, feld-maréchal; d'humble origine, se distingue sous le prince Eugène, entre au service de la

Russie en 1720; premier ministre en 1740-1741, exilé en Sibérie sous Elisabeth, rappelé par Pierre III, auquel il reste fidèle jusqu'à la fin (voir: Diderot, *Principes de politique des souverains*, *Œuvres politiques*, éd. P. Vernière, p.166); auteur de: *Ebauche pour donner une idée du gouvernement de Russie*, 1774 (ouvrage souvent attribué par erreur à son fils Ernst). Amb.

84. MÜNNICH (baron Christian Wilhelm von), 1686 (ou 88?) – 1768, frère du précédent, chef du Corps des cadets en 1734-1736.

85. MÜNNICH (comte Johann Ernst von), 1708-1788, fils du feld-maréchal; président du collège du commerce (1770-1773), directeur des douanes. Diderot l'interroge en janvier 1774 (CORR, xiii.161) et promet de l'aider à rédiger le 'catalogue de peinture de l'impératrice' (*Mé.*, 258). Amb.; *ES*.

86. NARTOV (Andreï Andreevitch), 1737-1813, écrivain, traducteur, membre de la Société libre d'économie, député à la Grande commission de 1767, membre honoraire de l'Académie des sciences de Pétersbourg (1796).

87. NARYCHKINE (Alekseï Vasilievitch), 1742-1800, sénateur, chambellan, écrivain; traduit des articles de l'*Encyclopédie* (voir: Khéraskov) et participe à la traduction collective de *Bélisaire* au cours du voyage de Catherine II sur la Volga au printemps de 1767 (avec le comte Ivan Tchernychev, les comtes Grigori et Vladimir Orlov, le général A. I. Bibikov ...); député à la Grande commission de 1767; ambassadeur à Turin (1770-1773); accompagne Diderot en 1773 et parle avec lui des idées à soumettre à l'impératrice; avec son frère Semen Vasilievitch il héberge Diderot à Pétersbourg et lui procure des livres. A propos des erreurs commises à ce sujet, voir B. G. Raïski, 'Didro i bratia Narychkiny' [Diderot et les frères Narychkine], *Frantsouski ejegodnik-Annuaire d'études françaises 1982* (Moscou 1984), p.240-51 (CORR, xii.230; xiii.41; *Mé.*, 34, 178; *Mé. in.*, 205); voir Glebov, S. I.. *RBS*; Bak.; Amb.

88. NARYCHKINE (Semen Kirillovitch), 1710-1775, général, grand veneur; possède un théâtre privé, fait venir de nombreux livres français (Helvétius, Buffon ...), notamment par Saulnier, négociant à Paris (Ts.G.A.D.A., fonds 1272, no 58, 65 ...; CORR, ix.194-95). *RBS*; Amb.

89. NARYCHKINE (Semen Vasilievitch), 1731-1807, frère d'Alekseï V.; traduit des articles de l'*Encyclopédie*; député à la Grande commission de 1767, procureur du collège des mines en 1774. Diderot le recommande à l'impératrice avant de quitter Pétersbourg (*Mé. in.*, 205). *RBS*; Amb.

90. NATALIA ALEKSEEVNA (grande-duchesse, née princesse Wilhelmine de Hesse-Darmstadt), 1755-1776, épouse du grand-duc Paul (1773); Grimm avait contribué à la préparation diplomatique du mariage depuis 1769.

91. NELIDOVA (Ekaterina Ivanovna), 1758-1839; élève de l'Institut Smolny et l'une des plus brillantes protagonistes des spectacles qui s'y donnent; en novembre 1773, à 15 ans, joue dans *La Servante maîtresse*, opéra-bouffe de Pergolesi chanté en français (*Mé.*, 52); Levitski fera son portrait, ainsi que celui de Natalia Borchtcheva, l'autre jeune actrice admirée par Diderot (Mooser, *Annales*, ii.112-14).

92. NESSELRODE (comte Maximilian Wilhelm von), 1724-1810 (père du chancelier Karl Vasilievitch N.); au service de la France jusqu'en 1767, démis de ses fonctions et expulsé par Choiseul (Leningrad, Archives historiques centrales, Ts.G.I.A., fonds 1678, opis 1, del.2); au service de la Prusse puis de la Russie: ambassadeur de Russie à Lisbonne (1778-1788) puis à Berlin (1788-1796); connu de Diderot et ami de Grimm dès les années 1760; souhaite que Grimm décide Diderot à passer par Berlin au retour de Pétersbourg. *RBS*.

93. NICOLAY (Ludwig Heinrich; russe: baron Andreï Lvovitch), 1737-1820, né à Strasbourg, chargé de l'éducation du grand-duc Paul en 1769, connaissait Diderot et Grimm dès 1761 (CORR, iii.321, 348; voir L. H. Nicolay, *Souvenirs*, texte présenté et traduit de l'allemand par J. Chouillet, dans *Textes du XVIIIe siècle*, 'Textes et documents', série V, Paris 1982). *RBS*; Amb.

94. NOROV (Avraam Sergueevitch), 1795-1869, voyageur, écrivain, ministre de l'Instruction publique (1854-1858); acquiert le manuscrit des *Mélanges philosophiques, historiques etc* ... [*Mémoires pour Catherine II*] vers 1850 et l'offre à Alexandre II vers 1855 (Moscou, Bib. Lénine, ms., fonds 201, Norov, no 60 et 66). Bak.

95. NOVIKOV (Nicolaï Ivanovitch), 1744-1818, publiciste, le premier grand éditeur russe; parmi ses revues satiriques, *Trouten* [Le Frelon] 1769-1770, et *Jivopisets* [Le Peintre] 1772-1773, critiquent notamment les abus et préjugés seigneuriaux; franc-maçon, il sera condamné en 1792 à quinze ans de forteresse et libéré à l'avènement de Paul Ier; Diderot rapporte de Pétersbourg un de ses ouvrages, *Opyt istoritcheskago slovaria* ... [Essai d'un dictionnaire historique des écrivains russes], 1772 (Basanoff, 'La bibliothèque', p.83). Bak.; *Cat.*

96. OLSOUFIEV (Adam Vasilievitch), 1721-1784, directeur du cabinet de Cathe-

rine II; Diderot lui écrit plusieurs fois en 1776 à propos de dessins et d'estampes (CORR, xiv.214-15). Amb.

97. ORLOV (comte Alekseï Grigorievitch), Orlov-Tchesmenski après la victoire de Tchesmé (1770) sur les Turcs, 1735-1807; dit 'le balafré'; meurtrier de Pierre III; amiral (DPV, xviii.381).

98. ORLOV (comte Fedor Grigorievitch), 1741-1796, général.

99. ORLOV (comte Grigori Grigorievitch, prince en 1772), 1734-1783, grand-maître de l'artillerie; fondateur de la Société libre d'économie de Pétersbourg; favori de Catherine II jusqu'en 1771; Diderot discute métaphysique avec lui et l'estime peu (CORR, xiv.157; DPV, xviii.377-78). Pek., Amb.

100. ORLOV (comte Ivan Grigorievitch), 1738-1791, député à la Grande commission de 1767.

101. ORLOV (comte Vladimir Grigorievitch), 1743-1831, directeur de l'Académie des sciences de 1766 à 1774 (CORR, xvi.48). Amb.; Pek.

102. PANINE (comte Nikita Ivanovitch), 1718-1783 (oncle du mari de la princesse Dachkov); ambassadeur à Copenhague (1747-1748) et à Stockholm (1748-1760); dirige les affaires étrangères de 1763 à 1783; gouverneur du grand-duc Paul; dès 1762 aurait voulu limiter le pouvoir de Catherine II, à l'exemple de la Suède, par l'institution d'un conseil impérial et le respect de 'lois fondamentales'; souvent opposé aux Orlov, il est parfois considéré comme le principal représentant d'un 'parti oligarchique' à la cour (I. de Madariaga, *Russia in the age of Catherine the Great*, London 1981, p.39-41). *RBS*; Bak.; Amb.

103. PANINE (comte Petr Ivanovitch), 1721-1789, frère cadet du précédent, général, commande les armées contre Pougatchev et dirige la répression en 1774-1775. *RBS*; Bak.; Amb.

104. PAUL Ier (grand-duc Pavel Petrovitch), 1754-1801, règne de 1796 à 1801.

105. PIERRE III (grand-duc Petr Fedorovitch; Karl, Peter, Ulrich, duc de Holstein), 1728-1762, règne de janvier à juin 1762.

106. PLATON (Petr Fedorovitch Levchnine), 1737-1812, archevêque de Tver

(1770-1775), puis métropolite de Moscou; précepteur du grand-duc Paul; offre une bible à Diderot (CORR, xiii.155). *RBS*.

107. POLIANSKI (Vasili Ipatievitch), 1741-1800 (ou 1801), secrétaire de l'Académie des beaux-arts de Pétersbourg en 1773; disciple de Voltaire, écrivain (*SRIO*, 13). *RBS*.

108. POPOV (Mikhaïl Vasilievitch), 1742-1790, traducteur, écrivain, poète; secrétaire de la Grande commission de 1767; auteur d'un opéra comique populaire. Bak.

109. POTEMKINE (Grigori Aleksandrovitch, prince en 1776), 1739-1791, lieutenant-général en 1773, favori de Catherine II à partir de février 1774, vice-président, puis président du Collège de la guerre (1774-1791). *RBS*; Amb.; *Cat.*

110. POTEMKINE (Pavel Sergueevitch), 1743-1796, général, cousin du favori, comte en 1795. *RBS*; Amb.

111. POUGATCHEV (Emelian Ivanovitch), 1742-1775, chef de la grande révolte de 1773-1774.

112. POURPOUR (Andreï Iakovlevitch), 1737-1804, d'origine grecque; général, directeur du Corps des cadets à partir de février 1773 (*Mé.*, 223). *RBS*.

113. RADICHTCHEV (Aleksandr Nicolaevitch), 1749-1802; du groupe de jeunes nobles russes qui partent étudier à Leipzig en 1766 (Grimm leur rend visite en 1769: voir Dulac, 'Grimm et la *Correspondance littéraire*', p.231-32); revient en Russie en 1771; fonctionnaire auprès du Sénat (1771-1773); plus tard pourvu d'un poste important au collège (ministère) de commerce (1777); vice-directeur (1780) puis directeur des douanes (1790); protégé par Aleksandr Romanovitch Vorontsov; publie légalement le *Voyage de Pétersbourg à Moscou* (mai 1790), où il s'inspire notamment de Raynal (et de Diderot); Catherine juge l'auteur 'pire que Pougatchev'; il est condamné à mort, peine commuée en déportation en Sibérie; revenu dans la capitale en 1797, il se suicide en 1802 (voir l'édition du *Voyage* en italien, avec une introduction et une bibliographie commentée de Franco Venturi, Bari 1972).

114. RAZOUMOVSKI (Alekseï Grigorievitch, comte en 1744), 1709-1771, fils d'un simple cosaque, favori d'Elisabeth Petrovna, feld-maréchal. *RBS*; Amb.

115. Razoumovski (Kyrill Grigorievitch, comte en 1744), 1728-1803, frère du favori, président de l'Académie des sciences de Pétersbourg (1746-1798), hetman de la Petite-Russie (charge rétablie en 1750 et supprimée en 1764); colonel du régiment Ismaïlovki, il prête serment d'allégeance à Catherine II dès le début du coup d'Etat; voyage à l'étranger de 1765 à 1767 (Madariaga, *Russia*, p.72-75). *RBS*; Amb.; Pek.

116. Repnine (prince Nicolaï Vasilievitch), 1734-1801, feld-maréchal; aurait correspondu avec Diderot (V. S. Ikonnikov, *Opyt rousskoï istoriografii*, Kiev 1891, p.1111). Amb.

117. Ribas (Don Joseph de Ribas-y-Boyons; russe: Iosif Mikhaïlovitch), né à Naples, 1749-1800; arrive à Pétersbourg en 1772, capitaine au Corps des cadets en 1774, plus tard amiral. *RBS*; Bak.

Ribas (Anastasia de): voir Sokolova, A. I.

118. Roumiantsev (comte Petr Aleksandrovitch), 1725-1796, feld-maréchal; vainqueur des Turcs (1774); marié à la princesse Ekaterina Mikhaïlovna Golitsyn (née en 1724), il a trois fils, Mikhaïl, Nicolaï et Sergueï; Grimm accompagne les deux derniers à Leyde en 1774, puis d'octobre 1775 à septembre 1776 dans un long périple de Paris à Pétersbourg en passant par Genève, Turin, Naples, Rome, Vienne et Berlin (CORR, xiv.79, 219; J. Schlobach, *Correspondance inédite de F. M. Grimm*, München 1972, p.198). *RBS*; Amb.

119. Roumiantsev (comte Serguei Petrovitch), 1755-1838, fils du feld-maréchal; poète, sera l'auteur du dialogue *Dieu et le père Hayer*; arrive à Paris avec son frère Nicolaï à la fin de septembre 1775; rend visite à Diderot (Bibliothèque Saltykov-Chtchédrine, lettre du 9.10.1775 à la princesse A. Golitsyn); sera ambassadeur en Prusse (1786-1788) et en Suède (1793-1795). *RBS*; Amb.

120. Saldern (Kaspar von), 1711-1786, ambassadeur en Pologne (1771-72); pendant l'hiver de 1773, tente de dresser le grand-duc contre sa mère en soutenant qu'elle devrait partager le pouvoir avec lui (Madariaga, *Russia*, p.260).

121. Samoïlovitch (Danilo Samoïlovitch), 1744 ou 1746-1805, docteur en médecine, épidémiologue, auteur d'ouvrages sur la peste; fortement recommandé par Grimm en 1782-1783 (*SRIO*, 44).

122. Serebriakov (Gavriil Ivanovitch), vers 1749-1818, peintre de batailles,

élève de l'Académie des beaux-arts de Pétersbourg, pensionnaire à Paris en 1771, élève de Loutherbourg (Réau, *Histoire*, p.274). Bén.

123. SIEVERS (Jakob; russe: Sivers, Iakov Efimovitch, comte en 1798), 1731-1808; gouverneur général de Novgorod, important collaborateur de Catherine II pour certaines réformes, notamment celle de l'administration provinciale (1775). *RBS*; Bak.

124. SKORODOUMOV (Gavriil Ivanovitch), 1755-1792, graveur et miniaturiste, fils d'Ivan I.; en Angleterre de 1775 à 1782, à Paris en 1782, il travaille ensuite à la cour de Catherine II mais y végète misérablement (*SRIO*, 23 et 44; Réau, *Histoire*, p.275). Bén.

125. SKORODOUMOV (Ivan Ivanovitch), 1729-179?, peintre de décoration, travaille pour les résidences impériales. Bén.

126. SOKOLOVA (Anastasia Ivanovna), 1742-1822, fille naturelle d'I. I. Betski, correspond avec Valentin Jamerai-Duval, directeur de la bibliothèque et du cabinet numismatique de Vienne (*Œuvres* de Jamerai-Duval, Pétersbourg 1784); femme de chambre favorite de l'impératrice; épouse I. de Ribas en 1776. A Pétersbourg, Diderot est en relations familières avec elle, sans doute chez Betski et chez le vice-chancelier A. M. Golitsyn (CORR, xiii.215; voir aussi Bilbasov, *Didro*, note 87). *RBS*.

127. SOUMAROKOV (Aleksandr Petrovitch), 1718-1777, poète et dramaturge, conseiller d'Etat; très attaché aux règles du classicisme français, il se déclare contre le drame bourgeois; peu estimé de Diderot (*Mé.*, 103), qui rapporte de Pétersbourg plusieurs volumes de ses œuvres, dont une comédie (*Iadovityi* [*Le Médisant*], 1768) et une tragédie (*Khorev*, 1768) annotées (Basanoff, 'La bibliothèque', p.77-82). Pek.; *ES*; Bak.; *Cat.*

128. STACKELBERG (Otto Magnus von; russe: Chtakelberg, baron puis comte), 1736-1800, ambassadeur de Russie en Espagne (1767-1771), puis en Pologne (1772-1790); (CORR, viii.111). *RBS*; Amb.

129. STÄHLIN (Jakob von; russe: Chtelin Iakov Iakovlevitch), 1709-1785, membre (1735) et secrétaire (1765-1769) de l'Académie des sciences de Pétersbourg de 1765 à 1769; membre de la Société libre d'économie (CORR, xiii.85; Dulac, 'Diderot et deux académiciens'). *RBS*; Amb.

130. STAROV (Ivan Egorovitch), 1745-1808, architecte; élève de l'Académie de Saint-Pétersbourg, pensionnaire à Paris de 1762 à 1766 (Réau, *Histoire*, p.268).

131. STROGANOV (baron puis comte Aleksandr Sergueevitch), 1750-1811, membre de la Grande commission de 1767 (où il demande la création d'écoles pour les paysans); séjourne à Paris à la fin des années 1750 et de 1772 à 1779; initié à la franc-maçonnerie en 1773, il y joue un rôle important; lié avec des artistes et littérateurs russes; président de l'Académie des beaux-arts de Pétersbourg et directeur de la Bibliothèque publique (1800-1811); possède une importante collection de tableaux. En 1773 Diderot se dit 'lié très étroitement à Mr et Made de Strogonoff' (CORR, xiii.229; *SRIO*, 44). Voir Ikonnikov, *Opyt*, p.1095, et Nicolaï Mikhaïlovitch, *Graf P. A. Stroganov*, t.i (Saint-Pétersbourg 1903). Bak.; Amb.; *Cat.*

132. STROGANOV (comte Pavel Aleksandrovitch), 1774-1817, 'Popo', fils du précédent; élève de Gilbert Romme (1750-1795), participe aux débuts de la Révolution; quitte Paris en décembre 1790; jouera un rôle important dans les réformes d'Alexandre Ier à partir de 1801 (Nicolaï Mikhaïlovitch, *Graf P. A. Stroganov*). Amb.

133. STROGANOVA (Ekaterina Petrovna), 1744-1815, fille du prince Petr Nikitovitch Troubetskoï; seconde femme du comte A. S. Stroganov, elle l'accompagne à Paris en 1772 (CORR, xiii.229).

34. TATICHTCHEV (L. N.), député à la Grande commission de 1767, critique le servage et affirme que l'impératrice souhaite la libération des paysans (Jones, *The Emancipation*, p.142, 151).

135. TCHERNYCHEV (comte Ivan Grigorievitch), 1726-1797, ambassadeur extraordinaire à Londres (1768-1769), vice-président du collège de la marine (1762-1796), feld-maréchal de la flotte; voyage à l'étranger et notamment en France de 1773 à 1775; peut-être 'le russe endiamanté Czernischew' que Naigeon a 'si bien étrillé' parce qu'il plaçait les Anglais au-dessus des Français (*Réfutation de l'Homme*, A.T., ii.290). Bak.; Amb.

136. TCHERNYCHEV (comte Petr Grigorievitch), 1712-1773, sénateur, ambassadeur en Grande-Bretagne (1746-1755), en France (1761-1762). Selon P. Dolgoroukov (*Mémoires*), cité par Alfred Rambaud (*Recueil des instructions aux ambassadeurs, Russie*, ii.178-79), 'homme d'esprit et de talent, mais d'un orgueil démesuré, d'une vanité outrecuidante et d'une hauteur insoutenable'. Amb.

137. Tchernychev (comte Zachar Grigorievitch), 1722-1784, vice-président du collège de la guerre (1763-1774); feld-maréchal (1773). Bak.; Amb.

138. Tchirikov (Alekseï Ilitch), 1703-1748, navigateur; en 1725-1730 et 1733-1743 accompagne Bering dans ses expéditions au Kamchatka. *RBS*.

139. Tchitcherine (Denis Ivanovitch), 1720-1785, gouverneur de Tobolsk (1764-1781); d'après une note manuscrite d'un exemplaire en 10 vol. de la troisième édition de l'*Histoire des deux Indes* (Bibliothèque de l'Ermitage), serait l'auteur du mot cité par Diderot (livre xix, ch.2): 'Dieu est bien haut; l'empereur est bien loin; et je suis le maître ici.' Amb.

140. Teplov (Grigori Nikolaevitch), 1717-1779; écrivain et botaniste, membre de l'Académie des sciences de Pétersbourg (1742), sénateur; participe aux travaux de la commission sur l'éducation vers 1766; chef de la commission du commerce à partir de 1767 et encore en 1774, selon Diderot (*Mé. in.*, 205). Pek.

141. Trediakovski (Vasili Kirillovitch), 1703-1769, membre (1745) et secrétaire de l'Académie des sciences de Pétersbourg; professeur d'éloquence; poète lyrique et épique, théoricien de la poésie, philologue; Diderot rapporte de Pétersbourg un volume de ses œuvres (Basanoff, 'La bibliothèque', p.83). Pek.; *ES*.

142. Vasiliev (Semen Vasilievitch), 1747-1798, graveur; élève de l'Académie des beaux-arts de Pétersbourg, pensionnaire à Paris en 1771, élève de Pajou (Réau, *Histoire*, p.413).

143. Verevkine (Mikhaïl Ivanovitch), 1732-1795, auteur dramatique; Diderot rapporte de Pétersbourg une de ses comédies (*Tak i doljno byt* [Cela doit être ainsi], 1773), qui critique les abus judiciaires (Basanoff, 'La bibliothèque', p.82).

144. Viazemski (prince Aleksandr Alekseevitch), 1727-1793, procureur-général au Sénat (1764-1792), joue un rôle important pendant une grande partie du règne (Madariaga, *Russia*); Grimm reçoit de lui les fonds destinés à l'acquisition d'objets d'art (*SRIO*, 44).

145. Vorontsov (comte Aleksandr Romanovitch), 1741-1805, frère de la princesse Dachkov; président du collège du commerce de 1773 à 1793. *ES*; Amb.; Bak.

146. Vorontsov (comte Mikhail Illarionovitch), 1714-1767, chancelier de 1758 à 1765, oncle de la princesse Dachkov. *ES*; Amb.

147. Vorontsov (comte Roman Illarionovitch), 1707-1783, père de la princesse Dachkov, général, gouverneur de trois régions (Vladimir, Penza, Tambov) vers 1780. *ES*; Amb.

148. Vorontsova (Anna Mikhaïlovna), †1769, fille unique du chancelier M. I. Vorontsov, première femme du comte A. S. Stroganov. *RBS*.

149. Vorontsova (Elisaveta Romanovna), 1745-1792, sœur de la princesse Dachkov, maîtresse de Pierre III (voir les *Mémoires* de la princesse Dachkov).

150. Zinoviev (Stepan Stepanovitch), †1794, ambassadeur en Espagne (1773-1792 ou 1794?); marié en 1768 à la princesse Ekaterina Aleksandrovna Menchikova (1748-1781). C'est sans doute d'eux que parle Diderot dans une lettre de mai 1773 (CORR, xiii.229); voir Glebov, S. I. Amb.

Annexe:
Table de conversion courante du russe en français

Russe	Translittération normalisée	Transcription courante	Cas particuliers	Exemples [entre crochets la translittération ISO]
а	a	a		
б	b	b		
в	v	v		
г	g	g, gu	gu *devant* e *et* i	
д	d	d		
е	e	e é		
ё	ë	e		[Radiŝëv] Radichtchev [Potëmkin] Potemkine
ж	ž	j		[Karžavin] Karjavine
з	z	z		
и	i	i		
й	j	ï	*non transcrit après ы, и en fin de mot*	[Beckij] Betski
к	k	k		
л	l	l		
м	m	m		
н	n	n	*-ин en finale: -ine*	[Golovkin] Golovkine
о	o	o		
п	p	p		
р	r	r		
с	s	s		
т	t	t		
у	u	ou		
ф	f	f		
х	h	kh		[Heraskov] Kheraskov
ц	c	ts		[Golicyn] Golitsyn
ч	č	tch		
ш	š	ch		[Daškov] Dachkov
щ	ŝ	chtch		[Ŝerbatov] Chtcherbatov
ъ	”	”		
ы	y	y		[Naryškin] Narychkine
ь	’	i*	**non transcrit en fin de syllabe*	[Belosel’skij] Beloselski [Zinov’ev] Zinoviev
э	è	e		
ю	û	iou		
я	â	ia	a *en finale après* i	

ELSE MARIE BUKDAHL

Les problèmes d'identification des œuvres d'art dans les *Salons*

C'EST souvent au cours même de la description et de l'appréciation des peintures, sculptures ou gravures exposées aux différents Salons que Diderot définit la plupart des solutions qu'il apporte aux problèmes posés par la critique d'art en soi. Et cette méthode l'amène toujours à trouver les meilleures solutions. Il est donc souvent extrêmement difficile d'interpréter les *Salons* de Diderot si l'on n'a pas une connaissance approfondie des œuvres qui font l'objet de son étude. J. Adhémar et J. Seznec ont identifié une partie des œuvres dont traite Diderot. Mais nombreuses sont les peintures et les sculptures dont ces deux auteurs ont, à tort, prétendu qu'elles avaient disparu. En revanche, les Salons n'ont jamais accueilli certaines des œuvres que les deux responsables de l'édition y ont placées.

On peut donc être amené à se demander à quels procédés il convient de recourir pour identifier les tableaux exposés dans les Salons dont rend compte Diderot. Les réponses à cette question sont multiples.

1. Les livrets

Un des instruments les plus précieux pour retrouver les œuvres exposées dans les Salons est constitué par les livrets, c'est-à-dire les catalogues d'exposition publiés à l'ouverture de chaque Salon. Pour chaque œuvre exposée, ils précisent le titre, le matériau et les dimensions.[1] Ce sont là des informations indispensables lorsqu'il s'agit de découvrir où ces œuvres se trouvent aujourd'hui. Le livret précise parfois aussi à qui l'œuvre concernée était destinée, ou bien le bâtiment devant l'accueillir, ou bien encore la personne qui l'avait prêtée pour l'exposition. Ces renseignements sont aussi très importants pour définir la localisation actuelle de ces œuvres.

1. Voir J.-J. Guiffrey, *Collection des livrets des anciennes expositions depuis 1673 jusqu'en 1800* (Paris 1869-1879). Les livrets des différents Salons dont Diderot rend compte sont aussi reproduits dans Diderot, *Salons* (Oxford 1957-1967), édités par J. Adhémar et J. Seznec, en abrégé A.S., i, ii, iii et iv. Les dimensions dans le livret sont données en pieds et pouces. 1 pied=33 cm env. 1 pouce=27,07 mm env. Nous indiquerons ici les dimensions en mètres. h.: hauteur. l.: largeur.

Exemples tirés de livrets:

Salon de 1763: Antoine de Favray, *L'Intérieur de l'Eglise de S. Jean de Malte.* Ce tableau, tiré du Cabinet de M. le Chevalier de Caumartin, a été fait à Malte. Il a 6 pieds de haut sur 5 de large.

Salon de 1765: J.-B.-C. d'Huez, *Saint Augustin*. Modèle de 3 pieds 6 pouces de proportion. Cette figure doit être exécutée en grand, pour l'Eglise de Saint Roch.

2. Les descriptions des œuvres exposées dues à la plume des salonniers

Un autre instrument essentiel pour l'identification des œuvres exposées dans les Salons est constitué par les descriptions qu'en donnèrent les divers salonniers. Diderot est le seul des critiques d'art de l'époque à tenter de pratiquer une description systématique des œuvres exposées. C'est en particulier le cas dans les *Salons* de 1765 et 1767. Les autres salonniers en font des descriptions plus fragmentaires.[2] Cependant, plusieurs d'entre eux essaient de permettre à leurs lecteurs de se représenter plus ou moins précisément les œuvres dont ils rendent compte. Parmi eux, il convient de citer en particulier Louis Petit de Bachaumont qui, de 1762 à 1771, propose ses comptes rendus aux lecteurs de la revue manuscrite les *Mémoires secrets*. L'*Observateur littéraire* (1758-1761), le *Mercure de France* (1724-1791) et le *Journal encyclopédique* (1756-1793) présentent également des descriptions détaillées des œuvres exposées. Ces descriptions sont particulièrement essentielles lorsqu'il s'agit d'identifier les paysages, natures mortes, peintures de genre et autres tableaux portant généralement des titres assez anodins, comme *Clair de lune* ou *Paysages*. Ainsi, Roland de La Porte a peint en 1765 plusieurs tableaux portant le même titre, *Tableau de genre*. Diderot nous permet de savoir lequel fut exposé au Salon, sous le no 4, grâce à la description qu'il en donne.

3. Les catalogues de vente

Les divers catalogues de vente sont une troisième source très importante pour l'identification des œuvres exposées. Il s'agit de ventes tenues tout aussi bien dans le passé qu'à notre époque. Une étude des catalogues de vente qui comprennent surtout des œuvres d'art de l'époque de Diderot amènera souvent

2. Voir E. M. Bukdahl, *Diderot, critique d'art.* i. *Théorie et pratique dans les Salons de Diderot* (Copenhague 1980), p.300-20, et *Diderot critique d'art.* ii. *Diderot, les salonniers et les esthéticiens de son temps* (Copenhague 1982), p.364-65.

à retrouver la trace d'œuvres présentées dans les Salons, et dont Diderot rend compte. En outre, ces catalogues de vente donnent des informations sur les tribulations subies par les tableaux exposés dans les Salons.

4. Dessins, gravures et photographies

Les instruments les plus importants pour retrouver les œuvres d'art exposées dans les Salons du temps de Diderot sont les dessins, gravures et photographies les représentant. Ils rendent possible une identification autrement plus sûre que les trois sources citées ci-dessus. Les dessins les plus intéressants dans ce contexte sont ceux que Saint-Aubin fit de quelques-uns des murs des Salons, ou bien de parties de ceux-ci, ou encore de quelques-unes des œuvres exposées. Saint-Aubin a ainsi dessiné *Une vue générale du Salon de 1765* (aquarelle, Louvre) et *Une vue générale du Salon de 1767* (aquarelle, collection particulière).[3] Il a aussi réalisé des croquis de quelques parties du Salon de 1765 (Livre des croquis, f.40, Louvre, Cabinet des dessins)[4] et du Salon de 1761 (Sketchbook, f.17 et 22, The Art Institute of Chicago). Enfin, dans son exemplaire du livret de 1761 et de 1769, il a fait des croquis de nombreuses œuvres d'art présentées dans ces Salons. E. Dacier a publié ces deux livrets: *Catalogues de ventes et livrets des Salons, illustrés par Gabriel de Saint-Aubin*, vol.vi (1911), vol.ii (1909). On peut également résoudre certains des problèmes posés par la recherche des œuvres exposées en compulsant l'importante collection du Cabinet des estampes de la Bibliothèque nationale à Paris. Une étude de la production des graveurs du dix-huitième siècle permet ainsi de découvrir de nombreuses gravures réalisées d'après des œuvres exposées dans les Salons. Une telle gravure constitue un point de départ idéal pour la recherche de l'original. Plusieurs des catalogues de vente dont il a été question ci-dessus sont illustrés. Pour les plus anciens d'entre eux, il s'agit de gravures. Après 1860 environ, ils présentent des photographies. Lorsqu'une telle gravure ou photographie est réalisée à partir des œuvres exposées dans les Salons, la recherche de l'original s'en trouve facilitée. C'est souvent l'analyse combinée des sources écrites et des divers croquis, gravures ou photographies qui permet d'acquérir la conviction que telle ou telle œuvre – qui est par exemple actuellement la propriété d'un collectionneur privé – est bien le tableau qui fut exposé dans l'un des Salons.

3. A.S., ii, fig.1, et iii, fig.1.
4. A.S., ii, fig.3-7.

5. Quelques exemples de la manière dont on résout les problèmes d'identification des tableaux des Salons

Au Salon de 1761, L.-C. Vassé expose *Une nymphe sortant de l'eau et l'exprimant par ses cheveux.* Ce tableau figure dans le livret sous le no 121. Il y est précisé: 'Ce modèle de cinq pieds deux pouces de proportion doit être exécuté en marbre, et faire partie de la décoration du Sallon de M. le Duc de Chevreuse à Dampierre'. Ce modèle est perdu, mais Saint-Aubin en a réalisé un croquis dans son exemplaire du livret de 1761 (fig.1). Le marbre fut achevé en 1763 et placé dans le vestibule du rez-de-chaussée dans le château du duc de Chevreuse à Dampierre. Il y resta jusqu'en 1879. En 1971, le Metropolitan Museum of Art fit l'acquisition de *A nymph* en marbre de Vassé (fig.2). Le dessin de Saint-Aubin cité ci-dessus révèle sans aucun doute possible qu'il s'agit de la version en marbre du modèle, aujourd'hui disparu, présenté au Salon de 1761. A cela on peut ajouter que la *Nymphe* de Dampierre fut vendue à A. Veil-Picard, et que le Metropolitan Museum of Art acheta la *Nymphe* parmi cette collection.[5]

Au Salon de 1769, Ch.-F. Hutin présente *Deux servantes saxonnes.* Elles y figurent sous le no 49, et leurs dimensions sont environ h. 0,83; l. 0,56. Saint-Aubin a réalisé un croquis dans son exemplaire du livret de 1769 (fig.3). Au Louvre (R. F. 3951), on peut voir une *Ménagère saxonne* de Hutin (fig.4) qui correspond presque exactement à l'un des dessins de Saint-Aubin.[6] Elle est néanmoins de dimensions légèrement plus grandes: h. 0,89; l. 0,61. Cela est sans doute dû à un nouveau cadre. Le titre et le nom de l'auteur de la toile actuellement au Louvre apparaissent – ainsi que la date de 1769 – sur une gravure inversée de G. Camarata (fig.5). On peut donc penser que le tableau du Louvre est l'une des deux œuvres que Hutin présenta au Salon de 1769.

Au Salon de 1767, Lagrenée l'aîné expose une série de tableaux intitulée *Les Quatre Etats*: a. 1. *Le Clergé, par la Religion et la Vérité.* 2. *L'Epée, par Bellone, présentant à Mars les rênes de ses chevaux.* 3. *La Magistrature, par la Justice, que l'Innocence désarme; la Prudence l'en félicite.* 4. *Le Tiers-Etat, par l'Agriculture et le Commerce qui amènent l'Abondance* (fig.6-9). Dans le livret, ils portent les numéros 22-25, et leurs dimensions approximatives sont: h. 0,83; l. 1,45. Ils sont datés et signés: 'L. Lagrenée 1766'. On les reconnaît dans la *Vue générale du Salon de 1767* réalisée par Saint-Aubin (fig.10). L'Art Museum à Princeton, Etats-Unis, possède deux tableaux de Lagrenée l'aîné, intitulés *The Justice* et *Bellona* (h. 0,97; l. 1,45). Ces deux tableaux, qui sont datés de 1766, correspondent aux croquis que Saint-Aubin fit de *L'Epée* et de *La Magistrature*, et aux descriptions détaillées

5. Voir aussi François Souchal, 'A statue by L.-C. Vassé', *Apollo* (novembre 1977), p.78-82.
6. Le dessin de Saint-Aubin présente cependant quelques variantes dans les détails. Mais elles sont trop petites pour affaiblir notre hypothèse.

que Diderot en a données dans le *Salon de 1767* (A.S., ii.90-91). Les dimensions de ces deux allégories sont à peu près les mêmes que celles que le livret de 1767 indique pour *Les Quatre Etats*. Les autres allégories de cette série, *Le Clergé* et *Le Tiers-Etat*, figuraient à la deuxième vente des collections Pénard y Fernandez, Hôtel Drouot, Paris, 19-20 décembre 1960, no 84. Or l'auteur du catalogue croit, à tort, que l'un des tableaux représente *La Magistrature*. Si l'on compare la photographie de cette toile (pl.VII) avec la description détaillée du *Clergé* chez Diderot, il apparait très clairement qu'il s'agit bien de ce tableau. Le croquis de Saint-Aubin ne fait que confirmer cette thèse.[7] Une analyse attentive des *Quatre Etats* révèle par ailleurs que Diderot avait raison d'affirmer que, si Lagrenée l'aîné possédait bien un métier savant, il était en revanche dépourvu de force créatrice.

Au Salon de 1765, P.-A. Baudouin a choisi d'exposer *Plusieurs petits sujets et portraits en miniature*, qui figuraient dans le livret sous le même numéro (no 97). La description que Diderot fit de l'un d'eux, *Le Cueilleur de cerises* (A.S., ii.138), montre qu'il s'agit de la gouache dont Ponce a réalisé la gravure, sous le titre *Les Cerises* (fig.11). Dans une vente aux enchères à Paris (Palais Galliera, 21 novembre 1972), figurait une gouache de Baudouin intitulée *Les Cerises* (no 2). La photographie de cette gouache publiée dans le catalogue de la vente montre très clairement qu'il s'agit bien du tableau exposé au Salon de 1765. La similitude entre cette photographie et la gravure de Ponce est parfaite. Mais où l'original se trouve-t-il alors? Au cours de la dernière décennie, la plupart des tableaux de cette époque proposés dans les ventes aux enchères ont été vendus aux Etats-Unis. C'est également vrai dans ce cas-ci. Notre toile a été proposée à la vente chez Rosenberg et Stiebel, New York, et appartient aujourd'hui à 'The Phillips Family Collection' (fig.12). Cet original révèle que Diderot n'a pas entièrement raison lorsqu'il affirme que Baudouin 'n'a ni dessin, ni génie, ni couleur'.[8] Cette gouache est riche en touches vives et légères, et témoigne d'une grande maîtrise picturale.

Au Salon de 1781, J.-H. Taraval présente *Le Triomphe d'Amphitrite*. Ce tableau figurait sous le no 50, et ses dimensions sont indiquées comme étant: h. 1,32; l. 0,99. Le Mead Art Museum, Amherst College, Massachusetts, fit il y a six ans l'acquisition de *The Triumph of Amphitrite* de Taraval (fig.13). La toile est datée de 1780, et ses dimensions sont: h. 1,29; l. 0,97, c'est-à-dire, presque les mêmes que celles du *Triomphe d'Amphitrite* du Salon de 1781. Il ne fait pas de doute qu'il s'agit d'un seul et même tableau. Il respire l'élégant 'petit

7. Marc Sandoz confirme ce point de vue. Voir *Les Lagrenée*. I. *Louis (Jean François) Lagrenée* (Paris 1983-1984), p.206.
8. DPV, xiv.169. Sur *Le Cueilleur de cerises*, voir p.165-66.

goût' de Boucher et sa touche libre et spirituelle. Et c'est à n'en pas douter la raison pour laquelle Diderot n'apprécie pas cette toile (A.S., iv.360).

Sous le no 104, Roland de La Porte expose *Autre tableau de genre* au Salon de 1765. La Norton Simon Inc. Foundation, Los Angeles, possède une *nature morte* de 1765 (fig.14) qui correspond en tous points à la description que Diderot donne d'*Autre tableau de genre* (DPV, xiv.174). Il ne fait pas de doute qu'il s'agit du même tableau.

Au Salon de 1765, Le Prince présenta un tableau dénommé une *Halte de paysans en été*. Le livret de 1765 en donne la description suivante: 'Dans les voyages, même de long cours, ils [les paysans] ne logent presque jamais dans des Auberges; ils couchent dans leurs chariots ou dessous, et dans les mauvais temps, une tente dressée à la hâte leur suffit: on y voit une sorte de mangeoire assez simple' (A.S., ii.40). Le livret ne précise pas les dimensions du tableau. A la XIIe Biennale Internationale des Antiquaires, section Galerie Pardo, au Grand Palais (Paris, 20 septembre-7 octobre 1984) fut exposée une petite toile de Le Prince, datée de 1764, et qui représente une scène de genre russe (fig.15). Elle a été exposée au Musée de Bordeaux en 1959. La description que Diderot fit de la *Halte de paysans en été* correspond très précisément à cette toile (DPV, xiv.230):

A droite, on voit un bout de forêt, et près de là un chariot chargé de bestiaux. Plus bas un ruisseau. En s'avançant vers la gauche, un grand chariot; vers ce chariot une vache et un mouton. Un homme vu par le dos est penché dans le coffre de bois porté sur le chariot. Sur le fond, encore un chariot. Sur un lieu plus bas et plus avancé vers la gauche, un groupe d'hommes et de femmes en repos. Tout à fait à gauche et vers le fond, un second groupe d'hommes et de femmes.

Il est fort peu vraisemblable que Le Prince ait peint deux toiles identiques dans tous leurs détails. Il reprenait souvent le même motif, mais en modifiait les détails de façon sensible. La date de 1764 conforte également l'hypothèse selon laquelle le tableau de la Galerie Pardo est bien une *Halte de paysans en été*. Le Prince peignait généralement une année à l'avance les toiles qu'il exposait au Salon. Diderot insiste sur la composition rythmique et finement pensée du tableau, mais écrit par ailleurs qu'il est aussi froid que la description qu'il en donne.[9]

Au Salon de 1767, Le Prince expose une toile dénommée *Le Berceau, ou le réveil des petits enfants* (no 88). Dans le compte rendu qu'il en fait dans le *Salon de 1767*, Diderot en donne une description très détaillée (A.S., iii.209):

9. DPV, xiv.230. Dans le texte de Diderot, cette toile de Le Prince a le no 150, alors que le livret lui attribue le no 149. Diderot ne suivait pas toujours la numérotation du livret. L'édition citée ci-dessus indique que le tableau est perdu. Il ne fut redécouvert qu'après la parution de cette édition, et se trouve aujourd'hui à la Galerie Pardo, à Paris.

A droite, une chaumière assez pittoresque, faite de planches et de gros bois ronds serrés les uns contre les autres avec une espèce de petit balcon vers le haut, en saillie et soutenu en dessous par deux chevrons et deux poutres debout. Sur ce balcon des domestiques occupés. Au pied de la chaumière, une mère assise, sa quenouille dressée contre son épaule gauche, et présentant de la main droite une pomme au plus petit de ses marmots dont le maillot est suspendu par une corde à la branche d'un arbre élégant et léger. Derrière la mère, une esclave penchée offrant au marmot qui se réveille le chat de la maison. Le marmot sourit, laisse la pomme que sa mère lui offre, et tend ses petits bras vers le chat qui lui est présenté. Sous ce hamac ou maillot, un autre enfant nu est étendu sur ses langes.

Cette description correspond en tous points à une gravure que J.-B. Tilliard réalisa d'après une œuvre de Le Prince, et qui a pour titre *Le Réveil des enfants* (fig. 16). Elle se trouve aujourd'hui au Cabinet des estampes de la Bibliothèque nationale, à Paris. Il semble donc que Tilliard a gravé d'après le tableau que Le Prince exposa au Salon de 1767, sous le no 88. Au Salon de 1765, Le Prince présenta une œuvre avec le même motif, *Le Berceau pour les enfants*. Mais la composition des deux toiles n'est pas exactement la même, des détails diffèrent ou sont disposés autrement. Ph.-L. Parizeau a réalisé une gravure de cette dernière toile.[10] On n'a pas à l'heure actuelle retrouvé les originaux des deux toiles de Le Prince, que Diderot a souvent critiqué. Ces deux tableaux ont cependant trouvé grâce à ses yeux. Ils lui ont paru assez réussis, de par leur dessin ferme et une touche moelleuse et spirituelle.[11]

6. La bibliographie sur les arts au XVIIIe siècle

Le nombre des livres, articles, catalogues d'exposition portant sur les arts plastiques au dix-huitième siècle ne cesse de croître. Et ils traitent en particulier des œuvres exposées dans les Salons et analysées par Diderot. Parmi les spécialistes de ce domaine, il convient avant tout de citer Pierre Rosenberg, Marc Sandoz, Marianne Roland Michel, A. Ananoff, Ph. Conisbee, A. Schnapper, F. Souchal et G. Wildenstein.

Les possibilités d'identifier les œuvres exposées dans les Salons à l'époque de Diderot sont loin d'être épuisées. Chaque œuvre qui est redécouverte permet de nuancer les interprétations des méthodes de la critique d'art chez Diderot, et les contributions à l'esthétique de l'art qu'il a proposées dans ses *Salons*. C'est aussi l'occasion de débattre des points de convergence et de divergence entre les jugements portés par Diderot, et ses contemporains, sur l'art de leur époque et ceux que nous formulons sur l'art du dix-huitième siècle.

10. DPV, xiv.231-32, fig.32.
11. DPV, xiv.232-33, et A.S., iii.209-10.

Dans son compte rendu du *Réveil des enfants* que Le Prince présenta au Salon de 1767, Diderot demande au lecteur de lui pardonner les descriptions si détaillées qu'il fait des œuvres exposées. Il ne pouvait imaginer la mine d'or qu'elles sont devenues pour ceux qui se sont attachés à interpréter ses *Salons* ou à identifier les œuvres exposées dans les divers Salons. Les descriptions précises que Diderot donne par exemple des toiles de Le Prince sont également essentielles pour le chercheur qui veut cataloguer et analyser la production de Le Prince. On peut à ce sujet regretter qu'il n'existe pas de livre moderne sur ce sujet. La tâche représentée par l'identification des œuvres exposées dans les Salons dont Diderot a rendu compte est essentielle pour ceux qui se sont fixé pour but d'analyser la spécificité et la finalité de ses écrits critiques. Mais elle a aussi une importance inestimable pour les historiens de l'art qui recensent l'ensemble des œuvres d'art du dix-huitième siècle français. C'est là un sujet qui a pris une place de plus en plus importante au cours des quinze dernières années, et qu'il convient de considérer aujourd'hui comme essentiel.[12]

12. Je remercie les personnes et les institutions suivantes, qui m'ont autorisée à publier les photographies illustrant cet article: Cabinet des estampes, Bibliothèque nationale, Paris (1, 3, 11, 16); Service de documentation photographique de la Réunion des musées nationaux, Paris (4); The Metropolitan Museum of Art, New York (2); Cabinet des estampes, Staatliche Kunstsammlungen, Dresden (5); Marc Sandoz (6, 9); The Art Museum, Princeton University (7, 8); The Phillips Family Collection (12); Mead Museum, Amherst College (123); Norton Simon Inc. Foundation, Los Angeles (14); Bulloz (10); et Monsieur Pardo (15).

13. J.-H. Taraval, *Le Triomphe d'Amphitrite.* T. h. 1,29; l. 0,97.
(*Mead Art Museum, Amherst College*)

14. Roland de La Porte, *Autre tableau de genre*. T. h. 0,53; l. 0,65.
(*Norton Simon Inc. Foundation, Los Angeles*)

15. J.-P. Le Prince, *Une halte de paysans en été* (Collection particulière)

16. J.-P. Le Prince, *Le Réveil des enfants*. Gravure par J.-B. Tilliard.
(*Cabinet des estampes, Bibliothèque nationale, Paris*)

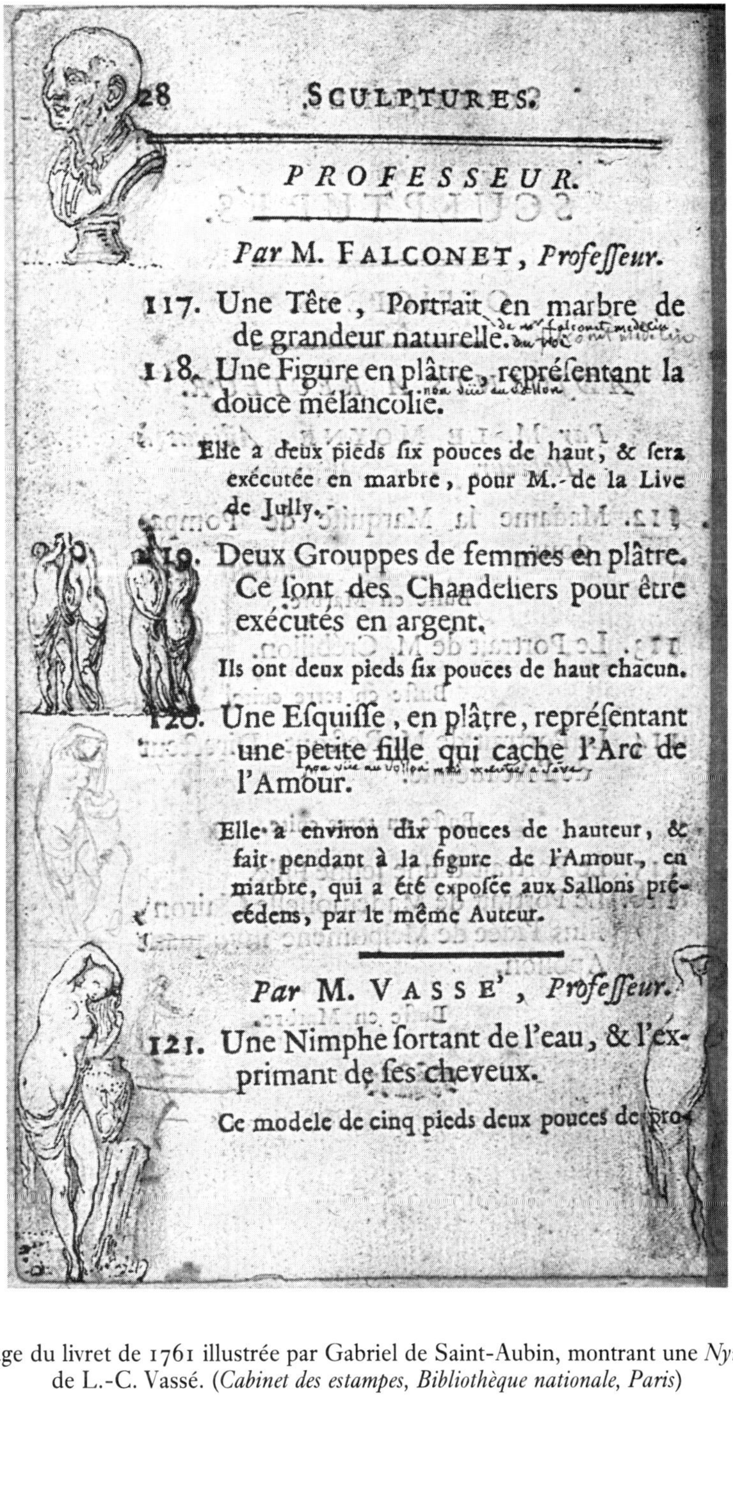

28 SCULPTURES.

PROFESSEUR.

Par M. FALCONET, *Professeur.*

117. Une Tête, Portrait en marbre de de grandeur naturelle.

118. Une Figure en plâtre, représentant la douce mélancolie.

Elle a deux pieds six pouces de haut, & sera exécutée en marbre, pour M. de la Live de Jully.

119. Deux Grouppes de femmes en plâtre. Ce sont des Chandeliers pour être exécutés en argent.

Ils ont deux pieds six pouces de haut chacun.

120. Une Esquisse, en plâtre, représentant une petite fille qui cache l'Arc de l'Amour.

Elle a environ dix pouces de hauteur, & fait pendant à la figure de l'Amour, en marbre, qui a été exposée aux Sallons précédens, par le même Auteur.

Par M. VASSE', *Professeur.*

121. Une Nimphe sortant de l'eau, & l'exprimant de ses cheveux.

Ce modele de cinq pieds deux pouces de pro-

1. Page du livret de 1761 illustrée par Gabriel de Saint-Aubin, montrant une *Nymphe* de L.-C. Vassé. (*Cabinet des estampes, Bibliothèque nationale, Paris*)

2. L.-C. Vassé, *Une nymphe sortant de l'eau*. Marbre. h. 1,7.
(*The Metropolitan Museum of Art, New York*)

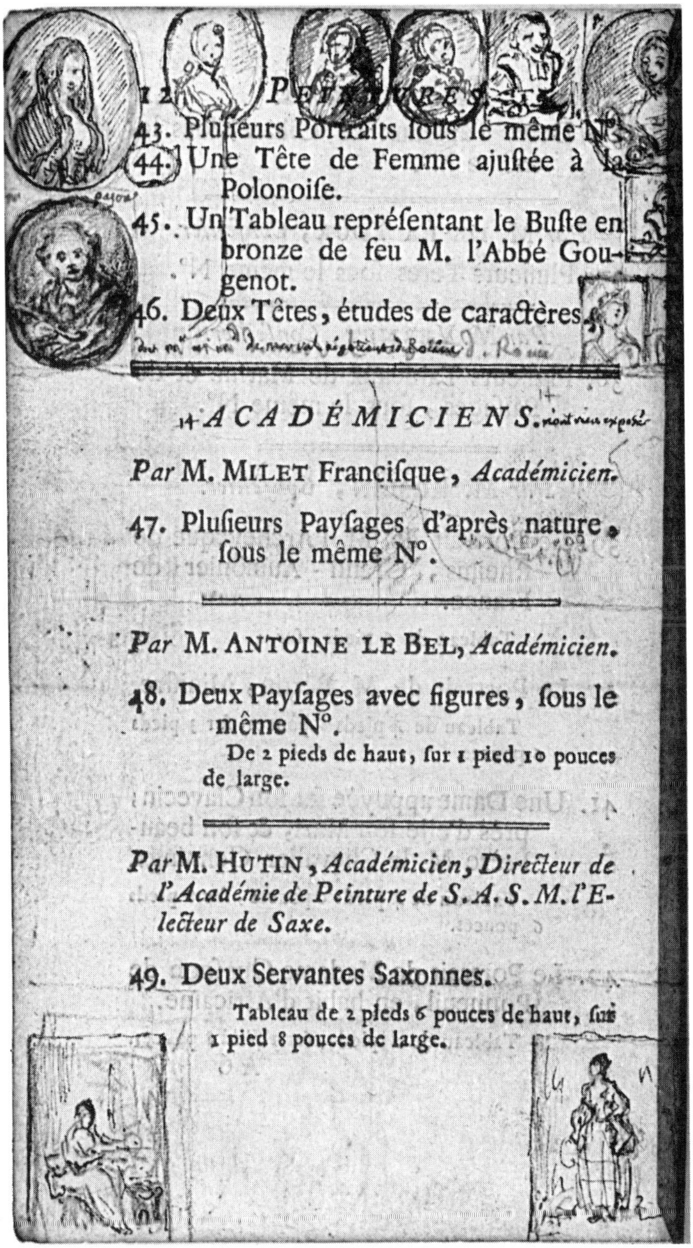

12 PEINTURES.
43. Plusieurs Portraits sous le même N°.
44. Une Tête de Femme ajustée à la Polonoise.
45. Un Tableau représentant le Buste en bronze de feu M. l'Abbé Gougenot.
46. Deux Têtes, études de caractères.
ACADÉMICIENS.
Par M. MILET Francisque, Académicien.
47. Plusieurs Paysages d'après nature, sous le même N°.
Par M. ANTOINE LE BEL, Académicien.
48. Deux Paysages avec figures, sous le même N°.
De 2 pieds de haut, sur 1 pied 10 pouces de large.
Par M. HUTIN, Académicien, Directeur de l'Académie de Peinture de S. A. S. M. l'Electeur de Saxe.
49. Deux Servantes Saxonnes.
Tableau de 2 pieds 6 pouces de haut, sur 1 pied 8 pouces de large.

3. Page du livret de 1769 illustrée par Gabriel de Saint-Aubin, montrant les *Deux servantes saxonnes* de Ch.-F. Hutin. (*Cabinet des estampes, Bibliothèque nationale, Paris*)

4. Ch.-F. Hutin, *La Ménagère saxonne*. T. h. 0,83; l. 0,56.
(*Musée du Louvre. Cliché des Musées nationaux*)

5. Ch.-F. Hutin, *La Ménagère saxonne*. Gravure par Giuseppe II Camerata.
(*Cabinet des estampes, Staatliche Kunstsammlungen, Dresden*)

6. Lagrenée l'aîné, *Le Clergé,* [*représenté*] *par la Religion et la Vérité*. T. h. 0,99; l. 1,45.
(*Collection particulière*)

7. Lagrenée l'aîné, *L'Epée, [représentée] par Bellone, présentant à Mars les rênes de ses chevaux*. T. h. 0,99; l. 1,45. (*The Art Museum, Princeton University*)

8. Lagrenée l'aîné, *La Magistrature,* [*représentée*] *par la Justice, que l'Innocence désarme; la Prudence l'en félicite.* T. h. 0,99; l. 1,45. (*The Art Museum, Princeton University*)

9. Lagrenée l'aîné, *Le Tiers-Etat,* [*représenté*] *par l'Agriculture et le Commerce qui amènent l'Abondance.* T. h. 0,99; l. 1,45. (*Collection particulière*)

10. Gabriel de Saint-Aubin, *Le Salon de 1767, vue générale* (détail). Aquarelle. (*Collection particulière; phot. Bulloz.*) Dans le cadre de gauche: à gauche on peut voir *Le Clergé*, avec dans la partie droite du cadre *La Magistrature*. Dans le cadre de droite: *L'Epée* s'y trouve à gauche, avec dans la partie droite du cadre *Le Tiers-Etat*. Quatre esquisses de la série de Lagrenée l'aîné: *Les Quatre Etats*.

11. P.-A. Baudouin, *Les Cerises*. Gravure par Ponce.
(*Cabinet des estampes, Bibliothèque nationale, Paris*)

12. P.-A. Baudouin, *Le Cueilleur de cerises*. Gouache, h. 0,27; l. 0,22.
(*The Phillips Family Collection*)

MADELEINE PINAULT

A propos des planches de l'*Encyclopédie*

L'ÉTUDE de l'*Encyclopédie* a été le plus souvent orientée vers l'histoire de la publication, du rôle de Diderot ou du texte lui-même; les onze volumes de planches parus de 1762 à 1772 et le douzième formant le *Supplément* ont surtout fait l'objet de recherches globales, à l'exception de celles de R. N. Schwab centrées principalement sur les diverses éditions et sur la description des sujets représentés dans les planches.

L'étude qui suit se situe dans le cadre de l'histoire du dessin et permet d'abord le repérage des dessins préparatoires aux planches et ensuite l'inventaire des sources graphiques utilisées à la fois par les dessinateurs et par les rédacteurs des articles.

Peu de dessins préparatoires, une trentaine environ, sont connus; leur nombre restreint laisse supposer que ces dessins ont été considérés dès leur origine comme des documents et non comme des feuilles d'artistes (le jugement de Diderot à leur propos dans le *Salon de 1767* est très significatif[1]). Ces dessins ont probablement été détruits après que la gravure correspondante en ait été executée. Certains d'entre eux sont considérés comme 'disparus' depuis peu: ainsi, les six dessins exposés à la Bibliothèque nationale en 1932[2] et celui, également exposé à la Bibliothèque nationale, mais en 1951.[3]

Les dessinateurs de l'*Encyclopédie* font davantage partie du monde de l'artisanat que de celui de l'art; à l'exception de Charles-Nicolas Cochin, bien peu d'entre eux sont membres de l'Académie royale de peinture. Il faut souligner, comme les *Etats* des volumes de planches l'indiquent, que ces dessinateurs sont

1. Diderot écrit devant les dessins d'Amand exposés sous le no 136: 'L'*Attelier de menuiserie* ne serait qu'une passable vignette pour notre recueil d'arts, pas davantage. L'*Attelier de doreur*, autre passable vignette pour le recueil des arts que nous fesons au milieu de tous les obstacles possibles' (Diderot, *Salons*, 1767, texte établi et présenté par Jean Seznec et Jean Adhémar, vol.iii, Oxford 1963, p.279). *L'Atelier du menuisier*, dessin au lavis, est sans doute celui appartenant à madame Noël Bardac et présenté à l'exposition *Petits maîtres du XVIIIe siècle*, Paris, 18 rue de la Ville-l'Evêque, juin 1920, no 125.

2. *L'Encyclopédie et les Encyclopédistes*, no 435; *un laboratoire de chimie et table des rapports*; no 436: *un atelier ou chambre close et un autre à l'air libre d'un fabricant de vernis pour voiture*; no 437: *le découpage et le gaufrage du carton et quelques instruments y servant*; no 438: *coupe d'un four de poelier-fournaliste et préparation de la terre glaise du ciment et de la cuisson*; no 439: *opérations et outils de peintre en bâtiment*; no 440, *instruments employés par les perruquiers*.

3. *Diderot et l'Encyclopédie*, no 256: *le triage des laines*.

également les auteurs des explications qui accompagnent leurs planches.

Françoise Gardey en 1964,[4] puis Jacques Proust en 1967[5] ont dressé la liste des dessinateurs et des graveurs de l'*Encyclopédie*. Parmi eux, trois dessinateurs peuvent être étudiés puisque nous connaissons pour chacun quelques dessins. Ces trois personnages, Goussier, Lucotte et Radel sont peu connus des manuels d'histoire de l'art. A leur égard, une première constatation s'impose: ils sont également les rédacteurs, non seulement d'articles pour l'*Encyclopédie*, mais aussi d'ouvrages à caractère technique.

Louis-Jacques Goussier (1722-1799)

Louis-Jacques Goussier est le plus connu grâce à l'article que Georges Dulac lui a consacré en 1972.[6] Goussier est l'un des principaux collaborateurs de Diderot qui le cite plusieurs fois dans sa *Correspondance*. Il est aussi mentionné dans le *Discours préliminaire*. Il signe de la lettre *D* soixante-dix articles pour les volumes de texte. Il est l'auteur de neuf cents planches qui paraissent dans les tomes i à xi; il apparaît pour la première fois dans le *Livre de dépenses* des Libraires le 25 septembre 1747, date à laquelle il touche trois livres.

Il donne un *atelier de dentelle* pour le chapitre *Dentelle* qui paraît dans le tome iii des planches en 1765. Le dessin préparatoire pour cette planche est conservé dans une collection particulière parisienne. Il est signé et exécuté, comme la plupart des dessins connus, à la plume et encre noire, et au lavis gris. Il porte des annotations manuscrites indiquant le numéro et le titre de la planche. Il a été gravé sans changement par Defehrt.

Un autre dessin, malheureusement non localisé, peut être attribué à Goussier. Il représente un *Laboratoire de chimie avec la Table des rapports*. Il avait été exposé en 1932 comme anonyme mais la planche correspondante publiée dans l'*Encyclopédie* est signée Goussier. La *Table des rapports* (fig.1) se retrouve dans un manuscrit de Diderot conservé à la Bibliothèque municipale de Bordeaux.[7]

Un groupe important de sept dessins à la pierre noire, conservé au Musée national des techniques du Conservatoire national des arts et métiers[8] est certainement l'œuvre de Goussier. Il s'agit de cinq dessins représentant le

4. Notices biographiques des dessinateurs et des graveurs, dans l'*Univers de l'Encyclopédie* (Paris 1964), p.37-41.

5. *Diderot et l'Encyclopédie* (Paris 1967), p.511-31.

6. 'Louis-Jacques Goussier, encyclopédiste et ... original sans principes', *Recherches nouvelles sur quelques écrivains des Lumières*, sous la direction de Jacques Proust (Genève 1972), p.63-110.

7. Ms 564-565. Jean Mayer, 'Portrait d'un chimiste Guillaume-François Rouelle', *Revue d'histoire des sciences* 23 (1970), p.305-32, et Madeleine Pinault, *Les Planches de l'Encyclopédie, catalogue des dessins gravés dans l'Encyclopédie* (Paris 1972), ms. cat. dessins no 268.

8. *Portefeuille industriel*, no 174.

peignage, et le *lustrage* (fig.2) du coton. Quatre d'entre eux sont exposés, comme œuvres d'un anonyme français, au Cabinet des dessins du Musée du Louvre dans l'exposition *Dessin et sciences*.[9] Un *fileur* (fig.3) et un *tisserand* sont les sujets des deux autres dessins. Ces sept dessins ont été identifiés par Martine Jaoul comme servant de modèles aux planches II, III (fig.4) et IV parues dans le chapitre 'Coton' faisant partie de l'*Œconomie rustique* publiée dans le volume i en 1762. Ces dessins sont reproduits avec quelques maladresses par le graveur, qui ne suit pas de près les indications de Goussier.

Cet ensemble exceptionnel et unique de dessins a été probablement déposé par Goussier lui-même lorsqu'après le 27 pluviose de l'an IV, le Ministère de l'intérieur et le Conservatoire des arts et métiers l'ont choisi pour 'coopérer à la formation du recueil des dessins des machines et instruments des arts'. Goussier se consacre alors à un travail très proche de celui qui fut le sien dans l'élaboration de l'*Encyclopédie*.

L'article 'Coton' correspondant publié dans le tome iv en 1754 est de Diderot. Après avoir disserté sur le coton du point de vue botanique, Diderot traite du *filage, ou de la manière de peigner le coton, de l'ésouper, de le lustrer, d'en mêler diverses sortes pour différens ouvrages, de former le fil, de le dévider, & des différens instruments qui ont rapport à toutes ces opérations*, ensuite des instruments nécessaires au cardage, au travail du rouet et au tissage. Diderot a certainement ces dessins sous les yeux quand il rédige son article et il se sert également de mémoires du chevalier de Turgot et de M. Jore qui a décrit 'le détail de toutes ces opérations dans des mémoires très circonstanciés & très clairs'.

J.-R. Lucotte

J.-R. Lucotte travaille à Paris de 1760 à la fin du siècle. Il donne environ 700 planches pour l'*Encyclopédie*. Son nom n'apparaît pas dans la *Correspondance* de Diderot; en revanche il est cité dans le registre de dépenses des Libraires. Vers la fin juillet 1761, Diderot reçoit 'pour Dubuisson, Lucotte et un copiste', 348 livres.

Cinq dessins de sa main sont connus: la vignette pour l'*Ebéniste* conservée au Cooper Union Museum de New York[10] et quatre dessins dans trois collections particulières parisiennes, le *Rubannier* (fig.5),[11] le *Serrurier*,[12] le *Taillandier* et le *Tireur d'or*. A l'exception de l'*Ebéniste* qui semble être une création, les autres feuilles reprennent des planches gravées pour la *Description des arts et métiers*.

9. Nos 119 à 122.
10. *Inv.* 1911-28-112. Ancienne collection Decloux (référence à l'inventaire du musée).
11. Exp.: *Dessin et sciences*, Paris, Musée du Louvre, Cabinet des dessins, 1984, no 116.
12. Exp.: Louvre, 1984, no 117.

Radel

On possède peu de renseignements sur Radel. Mariette le cite dans son *Abécedario* comme étant architecte; des répertoires d'artistes le donne plutôt comme ornemaniste. Sa participation à l'*Encyclopédie* est tardive. Il collabore aux tomes viii à x.

Nous connaissons de lui douze dessins consacrés aux *Machines de théâtre*[13] (fig.6) et gravés par Benard dans le tome x. Il exécute ensuite dix planches pour le *Traité de la construction des théâtres anciens et modernes* de Roubo fils paru en 1777 et qui complètent le chapitre de l'*Encyclopédie*. Il est également l'auteur du dessin consacré au *Teinturier* conservé au Musée des beaux-arts de Dijon[14] et gravé par Benard au chapitre *Teinturier* de rivière publié en 1772 dans le tome x de l'*Encyclopédie*.

Les dessins refusés par Diderot

Un groupe de sept dessins est à rapprocher directement d'un texte de Diderot. Dans l'article 'Encyclopédie', paru dans le tome v en 1755, Diderot écrit à propos de la 'manière de sentir et de voir': 'Je me souviens qu'un artiste à qui je croyais avoir exposé assez exactement ce qu'il avait à faire pour son art, m'apporta d'après mon discours, à ce qu'il prétendait, sur la manière de tapisser en papier, qui demandait à peu près un feuillet d'écriture et une demi-planche de dessin, dix à douze planches énormément chargées de figures, et trois cahiers épais, in-folio, d'un caractère fort menu, à fournir un à deux volumes in-douze' (DPV, vii.213-14). Sept dessins de Jean-Baptiste-Michel Papillon relatifs au papier peint, conservés dans une collection particulière parisienne[15] après avoir été retrouvés dans le grenier d'une maison langroise, ont toujours été considérés comme ayant été rejetés par Diderot. Leur mise en rapport avec le texte de Diderot confirme bien ce rejet et en donne les raisons. En effet, ces dessins sont gauches, moins élaborés et très différents du parti choisi pour l'*Encyclopédie*. Diderot préfère publier des planches représentant le travail du *Marbreur de papier* inspirées de celle exécutée pour la *Description des arts et métiers*.

La deuxième partie de ce texte est consacrée aux sources de quelques chapitres techniques publiés par l'*Encyclopédie*. Après la révocation du Privilège

13. Musée Carnavalet, plans d'architectes, III, G. Carton, *Inv.* D.6685 à 6694, Exp.: Louvre, 1984, no 118.

14. *Inv.* 2139. Legs Thevenot.

15. Henri Clouzot et Charles Follot, *Histoire du papier peint en France* (Paris 1935). Madeleine Pinault, *Les Planches*, nos 277-83 (avec bibliographie).

en 1759, les Libraires-Associés se voient dans l'obligation d'augmenter les volumes de planches: en effet, l'*Encyclopédie* est légalement supprimée et les souscripteurs doivent être remboursés. Pour ne pas ruiner totalement l'entreprise, les Libraires-Associés engagent avec les autorités de nombreuses négociations qui aboutissent à un nouveau Privilège, obtenu par Le Breton, le 8 septembre 1759 et concernant un *Recueil de planches sur les sciences, les arts libéraux et les arts mécaniques avec leur explication*. Douze volumes de planches (y compris le dernier du supplément) vont paraître de 1762 à 1772, à la place des deux initialement prévus. Cette augmentation du nombre de planches va entraîner de la part de Diderot et de ses collaborateurs une recherche approfondie de nouvelles sources graphiques autres que celles déjà utilisées, la *Cyclopedia* de Chambers et les planches gravées pour la *Description des arts et métiers* mise en chantier par l'Académie royale des sciences.

Le repérage des sources graphiques dont se sont servis les encyclopédistes s'est révelé très fructueux. Plusieurs sortes d'informations concernant ces sources sont données par le livre de dépenses des Libraires,[16] les livres de prêts de la Bibliothèque du roi.[17] Des sources sont très souvent citées dans les explications des planches ainsi que dans les articles eux-mêmes, ou encore dans les correspondances des encyclopédistes.

Les encyclopédistes vont utiliser principalement les collections royales. Le Cabinet du roi, dont le Cabinet des dessins du Musée du Louvre est l'héritier, va fournir les principaux éléments du chapitre 'Dessein' dont le responsable est Benoit-Louis Prévost, le graveur du Frontispice dessiné par Cochin.[18] Dans ce chapitre, Prévost reprend plusieurs planches qui ont été gravées à partir de dessins de Cochin pour la *Méthode pour apprendre le dessin où l'on donne les règles générales de ce grand art*, publiée par Ch. A. Jombert en 1755. Mais Prévost choisit aussi des dessins conservés dans le Cabinet du roi, dont le Garde était d'ailleurs Cochin. On peut citer les dix dessins[19] parmi les soixante-trois que Lebrun exécute pour illustrer les *Passions de l'âme* gravés en 1727 par Jean Audran, graveur du roi. On sait d'ailleurs que Diderot emprunte cette suite à la Bibliothèque du roi. Plusieurs feuilles italiennes sont choisies, les deux

16. Paris, Archives nationales, U 1051. Louis-Philippe May, 'Documents nouveaux sur l'*Encyclopédie*. Histoire et sources de l'*Encyclopédie* d'après le registre de délibérations et de comptes des éditeurs et un mémoire inédit', *Revue de synthèse* (1938), t.xv, février 1938, p.5-30; t.xvi, no 1, avril 1938, p.31-46; t.xv, no 2, juin 1938, p.47-70; t.xvi, no 2, octobre 1938, p.71-86; t.xv, no 3, décembre 1938, p.87-110.

17. Paris, Bibliothèque nationale, Imprimés, Prêts 5, 6, 7, 8, et 9. Jacques Proust, 'La documentation technique de Diderot dans l'*Encyclopédie*', *RHLF* 57 (1957), p.335-52, et 'L'initiation artistique de Diderot', *Gazette des beaux-arts* (1960), p.225-32.

18. Baltimore, collection Douglas H. Gordon.

19. *Inv.* 28314, 28315, 28316, 28317, 28318, 28322, 28324, 28328, 28329, et 28320.

cartons de Raphael (fig.7),[20] le *Mariage mystique de sainte Catherine* publié dans l'*Encyclopédie* sous le nom de Parmigianino et donné par la critique moderne à Niccolo dell'Abbate[21] et le *Berger* d'Agostino Carracci.[22]

On peut citer aussi les dessins de Mattheus Bril représentant les *Ruines de Rome* (fig.8),[23] de nombreuses fois gravés, et publiés dans le tome i des planches au chapitre 'Antiquités'.

La Bibliothèque et le Cabinet du roi largement ouverts par les Gardes Sallier et Joly contiennent tous les livres qui sont à la base des articles concernant les beaux-arts (antiquités, architecture, dessin, gravure ou mosaïque), les arts d'agrément (chasse, escrime, manège) et certains arts mécaniques (bas au métier,[24] artificier, tourneur, fonte des statues équestres). L'abondance de ces sources va souvent entraîner un développement disproportionné du sujet par rapport à son importance: ainsi, quatre-vingt-sept planches vont traiter de l'*Art du tourneur*; cela vient du fait que Diderot et Lucotte s'inspirent du livre du père Charles Plumier, pour lequel nous connaissons deux albums de dessins préparatoires.[25]

C'est surtout dans les archives de l'Académie royale des sciences que vont puiser les encyclopédistes, en ce qui concerne les arts mécaniques; les emprunts faits à la *Description des arts et métiers* ont été sans doute le point le plus étudié et nos recherches ne font que confirmer la dette de l'*Encyclopédie* à l'égard de la *Description des arts et métiers*. Le catalogage systématique des fonds iconographiques relatifs à la *Description* conservés soit à Paris[26] soit aux Etats-

20. *Inv.* 3852 et 3853. Ces deux œuvres, à l'époque de la parution du volume de l'*Encyclopédie*, ne font pas encore partie du Cabinet du roi. Elles figurent dans la collection de l'amateur P.-J. Mariette, collection vendue à Paris en 1775 (cat. no 694) et sont acquises pour le Cabinet à cette vente (Exp.: *Raphael dans les collections françaises*, Paris, Grand-Palais, 1983-1984, nos 83-84). Ces deux œuvres très célèbres servent de modèles à de nombreux artistes (exp.: *Raphael et l'art français*, Paris 1983-1984).

21. *Inv.* 5832.

22. *Inv.* 7359.

23. *Inv.* 20955 (Lugt no 356), 20957 (Lugt no 359), 20963 (Lugt no 372), 20964 (Lugt no 373).

24. Voir l'album du *Métier à faire les bas*, Paris, Bibliothèque nationale, Est. Lh 32. DPV, vi: *Encyclopédie*, t.ii (Paris 1976), p.27-126. Exp.: Louvre, 1984, no 102.

25. Diderot emprunte le volume à la Bibliothèque royale en 1748. On ne sait pas s'il s'agit du livre imprimé l'*Art de tourner ou de faire en perfection toutes sortes d'ouvrages* publié en 1701 ou de l'album de dessins conservé à la Bibliothèque nationale (Est. Ld II. Exp.: Louvre, 1984, no 103). Le deuxième recueil de dessins concernant cet art fait partie des collections de la Bibliothèque de l'Arsenal (ms 1078).

26. Paris, Bibliothèque de l'Institut de France, ms 1064-1065, 1065bis, 2741; Archives de l'Académie des sciences, cartons Réaumur, *Description des arts et métiers* et divers; Bibliothèque nationale, Estampes, Res. MaMat 39; Bibliothèque de l'Arsenal, Gd Fol.114, Fol.S.435 (2 boites), S.435 bis (3 boites), S.435 ter (2 boites), S.435 quater (1 boite). Quelques documents sont conservés dans diverses collections particulières.

Unis[27] laisse apparaître une connaissance parfaite, de la part des encyclopédistes, de ce que les académiciens appelaient les 'portefeuilles de l'Académie'. De nombreux dessins de la *Description des arts et métiers* sont parfois repris sans changement dans l'*Encyclopédie*: ainsi, les *ardoisières d'Anjou*, la *fabrique des ancres*, le *charbon de bois*, et certains dessins concernant les *forges*, le *rubanier* ou le *tissage*.

Les encyclopédistes s'inspireront également des autres publications de l'Académie royale des sciences. Diderot tire son article 'Arithmétique' d'un mémoire publié dans les *Machines et inventions approuvées par l'Académie des sciences* et cite les mémoires de Boistissandeau[28] publiés en 1735 dans la même collection (t.v, année 1730) concernant des modèles de machines à calculer dérivées de celle de Pascal. Il rédige plus tard les explications des planches des *Machines hydrauliques* qui paraissent dans le tome v et qui auparavant ont fait l'objet de plusieurs mémoires publiés dans le tome vii des *Machines et inventions*.[29]

Ces liens avec l'Académie royale des sciences sont renforcés par les rôles que jouent certains membres de l'Académie dans l'élaboration de l'*Encyclopédie*, comme par exemple Jean-Rodolphe Perronet (1708-1794). Perronet est ingénieur des Ponts et chaussées dans la Généralité d'Alençon; en 1746, il est nommé ingénieur en chef et, en 1747, il est le premier directeur de l'Ecole royale des ponts et chaussées. Il donne à Diderot un mémoire sur une pompe à feu dont se sert ce dernier pour son article sur le même sujet, qui paraît dans le tome vi en 1756. Diderot ne nomme pas Perronet mais le remercie en ces termes: 'Tout ce que nous allons dire de cette pompe, est tiré d'un mémoire qui nous a été communiqué avec les figures qui y sont relatives, par M. P... homme d'un mérite distingué, qui a bien voulu s'intéresser à la perfection de notre ouvrage.' Leur amitié se poursuit assez longtemps comme en témoigne les lettres récemment publiées par F. Moureau.[30]

Les mémoires sur les épingles

Perronet rédige un mémoire de trente-quatre pages, signé et daté du 7 janvier 1740 et accompagné par trois dessins. Ce mémoire consacré à l'industrie des

27. Cambridge, Harvard University, Houghton Library, 57 M 15 (1 à 60); Chicago, Newberry Library; Philadelphie, American Philosophical Society, fonds Duhamel Du Monceau. Martine Jaoul et Madeleine Pinault, 'La collection *Description des arts et métiers*, étude des sources inédites de la Houghton Library, Université de Harvard', *Ethnologie française* 12 (1982), p.335-60, et Madeleine Pinault, 'Aux sources de l'*Encyclopédie*: la description des arts et métiers' (Paris, Thèse de l'Ecole pratique des hautes études, IVème section, 1984, 4 vol ms).

28. DPV, v: *Encyclopédie*, t.i (lettre A) (Paris 1976), p.481-94. Exp. Louvre, 1984, no 11.

29. Exp.: Louvre, 1984, no 134.

30. 'Diderot et le portrait de Perronet: trois lettres inédites', *D.H.S.* 16 (1984), p.243-52.

épingles de laiton fabriquées dans la région de L'Aigle et de Rugles est aujourd'hui conservé à la Bibliothèque de l'Ecole nationale des ponts et chaussées.[31] Il porte à la page 1 dans la marge, de la main même de Perronet, la mention suivante: 'fabrication des Epingles. Le 20 juillet 1760, remis copie du présent mémoire signé et la minutte des desseins en deux feuilles à Mr Didrot pour l'Encyclopédie. Le 12 Janvier 1761 remis pareille copie signée du mémoire et des desseins qui ont été refaits sur mes brouillons à Mr Duhamel pour l'académie. Je l'ay prevenu que M. Didrot avait pareil mémoire et dessein.' Le mémoire de Perronet est pratiquement repris sans changement dans les explications des planches consacrées à l'*Epinglier*. Il est accompagné d'un autre texte, une 'Description générale de la fabrique des Epingles de Latton Et de fer de la manière dont elles se font à L'aigle'. Une mention indique que ce texte a été écrit pour l'Académie des sciences sous l'intendance de monsieur de Courteille en 1717, ce qui l'assimile aux rapports des enquêtes ordonnées par le régent; il est mentionné dans les papiers de Réaumur conservés aux Archives de l'Académie des sciences. Il est à peu près certain que ce mémoire a servi de point de départ à l'article 'Epingle' de l'*Encyclopédie* écrit par Deleyre. Les trois dessins (fig.9 et 10) qui illustrent le texte de Perronet sont anonymes et sont repris très largement dans les trois planches de l'*Encyclopédie* dessinées par Goussier.[32] Goussier utilise aussi les trois dessins exécutés par Bretez et Simonneau le jeune[33] pour la *Description des arts et métiers* sous la direction de Réaumur et publiés ensuite dans l'*Art de l'épinglier* de Duhamel Du Monceau.

Cette enquête sur la tréfilerie est complétée par un autre manuscrit de Perronet, toujours conservé à la Bibliothèque de l'Ecole nationale des ponts et chaussées[34] et qui a servi également aux encyclopédistes. Dans ce manuscrit signé et daté du 18 octobre 1739, Perronet décrit la façon dont on réduit le fil de laiton à l'Aigle et note une nouvelle fois: 'J'ay Envoyé copie de ce [mé]moire et des desseins relatifs figu[r]es de moy à M. Duhamel pour l'Académie des Sciences le 13 fevrier 1761.' Bien que l'*Encyclopédie* ne soit pas mentionnée dans cette note, on peut penser que ce mémoire est remis à Diderot puisque plusieurs figures de l'*Epinglier* sont directement inspirées du dessin qui illustre ce mémoire.

Comme les notes de Perronet l'indiquent, tous ces documents serviront à Duhamel Du Monceau quand il publiera avec des additions de lui-même et des remarques de Perronet l'*Art de l'épinglier* de Réaumur. Les sept planches

31. Ms 2385.
32. Exp.: Louvre, 1984, no 114.
33. Paris, Bibliothèque de l'Institut de France, ms 1064, f.xxxii, xxxiii, xxxiv. Madeleine Pinault, *Aux sources*, nos 288-313.
34. Conservé avec le ms 2385 dans la même pochette.

qui illustrent la publication de l'Académie sont elles aussi directement inspirées des dessins cités précédemment.

Le mémoire sur lc forage de la fontaine de Drancy

Perronet envoie d'autres documents à Diderot. Un manuscrit, également conservé à la Bibliothèque de l'Ecole nationale des ponts et chaussées,[35] consacré au forage de la fontaine du fort Saint-François à Drancy commencé en 1751, porte lui aussi une indication manuscrite mais cette fois anonyme: 'Ce mémoire a été communiqué au S. Perronet au cours d'Aoust 1762 avec permission d'en prendre coppie pour lui seulement.' Cette copie est remise à Diderot car le texte du mémoire est intégralement publié sans changement dans l'article, non signé, 'Sonde de terre' dans le tome xv. Seules les indications de renvois aux planches sont remplacées par *Voy. les fig.* Initialement, ce mémoire comprenait vingt-neuf dessins (fig.11), dont sept[36] ont été copiés sur ordre de l'ingénieur Regemortes. Ces dessins sont condensés dans les deux planches dessinées par Goussier, gravées par Benard et publiées dans le tome vi au chapitre 'Minéralogie, Sonde de terre'.

Les mémoires sur les ardoisières d'Anjou

Perronet collabore indirectement à l'élaboration des planches et des explications des *Ardoisières d'Anjou* publiées dans le sixième volume des planches et pour lesquelles plusieurs documents peuvent être mis en rapport. Rappelons que l'article que l'*Encyclopédie* publie sur ce sujet dans le tome i n'est pas signé mais il est attribué à Diderot à la page xliii de ce tome.

Diderot traite des ardoises de La Meuse et renvoie aux planches. Pour rédiger cet article, Diderot avait certainement en sa possession une source écrite (peut-être les manuscrits que Réaumur avait regroupés sur ce sujet et dont il avait donné lecture à l'Académie en 1717).[37]

Les planches de l'*Encyclopédie*, au nombre de sept, sont dessinées par Delacroix ingénieur des Ponts et chaussées dans la région du Maine et de l'Anjou. Quatre de ces planches sont copiées sur les trois dessins[38] exécutés du temps de Réaumur pour la *Description des arts et métiers*. Les trois autres sont des copies sans changement d'un dessin conservé avec un mémoire de l'ingénieur J. de

35. Ms 2189.
36. Exp.: Louvre, 1984, nos 129-30.
37. DPV, v: *Encyclopédie*, t.i (lettre A) (Paris 1976), p.443-55.
38. Paris, Bibliothèque de l'Institut de France, ms 1064, f.vii, viii, ix. Madeleine Pinault, 'Aux sources', nos 30 à 59. Exp.: Louvre, 1984, no 111.

Voglie à la Bibliothèque de l'Ecole nationale des ponts et chaussées.[39] Ce mémoire daté du 27 novembre 1756 est accompagné d'un autre mémoire toujours de de Voglie, illustré par trois dessins représentant des mines de charbon de terre et daté 1757. Un feuillet manuscrit joint à ces deux mémoires porte lui aussi une mention qui confirme une nouvelle fois le prêt de ces documents à Duhamel Du Monceau et à Diderot:

Le 21. décembre 1761. Envoyé à Mr Duhamel un mémoire de Mr de Voglie en datte du 27. Xbre. 1756 Sur les Carrières d'Ardoise et sur les mines de Charbon de terre d'Anjou, auquel est jointe une feüille de desseinz.
de plus un mémoire aussi de Mr de Voglie du 11. Juin et 6. juillet 1757. Sur les Mines de Charbon de terre d'anjou, avec deux feüilles de desseins y jointes; Le tout pour en faire part à l'Académie. Le mesme Jour 21. Xbre. 1761. J'ay donné avis a Mr de Voglie que j'avois remis Ces papiers a Mr Duhamel.
Mr Duhamel a rendû ces papiers. Le 3. Xbre. 1766. Envoyé à Mr Didrot Les deux memoires de Mr de Voglie concernant Les carrières d'ardoise d'anjou avec une feuille de desseins [fig.13].

Cette feuille de dessin est utilisée recto-verso et pliée en deux parties. Sur l'une des faces on peut voir le *Plan d'une Carrière d'ardoise Scituée près d'Angers et dite du Boüillon*; sur l'autre face, à gauche, une *Coupe ou Vüe Sur Le principal Chef de La Carriere du Côté du Couchant*, à droite, une *Coupe du Levant au Couchant en regardant au Midy* (fig.14). Ces trois figures sont reproduites dans les planches i, nos 3, 4 et 5, de l'*Encyclopédie*.

L'explication des planches est accompagnée d'un *Mémoire sur les carrières d'Anjou tant d'ardoises que de charbon de terre* très proche du mémoire de Voglie.

Le fait que Perronet soit en possession de manuscrits de l'ingénieur de Voglie n'a rien de surprenant: de Voglie était ingénieur sous ses ordres dans la Généralité d'Alençon. En 1751, il est nommé ingénieur de la Généralité de Tours, dont il devient l'ingénieur en chef en 1770. En 1777, il est retraité et meurt la même année.

Perronet le mentionne dans le *Discours préliminaire* de son *Traité des ponts* publié en 1788, comme étant 'M. de Bentivoglio dit de Voglie'. Nous savons par son acte de mariage qu'il était né à Rome de Giovanni Bentivoglio, patrice romain, et de Marie Potron sans doute d'origine française. Les Bentivoglio étaient nobles de la province de Bologne et de Ferrare. Il se marie le 26 septembre 1768 à Saint Patrice de Tours avec Dame Marie-Madeleine Souchay, veuve d'un avocat de Tours.[40]

Un autre manuscrit de de Voglie, qui ne semble pas avoir été entre les mains

39. Ms 2382.
40. F. P. H. Tarbé de Saint-Hardouin, *Notices biographiques sur les ingénieurs des Ponts et chaussées depuis la création du corps en 1716, jusqu'à nos jours* (Paris 1884), p.33-34 et 267-68.

de Perronet doit être mis en relation avec la dernière partie des explications des planches consacrées aux *Questions et réponses sur les carrières d'ardoises* établies par de Voglie et recopiées pratiquement sans changement sur un manuscrit intitulé *Mémoires sur les mines de charbon de terre et carrières d'ardoises situées en Anjou*, aujourd'hui conservé à la Bibliothèque Mazarine.[41] Ce manuscrit est daté deux fois, du 27 décembre 1756 et du 6 juillet 1757; il est illustré de trois plans. Il est relié et sa bonne présentation laisse supposer qu'il était destiné à un usage officiel.

L'*Art de tirer et de fabriquer l'ardoise* sera publié par Auguste-Denis Fougeroux de Bondaroy en 1762 dans la série de la *Description des arts et métiers*. Fougeroux reprend une nouvelle fois les manuscrits laissés par Réaumur et y ajoute les résultats de son enquête personnelle menée à Angers même.[42]

Ces exemples mettent particulièrement bien en relief la méthode de travail des encyclopédistes, non pas à partir d'enquêtes effectuées sur 'le terrain' comme le laissait croire le *Discours préliminaire* de d'Alembert, mais à l'aide de mémoires prêtés par des personnages officiels du royaume. La participation des ingénieurs des Ponts et chaussées, tels Perronet ou de Voglie, laisse apparaître ce que l'on peut appeler une mise en commun de la documentation entre les académiciens chargés de la *Description des arts et métiers* et les encyclopédistes et confirment les liens intellectuels mais aussi amicaux qui existaient entre eux. Cette participation permet de souligner également la concordance d'esprit qui existe, en ce qui concerne les arts mécaniques, entre les deux publications et combien l'*Encyclopédie* est redevable aux travaux des académiciens.

D'autres exemples pourraient être cités. En dehors de Perronet et de Voglie, des personnes diverses ont joué des rôles indéniables dans la publication de l'*Encyclopédie*: ceux de J.-G. Gallon[43] ou de J. Hellot[44] seraient particulièrement intéressants à étudier.

Le dépouillement approfondi des fonds officiels, ceux de la Bibliothèque royale, de l'Académie royale des sciences ou de l'Ecole royale des Ponts et chaussées, ou privés comme la bibliothèque du marquis de Paulmy permettra de résoudre en grande partie le problème posé par les sources documentaires dont se sont servis Diderot et les encyclopédistes.

41. Ms 3414.

42. Les notes de Réaumur sont dans leur majorité conservées aujourd'hui avec celles de Fougeroux à la Houghton Library.

43. Son album sur la *Pierre calaminaire* conservé à la Bibliothèque de l'Arsenal (ms 2873; exp.: Louvre, 1984, no 107) a servi à Diderot pour son article '*Laiton' paru dans le tome ix de l'*Encyclopédie* en 1765. Gallon collabore aussi à la *Description des arts et métiers*.

44. Le fonds de la Bibliothèque de l'Arsenal Fol.S.435 provient sans doute de cet académicien. Hellot travaille peu de temps après la mort de Réaumur à la *Description des arts et métiers*.

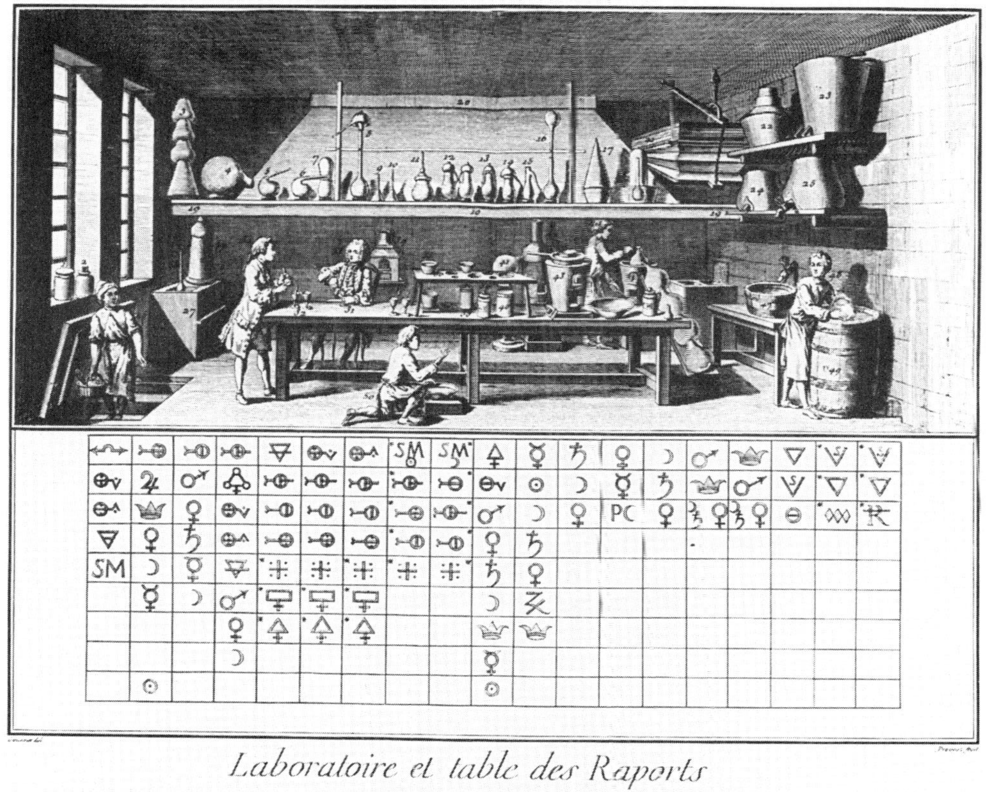

1. *Laboratoire et table des raports*. Planche non numérotée, dessinée par Goussier et gravée par Prévost, publiée dans le chapitre *Chimie*, tome iii (Paris 1763). (*Réunion des Musées nationaux, Paris*)

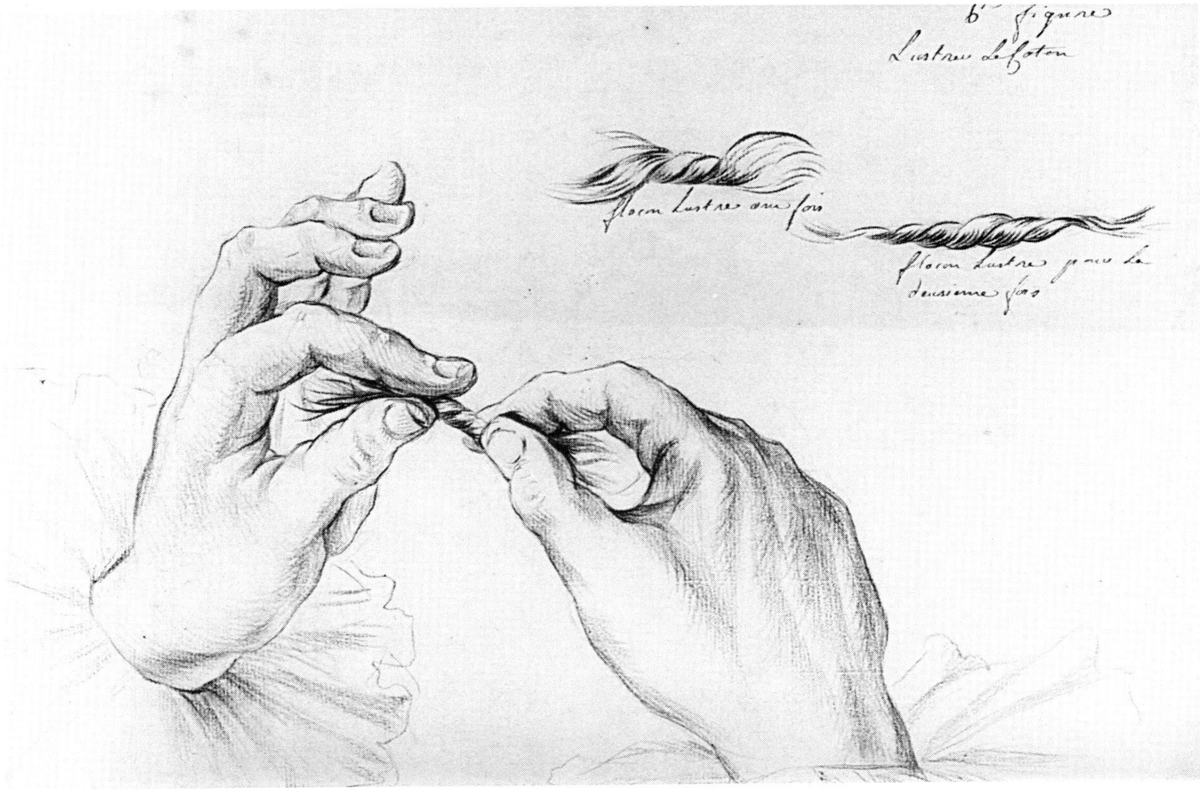

2. Louis-Jacques Goussier, *6e figure, Lustrage du coton*. Paris, Musée national des techniques, Conservatoire national des arts et métiers. Portefeuille industriel, no 174
(*Conservatoire national des arts et métiers, Paris*)

3. Louis-Jacques Goussier, *Fileur*. Paris, Musée national des techniques, Conservatoire national des arts et métiers. Portefeuille industriel, no 174.
(*Madeleine Pinault*)

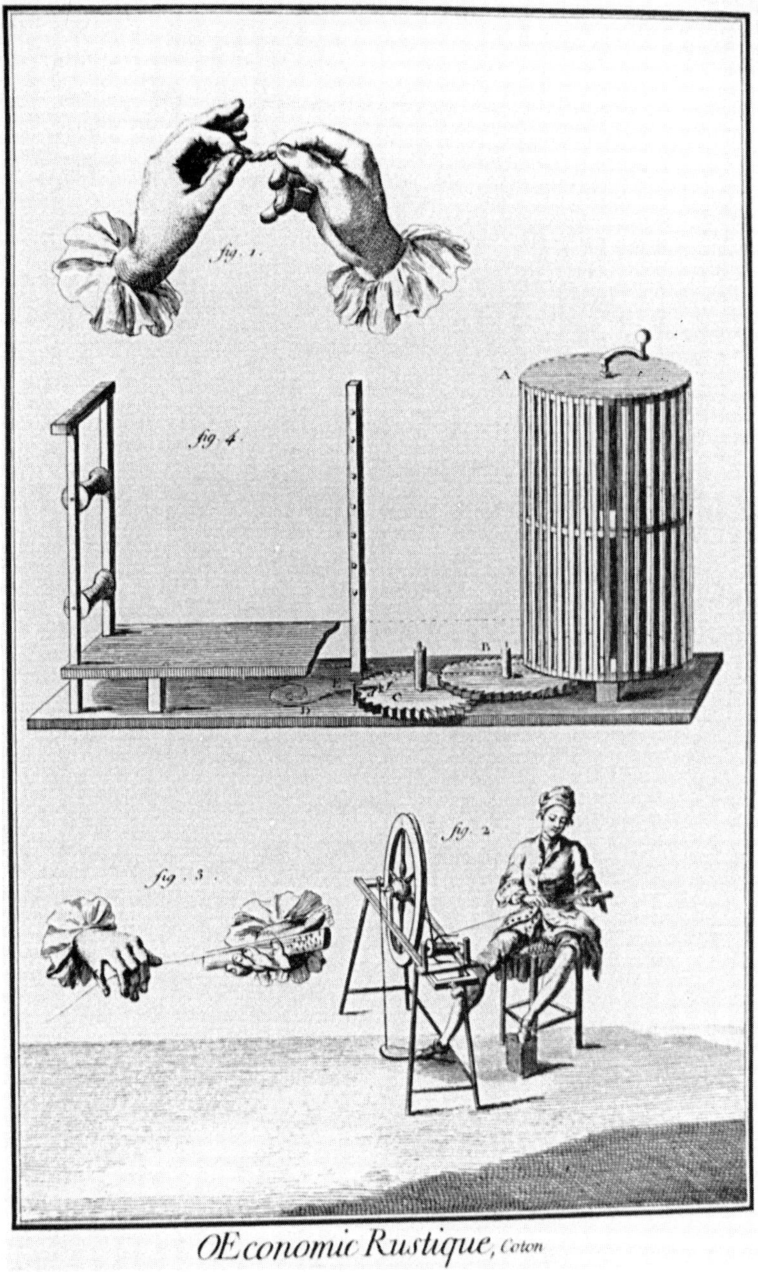

4. Planche II du chapitre *Coton*, publiée dans l'*Œconomie rustique*, t.i (Paris 1762). (*Madeleine Pinault*)

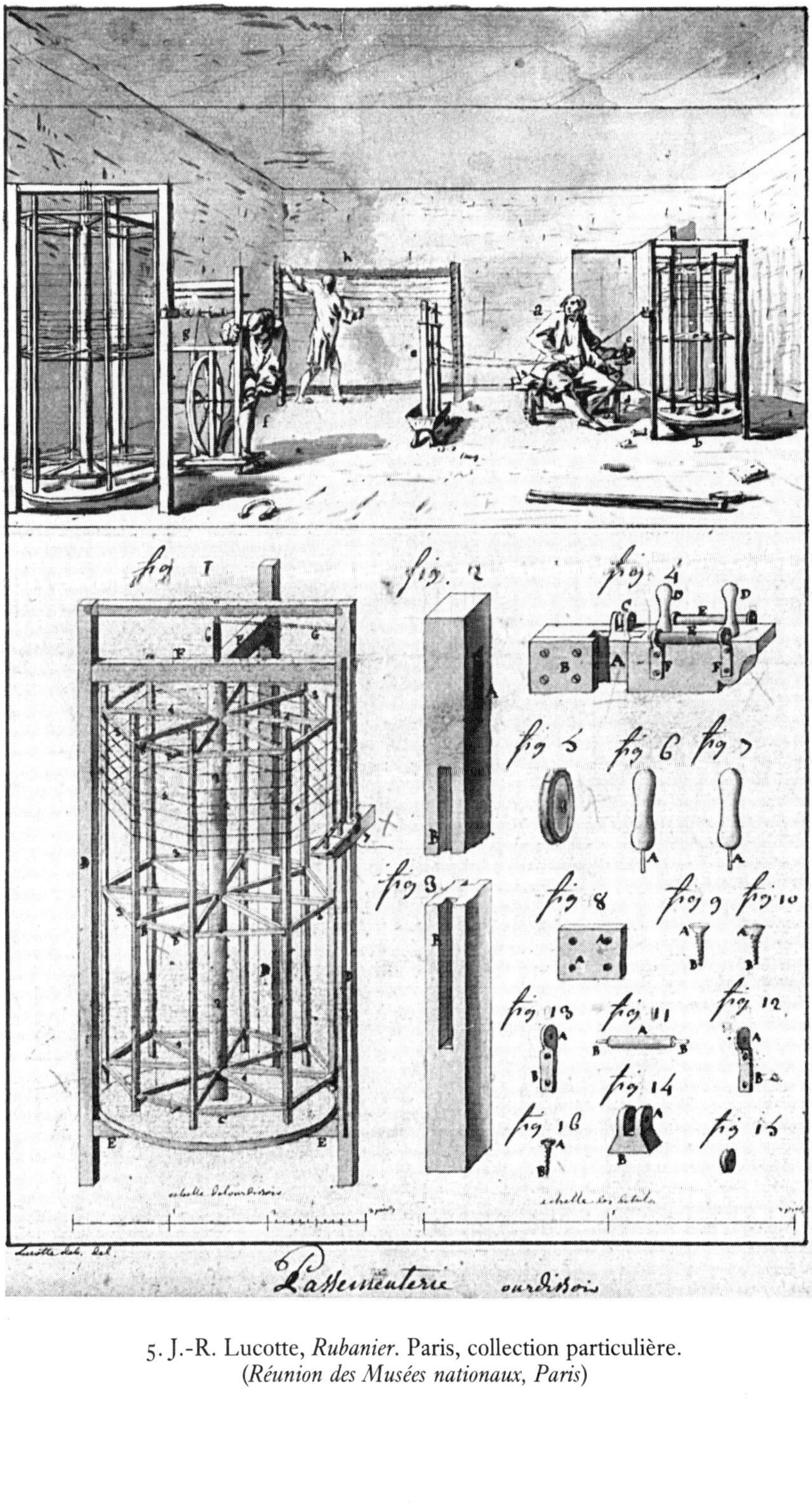

5. J.-R. Lucotte, *Rubanier*. Paris, collection particulière.
(*Réunion des Musées nationaux, Paris*)

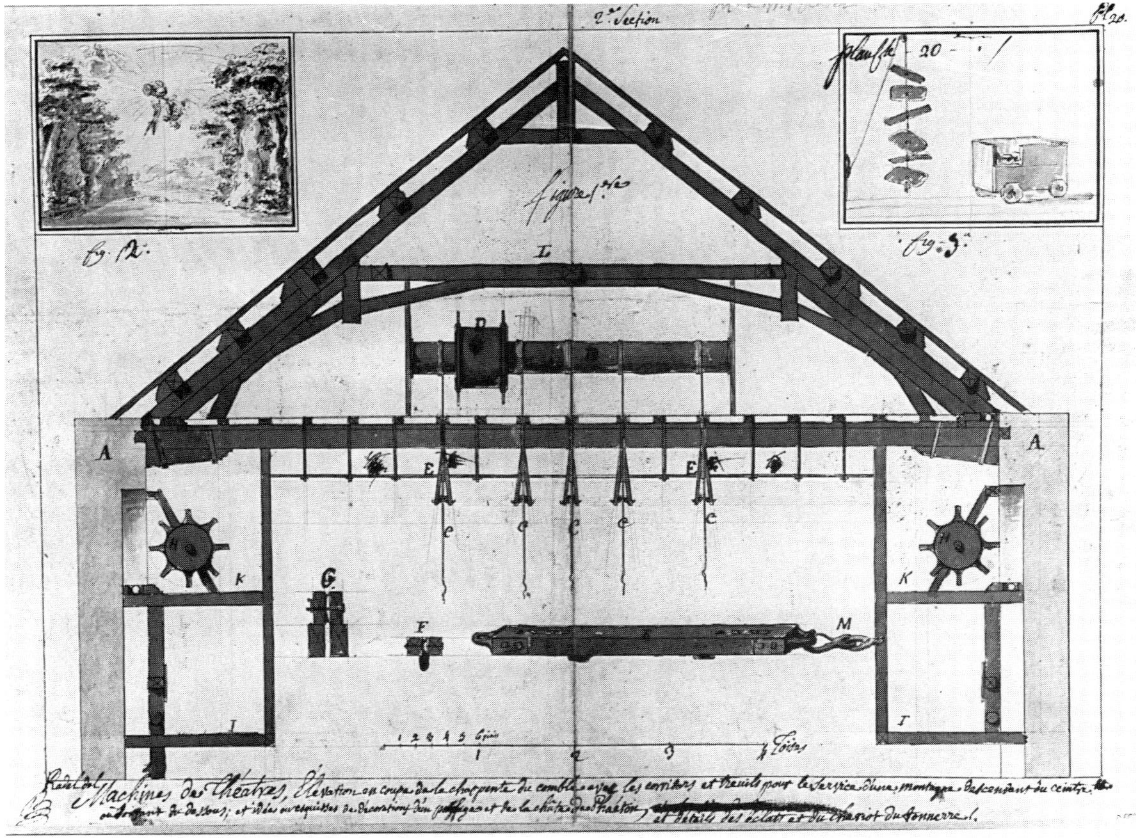

6. Radel, *Machines de théâtre*. Paris, Musée Carnavalet, *Inv.*D.6692.
(*Bulloz, Paris*)

7. Raphael, *Tête d'ange*. Paris, Musée du Louvre, Cabinet des dessins, *Inv*.3852.
(*Réunion des Musées nationaux, Paris*)

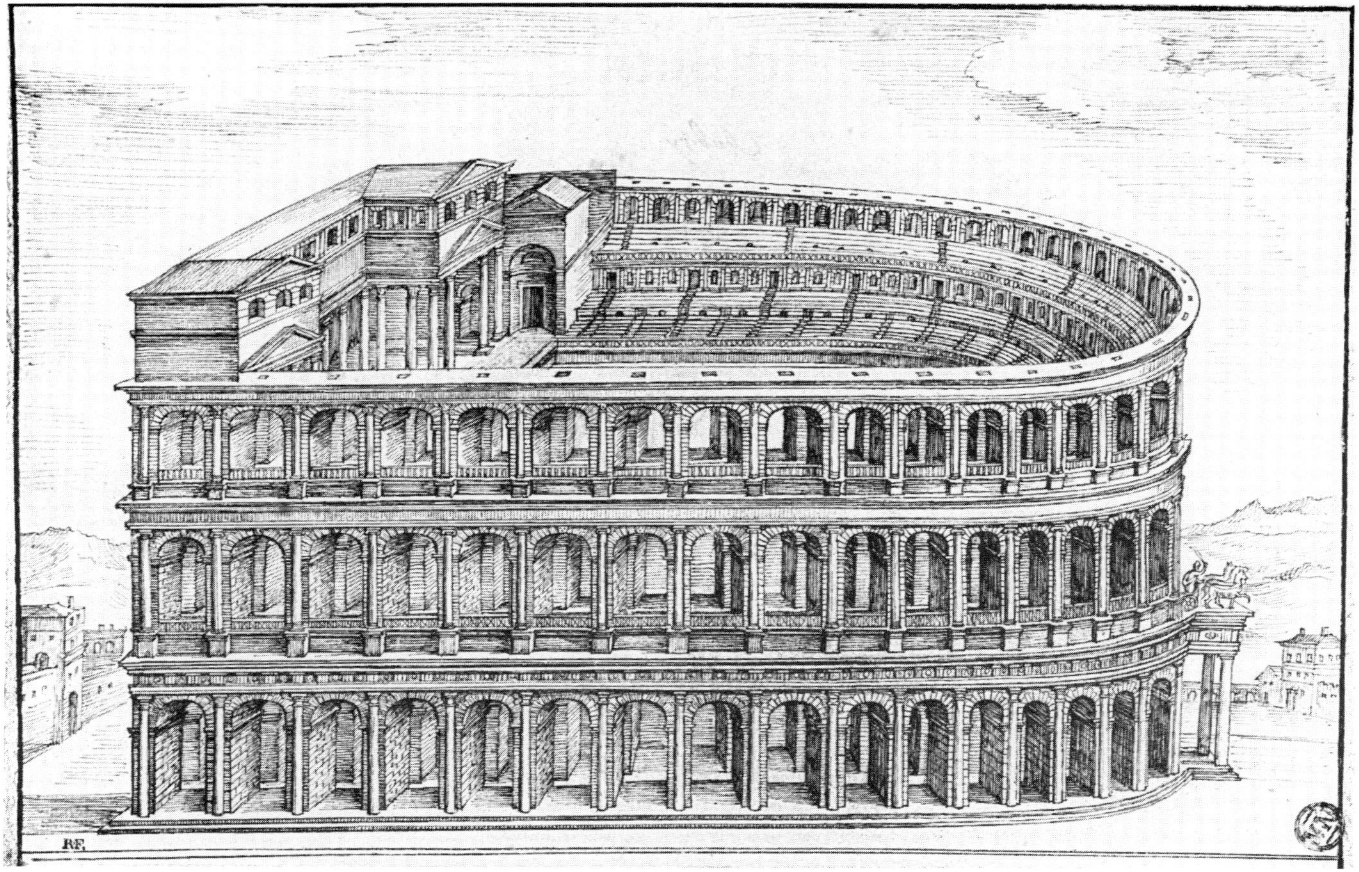

8. Mattheus Bril, *Le Théâtre de Marcellus*. Paris, Musée du Louvre, Cabinet des dessins, *Inv.*20963. (*Réunion des Musées nationaux, Paris*)

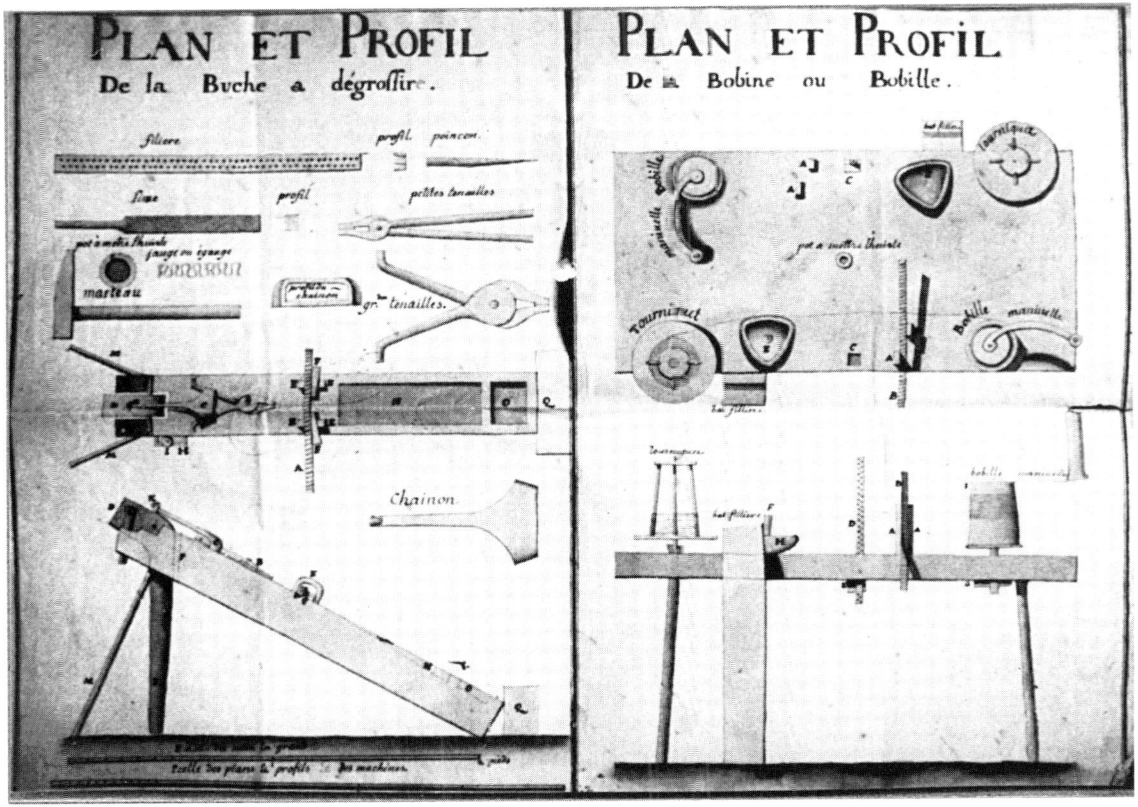

9. Anonyme français, XVIIIe siècle, *Fabrication des épingles, plan et profil.*
Paris, Bibliothèque de l'Ecole nationale des ponts et chaussées, ms 2385.
(*Madeleine Pinault*)

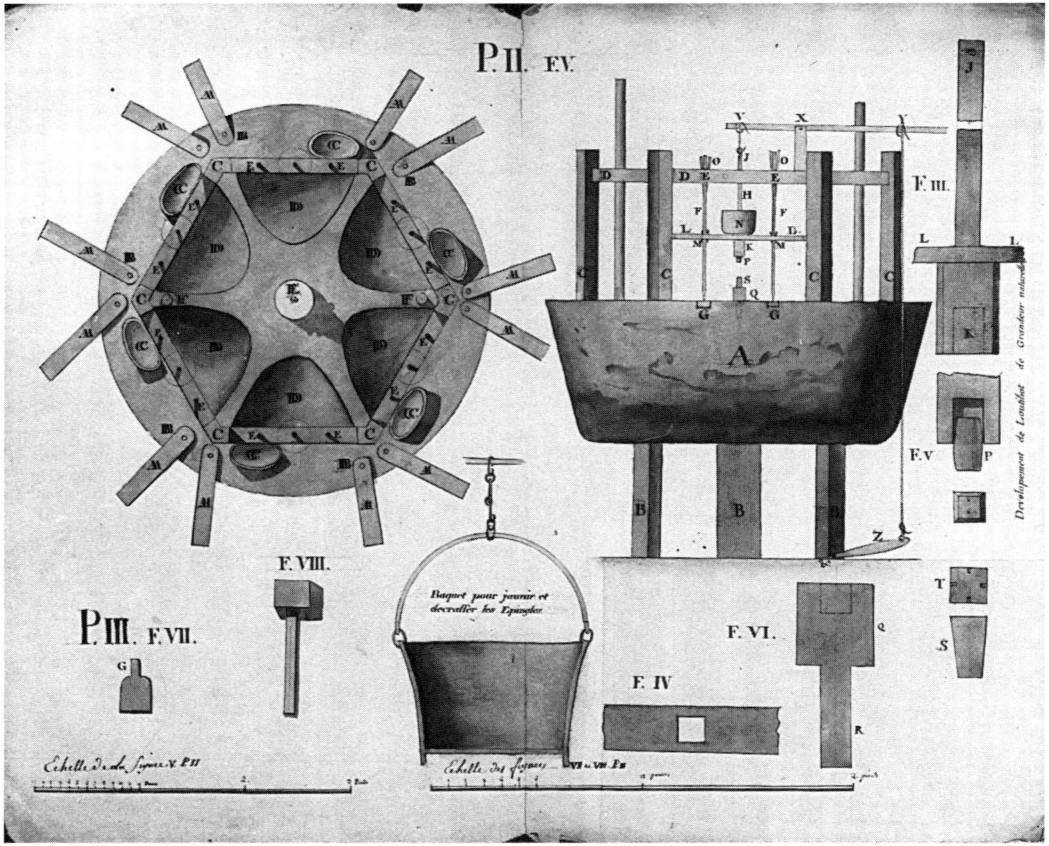

10. Anonyme français, XVIIIe siècle, *Fabrication des épingles*. Paris, Bibliothèque de l'Ecole nationale des ponts et chaussées, ms 2385.
(*Réunion des Musées nationaux, Paris*)

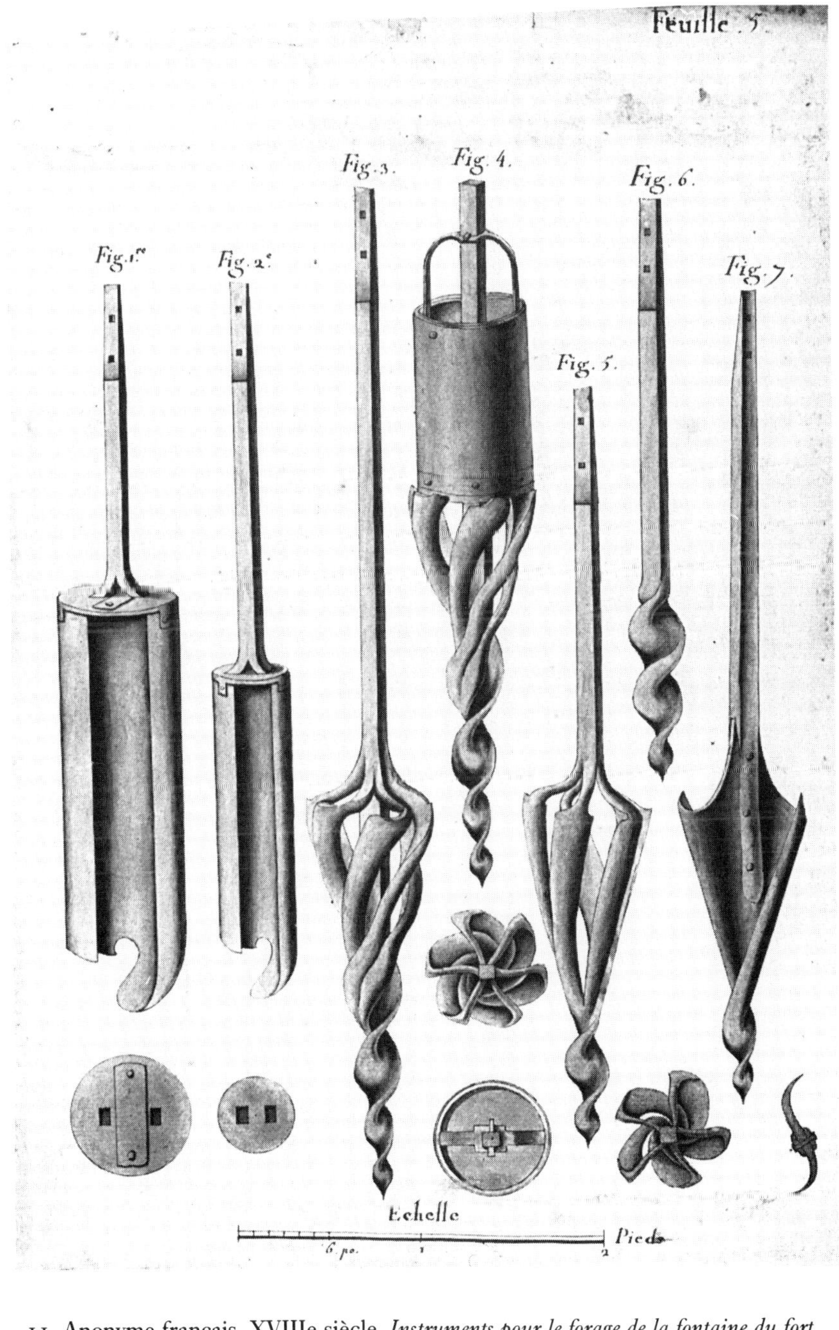

11. Anonyme français, XVIIIe siècle, *Instruments pour le forage de la fontaine du fort Saint-François à Drancy*. Paris, Bibliothèque de l'Ecole nationale des ponts et chaussées, ms 2189. (*Réunion des Musées nationaux, Paris*)

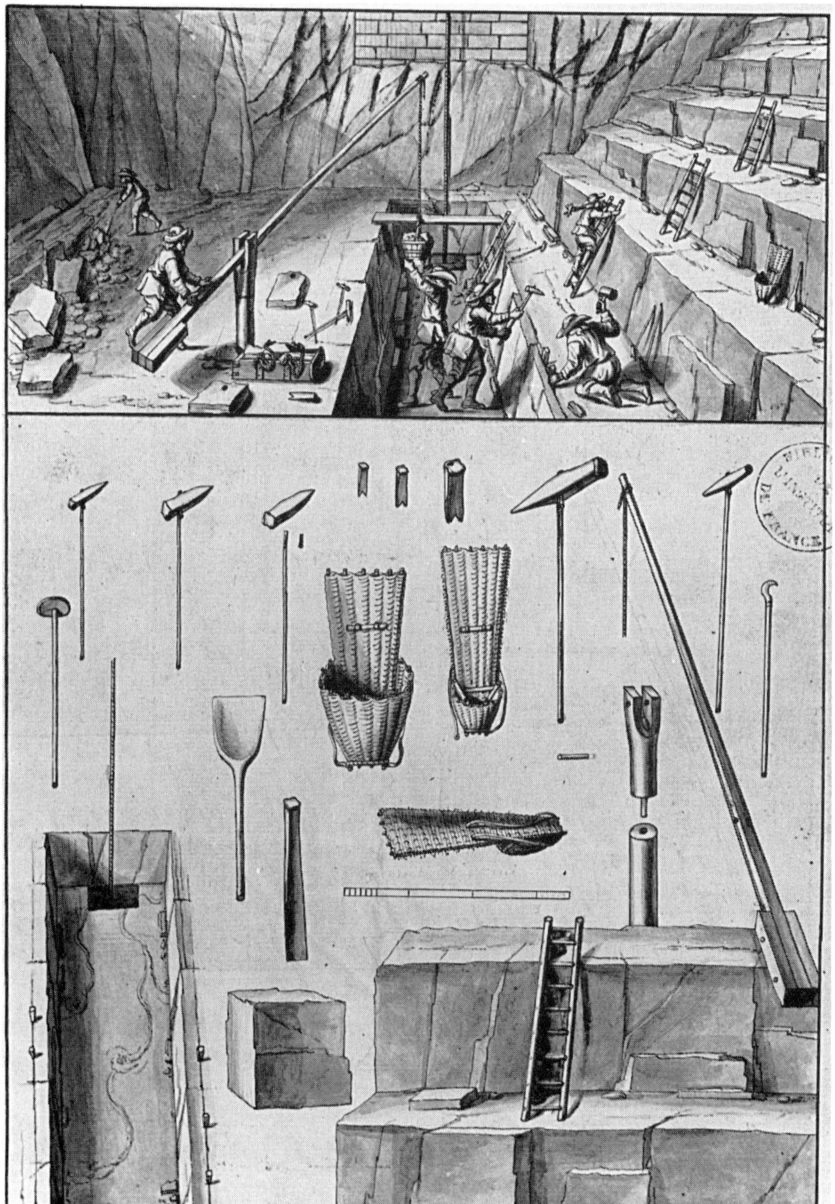

12. Anonyme français, XVIIIe siècle, *Ardoiserie d'Anjou*. Paris, Bibliothèque de l'Institut de France, ms 1064, f.vij. (*Réunion des Musées nationaux, Paris*)

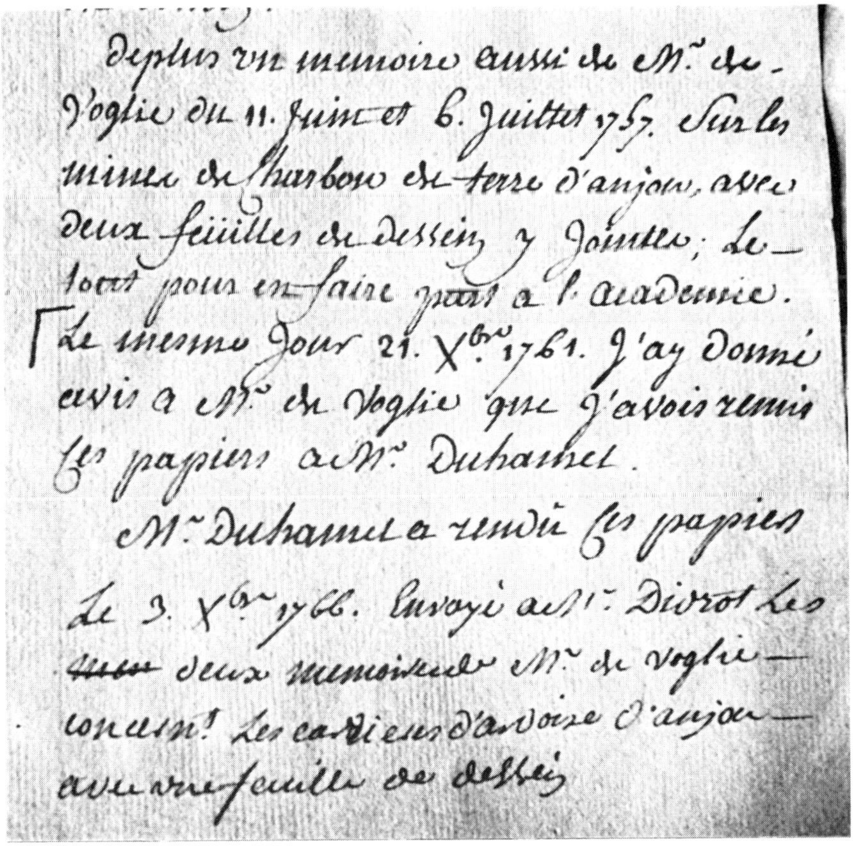

de plus un memoire aussi de Mr de -
Voglie du 11. Juin et 6. Juillet 757. Sur les
mines de charbon de terre d'anjou, avec
deux feuilles de dessein y jointes; Le -
tout pour en faire part a l'academie.
Le meme jour 21. Xbre 1761. j'ay donné
avis a Mr de Voglie que j'avois remis
ses papiers a Mr Duhamel.

Mr Duhamel a rendu ses papiers

Le 3. Xbre 1766. Envoyé a Mr Diderot les
~~deux~~ deux memoires de Mr de Voglie -
concernt les carrieres d'ardoise d'anjou -
avec une feuille de dessein

13. Jean-Rodolphe Perronet (?), Annotation manuscrite en marge du Mémoire de J. de Voglie sur les ardoiseries d'Anjou. Paris, Bibliothèque de l'Ecole nationale des ponts et chaussées, ms 2382. (*Madeleine Pinault*)

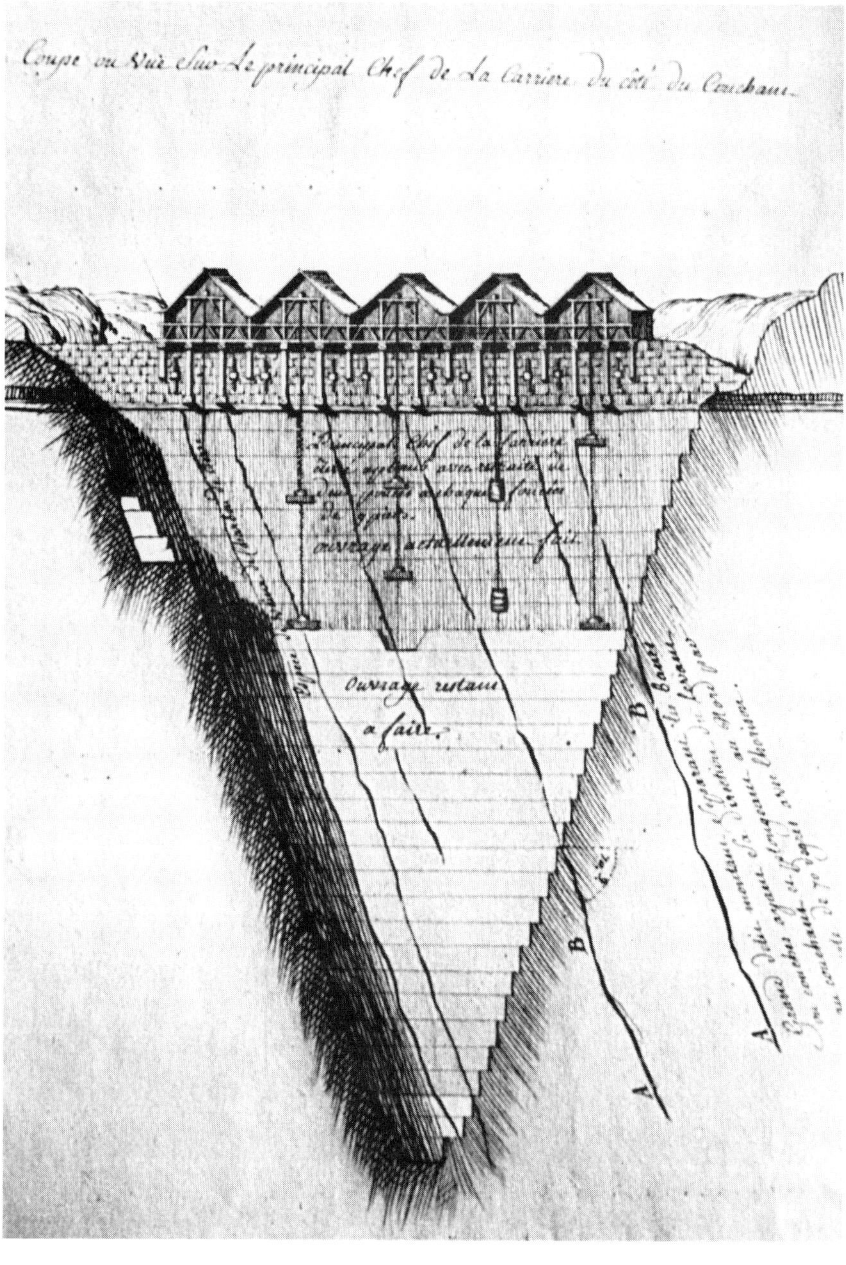

14. Anonyme français, XVIIIe siècle, *Ardoiserie d'Anjou*. Paris, Bibliothèque de l'Ecole nationale des ponts et chaussées, ms 2382. (*Madeleine Pinault*)

GIANLUIGI GOGGI

Hobbes dans *Le Rêve de d'Alembert*

DANS des pages bien connues du *Rêve de d'Alembert*,[1] Diderot développe sa théorie du sommeil et du rêve: le sommeil est un état 'où, soit lassitude, soit habitude, tout le réseau se relâche [...] où, comme dans la maladie, chaque filet du réseau s'agite, se meut, transmet à l'origine commune une foule de sensations souvent disparates, décousues, troublées' (p.83). Dans cet état où il n'y a plus d'ensemble, où tout concert, toute subordination cesse, seules continuent à subsister l'*action* et la *réaction* entre le centre du réseau et les brins (les filets). Le rêve s'explique par cette action et cette réaction entre le centre du réseau et les brins: 'Si l'action commence par le brin voluptueux que la nature a destiné au plaisir de l'amour, et à la propagation de l'espèce, l'image réveillée de l'objet aimé sera l'effet de la réaction à l'origine du faisceau. Si cette image au contraire se réveille d'abord à l'origine du faisceau, la tension du brin voluptueux, l'effervescence et l'effusion du fluide séminal seront les suites de la réaction.' Selon le point de départ (l'origine du réseau ou un brin périphérique), on a donc le rêve en montant, ou le rêve en descendant. Contrairement à ce qui se produit à l'état de veille, dans le sommeil, l'origine du réseau 'est alternativement active et passive d'une infinité de manières; de là son désordre' (p.84). De toute façon, il n'est pas facile de distinguer le sommeil de la veille:[2] dans le sommeil les concepts 'sont quelquefois aussi liés, aussi distincts que dans l'animal exposé au spectacle de la nature. Ce n'est que le tableau de ce spectacle réexcité. De là, sa vérité.'

A propos de cette théorie du sommeil et du rêve, les commentateurs renvoient en général aux *Eléments de physiologie*.[3] En effet, dans le chapitre 5 ('Sommeil') de cet ouvrage, Diderot reprend, à peu près avec les mêmes mots, ce qu'il avait déjà dit dans le *Rêve*: la distinction entre rêve montant et rêve descendant est

1. Ci-après *Rêve*. Toutes les références renvoient à: *Le Rêve de d'Alembert*, présenté et annoté par J. Varloot (Paris 1971; première éd. 1962). Sur les pages du *Rêve* que nous allons examiner, voir J.-A. Naigeon, *Mémoires historiques et philosophiques sur la vie et les ouvrages de D. Diderot* (Paris 1821), p.269-71.

2. La difficulté de distinguer le rêve (ou le sommeil) de la veille constitue un véritable *topos* littéraire-philosophique. C'est au moins à partir du *Théétète* (158 b) de Platon que la question est discutée. Parmi les textes que Diderot a sans doute lus, il faut rappeler au moins l'*Apologie de Raimond Sebond* de Montaigne (*Essais*, II, XII, éd. F. Strowski, Bordeaux 1906, i.360). Voir aussi les textes cités plus bas.

3. Diderot, *Eléments de physiologie*, éd. J. Mayer (Paris 1964), p.260; DPV, xvii.482.

faite avec le même exemple de l'image d'une femme qui d'une part provoque l'érection, d'autre part est le résultat de l'érection; seuls quelques détails font la différence entre les deux textes diderotiens.

Dans le commentaire de son édition des *Eléments de physiologie*, J. Mayer souligne d'abord le rapport entre le texte du *Rêve* et la *Physiologie* ('cette étude sommaire du rêve complète les dialogues de 1769'); il en vient ensuite à suggérer que Diderot, avec sa théorie du rêve, marche dans la voie ouverte par La Mettrie dans son *Histoire naturelle de l'âme*. Mais les pages de La Mettrie auxquelles J. Mayer renvoie sont assez vagues: elles ne peuvent être citées que pour montrer quel était l'état de la question à laquelle Diderot s'attache d'une manière particulière. Il est vrai que, au sujet des pollutions nocturnes, La Mettrie évoque l'effet d'une image de femme dans une page qui peut être rapprochée de celle de Diderot ('Dans les pollutions nocturnes, les muscles releveurs et accélérateurs agissent beaucoup plus fortement, que si on étoit éveillé; ils reçoivent conséquemment une quantité d'esprits beaucoup plus considérable: car quel homme sans toucher, et peut-être même en touchant une belle femme, pourroit répandre la liqueur de l'accouplement, autant de fois que cela arrive en rêve à des gens sages, vigoureux, ou échauffés?');[4] mais il s'agit là d'une image topique (à partir du *De rerum natura* de Lucrèce!)[5] qui ne peut être citée pour établir une liaison entre la page de Diderot et celle de l'auteur de l'*Homme-machine*.

Si l'on veut étudier la genèse de la théorie diderotienne du rêve, il faut plutôt, je crois, reprendre deux séries de remarques que l'on trouve dans les commentaires du *Rêve* (ou d'autres ouvrages de Diderot) et dans un article sur le philosophe: il s'agit de remarques qui n'ont jamais fait l'objet d'un approfondissement critique. La relation que l'on peut établir entre ces deux ensembles de remarques éclaire le lent cheminement de certaines idées dans l'esprit de Diderot et le passage de la suggestion apportée par une lecture à l'expression d'une pensée originale.

La première série de remarques concerne le rapprochement à faire entre le passage du *Rêve* que nous avons cité et un passage du *Salon de 1767* (A.T., xi.143-46; *Salons*, éd. Seznec-Adhémar, iii.162-65), où Diderot développe déjà ses idées sur ce thème. P. Vernière dans son introduction au *Rêve* et dans son commentaire souligne ce rapprochement et il arrive à la conclusion que l'analyse du sommeil et du rêve que Diderot donne dans le *Salon* est 'plus poétique' que

4. La Mettrie, *Traité de l'âme*, dans *Œuvres philosophiques* (Londres, chez J. Nourse, 1751), p.166.

5. Lucrèce (*De rerum natura*, IV, 1030-36) est mentionné par L. G. Crocker, 'L'analyse des rêves au dix-huitième siècle', *S.V.E.C.* 23 (1963), p.272. Crocker cite aussi (p.284) un passage intéressant des *Elementa physiologiae* de Haller: 'Ex lege adsociationis idearum ad simplicem stimulum nascitur idea feminae pulchrae, amatae, quam ambias, quae cedat facilis: adcedit lectulus, et omne satellitium arcani amoris' (Lausanne 1763, v.623).

celle du *Rêve*:[6] dans l'ouvrage de 1769 l'attitude du philosophe serait, à ce qu'il semble, plus sobre et donc plus scientifique. De leur côté, Assézat et Tourneux remarquent: 'On reconnaît ici le germe du *Dialogue* avec d'Alembert que Diderot écrivit vers la même époque'; selon Seznec et Adhémar, le projet que Diderot formulait dans le *Salon*, donner plus de vraisemblance à son 'système', a été réalisé dans le *Rêve de d'Alembert*.

L'autre série de remarques que nous voulons prendre en considération propose une comparaison entre le *Rêve* et le *Leviathan* de Hobbes.[7] C'est Y. Belaval qui le premier a remarqué dans un article de 1952 que toute la dernière partie du *Rêve de d'Alembert* proprement dite est à rapprocher des chapitres 2 et suivants du *Leviathan*: 'Est-il besoin de souligner l'importance de Hobbes [pour Diderot]? [...] On n'a pas noté, par ex., que le *Rêve*, à partir de A.T., II, p.174, suit l'ordre du *Leviathan*, p.10 ss. (Trad. R. Anthony, I, 1921).'[8] Dans son introduction à l'édition du *Rêve* (1962), J. Varloot développe la remarque d'Y. Belaval en précisant la nature de la relation entre le texte du *Rêve* et le texte du *Leviathan*: Diderot s'inspire de Hobbes 'de façon assez étroite pour suivre presque le même ordre dans son exposé: 1° théorie du sommeil et des rêves érotiques; 2° volonté et inconscience (les visions chez Hobbes); 3° l'imagination; 4° abstraction et signes. Entre les points 2 et 3, Diderot a inséré un développement sur déterminisme et responsabilité qui n'est pas dans Hobbes, mais il semble qu'il soit parti du plan du *Léviathan* pour construire toute la fin du *Rêve*' (p.xc). Dans une autre note de la même page, J. Varloot souligne la différence entre la conception de Diderot et celle de Hobbes: 'Hobbes ne connaît que le second type de rêve, c'est-à-dire l'ordre inverse de la perception' (p.xc).[9]

Les commentateurs s'accordent donc à rapprocher le passage du *Salon* de celui du *Rêve*; mais selon P. Vernière, il y a aussi entre eux une différence, qu'il considère comme essentiellement littéraire. De même, nous avons vu que Diderot s'inspire d'un passage du *Leviathan*, mais qu'il existe une différence importante entre le texte du *Rêve* et celui du philosophe anglais: Hobbes ne parle que du rêve qui monte, tandis que pour Diderot il y a le rêve qui monte, mais aussi le rêve qui descend. L'analyse croisée du passage du *Rêve* avec le passage de Hobbes d'une part et le passage du *Salon de 1767* d'autre part, devrait permettre de voir si ce qui fait la différence entre le texte du *Rêve* et le texte de Hobbes correspond à la différence entre le texte du *Salon* et le texte

6. Diderot, *Œuvres philosophiques*, éd. P. Vernière (Paris 1964), p.250, 360 n.1.

7. Voir en général A. Wilson, *Diderot* (New York 1972), p.568, 833 n.49.

8. Y. Belaval, 'Le "philosophe" Diderot', *Critique* 58 (1952), p.241 n.44.

9. J. Varloot semble attribuer à Hobbes la conception du rêve descendant, tandis que c'est le contraire qui est vrai: il ne donne que la théorie du rêve montant. Varloot parle du rapport Diderot-Hobbes aussi aux p.lxii n.3, et cxxxiii de son 'Introduction'; voir aussi DPV, xvii.55 et 73.

du *Rêve*. Si l'on parvient à cette conclusion, l'on pourra établir que les deux textes diderotiens témoignent de deux moments différents de la réflexion de Diderot sur un texte de Hobbes: l'analyse comparée permettrait donc de suivre le travail par lequel Diderot parvient à définir sa pensée à partir d'une suggestion de lecture assez précise.

Commençons par les pages du *Salon de 1767*. On trouve dans ces pages des éléments très intéressants pour comprendre la genèse du *Rêve*: non seulement la genèse du passage sur le sommeil et le rêve que nous avons pris en considération, mais plus généralement celle de toute la partie physiologique de l'ouvrage. Voici comment Diderot expose les grandes lignes de son 'système' à la fin de la digression insérée dans le *Salon* (iii.165):

> Vous concevez maintenant un peu ce que c'est que le fromage mou qui remplit la capacité de votre crâne et du mien. C'est le corps d'une araignée dont tous les filets nerveux sont les pattes ou la toile. Chaque sens a son langage; lui, il n'a point d'idiome propre, il ne voit point, il n'entend point, il ne sent même pas, mais c'est un excellent truchement. Je mettrais à tout ce système plus de vraisemblance et de clarté, si j'en avais le temps. Je vous montrerais tantôt les pattes de l'araignée agissant sur le corps de l'animal, tantôt le corps de l'animal mettant les pattes en mouvement. Il me faudrait aussi un peu de pratique de médecine.

A en juger par ces lignes, on pourrait dire que le noyau central (ou du moins le point de départ) du *Rêve* réside dans la théorie physiologique du rêve et surtout dans le rapport établi entre la 'tête' et les 'viscères', autrement dit entre les 'deux ressorts de la machine'.[10] C'est autour de ce noyau que trouvent place tous les motifs de la physiologie ou de la psychophysiologie de Diderot.

Or, examiné attentivement, le passage du *Salon* contenant la digression sur le rêve laisse apercevoir pour ainsi dire en filigrane ou à la manière d'un palimpseste, la présence du texte du *Leviathan*, et précisément d'un paragraphe du chapitre 2 (*Of imagination*).[11] La liste des rapprochements ne laisse pas de doute là-dessus:

10. *Réfutation d'Helvétius*, A.T., ii.338 (où Diderot parle plus précisément des 'deux grands ressorts de la machine', c'est-à-dire de la 'tête' et du 'diaphragme') et p.361. Voir P. Vernière, 'Diderot du "paradoxe sur le comédien" au paradoxe de l'homme', *Approches des Lumières: mélanges offerts à J. Fabre* (Paris 1974), p.523-32.

11. Voici le paragraphe du *Leviathan* dans son entier: 'The imaginations of them that sleep, are those we call *Dreams*. And these also (as all other Imaginations) have been before, either totally, or by parcells in the Sense. And because in sense, the Brain, and Nerves, which are the necessary Organs of sense, are so benummed in sleep, as not easily to be moved by the action of Externall Objects, there can happen in sleep, no Imagination; and therefore no Dreame, but what proceeds from the agitation of the inward parts of mans body; which inward parts, for the connexion they have with the Brayn, and other Organs, when they be distempered, do keep the same in motion; whereby the Imaginations there formerly made, appeare as if a man were waking; saving that the Organs of Sense being now benummed, so as there is no new object, which can master and obscure them with a more vigorous impression, a Dreame must needs be more cleare, in this silence of

Diderot	Hobbes
1) Difficulté d'établir la différence entre la veille et le rêve:	
'Veillé-je quand je crois rêver? Rêvé-je quand je crois veiller?' (*Salons*, iii.162)	it is a hard matter, and by many thought impossible to distinguish exactly between Sense and Dreaming. (éd. Macpherson, p.90)[12]
2) Clarté des rêves et de l'impression qu'ils laissent:	
(deux exemples avancés par Diderot; *Salons*, iii.163-64).	[...] the Organs of Sense being now benummed, so as there is no new object, which can master and obscure them with a more vigorous impression, a Dreame must needs be more cleare, in this silence of sense, than are our waking thoughts. (p.90)
3) Les images et les rêves de terreur:	
'Je veille, je vois, j'entends, je regarde, je suis frappé de terreur; à l'instant la tête commande, agit, dispose des autres organes; je dors, les organes conçoivent d'eux-	And hence it is, that lying cold breedeth Dreams of Feare, and raiseth the thought and Image of some fearfull object [...] And that as Anger causeth heat in some parts

sense, than are our waking thoughts. And hence it cometh to passe, that it is a hard matter, and by many thought impossible to distinguish exactly between Sense and Dreaming. For my part, when I consider, that in Dreames, I do not often, nor constantly think of the same Persons, Places, Objects, and Actions that I do waking; nor remember so long a trayne of coherent thoughts, Dreaming, as at other times; And because waking I often observe the absurdity of Dreames, but never dream of the absurdities of my waking Thoughts; I am well satisfied, that being awake, I know I dreame not; though when I dreame, I think my selfe awake.

And seeing dreames are caused by the distemper of some of the inward parts of the Body; divers distempers must needs cause different Dreams. And hence it is, that lying cold breedeth Dreams of Feare, and raiseth the thought and image of some fearfull object (the motion from the brain to the inner parts, and from the inner parts to the Brain being reciprocall:) And that as Anger causeth heat in some parts of the Body, when we are awake; so when we sleep, the over heating of the same parts causeth Anger, and raiseth up in the brain the Imagination of an Enemy. In the same manner; as naturall kindness, when we are awake causeth desire; and desire makes heat in certain other parts of the body; so also, too much heat in those parts, while wee sleep, raiseth in the brain an imagination of some kindness shewn. In summe, our Dreams are the reverse of our waking Imaginations; The motion when we are awake, beginning at one end; and when we Dream, at another' (Th. Hobbes, *Leviathan*, éd. C. B. Macpherson, Harmondsworth 1968, p.90-91). Dans *The English works of Thomas Hobbes*, éd. W. Molesworth (Reprint Scientia, Aalen 1962), le passage est au t.iii, p.7-8. Parmi les autres textes où Hobbes développe sa théorie du rêve, il faut au moins citer celui de *Human nature*, traduit en 1772 par le baron d'Holbach: voir L. Thielemann, 'Diderot and Hobbes', *D.Stud.* 2 (1952), p.230-31. Dans le chapitre 3 de cet ouvrage (*The English works*, iv.9-14) un exposé sur l'imagination complète celui du chapitre 2 du *Leviathan*.

12. Il faut rappeler que la question de l'impossibilité de distinguer la veille du rêve avait été reprise par Descartes dans la première de ses *Méditations métaphysiques* (*Œuvres*, éd. Adam-Tannery, t.ix, Paris 1904, p.14ss). Hobbes, comme on le sait, avança des *Objections* au texte de Descartes (*Œuvres*, p.133) en disant que le philosophe français avait répété des choses bien vieilles.

mêmes la même agitation, les mêmes mouvemens, les mêmes spasmes que la terreur leur avait imprimés, et à l'instant ces organes commandent à la tête, en disposent, et je crois voir, regarder, entendre.' (*Salons*, iii.164)	of the Body, when we are awake; so when we sleep, the over heating of the same parts causeth Anger, and raiseth up in the brain the Imagination of an Enemy. (p.91)
4) Différence entre le sommeil et la veille: 'ou l'action descend de la tête aux viscères, aux nerfs, aux intestins; et c'est ce que nous appellons veiller; ou l'action remonte des viscères, des nerfs, des intestins à la tête, et c'est ce que nous appelons rêver' (*Salons*, iii.164)	In summe, our Dreams are the reverse of our waking Imaginations; The motion when we are awake, beginning at one end [the brain]; and when we Dream, at another [inward parts]. (p.91)
5) Variété des spasmes: 'La variété des spasmes que les intestins peuvent concevoir d'eux-mêmes correspond à toute la variété des rêves et à toute la variété des délires' (*Salons*, iii.164)	And seeing dreames are caused by the distemper of some of the inward parts of the Body; divers distempers must needs cause different Dreames. (p.91)
6) L'image d'une femme: 'Vous voyez une belle femme, sa beauté vous frappe; vous êtes jeune, aussitôt l'organe propre du plaisir prend son élasticité, vous dormez, et cet organe indocile s'agite, aussitôt vous revoyez la belle femme et vous en jouissez plus voluptueusement peut-être.' (*Salons*, iii.164)	[...] as naturall kindness, when we are awake causeth desire; and desire makes heat in certain other parts of the body; so also, too much heat in those parts, while we sleep, raiseth in the brain an imagination of some kindness shewn. (p.91)

La présence de *topoi* (ou de lieux communs) dans le passage de Diderot et celui de Hobbes (voir les points 1 et 6) semble compromettre l'établissement de toute relation directe entre les deux textes, mais l'ensemble des rapprochements amène à interpréter la digression du *Salon* sur le rêve comme une réécriture du paragraphe de Hobbes. D'ailleurs une confirmation de la relation entre les deux textes semble venir *ab externo* de l'étude que L. Crocker a consacrée en 1963 à l'analyse du rêve au dix-huitième siècle. Dans la riche littérature examinée par Crocker (mais il ne prend pas en considération le paragraphe du *Leviathan*!), on ne trouve aucun passage qui puisse être rapproché de celui de Diderot d'une manière aussi systématique que le texte de Hobbes.[13]

Si, à la lumière de la 'source' hobbésienne, on passe maintenant à l'analyse comparée des textes du *Salon* et du *Rêve*, on constate facilement qu'entre les deux passages diderotiens sur le rêve il y a une différence significative. Dans le

13. Mais la conclusion à laquelle arrive L. Crocker au terme de son analyse nous semble inacceptable: 'Il est facile de voir que Diderot ne fait qu'exprimer plus vivement les idées reçues. Comme les autres tenants de la thèse de l'homme-machine, il tient à tout réduire à la seule causalité physique' ('L'analyse des rêves', p.285).

Salon, le philosophe ne parle, en conformité au texte de Hobbes, que du rêve qui monte, tandis qu'en 1769 il donne au rêve une double origine:[14] l'origine du réseau ou d'un brin périphérique (la tête ou les viscères, selon les termes du *Salon*). Il s'agit là d'un écart apparemment réduit mais qu'il faut étudier de près: il permet en effet de comprendre comment la conception diderotienne du rêve parvient presque à renverser celle de Hobbes.

En premier lieu, la différence entre les deux passages de Diderot peut s'expliquer comme ce qui sépare une première suggestion de lecture (*Salon de 1767*) et une assimilation originale qu'une réflexion plus mûre a rendu possible (*Rêve*). Une semblable explication est la plus naturelle si l'on considère qu'*après* le *Rêve* il n'y a plus aucune modification du thème en question dans la réflexion diderotienne (voir les *Eléments de physiologie*). Si cela est vrai, il faut retenir la rédaction du passage du *Salon* comme assez proche, chronologiquement, de la lecture du chapitre du *Leviathan*. Mais comment Diderot a-t-il connu l'ouvrage de Hobbes, quand l'a-t-il lu dans son entier ou en partie?

Nous savons que Diderot connaît le *De cive* depuis 1747.[15] Mis il est assez difficile d'établir une date pour la lecture du *Leviathan*. Ce que l'on trouve sur cet ouvrage dans l'article 'Hobbisme' est repris, à la lettre, de Brucker et ne prouve donc pas une lecture directe du texte de Hobbes.[16] Dans l'addition à

14. Pour avancer sa théorie de la double origine du rêve, Diderot s'est-il inspiré de quelqu'un? On ne peut citer *De la recherche de la vérité* de Malebranche, comme le font Assézat et Tourneux dans leur commentaire aux *Eléments de physiologie* (A.T., xi.361-62). Dans le passage *De la recherche* (liv.I, ch.10, §II, mais aussi liv.II, 1ere partie, ch.1, §I, dans *Œuvres*, éd. G. Rodis-Lewis, Paris 1979, i.91, 143), Malebranche, qui reprend la théorie du *Traité de l'homme* de Descartes, ne fait qu'une petite allusion au rêve. On pourrait plutôt rappeler la conception du rêve que Th. Willis expose dans le chapitre 16 de son ouvrage *De anima brutorum* (*Opera omnia*, Lugduni 1681, ii.127-28). Selon le médecin anglais, les rêves 'excitantur modo a spiritibus cerebri incolis, modo a spiritibus alias partes, nempe stomachum, lienem, genitalia incolentibus' (voir H. Isler, *Thomas Willis: ein Wegbereiter der modernen Medizin 1621-1675*, Stuttgart 1965, p.128-29). Willis était bien connu au dix-huitième siècle: non seulement il est cité et discuté dans plusieurs articles de l'*Encyclopédie* (voir G. Canguilhem, *La Formation du concept de réflexe aux dix-septième et dix-huitième siècles*, Paris 1955, p.85, et J. Roger, *Les Sciences de la vie dans la pensée française du dix-huitième siècle*, Paris 1963, p.636), mais un de ses ouvrages (*Anatome cerebri et nervorum descriptio et usus*) est rappelé dans une note du *Système de la nature* (Londres 1770, t.i, ch.8, p.103 n.31), note sur laquelle nous reviendrons plus bas. Il est intéressant de remarquer le jugement que le chevalier de Jaucourt donnait de l'ouvrage cité par d'Holbach: 'Le meilleur des écrits de ce médecin est son anatomie du cerveau [...] Willis a décrit dans cet ouvrage, la substance médullaire dans toutes ses insertions, ainsi que l'origine des nerfs, dont il a suivi curieusement les ramifications dans toutes les parties du corps. Par-là il est prouvé, non seulement que le cerveau est la source et le principe de toutes les sensations et de tout mouvement; mais on voit par le cours des nerfs, de quelle manière chaque partie du corps conspire avec telle ou telle autre, à produire tel ou tel mouvement; il paroît encore que là où plusieurs parties se joignent pour opérer le même mouvement, ce mouvement est causé par les nerfs qui entrent dans ces différentes parties, et qui agissent de concert' (art. 'Wiltshire' de l'*Encyclopédie*, xvii.620b).

15. J. Proust, *Diderot et l'Encyclopédie* (Paris 1967), p.343ss.

16. Voir DPV, vii.377, 394. Outre l'article déjà cité de L. Thielemann, il faut aussi considérer du même auteur 'Thomas Hobbes dans l'*Encyclopédie*', *RHLF* 51 (1951), p.333-46 (sur l'article

l'article 'Hobbisme' insérée dans l'article 'Vingtième',[17] Diderot s'appuie encore sur le texte du *De cive* pour discuter un point de la théorie politique hobbésienne. Selon ces indices, c'est après la fin de l'*Encyclopédie* qu'il faut placer la lecture de l'ouvrage de Hobbes. D'ailleurs c'est après 1765 que l'on peut constater la participation du philosophe à des discussions où la référence à Hobbes semble importante. On en trouve une trace dans les pages mêmes du *Salon de 1767*.[18] C'est, à ce qu'il semble, à travers ces discussions que Diderot arrive à une modification de sa précédente attitude vis-à-vis de Hobbes.

Il faut tout d'abord tenir compte des discussions avec Grimm: Hobbes va devenir une référence qui oppose les deux amis l'un à l'autre. C'est à partir de Hobbes que Grimm, en rendant compte dans la *Correspondance littéraire*[19] du *Philosophe ignorant* de Voltaire (texte où l'on lit un jugement assez négatif sur le philosophe anglais),[20] énonce sa philosophie du 'tout est force': philosophie à laquelle Diderot s'oppose de plus en plus dans les années suivantes. La divergence entre les deux amis éclate en 1767 au sujet des discussions sur l'ouvrage de Le Mercier de La Rivière.

Mais, en ce qui concerne le thème du rêve et la série des thèmes de la dernière partie du *Rêve de d'Alembert* proprement dit, l'intérêt de Diderot pour l'anthropologie de Hobbes (et par conséquent pour la première partie, intitulée 'Of man', du *Leviathan*) pourrait bien être lié à des discussions avec le baron d'Holbach: celles surtout qui après 1765/1766 ont accompagné la genèse ou plutôt la mise au point du *Système de la nature*.[21] Dans ces discussions les

'Hobbisme', p.340-46).

17. Voir l'article 'Vingtième': 'Cette idée lumineuse et juste ne se trouveroit pas ici, si elle se fût présentée plutôt à l'un des plus beaux génies de ce siècle, qui est l'auteur de l'*article* HOBBES de ce Dictionnaire' (*Encyclopédie*, xvii.863a). Voir J. Proust, *Diderot et l'Encyclopédie*, p.488. Ce que L. Thielemann ('Thomas Hobbes dans l'*Encyclopédie*', p.337-38) remarque sur l'article 'Vingtième' n'est pas acceptable: il ne parvient en effet pas à voir que les lignes que nous venons de citer signalent une addition de Diderot lui-même à l'article 'Hobbisme' et qu'elles témoignent par conséquent d'une 'lecture' de quelque façon nouvelle de l'ouvrage de Hobbes de la part du philosophe.

18. Voir L. Thielemann, 'Diderot and Hobbes', p.246, 256.

19. *Correspondance littéraire*, 1er juin 1766, éd. M. Tourneux, vii.49-54.

20. Voir éd. Moland (Paris 1877-1885), xxvi.86. Sur Hobbes comparer aussi *L'A.B.C.*, éd. Moland, xxvii.326.

21. Quelques repères chronologiques concernant le *Système de la nature*: il était, semble-t-il, déjà écrit en 1766 (voir J. Lough, 'Le baron d'Holbach: quelques documents inédits ou peu connus', *RHLF* 57 (1957), p.541-42, et l'importante précision apportée par A. Minerbi-Belgrado, *Paura e ignoranza: studio sulla teoria della religione in d'Holbach*, Firenze 1983, p.11-12). L'impression de l'ouvrage était achevée en novembre 1769 (voir J. Vercruysse, *Bicentenaire du Système de la nature: textes holbachiens peu connus*, Paris 1970, p.23). Entre les deux dates de 1766 et 1769 il faut vraisemblablement placer un travail de mise au point de l'ouvrage. Sur Diderot et le *Système de la nature*, comparer J. Lough, 'Essai de bibliographie critique des publications du baron d'Holbach', *RHLF* 47 (1947), p.315-16; V. W. Topazio, 'Diderot's supposed contribution to d'Holbach's works', *PMLA* 69 (1954), p.179-87; M. Naumann, 'Diderot und das *Système de la nature*', *Wissenschaftliche*

ouvrages de Hobbes constituaient sans doute une référence importante: les renvois explicites et fréquents que l'on trouve dans le *Système de la nature* le prouvent (on trouve même cité le chapitre qui suit celui qui contient la théorie du rêve, c'est-à-dire le chapitre 3 de la première partie du *Leviathan*).[22]

Les pages qui dans le *Système de la nature* sont consacrées au rêve[23] visent surtout à prouver que l'âme humaine n'a pas d'idées innées et qu'elle n'est pas douée de mouvements autonomes.[24] Cet exposé n'est pas loin de Hobbes. Fait plus intéressant, dans ces pages de l'ouvrage de d'Holbach, quand il est question de prouver la fidélité des images du rêve aux objets réels, l'exemple donné est celui de l'image d'un ami: le passage est à rapprocher de celui du *Rêve* sur le même thème.

Diderot	Holbach
Si le rêve m'offre le spectre d'un ami que j'ai perdu, et me l'offre aussi vrai que si cet ami existait; s'il me parle et que je l'entende; si je le touche et qu'il fasse l'impression de la solidité sur mes mains; si à mon réveil, j'ai l'âme pleine de tendresse, et de douleur, et mes yeux inondés de larmes; si mes bras sont encore portés vers l'endroit où il m'est apparu, — qui me répondra que je ne l'ai pas vu, entendu, touché réellement? (*Rêve*, p.84)	Quelquefois en rêvant nous avons de la mémoire, et nous retraçons pour lors fidélement des objets qui nous ont frappés [...] Si dans un rêve je crois voir un ami, mon cerveau se renouvelle les modifications ou les idées que cet ami excitoit en lui, dans le même ordre qu'elles se sont arrangées lorsque mes yeux les voyoient, ce qui n'est qu'un effet de la mémoire. (*Système de la nature*, t.i, ch.10, p.160)

Le rapprochement pourrait servir à montrer qu'entre la conception du rêve que Diderot élabore de 1767/1768 (*Salon de 1767*) à 1769 (*Rêve de d'Alembert*) et la théorie du rêve du *Système de la nature*, il y a peut-être une liaison à établir. D'ailleurs la physiologie que d'Holbach expose dans son ouvrage présente des analogies frappantes avec celle de Diderot. C'est à l'aide des mêmes images (l'image de l'araignée utilisée dans le *Rêve*, mais aussi dans le *Salon de 1767*!)[25]

Zeitschrift der Humboldt-Universität zu Berlin 13 (1964), p.145-55; J. Vercruysse, *Bicentenaire du Système de la nature*, p.11ss; R. Mortier, 'Holbach et Diderot: affinités et divergences', *Revue de l'Université de Bruxelles* (1972), p.223-37.

22. *Système de la nature*, t.ii, ch.3, p.57. Dans la bibliothèque du baron il y avait à la fois *The Moral and political works of Th. Hobbes* (London 1750) et *Th. Hobbes Opera philosophica, quae latine scripsit omnia* (Amstedolami 1678): voir le *Catalogue des livres de la bibliothèque de feu M. le baron d'Holbach* (Paris, chez De Bure, 1789), p.40, 174 (voir aussi p.50).

23. *Système de la nature*, t.i, ch.10, p.159-62.

24. Sur ce problème, comparer les articles 'Rêve' et 'Rêver' de l'*Encyclopédie*, qui sont de Diderot (DPV, viii.218, 219). Voir dans l'*Encyclopédie* aussi l'article 'Songe' (xv, 354b-357b), qui est tiré de l'*Essai sur les songes* de Formey (cf. L. Crocker, 'L'analyse des rêves', p.289 n.22).

25. Le rapprochement sur ce point entre le texte du *Rêve* et le *Système de la nature* a été déjà avancé par Y. Belaval, 'La crise de la géométrisation de l'univers dans la philosophie des lumières', *Revue internationale de philosophie* 6 (1952), p.353 n.49, et par J. Roger, *Les Sciences de la vie*, p.679 n.452. Comparer aussi l''Introduction' de Y. Belaval à P.-H.-Th. d'Holbach, *Système de la nature*

que le baron illustre la communication qui existe entre le cerveau (le 'centre commun') et les autres parties du corps humain:

Nous ne sentons qu'à l'aide des nerfs répandus dans notre corps [...] Dans l'homme, les nerfs viennent se réunir et se perdre dans le cerveau; ce viscère est le vrai siège du sentiment; celui-ci, de même que l'araignée que nous voyons suspendue au centre de sa toile, est promptement averti de tous les changemens marqués qui surviennent aux corps, jusqu'aux extrémités duquel il envoie ses filets ou rameaux. L'expérience nous démontre que l'homme cesse de sentir dans les parties de son corps, dont la communication avec le cerveau se trouve interceptée; il sent imparfaitement, ou ne sent point du tout, dès que cet organe lui-même est dérangé ou trop vivement affecté.[26]

Mais revenons à la modification que Diderot apporte à la théorie hobbésienne du rêve en passant du *Salon de 1767* au *Rêve*.[27] Quelle signification précise donner à la double origine que Diderot arrive à reconnaître au rêve? Il est facile de remarquer que la théorie du rêve montant et du rêve descendant suppose qu'une place tout à fait centrale est attribuée par le philosophe dans sa physiologie (ou psychophysiologie) à la relation antagoniste entre la 'tête' et les 'viscères' (qu'il appelle aussi les 'deux ressorts de la machine'): c'est le pouvoir d'explication tout à fait fondamental reconnu à ce double mécanisme qui conditionne la théorie exposée dans le *Rêve*. Pour suivre le parcours qui a vraisemblablement conduit Diderot à sa nouvelle théorie, il faut remarquer que déjà dans le texte du *Salon*, où il semble reprendre assez fidèlement le texte hobbésien, interviennent quelques éléments propres à troubler le tableau tout à fait net que l'on tire du *Leviathan*. Il s'agit, d'abord, de l'intervention dans le discours du

(Hildesheim 1966; réimpression de l'éd. de Paris 1821), p.xxiii. Sur l'image de l'araignée chez Diderot, voir *Rêve*, p.46 et n.1; *Œuvres philosophiques*, p.314, 317 n.1; L. Schwartz, 'L'image de l'araignée dans le *Rêve de d'Alembert*', *Romance notes* 15 (1973), p.264-67. Le philosophe avait déjà employé l'image en parlant de Boulanger: DPV, ix.450. Comme exemples de la diffusion de l'image il faut rappeler aussi l'*Essai de cosmologie* de Maupertuis (*Œuvres*, Lyon 1756, i.50, où elle est appliquée à l'univers) et le §257 de la *Siris* de Berkeley (*The Works of George Berkeley*, éd. A. Campbell Fraser, Oxford 1871, ii.461-62).

26. *Système de la nature*, t.i, ch.8, p.103. Dans la note 31 (voir ci-dessus, n.14) que l'on lit à ce point à la suite du texte du *Système de la nature*, le baron d'Holbach cite le même *Mémoire* de La Peyronie que l'on trouve rappelé aussi dans le *Rêve*, p.60 (voir *Œuvres philosophiques*, p.331-32).

27. Il n'est pas de mon propos d'analyser toute la dernière partie du *Rêve de d'Alembert* proprement dit à la lumière du texte du *Leviathan*. Je me bornerai à l'analyse de la théorie physiologique du rêve. Parmi d'autres rapprochements possibles entre le texte du *Rêve* et le texte de Hobbes, il faut rappeler que l'argumentation d'ouverture de l'*Entretien entre d'Alembert et Diderot* (*Rêve*, p.3) semble d'origine hobbésienne: voir le chapitre 12, p.170-71, et le chapitre 46, p.689ss du *Leviathan* (ce dernier chapitre est cité dans le *Système de la nature*, t.ii, ch.5, p.155), mais surtout *Human nature*, ch.11, *The English works*, iv.62, où l'on trouve une citation latine de Saint-Thomas concernant l'âme humaine (*Summa theol.*, I, 8, 2, 3: *tota in qualibet parte corporis* ou *in qualibet parte superficiei*) que Diderot semble rendre à la lettre quand il dit (*Rêve*, p.3): 'un être [...] qui est tout entier sous chaque partie de cette étendue' (la même citation est aussi traduite dans le *Système de la nature*, t.i, ch.7, p.92). Il faut de toute façon remarquer que ce type d'argumentation semble très répandu dans la littérature clandestine du dix-huitième siècle.

philosophe de l'opposition folie/sagesse à côté de l'opposition rêve/veille: 'La variété des spasmes que les intestins peuvent concevoir d'eux-mêmes correspond à toute la variété des rêves et à toute la variété des *délires*, à toute la variété des rêves de l'homme sain qui sommeille, à toute la variété des *délires* de l'homme malade qui veille et qui n'est pas plus à lui' (*Salons*, iii.164; c'est moi qui souligne). Et encore: 'si l'action des intestins sur la tête est plus forte que ne le peut être celle des objets mêmes: un imbécille dans la fièvre, une fille hystérique ou vaporeuse, sera grande, fière, haute, éloquente [...] la fièvre tombe, l'hystérisme cesse, et la sottise renaît' (*Salons*, iii.164-65).

L'intervention de la nouvelle opposition folie/sagesse semble rompre la solidarité, la correspondance homologique terme à terme qui existe entre l'opposition tête/viscères d'une part et l'opposition veille/rêve d'autre part. C'est par ce biais que les résultats qui naissent de la communication conflictuelle entre la 'tête' et les 'viscères' ne peuvent être déterminés (ou prédéterminés) d'une manière univoque et 'objective': le mécanisme tête/viscères est dégagé de tout conditionnement 'objectif' et de toute valeur rassurante. Il acquiert par là un pouvoir d'explication qui est plus 'fondamental' et plus général que celui qu'il a chez Hobbes.

En second lieu, il faut souligner dans le *Salon* la phrase: 'Tel peut-être veille comme un sot, et rêve comme un homme d'esprit' (*Salons*, iii.164). Elle semble bien anticiper la figure du géomètre d'Alembert, 'sot' quand il veille, sage quand il rêve. Mais une telle affirmation ne se conçoit pas sans l'attribution d'une nouvelle valeur axiologique au rêve, qui acquiert ainsi une valeur positive qu'il n'a point chez Hobbes.

C'est à la lumière de ces éléments nouveaux, de ces 'dissonances' qui interviennent dans la 'traduction' que Diderot fait dans le *Salon* du discours de Hobbes sur le rêve, que l'on peut analyser l'écart qui sépare la théorie diderotienne du *Rêve* du texte de Hobbes qui en a été le point de départ.

A partir du texte de Hobbes, on peut représenter le rapport existant entre les deux oppositions veille/sommeil (rêve) et cerveau (*brain*)/viscères (*inward parts*) de la manière suivante:

	veille	sommeil
↓	cerveau	viscères

La flèche indique à la fois un rapport de domination et un rapport d'homologie: a. l'opposition veille/sommeil commande l'autre, l'opposition cerveau (*brain*) / viscères (*inward parts*); b. l'opposition cerveau/viscères 'reproduit' l'autre: l'état de veille ou de sommeil détermine, sur le plan de la connexion (*connexion*) entre le cerveau et les viscères, la prédominance, respectivement, du cerveau ou des viscères.

Dans l'exposé de Hobbes, il s'agit de rapports qui vont de soi et qui ne font pas problème. Le philosophe anglais ne vise pas à approfondir l'étude du rêve et des rapports en général entre rêve et veille: ce n'est qu'une question qu'il touche en passant dans l'analyse qu'il fait de la sensation (*sense*) et de l'imagination. Hobbes donne une analyse générale de la sensation et de l'imagination. A côté du processus pour ainsi dire 'normal' de la sensation, par lequel le sujet établit un rapport au monde et à la réalité, en s'insérant dans la chaîne des mouvements (*motions*) qui sont dans le monde et entre les objets, il y a un processus secondaire, qui constitue l'imagination (ou la fantaisie). Hobbes en parle comme de *decaying sense*, c'est-à-dire de ce qui *reste* après l'acte de la sensation. Voici l'analyse mécaniste qu'il en donne (*Leviathan*, p.88):

> When a body is once in motion, it moveth (unless something els hinder it) eternally; and whatsoever hindreth it, cannot in an instant, but in time, and by degrees quite extinguish it: And as wee see in the water, though the wind cease, the waves give not over rowling for a long time after; so also it happeneth in that motion, which is made in the internall parts of a man, then, when he Sees, Dreams, etc. For after the object is removed, or the eye shut, wee still retain an image of the thing seen, though more obscure than when we see it.

Il ressort de cette analyse que l'imagination a un caractère *résiduel* ('All Fancies are Motions within us, *reliques* of those made in the Sense')[28] et également un caractère passif et non créateur: elle n'a de valeur que dans la mesure où elle reproduit la sensation; sinon elle tombe dans la formation de *fictions*, c'est-à-dire dans l'assemblage de 'divers conceptions that appeared single to the sense' (*Human nature*, p.11). C'est de ces *compounded imaginations* que sont nées les visions religieuses ou superstitieuses, 'the greatest part of the Religion of the Gentiles in time past [...] and now adayes the opinion that rude people have of Fayries, Ghosts, and Goblins; and of the power of Witches' (*Leviathan*, p.92). Le sens général du discours de Hobbes est clair: dans sa conception mécaniste, le processus de la sensation a un déroulement 'normal', à l'intérieur duquel la prépondérance du cerveau sur les viscères est stricte et très forte. A côté de ce processus 'normal' de transmission du mouvement, à côté de cette chaîne de mouvements dans laquelle l'homme est pris et inséré,[29] il y a des phénomènes en quelque sorte résiduels, c'est-à-dire des phénomènes de répercussion, de résonance ou d'inertie (juste comme les ondulations de la mer ou d'un étang qui ne cessent pas aussitôt après la tombée du vent). Parmi

28. *Leviathan*, ch.3, p.94. Voir aussi la définition qu'on lit dans le ch.3 de *Human nature* (*The English works*, iv.9): 'conception *remaining*, and by little and little decaying from and after the act of sense'.

29. Voilà la manière dont d'Holbach exprime la même conception: 'Dans le systême général du monde nous ne voyons qu'une longue suite de mouvemens reçus et communiqués de proche en proche par les êtres mis à portée d'agir les uns sur les autres; c'est ainsi que tout est mû par quelque corps qui le frappe' (*Système de la nature*, t.i, ch.10, p.163).

ces phénomènes il faut placer l'imagination et par conséquent le rêve, qui est une forme d'imagination. Du discours de Hobbes il ressort qu'il y a une hiérarchie assez rigide entre *sense* et *decaying sense*, entre *sense* et *imagination* et plus géneralement entre raison et imagination.

Or chez Diderot on constate un remaniement profond des éléments de ce tableau. Le philosophe, en effet, donne une place tout à fait centrale à l'opposition tête/viscères, qui n'est plus l'homologue de l'opposition veille/rêve, mais semble devenir une opposition capable d'en expliquer d'autres: celle, bien sûr, de la veille et du rêve, mais aussi celle de la sagesse et de la folie, etc. On peut dire, en premier lieu, que le rapport entre l'opposition veille/sommeil et l'opposition tête/viscères est renversé chez Diderot: l'opposition dominante n'est plus veille/sommeil, c'est-à-dire ce n'est pas l'état physiologique de veille ou de sommeil qui commande et détermine la prépondérance de la tête (pendant la veille) ou des viscères (pendant le sommeil), mais c'est plutôt l'opposition tête/viscères qui commande et détermine la veille ou le sommeil: c'est la forme du rapport qui s'établit entre la tête et les viscères qui détermine et commande l'état de veille ou de sommeil.

En deuxième lieu (et c'est l'aspect le plus important), non seulement l'opposition tête/viscères est prépondérante, mais elle brouille et mélange les termes des autres oppositions: elle neutralise ces autres oppositions (veille/sommeil, sagesse/folie, etc.). Sur le plan physiologique, c'est-à-dire dans le langage de la physiologie du corps humain, cela veut dire que la possibilité d'un double mouvement, à partir de la tête ou à partir des viscères, est valable à la fois pour l'état de veille et pour l'état de sommeil. On arrive au schéma suivant:

tête	viscères
veille/sommeil	veille/sommeil
sagesse/folie	sagesse/folie

Les résultats résumés dans ce schéma sont importants: en effet on peut en conclure 1. que la tête est aussi folle que les viscères ou que les viscères sont aussi sages que la tête (si l'on envisage les résultats à la lumière du schéma de départ, on peut dire qu'il y a une sagesse de la folie[30] ou une folie de la sagesse); 2. que l'on peut avoir le sommeil commandé par la tête (ou le sommeil de la tête) comme la veille commandée par les viscères (la veille des viscères), c'est-

30. Il faut rappeler les lignes bien connues de la lettre à Sophie Volland du 31 août 1769: 'Cela est de la plus haute extravagance et tout à la fois de la philosophie la plus profonde. Il y a quelqu'adresse à avoir mis mes idées dans la bouche d'un homme qui rêve. Il faut souvent donner à la sagesse l'air de la folie afin de lui procurer ses entrées' (CORR, ix.126-27).

à-dire dormir en veillant (rêver les yeux ouverts),[31] mais aussi veiller en dormant. Il s'agit de formations oxymoriques qui montrent assez bien que la prépondérance accordée au mécanisme tête/viscères rompt l'homologie entre les oppositions du schéma de départ et qu'elle bouleverse par conséquent tout le paradigme des valeurs reçues.

Présentons en termes généraux le contraste des deux positions. Dans le schéma de départ (que l'on a tiré du discours hobbésien), les deux oppositions veille/sommeil et tête/viscères se renforcent l'une l'autre. L'opposition veille/sommeil fonde (et se fonde aussi sur) l'autre opposition: la veille marque la prépondérance de la tête (mais aussi: la prépondérance de la tête entraîne l'état de veille); le sommeil marque la prépondérance des viscères (mais aussi: la prépondérance des viscères entraîne l'état de sommeil). Dans ce schéma il existe une distribution très nette et très claire des valeurs axiologiques: le positif est du côté de la veille et de la tête; le négatif est du côté du sommeil (ou du rêve) et des viscères. Si l'on considère enfin l'opposition objectif/subjectif, on constate que l'état de veille et l'état de sommeil entraînent aussi une nette distribution de l'un et de l'autre: l'objectif est du côté de la veille, le subjectif est du côté du sommeil (ou du rêve).

Or dans le schéma que l'on tire du discours diderotien, on constate un profond remaniement des éléments en jeu. En effet, la veille ne fonde plus (et ne se fonde plus sur) la prépondérance de la tête; le sommeil ne fonde plus (et ne se fonde plus sur) la prépondérance des viscères. Aussi bien dans l'état de veille que dans l'état de sommeil peut s'établir la prépondérance de la tête ou celle des viscères. Du point de vue de l'opposition tête/viscères, les termes sommeil (rêve) et veille finissent par devenir interchangeables. Parmi les résultats auxquels on parvient à partir de cette opposition tête/viscères, il faut en remarquer surtout deux: 1. on peut rêver en veillant (le rêve éveillé); 2. on peut veiller en rêvant. Les deux résultats sont tous les deux présents dans le *Rêve*: le géomètre d'Alembert 'rêve les yeux ouverts' (voir le passage sur la volonté et la liberté, p.85-86); mais d'autre part, dans le scénario de l'ouvrage, il veille en rêvant: il parvient à découvrir la vérité en rêvant.[32]

31. Sur les 'hommes qui s'imaginent raisonner, et qui ne font que rêver les yeux ouverts', voir aussi le ch.9 du t.ii de l'édition originale des *Bijoux indiscrets* (DPV, iii.183-84), qui correspond au ch.42 de l'éd. Naigeon (A.T., iv.303-304).

32. Il faut voir sur le *rêve philosophique* les remarques de J. Varloot, 'Matérialisme et littérature', dans D. Diderot, *Œuvres complètes*, éd. R. Lewinter (Paris 1969-1973), viii.XIII: 'Un d'Alembert n'est pas entièrement "d'accord" avec son rêve: éveillé, il ne s'en souvient plus, comme bien d'autres. Mais le rêve a joué dans son esprit un rôle amplificateur, le menant jusqu'au bout des directions où il hésitait à avancer, orchestrant ses idées-images dans une conception cohérente du tout. "On trouvera que les images du rêve sont très souvent plus voisines et plus fortes que les images réelles." Contrairement au "rêve éveillé" que vit quotidiennement le géomètre distrait, contrairement aussi à cette "mort philosophique" que le sommeil provoque, "cessation du commerce

En ce qui concerne la distribution des valeurs axiologiques, les résultats 1 et 2 entraînent une modification profonde des éléments en jeu (même si on ne parvient pas à un renversement total ou complet). Le résultat 1 signifie que l'on peut se tromper aussi en veillant (c'est-à-dire que parfois la raison n'est que l'apparence de la raison: par exemple, un système philosophique rationnel n'est qu'une construction purement imaginaire); le résultat 2 signifie que parfois le rêve permet d'atteindre la vérité. Si l'on considère, enfin, l'opposition subjectif/objectif, la prédominance donnée à la relation entre tête et viscères brouille la distinction entre l'objectif et le subjectif: en effet on ne considère qu'un mécanisme physiologique d'action et réaction entre deux ressorts de la machine qui est tout à fait subjectif et ne permet plus d'atteindre mécaniquement l'objectivité. Il y a là, bien sûr, le danger de tomber dans le subjectivisme, danger que le philosophe dénonce tout au long du *Rêve*: comme il le remarque, le 'clavecin sensible' peut arriver à penser qu'il est le seul clavecin qu'il y ait au monde et le sophisme de Berkeley est le plus difficile à réfuter...[33]

Quelle est la signification générale du contraste entre Diderot et Hobbes, que nous avons essayé de dégager? Chez Hobbes (mais aussi chez d'Holbach), la relation entre raison et imagination est rigide et statique. L'imagination n'a qu'une fonction tout à fait secondaire, subordonnée, passive. Elle ne peut que reproduire les données de la sensation. Quand elle crée, elle ne crée que des fictions monstrueuses, comme les centaures ou les visions religieuses.

Chez Diderot, cette rigidité disparaît: pour le philosophe, entre raison et imagination (mais aussi, bien sûr, entre rêve et veille, folie et sagesse, etc.) il faut établir une tension dynamique qui donne lieu à un équilibre instable, toujours renaissant. Cette tension s'enracine dans les mouvements du corps physiologique qui fonctionne selon une modalité plutôt antagoniste que fonctionnaliste. Il n'y a pas de place dans la physiologie de Diderot pour une hiérarchie stable et rigide: la hiérarchie se renouvelle sans cesse au fur et à mesure des modifications de l'équilibre qui s'établit entre la tête et les viscères, les deux grands ressorts de la machine.

de l'âme avec le corps", le songe est alors comme l'efflorescence d'une plante longtemps végétante. D'Alembert se trouve, grâce au rêve, en accord parfait avec sa sensibilité interne. Son rêve acquiert alors la qualité supérieure du *rêve philosophique*, pleine d'intuitions fulgurantes.' Voir aussi, d'un point de vue général: A. Vartanian, 'Diderot and the phenomenology of the dream', *D.Stud.* 8 (1966), p.217-53; A. Vartanian, 'Diderot's rhetoric of paradox, or, the conscious automaton observed', *Eighteenth-century studies* 14 (1981), p.379-405.

33. *Rêve*, p.20, et *Œuvres philosophiques*, p.279. Il faut aussi rappeler la note 46 du *Système de la nature*, t.i, ch.10, p.157-58, où l'on porte un jugement tout à fait semblable sur la philosophie de Berkeley.

ROLAND DESNÉ

L'utilisation des dictionnaires dans le travail de l'éditeur

Je me propose d'apporter une modeste contribution au travail de l'éditeur des textes de Diderot. Une partie de ce travail consiste dans l'éclaircissement de certains traits de langage, mots ou tournures. Deux questions me paraissent devoir être posées: pourquoi mettre des notes lexicales? quels sont les instruments dont nous disposons pour les rédiger? Tenter de répondre à ces questions, c'est essayer de définir des principes d'un travail d'édition et proposer les moyens d'appliquer ces principes.

Je me fonderai sur les éditions de textes de Diderot comportant un nombre plus ou moins grand de notes lexicales: pour *Le Neveu de Rameau* [*NR*], les éditions procurées par Jean Fabre (Droz, 1950, réimpr. 1963, coll. 'Textes littéraires français'), par Jacques et Anne-Marie Chouillet (Imprimerie nationale, 1983, coll. 'Lettres françaises'), par moi-même aux Editions sociales-Messidor en 1984 (coll. 'Essentiel'); pour *Jacques le fataliste* [*JF*], les éditions par Simone Lecointre et Jean Le Galliot (Droz, 1976, coll. 'Textes littéraires français'), par Paul Vernière (Imprimerie nationale, 1978, coll. 'Lettres françaises'), par Jacques Proust au tome xxiii de l'édition DPV en 1981. Je tirerai également parti de mon expérience pour l'édition en préparation de la *Réfutation de 'L'Homme' d'Helvétius* [*RH*].

D'abord, une constatation. Pour un même texte, on observe que les notes lexicales sont plus ou moins nombreuses, et que les notes ou les tournures qui font l'objet de ces notes ne sont pas toujours les mêmes. En ce qui concerne les volumes publiés dans l'édition DPV, on remarque que certains textes de Diderot sont pratiquement dépourvus de notes lexicales alors que l'édition de *Jacques le fataliste* comporte une abondante annotation.

Il me paraît donc utile de proposer quelques principes susceptibles d'introduire une certaine cohérence dans ce domaine particulier de l'édition critique.

En préliminaire, je pose, comme principe général, que les notes lexicales ont pour double but de rendre intelligible le texte de Diderot pour le lecteur d'aujourd'hui et de permettre à celui-ci d'apprécier le travail de l'écrivain (du point de vue de l'usage de la langue) en lui fournissant des informations que lui-même, lecteur, ne rechercherait pas spontanément ou ne trouverait pas facilement.

C'est-à-dire que les mots et les tournures qui appellent une définition ou un commentaire semblent devoir entrer dans trois catégories.

1. Les mots qui n'existent pas dans l'usage d'aujourd'hui. Par exemple, quand le Neveu fait exploser 'une comminge au milieu des contendants' (éd. R. Desné, p.122), voilà en un bout de phrase, deux mots à définir. Autres exemples, pris dans les trois œuvres citées: *allégir* (*JF*), *baracan* (*NR*), *bastant*, 'je ne me sens pas bastant pour ce sublime travail' (*RH*), *endiamanté* (*RH*), *feuilliste* (*NR*), *omineux* (*JF*), *perspecteur* (*RH*), *soluteur* [de problèmes] (*RH*), *sorbonniste* (*RH*), etc. Ces mots, au total, ne sont pas très nombreux.

2. Les mots qui existent dans notre usage mais avec une acception ou un emploi qui ne correspond pas à l'usage de Diderot. Ces mots sont nombreux. Par exemple: homme de *cœur* (pour homme courageux, *NR*), *équipage* (pour carrosse, *NR*, *JF*), *imbécile* (pour faible, *RH*), *local* (pour lieu, *JF*, *RH*), *marmotte* (pour montreuse de marmottes, *JF*), *publiciste* (pour juriste, *RH*), *se retrancher* (pour économiser, *JF*), *succès* (pour résultat, *JF*, *RH*), *texte* (pour sujet, *NR*, *JF*, *RH*).

3. Les mots qui ne font pas problème pour l'intelligibilité du texte de Diderot mais qui, *relativement à l'usage du dix-huitième siècle ou à notre usage*, présentent des particularités intéressantes, qu'il s'agisse de:

– néologismes: *antipatriotisme* (*RH*), *civilisation* (*RH*), *imbroglio* (*NR*), *individualité* (*NR*), *musiquer* (*NR*), *perfectible* (*RH*);

– archaïsmes: *pérorer* (*RH*);

– mots qui appartiennent à un autre niveau de langue: *dépêcher* (familier, *JF*), *jaser* ('style proverbial', *JF*), *doctoresse* (probablement un terme populaire, *JF*), *pécore* (pour nous simplement familier, considéré comme terme injurieux au dix-huitième siècle, *RH*).

Ces catégories se réfèrent à ce que j'ai appelé l'usage du lecteur d'aujourd'hui, ou notre usage. Puisque c'est par rapport à cet usage qu'il conviendrait de situer la recherche de l'annotateur, on admettra qu'il importe de disposer de repères aussi objectifs que possible pour le définir. Cela n'est pas facile. L'usage du français d'aujourd'hui varie d'un lecteur à un autre. Je propose donc qu'on adopte comme référence objective l'usage tel qu'il est enregistré dans les dernières éditions du *Petit Larousse*. Ce qui implique que les mots qu'on retrouve dans le *Petit Larousse* selon l'acception et l'emploi observé par Diderot ne feront pas l'objet d'une note. En revanche tous les mots dont l'utilisation faite par Diderot n'est pas enregistrée dans le *Petit Larousse* seront annotés.

Cette disposition peut réserver des surprises. Il suffit d'ouvrir le *Petit Larousse* pour découvrir des mots qui n'appartiennent pas à l'usage courant et pour lesquels, si on les trouvait dans Diderot, on attendrait une note. Prenons quelques exemples. *Archal* ('C'était le fil d'archal que tu attachais au-dessus de ma tête [...]', dit le maître à Jacques, *JF* éd. DPV, p.286); l'édition P. Vernière note qu'il s'agit d'un fil de laiton. C'est exactement ce qu'indique le *Petit Larousse*; mais il est précisé dans l'édition Lecointre-Le Galliot et dans DPV que l'expression désignait aussi le fil de fer. Elle était donc d'un usage plus étendu qu'aujourd'hui et ceci peut être, effectivement, noté. Mais pour le mot *bourrée*, la note que donne chacune de nos trois éditions de *Jacques le fataliste* n'apporte rien de plus que l'article du *Petit Larousse*: 'fagot de menu bois'. Autre exemple, dans le même roman: le mot *quartier*, à propos de la pension que devrait payer Jacques à la doctoresse (DPV, p.95): on ne voit pas ce qu'ajoute la note, dans les trois éditions, à cette définition du *Petit Larousse*: 'chacun des quatre termes auxquels on payait par portion une rente annuelle'. Nous pourrions faire la même remarque pour ce qui concerne, dans le lexique de Jean Fabre du *Neveu de Rameau*, les mots *charivari*, *croquignole* (qu'on retrouve aussi dans le lexique de l'édition Chouillet), *disloquer* ou *serpillière*. En revanche, dans le lexique surabondant de J. Fabre, on ne trouve pas *charge* (pour caricature), *cœur* (pour courage), *concerter* (pour donner un concert), *déjeûner* (pour prendre le petit déjeuner), *diable* (pour le levier utilisé par les forgerons, dans l'expression 'raide comme un diable', éd. Desné, p.98), *équipage* (pour carrosse), *fable* (pour mythologie), *feuilliste* (pour journaliste), *grosse* (pour enceinte), etc., tous ces termes ne figurant pas dans le *Petit Larousse* selon l'acception conforme à l'usage de Diderot.

Je suggère donc qu'on tienne le plus grand compte du *Petit Larousse*. Un mot comme *feuilliste*, absent du *Petit Larousse* – et qui ne figure pas non plus dans le lexique de l'édition Chouillet – est intéressant car, indépendamment de son sens, il pose un problème de date. Comme l'a rappelé Gunnar von Proschwitz dans un article récent des *Mélanges Gérard Antoine*, on en a trouvé le premier emploi en date dans le *Barbier de Séville* (1775).[1]

Le *Petit Larousse* permet ainsi de circonscrire le champ d'exploration de l'annotateur. Pour cette exploration, les outils de travail seront essentiellement des dictionnaires.

Je citerai en premier lieu le grand répertoire de Guy Robert, *Mots et dictionnaires (1798-1878)*, publié en 11 volumes, aux Belles-Lettres, de 1966 à 1977.[2] C'est un ouvrage qui semble fort négligé par les diderotistes. Sans doute est-ce parce qu'il concerne essentiellement l'évolution du vocabulaire au dix-neuvième siècle, précisément entre les 5e et 7e éditions du *Dictionnaire de l'Académie française*. D'autre part cette enquête n'est pas exhaustive mais porte

1. G. von Proschwitz, 'Mots qui font date dans le *Neveu de Rameau*', dans *Au bonheur des mots: mélanges en l'honneur de Gérard Antoine* (Nancy 1984), p.147-55.

2. Ces onze tomes sont aussi des volumes des *Annales littéraires de l'Université de Besançon*. Les premiers volumes ont été réalisés avec la collaboration de René Journet et de Jacques Petit.

seulement sur des mots qui ont paru intéressants à l'enquêteur. Toutefois le nombre de mots est considérable, et pour tous les mots étant entrés dans les éditions du *Dictionnaire de l'Académie* antérieures à celle de 1798 (donc, le cas échéant, à partir de la première édition, en 1694), il est fait mention du sort que l'Académie leur a réservé. On voit donc tout de suite, pour un mot donné, quand il apparaît dans une édition du *Dictionnaire de l'Académie* et quelles modifications les articles concernant ce mot subissent d'une édition à l'autre, soit dans la définition soit dans les exemples. En l'absence d'un répertoire analogue qui serait consacré au dix-huitième siècle et qui procéderait à un inventaire systématique et aussi complet que possible du vocabulaire, on ne peut que se référer à la série des volumes de Guy Robert. On y trouvera des pistes fort utiles pour de nombreuses recherches lexicales.

Mais, je l'ai dit, tous les mots susceptibles de nous intéresser ne sont pas consignés par Guy Robert. Il nous faut donc recourir directement aux dictionnaires du dix-huitième siècle, essentiellement aux cinq premières éditions du *Dictionnaire de l'Académie* (1: 1694; 2: 1718; 3: 1740; 4: 1762; 5: 1798), à la dernière édition du *Dictionnaire de Trévoux* (8 vol., 1771),[3] au *Dictionnaire portatif* [...] *extrait du grand Dictionnaire de Pierre Richelet* par M. de Wailly, ou *Richelet portatif* (1775, 2e éd. (sans changement), 1780), au *Dictionnaire critique de la langue française* par l'abbé Féraud (3 vol., 1787-1788), et bien entendu, à l'*Encyclopédie*, qu'on néglige trop souvent.[4] Il va de soi que les dictionnaires les plus dignes d'attention sont ceux qui sont les plus contemporains des œuvres de Diderot. C'est pourquoi j'estime qu'on peut écarter, comme trop ancien, le *Dictionnaire universel* de Furetière de 1690 – aussi bien, les définitions de Furetière ont été reprises par Trévoux– et qu'on doit utiliser avec beaucoup de prudence le *Littré*, trop tardif. (Toutes les indications données par Littré doivent être vérifiées dans les dictionnaires du dix-huitième siècle.)

Je donnerai un exemple montrant comment la seule utilisation de Furetière risque d'égarer le lecteur de Diderot. Il s'agit, dans *Jacques le fataliste*, du passage où le Maître est condamné aux 'frais de gésine' d'Agathe (DPV, p.298). Il n'y a, pour cette expression, aucune note dans les éditions Lecointre–Le Galliot et Vernière. Dans DPV, on lit ceci: '"Gésine, vieux mot qui signifie l'état d'une femme en couches. Il est hors d'usage" (Furetière 1690)'. Si le mot est déjà

3. On ne négligera pas les éditions antérieures: 1704, 1721, 1732, 1740, 1752.

4. Les dictionnaires cités sont ceux qui, pour une première approche, en raison de l'étendue du champ lexical qu'ils couvrent, doivent d'abord être consultés. Il va de soi que de nombreux autres dictionnaires, spécialisés, peuvent être mis à contribution. Par exemple: Philibert Joseph Le Roux, *Dictionnaire comique, satirique* (1ère éd. 1718, dernière éd. 1787); abbé Prévost, *Manuel lexique ou Dictionnaire portatif des mots français dont la signification n'est pas familière à tout le monde* (1750, suppl. 1755); Des Essarts, *Dictionnaire universel de police* (1786-1789).

décrété 'vieux' et 'hors d'usage' par Furetière en 1690, on laisse donc penser que Diderot, qui l'emploie dans les années 1770, commet ici un archaïsme caractérisé. Mais dans *Trévoux 1771*, à propos de ce mot, on précise: 'On le dit quelquefois au barreau. Payer la gésine, c'est payer les frais d'accouchement.' Une indication analogue est fournie, comme une addition, par le *Dictionnaire de l'Académie* en 1762: 'On dit en termes de Palais, payer les frais de gésine.' Il n'y a donc aucun archaïsme de la part de Diderot, mais un emploi qui correspond à l'usage contemporain de la langue juridique.[5]

En ce qui concerne le *Littré*, pour montrer à la fois les services qu'il peut rendre et la nécessité de ne pas s'en contenter, je prendrai encore un exemple dans *Jacques le fataliste*. En mai dernier, au colloque 'Diderot' de Vienne, Jean Renaud a attiré l'attention sur l'ironie probable de l'écrivain lorsqu'il emploie, avec insistance, le verbe *démontrer* dans un passage au début du roman: à la suite du dialogue au cours duquel le chirurgien s'obstine à vouloir démontrer on ne sait quoi, la femme du chirurgien fait une chute et Jacques lui dit: 'il était écrit là haut [...] qu'on vous verrait le cul' (DPV, p.25-26). Tout le passage a été composé en vue de ce dénouement. Il va de soi que *démontrer* a, dans le texte, le sens général et actuel de prouver la vérité d'un argument. Mais *Littré* indique aussi – c'est son troisième sens: 'faire voir la chose dont on parle, dont on fait leçon. Il démontrait l'anatomie. Absolument: il démontre bien.' On ne peut savoir, à s'en tenir au *Littré*, s'il s'agit ici d'une acception propre au dix-neuvième siècle ou si elle était courante au dix-huitième siècle. Or nous trouvons, comme addition (signalée par la main typographique) à l'article 'Démontrer' de *Trévoux 1771*: 'Terme fort usité en botanique, en histoire naturelle, en anatomie, pour dire faire voir aux yeux, faire voir aux yeux la chose dont on parle.' Et le *Dictionnaire de l'Académie 1798*, qui reprend le même texte, ajoute 'comme les parties du corps humain, les plantes etc.' L'ironie de Diderot ne fait donc aucun doute. Encore fallait-il recourir aux dictionnaires du dix-huitième siècle pour la constater.[6]

Dans un cas comme celui-ci, les dictionnaires permettent de mieux apprécier le travail du romancier. Mais dans d'autres cas, ils interdisent de créditer l'écrivain d'une trouvaille qui pourrait sembler heureuse. Quand le Neveu nous dit que s'il était riche il ferait 'comme tous les gueux revêtus' (éd. Desné, p.111), cette dernière expression paraît remarquable d'énergie et parfaitement

5. Sur les problèmes posés par le recours systématique à Furetière dans l'édition DPV de *Jacques le fataliste*, on se reportera à la communication que j'ai présentée au colloque 'Présence de Diderot', Université de Duisbourg, 3-5 octobre 1984: 'Faut-il utiliser le dictionnaire de Furetière pour lire *Jacques le fataliste*?' Actes à paraître, sous la direction de Siegfried Jüttner.

6. La communication de Jean Renaud est publiée dans le numéro 18 de *D.H.S.* (1986): 'Jacques, vous n'avez jamais été femme' (voir p.376).

intelligible. En réalité l'expression était d'un usage courant et avait un sens précis: 'on appelle gueux revêtu, un homme de rien qui a fait fortune et qui en est devenu arrogant' (*Académie 1762*).

Les dictionnaires pourraient même contribuer à réparer une défaillance de l'écrivain. Lorsque, toujours dans *Le Neveu de Rameau*, le Neveu distribue l'espèce des hommes en hommes menuisiers, charpentiers, coureurs, danseurs, chanteurs, on peut s'interroger sur la nature professionnelle de ces 'coureurs' (éd. citée, p.177). Les dictionnaires de l'époque ne connaissent comme coureurs que certains domestiques qui précèdent la voiture de leur maître ou qui portent des messages, ou au pluriel, les cavaliers en patrouille de reconnaissance. Il paraît douteux que Diderot ait songé à ces fonctions-là. Il a certainement voulu écrire 'couvreurs' ('artisan', dit l'Académie, 'dont le métier est de couvrir les maisons'), profession qui prendrait naturellement sa place après celles des menuisiers et des charpentiers.

Le temps me manque pour montrer, avec de nombreux exemples à l'appui, qu'on ne peut s'en tenir à un seul dictionnaire, et qu'il est utile de recourir à plusieurs, ne serait-ce que pour trouver la définition la plus concise et la plus claire. Je voudrais attirer seulement l'attention sur les ressources de l'*Encyclopédie*. Je prendrai deux exemples. Jacques qui raconte sa blessure au genou, vide sa gourde en marchant, et de façon si régulière qu'on pourrait calculer les distances qu'il parcourt: 'Messieurs des Ponts et Chaussées en auraient fait un excellent odomètre' (DPV, p.281); DPV donne pour odomètre la définition d'*Académie 1762*: 'instrument qui sert à mesurer le chemin qu'on a fait' – à laquelle on pourrait préférer celle du *Petit Larousse* ('instrument qui indique le nombre de pas faits par un piéton'). Ces définitions suffisent certes à la compréhension du texte. Lecointre–Le Galliot croient devoir préciser, d'après Trévoux, que cet instrument est fixé à l'essieu d'une voiture. Ce qui incite P. Vernière à noter: 'l'odomètre n'est pas une personne comme semble l'entendre Diderot'. Or il y a dans l'*Encyclopédie* (1765) un article 'Odomètre' de près de deux colonnes; d'Alembert, auteur de l'article, y distingue deux sortes d'odomètre: l'odomètre à roue, le seul que connaît Trévoux, et l'odomètre qui compte les pas; celui-ci 's'ajuste dans le gousset', où il tient à un cadran qu'on fait passer au-dessus du genou et qui, à chaque pas, fait avancer l'aiguille'. Comme quoi l'odomètre peut avoir un rapport étroit avec une personne, et plus précisément avec son genou, ce qui n'est pas indifférent dans le contexte du passage.

Le deuxième exemple est celui d'un mot que je n'ai trouvé dans aucun dictionnaire d'usage du dix-huitième siècle. Il s'agit du mot *crétins* que Diderot emploie dans sa *Réfutation d'Helvétius*. 'Dans quelle contrée trouve-t-on les crétins? dans la contrée des goîtres [...]' (*O.C.*, éd. Lewinter, xi.512); pour lui, l'existence des crétins va à l'encontre de la thèse d'Helvétius sur l'égale aptitude des hommes à l'intelligence. Or le mot *crétin* n'apparaît dans un dictionnaire d'usage qu'en 1803.[7] Il figure pourtant dans l'*Encyclopédie* (t.iv, 1754), où on trouve un article 'Crétins' (au pluriel – comme terme d'histoire moderne), article dû à d'Alembert: 'On donne ce nom à une espèce d'hommes qui naissent dans le Valais en assez grande quantité, et surtout à Sion, leur capitale. Ils sont sourds, muets, imbécilles, presqu'insensibles aux coups, et portent des goîtres pendant jusqu'à la ceinture [etc]'.[8] Comme on voit, il s'agit d'un terme géographique et médical que Diderot est sans doute un des premiers écrivains à utiliser.

Pour cet exemple, l'*Encyclopédie* enregistre un mot qui ne figure dans aucun dictionnaire contemporain. Mais il existe un certain nombre de mots qu'on ne retrouve pas plus dans l'*Encyclopédie* que dans d'autres dictionnaires. C'est le cas, dans la *Réfutation d'Helvétius*, de *endiamanté*, *carrable* (qui est dans Littré), *perspecteur* (pour lequel Assézat, d'après Brière, indique 'dessinateur en perspective'), *soluteur*. C'est presque le cas de *revange*. 'Vous lui donnez bien sa revange', dit Diderot à Helvétius en parlant de Rousseau (éd. cit., p.604). Je dis 'presque', parce qu'à l'article 'Revanche' de Féraud on peut lire: 'Dans certaines provinces on dit *revange*, et un auteur moderne l'a même écrit de la sorte. C'est un barbarisme.' Dans *Jacques le fataliste*, pour *jaback* on en est encore réduit à une note tirée de Brière, et il faut aller chercher dans la *Grande encyclopédie* de Berthelot (1885-1892) le sens de *cachet de montre*. Quant à *marmotte*, si l'acception en paraît évidente d'après le contexte (*JF*, DPV, p.240), elle n'est attestée par aucun dictionnaire, sauf par le *Grand Robert* qui indique: 'montreuse de marmottes', avec comme seule source et seul exemple la phrase même de *Jacques le fataliste*: 'Au dessert, deux marmottes s'approchèrent de notre table avec leurs vielles.'[9] Ici, c'est Diderot qui instruit le lexicographe.

Ces exemples, et le dernier particulièrement, montrent que nous ne pouvons pas tout attendre des dictionnaires. Leur utilisation a ses limites. Mais, à l'intérieur de ces limites, on peut déjà rassembler un grand nombre d'informa-

7. Nouvelle édition du *Richelet portatif* (1803), *Dictionnaire universel* de Boiste et Bastien (2e éd., 1803) (d'après G. Robert). Le mot entre dans la 6e édition du *Dictionnaire de l'Académie* (1835).

8. Au cours de la discussion qui a suivi la présente communication, Henri Coulet a rappelé que cet article est cité par Bernard Guyon dans son commentaire de la lettre de Saint-Preux sur le Valais (*La Nouvelle Héloïse*, i.xxxiii, *O.C.*, Bibliothèque de la Pléiade, ii.1387-88). Non sans raison, B. Guyon suggère que cette lettre est une réponse à l'article 'Crétins'; mais Rousseau n'utilise pas le mot. Ajoutons que dans l'*Avertissement* du tome vi de l'*Encyclopédie* (1756) Diderot écrit, suite à la protestation des 'habitants du Valais': 'Nous prions nos lecteurs de regarder absolument cet article ['Crétins'] comme non avenu, jusqu'à ce qu'on nous fournisse les moyens de nous rétracter plus en détail'; il estime toutefois que 'le crétinage serait une pure bizarrerie de la nature qui n'aurait lieu, comme nous l'avons dit, que dans une petite partie de la nation, sans influence en aucune manière sur le reste, et qui par là n'en serait que plus remarquable' (p.ii).

9. Le *Petit Robert* n'a pas retenu cette acception.

tions. Là où les informations manquent, il faut chercher ailleurs, dans d'autres textes. Aussi je terminerai par une proposition. Que les éditeurs des textes de Diderot relèvent les mots qui font problème (j'en ai cité quelques-uns) ou qui présentent un intérêt particulier en raison de leur rareté, comme *civilisation* (Lucien Febvre, qui avait beaucoup lu, tenait l'emploi de ce mot dans la *Réfutation d'Helvétius* pour unique dans toute l'œuvre de Diderot), *individualité*, *perfectible*, etc., et les communiquent au secrétariat de l'édition des *Œuvres complètes* afin qu'une liste soit dressée et diffusée parmi les diderotistes. L'enjeu n'est pas seulement de mieux lire Diderot. Il est aussi de mieux savoir comment le vocabulaire français a bougé au dix-huitième siècle, comment il a évolué depuis et sans doute aussi, en partie, grâce à Diderot. De ce point de vue, les éditeurs de Diderot peuvent, en retour des services qu'ils obtiennent des lexicographes, contribuer à enrichir, même modestement, la lexicographie.

HENRI COULET

Les éditions du *Neveu de Rameau*

Un des principes adoptés par les directeurs de l'édition des *Œuvres complètes* en cours de publication chez Hermann est d'écarter des notes d'établissement du texte la présentation des éditions qui sont postérieures à la mort de Diderot ou qui ne sont pas 'immédiatement basées sur des manuscrits issus de l'auteur' ('Note générale', DPV, i.xv). Il nous a paru pourtant utile de présenter celles du *Neveu de Rameau*, non seulement parce que l'histoire du texte est curieuse en elle-même, mais aussi parce que cette œuvre comporte encore quelques énigmes à résoudre et que certaines copies utilisées par l'un ou l'autre de nos prédécesseurs n'ont pas été retrouvées.

Les copies manuscrites dont nous faisons mention dans cette note sont:

D – Copie autographe, conservée à la Pierpont Morgan Library, à New-York;

L – Copie établie par Girbal, conservée à la bibliothèque Saltikov-Chtchédrine, à Leningrad;

V1 – Copie du fonds Vandeul, conservée à la Bibliothèque nationale à Paris (n.a.fr.13760). Dans son premier état cette copie offre un texte expurgé; dans son état final (*V1*[a]), une partie des mots éliminés ont été rétablis;

V2 – Copie du fonds Vandeul (n.a.fr.13761). Elle a été établie d'après le premier état de *V1*;

V3 – Copie du fonds Vandeul (n.a.fr.13754). Elle a été établie d'après l'état final de *V1* (*V1*[a]).

Nous pensons avoir montré dans l'Introduction de notre propre édition (DPV xii, à paraître) que la copie *V1* a été faite d'après la copie *L*, et que la copie *L* a été faite d'après l'autographe *D*.

Nous ne signalerons ici que les éditions qui ont fait faire des progrès à la connaissance littérale du texte.

I. Leipzig 1805, *Rameaus Neffe, ein Dialog von Diderot, aus dem Manuskript übersetzt und mit Anmerkungen begleitet von Goethe*. Cette traduction est le premier texte édité du *Neveu de Rameau*. Il n'y a pas lieu ici de montrer comment a procédé Goethe, ses erreurs sur le sens de quelques expressions, les libertés qu'il a prises envers le texte, les suppressions et les atténuations qu'il lui a fait subir; dans l'ensemble pourtant, sa traduction est énergique et fidèle. Permet-elle d'identifier le manuscrit dont il est parti? Il avait eu par Schiller communication d'une copie qu'il supposait faite sur l'original reçu à Saint-Pétersbourg par Catherine II, et dont il ne savait pas ce qu'il était devenu par la suite.[1] L'original du *Neveu de Rameau* n'est pas à Leningrad, et Goethe semble avoir traduit non pas la copie même de Girbal (*L*), mais une copie de cette copie. On retrouve dans son texte, pour la plupart, les mêmes omissions, les mêmes additions, les mêmes modifications qui caractérisent *L* par rapport à l'autographe *D*; il rend avec exactitude la note marginale de Vandeul sur la lacune du manuscrit et le changement de lieu.[2] Les omissions et modifications qui lui sont propres s'expliquent par l'inattention, par le désir d'abréger si peu que ce soit, et surtout par le souci de la décence. Certaines de ses différences avec *L* résultent d'une mauvaise compréhension du texte ou de la difficulté d'une traduction allemande littérale. Les rencontres avec *D* peuvent le plus souvent être le fait du hasard: remplacement de *et* par *ou*, d'un singulier par un pluriel, d'un futur par un conditionnel, etc.[3] Deux d'entre elles sont cependant plus difficiles à attribuer au hasard: 'On userait un pantin d'acier à tirer la ficelle du matin au soir et du soir au matin', écrit Diderot; Girbal transcrit: 'à tenir la ficelle'; Goethe: 'Wenn man von Morgen bis in die Nacht am Faden zöge'.[4] 'La bouche entr'ouverte', écrit Diderot; 'la bouche béante' transcrit Girbal; 'den Mund halb offen', traduit Goethe. Nous sommes tenté de croire que Goethe ou le copiste a eu l'intuition du texte exact, plutôt que d'imaginer des emprunts à une autre source. Mais le texte de Goethe comporte aussi deux phrases qui ne correspondent à rien dans aucun des manuscrits connus: '[Glücklich, wenn es schlechtes Wetter ist, glücklich derjenige unter uns, der ein Vierundzwanzigsousstück in seiner Tasche hat,] um den Wagen zu bezahlen' et '[der Schuldner war nicht bei Gelde] und konnte doch nicht hinauf, ohne durch jenes Hände gegangen zu sein'. Ces phrases sont-elles une addition de Goethe,[5] qui n'en est pas coutumier? Sont-elles du copiste inconnu intermédiaire entre le texte de Girbal et celui de

1. *Goethe*, Berliner Ausgabe, t.xxi, *Übersetzungen* (1977), 'Nachträgliches zu *Rameaus Neffe*', p.709. Sur la traduction de Goethe, voir Rudolf Schlösser, *Rameaus Neffe. Studien und Untersuchungen zur Einführung in Goethes Übersetzung des Diderotschen Dialogs* (Berlin 1900) et ci-dessus l'article de J. von Stackelberg.

2. Après les mots: 'et que l'on m'accordait tant pour mes menus plaisirs' (éd. J. Fabre, p.25) on lit dans *L*, de la main de Vandeul: 'Ici se trouve une lacune dans le manuscrit original. La scène a changé et les interlocuteurs sont entrés dans une des maisons qui environnent le Palais-Royal' (à ce sujet voir ci-dessus l'article de G. Dulac, 'Les manuscrits de Diderot en URSS', p.43).

3. Dans ces passages, la traduction de Goethe est plus proche du texte de *D* que de celui de *L*, mais ils sont trop peu significatifs pour imposer une conclusion.

4. Edition citée, p.624, et p.660 pour la citation suivante; éd. J. Fabre, p.65 et 104.

5. Edition citée, p.621-22. Traduction: 'Heureux [quand il fait mauvais temps, heureux celui de nous qui a la pièce de vingt-quatre sols en poche] pour payer le fiacre' et '[le débiteur n'était pas en fonds] et cependant il ne pouvait monter sans passer par les mains de l'autre'. Voir éd. J. Fabre, p.62.

Goethe? Elles ne sont guère utiles au sens, et la tradition manuscrite, si notre reconstitution est juste, interdit de les attribuer à Diderot. Car il est certain que la copie traduite par Goethe avait été faite sur *L*: Goethe a relevé sur une feuille à part quelques expressions et quelques noms propres qui l'embarrassaient, parmi lesquels ceci: *f. 6ᵇ Cagnarda (le jetter au)*. Girbal avait écrit le mot d'abord au singulier, puis avait ajouté en écriture ronde un *s* final qui ressemble exactement à un *a*, et qui a trompé le nouveau copiste. Le folio indiqué par Goethe ne correspond pas à la page de *L* où se trouve le mot, ce qui prouve l'existence d'une copie intermédiaire.[6]

La retraduction en français, par de Saur et Saint-Geniés, de la traduction de Goethe (Paris 1821) est une imposture qui montre, tout comme quelques années plus tard la prétendue édition de Casanova par Laforgue, quelle idée on se faisait sous la Restauration du libertinage du dix-huitième siècle.[7] Elle n'apporte évidemment aucune lumière sur le texte de Diderot, mais elle a malheureusement influencé les éditeurs ultérieurs.

II. A Paris, chez J. L. Brière, 1821 (en réalité 1823), *Œuvres inédites de Diderot: Le Neveu de Rameau – Voyage de Hollande*. Brière reçut d'"une main sûre' une 'seconde copie', c'est-à-dire une autre copie que celle qu'avait traduite Goethe. La 'main sûre' qui la lui avait confiée était celle de Mme de Vandeul, comme il apparut au cours de la polémique soulevée par l'édition de Brière. Cette édition ne comporte ni introduction concernant le texte, ni notes, ni variantes. La copie utilisée est indubitablement celle que nous avons désignée par le sigle *V2*, comme le prouve la correspondance entre le texte de Brière et de nombreuses variantes que seule la copie *V2* présente.[8] Brière a respecté certaines omissions et modifications de *V2*, par exemple *B...* mis pour *Bertin*, ou *M...* pour *Montsauge*, ou *maître* pour *oncle*, alors que *V1* corrigé et *V3* lui auraient fourni le texte exact; il a aussi, évidemment, ignoré les passages 'polissons' censurés dans les copies Vandeul. Mais il a rétabli la plupart des noms propres (y compris ceux de Bertin et de Bouret) que *V1* dans son premier état et *V2* avaient remplacés par des points de suspension, et souvent le mot *oncle* lui-même ou le mot *neveu*, parce qu'il les lisait dans le texte de Goethe et dans la retraduction de De Saur et

6. *Paralipomena*, éd. citée, dans *Übersetzungen*, p.707. Une autre expression inscrite sur cette page est '5ᵇ d'un clou à souffle – soufflet', que Goethe traduit littéralement, alors que *jeter au cagnard* est traduit par: 'ins Wasser werfen' ('jeter dans l'eau').

7. Voir sur cette retraduction l'article d'Ulrich Ricken: 'Die französische Rückübersetzung des *Neveu de Rameau* nach der deutschen Übertragung von Goethe', *Beiträge zur romanischen Philologie* 15 (1976) p.99-116.

8. Par exemple: 'fait enrager secrètement' au lieu de 'fait secrètement enrager' (éd. J. Fabre, p.15); 'la même peine' au lieu de 'la pièce' (p.28); 'nous y voilà' au lieu de 'nous y revoilà' (p.31); 'précisément, c'est quelque chose comme cela', omis par saut du même au même (p.55); etc...

Saint-Geniès. Pourquoi n'a-t-il pas rétabli partout ce qu'il avait rétabli dans la majorité des cas? La question est sans réponsc. Il a aussi eu recours à la retraduction de De Saur et Saint-Geniès pour reconstituer le texte là où il manquait, dans certains passages polissons, ce qui a donné, selon une outrance dont les retraducteurs avaient donné plus d'un exemple: 'Je baiserais le cul d'une catin'[9] ou: 'Un visage qu'on prendrait pour un c...'.[10] Enfin il a modifié de son propre chef le texte de *V2* lorsqu'il lui paraissait incorrect ou bizarre, mettant un pluriel à la place d'un singulier, un conditionnel à la place d'un futur, un imparfait à la place d'un conditionnel, etc., et retrouvant ainsi parfois le texte original.

Pourquoi Mme de Vandeul a-t-elle communiqué à Brière la copie *V2*, et non pas *V1* ou *V3*? Peut-être parce que *V1* dans son état final (*V1*[a]) et *V3* livraient en clair des noms qu'elle prétendait encore tenir cachés.[11] Les mensonges débités ensuite par Brière pour défendre son édition contre des attaques injustes prouvent sans doute que Mme de Vandeul avait repris sa copie et n'avait plus voulu la communiquer (elle mourut d'ailleurs peu de temps après la publication). Car lorsqu'on accusa Brière d'avoir mutilé le texte de Diderot par des suppressions et de l'avoir défiguré par des expressions indignes du grand écrivain, il n'aurait eu qu'à produire le document pour faire taire la calomnie. Il préféra, par force, pensons-nous, solliciter le témoignage de Goethe et affirmer que la copie, prétendument mise au rebut, comportait de nombreuses corrections autographes et était datée du 20 janvier 1760 par une note de Diderot. J. Assézat, puis M. Tourneux n'eurent aucune peine à montrer l'invraisemblance de ces allégations, qui malheureusement rendirent plus que suspecte l'édition Brière. C'était pourtant, comme l'a remarqué J. Fabre, 'la véritable édition *princeps* du *Neveu de Rameau*', qui servit de modèle aux éditions ultérieures, jusqu'aux éditions Assézat, Isambert et Tourneux.

III. Paris, Garnier frères, 1875: *Œuvres complètes* de Diderot revues sur les éditions originales contenant ce qui a été publié à diverses époques et les manuscrits inédits conservés à la bibliothèque de l'Ermitage. Notices, notes, table analytique [...] par J. Assézat. *Le Neveu de Rameau* est dans le tome v. J. Assézat a eu entre les mains, grâce à des 'circonstances particulièrement heureuses', une copie 'sans date, mais évidemment de la fin du siècle dernier',

9. Goethe: 'denn es gibt andre Tage [...] wo ich für einen Pfennig der Kleinen Hus den H-n geküsst hätte' ('car il y a des jours où pour un pfennig j'aurais baisé le c.l de la petite Hus', voir éd. J. Fabre, p.21). Goethe traduit les deux répliques qui suivent, et qui manquent dans l'édition Brière comme dans les copies Vandeul.

10. Ed. J. Fabre, p.8; Goethe a traduit 'son antagoniste' par 'die Rückseite'.

11. Par fidélité familiale plutôt que par prudence, car il n'y avait en 1822 plus aucun survivant (sauf le 'petit comte' de Lauraguais) dont la susceptibilité fût à ménager.

intitulée *Satire* et non pas *Dialogue*; les noms propres 'supprimés dans l'édition Brière' s'y trouvaient en toutes lettres et l'anecdote que Goethe avait pudiquement voilée y était 'où elle doit être, et telle que l'abstention de Goethe le faisait pressentir';[12] elle contenait aussi la conversation 'entre une espèce de protecteur et une espèce de protégé', qui n'était pas dans l'édition Brière.[13] D'où venait cette copie? G. Isambert, qui l'a examinée plus attentivement que J. Assézat n'avait eu le temps de le faire, y voyait 'une copie refaite à l'époque sur celle de Schiller. Le papier et l'encre sont du commencement de ce siècle, et l'écriture dénote une main allemande'.[14] G. Isambert s'était assuré, en la collationnant, que ce n'était pas la copie même de Schiller et de Goethe.[15] J. Assézat a emprunté à cette copie quelques leçons (dont les deux phrases probablement apocryphes qui étaient dans le texte de Goethe, voir ci-dessus), mais a reproduit le plus souvent le texte de Brière.

IV. Paris, Quantin, 1883: Denis Diderot, *Le Neveu de Rameau*, texte revu d'après les manuscrits, notices, notes, bibliographie par Gustave Isambert. L'éditeur a utilisé la copie découverte par J. Assézat et a fait vérifier le texte à Saint-Pétersbourg sur la copie de Girbal par Maurice Tourneux. C'est encore une édition bâtarde, qui conserve des leçons inexactes venant de Brière et d'Assézat et rectifie sur d'autres points les éditions précédentes. Sur la foi de M. Tourneux, G. Isambert a cru que la copie de Girbal avait été revue par Diderot lui-même, la preuve en étant fournie 'par une correction autographe de peu d'importance assurément, mais d'une autorité incontestable; dans cette phrase sur Rameau l'oncle: "il ne pense qu'à lui; le reste de l'univers, etc." le mot *lui* avait été sauté par le copiste, c'est Diderot qui l'a rétabli dans l'interligne'. Hélas! le mot à l'interligne est indubitablement de la main de Girbal, qui a dû l'ajouter sur-le-champ, au moment où il s'est aperçu de son lapsus; sans ce mot, la phrase n'avait pas de sens.[16]

V. Paris, P. Rouquette, éditeur, 1884: *Le Neveu de Rameau*, Satire par Denis Diderot, revue sur les textes originaux et annotée par Maurice Tourneux. Cette édition est établie sur la copie de Saint-Pétersbourg (*L*), mais M. Tourneux qui, selon J. Assézat, avait collationné 'tous les passages que [J.A. lui avait] signalés comme pouvant causer une incertitude', n'a pas eu le temps, au cours

12. C'est l'anecdote du 'petit marteau' et de la 'lourde enclume', éd. J. Fabre, p.71.
13. C'est la conversation de Diderot et de Bemetzrieder, éd. J. Fabre, p.91-92.
14. Gustave Isambert, 'Notice sur Rameau le neveu', en tête de son édition de 1883, p.80.
15. La mauvaise écriture du copiste a fait lire à J. Assézat: 'un fieffé truand, en escroc, un gourmand', ce que J. Assézat, suivi plus tard par M. Tourneux, annotait ainsi: '*En* ou *ein* pour *un*, en bourguignon'.
16. Ed. J. Fabre, p.8.

des quelques mois qui séparent son édition et celle de J. Assézat, de retourner à Saint-Pétersbourg faire un collationnement intégral; il a fort bien vu que la note sur le déplacement des interlocuteurs[17] n'était pas de l'écriture du copiste et il l'a légitimement supprimée; il a rétabli le texte défiguré dans les copies Vandeul, dans les éditions Brière et Assézat, où le promeneur du Palais-Royal[18] était Rameau le neveu et non le grand Rameau; mais, dans une multitude de passages, son texte est encore celui de Brière ou d'Assézat; il a maintenu les deux phrases venues de la copie de Schiller et Goethe; plus que de la copie *L*, il s'est servi de la copie inconnue utilisée par J. Assézat, qui la lui avait prêtée, et il en a retenu l'étrange 'en escroc'.

VI. Paris, librairie Plon, 1891: *Le Neveu de Rameau, Satyre publiée pour la première fois sur le manuscrit original autographe* avec une introduction et des notes par Georges Monval [...] et Er. Thoinan. Ayant en sa possession la copie autographe (*D*), Monval en a donné une édition exacte qui respectait les graphies de Diderot et écartait, sans même en signaler l'existence, la plupart des modifications apportées à cette copie par Girbal et l'addition marginale de Vandeul. Monval n'a pourtant pas toujours reproduit scrupuleusement la ponctuation originale et n'a rien dit des changements qu'il lui a fait subir: sans doute lui paraissaient-ils aller de soi. N'ayant pas jugé utile de faire une édition critique, il se contente de donner en note quelques variantes provenant de l'édition Tourneux et, en plus petit nombre encore, de l'édition Brière, pour prouver que la copie autographe était bien le seul texte faisant autorité. Son collaborateur Er. Thoinan assurait même que le texte publié par Brière était 'tronqué, expurgé, rempli de fautes et de non-sens' et que la 'bonne copie' remise à Brière par Mme de Vandeul avait été ainsi dénaturée. Bien que G. Monval fût incurieux des problèmes posés par la tradition et l'établissement de ce texte, son édition garde l'intérêt d'une bonne édition de référence, la première établie sur la copie autographe.

VII. Genève, librairie Droz, 1950 (plusieurs rééditions): *Le Neveu de Rameau*, édition critique avec notes et lexique par Jean Fabre. J. Fabre n'a pas connu les copies du fonds Vandeul ni celle de Girbal. Il a édité la copie autographe d'après un microfilm, et il l'a reproduite avec une exactitude encore plus minutieuse que celle de Monval, en signalant les corrections apportées par les réviseurs. Seuls quelques signes de ponctuation semblent ne pas s'accorder avec ceux de la copie autographe, la lecture d'un microfilm présentant toujours des incertitu-

17. Voir ci-dessus, n.2
18. Ed. J. Fabre, p.21.

des. Le commentaire et les notes sont de la plus haute qualité, par l'intelligence de l'interprétation et la richesse de l'érudition. Tous les éditeurs et commentateurs ultérieurs sont en ce domaine les tributaires de Jean Fabre. D'après son édition, vérifiée et corrigée sur des microfilms de *D* pour la ponctuation (toujours avec quelques flottements), ont été faites les éditions de Roland Desné (Club des amis du livre progressiste, Paris 1963; et Editions Sociales, Paris 1972) et de Jacques Chouillet (Imprimerie nationale, Paris 1982). Les hypothèses de J. Fabre sur le destin du texte et de ses copies ont été rendues caduques par la mise des copies Vandeul et de la copie *L* à la disposition des chercheurs.

FRANÇOIS LAFORGE

Note sur l'*Introduction aux grands principes*

NOUS n'avons pas l'ambition d'apporter ici une réponse aux différents problèmes posés par l'*Introduction aux grands principes*. Nous voudrions seulement en rappeler les données essentielles et avancer quelques hypothèses de travail.

Les circonstances de la rédaction du texte sont mal connues. Grimm et Naigeon nous donnent les seules indications que nous possédions. Et encore ne sont-elles pas concordantes. Dans la *Correspondance littéraire*, où elle paraît en juillet-août 1771, l'*Introduction* est présentée ainsi: 'Il y a environ deux ans qu'un de ces hommes du monde, d'un esprit droit et d'un cœur honnête, se trouva à la campagne avec un jeune philosophe. Il eut d'abord une répugnance extrême à lui parler; voyant ensuite que ce jeune homme, tout philosophe qu'il était, ne manquait ni de politesse, ni de modestie, ni d'honnêteté, il prit la conversation à cœur; il voulut, à l'exemple des ministres genevois, lui prouver que sans la religion, il n'y avait ni morale publique ni morale particulière, [...]'. La présentation de Naigeon est toute différente: 'M. de Mont., militaire fort dévot, crédule jusqu'à la superstition, comme le sont plus ou moins tous les hommes guère instruits, ayant fait lire à Diderot le premier dialogue, ce philosophe y reconnut sans peine l'ouvrage d'un théologien, d'un de ces hommes qui se croient modestement les interprètes de la divinité [...] Quoique très éloigné par caractère, comme par réflexion, de tout ce qui pouvait l'engager dans une dispute avec un prêtre, [...] Diderot proposa à M. de Mont. [...] de répondre à cette déclaration et d'en faire sentir le vague et la faiblesse. M. de Mont. [...] la jugea digne d'une réfutation, et se hâta même, dans cette vue, de la communiquer au théologien. Celui-ci, sans être lié avec Diderot, le rencontrait quelquefois dans une société qui leur était commune [...]' (reproduit dans A.T., ii.73-74).

De toute évidence, le récit de Grimm est une simple fiction qui donne aux différentes parties du texte de Diderot une sorte de cadre conventionnel. Il semble donc préférable de s'en tenir à la version de Naigeon, qui paraît plus satisfaisante. Si l'on admet l'authenticité de son récit, qu'il n'y a pas de raison de suspecter, se pose le problème de l'identité des deux interlocuteurs du philosophe. Sur ce point, le texte de Naigeon reste volontairement discret et l'on en est réduit à de simples hypothèses. M. de Mont., le militaire dévot, pourrait être monsieur de Montamy, premier maître d'hôtel du duc d'Orléans et ami intime de Diderot (DPV, ix.407-408). Mais ce que nous savons de sa vie et de sa personnalité ne cadre pas avec le récit de Naigeon. D'abord Montamy n'était pas un militaire. Ensuite, loin d'être un dévot crédule et peu instruit, il est présenté par Diderot comme un chimiste de talent, 'respectant la religion et riant sous cape des plaisanteries qu'on en fait' (lettre à Sophie Volland du 26.9.1762). Il est vrai que Naigeon ne l'a pas connu personnellement. Surtout, Montamy meurt le 8 février 1765. Or, d'après Grimm, le texte de Diderot daterait de 1768-1769. Mais cette date a été contestée par Assézat et, plus récemment, par J. Proust.

L'identité du théologien est tout aussi conjecturale. Nous savons seulement qu'il fréquente des amis ou des relations de Diderot, mais sans être lié avec lui. Les copies de l'*Introduction* du fonds Vandeul précisent qu'il s'agit d'un docteur en Sorbonne. Peut-être s'agit-il de Nicolas Bergier (1718-1790), docteur en théologie et chanoine de Notre-Dame. Diderot le connaissait et ils se rencontraient chez d'Holbach. Bergier est, en outre, l'auteur d'un certain nombre d'ouvrages polémiques contre Rousseau et d'Holbach. Il a enfin publié en 1767 *La Certitude des preuves du christianisme*, sur un sujet qui fait précisément l'objet d'une vive controverse entre les deux adversaires de l'*Introduction*. La personnalité et les idées de Bergier correspondraient donc assez bien à celles du théologien évoqué par Naigeon, sans qu'il soit possible de s'avancer davantage.

La question de la date de l'ouvrage est tout aussi complexe, même si nous disposons sur ce point d'indications plus précises. Dans la *Correspondance littéraire* Grimm indique à la fin de l'ouvrage: 'Ainsi finit l'an 1769 la controverse du jeune philosophe et de l'homme du monde.' Ce qui situe sa rédaction vers 1768-1769. L'édition Brière propose à peu près ces dates: 1767-1768. Assézat situe, au contraire, le texte aux environs de 1763 (A.T., ii.99, n.1). Il s'appuie, pour cela, sur l'adresse à Choiseul, à la fin de l'*Introduction*, où Diderot demande une réforme des ordres religieux, inutiles et nuisibles à la société comme à l'Etat. Pour Assézat, ce sont les jésuites qui sont ici particulièrement visés, comme semble le confirmer l'allusion à l'attentat contre le roi du Portugal, imputé à des membres de cet ordre. Dans ces conditions, l'adresse à Choiseul n'a pu être écrite après la date d'expulsion des Jésuites hors de France. La date de 1763 apparaît donc comme vraisemblable, l'allusion à la condamnation d'*Emile*, dans l'*Introduction*, donnant le *terminus a quo*.

L'hypothèse d'Assézat s'appuie cependant sur une interprétation contestable de l'adresse à Choiseul. Même si Diderot fait plus particulièrement allusion aux exactions des jésuites, sa requête s'étend à l'ensemble du clergé régulier. Il évoque, à ce propos, les nombreux services déjà rendus par le ministre à la nation. Le plus important d'entre eux n'est-il pas justement l'expulsion des jésuites? Il ne s'agit donc pas de démanteler la puissance d'un ordre honni, mais de poursuivre l'effort commencé. Si l'on ajoute que la réforme du clergé régulier, souhaitée par Diderot, sera entreprise avec la constitution en 1766 d'une commission des réguliers, il paraît vraisemblable de situer la rédaction du texte entre 1764 et 1766, comme le propose J. Proust (*Diderot et l'Encyclopédie*, p.315, n.97).

Cette hypothèse se heurte pourtant, elle aussi, à plusieurs difficultés. D'abord, elle est inconciliable avec les indications formelles de Grimm, qui est une autorité difficilement contestable. A moins de supposer que le texte de Diderot, écrit entre 1764 et 1766, ait été révisé en 1769. La date proposée par Grimm ne serait donc pas celle de la rédaction de l'ouvrage, mais celle de sa révision. Il est clair qu'il s'agit là d'une simple hypothèse invérifiable. Le texte de Diderot semble, d'autre part, faire allusion au malheureux séjour de Rousseau en Angleterre. Le théologien fait, en effet, remarquer, dans la 3e partie, que les Anglais, malgré tout leur respect pour la philosophie, 'n'ont pas paru disposés en dernier lieu à élever au ministère les célèbres qu'on accable de mandements'. S'il en est ainsi, le texte de Diderot ne pourrait être antérieur à 1766, Rousseau séjournant en Angleterre de janvier 1766 à mai 1767.

Nos certitudes, concernant l'*Introduction aux grands principes*, se ramènent donc à peu de choses. Nous savons qu'il s'agit d'une œuvre de circonstance où Diderot défend, contre les attaques d'un théologien anonyme, les valeurs de la 'philosophie'. Le texte ne saurait être antérieur à 1762 ni postérieur à 1769. Pour le reste, nous en sommes réduits à formuler de simples hypothèses, plus ou moins vraisemblables. Si le sens et les orientations idéologiques du texte ne font guère de doute, les circonstances où il a pris naissance restent, jusqu'à nouvel ordre, obscures.[1]

1. C'est ce qui a conduit le comité de publication à placer l'*Introduction aux grands principes* dans le volume xxvii rassemblant les textes de datation incertaine ou d'attribution douteuse. Voir d'autre part, ci-dessus, dans la liste des manuscrits de Diderot conservés en URSS, le no 22 (p.48 et ill. p.24).

MICHEL DELON

Editer la correspondance

La notion d'œuvres complètes est moins simple qu'il ne pourrait y paraître. Si elles doivent rassembler non pas tant ce qu'un auteur entend laisser à la postérité que ce que celle-ci croit devoir perpétuer, une différence risque toujours d'apparaître entre la volonté de conservation, volonté de tout conserver, de tout reproduire, et la volonté esthétique de publier des œuvres, d'en constituer un œuvre, digne de ce nom. Une telle divergence se retrouve sous une autre forme, entre deux perspectives possibles: rendre une démarche d'écriture ou en fixer un état définitif, présenter un homme ou dresser le portrait d'un écrivain.

La question se complique avec Diderot, dont la pratique littéraire correspond à ses options matérialistes et met en cause l'idée de création *ex nihilo*, par conséquent de délimitation simple d'un corpus personnel. On connaît l'image du *Rêve de d'Alembert*: l'éditeur doit procéder dans l'imbrication de textes tels que la *Correspondance littéraire*, par exemple, comme l'entomologiste qui déciderait de redécouper les abeilles individuelles dans la confusion d'un essaim. Il n'est pas d'écriture pour Diderot qui ne soit récriture, pas de création qui ne soit transformation, participation à un processus complexe et souvent collectif d'élaboration. De la traduction de Shaftesbury au commentaire des œuvres de Sénèque, du démarcage de Brucker pour l'*Encyclopédie* à la collaboration avec Raynal pour l'*Histoire des deux Indes*, Diderot refuse de céder aux illusions de l'individu et de l'œuvre individuelle. Il a sans doute caressé le rêve d'une collection de ses œuvres, mais ses projets de collection publiée ne correspondent pas aux entreprises de collection recopiée, manuscrite. Tout rassemblement ou tout remembrement de ses *Œuvres complètes* tient de l'utopie.

Au-delà du cas Diderot, le statut de la correspondance de n'importe quel écrivain reste flou: appartient-elle de plein droit à son œuvre ou n'en constitue-t-elle qu'une marge, une toile de fond? Theodore Besterman a intégré les cinquante volumes de la monumentale correspondance de Voltaire à ses œuvres complètes alors que l'édition de la correspondance de Rousseau menée par R. A. Leigh est restée indépendante de l'entreprise des *Œuvres complètes* dans la Bibliothèque de la Pléiade, dirigée par Bernard Gagnebin et Marcel Raymond. Toute correspondance se présente de façon discontinue, dispersée et disparate. Un billet d'intérêt purement anecdotique et biographique voisine avec une longue missive déjà *écrite*. Un éditeur peut estimer avoir retrouvé tous les manuscrits d'un auteur, il ne peut jamais être certain d'avoir repéré toutes ses lettres. Ces dernières constituent un objet de prédilection pour les collectionneurs, donc pour les marchands. Les lots en sont faciles à dissocier. D'un statut indécis entre le document biographique et l'œuvre à l'état naissant, une correspondance pose par ailleurs à éditer des problèmes économiques, par l'abondance de l'annotation et le travail typographique qu'elle exige. Un colloque organisé par la Société d'histoire littéraire de la France avait fait le tour de ces difficultés pratiques tandis qu'une rencontre récente tentait d'ériger la correspondance à la dignité de genre littéraire.[1] Un centre de recherche s'est spécialisé en France dans l'étude et l'édition des correspondances du dix-neuvième siècle sous la direction de Louis Le Guillou, maître d'œuvre de la collection des lettres de Lamennais.

La tradition a intégré les lettres de Diderot à ses œuvres et l'éditeur actuel dispose de l'admirable travail de Georges Roth et Jean Varloot. Les seize volumes des Editions de Minuit[2] fournissent la correspondance de Diderot, mais aussi sa biographie et une véritable somme qui pourrait s'intituler *Diderot dans son temps*. Il faut admirer que les éditeurs aient privilégié l'instrument de travail au détriment du chef-d'œuvre, qu'ils aient accompagné leurs différents index de listes des compléments et des repentirs, des doublons et même des personnages non identifiés. Jean Varloot a par ailleurs tiré le bilan de cette tâche d'édition et esquissé des perspectives d'avenir.[3] L'édition de Roger Lewinter au Club français du livre s'est contentée de reprendre l'œuvre de G. Roth et J. Varloot, en la découpant par tranches chronologiques, insérées à la fin de chacun de ses volumes. Cette méthode insiste sur la valeur historique des lettres, rapprochées ainsi des textes qui leur sont contemporains mais fait perdre sa consistance propre à l'ensemble Correspondance.

L'édition dite DPV, à la fois chronologique et thématique, entend redonner sa relative indépendance à la correspondance, qui occupera, si on laisse de côté les volumes d'index et de bibliographie, les cinq derniers volumes de la collection. Elle rend bien évidemment aux volumes précédents les textes et fragments intégrés par G. Roth à la correspondance parce qu'ils se présentaient comme des lettres ouvertes ou parce qu'ils avaient été baptisés lettres par les Vandeul.

1. *Les Editions de correspondances*, colloque, 20 avril 1968 (Paris 1969), *Ecrire, publier, lire les correspondances* (*Problématique et économie d'un 'genre littéraire'*), colloque de l'Université de Nantes (Nantes-Paris 1982), et *Des mots et des images pour correspondre*, colloque de l'Université de Nantes (Nantes 1986).

2. *Correspondance*, éd. G. Roth et J. Varloot (Paris 1955-1970).

3. 'Métalégomènes à l'édition de la correspondance de Diderot', *Approches des Lumières: mélanges offerts à Jean Fabre* (Paris 1974), p.487-521. Jean Varloot a également poursuivi son travail par une anthologie en livre de poche des *Lettres à Sophie Volland* (Paris 1984) dont l'établissement et l'annotation sont nouveaux.

Les lettres au R. P. Berthier, jésuite (1751), ou celle qui a été adressée à Briasson et Le Breton (1771) ont été intégrées aux volumes consacrés à l'*Encyclopédie*. De même, la *Lettre apologétique de Raynal à M. Grimm* fera partie du volume consacré à l'*Histoire des deux Indes*. Une fois remis à leur place ces textes, un choix devait être fait entre une présentation chronologique de la correspondance, qui fait se suivre, comme on l'a remarqué plus haut, un billet sans valeur littéraire et une grande lettre à Sophie Volland, et une présentation par ensembles cohérents, par correspondants, qui ne peut intégrer la totalité des lettres conservées. Le comité de publication a opté pour une présentation chronologique, en mettant à part l'échange épistolaire avec Falconet, conçu par les interlocuteurs comme une œuvre en gestation. Le débat sur la postérité forme donc à lui seul un volume de la collection, les lettres ultérieures de Diderot à Falconet demeurant dans la correspondance générale. Diderot a sans doute songé aussi à tirer de ses envois à Sophie la matière d'un ouvrage distinct, mais l'imprécision du projet et l'état lacunaire de cette correspondance empêchent de procéder avec elle comme avec le débat sur la postérité.

Ce cadre délimite un vaste travail qui ne peut être mené que par une équipe. Jean Varloot concluait les volumes des Editions de Minuit par le souhait que le travail collectif relaie désormais les chefs-d'œuvre individuels. Cette équipe, c'est au sens large la communauté diderotienne, et d'abord ceux qui ont, tome après tome, rendu compte de l'édition Roth-Varloot, suggéré des modifications, apporté des compléments. Je pense en particulier aux recensions régulières de Roland Mortier dans la *Revue belge de philologie et d'histoire*, d'Albert Delorme dans la *Revue de synthèse*, de Jacques Voisine dans l'*Information littéraire* ...[4] ou à un substantiel article comme celui que Jacques Proust a consacré au tome xiii.[5] Une circulaire aux collaborateurs de DPV a apporté une moisson d'informations et la manifestation de bonnes volontés disponibles. Aucune d'entre elles ne sera superflue pour les quatre grandes tâches qui s'imposent maintenant.

La première est la recherche de lettres nouvelles. Plusieurs ont été révélées depuis 1970, date d'achèvement de la *Correspondance* aux Editions de Minuit. Elles prouvent que les blancs de cette édition proviennent souvent moins d'un ralentissement de l'activité épistolaire de notre écrivain que des manques de notre information. Edgar Mass a publié une lettre à Antoine Honneste d'Adhémar,[6] du 15 mai 1752, dont le manuscrit se trouve à Berlin: elle rompt un silence de presque une année dans le premier volume de G. Roth, entre les

4. Voir Frederick A. Spear, *Bibliographie de Diderot: répertoire analytique international* (Genève 1980), p.544-46.

5. 'Sur le tome xiii de la correspondance de Diderot', *RHLF* 68 (1968), p.578-87.

6. Edgar Mass, *Le Marquis d'Adhémar: la correspondance inédite d'un ami des philosophes à la cour de Bayreuth*, S.V.E.C. 109 (1973), p.96-98.

numéros 36 (20 septembre 1751) et 37 (25 août 1752). André Magnan a tiré d'un manuel de correspondance une lettre à Laplace qui, pas plus qu'Adhémar, n'apparaissait jusqu'alors parmi les destinataires de Diderot.[7] Datée du 15 janvier 1762, elle intervient au cours d'un hiver dont nous connaissions seulement les billets à Damilaville. Jean Varloot a donné en annexe à ses 'Métalégomènes' une lettre à Mme Necker d'octobre 1772, qu'il numérote 779bis. Plus récemment, François Moureau a trouvé dans la collection Doucet léguée à la Bibliothèque d'art et d'archéologie de Paris trois lettres aux ingénieurs des Ponts et chaussées Jean-Rodolphe Perronet et Pierre-Charles Lesage: écrites en juillet et septembre 1781 à propos d'un portrait et d'une devise, elles enrichissent la correspondance, peu dense dans les dernières années du philosophe.[8] Enfin, le *Bulletin de la société historique et archéologique de Langres* a publié en *fac-simile* et transcrit la lettre à Le Breton, datée approximativement de janvier 1766, acquise par la municipalité de Langres. Sous le numéro 372, elle était réduite à sept lignes, issues du fichier Charavay, dans Roth-Varloot (v.242). Ce bulletin de Langres publie également, accompagnée d'une longue analyse biographique, la réponse du chanoine Didier-Pierre à son frère Denis, le 14 novembre 1772.[9] A ces nouveaux numéros, on peut en ajouter un autre, correspondant à la lettre de Diderot que Delisle de Sales publie dans la cinquième édition de *La Philosophie de la nature* (voir annexe).

D'autres lettres doivent encore voir le jour. 'Les bibliothèques publiques sont loin d'avoir livré tous leurs secrets', notait J. Varloot (Métalégomènes, p.488), sans parler des archives privées ni des collections particulières, dont l'inventaire systématique des catalogues de vente peut révéler quelques trésors. Mais si le corpus actuellement connu des lettres de Diderot doit être élargi, il faut également en distraire un numéro, à vrai dire pas bien conséquent, le simple membre de phrase, numéroté 164ter (Roth-Varloot, xvi.26) et attribué à Diderot sur la foi de l'édition Besterman de la correspondance de Voltaire auquel il faudra rendre ces quelques mots: 'La seule vengeance qu'on puisse prendre de l'absurde insolence...'.[10]

7. André Magnan, 'Une lettre oubliée de Diderot', *D.Stud.* 18 (1975), p.139-44.

8. 'Trois lettres, sur le portrait de Perronet (1781), présentées par François Moureau', *D.H.S.* 16 (1984), p.243-52.

9. Michèle Gauthier, 'Une lettre manuscrite de Diderot à la Bibliothèque municipale', et André Garnier, 'Des adversaires irréconciliables: les frères Diderot. La réponse du chanoine Didier-Pierre à son frère Denis le philosophe le 14 novembre 1772', *Bulletin de la société historique et archéologique de Langres*, no spécial, *Autour de Diderot* (Langres 1984), p.99-107 et 13-59.

10. Larissa Albina et Henri Duranton, 'Un fragment inédit de Voltaire', *RHLF* 82 (1982), p.82-90. Il faut également rétablir le destinataire de la lettre 101, du 16 novembre 1758 (CORR, ii.79-81), selon les indications d'Anne-Marie Chouillet dans le dossier du *Fils naturel* et du *Père de famille* (*S.V.E.C.* 208 (1982), p.93-94).

La seconde tâche est d'établir à nouveau les textes. Les sondages entrepris par Annette Lorenceau, François Laforge et Jean-Noël Pascal montrent qu'ils doivent être tous revus. Les transcriptions jusqu'à une date récente ont été des adaptations selon le goût d'une époque. Nos exigences en matière de fidélité ont aujourd'hui changé. La question de la modernisation s'est reposée à ce propos. On a affaire le plus souvent à des autographes uniques qui pourraient être rendus dans leur singularité orthographique. Pourtant les arguments d'homogénéisation de la collection DPV, de lisibilité et les perspectives informatiques ont conduit à maintenir pour les derniers volumes les règles en vigueur dans l'ensemble de l'édition. Mais l'emploi des majuscules, les abréviations et la ponctuation de l'épistolier seront le mieux possible respectés et les alinéas maintenus tels qu'ils apparaissent sur les manuscrits. La pratique habituelle des éditeurs a été d'uniformiser un style épistolaire qui frappe au contraire par ses variations, ses sautes, ses humeurs. L'édition à venir tentera de rendre le rythme propre de cette écriture, sans ignorer qu'il ne peut exister d'équivalence absolue entre typographie et graphie manuscrite. La question des soulignements reste en suspens. Diderot affectionne les coups de plume qui mettent en valeur un mot, parfois une phrase, parfois même un paragraphe entier, signalent une citation ou une reprise, présentent un dialogue. Les éditeurs les ont souvent négligés et ont utilisé l'italique à d'autres fins. Une telle ressource typographique peut-elle à la fois servir de marque stylistique d'un auteur et d'outil de l'édition critique, appartenir à la fois au texte et au métatexte? Faut-il reproduire le soulignement tel quel dans la version imprimée?[11]

Si la correspondance pose peu de problèmes de variantes, il faut pourtant songer aux lettres qui, sans être d'emblée publiques, peuvent circuler et connaître une diffusion plus large que le petit cercle familial ou amical. Deux exemples illustrent ce champ de recherche. Ils concernent tous deux des lettres à l'Anglais John Wilkes. François Moureau a retrouvé dans un article daté de Londres le 7 mai 1768 et paru dans le *Courrier du Bas-Rhin* du 18 mai, une version française de la lettre du 2 avril par laquelle Diderot félicitait son correspondant de son élection au Parlement.[12] F. Moureau propose de considérer cette version française comme l'original ou un texte plus proche de l'original que la version anglaise publiée dans la correspondance de Wilkes et retraduite en français par Assézat-Tourneux puis par G. Roth. Or John Lough me signale qu'une autre missive de Diderot à Wilkes a fait l'objet d'une diffusion similaire. Il s'agit de la lettre de juin 1776 (xiv.198-200, no 871), dont l'original se trouve à la

11. J'ai abordé ces problèmes dans une communication au colloque de l'Université de Paris VIII: *Diderot: autographes, copies, éditions*, éd. Béatrice Didier et Jacques Neefs (Saint-Denis 1986).

12. CORR, viii.21-22, no 475, et F. Moureau, 'Sur une lettre de Diderot à John Wilkes publiée dans le *Courrier du Bas-Rhin*', *D.H.S.* 6 (Paris 1974), p.277-85.

British Library. John Wilkes, soucieux de faire connaître les marques d'estime manifestées par le philosophe français, l'a montrée à Sir William Jones (1746-1794), qui en envoie une version anglaise approximative à l'un de ses propres correspondants.[13]

L'établissement des textes touche à la datation. Les dates sont en effet souvent ajoutées sur les autographes, sur ceux des lettres à Sophie par exemple, parfois même corrigées. Il semble que ce soit les Vandeul qui les aient classées et ainsi datées. Les manuscrits portent plusieurs couches d'écriture et on ne sait pas toujours où s'achève le travail de Diderot, où commence celui de sa fille et de son gendre. Les remaniements des Vandeul ne seront pas systématiquement intégrés à l'apparat critique. Mais l'étude des copies du fonds Vandeul et du fonds de Leningrad peut apporter des indications utiles sur l'histoire des manuscrits. Sans qu'il faille assimiler Vandeul et Vandales, la 'vandeulisation', pour reprendre l'expression de Jean Varloot,[14] s'apparente aux tripatouillages pratiqués sur nombre de correspondances au dix-neuvième siècle et dénoncés par les participants au colloque de 1968 sur l'édition des correspondances. Le problème des dates devra donc être entièrement revu, avec une prudence accrue. L'analyse du manuscrit 180 des archives Tronchin, menée par Jean-Daniel Candaux à la Bibliothèque publique et universitaire de Genève, offre l'exemple d'une démarche rigoureuse et devra servir de modèle: J.-D. Candaux propose une nouvelle datation pour cinq des sept lettres du fonds.[15] Jean Garagnon a également montré qu'un billet à Mme d'Epinay, daté par G. Roth de 1761 (iii.345, no 239), devrait être retardé jusqu'à la fin 1762.[16]

La troisième tâche est celle de l'annotation et du commentaire. L'apport de l'édition Roth-Varloot est dans ce domaine incomparable. Il devra être à la fois allégé et élargi. Allégé, car cette édition de la correspondance se veut une biographie de Diderot, celle de DPV n'y prétendra pas, d'autant moins que le lecteur francophone peut désormais se reporter facilement à la traduction du livre d'Arthur Wilson.[17] Elargi, car l'annotation philosophique et littéraire des seize volumes des Editions de Minuit reste souvent rapide. C'est dans cette annotation que seront utilisées les lettres à Diderot, et les lettres sur Diderot reproduites par Roth-Varloot et exclues de DPV. Roland Desné a mené un beau travail pour débrouiller l'écheveau des publications des épîtres de Dorat

13. Lord Teignmouth, *Memoirs of Sir William Jones* (London 1806), p.152-54.

14. 'Le problème Vandeul', *Diderot: autographes, copies, éditions*.

15. J.-D. Candaux, 'Le manuscrit 180 des Archives Tronchin: inventaire critique et compléments à la correspondance de Diderot', *D.H.S.* 2 (1970), p.13-32.

16. Jean Garagnon, 'Datation et interprétation d'un billet de Diderot à Mme d'Epinay', *RHLF* 75 (1975), p.610-12.

17. *Diderot et son œuvre*, tr. de l'anglais par G. Chahine, A. Lorenceau, A. Villelaur (Paris 1985).

et de Légier à propos de l'achat de la bibliothèque de Diderot par Catherine II.[18] Il faut souhaiter la multiplication d'études de ce genre pour la réussite de la nouvelle édition de la correspondance.

L'annotation devra préciser nombre de références internes et externes, c'est-à-dire replacer les lettres dans le contexte des autres œuvres de Diderot et dans le tissu intertextuel de son temps. Je prends quelques exemples de ces renvois à des textes de Diderot ou d'autres auteurs. Les rapprochements internes seront, selon les cas, des souvenirs, des autocitations ou bien des amorces, des anticipations d'un développement futur. Quand on lit dans le post-scriptum de la lettre à la princesse Dachkov du 24 décembre 1773 (xiii.139, no 825) 'la musique est le plus puissant de tous les beaux-arts', on ne peut s'empêcher de penser à la formule des additions à la *Lettre sur les aveugles*, selon laquelle la musique est 'le plus violent des beaux-arts' (éd. Niklaus, p.77, et DPV, iv.100). G. Roth a justement souligné que la phrase suivante de la lettre se réfère à une formule favorite de notre philosophe: l'amour, autant que plaisir, est consolation (Roth-Varloot, xiii.139, note 10). Mais l'expression précédente mérite aussi une note.

Dans un des fragments non datés recueillis dans le dernier tome (xvi.66, no 978), une réflexion sur l'amitié aboutit à la phrase, 'c'est que c'est elle, c'est que c'est moi', où il est difficile de ne pas entendre un écho de Montaigne. Montaigne est sans doute également présent dans une lettre à Mme de Maux (?) de 1769. Il s'agit cette fois d'amour: 'L'amour, mon amie, qui n'est parmi nous qu'un enfant léger, fou, capricieux, perfide, serait un entrepreneur de grandes choses, un sentiment véhément et sublime' (ix.199, no 574). Diderot donne à sa correspondante l'exemple d'un jeune spartiate. On lit dans l'*Histoire des deux Indes*: 'C'est à Sparte, c'est à Rome, c'est en France même, dans les temps de la chevalerie, que l'amour a fait entreprendre et souffrir de grandes choses.'[19] Or les années qui suivent voient foisonner cette expression, présentée comme citation de Montaigne et transformée en véritable mot d'ordre. Mably rappelle dans les *Principes de morale* en 1784 que l'amour est pour Montaigne

18. R. Desné, 'Quand Catherine II achetait la bibliothèque de Diderot', *Thèmes et figures du siècle des Lumières: mélanges offerts à Roland Mortier* (Genève 1980), p.73-94. D'autres articles biographiques seront utiles, tels ceux de Blake T. Hanna pour les années de jeunesse, 'Diderot théologien' et 'Le Frère Ange, carme déchaussé, et Denis Diderot', *RHLF* 78 (1978), p.19-35, et 84 (1984), p.373-89, ceux de Laurence L. Bongie, 'Diderot and the rue Taranne', et d'Emile Lizé, 'Notes bio-bibliographiques sur Diderot', *S.V.E.C.* 189 (1980), p.179-90, et 241 (1986), p.285-96. Dans une contribution au présent recueil, Jean Varloot éclaire la lettre du 16 août 1781 (CORR, xv.262): 'Une "misérable affaire" ou l'épicier, le robin et le philosophe ou le carrosse et le tonneau'. On attend également l'achèvement de la thèse d'Etat de Serge Baudiffier et les contrecoups pour la recherche du programme de l'agrégation qui comportait, en 1986-1987, l'anthologie des lettres à Sophie Volland procurée par Jean Varloot.

19. *Histoire des deux Indes*, livre xv (Amsterdam 1770), vi.24.

'une passion *entrepreneuse de grandes choses*' et il l'oppose à la galanterie pratiquée de son temps par 'les petites mijaurées abîmées de luxe, d'oisiveté, de mollesse et de minauderies étudiées'. Le passage est souvent cité par les journaux du temps, il l'est aussi par J. M. B. Clément dans l'article 'Amour' de son *Petit dictionnaire.*[20] Le mot plaît à Guibert, qui l'applique à l'enthousiasme dans l'*Eloge de Catinat*: l'enthousiasme doit devenir 'créateur de grands hommes et entrepreneur de miracles'. Les journaux s'empressent également de rapporter la formule que Guibert attribue en note à Montaigne.[21]

D'autres formules de la correspondance appellent une rapide mise au point sur un débat d'époque, que ce soit la référence au système de Buffon selon lequel 'il n'y a de l'amour que le physique qui soit bon' (vii.58, no 442, et viii.161, no 492) ou la définition de la philosophie comme 'opium des passions' (xvi.66, no 979). Les recherches de Jean Deprun ont montré l'émotion soulevée par le passage du *Discours sur la nature des animaux*, pris souvent à contre-sens,[22] et elles permettent par ailleurs de rapprocher la définition de la philosophie avancée par Diderot de celle de la dévotion comme 'opium pour l'âme', donnée par Rousseau dans *La Nouvelle Héloïse.*[23] On pourrait multiplier les exemples.

La dernière tâche sera d'esquisser une poétique de la lettre selon Diderot. L'édition doit avant tout fournir un texte fiable aux futurs interprètes, elle peut également ouvrir quelques perspectives critiques sur une forme de l'écriture de Diderot qui n'a pas suscité beaucoup d'études depuis les monographies de Lester G. Crocker et Martine Darmon Meyer.[24] Jacques Proust a étudié l'émergence du conte dans les lettres à Sophie, véritable laboratoire textuel pour l'écrivain; Gabrijela Vidan s'est intéressée au décousu de la conversation qui y règne et Yoichi Sumi à l'échec d'un enchaînement qui est peut-être la réussite d'un fonctionnement poétique particulier.[25] Ce fonctionnement, il reste à l'ana-

20. Mably, *Principes de morale* (Paris 1784), p.79. M. Dreano signale des mentions du texte dans l'*Année littéraire*, la *Correspondance littéraire* et le *Journal des beaux-arts* (*La Renommée de Montaigne en France au dix-huitième siècle, 1677-1802* (Angers 1952), p.455). Voir aussi J. M. B. Clément, *Petit dictionnaire de la cour et de la ville* (Londres 1788), i.25.

21. *Eloge de Catinat* (1775), dans *Eloges du maréchal de Catinat, du chancelier de l'Hospital, de Thomas* ... (Paris 1806), p.101. Voir le *Journal de lecture* (Paris 1775), iii.189.

22. J. Deprun, 'Le topos de l'inquiétude dans *Les Mois*', *Cahiers Roucher-Chénier* 1 (décembre 1980), p.92-93 et 95-96, et séminaire de Paris I (1984-1985).

23. *La Nouvelle Héloïse*, VI, 8.

24. Lester G. Crocker, *La Correspondance de Diderot, son intérêt documentaire, psychologique et littéraire* (New York 1939), et Martine Darmon Meyer, *Lettres et réponses de Diderot à Sophie Volland: échos personnels, politiques et littéraires*, Archives de lettres modernes (Paris 1967).

25. J. Proust, 'De l'*exemple* au *conte*: la correspondance de Diderot', *Cahiers de l'association internationale des études françaises* 27 (Paris 1975), p.171-87; G. Vidan, 'Style libertin et imagination ludique dans la correspondance de Diderot', *S.V.E.C.* 90 (1972), p.1731-45; Y. Sumi, 'L'été 1762. A propos des lettres à Sophie Volland', *Europe* (mai 1984), p.113-18. Parmi les contributions au bicentenaire de 1984, on note également les communications de J.-C. Bonnet et Catherine Lafarge

lyser plus précisément, ainsi qu'à suivre le projet autobiographique qui court à travers les lettres à Sophie. Jean-Pierre Seguin a par ailleurs entrepris une étude lexicale de la correspondance qui peut être d'un apport décisif pour l'édition.[26]

La force esthétique des textes de Diderot a toujours été de susciter la participation, d'appeler les suites ou les réfutations, les libres interprétations et les adaptations. Comme l'ont bien vu les organisateurs du colloque de Cerisy,[27] l'actualité de *Jacques le fataliste* se trouve chez Milan Kundera et celle de la correspondance est peut-être à chercher dans ces pages apocryphes:

> Essayez d'imaginer un Paris sans carosses, sans chevaux, et où tout un chacun ne parle, ne nous parle que de deux chevaux, six chevaux. De crottin, pas trace. Mais une puanteur plus repoussante que vesse de loup, pet d'étalon. Carosses; dans mon rêve, on parloit de carosseries, mais sans chevaux, dont le pet pétarade, tant et si fort que les embarras de Paris, tel que Despréaux les décrivit, déplora, seroient aujourd'hui bienvenus. Il faut, ou bien que j'aie perdu la tête, ou que mon diable soit un petit frère du boiteux de Lesage et me fasse en effet revivre à la date que portent les gazettes.[28]

Dire que cette lettre nous ne pourrons même pas l'insérer dans notre édition!

Annexe: une lettre de Diderot à Delisle de Sales

Diderot n'avait pas été indulgent pour la *Lettre de Brutus sur les chars anciens et modernes*, publiée sans nom d'auteur en 1771, dont il avait rendu compte dans la *Correspondance littéraire* dès la livraison du 15 décembre de cette année. Peut-être ne savait-il pas que l'auteur en était Delisle de Sales qu'il avait déjà rencontré à cette époque. Ce sont les poursuites engagées contre *La Philosophie de la nature* qui le rendirent célèbre dans les milieux philosophiques. Les trois premiers volumes du traité étaient parus en 1770, les trois autres suivirent en

sur Diderot amoureux, au *Colloque international Diderot (1713-1784): Paris – Sèvres – Reims – Langres (4-11 juillet 1984)*, éd. Anne-Marie Chouillet (Paris 1985), celles d'Anne-Marie et Jacques Chouillet sur les problèmes lexicaux des lettres à Sophie, au colloque de Kyoto, celle de John Renwick sur les lettres des dernières années au colloque d'Edimbourg (*Diderot: les dernières années 1770-1784*, Edinburgh 1985), celle de Rolf Geissler au colloque de Halle ('Diderot als Briefschreiber: zur Rezeption seiner *Lettres à Sophie Volland* in Frankreich und Deutschland', *Beiträge zur romanischen Philologie* 24 (1985), p.345-52). Le travail peut encore bénéficier des différentes études sur d'autres correspondances au dix-huitième siècle, en particulier de celle de Jean-Noël Pascal sur Julie de Lespinasse. Le travail collectif sur les correspondances de d'Alembert, d'Helvétius, de Mme de Graffigny ou du groupe de Coppet est également exemplaire.

26. J.-P. Seguin, 'Malaise vécue et malaise romanesque dans la correspondance de Diderot et dans *La Religieuse*', *Trames. Histoire de la langue: méthodes et documents* (Limoges 1984), et 'Du chagrin à l'amertume: le vocabulaire des états d'âme douloureux dans la correspondance de Diderot de 1742 à 1758', *Au bonheur des mots: mélanges en l'honneur de Gérald Antoine* (Nancy 1984).

27. *Interpréter Diderot aujourd'hui* (Paris 1984).

28. Etiemble, 'A Mlle Sophie Volland, 31 juillet 84...', *Europe* (mai 1984), p.119-32.

1773. Une seconde édition, reprenant les six volumes, est datée de 1774.[29] Les autorités s'avisèrent du danger que représentait le livre en septembre 1775. Le Châtelet le condamna 'à être lacéré et brûlé en la place de Grêve par l'Exécuteur de la Haute Justice, comme impie, blasphématoire et séditieux'. La sentence fut exécutée le 14 décembre 1775. La *Correspondance littéraire* croit pouvoir ironiser sur cet honneur que se disputent les écrivains du temps.

Cette ironie ne fut plus de mise lorsque le Châtelet, non content d'avoir condamné le livre, entendit frapper l'auteur qui fut décrété de prise de corps. Delisle dut se cacher et en appela au Parlement. Les philosophes, au premier rang desquels Voltaire, furent alertés. La parution de la troisième édition de *La Philosophie de la nature* en 1777 relança la procédure. A l'issue d'une séance du Châtelet à laquelle il avait été convoqué, le 21 mars, Delisle fut arrêté. La mobilisation de Voltaire et de ses amis en fit un martyr de l'intolérance et du fanatisme. Le Parlement au bout de quelques semaines réduisit la sentence à une admonestation et le Patriarche invita le nouveau héros à lui rendre visite à Ferney: la lettre d'invitation date du 6 mai 1777 (Best.D20663). Delisle ne tarda pas à y répondre. Il séjourna à Ferney de la dernière semaine de juin jusqu'au 4 août.

Vingt ans plus tard, il recueillit le dossier des lettres de soutien reçues dans l'épreuve, qu'il adjoignit à *La Philosophie de la nature*, en tête de la cinquième édition en 1789. A côté des messages de Condillac et d'Alembert et de ceux de Voltaire se trouve celui de Diderot qui se situe chronologiquement, d'après son dernier paragraphe, entre l'invitation à Ferney et le voyage lui-même, c'est-à-dire en mai ou en juin 1777.[30] Diderot y discute un passage de *La Philosophie de la nature* qui le concerne directement. Le troisième livre du traité, 'Du corps humain', comporte une histoire des opinions anciennes et modernes sur la génération humaine qui passe en revue, parmi les modernes, Maupertuis, Diderot, Buffon ... Diderot, nommé le 'créateur de l'*Encyclopédie*', est cité pour un passage de *L'Interprétation de la nature* (DPV, ix.84):

> Un philosophe supérieur par ses lumières à Maupertuis, et qui, quoique vivant, a déjà toute sa célébrité, a tenté de rectifier son système, ce qui vaut encore mieux que d'en plaisanter l'auteur; il substitue à l'intelligence des éléments une sensibilité infiniment inférieure à celle que la nature a donnée aux animaux les plus stupides, et les plus voisins de la matière morte. Cette sensibilité est une espèce de tact sourd et obtus qui est à l'origine de l'activité des molécules organiques [...][31]

29. Voir Pierre Malandain, *Delisle de Sales: philosophe de la nature, 1741-1816*, S.V.E.C. 203-204 (1982), d'où je tire les informations sur l'affaire de 1775-1777.

30. *De la Philosophie de la nature, ou traité de morale pour le genre humain, tiré de la philosophie et fondé sur la nature*, cinquième édition (Londres 1789), Préliminaires, i.LII-LIII.

31. *De la Philosophie de la nature*, troisième édition (Londres 1777), iii.379; 5e éd. iv.250.

Delisle de Sales, méfiant devant tout risque de matérialisme, refuse de se laisser convaincre. Il range l'hypothèse parmi les 'rêves ingénieux de Platon'. Il ne ménage pas non plus dans d'autres chapitres de son livre les attaques contre le *Système de la nature.* Non moins ferme dans ses principes, Diderot semble vouloir engager un débat d'idées, et ne serait-ce pas chez le baron d'Holbach qu'il voudrait entraîner son cadet? Il l'invite en tout cas à venir voir chez lui la fameuse *Tempête* de Vernet qu'il décrit dans les *Regrets sur ma vieille robe de chambre*: 'Déjà ce n'est plus moi qu'on visite, qu'on vient entendre; c'est Vernet qu'on vient admirer chez moi [...] O mon ami, le beau Vernet que je possède' (DPV, xviii.59).

Cette lettre voisinera dans l'édition de la correspondance avec celle que Diderot adresse en juin ou juillet 1777 (?) à Louis-Sébastien Mercier: double exemple des relations que le philosophe vieillissant entretient avec la génération suivante (Mercier est de 1740, Delisle de Sales de 1741). Il se campe en sage, un peu retiré des affaires, regardant de loin les débats de l'actualité. 'Je suis devenu à demi-paysan. J'ai passé l'année toute entière à la campagne, avec moi seul,' écrit-il à Mercier (CORR, xv.64) et à Delisle: 'Je ne lis plus depuis longtemps de livres modernes.'

L'introduction dans laquelle Delisle présente son aîné mérite également de retenir l'attention. Au delà des six volumes d'*Œuvres philosophiques* publiés par Diderot,[32] il connaît l'œuvre manuscrite du philosophe, que ce soit les *Salons* ('la sensibilité la plus exquise pour les arts') ou peut-être les dialogues ('ce qu'il a écrit de plus piquant'). Son réalisme sur le goût de Catherine II pour la philosophie de Diderot est peut-être une réponse implicite à l'allusion que ce dernier faisait à l'affaire Rulhière dans laquelle il s'était interposé entre Rulhière, auteur des *Anecdotes sur la Révolution de Russie et l'année 1762* manuscrites, et les autorités de Saint-Pétersbourg.[33]

Un autre livre de Delisle de Sales permet d'apprécier les rapports qui ont existé entre les deux écrivains. L'*Essai sur le journalisme* s'ouvre par un texte polémique contre Grimm dont Delisle vient de découvrir les jugements portés sur lui, lors de la publication de la *Correspondance littéraire*: il y est traité par Grimm de 'singe de Jean-Jacques, de Diderot et de Montesquieu'. Autant il se montre agressif envers Grimm, autant son évocation de Diderot reste empreinte de sympathie:

C'est vers le mois de mai 1770, époque de la publication de mon premier et faible essai sur la *Philosophie de la nature*, que je me rencontrai avec le baron de Grimm, chez Diderot, qui contre son ordinaire avait lu mes trois premiers volumes in 12 en entier, y

32. *Œuvres philosophiques de Mr D**** (Amsterdam 1772).
33. Voir Arthur M. Wilson, *Diderot: sa vie et son œuvre* (Paris 1985), p.454-55.

avait vu le germe d'un livre destiné à faire du bruit, mot qui dans sa manière de voir était synonyme à celui de gloire, et en parlait avec cette chaleur qu'il mettait à tout ce qui était du domaine des arts: chaleur qui malgré les injustes dédains de La Harpe, était à la fois dans sa tête et dans son cœur.

Grimm étonné de ce débordement d'éloges, demanda à Diderot de lui prêter son exemplaire, dont alors le premier volume était entre les mains de La Grange, le traducteur de Sénèque, et le second dans celles de Naigeon. La manière à demi amicale, à demi protectrice dont le baron me regarda alors, m'invitait à suppléer au refus forcé de Diderot: un sentiment naturel de fierté que je n'ai jamais pu vaincre m'arrêta là, et sans m'en douter je m'en fis un ennemi. A peine Grimm fut-il sorti que Diderot me gronda avec sa véhémence ordinaire quand il aimait: car ce beau génie qui me prêchait la politique, n'en eut jamais pour lui-même. Mon refus très prononcé amena ce petit entretien, qui semble depuis tant d'années retentir encore à mon oreille.[34]

Suit alors un dialogue dans lequel Diderot cherche à réconcilier Delisle avec Grimm et où Delisle le met en garde contre le baron. Delisle dans ce texte tardif dont le témoignage ne peut être accepté sans une certaine méfiance, ne semble pas au courant de la crise de confiance qu'ont connue les rapports entre Diderot et Grimm. Delisle se présente en tout cas sinon comme un familier, du moins comme un ami du philosophe; mais s'il avait reçu d'autres lettres de sa main, ne les aurait-il pas recueillies comme celles du Patriarche?[35]

DIDEROT

Le philosophe de son siècle, et peut-être de tous les siècles, qui a eu la sensibilité la plus exquise pour les arts; sa tête était vraiment organisée pour créer une Encyclopédie. On jugerait mal cet homme étonnant, si on ne l'appréciait que sur les six volumes in 8° qui portent son nom. Ce qu'il a écrit de plus piquant n'a pas vu le jour. L'Impératrice de Russie, qui s'honorait du nom de son amie, a voulu pendant quelque temps contribuer à une édition complète de ses œuvres, qui devait avoir soixante volumes. C'est le trône de la Crimée qui a éloigné l'élévation de ce monument à la gloire de Diderot.

LETTRE

... Vous marchez, mon ami, à pas de géant, dans une carrière que je parcours depuis quarante ans, mais non sans broncher; je ne lis plus depuis longtemps de livres modernes; mais la philosophie de la nature mérite une exception honorable; cette troisième édition surtout, qui par l'étendue des recherches et la maturité du génie, semble vous vieillir d'un demi-siècle.

J'aurais cependant bien des objections à vous faire sur votre chimère de l'athée

34. *Essai sur le journalisme depuis 1735 jusqu'à l'an 1800* (Paris 1811), p.xxiv-xxv.

35. On trouve encore un éloge de Diderot sous la plume de Delisle de Sales, dans l'*Essai sur la tragédie* (s.l. 1777). Il s'agit cette fois du dramaturge et du théoricien du théâtre: 'Un moderne plus poète que La Motte, quoiqu'il n'ait jamais fait de vers, et plus lu que cet académicien, parce qu'il est plus chaud, sans être moins ingénieux, a donné de nos jours des idées nouvelles sur l'Art dramatique à l'occasion du *Fils naturel* et du *Père de famille*; tous les gens de lettres et les amateurs ont lu cet ouvrage, et c'est assez faire son éloge' (p.14). Diderot est mis en valeur par rapport à La Motte comme il l'est plus haut par rapport à Maupertuis.

malhonnête homme, sur mon *tact sourd et obtus* que vous déprimez sans l'entendre, sur .... Vous savez, jeune homme, que je sais dire la vérité à mes amis, quand ils sont dignes de la recevoir: vous en avez été témoin un jour à la lecture de la Conjuration de Russie de Rhuliere. Mais je ne veux point troubler votre triomphe: je vous attends à votre retour du Capitole.

J'ignore d'où vient votre répugnance à vous laisser mener chez le Baron D.... vous y trouveriez des amis de la philosophie, et j'ose dire, les vôtres....

N'allez pas, je vous prie, à Ferney, sans venir causer avec moi; nous nous entretiendrons de mon *Vernet*, que vous aimez tant, et du grand homme qui vous appelle dans sa retraite......[36]

36. Signalons en *post scriptum* la monographie de Jacques Chouillet, *Denis Diderot-Sophie Volland: un dialogue à une voix* (Paris 1986) et la publication d'un autre inédit épistolaire de Diderot: Michel Delon, 'Diderot et le renouveau catholique du Consulat: un fragment de lettre oublié', *Recherches sur Diderot et sur l'Encyclopédie* 2 (1987). Un colloque sur la lettre a eu lieu à Cerisy en juillet 1987: *L'Epistolarité à travers les siècles, geste de communication et/ou d'écriture.*

JEAN VARLOOT

Une 'misérable affaire' ou l'épicier, le robin, et le philosophe, ou le carrosse et le tonneau

'NOUS avons à faire à des gens cauteleux; pourriez-vous donc deviner pour quelles raisons la plainte qu'ils ont faite par-devant le commissaire Thiot, et les dépositions des témoins qu'ils ont assignés, ne se trouvent point dans les sacs du greffier au petit criminel? Serait-ce pour persuader aux juges que nous sommes les agresseurs? quoique leur plainte ait été le premier acte juridique, et qu'ils l'ont notifiée à mon épicier par huissier, notification qui a mis l'épicier en défense' (lettre datée du 'lendemain de la Vierge', c'est-à-dire du jeudi 16 août 1781).[1]

Voilà le genre d'énigmes qui est le lot d'un éditeur de correspondance comme d'un biographe sérieux. A qui Diderot écrit-il? De quelle affaire lui parle-t-il? Qui sont ce commissaire, cet épicier ...? Il semble facile de répondre à la première question: le destinataire doit être M. d'Hornoy, puisqu'il n'est pas besoin de lui rappeler les 'affaires' dont le philosophe lui a parlé trois semaines auparavant.[2] Mais quelles affaires? Même s'il a l'habitude de recourir à des ministres et autres personnages de haut rang, comment se fait-il que le Philosophe requière l'appui d'un membre du Parlement – fût-il le petit-neveu de Voltaire – d'un grand maître parmi les robins de tout grade, pour une 'misérable affaire', concernant avec lui un simple épicier?

La chance du chercheur dépend souvent de l'amitié. C'est notre regrettée Jeanne Carriat qui amena un nouvel ami de Diderot, Henri Gerbaud, à exhumer des Archives nationales les quelques documents qui permettent de reconstituer la misérable affaire. Les transcrire, sans être chose facile, ne suffisait pas à éclairer une 'histoire' qui mérite quelques commentaires: il vaut mieux essayer d'abord d'en retracer le déroulement pour que soient situés chaque fait et chaque personnage de ce qui peut être lu ou interprété comme une comédie ou un conte.[3]

1. CORR, xv.262. La datation de cette lettre va être confirmée par tous les documents retrouvés.

2. Cette évidence m'avait échappé. Diderot ayant écrit à Mme de Vandeul, le 28 juillet (CORR, xv.255), qu'il avait vu d'Hornoy 'pour affaire', j'avais interprété: affaire de la famille Vandeul. Mais il aurait précisé à sa fille l'objet de sa démarche si celle-ci l'avait concernée.

3. Je ne retracerai pas l'histoire de la découverte elle-même. Les cotes des pièces d'archives sont indiquées en notes (le sigle A.N. = Archives nationales). Le texte complet de ces documents occuperait des dizaines de pages.

Il était à Paris, faubourg Saint-Germain, paroisse Saint-Sulpice, sur la rue ou grande rue Taranne, un bel immeuble encore récent qui commençait au coin de la rue Saint-Benoît. Un philosophe y avait loué, depuis le 1er juillet 1755, un appartement de cinq pièces cuisine au quatrième étage, sur la rue Taranne, et, au-dessus de l'étage des mansardes, un 'grenier' fort spacieux, avec antichambre, situé celui-ci à l'aplomb du carrefour, à l''encoignure' alors toute neuve.[4]

Au rez-de-chaussée tenait boutique un épicier nommé Claude Antoine de Bout (Debout, selon ses ennemis), ancien commis et successeur de la dame Guerin. Ce n'était pas n'importe quel épicier. Neveu par sa femme d'un avocat au Parlement, il était aussi en rapport avec le philosophe, du simple fait qu'il tenait une 'boîte aux lettres', assez officielle pour subsister encore en 1834, et où parvenaient bien des missives 'philosophiques', comme les lettres de Grimm en 1771.[5] Il y a déjà là de quoi justifier une certaine solidarité.

C'est sur la rue Taranne, assez loin de l''encoignure', qu'ouvrait, sous un corps de bâtiment moins élevé, la porte cochère par laquelle pénétrait et sortait le carrosse du marquis de Conflans, garé dans une remise, dans la cour où donnait aussi la cuisine de l'épicier.[6] Plus qu'une porte, ce pouvait être un abri provisoire, par exemple pour les tonneaux encombrants que l'épicier ne pouvait ou ne voulait rentrer dans son 'magasin'. On y pouvait aussi garer une voiture, encore qu'il ne restât alors que très peu de place pour les piétons. Voilà donc le décor du conte planté, et le tonneau va jouer le rôle de la borne des *Deux Amis de Bourbonne*, bien que sans mener au drame, et sans engager de si hauts personnages.

Ce n'est pas en effet le marquis de Conflans qui va jouer en 1781 le troisième des grands rôles, mais son 'intendant' Dumesnil, que nous connaissons déjà, à cause de lui, depuis dix ans. C'est Dumesnil qui a, de la part du marquis décavé, sollicité l'aide du philosophe critique d'art pour vendre deux 'magnifiques paysages du Poussin'. Ce fut une 'bonne aventure'.[7] Dix ans plus tard, l''inten-

4. C'est à Laurence L. Bongie que l'on doit la trouvaille et la publication du dossier immobilier de Diderot rue Taranne (*S.V.E.C.* 189, 1980): elle reproduit le bail du 1er juillet 1755. La maison avait été construite en 1725 (Bongie, p.186), mais j'ajoute qu'elle avait été complétée en 1756 par la reconstruction de l''encoignure' (voir le permis délivré le 11 juin au propriétaire Antoine Renouard, successeur de Mme de La Vergée, dans *Les Alignements d'encoignures à Paris, permis délivrés par le Châtelet de 1668 à 1789*, Paris, Archives nationales, 1979). On procédait à l'alignement des rues en partant des carrefours.

5. Voir la réponse à Grimm d'août 1771 (CORR, xv.84). Dans le *Petit atlas pittoresque des 48 quartiers de la ville de Paris* de 1834, dû à A. M. Perrot (ouvrage réimprimé par M. Fleury et Jeanne Pronteau), la boîte aux lettres est encore indiquée sur le plan, à l'entrée de la rue Saint-Benoît, à côté d'un débit de boissons qui a dû remplacer l'épicier du coin.

6. Le plan de Benetz, dit de Turgot, permet de voir, grâce à la perspective adoptée, l'intérieur de l'immeuble. A cette date, 1739, l'encoignure était dans son état primitif.

7. Lettre au conseiller François Tronchin du 17 juillet 1772 (CORR, xii.89-91).

dant', en réalité avocat au Parlement, semble tenir le haut du pavé plutôt que le marquis.[8] Il loge 'au-dessous de moi', dit le philosophe, c'est-à-dire au troisième, ou, comme dit son bail, au second au-dessus de l'entresol, bel étage,[9] et semble, né simplement Jean-François Profit, avoir bien usé de la fortune de son épouse Thérèse Nicole Rougeot,[10] qui mène un train de mondaine et possède une voiture à quatre roues avec laquelle son cocher vient la chercher quand elle soupe en ville. Voici donc maintenant réunis sur la scène, outre les trois personnages actifs – l'épicier, le philosophe et le robin (comme on disait alors avec mépris[11]) – les antagonistes muets causes du litige: le tonneau et la voiture.

Nos contemporains le savent, il n'est rien d'aussi difficile à Paris que de garer sa voiture. Il en est ainsi depuis le moyen âge. Où pensez-vous que la distinguée épouse de l'avocat garait la sienne? Sous la porte cochère, bien entendu, avec un grand mépris de parvenue pour le philosophe et ses visiteurs, et d'abord pour les denrées de l'épicier. Mais les opprimés se révoltèrent, et s'unirent pour résister quand l'adversaire employa la force, le vendredi soir 30 mars 1781. Ainsi fut nouée l'action de la 'misérable affaire'.[12]

Ce soir fatidique, le cocher du robin, surnommé Saint-Jean, pour garer sa voiture à quatre roues sous la porte, ôta de celle-ci, fort brutalement, le tonneau de l'épicier, qui d'abord, vu l'heure et la distance, ne s'en aperçut pas. Mais le philosophe, qui rentrait tard par cette porte, constata les dégâts et vint en avertir l'épicier. Ce dernier exposera le 23 avril, devant le commissaire au Châtelet Louis Joron:[13]

8. Le marquis de Conflans n'est pas inconnu de l'histoire littéraire. Il faisait partie d'un groupe de joyeux gentilshommes, officiers quelque peu libertins, les Boufflers, les Ségur, les Genlis, qui taquinaient la muse de circonstance et dont Meister insère les vers dans la *Correspondance littéraire*. De Ségur, l''Envoi de la Chanson des cocus à M. le marquis de Conflans' (*Inventaire* Kölving-Carriat, no 79:223) figure à quelques pages de l'*Impromptu* où Diderot adopte le même ton (no 79:214). En 1786, un échange de couplets entre Genlis et Conflans (no 86:071 et 072; voir C.L., xiv.350) rappelle que le second est un mauvais payeur. On va voir que sa femme veut, en 1781, vendre son carrosse.

9. Il avait repris l'appartement d'un nommé Leclair (Bongie, p.187). Dans cette façon de numéroter les étages, le ménage Diderot est au troisième au-dessus de l'entresol.

10. Le mariage est noté le 22 décembre 1761 dans le registre du Parlement (A.N., 4416, f.235*v*). Thérèse Rougeot était encore 'fille mineure' (de moins de 25 ans). Elle doit donc avoir la quarantaine en 1781.

11. Le robin a toujours eu mauvaise réputation chez les gens de lettres. Il est 'mal fait', selon Marivaux, et depuis La Fontaine on sait qu'il est 'pêcheur en eau trouble'.

12. Rappelons qu'on ne tire ici des documents que l'essentiel, tout en tenant compte des versions opposées quand la différence en vaut la peine.

13. A.N., Y 13973[A]. Nous ne modernisons que la graphie des mots autres que les noms propres. On verra plus loin les raisons du retard de cette plainte. De Bout rappelle d'abord 'Qu'il a droit par son bail de jouir de l'entrée de la porte cochère pour faire entrer sa marchandise dans la cour et dans son magasin/Qu'il a été obligé quelquefois par la nécessité de son commerce, ainsi que

Que le trente mars dernier vers les onze heures du soir, le Sr Diderot aussi locataire dans ladite maison, voulant rentrer, a trouvé la porte cochère bouchée par la voiture de ladite dame Dumesnil et a trouvé une pièce d'huile du poids de sept à huit cents, appartenant au plaignant, qui avait été roulée du dessous de la porte cochère, dans la rue et dans le ruisseau. Ledit Sr Diderot en avertit le plaignant, qui aussitôt, accompagné de son commis, alla dans la rue, et trouva qu'effectivement sa pièce d'huile était dans le ruisseau exposée à être enfoncée, et à tous les autres accidents qui pourraient y arriver; il demanda au nommé Saint Jean laquais de ladite dame Dumesnil pourquoi il avait ainsi exposé sa marchandise nuitamment dans le ruisseau; ce domestique lui répondit grossièrement et le menaça de le frapper, et il se mit même en devoir de le faire. Le plaignant monta à l'instant, accompagné dudit Sr Diderot qui retournait à son appartement, et il frappa à la porte de l'appartement de ladite dame Dumesnil; elle n'y était point, il ne put pas avoir d'explication avec elle …

Dumesnil donne des faits une version bien différente, sans mentionner Diderot et en insistant sur les insultes proférées par l'épicier à l'égard du maître et surtout de la maîtresse du cocher. Il expose:

Que ledit Sr Debout sortit aussitôt de sa boutique et apostropha d'injures plus grossières les unes que les autres ledit Saint Jean lui disant entre autres choses. Tu es bien hardi j. f. de sortir lesdits tonneaux. Est-ce ta f. B. de maîtresse qui te l'a ordonné? Que ledit St Jean lui répondit que c'était dans la crainte de les casser qu'il les avait sortis; alors ledit Sr Debout se répandit de nouveau en injures contre lui et contre l'épouse du plaignant, lui disant, Est-ce que c'est ta f. B. de maîtresse qui t'a ordonné cela? Je lui apprendrai à vivre à cette sacrée salope-là. Tu n'es pas chez toi. Sors tout à l'heure, c'est chez moi. Je fermerai la porte, tu coucheras dehors, toi, ta S. maîtrese et sa f. brouette.[14]

Qui peut jamais reconstituer le bon texte d'un pareil échange d'aménités? quels étaient les 'droits' des uns et des autres?[15] Le rapport de Dumesnil se ressent du moment où il fut écrit, c'est-à-dire du lendemain. Mais sa hâte traduit la mauvaise foi d'un robin 'cauteleux' qui devance un plaignant possible, sans attendre que les esprits se calment. Pour s'y reconnaître il faut en effet

l'avait fait la Dame Guerin qui l'a précédé et chez laquelle il a demeuré en qualité de commis, de laisser pendant quelques jours sous la porte cochère, des tonneaux pleins ou vides, mais de manière à n'incommoder personne, et sans qu'aucuns locataires s'en soient jamais plaints/Qu'il y a environ un an les S^r^ et D^e^ Dumesnil, sans en avoir aucun droit, ont fait mettre et ont laissé séjourner sous la porte cochère une voiture à quatre roues, ce qui a suscité la plainte de plusieurs locataires et de personnes étrangères qui en ont été blessées, et ce qui a considérablement gêné ledit S^r^ comparant qui cependant ne s'en est pas plaint.'

14. A.N., Y 13802. De Bout dira qu'il n'a fait que répondre aux injures du cocher. Dumesnil avait prétendu que l'épicier avait ensuite fermé la porte à clé et que son épouse avait été contrainte d'aller chercher les siennes dans son appartement …

15. Restent mystérieux l'ordre des faits et la bonne foi du cocher affirmant ou croyant que sa maîtresse est encore chez elle. Quant aux 'droits', c'est pour l'un celui de déposer ses tonneaux, pour l'autre celui de garer sa voiture au même endroit: à tout moment du jour ou de la nuit, il y a un premier occupant …

savoir ce qui s'est passé le lendemain après-midi, scène ou acte deux de la comédie. Suivons le récit de de Bout:

Que le lendemain trente-un dudit mois de mars sur les deux ou trois heures après midi, le Sr Dumesnil accompagné de sa cuisinière et de celle de la D^elle^ Philidor, tous armés de cannes et bâtons, donna ordre que l'on jetât dans la rue la pièce d'huile ainsi qu'une autre qui était vide, qu'il aida lui-même les deux cuisinières à pousser ces deux pièces dans la rue, ce qui fut fait avec tant de violence que l'une des deux roula contre la boutique du limonadier qui est en face. Le plaignant fut averti de cette voie de fait, et, accompagné de son commis et de sa cuisinière, il sortit par la porte de sa cuisine qui donne sur l'escalier de ladite maison; il y trouva ledit Sr Dumesnil qui remontait avec les deux cuisinières, et il lui demanda si c'était par ses ordres que l'on avait jeté sa marchandise dans la rue; ledit Sr Dumesnil lui répondit que c'était par ses ordres le traitant de *drôle* et de *Jeanfoutre*, et en lui disant *Avance je te casserai ma canne sur le dos*; il ne cessa pendant longtemps de l'injurier par B. et par F., et en ajoutant qu'*il lui ferait manger sa canne*; la cuisinière dudit Sr Dumesnil s'en mêla aussi et elle lui dit de même en lui montrant le bâton qu'elle avait, *Avance nous t'arrangerons*. Et après une scène aussi scandaleuse le plaignant rentra chez lui, sa marchandise resta dans la rue, exposée à toutes sortes d'accidents, et dans la crainte que ledit Sr Dumesnil ne se portât à de plus grandes extrémités, il ne fit pas remettre les deux pièces sous la porte cochère, mais il fit rentrer celle qui était pleine, dans sa boutique, en se gênant beaucoup, et quant à l'autre il la fit rentrer dans son magasin. Que les deux pièces ainsi rentrées et hors d'insultes, ledit S^r^ De Bout alla chez Me Thiot commissaire au Châtelet, il lui fit part des voies de fait dudit Sr Dumesnil, de ses domestiques et de la cuisinière de la D^elle^ Philidor et des insultes qu'il en avait reçues, que son intention était d'en rendre plainte, à quoi ledit Me Thiot lui répondit qu'il ferait prier les S^r^ et D^e^ Dumesnil de se transporter chez lui pour en conférer avec eux. Le lendemain dimanche, ledit S^r^ De Bout retourna chez ledit Me Thiot pour y rendre sa plainte mais ledit Me Thiot lui répondit qu'il ne pouvait pas la recevoir, attendu qu'il avait reçu celle que lesdits S^r^ et D^e^ Dumesnil avaient rendue contre lui.

C'est ainsi qu'un robin en aide un autre pour réduire un épicier au silence: Dumesnil était allé voir le commissaire *avant* la rixe et la tentative d'intimidation.[16] Au reste, il n'y avait pas loin à aller. Le commissaire Antoine-Joachim Thiot habitait près de là, rue Taranne même. Il était connu du philosophe et de son épouse, Anne Antoinette Champion, au moins depuis 1768, car c'est devant lui que celle-ci déposa une plainte, qu'elle retira ensuite, contre une femme qui l'avait insultée au 'marché de la foire de l'Abbaye'.[17] Il

16. Il est difficile de reconstituer l'horaire des faits et gestes. L'épicier situe la querelle 'sur les deux ou trois heures', son commis à deux (première déposition) ou deux heures et demie (deuxième déposition), en précisant que son maître n'est allé qu'ensuite déposer plainte (avant de mettre, dit-il, après avoir mis, dit son patron, les tonneaux à l'abri). La plainte de Dumesnil est notée par le clerc à trois heures, et surtout ne fait pas mention du nouvel épisode de la querelle.

17. A.N., Y 1377. Texte publié par E. Compardon et dans CORR, viii.241. La foire de l'abbaye Saint-Germain-des-Prés se tient dans la grande cour intérieure du quadrilatère des bâtiments possédés par l'abbaye (voir le plan de Bretez-Turgot).

n'en fut pas de même en 1781, et le philosophe avait sans doute, comme le suggère sa lettre du 16 août, bien des motifs pour ce méfier de ce robin, qui se montra à coup sûr déshonnête à l'égard du pauvre épicier. Celui-ci, décontenancé, tergiversa, recourut à l'oncle de sa femme, autre robin qui tenta ou fit semblant d'arranger les choses; mais quand il reçut sommation de retirer ses tonneaux et surtout lorsqu'il apprit que l''information' destinée à recueillir tous les témoignages contre lui déposés, y compris ceux qui relataient la rixe 'du lendemain',[18] commençait chez Thiot le 23 avril, il se rendit le même jour, dès huit heures du matin, chez un autre conseiller du roi commissaire au Châtelet, Louis Joron, pour qu'il consigne sa déposition, dans laquelle il déclare, note Me Joron:

> Ayant entendu dire hier que les Sr et De Dumesnil se proposaient de suivre l'effet de leur plainte, il lui a été conseillé de venir en notre hôtel pour par nous recevoir sa déclaration historique des faits tels qu'ils se sont passés, et pour prouver le refus dudit Me Thiot de recevoir sa plainte quoiqu'il se fût présenté chez lui avant lesdits Sr et De Dumesnil, et que ce refus pourrait lui faire un tort préjudiciable s'il le passait sous silence.[19]

Qui peut avoir conseillé le Sr de Bout, sinon son ami le philosophe? C'était en tout cas le seul moyen d'opposer des témoignages aux autres. Une nouvelle information fut donc menée par le commissaire Joron, sur ordonnance rendue le 25 avril par le lieutenant criminel au Châtelet, à partir du mercredi 2 mai. Accablantes furent les dépositions, à commencer par celles des époux Diderot. A ce point que la partie adverse s'affola et chercha les moyens de se défendre, d'abord en tentant d'obtenir le désaveu d'un témoin.

Le 14 mai, Dumesnil dépose une requête chez son procureur pour qu'un huissier aille dès le lendemain interroger le 'Sr Villeau demeurant à Paris à l'hôtel de Tours chez son père rue du Paon'.[20] Ce témoignage très postérieur à l'information de Thiot, qui remontait au 23 avril, lui sera joint avec la date du 15 mai, et occupe deux longues pages. Il s'agissait vraisemblablement d'obtenir une rétractation de ce Jean-Baptiste Villot, qui avait déposé le 2 mai, tout aussi longuement.[21] Son témoignage avait plus de valeur que celui des autres domestiques de l'immeuble parce qu'il n'était plus au service d'un

18. La demande d'enquête remontait au 18 avril, le commandement à comparaître est du 21 et les témoins déposent presque tous le lundi 23 après-midi: le premier est la demoiselle Philidor, sur qui nous reviendrons, les témoins suivants déposeront aussi sur la querelle du lendemain; le 24 avril, le cinquième témoin est Pierre Denis, domestique de la demoiselle Philidor. Mais c'est seulement le 15 mai que déposera Jean-Baptiste Marie Villot, garçon épicier (qui dans l'intervalle a témoigné pour de Bout).

19. A.N., Y 13973A, p.1.

20. C'est l'actuelle rue d'Arras, dans le cinquième arrondissement de Paris.

21. A.N., Y 13973A, p.3-5.

plaignant: il avait quitté la rue Taranne et s'était embauché sur la rive droite.[22] Or ce jeune homme de vingt-trois ans, à douze jours de distance, ne s'est aucunement désavoué, et ses exposés confirment celui de son ancien patron.[23]

La manœuvre de Dumesnil avait donc échoué. Il ne restait plus aux robins qu'à se réfugier dans la procédure, à retarder l'affaire, et pour commencer à ne pas laisser en dépôt au greffe l'information de Thiot.[24] Un mois fut ainsi gagné, mais l'épicier trouva de l'aide. Saisi, le Parlement examina les requêtes et ordonna le 2 juillet: 'les informations faites respectivement par les parties seront envoyées au greffe criminel de la Cour'.[25] Et c'est parce que l'ordre ne fut pas exécuté que le philosophe alla voir en juillet M. d'Hornoy 'pour affaire' et que le 16 août il lui écrivit pour insister, disant encore:

> Seroit-ce que les dépositions ne leur étant pas favorables, ils jugent à propos de les soustraire à la connoissance du tribunal? Seroit-ce qu'ils en attendent un plus grand effet, en ne produisant cette pièce qu'à la veille du jugement? Seroit-ce un moyen qu'ils se réservent pour revenir contre la sentence, au cas qu'ils subissent une condamnation? Ne conviendroit-il pas au juge d'ordonner avant tout l'apport de cette plainte?

Le 25 septembre, le sergent huissier Mathurin se présenta chez Me Thiot et le somma par son clerc d'obtempérer à l'ordre de la Cour dans les vingt-quatre heures, 'sous peine de supporter tous dépens, dommages et intérêts', en déposant son dossier. Ledit ordre fut exécuté: le dossier porte qu'il fut rendu à Thiot en janvier 1782. Mais nous n'avons retrouvé aucun document qui nous apprenne si une suite fut donnée à la 'misérable affaire', et sinon, pourquoi. Avant, donc, de tenter d'imaginer quel en fut le dénouement, revenons aux faits en lisant le témoignage complet de notre auteur. Il mérite, autant que bien d'autres 'fragments', de figurer dans ses *Œuvres complètes*. Et il s'éclaire si on y joint la déposition de madame Diderot.[26]

22. Il dit, le 2 mai, qu'il a 'demeuré pendant six semaines ou environ en qualité de garçon chez ledit S^r^ De Bout, qu'il est sorti de chez lui vers le milieu du mois d'avril dernier' (p.5). Il est vu et interrogé par l'huissier de Thiot chez son nouveau patron, 'Gaillard, marchand épicier', rue du Temple, 'près rue Pastourelle'. Il ne donne pas les raisons de son départ, mais il a peut-être fui l'atmosphère frénétique de la rue Taranne.

23. On a vu l'importance de son témoignage pour l'horaire des faits. Il narre aussi l'intermède des cuisinières, séides du robin, injuriant et menaçant de 'canne ou bâton' l'épicier, dans la cour et dans l'escalier, tel que le rapporteront les Diderot.

24. Une mention marginale, en tête du document Joron, dit 'raporté 3-15 mai 1781'. Cette 'information' a donc pu être déposée au greffe, puis retirée parce que celle de Thiot ne l'était pas.

25. Registre du Parlement, A.N., Y 13802, le 3 juillet à 10 heures et demie du matin. Les pièces suivantes se succèdent sur le même document.

26. A.N., Y 13973^A^, f.1-2 et 2-3. L'écriture du greffier de Joron, assez lisible, est la même pour les deux dépositions, mais différente de celle qui transcrit les suivantes. Diderot a signé trois fois en marge pour contresigner des corrections, une fois en bas de la première page, et à la fin de sa déposition, sur la seconde page, avec un grand paraphe. Ajout marginal à la fin, avec contreseing: 'Rayé en la déposition ci contre quinze mots'. Il existe d'autres ratures, minimes corrections

Du mercredi deux mai mil sept cent quatre vingt un huit heures du matin

Sieur Denis Diderot, bourgeois de Paris y demeurant Grande rue de Taranne, paroisse St Sulpice, même maison que ledit Sr De Bout et les Sr et De Dumesnil,[27] âgé de soixante sept ans, lequel après serment par lui fait de dire et déposer vérité, nous avoir déclaré n'être parent, allié, serviteur ni domestique des parties, et fait apparoir de l'exploit d'assignation à lui donné par Sr Nicolas Colson huissier à cheval au Châtelet de Paris le premier du présent mois Lecture à lui faite de ladite plainte, des faits y contenus.

Dépose que la De Du Mesnil qui réunit trois grandes vertus, la noble dignité d'une femme importante, l'élégance d'une jolie femme, et l'économie d'une petite particulière, a jugé à propos l'année passée d'avoir un carrosse avec un cheval, et de transformer la porte cochère de la maison en une remise. Mais comme la De Dumesnil pressentait, et même[28] a avoué au déposant qu'elle ne s'emparerait pas d'un passage commun, contre tout droit, et toute justice, qu'il ne restait point assez de distance entre le passage et la voiture, sans qu'une femme habillée essuyât la muraille ou les roues de la voiture, sans que de nuit on s'y blessât comme cela est arrivé plusieurs fois, on ne manquerait pas de s'en plaindre, elle dit, et fit dire au déposant que Made de Conflans, mettant bas équipage, lui céderait sa remise, et que l'incommodité qu'elle sentait bien et pour elle-même, et pour les autres co-sous-locataires, ne serait que passagère. Cependant la voiture est restée cette année pendant quatre mois sous la porte cochère, sans que personne s'en plaignît. Au commencement de cette année, lorsque le déposant et autres sous-locataires se croyaient délivrés de la voiture de la De Du Mesnil, ils la trouvèrent réinstallée au même endroit; alors le déposant allant chez ladite De Du Mesnil au jour de l'an pour lui rendre ses devoirs, ladite De lui avoua derechef qu'elle sentait combien étaient justes les motifs de plainte qu'elle donnait à tous ses voisins, mais qu'elle le priait d'avoir encore un moment de patience. Cette patience d'un moment, le déposant l'a eue environ pendant trois mois. Ce fut alors que rentrant chez lui, comme c'est son usage, sur les onze heures du soir, il vit la porte cochère ouverte, sous cette porte de la lumière, et les tonneaux de l'épicier dans le milieu de la rue, ce dont il avertit le Sr De Bout, dans le même moment. Le dit Sr De Bout, qui ignorait apparemment la chose, sortit brusquement, se trouva sur un des bouts de la porte cochère, tandis que le chemin du déposant pour aller à son appartement le conduisait à l'autre bout. On accuse le commerçant irrité de s'être expliqué sur le compte de la De Dumesnil, d'une manière indécente. Le déposant atteste qu'il n'en a rien entendu, quoiqu'il fût à côté de lui, et que personne dans la maison ne fût plus à portée de l'entendre. Voilà tout ce qu'il sait par lui-même. Voici ce qu'on lui a dit dans la maison, et ce qui demanderait d'autre témoignage que le sien, c'est que le lendemain ou quelques jours après, en plein jour le Sr Dumesnil époux de la Dame, seul ou accompagné de ses domestiques, avait roulé les tonneaux de l'épicier dans le milieu de la rue, ce qui avait donné lieu à une dispute très vive entre le commerçant et le Sr Dumesnil qui avait appelé l'épicier, *drôle*, et l'avait

immédiates, non contresignées. Il en est de même dans la déposition de Mme Diderot, qui signe 'a a champion' d'une grosse écriture appliquée.

Nous avons modernisé la graphie du greffier (très peu archaïque), en particulier pour les majuscules et les accents, mais respecté celle des noms propres et la ponctuation. Pour la curiosité du lexicologue, relevons les 'manches à ballets'.

27. Ajout contresigné, de *même maison* à *Dumesnil*.

28. Ajout contresigné, en marge, de *et même*.

menacé de lui casser sa canne sur le dos, et[29] qu'il la lui ferait manger, et l'on a ajouté au déposant qu'alors le S^r^ Du Mesnil était accompagné de servantes armées de manches à balai, lesquelles servantes disaient au S^r^ De Bout, *Viens, monte donc, que nous t'arrangions.*

Ce qui est tout ce qu'il a dit savoir. Lecture à lui faite de sa déposition a dit icelle contenir vérité, y a persisté, n'a requis salaire, de ce enquis suivant l'ordonnance et a signé

Diderot Joron

Dame Anne Antoinette Champion épouse du sieur Denis Diderot, éditeur de l'Encyclopédie, et de plusieurs académies, demeurante à Paris Grande rue Taranne faubourg St Germain p^sse^ St Sulpice, même maison que le S^r^ De Bout, et les S^r^ et D^e^ Du Mesnil, âgée de soixante dix ans, laquelle après serment par elle fait de dire et déposer vérité, nous avoir déclaré n'être parente, alliée, servante ni domestique des parties, et fait apparoir de l'exploit d'assignation à elle donné par ledit Sr Colson huissier le premier du présent mois. Lecture à elle faite de la plainte, des faits y contenus.

Dépose qu'il y a environ un an que les S^r^ et D^e^ Du Mesnil ont fait placer sous la porte cochère de la maison, une voiture à quatre roues. Que la D^e^ Dumesnil ayant pensé que cette voiture serait incommode aux locataires, envoya sa domestique chez M. Diderot pour lui faire ses excuses sur ce qu'elle avait fait placer sa voiture sous la porte, mais que sous quelques jours elle la ferait ôter, pour la placer sous la remise de Mad^e^ de Conflans, lorsque le carrosse de ladite D^e^ de Conflans serait vendu, que depuis ce temps la voiture a toujours resté sous la porte cochère; la déposante et son mari en ont été incommodés, un de leurs amis a été blessé à la jambe en passant, contre cette voiture, et une D^elle^ en venant dans la maison a pensé avoir un coup du timon dans l'estomac. Plus dépose que sur la fin du mois de mars dernier, le Sr Diderot rentrant sur les onze heures du soir dit à elle déposante qu'il y avait dans la rue, et dans le ruisseau, deux tonneaux de marchandise dudit S^r^ De Bout, que le lendemain sa cuisinière lui dit que le carrosse de la D^e^ Du Mesnil était encore[30] sous la porte, et que les domestiques dudit S^r^ Du Mesnil avaient poussé les tonneaux dudit S^r^ De Bout dans la cour contre le puits, que ce jour-là même et sur le soir, la déposante étant rentrée chez elle, ledit S^r^ De Bout lui dit que le S^r^ Du Mesnil avait encore fait jeter par ses domestiques, les tonneaux dans la rue, de la cour où ils avaient été roulés la nuit précédente. Ledit S^r^ De Bout lui ajouta qu'ayant vu ses tonneaux dans la rue, il rencontra le S^r^ Du Mesnil qui montait l'escalier, et il lui demanda si c'était par ses ordres que ses domestiques avaient roulé ses tonneaux dans la rue, et que ledit S^r^ Du Mesnil lui avait répondu, *Oui drôle c'est moi, et si tu approches je te ferai manger ma canne*, que les domestiques du S^r^ Du Mesnil, tous ayant des bâtons, avaient dit à lui S^r^ De Bout, *Avance, monte, et nous t'accommoderons.*

Ce qui est tout ce qu'elle a dit savoir. Lecture à elle faite de sa déposition a dit icelle contenir vérité, y a persisté, n'a requis salaire de ce enquise suivant l'ordonnance, et a signé

a a champion Joron

La petite histoire rend la grande plus humaine, plus proche, et l'éclaire parfois.

29. Après *dos et*, le greffier a d'abord écrit 'de le lui faire manger', puis a rayé.
30. Ajout contresigné, en marge, de *encore*.

Elle permet de ressusciter les décors, les milieux divers où vécurent les grands hommes, en particulier nos philosophes. Diderot menait plusieurs existences. Si l'une se passa dans le monde des dames Volland, des textes comme ceux qu'on vient de lire le montrent associé avec son épouse, solidaire de son épicier, en même temps qu'observateur avisé d'une nouvelle mondaine, coquette fieffée, comme on en voit tant dans sa correspondance, et dont on ne saura pas à quoi elle occupait ses soirées.[31]

Quant aux autres noms que nous lisons dans les documents que révèlent les archives judiciaires, deux ne nous laissent pas indifférents: Testard et Philidor. La patronne de de Bout encore commis, l'épouse de Nicolas Guerin, était née Geneviève Testard.[32] On est tenté de l'imaginer apparentée avec ce Testard, commerçant à Pétersbourg, habitant avec le philosophe chez Narychkine en décembre 1773,[33] qui lui servait ensuite d'intermédiaire financier,[34] et assez lié avec lui pour que, après sa mort sur place dans l'hiver 1777-1778, Diderot intervienne auprès du comte Münnich pour sa veuve restée à Paris.[35] Où le philosophe rencontrait-il Mme Testard?

Il est plus facile d'identifier la demoiselle Charlotte Marguerite Danican Philidor, qui joue un rôle secondaire mais non mineur dans le divertissement. Il ne s'agit sans doute pas d'une des sœurs, mais d'une nièce du musicien champion d'échecs: elle est qualifiée 'la jeune', malgré ses quarante-quatre ans.[36] Rien de commun entre elle et les modestes occupants des mansardes. Elle est 'pensionnaire du roi', elle dispose d'un valet de cinquante-neuf ans, et elle loge avec une cousine au premier au-dessus de l'entresol: on comprend la solidarité verticale et bourgeoise qui l'unit à ses voisins du dessus, les Dumesnil, avec lesquels de Bout l'associe dans sa sommation. Et l'on sait que les domestiques font souvent corps avec leurs maîtres,[37] lesquels n'hésitent pas non plus à les rejoindre dans la bagarre à coups de canne et dans la scatologie langagière la plus gauloise.[38]

31. Son mari dit qu'elle était rentrée à sept heures puis ressortie. Pouvait-elle ne pas avoir prévenu alors son cocher? Celui-ci était-il sincère en envoyant l'épicier chez sa maîtresse? Aucun témoin ne mentionne cette rentrée de sept heures.

32. Bongie, p.187.

33. CORR, xiii.145.

34. Lettre à Grimm du 13 décembre 1776 (CORR, xv.25 et n.6).

35. CORR, xv.92 et n.1, 94 et 95.

36. Le nom est écrit 'Danicant'. Sur les sœurs Danican Philidor que connaît Diderot, voir CORR, xv.295, n.16. L'écriture de la nièce, d'après sa signature, est tremblée; plus encore qu'à Mme Diderot la plume d'oie ne semble pas lui être d'usage courant.

37. On peut noter, à ce propos, que la cuisinière de la demoiselle Philidor, Marie Barbe Buchot, est l'épouse d'un Mathias Borelle valet de chambre d'un maître des requêtes (information de Thiot, 3e témoin). De Bout a porté plainte contre elle et non contre sa maîtresse.

38. Charlotte Philidor n'hésite pas et semble même se complaire à répéter textuellement les injures attribuées à l'épicier, et en particulier les menaces qu'il adresse à Saint-Jean le cocher: 'sa

De quel œil le philosophe voit-il ces passionnés? Il se proclame au-dessus de la mêlée, en tant que défenseur d'idées généreuses. 'Je n'ai dans cette affaire', écrit-il à d'Hornoy, 'd'autre intérêt que l'amour de la justice. Je serois vraiment affligé s'il arrivoit que le foible fût opprimé.'[39] Cette formule abstraite n'est pas le cri d'un tribun du peuple, ce qui n'étonne pas de la part de Diderot. Mais il prend des distances par rapport à l'épicier opprimé en ajoutant pour le petit-neveu de feu le seigneur de Ferney: 'Je n'ai jamais eu de procès, et j'espère n'en avoir jamais; mais l'ignorance des affaires est un des grands inconvénients de l'état de l'homme de lettres, et je suis sûr qu'une assignation auroit aussi facilement dérangé la tête de Voltaire que la mienne.'

On devine, sous ces affirmations de désintéressement, des inquiétudes plus profondes que le simple regret d'être impliqué dans une méprisable procédure. S'il supplie d'Hornoy d'étouffer l'affaire, ce qui se fit selon toute vraisemblance, c'est pour des raisons évidemment majeures pour lui-même. Pour les imaginer, il faut se replacer dans des circonstances beaucoup plus larges et graves que la petite bagarre de la rue Taranne. En août 1781 le philosophe commence à se sentir en danger: il craint raisonnablement la persécution que déclenchera son *Essai sur les règnes de Claude et de Néron*, et l'on sait qu'il sera convoqué devant le lieutenant de police; il se méfie déjà, à juste titre, des journalistes 'malintentionnés' qui lui prédiront la Bastille.[40] Ces appréhensions du philosophe courageux sont certainement nées au cours de l'été 1781.

Resterait à regretter que l'écrivain, lui, n'ait pas exploité une donnée inattendue pour en tirer quelque anecdote, quelque conte, quelque divertissement théâtral. Mais l'épistolier avait renoncé à narrer une existence qui, hormis le labeur secret du cabinet de travail, était devenue régulière et banale.[41] Le conteur réservait à Raynal ses histoires édifiantes, et il était trop tard pour grossir encore *Jacques le fataliste*, qu'il lisait désormais à sa femme, 'en quantité raisonnable', pour la 'délivrer de ses vapeurs'.[42] L'élan créateur eût-il subsisté en lui, c'est sans doute à la scène qu'il eût transposé le sujet, à la manière du

f. maîtresse coucherait à la porte ainsi que sa sacrée brouette'. Son domestique emploie, lui, une autre expression similaire: sa 'sacrée salope de maîtresse'.

39. A d'Hornoy, CORR, xv.263.

40. Sur l'affaire de l'*Essai*, voir CORR, xv.282 et suivantes, et 300-303. J'ai cité longuement la *Correspondance secrète*. Les journalistes se seraient fait un plaisir de rapporter l'affaire de l'épicier. La preuve de l'étouffement est que les gazettes de l'époque les plus hostiles à Diderot, à notre connaissance, n'en ont soufflé mot.

41. La correspondance-journal se termine justement avec un court billet à sa fille sur son état de santé (CORR, xv.259-61), non daté mais apparemment postérieur à la lettre du 28 juillet, d'ordre familial aussi, et donc du mois d'août.

42. Lettre du 28 juillet, CORR, xv.253-54. Il lui lit surtout du Lesage, du Scarron, du Rabelais, du Prévost.

Train du monde ou du *Plan d'un opéra-comique*;[43] encore eût-il fallu lui ôter des traits trop personnels, en se gardant d'y insérer les 'petits faits vrais' que pouvait encore fournir madame Diderot. Mais 'l'affaire' avait laissé des traces. Passe encore qu'on méprise une Dumesnil, mais on s'est brouillé avec la Philidor, autrefois reçue au foyer du philosophe. Dénouement tragi-comique que celui qui ressort de la lettre envoyée de Londres à sa femme par le compositeur de *Tom Jones*: 'L'histoire de ma nièce avec Diderot est plaisante. Si tu rencontres jamais ce philosophe, fais-lui des remerciements d'avoir défendu sa porte à ma nièce; toutes les commères auront eu de quoi s'amuser, quinze jours à babiller sur cet événement.'[44] Philidor n'était pas Beaumarchais.

43. On ignore la date de ces projets. Voir au tome x de nos *Œuvres complètes* les précisions de J. Chouillet.

44. CORR, xv.312, n.7. J'avais daté cette lettre, dont nous ne disposions plus, en la rapprochant de celle du 14 mars 1783; elle ne porte pas de millésime. Il me paraît évident maintenant qu'elle est de 1781 et qu'on a transcrit '1er avril' ce qui doit être '1er août'.

5

Les dernières œuvres

GIANLUIGI GOGGI

Les *Fragments politiques* de 1772

LES *Pensées détachées ou Fragments politiques échappés du portefeuille d'un philosophe* [FP],[1] qui furent diffusés par la *Correspondance littéraire* [CL] de Grimm entre le 15 août et le 15 novembre 1772,[2] constituent sans doute un des documents les plus significatifs de la collaboration de Diderot à l'*Histoire des deux Indes* [HDDI] de G.-T. Raynal. Dès 1913, A. Feugère parvenait à les mettre en rapport avec l'ouvrage de Raynal.[3] Les documents du fonds Vandeul (et en particulier le dossier des *Fragments divers* [FD] qui contient un premier état de quinze FP) ont permis à H. Dieckmann, en 1951, de voir le double emploi des morceaux, destinés d'une part à l'HDDI et de l'autre à la CL de Grimm.[4] Mme Duchet, à plusieurs reprises entre 1960 et 1978, a signalé l'importance des FP.[5]

Malgré ces études, la complexité de la tradition manuscrite, la dispersion et le démembrement de l'ensemble des FP dans les éditions imprimées[6] n'ont pas

1. Sigles et abréviations utilisés:
FP: *Pensées détachées ou Fragments politiques échappés du portefeuille d'un philosophe.*
FD: *Fragments divers*, vol.24938 des n.a.fr., f.17-30.
PD: *Pensées détachées*, vol.24939 des n.a.fr., f.93-311.
HDDI: *Histoire des deux Indes* (en général).
H 70: [G.-T. Raynal], *Histoire des deux Indes* (Amsterdam 1770), 6 vol. in-8°.
H 74: [G.-T. Raynal], *Histoire des deux Indes* (La Haye, Gosse fils, 1774), 7 vol. in-8°.
H: G.-T. Raynal, *Histoire des deux Indes* (Genève, J.-L. Pellet, 1780-1784), 10 vol. in 12 [impression employée pour recopier dans les manuscrits du fonds Vandeul les contributions de Diderot à l'HDDI].
H^a: G.-T. Raynal, *Histoire des deux Indes* (Genève, J.-L. Pellet, 1780), 10 vol. in-8° [il s'agit d'une des deux impressions originales de la troisième édition de l'HDDI].
OP: Diderot, *Œuvres politiques*, éd. P. Vernière (Paris 1963).
Salons: D. Diderot, *Salons*, éd. J. Seznec et J.Adhémar (Oxford 1957-1967).
CL: *Correspondance littéraire* de Grimm et de Meister

2. Voir U. Kölving et J. Carriat, *Inventaire de la Correspondance littéraire de Grimm et Meister*, S.V.E.C. 225-27 (Oxford 1984), i.288-92 (72:140, 72:154, 72:165, 72:192, 72:196, 72:214).

3. A. Feugère, 'Raynal, Diderot et quelques autres "historiens des deux Indes" (I)', *RHLF* 20 (1913), p.352-69.

4. H. Dieckmann, 'Les contributions de Diderot à la *Correspondance littéraire* et à l'*Histoire des deux Indes*', *RHLF* 51 (1951), p.417-40. Voir aussi INV, 123-26.

5. Voir en particulier M. Duchet, *Anthropologie et histoire au siècle des Lumières: Buffon, Voltaire, Rousseau, Helvétius, Diderot* (Paris 1971), p.473-75; M. Duchet, *Diderot et l'"Histoire des deux Indes' ou l'écriture fragmentaire* (Paris 1978), p.33-44 et 144-48.

6. Voici les éditions imprimées des FP: le FP XVI fut imprimé pour la première fois dans la *Décade philosophique, littéraire et politique*, vol.xi, An V (1796), p.524-28 (il n'a pas été repris dans A.T.). Les FP VIII, XIV, XV ont paru dans la première (Paris 1818; BN Z.27634) et dans la 'seconde édition'

manqué de faire surgir des questions. Il y a quelques années encore un spécialiste de la CL et de Diderot tel que J.-Th. de Booy formulait des doutes sur l'attribution à Diderot des FP.[7] C'est surtout la position excentrique du FP sur la Suède par rapport aux autres morceaux et le ton du commentaire de Grimm qui l'ont amené à prendre cette position.

Il est de mon propos dans cet article de rassembler et de discuter toutes les données qui peuvent jeter de la lumière sur les FP. Cela devrait suffire non seulement à éliminer toute hésitation sur leur attribution, mais aussi à établir l'importance de cet ensemble de fragments dans la réflexion de Diderot.

Modalités de composition et datation

I. Le point de départ pour l'étude de la genèse et de la composition des FP est constitué par le dossier du fonds Vandeul intitulé, selon H. Dieckmann[8] (INV, 123), *Fragments divers* [FD] (n.a.fr. 24938, f.17-30).

Dans ce dossier sont compris quinze FP sur seize. Il n'y manque que le FP XIII sur la Suède. Le manuscrit des FD donne un état du texte antérieur à celui de la CL. Il a été corrigé par des mains différentes de celle du copiste:[9] une de

(Paris 1819; BN Z. 27635) du *Supplément* d'A. Belin (p.359-73) sous le titre général de *Fragmens politiques échappés du portefeuille d'un philosophe*; dans la troisième édition du *Supplément* (Paris 1819; BN 8° Z. 30618 (7)) ils portent le titre simplifié de *Fragmens politiques* (p.237-44). Ils sont repris avec ce dernier titre dans l'éd. Brière (Paris 1821), iii.485-500, et dans A.T., iv.41-50. Les FP I, II, III, IV, V, VI, VII, IX, X, XI, XII parurent sous le titre général de *Pensées philosophiques et politiques – Fragmens échappés du portefeuille d'un philosophe* dans la *Correspondance inédite de Grimm et de Diderot, et Recueil de lettres, poésies, morceaux et fragmens retranchés par la censure impériale en 1812 et 1813* [éd. F. Chéron et L. F. Thory] (Paris 1829), p.311-30. Ils sont repris avec le titre *Fragments échappés du portefeuille d'un philosophe* dans A.T., vi.444-56. Enfin, le FP XIII parut, sous le titre de *Rêveries à l'occasion de la révolution de Suède, en 1772*, dans la *Correspondance inédite*, p.330-35 (les éditeurs dans une note de la p.330 remarquent: 'Le nom de l'auteur n'est pas indiqué, et la note, un peu sévère, de Grimm prouve suffisamment que ces *Rêveries* ne sont point de son ami Diderot'). Il n'est pas repris dans A.T.

Les FP n'ont été rassemblés que dans: D. Diderot, *Œuvres complètes*, éd. R. Lewinter (Paris 1969-1973), x.69-105; D. Diderot, *Mélanges et morceaux divers: contributions à l''Histoire des deux Indes'*, éd. G. Goggi (Siena 1977), p.306-59. C'est à la numérotation I à XVI de cette dernière édition que l'on va renvoyer dans la citation des FP.

7. J.-Th. de Booy, 'Inventaire provisoire des contributions de Diderot à la *Correspondance littéraire*', *D.H.S.* 1 (1969), p.383.

8. Le feuillet de garde sur lequel était vraisemblablement écrit le titre ne se trouve plus dans le vol.24938 des n.a.fr. Je n'ai rien trouvé non plus dans le microfilm de Harvard.

9. Le copiste faisait partie de l'équipe des copistes de la CL. Comme l'a déjà établi H. Dieckmann (*RHLF* 51 (1951), p.422), il a copié aussi les livraisons de la copie de Stockholm de la CL qui contiennent les FP. Dieckmann a à juste titre attribué à ce copiste la copie la plus ancienne du *Supplément au Voyage de Bougainville* (n.a.fr., vol.24939, f.515-37; INV, 144-45). P. Vernière au contraire distingue à tort un copiste de l'autre (*Diderot, ses manuscrits et ses copistes: essai d'introduction à une édition moderne de ses œuvres*, Paris 1967, p.42).

ces mains a été identifiée comme celle de Grimm par Dieckmann, l'autre est, on le verra, à identifier comme celle de Mme d'Epinay. Le texte de la CL est issu du texte des FD: les corrections de Mme d'Epinay et de Grimm et les astérisques mis par ce dernier pour indiquer l'endroit d'une partie des notes qu'il devait ajouter sont repris ponctuellement dans les copies de la CL. Cependant la seconde partie des FP (et surtout le FP XVI sur la Russie) présente une série de variantes qui amène à supposer un état intermédiaire entre le manuscrit des FD et le texte de la CL.

La description des rapports entre les FD, le texte de la CL et le texte de la tradition imprimée a été donnée par H. Dieckmann dans son article de 1951. Les conclusions qu'il a formulées peuvent être précisées et prolongées par une analyse plus attentive du manuscrit et surtout par la correction d'une banale erreur de transcription que l'on trouve dans l'INV et dans l'article de 1951.

Les trois premiers FD (f.17*r*-18*v*), correspondants aux FP IX, X, XI, sont précédés par des indications qui ne sont pas reproduites dans la CL: précisément, au dessus de la première ligne du premier FD (sans titre dans FD; intitulé dans la CL: *Sur les cruautés exercées par les Espagnols en Amérique*) on lit: *a. Page 10*; au dessus du titre *Du goût antiphysique des Américains* du second FD, on lit: *B. Page 18*; à côté du titre *De l'anthropophagie* du troisième FD, on lit: *335*. H. Dieckmann a transcrit dans INV, 124, et dans l'article de la *RHLF* 51 (1951), p.422, le numéro *355* au lieu de *335*. C'est peut-être cette erreur qui a fait qu'il n'a pas bien compris la valeur des indications en question, l'empêchant en particulier d'établir à quel texte elles renvoyaient.

Pour trouver une explication complète de ces notes, il faut considérer d'abord comment le philosophe lui-même présente sa manière de travailler. Dans un passage bien connu des *Mémoires pour Catherine II* (éd. Vernière, p.247) on lit: 'J'ai sur mon bureau un grand papier sur lequel je jette un mot de réclame de mes pensées, sans ordre, en tumulte, comme elles me viennent. Lorsque ma tête est épuisée, je me repose; je donne le temps aux idées de repousser; c'est ce que j'ai appelé quelquefois ma *recoupe*, métaphore empruntée d'un des travaux de la campagne. Cela fait, je reprends ces réclames d'idées tumultueuses et décousues et je les ordonne, quelquefois en les chiffrant.' La citation permet d'établir que Diderot chiffrait *quelquefois* ses *pensées*. L'indication est assez intéressante. Pourquoi ne pas interpréter les lettres A et B, qui précèdent les deux premiers FD, comme une manière de les chiffrer? La chose est tout à fait naturelle et vraisemblable. D'autre part, le mot *quelquefois* permet de comprendre pourquoi deux FD seulement sont chiffrés dans le manuscrit.

En second lieu, il faut tenir compte des indications que Diderot lui-même donne plus précisément sur sa manière de travailler à l'ouvrage de l'abbé Raynal. Elles sont contenues dans une lettre du 15 août 1772, par laquelle le philosophe envoie à Grimm, qui doit les remettre à Raynal, une partie des FP[10] (la lettre de la même date de Mme d'Epinay à Galiani permet de l'établir d'une manière sûre; voir plus bas): 'Voilà, mon ami, tout ce que ma pauvre tête peut faire dans ce moment pour le cher abbé [...] Je me propose de lire l'ouvrage de l'abbé, lorsque je jouirai plus de moi. C'est à la campagne, où mon âme se rafraichira, que je me prêterai aux lignes qui sont propres à m'inspirer et qu'il s'élèvera sur ma table un tas de petits papiers volants qui ne m'auront rien coûté et qui éclaireront par ci par là les endroits gris de son livre' (CORR, xii.101-102). Diderot, donc, écrit ses *petits papiers volants* en lisant ou en relisant l'HDDI: les *petits papiers* sont écrits en marge du texte de la première édition de l'HDDI. Ecrire en marge d'autres textes est bien conforme au génie du philosophe.

On peut à ce point avancer une hypothèse: pourquoi ne pas interpréter (comme d'ailleurs le pensait déjà H. Dieckmann) les indications: *Page 10*, *Page 18*, *335* comme des renvois aux pages de l'impression de l'HDDI en marge desquelles Diderot écrit ces morceaux? Le choix tombe naturellement sur celle qu'on considère comme la première édition de l'HDDI (celle que nous indiquons par le sigle H 70). Le sujet du premier FD, c'est-à-dire les cruautés des Espagnols en Amérique, impose, à son tour, le choix du t.iii de cette édition.

Or, l'indication *Page 10* du premier FD renvoie à une page du t.iii de H 70 où l'on parle bien des cruautés des Espagnols en Amérique. L'indication *Page 18* renvoie à une page du t.iii de H 70 où l'allusion aux amours de Cortez et de Marina se prêtait à un développement sur l'homosexualité des Américains, qui, selon une explication assez répandue, était à l'origine du charme exercé par les conquistadores sur les femmes mexicaines. Enfin, si le numéro *335* est un renvoi de page, en consultant la page correspondante du t.iii de H 70, on constate que Raynal commence à parler de l'anthropophagie des Brésiliens dans le dernier alinéa de la page 335, qui se termine à la page 336: c'est un passage qui a pu suggérer à Diderot de proposer une explication du phénomène comme il le fait dans le fragment.

Si cette analyse est exacte, il devrait être possible de la soumettre à une espèce de contre-épreuve. En effet, il est légitime de penser que les morceaux préparés par Diderot ont été insérés dans H 74 aux endroits qui les ont inspirés: on peut supposer que les indications qui précèdent les FD ont servi aussi à signaler les endroits où Raynal devait les placer.[11] Cette contre-épreuve ne

10. A propos de cette lettre deux remarques s'imposent: 1. Diderot n'expose pas un programme de travail qu'il va appliquer dans le futur: il présente plutôt la méthode de travail qu'il a déjà sûrement suivie; 2. il se propose de travailler pour Raynal en lisant ou en relisant son ouvrage. Il ne s'agit pas d'une simple lecture, mais d'une lecture de travail.

11. Raynal a reçu, semble-t-il, les fragments avec les indications qui s'y rapportaient. L'analyse de l'utilisation des FP dans l'HDDI montre que le texte qu'a connu l'abbé n'est pas celui, révisé par Grimm, de la CL, mais le texte original des FD: voir D. Diderot, *Mélanges et morceaux divers*,

réussit que dans deux cas sur trois. Dans le t.iii de H 74, on constate que les FD *Du goût antiphysique des Américains* et *De l'anthropophagie* se trouvent exactement aux endroits signalés de H 70: l'un est placé à la page 33-34 de H 74, l'autre avec un alinéa repris des *Recherches* de de Pauw est placé aux pages 462-65 de H 74, aussitôt après l'alinéa qui en H 70 est à cheval sur les pages 335-36. Mais dans le cas du FD sur les cruautés des Espagnols, on constate qu'il n'est pas placé à l'endroit correspondant à la page 10 de H 70, c'est-à-dire à la page 22 de H 74, mais qu'il se trouve aux pages 405-406 du t.iii de H 74.

Pourquoi Raynal n'a-t-il pas suivi l'indication qui lui était donnée? Il semble bien que la contre-épreuve puisse admettre des exceptions. En effet les notes en question semblent plutôt constituer des rappels des lieux en marge desquels les fragments ont été écrits, que des indications précises des lieux où placer les morceaux. Il est évident que Raynal a interprété dans beaucoup de cas ces références comme des indications d'insertion. D'ailleurs c'est le contenu même des morceaux qui imposait ce choix. Beaucoup de fragments, comme ceux sur l'homosexualité et l'anthropophagie, illustrent cette nécessité: ils doivent être placés à une page précise ou du moins dans des sections bien délimitées de l'HDDI. Mais, malgré ces contraintes, la liberté de Raynal restait grande. C'est Diderot lui-même qui la lui reconnaissait. Le philosophe non seulement lui permettait vraisemblablement (comme il le faisait avec Grimm) de corriger et modifier son texte, mais il l'invitait aussi parfois à faire usage de ses fragments *à sa fantaisie*. Dans une note au-dessous du titre du FD *Sur les mines* (= FP XV) on lit: 'Quelques idées dont l'auteur pourra faire usage à sa fantaisie'. Le cas est intéressant, puisque l'analyse et l'étude du morceau permettent d'établir d'une manière tout à fait vraisemblable qu'il est né, comme les FP IX, X, XI, de la lecture d'une page du t.iii de H 70 (et plus précisément de la discussion critique de cette page; voir l'introduction au morceau dans DPV, xxi). On a donc un exemple assez net dans lequel Diderot lui-même ne lie pas le fragment à la page en marge de laquelle il est né. C'est en raison de cette 'liberté' que Diderot lui accordait et qu'il gardait vis-à-vis de ses collaborateurs, que Raynal n'a pas suivi l'indication qui accompagne le FD sur les cruautés des Espagnols en Amérique. En ce cas, d'ailleurs, la raison du déplacement semble évidente. Le fragment de Diderot, une fois inséré dans l'endroit de H 74 correspondant à la page 10 (t.iii) de H 70, aurait semblé quelque peu redondant: il y avait en effet déjà à cet endroit des considérations sur les cruautés des Espagnols; l'addition de la page de Diderot risquait de surcharger le texte.

La conclusion générale est donc que des FP ont été composés selon le

p.303; M. Duchet, *Diderot et l''Histoire des deux Indes'*, p.43.

programme de travail que le philosophe décrit brièvement dans la lettre du 15 août. A la lecture de travail du t.iii est liée la composition des FP IX, X, XI et XV. De plus, il faut ajouter le FP VIII, qui a été sans doute conçu comme introduction générale au livre VI (début du t.iii en H 70 et H 74).

Ce résultat amène à se demander s'il est possible de considérer les autres FP comme nés d'un travail semblable, c'est-à-dire de la relecture d'autres volumes de H 70. La thèse est séduisante et, semble-t-il, valable pour une partie des FP. Sur la base du contenu et de la place des FP en H 74, on peut conclure que des FP sont liés à la relecture des trois premiers tomes de H 70 et d'autres à la relecture du t.vi et surtout à la révision du manuscrit du livre XIX qui fut ajouté en H 74. Cette constatation est confirmée par l'analyse de la distribution des autres contributions de Diderot à H 74: elles se concentrent dans les volumes i, ii, iii d'une part et vi et vii d'autre part. Les volumes iv et v semblent avoir été un peu négligés, par Diderot du moins, dans le travail de révision de H 70.

II. On peut avancer quelques hypothèses supplémentaires sur la manière dont Diderot travaillait à l'HDDI en 1772, si l'on considère d'une part comment certains fragments (surtout le FP X et le FP XI) ont été utilisés dans H 74 et si l'on analyse d'autre part la structure interne du FP XII et le type d'information qui y est exploité.

Considérons d'abord les FP X et XI. On a vu que Diderot a indiqué les lieux précis de H 70 qui ont déclenché sa réflexion, ceux par conséquent où les nouveaux passages devaient être placés par Raynal. Dans le cas du FP X, il s'agit de la page 10 du t.iii de H 70. A l'endroit correspondant de H 74 (iii.33-34), on trouve repris le FP à l'intérieur d'une addition sur l'homosexualité des Américains et sur l'influence qu'eut dans la conquête des Espagnols l'amour des femmes américaines pour les Européens. Il n'est pas difficile d'établir la source de cette addition: il s'agit des *Recherches philosophiques sur les Américains* de de Pauw (Berlin 1768, première partie, i.68ss).[12] Le lien organique et génétique entre le FP et les pages signalées de de Pauw nous pousse à poser une question:[13] comment entendre le rapport entre le FP et l'addition plus large

12. La source est déjà signalée par M. Delon, 'Du goût antiphysique des Américains', *Annales de Bretagne et des pays de l'ouest* 84 (1977), p.325, n.5.

13. Il faut ajouter quelques considérations supplémentaires sur l'addition de H 74, à l'intérieur de laquelle figure le FP. Elle occupe les p.33 (dernier alinéa) – 38, et elle est à cheval sur le chapitre 7 et le chapitre 8 du livre VI. Sa première partie, qui correspond aux dernières pages du chapitre 7, est celle qui reprend et discute de Pauw sur le problème de l'homosexualité des Américains. Sa seconde partie, qui correspond au début du chapitre 7, discute la réaction des Mexicains à l'arrivée des Espagnols et la crédibilité de ce que les historiens castillans ont rapporté sur l'empire du Mexique. La continuité entre les deux parties de l'addition est donnée par le texte même de H 70 qui traite en deux alinéas successifs (que l'addition de H 74 développe), d'abord, du rôle que les femmes américaines jouèrent dans la conquête et ensuite de la réaction des Mexicains à l'arrivée

reprise de de Pauw à l'intérieur de laquelle il apparaît en H 74? Est-ce que l'on peut attribuer l'extrait des pages de de Pauw qui figure en H 74 à Diderot lui-même? Ou faut-il penser que le philosophe s'est limité à commenter et à discuter de Pauw d'après l'addition que quelqu'un d'autre, par exemple Raynal lui-même, en avait tirée pour H 74?[14] La question est évidemment intéressante. Etablir que c'est Diderot lui-même nous permettrait de voir comment Diderot lit un texte, celui de de Pauw, en fonction d'un autre, celui de Raynal, et surtout comment la réflexion du philosophe naît de la lecture croisée de deux textes. Rapprocher un texte de l'autre, écrire à la marge et dans l'espace intertextuel qui s'ouvre entre deux textes, nous avons là une démarche qui peut nous éclairer sur la manière dont Diderot collabore à l'ouvrage de Raynal.

Si l'on considère le FP XI sur l'anthropophagie, on constate dans sa genèse une ressemblance avec le FP précédent. Comme on l'a vu, Diderot a indiqué le point de H 70 (iii.335) qui a déclenché sa réflexion et où le morceau devait être placé. Dans l'endroit correspondant de H 74,[15] le FP est précédé de quelques lignes reprises à la lettre des pages de de Pauw sur l'anthropophagie (t.i, section III, p.218). Par rapport à ce petit alinéa tiré de de Pauw, le texte du FP introduit une espèce de variation: aux raisons historiques de de Pauw le morceau ajoute d'autres considérations physiologiques ou sociologiques sur l'anthropophagie. Or non seulement on retrouve également dans ce cas le morceau de Diderot placé dans H 74 à la suite d'un extrait de de Pauw, mais nous pouvons aussi établir que le développement introduit par le philosophe a vraisemblablement son point de départ dans une remarque de de Pauw qui rappelle que selon la théorie de quelques naturalistes (déjà mentionnée dans l'article 'Anthropophagie' de l'*Encyclopédie*) l'anthropophagie aurait des causes

des Espagnols. Or il faut remarquer que si la première partie de cette addition comporte un passage de Diderot (c'est-à-dire le FP), dans la seconde partie également l'intervention du philosophe est sûre: on y retrouve des passages, qui sont repris dans les PD (p.342 et 343-44) tels qu'ils paraissent dans H. On voit bien que ce constat complique un peu le problème, ou peut-être permet de le simplifier: en effet, dans ce dernier cas la liaison entre le passage de Diderot et le contexte de l'addition est plus poussée que celle que l'on peut constater entre le FP et les extraits de de Pauw; en outre l'intervention de Diderot en deux points différents de l'addition est certaine; on est donc amené à se demander à qui reviennent les parties qui ne sont pas sûrement de lui. Vu qu'il n'est pas convaincant de voir dans cette addition l'intervention de plusieurs mains, n'est-il pas plus vraisemblable de l'attribuer en son entier à Diderot? Il faut même remarquer que le texte utilisé pour la première partie de l'addition, c'est-à-dire celui de de Pauw, pourrait avoir aussi suggéré la critique des historiens castillans qui se trouve dans sa seconde partie.

14. Il semble qu'il faille exclure une troisième hypothèse: c'est-à-dire que Diderot ait composé son FP d'après le texte de de Pauw et que seulement *après* ou *indépendamment* de lui quelqu'un d'autre ait tiré de de Pauw les pages de l'addition. Il est à remarquer que les *Recherches* de de Pauw avaient été déjà exploitées par-ci par-là dans H 70. La lecture que Diderot en fait pour H 74 est différente de celle qu'on en avait faite pour H 70.

15. Comparer H 74, iii, IX, 45, p.462-63.

purement physiques ou physiologiques (l'existence dans la membrane de l'estomac de certaines nations et de certains individus d'une humeur occasionnant une voracité extraordinaire: de Pauw, i.215). Le morceau de Diderot semble naître de la mise en relation de cette théorie avec l'histoire du fils de Saint-Pierre contée dans le FP XII (*Court essai sur le caractère de l'homme sauvage*). C'est la cause physiologique rappelée par de Pauw qui fournit à Diderot l'explication de certains faits rapportés dans cette anecdote.

Quelle conséquence tirer de ces deux morceaux de Diderot qui viennent à la suite de passages de de Pauw et qui discutent ou développent des thèmes du savant auteur des *Recherches sur les Américains*? On pourrait penser à une pure coïncidence. La perspective change si l'on considère un autre élément. Nous devons sans doute attribuer à Diderot une série d'additions qui paraissent pour la première fois en H 74 et qui dans la forme inchangée (ou à peu près inchangée) qu'ils auront en H seront reprises dans les PD. Or dans un certain nombre de ces passages, nous retrouvons la même structure et la même procédure de composition mise en lumière dans les deux cas précédemment examinés. De plus, dans certains passages, le lien entre le texte de de Pauw cité, ou repris à la lettre, et l'intervention de Diderot est tellement étroit que l'on ne peut penser qu'à une seule et même main: il semble difficile de distinguer entre celui qui aurait choisi le passage de de Pauw ou qui simplement s'en serait souvenu et celui qui l'aurait commenté ou discuté. Un excellent exemple nous est donné par l'addition que l'on trouve dans le chapitre 14 du livre XVIII (vii.100). Sur la base des PD (p.169), ce passage est à attribuer à Diderot. Le début est une citation évidente de de Pauw (i.279-80) que le reste du passage va développer. Il est clair dans ce cas que le lien entre citation et développement est très fort: l'une ne se justifie pas sans l'autre. Il faut en conclure que c'est Diderot qui a repris et développé le passage de de Pauw.

Il serait facile de citer d'autres exemples semblables.[16] Mais il suffit ici de fixer les points suivants:

a. Beaucoup d'additions de Diderot à H 74 se présentent comme des commentaires ajoutés à des extraits tirés de de Pauw. Le nombre assez élevé de passages de ce genre fournit une présomption en faveur d'un travail fait par Diderot à partir de de Pauw.

16. Il semble qu'on puisse voir dans le FP IX (c'est-à-dire le premier fragment de la livraison du 15 septembre) un morceau né de la lecture croisée de H 70 et de l'ouvrage de de Pauw, mais c'est surtout le cas de l'addition sur la religion du grand Lama (H 74, ii, V, 35, p.271-72; cf. PD, p.83-84) et celui des considérations ajoutées dans le passage sur les Amazones (H 74, iii, IX, 50, p.494-95; cf. PD, p.358-59) qui semblent confirmer notre hypothèse: dans le premier cas le texte de de Pauw utilisé est *Recherches philosophiques sur les Américains* (Berlin 1769), ii.296-97; dans le deuxième cas, *Recherches philosophiques sur les Américains*, ii.107-108.

b. Dans certains cas le lien qui existe entre le texte tiré de de Pauw et le commentaire ne laisse pas de doute sur le fait que c'est la même main qui a extrait les passages de de Pauw et qui les a commentés. Il est donc vraisemblable que c'est Diderot qui a lu ou relu de Pauw en fonction de l'HDDI.

c. Si l'hypothèse avancée est valable, les FP, tels que nous les connaissons, ne sont que la partie, pour ainsi dire, émergente de contributions plus considérables que Diderot a données à l'HDDI. Dans les cas que nous avons considérés, il semble que les FP soient des morceaux tirés des extraits commentés que Diderot avait préparés pour l'HDDI en lisant ou en relisant de Pauw. C'est-à-dire que ce que la CL diffuse n'est *parfois* que le résultat d'un choix que l'on a fait parmi des contributions ou des matériaux plus considérables préparés pour Raynal. Pour la CL, Grimm ou Diderot lui-même n'ont retenu que ce qui pouvait s'accorder plus facilement avec les exigences des lecteurs, mais surtout avec le caractère du périodique.

Quelques considérations encore sur la manière dont Diderot a travaillé à l'HDDI: je les tirerai de l'analyse interne du FP XII (*Court essai sur le caractère de l'homme sauvage*). Ce morceau rassemble des anecdotes et des traits généraux sur les sauvages. Or, fait intéressant, certains de ces traits généraux et surtout une des histoires de sauvages sont déjà dans H 70.[17] Comment expliquer cette utilisation d'éléments de H 70 dans un morceau qui a été écrit en 1772 pour une nouvelle édition de l'HDDI? Pourquoi donner à Raynal un morceau contenant des éléments tirés de l'ouvrage même de l'abbé? Deux remarques s'imposent sur ce point:

a. Le FP ne développe pas, comme les autres, une thèse ou une idée particulière: il se présente plutôt comme une espèce de memorandum, c'est-à-dire un ensemble de notes sur les sauvages, jetées sur le papier et rassemblées, qui sentent à certains égards le disparate. On pourrait parler d'un véritable assemblage de notes de travail. C'est surtout la disposition primitive des trois derniers alinéas (Grimm a tâché ensuite de la rationaliser un peu) qui évoque des pensées couchées au hasard sur le papier dans l'ordre de la découverte plutôt que suivant un fil logique.

b. Cet assemblage de notes de travail vise à esquisser un portrait général du

17. L'histoire du prisonnier sauvage (D. Diderot, *Mélanges et morceaux divers*, p.334) est déjà relatée, d'une manière plus détaillée, dans H 70, vi, xv, p.38 (H, viii, xv, 4, p.57-58, et H[a], p.65). Elle ne semble pas tirée de l'*Histoire de la Nouvelle-France* du père Charlevoix ni des autres sources qui ont été exploitées pour cette section de l'HDDI (voir M. Duchet, 'Bougainville, Raynal, Diderot et les sauvages du Canada: une source ignorée de l'*Histoire des deux Indes*', *RHLF* 63 (1963), p.228-36). Mais une histoire semblable se trouve déjà dans la première édition (1767) d'*An essay on the history of civil society* d'A. Ferguson qui la cite comme tirée de 'Charlevoix' (éd. D. Forbes, Edinburgh 1966, p.92).

sauvage. Ce faisant, Diderot ne distingue pas entre traits ou éléments qui étaient déjà dans l'HDDI et éléments nouveaux.

Ces deux remarques permettent de comprendre que la relation de Diderot à l'ouvrage de Raynal n'est pas linéaire mais complexe: la contribution du philosophe ne consiste pas en un simple apport de données ou de pensées provenant de l'extérieur, car sa réflexion s'alimente des matériaux mêmes de l'ouvrage de Raynal, en les utilisant de manière différente dans les différentes phases de sa collaboration. A ce propos, il faut souligner les différences de niveaux et de points de vue qui caractérisent les différentes phases de cette collaboration. Le point de vue adopté par exemple dans la seconde phase (celle de H 74 qui nous intéresse) ne peut être le même que dans la première phase, pour la simple raison qu'elle vient *après* la première, et qu'elle peut donc profiter des retombées que la première entraîne: une vision plus générale et plus complète des problèmes, des ajustements de perspective, des approfondissements collatéraux (consignés dans d'autres ouvrages du philosophe) qu'elle peut mettre à profit.

III. Diderot a envoyé ses FP à Grimm au fur et à mesure qu'il les a écrits. L'ensemble des morceaux a fait l'objet de plusieurs envois: deux sont signalés de manière sûre par la lettre à Grimm du 15 août et par les lignes d'envoi du FP VIII (FD, f.30*v*, INV, 125). D'autres peuvent facilement être supposés: deux, au moins, semblent presque certains.[18] Pourquoi ces envois à Grimm? Grimm joue, dans cette phase de la collaboration de Diderot à l'HDDI, le rôle d'intermédiaire entre Raynal et le philosophe, bien que ces derniers se connussent depuis longtemps. Les lettres et les billets de Diderot à Grimm entre mai et octobre 1772 l'attestent d'une manière sûre. Ce sont ces lettres et ces billets qui nous permettent aussi de circonscrire les limites chronologiques de la composition des FP.

Aussitôt après la diffusion en France de la première édition de l'HDDI (diffusion qui eut lieu à peu près au début de mars 1772), Raynal envisagea de donner une nouvelle édition, complétée et corrigée, de son ouvrage. A ce propos il prit vraisemblablement contact avec Diderot. L'abbé voulait achever son travail assez rapidement. De là son insistance et son 'impatience',[19] à laquelle

18. L'un concerne le FP XIII sur la Suède (voir plus bas); l'autre, l'envoi du FP XII qui est sans doute à séparer de l'envoi de la seconde liasse (ou du second cahier) des FD: la discussion sur la durée de la vie humaine aboutit dans le FP XII à une conclusion tout à fait différente de celle du FP II contenu dans le second cahier des FD.

19. La volonté qu'avait l'abbé d'achever rapidement son travail pourrait être confirmée indirectement par ce qu'on lit dans une lettre envoyée par le libraire genevois G. Cramer au libraire parisien Ch.-J. Panckoucke le 7 septembre 1772: 'Vous me parlez de manuscrit augmenté de l'Histoire des Indes comme si cet ouvrage était entre vos mains, et j'ai lieu de ne pas douter du contraire' (citée

le philosophe réagit dans la lettre à Grimm du 26 mai 1772: 'Dites moi; ai-je bien la tête disposée à servir l'abbé du nouveau monde selon son impatience? Je ferai ce que je pourrai' (CORR, xii.69). Deux jours après Diderot se répète: 'Votre diable d'abbé est une furie dont je m'ennuye d'être et de vous faire l'Oreste. Pour Dieu, qu'il nous laisse en repos. Est-ce qu'il croit qu'on écrit, comme il demande, à discrétion?' (CORR, xii.70). Or, c'est dans ces lettres qu'il faut selon toute vraisemblance voir le *terminus a quo* de la collaboration de Diderot à la seconde édition de l'HDDI et donc de la rédaction des FP.

De l'autre côté, le terme dernier de leur composition semble facile à établir: c'est celui de la livraison de la CL du 15 novembre 1772, où paraît le FP XVI. Est-ce que l'on peut préciser cette datation? La supposition la plus naturelle à partir des dates de la CL est que Diderot aurait écrit les FP au fur et à mesure de leur diffusion dans la CL. C'est la thèse que Mme Duchet accepte comme allant de soi et qu'elle tâche d'étayer par des hypothèses sur la discussion de Diderot avec Grimm d'où seraient nés quelques-uns des FP.[20] Mais quelques remarques s'imposent. Tout d'abord les livraisons de la CL ne nous donnent pas de dates réelles. Il y a en effet dans cette période un décalage considérable entre la date des livraisons et leur expédition effective. Il s'agit là d'un retard qui caractérise toute la dernière partie de la gestion Grimm de la CL (avant la relève que prend Meister en mars 1773): ces délais rendent difficile l'établissement d'une chronologie sûre des FP.[21] En second lieu, certains caractères

dans S. Tucoo-Chala, *Charles Joseph Panckoucke et la librairie française – 1736-1798*, Paris 1977, p.282). De ces lignes il ressort qu'à la fin d'août ou au début de septembre 1772, il y avait déjà un manuscrit augmenté de l'HDDI (même si cela ne veut pas dire qu'il s'agissait du manuscrit définitif qui fut ensuite imprimé) et que les libraires parisiens avaient déjà commencé les contacts internationaux qui aboutiront à l'édition de H 74 chez Gosse fils à La Haye. La mention du manuscrit augmenté exclut que l'allusion concerne une des réimpressions de l'HDDI qui eurent lieu en 1773, même si l'une d'elles se présentait comme 'nouvelle, revue, corrigée, augmentée' (A. Feugère, *Bibliographie critique de l'abbé Raynal*, Angoulême 1922, p.21, no 34). Une lettre de Condorcet semble confirmer que le chantier de l'HDDI était en pleine activité pendant l'été de 1772; en écrivant à Turgot le 22 juillet 1772, il remarque: 'à propos vous jugez trop sévèrement l'auteur du livre sur les *Deux Indes*, je lui écrirai un peu sur sa physique, et je lui offrirai le peu que je sais pour la seconde édition' (*Correspondance inédite de Condorcet et de Turgot: 1770-1779*, éd. Ch. Henry, Paris 1883, p.95). Il faut aussi rappeler que les deux ouvrages du comte de Guibert (*Essai général de tactique*) et du chevalier de Chastellux (*De la félicité publique*), dont des échos se trouvent dans le FP VIII et dans le FP VII, sont déjà mentionnés dans une lettre de Turgot à Du Pont de Nemours du 14 juillet 1772 (*Œuvres de Turgot et documents le concernant*, éd. G. Schelle, t.iii, Paris 1919, p.563). De l'ouvrage de Guibert le *Journal encyclopédique* rend compte en avril-mai 1772; de l'ouvrage de Chastellux, en juillet 1772.

20. M. Duchet, *Diderot et l'"Histoire des deux Indes'*, p.39ss.

21. Sur l'état de 'désordre' de la CL en 1771-1772, voir. E. Lizé, 'Voltaire, Grimm et la *Correspondance littéraire*', *S.V.E.C.* 180 (1979), p.26-27 (sur les retards des livraisons, la note 31 de la page 27). Sur un cas précis d'envoi d'une livraison, voir aussi G. Dulac, 'Grimm et la *Correspondance littéraire* envoyée à Catherine II (d'après les lettres de Dimitri Golitsyn et de F. M. Grimm au vice-chancelier Alexandre Golitsyn)', *S.V.E.C.* 217 (1983), p.239 et n.96. Pour la période précédente,

matériels du manuscrit des FD nous empêchent de suivre la thèse de Mme Duchet. Après avoir justement remarqué que le manuscrit des FD ne constitue pas, contrairement à ce que croit H. Dieckmann, un tout significatif, un texte continu, elle interprète ce manque relatif d'unité comme une preuve du fait que l'ordre actuel des FD est dû au hasard et qu'il faut par conséquent les reclasser selon l'ordre de succession qu'ils ont dans la CL. Or, considérés attentivement l'aspect matériel du manuscrit et la distribution des FD suggèrent un ordre de transcription et de succession qui semble infirmer les conclusions de Mme Duchet.

Le manuscrit des FD est constitué par quatre liasses (ou cahiers) comprenant chacune un nombre très inégal de feuillets: le premier cahier comprend six feuillets (trois feuilles repliées); le second, quatre feuillets (deux feuilles repliées); le troisième et le quatrième, deux feuillets chacun (une feuille repliée chacun). A l'intérieur de ces cahiers, et en particulier des deux premiers, qui contiennent plus d'un fragment, les fragments sont transcrits l'un à la suite de l'autre sans espace blanc: ils sont en général séparés par des lignes horizontales. Ce n'est que dans le deuxième cahier qu'on trouve un espace blanc entre le FP VII et le FP I. A la fin de chaque cahier un blanc plus ou moins considérable souligne la séparation entre les cahiers. L'unité indissoluble de chaque cahier est bien prouvée par plusieurs cas de transcription d'un fragment sur deux des grandes feuilles qui le composent. Chaque cahier semble avoir été constitué en fonction du nombre des fragments à recopier à un moment donné. En se fondant sur les espaces blancs qui interviennent à la fin de chaque cahier et dans un cas à l'intérieur même du cahier, on parvient à distinguer cinq groupes de FD:

– le premier cahier, comprenant un seul groupe, contient les FP IX, X, XI, XIV, XV, XVI;
– le second cahier comprend deux groupes: le premier contient les FP VI et VII, le second, les FP I, IV, V, III, II;
– le troisième cahier ne contient que le FP XII;
– le quatrième cahier ne contient que le FP VIII.

Cette double distinction en cahiers et en groupes semble ne pas relever de l'arbitraire du copiste, mais tenir plutôt à une discontinuité objective dans les matériaux qu'il recopiait: il faut penser ou à des envois successifs des fragments ou à une autre cause, par exemple des signes explicites, qui l'ont amené à maintenir ces divisions. Quelles conclusions tirer de l'examen du manuscrit? Les groupes des FD ne correspondent pas aux groupes de la CL. Il faut donc penser que les FP ont été reclassés quand ils ont été préparés pour la CL. Mais

comparer J. Schlobach, 'Introduction générale' à DPV, xviii.XVIIIss.

cela suppose qu'avant une telle opération *tous* les fragments étaient déjà écrits, c'est-à-dire que Grimm disposait déjà de tous les fragments avant de les distribuer dans les séries de la CL.[22] On arrive donc à la conclusion que la disposition des morceaux dans le manuscrit des FD interdit de penser qu'ils aient été écrits au fur et à mesure de leur diffusion dans les livraisons de la CL.

Il faut maintenant considérer deux autres éléments importants pour l'établissement de la chronologie des FP. Tout d'abord une lettre du 15 août 1772 de Mme d'Epinay à Galiani,[23] qui confirme la lettre d'envoi de Diderot de la même date. Dans la lettre de Mme d'Epinay, écrite de sa maison de campagne de Boulogne, il est question à deux reprises du travail de Diderot aux FP: 'Je vais tâcher de vous distraire un moment en vous parlant du philosophe qui est venu passer deux jours ici. Voilà une petite note qu'il m'a donnée pour vous. Il est au milieu de nous plus parlant, plus exalté, plus radieux que jamais.[24] Il voit tout couleur de rose, il fait de petits papiers charmants; mais je ne puis vous envoyer tout cela que quand le chevalier aura trouvé le moyen de vous faire recevoir mes lettres pour trois sols. Il s'en occupe.' On peut reconnaître avec vraisemblance dans ces 'petits papiers charmants' des contributions semblables à celles dont Diderot lui-même parle dans la lettre d'envoi à Grimm du 15 août 1772.[25]

22. Des groupes qui forment les FD et du caractère solidaire de ces groupes, il ressort que Grimm disposait déjà des FP destinés aux deux dernières livraisons de la CL quand il corrigea et prépara ceux de la livraison du 15 septembre. Le retard dans l'expédition des livraisons amène à placer évidemment après le 15 août la date à laquelle Grimm a commencé à travailler à la préparation des FD.

23. *La Signora d'Epinay e l'abate Galiani: lettere inedite (1769-1772)*, con introduzione e note di F. Nicolini (Bari 1929), p.276.

24. La lettre de Mme d'Epinay contredit ce que dit Diderot sur son état d'âme peu disposé au travail (CORR, xii.102). Mais la contradiction pourrait bien n'être qu'apparente: elle s'explique à la lumière de l'opposition campagne/ville: autant la campagne est source de bonheur, autant la ville est source de tristesse et de mélancolie. De plus, la lettre de Mme d'Epinay permet de comprendre plus clairement l'allusion à la campagne que fait Diderot ('C'est à la campagne [...] que je me prêterai aux lignes [...]'). Il faut évidemment entendre que c'est pendant des séjours semblables à celui qu'il vient de faire à Boulogne qu'il pourra travailler à l'ouvrage de Raynal. Diderot, en effet, n'envisagea pas (CORR, xii.71) d'autres séjours à la campagne en dehors de ceux qu'il passa chez ses amis à Boulogne ou à Saint-Ouen chez les Necker. Il est de nouveau à Boulogne le 22 août (CORR, xii.107 et 114).

25. La concordance des deux lettres confirme seulement qu'aux environs du 15 août, Diderot a travaillé aux FP, mais elle ne permet pas de dire que le groupe de fragments dont parle Mme d'Epinay soit le même que celui qu'a envoyé Diderot à la même date. Il faudrait connaître tous les déplacements du philosophe aux environs du 15 août pour se prononcer là-dessus. Diderot a été entre le 10 août (date de la lettre CXIX de Mme d'Epinay à Galiani) et le 15 août (date de la lettre CXX) deux jours à Boulogne. De la lettre de Diderot du 15 août il ressort que le 14 août il a été à Saint-Ouen chez les Necker: il faut donc penser qu'il a séjourné à Boulogne entre le 10 et le 14 août. Les 'papiers charmants' dont parle Mme d'Epinay et qui ont été composés ou mis au point dans les deux jours du séjour à Boulogne pourraient donc être différents, semble-t-il, des contributions que Diderot envoie à Grimm le 15 août, de Paris.

Le second passage de la lettre de Mme d'Epinay permet d'identifier d'une manière sûre les 'petits papiers charmants' avec des FP: 'je vous avais envoyé par monsieur le baron de Breteuil le livre de l'abbé Raynal sur l'*Etablissement du commerce dans les Indes*. Si la typographie abominable de ce livre ne vous rebute pas, je suis sûre qu'il vous fera grand plaisir. J'ai été témoin d'une conversation entre l'auteur et le philosophe. Voici, entre autres, une de leurs idées qui m'a frappée par sa vérité.' A la suite Mme d'Epinay rapporte le texte du FP III (avec des variantes par rapport au texte des FD et de la CL). De quelque manière qu'on interprète la 'conversation' entre le philosophe et Raynal (s'agit-il d'une conversation réelle ou d'une conversation métaphorique, c'est-à-dire d'une discussion de Diderot sur un texte de Raynal?), il semble évident que Mme d'Epinay reprend et cite le FP tel qu'il était déjà écrit.

C'est de l'analyse des corrections apportées aux FD qu'on peut tirer l'autre élément qu'il faut maintenant considérer. Le manuscrit des FD a été corrigé (INV, 123) par des mains différentes. Le groupe le plus consistant de corrections est, comme l'a établi H. Dieckmann, de la main de Grimm. Un autre groupe de corrections est, semble-t-il, à attribuer à Mme d'Epinay. C'est surtout dans le premier cahier des FD qu'on trouve des interventions de Mme d'Epinay; il n'y en a que trois dans le second cahier (précisément dans le texte du FP VI, du FP IV, du FP II); elles manquent tout à fait dans le troisième et quatrième cahier. La révision de Mme d'Epinay a été beaucoup plus discrète que celle de Grimm. Elle s'est limitée à des interventions absolument nécessaires: en général elle ne fait que corriger des erreurs du copiste. A ce qu'il semble, elle a lu et corrigé les FD avant Grimm: dans un cas, en effet, celui-ci corrige ou préfère à la forme choisie par Mme d'Epinay une autre forme du même mot (FD, f.19*r*: *subrécargues* corrigé en *supercargues*; voir le FP XIV *Sur les Chinois*).

Ainsi Mme d'Epinay connaissait à la date du 15 août le texte du FP III et d'autres 'petits papiers charmants'. D'autre part elle a lu et corrigé une partie des FD (les deux premiers cahiers); du rapprochement de ces données on peut tirer avec vraisemblance les conclusions suivantes:

a. Mme d'Epinay semble avoir lu les 'petits papiers charmants' et en particulier le FP III dans la copie qu'elle a lue et corrigée, c'est-à-dire celle des FD: ce qui nous permet de dire qu'elle a lu au moins le second cahier des FD (contenant le texte du FP III), et peut-être aussi le premier, à la date du 15 août;

b. Inversement, si Mme d'Epinay a lu et corrigé une partie des FD, il est probable qu'elle les a lus et corrigés à la date, ou à une date assez proche de celle à laquelle on sait qu'elle a eu entre les mains des FP (les 'petits papiers charmants').

Or si l'on peut penser que Mme d'Epinay a lu une grande partie des FD (et surtout ceux des deux premiers cahiers) le 15 août, il faut sans doute exclure que Diderot soit parvenu à écrire les FD des deux cahiers dans les deux jours de son séjour à Boulogne.[26] Trop grand est le nombre de pages, trop disparates les sujets abordés, pour qu'on puisse considérer comme vraisemblable une telle hypothèse; d'autant plus que la genèse de quelques-uns des fragments est liée à la lecture (ou relecture) du t.iii de H 70, dont la longueur exclut un travail réduit à deux jours. Il faut peut-être supposer à cette date la mise au point d'une partie des FP: quelques FP semblent avoir fait partie à l'origine de contributions à l'HDDI notablement plus développées. Diderot pourrait avoir travaillé, pendant son bref séjour à Boulogne, à la mise au net des extraits destinés à la CL.

Comme on l'a vu, Mme d'Epinay n'a pas revu les deux derniers cahiers des FD (contenant les FP VIII et XII): ce qui semble indiquer qu'elle ne les a pas lus et qu'ils ne faisaient pas partie des morceaux envoyés à Grimm. Ce qui est certain, c'est que le FP VIII a été l'objet d'un envoi séparé, qui n'est pas celui du 15 août (voir les lignes d'envoi). En outre on peut considérer comme postérieur à l'envoi des FD du second cahier celui du FD intitulé *Court essai sur le caractère de l'homme sauvage* (troisième cahier). En effet, comparé au FP II (le dernier FD du second cahier), le *Court essai* représente le moment où Diderot arrête son opinion sur la comparaison de la durée de la vie humaine chez le sauvage et chez l'homme policé. Il est de toute façon impossible d'arriver à une certitude concernant la date de ces deux FD.

On peut maintenant revenir à la manière dont Grimm a préparé les FD pour la CL. Comme on l'a vu, l'analyse matérielle du manuscrit des FD montre qu'ils ont été reclassés dans les groupes nouveaux formés pour la CL après que Grimm les ait *tous* reçus de Diderot. Comme preuves de ce fait, il faut aussi considérer les données suivantes:

1. *La présentation des FP dans la CL*: elle est tout à fait conforme à celle utilisée pour des ouvrages distribués dans plusieurs livraisons de la CL. Les titres de la CL (15 août: *Pensées détachées ou Fragments politiques* [...]; 1er septembre, 15 septembre, 15 octobre: *Suite des Fragments* [...]; 15 novembre: *Fin des Fragments* [...]) montrent que pour Grimm les FP constituaient un ensemble cohérent, organisé et préparé globalement.

2. *La manière dont les FD ont été corrigés par Grimm.* La révision a été faite d'une manière uniforme. De ce point de vue Dieckmann (*RHLF* 51 (1951),

26. Si l'on considère l'"impatience' montrée par Raynal vers la fin de mai, il semble difficile de penser que c'est seulement aux environs du 15 août que Diderot a commencé à travailler pour l'ouvrage de l'abbé. A cette date il devait déjà s'en occuper depuis plusieurs mois: ce qui rend vraisemblable l'hypothèse selon laquelle les FD faisaient partie à l'origine de contributions plus vastes et que le travail de Diderot à Boulogne aux environs du 15 août a concerné la mise au point de ce qu'il avait déjà écrit.

p.419-20) a raison de souligner que les FD constituent un tout. L'unique exception est représentée par le dernier FD du premier cahier (celui *Sur la Russie*). Il a été lu mais il n'a pas été révisé par Grimm, qui s'est borné à marquer au crayon une seule correction (FD, f.21*r*: *avec le temps*; voir Dieckmann, *RHLF* 51 (1951), p.425 note *h*). Parvenu à la fin du cahier (qui pourrait bien être le cahier corrigé en dernier), il a vraisemblablement suspendu sa révision minutieuse parce qu'il destinait déjà le morceau à la dernière ou à une des dernières livraisons de la CL et se réservait donc de le corriger à un autre moment.

3. *La présentation particulière dans la CL du FP xiii sur la Suède*. Il est placé hors série ('L'auteur des Fragments politiques insérés dans ces feuilles en ces derniers temps a aussi dit, comme vous allez voir, son mot sur la révolution de Suède'), comme s'il s'agissait d'un morceau écrit par l'auteur parallèlement aux FP ou comme s'il avait été ajouté après coup. Cette présentation conduit à envisager les autres FP comme un ensemble déjà constitué et le FP XIII comme une espèce de post-scriptum.[27]

Cette remarque permet de mieux comprendre la composition des FP et aussi d'expliquer l'absence du FP XIII parmi les FD. Cette absence est-elle due au hasard? Les feuilles contenant le morceau pourraient bien avoir disparu accidentellement. Mais une autre explication est possible. Peut-être ces feuilles n'ont-elles jamais été dans le fonds Vandeul: c'est le décalage entre la composition du FP XIII et celle des autres FP qui aurait déterminé cette absence.

On peut établir avec assez de précision la date *post quem* du FP XIII. Il n'était pas compris dans les morceaux qui, comme on l'a vu, étaient entre les mains de Mme d'Epinay et de Grimm aux environs du 15 août. Le coup d'Etat de Gustave III de Suède, en effet, a eu lieu le 19 août. La nouvelle en est arrivée à Paris le 7 septembre 1772 (date de la parution dans le *Supplément* de la *Gazette de France*, no 72, de la 'Relation de ce qui est arrivé à Stockholm, le 19 août, au 21 inclusivement'). Le FP témoigne d'une réaction assez rapide à la nouvelle du coup d'état, mais il suppose aussi une information sûre, tirée vraisemblablement des contacts personnels du philosophe:[28] ce qui amène à en placer la

27. Le problème central à résoudre pour l'édition critique des FP concerne bien le FP sur la Suède. La présentation particulière dont le morceau est l'objet dans la CL rattache-t-elle ce fragment aux autres FP, ou signale-t-elle que le morceau est à distinguer des autres et qu'il ne fait pas partie de l'ensemble des FP? Si l'on choisit la première solution, il faut éditer évidemment le texte de la CL, qui est l'unique texte complet de l'ensemble des seize FP. Si l'on choisit la deuxième solution, il faudra éditer le fragment sur la Suède d'après le texte de la CL, tandis que les quinze autres fragments pourraient être édités d'après le texte original des FD. C'est la première solution qui nous semble préférable.

28. Le philosophe mentionne le fait que pendant la séance de la diète du 21 août une voix s'éleva pour protester contre le coup de force du roi ou du moins pour exprimer des doutes sur ce qu'il proposait (D. Diderot, *Mélanges et morceaux divers*, p.340). Cet épisode ne se trouve pas enregistré dans les relations et dans les comptes rendus des gazettes et des périodiques les plus diffusés. Pour

conception et la composition dans la seconde moitié du mois de septembre. On peut supposer sans invraisemblance qu'au moment de recevoir le FP XIII, Grimm avait déjà préparé les autres FP pour la diffusion dans la CL et qu'il avait commencé à expédier, avec le retard dont on a parlé, la première livraison (ou les premières livraisons) contenant des FP. C'est le hiatus créé entre le FP XIII sur la Suède et les autres FP par la date tardive de sa composition qui pourrait être à l'origine de son absence dans le manuscrit des FD.

IV. Comme l'a déjà remarqué H. Dieckmann (*RHLF* 51 (1951), p.421), entre le texte primitif des FD et le texte diffusé par la CL il y eut une double révision. La première étape de la révision est constituée par les corrections sur les FD de Mme d'Epinay et de Grimm (corrections qui constituent à elles seules deux phases bien distinctes). Il s'agit de corrections qui sont constamment reprises dans le texte de la CL. La seconde étape de la révision ne nous est pas connue; mais il faut la supposer en raison des variantes que le texte d'une partie des FP présente dans la CL par rapport à celui qui est issu de la première révision des FD.

1. Il s'agit d'abord d'une série de variantes stylistiques qu'on ne peut considérer comme des erreurs de transcription des copistes: s'il s'agissait de variantes de transcription, il s'établirait sans doute une espèce de compensation entre les copies de la CL, tandis que toutes ont les mêmes variantes. Seule une partie des FP présente ces variantes; précisément: FP X, *la nature qui a tout ordonné pour la conservation de l'espèce, a peu veillé*, au lieu de: *la nature a tout ordonné pour la conservation de l'espèce et peu veillé*; FP XI, *dans l'état de société*, au lieu de: *dans la société*; FP XII, *la vie est ou fatigante ou insipide et*, au lieu de: *la vie est laborieuse et*; FP XIV, *et la communication aisée d'un lieu*, au lieu de: *et toute la communication possible d'un lieu*; FP XV, *d'élever des forêts*, au lieu de: *d'entraîner des forêts*; et *il portait dans sa gueule*, au lieu de: *il portait à sa gueule*.

2. Secondement, dans le cas du FP XVI, en plus des variantes stylistiques, il faut noter le changement du titre (*Sur la Russie* remplacé par *Qu'il faut commencer*

le trouver signalé il faut se reporter à l'histoire de la 'révolution' écrite par le secrétaire de l'ambassade anglaise, Ch.-Fr. Sheridan, et publiée seulement quelques années après (Ch.-Fr. Sheridan, *A history of the late revolution in Sweden*, London 1778, traduction française, *Histoire de la dernière révolution de Suède*, Londres 1783; pour l'épisode mentionné par Diderot, voir p.385). Il est probable que Diderot a tiré le renseignement de ses rapports amicaux avec G.-Ph. Creutz, qui, ministre de Suède à Paris depuis 1766, fut élevé au rang d'ambassadeur à la cour de France après le coup d'état de 1772. En ce qui concerne l'état d'avilissement de la Suède à la suite des luttes des Chapeaux et des Bonnets, l'analyse qu'en donne Diderot rejoint celle de la diplomatie française: voir par exemple l'*Instruction* donnée en 1771 au comte de Vergennes, dans *Recueil des instructions données aux ambassadeurs et ministres de France depuis les traités de Westphalie jusqu'à la Révolution française*, t.ii, *Suède*, éd. A. Geffroy (Paris 1885), p.432-42.

par le commencement) et une interversion des parties du texte qui finit par modifier profondément le morceau.

3. Enfin le FP VIII constitue un cas particulier. Si le texte de la CL ne présente qu'une menue variante par rapport au texte des FD révisé par Grimm (*je ne doute pas*, au lieu de: *je ne pense pas*), le texte de la tradition imprimée du morceau donne une variante de quelques lignes qui a l'aspect d'une addition tardive.[29] C'est l'édition Belin, dans la première édition de 1818 du *Supplément aux œuvres*, qui a donné pour la première fois le FP avec cette variante. Le manuscrit utilisé par Belin (provenant vraisemblablement, par l'intermédiaire de P.-L. Ginguené, du fonds Grimm séquestré pendant la Révolution)[30] présentait des caractéristiques intéressantes: 'Quelques-uns de ces articles [de la CL publiés dans le *Supplément*] ne se trouvent, dans notre manuscrit, que dans l'état de brouillon, tandis que le reste est mis au net avec le soin que Grimm faisait mettre aux copies qu'il envoyait à ses abonnés; peut-être ont-ils été joints plus tard à la Correspondance, par quelque littérateur qui a voulu réunir tous les morceaux inédits du même écrivain.'[31] On peut donc supposer que sur le manuscrit du FP, que Belin a suivi scrupuleusement ('Nous n'avons pas changé un mot au texte'), il y avait, à l'endroit en question, l'indication d'une addition. De toute façon, seule la découverte du manuscrit utilisé par Belin pourrait apporter une certitude.

Comment expliquer cette révision partielle des FP, qui n'a concerné que la seconde moitié de l'ensemble? L'explication la plus simple est qu'elle est intervenue quand la livraison du 15 août de la CL (contenant les premiers sept FP), et peut-être aussi la livraison du 1er septembre (contenant le FP VIII), avaient été déjà préparées et transcrites par les copistes, sinon déjà expédiées aux abonnés. Les résultats de la révision n'auraient donc pu être utilisés que pour le reste des FP. Mais à qui attribuer cette révision? Il est impossible de

29. Après *du commerce en général* (D. Diderot, *Mélanges et morceaux divers*, p.320) les lignes suivantes sont ajoutées: *Il lui faut une protection armée, et il l'obtiendra si jamais les souverains sont assez sages pour concevoir que dépouiller leurs sujets c'est les dépouiller eux-mêmes. Genève nous prête cinquante, cent millions: croit-on que si cette république pouvait mettre deux cent mille hommes sur pied, elle laisserait réduire tranquillement cette somme à la moitié par un papier affiché ou crié dans les rues?* Après *rues?* le texte continue comme dans les copies de la CL: *Il en est* [...] (voir A.T., iv.42-43). L'addition contient une allusion aux opérations financières de l'abbé Terray tout à fait conforme au jugement que Diderot en donnait le 17 avril 1772 dans une lettre à Falconet (CORR, xii.49). L'addition est aussi à comparer avec quelques lignes d'une addition de H sur les finances publiques: 'un édit daté de Versailles peut du soir au matin acquitter sans conséquence la France avec Genève' (H, x, XIX, 11, p.313, et H^a, p.394). Sur les rapports financiers de Genève avec Paris, voir H. Lüthy, *La Banque protestante en France de la révocation de l'édit de Nantes à la Révolution* (Paris 1961), ii.485ss.

30. J.-Th. de Booy, '*Jacques le fataliste* et *La Religieuse* devant la critique révolutionnaire (1796-1800)', *S.V.E.C.* 33 (1965), 'A. Le quiproquo de la publication', p.31.

31. *Supplément aux œuvres de Diderot* (Paris 1818), 'Avis de l'éditeur', p.ii. Dans la 'seconde édition' du *Supplément* (Paris 1819) ces lignes ont été substituées.

répondre d'une manière sûre,[32] mais il semble bien que Diderot ait eu une nouvelle fois entre les mains les FP dans les premiers jours d'octobre 1772. Dans la *Correspondance* de la fin de septembre et du début d'octobre, on trouve de fréquentes allusions à l'activité que le philosophe avait reprise après les embarras provoqués par le mariage de sa fille Angélique. Ce sont d'abord les contes qui sont mentionnés: le 23 septembre il annonce à Grimm qu'il va lui remettre 'les deux contes', *Ceci n'est pas un conte* et *Mme de La Carlière* (CORR, xii.131). Le 7 octobre il lui parle de la composition du *Supplément au Voyage de Bougainville* (CORR, xii.144) et le 14 il déclare qu'il va le lui apporter le lendemain (CORR, xii.149). Mais le 23 septembre le philosophe fait mention aussi d'un 'et caetera' ('Je vous porterai les deux contes, et caetera'); le 7 et le 14 octobre, d'un 'papier' de l'abbé Raynal et de 'guenilles' redemandées par Grimm. Or en ce qui concerne le 'et caetera' (s'il faut entendre qu'il désigne un écrit du philosophe), on peut penser au FP XIII sur la Suède qui, selon l'hypothèse avancée plus haut, a été composé dans la seconde moitié de septembre (seule autre identification possible les 'Vers envoyés à un François le jour de sa fête', diffusés par la CL le 15 novembre 1772).[33] Quant au 'papier' de Raynal et aux 'guenilles', voici comment en parle Diderot le 7 octobre: 'Je n'ai pas encore jeté l'œil sur le papier de l'abbé.[34] Je m'y mettrai tout à l'heure ou ce soir. D'avance, je ne prévois pas y faire grand chose, car la matière m'est étrangère. Récrire ou repenser, c'est tout un. Je vous remettrai cela, retouché ou non, avec les petites guenilles que vous redemandez et dont vous pouvez être très assuré que je ne ferai certainement aucun usage, car donner et retenir ne vaut' (CORR, xii.146-47). Le passage est intéressant: non seulement il prouve que Diderot à cette date travaille encore à l'HDDI, mais il le montre aussi engagé dans une forme particulière de collaboration à l'ouvrage: il a à relire et à revoir un papier écrit par l'abbé, dont la matière, économique vraisemblablement (les 'éternels calculs' de l'abbé), lui est étrangère. Les 'petites guenilles', bien que significativement rapprochées du papier de l'abbé, en sont bien distinctes: il s'agit de morceaux jetés sur le papier par le philosophe lui-même, qui les considère comme improvisés.[35] Il semble naturel de les identifier avec les FP, écrits à la hâte et envoyés à Grimm avec des 'négligences de style'

32. H. Dieckmann (*RHLF* 51 (1951), p.422) l'attribue à Grimm.

33. Il faut de toute façon rappeler que dans la même période Diderot écrivit aussi l'inscription pour la statue du tsar Pierre Ier. Elle fut diffusée dans la livraison de la CL du 15 novembre 1772, mais Grimm l'envoya à Galiani le 28 septembre 1772 (voir *Correspondance inédite de Frédéric Melchior Grimm*, éd. J. Schlobach, München 1972, p.194).

34. Le 'papier de l'abbé' n'est pas identifiable. L'unique hypothèse que l'on puisse émettre est qu'il s'agirait d'une addition à H 70 destinée à paraître en H 74.

35. Selon J. Varloot, 'dans le vocabulaire de Diderot, "guenilleux" comme "guenilles" s'appliquent aux textes qui sentent leur improvisation' (CORR, xv.192, n.4).

que Diderot lui-même reconnaissait (voir les lignes d'envoi du FP VIII). Or Grimm demande qu'ils lui soient rendus à moins que Diderot ne veuille en faire un autre usage. Le philosophe répond en recourant à une expression juridique passée en proverbe, 'donner et retenir ne vaut':[36] il ne peut ni ne veut revenir sur ce qu'il a déjà donné à son ami. Le passage nous permet de retracer le va-et-vient des FP (ou d'une partie des FP) entre Diderot et Grimm: Diderot a remis dans un premier temps les FP à Grimm, puis il les a repris pour les réviser. Grimm vers le 7 octobre les lui redemande. Diderot promet de les lui rendre sous peu. L'engagement pris le 7 octobre est tenu une semaine après: le 14 octobre (CORR, xii.149) le philosophe envoie à son ami le papier de l'abbé,[37] évidemment corrigé, et il lui fait aussitôt après cette promesse: 'Demain je serai à l'heure prescrite avec le conte [le *Supplément au Voyage*] et les autres guenilles que vous me demandez.' C'est donc entre le 7 et le 14 octobre que Diderot a relu ses 'petites guenilles', et c'est à cette date qu'il faut placer vraisemblablement une révision des FP.

Caractères généraux des FP

Les FP ont sans doute quelque chose de disparate. Mais il ne faut pas penser à des morceaux improvisés, fruits d'une verve primesautière. Il est vrai que les FP étaient, pour le philosophe, des 'guenilles'. Mais ce mot ne concerne que leurs imperfections stylistiques, que Diderot lui-même signale, ainsi que leur composition hâtive dans les conditions créées par l''impatience' de l'abbé Raynal et par les embarras du philosophe: impatience et embarras qui l'amènent à jeter sur le papier ses réflexions, vaille que vaille. Par ailleurs l'étude des morceaux montre bien le jeu intertextuel, la stratification de lectures récentes, mais aussi anciennes, d'où naissent plusieurs FP, et d'autre part le lent cheminement des idées auxquelles ils donnent forme.

Le rapport intertextuel est constitutif de plusieurs FP. Des FP naissent de la lecture croisée de H 70 et des *Recherches* de de Pauw (voir les FP X et XI sur l'homosexualité des Américains et sur l'anthropophagie). D'autres, des lectures plus ou moins récentes du philosophe: le FP VIII sur la découverte du Nouveau Monde combine, semble-t-il, des souvenirs d'une lecture récente (celle d'un

36. Voir P. Robert, *Dictionnaire alphabétique et analogique de la langue française* (Paris 1977), sous *donner*, ii.287.

37. Il est tout à fait naturel de rattacher 'le papier de l'abbé' dont Diderot parle dans la lettre du 14 octobre au 'papier' dont il parle dans celle du 7 octobre. G. Roth, au contraire, conjecture que la lettre du 14 octobre fait allusion à l'abbé Le Monnier ou à l'abbé Galiani (CORR, xii.149, n.6).

ouvrage de de Pinto)[38] avec des suggestions d'une lecture plus ancienne (une section bien connue de l'*Universal history*);[39] de plus, dans la seconde partie on peut constater une réminiscence de Rousseau, qui ne va pas sans polémique.[40] Le FP VII sur 'administration' et 'police' associe à un souvenir de *De la félicité publique* de Chastellux, qui venait de paraître, des suggestions des physiocrates d'une part et de Galiani d'autre part.[41] Le FP IV sur les Chinois reprend des indications d'un article de Grimm dans la CL (un souvenir du même article se trouve dans le FP XIV).[42] Le FP XV sur les mines discute un passage de H 70 (qui est une réduction de l'article 'Mines' de d'Holbach dans l'*Encyclopédie*) à la lumière des remarques critiques de Montesquieu sur les mines de l'Amérique.[43] D'autres exemples pourraient être avancés: le commentaire des FP signalera toutes ces réminiscences.

Beaucoup d'idées et de faits évoqués dans les FP ont fait l'objet d'une attention particulière de la part du philosophe: il s'agit de pensées sur lesquelles Diderot est revenu à plusieurs reprises pour une mise au point de plus en plus précise qui pût souder organiquement des éléments d'abord flous et disparates.

38. [Isaac de Pinto], *Lettre sur la jalousie du commerce*, dans *Traité de la circulation et du crédit* [...] (à Amsterdam, M.-M. Rey, 1771): comparer par exemple les p.273-74 avec le FP VIII, D. Diderot, *Mélanges et morceaux divers*, p.320. Sur les rapports Diderot-de Pinto, voir A.-J. Freer, "Isaac de Pinto e la sua "Lettre à Mr. D[iderot] sur le jeu des cartes"', *Annali della Scuola Normale Superiore di Pisa*, serie II, 33 (1964), p.93ss, et 'Ancora su Isaac de Pinto e Diderot', *ibid.* 35 (1966), p.121ss. Cf. aussi L. Schwartz, *Diderot and the Jews* (London, Toronto 1981).

39. Comparer en général *The Modern part of an universal history* [...], t.IX in-8° (London 1759), p.170ss, et l'*Histoire universelle depuis le commencement du monde* [...], t.XX in-4° (Amsterdam, Leipzig 1763), p.544ss, avec le FP VIII, D. Diderot, *Mélanges et morceaux divers*, p.319. Diderot fait une mention explicite à l'*Histoire universelle* dans la *Réfutation d'Helvétius*, A.T., ii.403. Sur l'ouvrage anglais, voir G. Ricuperati, 'Universal history: storia di un progetto europeo. Impostori, storici ed editori nella Ancient Part', *Studi settecenteschi* 2 (1981), p.7-90. Pour les idées sur l'esprit de commerce et de calcul développées dans le FP VIII, comparer aussi *Salon de 1769* (*Salons*, iv.111-12).

40. Voir la note X du second *Discours* (J.-J. Rousseau, *Œuvres complètes*, Paris 1964, iii.212-14). Sur les voyages et les voyageurs, voir aussi C. de Pauw, *Défense des Recherches philosophiques sur les Américains* (Berlin 1770), ch.36, p.199-200. Ce qui est dit dans le FP VIII sur la disparition de l'héroïsme, doit être comparé à l''Introduction' (p.xvi-xviii) de l'*Essai général de tactique* (Londres 1772) du comte de Guibert (cf. *Correspondance littéraire*, éd. M. Tourneux, x.15, 55-57). En outre on trouve dans le FP VIII la réminiscence d'une des *Lettres persanes* (la XLIV: ce que l'on dit d'Alexandre le Grand) et d'un essai de Hume (*Of national characters*: l'image de la superstition comme levier; le passage de Hume est cité aussi dans *Le Bon sens*, §26, de d'Holbach, qui parut en 1772; cf. *Mémoires secrets* de Bachaumont, 1er octobre 1772, vi.236).

41. Sur le FP VII, voir plus bas.

42. *Correspondance littéraire*, éd. M. Tourneux, vii.115. Dans le FP XIV (et plus précisément dans ce que l'on dit sur le docteur de la Sorbonne), on peut discerner, semble-t-il, une réminiscence des *Doutes proposés aux philosophes économistes* (La Haye, Paris 1768) de Mably (lettre IV, p.152).

43. *Esprit des lois*, XXI, 22. Il faut rappeler également qu'un long passage du FP XV vient de J.-F. Henckel, *Pyritologie ou histoire naturelle de la pyrite* (Paris 1760), 'Préface de l'auteur', p.ix-xii (l'ouvrage de Henckel, comme on le sait, a été traduit en français par le baron d'Holbach).

La collaboration à l'ouvrage de Raynal l'a poussé à concentrer son attention sur des noyaux conceptuels qui ne faisaient l'objet jusqu'alors que d'une espèce de libre association mentale: le travail pour l'HDDI a été l'occasion qui a déclenché leur solidification. Ainsi la composition des FP entraîne tout d'abord la mise au net d'idées longtemps mûries: elles prennent dans les FP une forme qui sera définitive. Quand par la suite Diderot y reviendra, ce sera avec les mêmes mots, avec les mêmes tours de phrase. En second lieu, on trouve dans les FP un montage attentif de faits puisés dans les archives de la mémoire du philosophe. Tout à fait remarquable est son attitude envers certains petits faits concrets sur lesquels il sait concentrer l'attention pour leur donner une signification presque emblématique.[44] Le fait concret a pour le philosophe un pouvoir de présence particulier: en opposition à tout discours ou système conceptuel, il a une force de vérité qu'il s'agit de dégager. La réalité s'impose d'abord et stimule la recherche des principes capables de l'expliquer: les faits vrais finissent par se constituer comme des expériences morales qui, de la même façon que les expériences physiques, attendent la découverte de 'quelque principe qui les lie' (CORR, xii.28; comparer aux *Pensées sur l'interprétation de la nature*, XLIV, DPV, ix.72). Par cette voie, dans le FP, comme dans les contes et l'essai *Sur les femmes* composés dans la même période, Diderot semble entamer ce projet de 'morale expérimentale' dont témoigne la page de Mme d'Epinay qu'on vient de citer (CORR, xii.28) et dont le philosophe lui-même parle dans la *Réfutation d'Helvétius* (A.T., ii.395).

A côté de ces éléments que l'analyse interne des FP permet d'établir, il faudrait, pour mieux comprendre la genèse de ces morceaux, rappeler aussi le contexte plus général de l'activité du philosophe, par exemple, considérer l'intérêt qu'il porte dans cette période à la littérature de voyages et surtout au côté ethnographique et anthropologique de cette littérature. C'est l'époque des notes sur l'*Histoire du royaume de Siam* de Turpin et sur l'*Histoire des Celtes* de Pelloutier (A.T., vi.420, 433); mais en outre Diderot reprend en 1771 l'*Histoire* de Gumilla[45] (parue dans la traduction d'Eidous en 1758); il lit, dès leur parution, le *Voyage* de Bougainville et le Zend-Avesta dans l'édition d'Anquetil-Duperron (A.T., ii.205-206); précisément dans la période de composition des FP, il s'intéresse aux récits de voyages et d'expéditions géographiques et suit

44. Le philosophe a prêté une attention particulière à l'anecdote du commerçant chinois que lui a contée le père Hoop, le subrécargue du FP XIV: voir la lettre à Sophie Volland du 14-15 octobre 1760, CORR, iii.144-45, et voir aussi INV, 207. Très intéressé également par les contes du baron de Dieskau sur les sauvages américains, il les utilise dans le FP XII: voir la lettre du 2 ou 8 novembre 1760 à Sophie Volland, CORR, iii.224ss.

45. Voir les lettres du 3 août 1771 et du 30 novembre 1771 dans *La Signora d'Epinay e l'abate Galiani*, p.193, 226.

sur les gazettes les échos de l'aventure de Beniowski: voir à ce sujet la réponse de Galiani (CORR, xii.116-18) au billet que le philosophe lui envoie dans la lettre de Mme d'Epinay du 15 août 1772.[46] La composition d'un ouvrage comme l'essai *Sur les femmes* présuppose et suscite des questions ethnographiques sur la place de la femme dans la société, que Diderot, parallèlement aux FP, approfondira dans une addition de H 74. Cette curiosité et l'activité qu'elle entraîne permettent de dire que le travail de Diderot (et plus généralement la collaboration à H 74) n'est pas une pure et simple parenthèse, imposée par l'"impatience' de l'abbé Raynal. Entre la collaboration à la première édition de l'HDDI et la collaboration à la seconde édition de l'ouvrage de l'abbé, la réflexion de Diderot se poursuit à l'intérieur d'un horizon ethnographique et anthropologique, si bien que les thèmes spécifiques des FP, tels l'anthropophagie ou l'homosexualité des Américains, et la lecture des *Recherches* de de Pauw qu'ils présupposent, n'entraînent point une solution de continuité. On pourrait même dire que la collaboration à la première édition de l'HDDI a mis Diderot en contact direct avec un domaine auquel il va se référer de plus en plus fréquemment par la suite. De ce point de vue l'importance des FP est à remarquer: ils représentent le moment où dans ce cadre anthropologique quelques-unes des idées fondamentales du dernier Diderot prennent corps ou trouvent une expression à peu près définitive (idéal de société moitié sauvage et moitié policée, lutte de l'homme contre la nature et fondement de la morale, critique du modèle chinois des physiocrates, etc.).

Si à la fin de cette mise au point on voulait caractériser le rôle joué par l'ensemble des FP dans l'œuvre de Diderot, il faudrait le comparer à celui d'une plaque-tournante qui va redistribuer dans ses écrits une série d'idées importantes que le travail effectué pour l'HDDI pendant l'été de 1772 a éclaircies définitivement, à partir de matériaux accumulés depuis longtemps dans sa mémoire, sinon dans quelque portefeuille de travail.

Unité et caractère politique des FP

I. L'étude de la genèse des FP permet de voir leur rapport organique avec la réflexion du philosophe et d'y reconnaître l'aboutissement et le lent cheminement de certaines idées. L'analyse de leur thématique confirme l'unité relative des FP, au delà de leur aspect fragmentaire et disparate: ils s'organisent autour de noyaux unitaires qui sont traités et développés à partir de points de vue

46. Sur cette lettre de Galiani à Diderot, voir le riche commentaire de L. Guerci dans *Illuministi italiani*: vi. *Opere di Ferdinando Galiani*, a cura di F. Diaz e L. Guerci (Milano, Napoli 1975), p.1083-84.

différents dans chaque FP. Un réseau de relations s'établit ainsi entre les FP et il faut suivre les fils qui vont de l'un à l'autre pour déceler l'unité de l'ensemble.

Le FP I propose un fondement nouveau de la morale,[47] le principe d'une nouvelle sociabilité (ou socialité): la lutte contre la nature devient la base de l'ensemble des liens communautaires des hommes. C'est en augmentant sa puissance sur la nature, c'est-à-dire en s'unissant avec les autres hommes et en édifiant une nouvelle société, que l'homme parvient à accroître sa liberté et son bonheur.

Certains rapports spécifiques qui s'établissent entre homme et nature sont étudiés dans le FP III (amour de la patrie et nature du sol) et surtout dans les morceaux consacrés à la société sauvage (le caractère de l'homme sauvage est tout à fait différent de celui de l'homme policé; les avantages de la société sauvage et de la société policée).

Le développement de la société nouvelle que les hommes peuvent édifier en luttant ensemble contre la nature est esquissé dans le FP XVI: le titre de la seconde version du morceau souligne qu'il s'agit du 'commencement', de la fondation d'un édifice social nouveau. Cette société doit reposer sur la formation d'une couche sociale, le tiers état, pour parvenir à associer le *bonheur* général à l'*éclat* des lettres et des beaux-arts.[48] De la sorte le philosophe arrive à définir la juste limite de la lutte contre la nature, ce 'terme d'heureuse médiocrité', cet idéal de société moitié sauvage et moitié policée[49] capable de concilier *état de nature* et *état de société* (plus généralement, *nature* et *art*), qui est au centre du FP II. A l'opposé de cet idéal de société il faut placer toute forme de société moderne commerçante, où l'esprit de calcul et les trocs étouffent l'enthousiasme et l'énergie naturelle, tandis que le développement d'un luxe déréglé entraîne un faux éclat des lettres et des beaux-arts et finalement la décadence et la retombée dans la barbarie (voir le FP VIII).

On peut également ramener à la définition d'un modèle de société nouvelle le FP sur les mines et les FP sur les Chinois. Le FP XV insiste sur l'importance à accorder à l'agriculture: le secteur agricole est un secteur fondamental, à développer avant tout autre. Cela est valable pour les colonies espagnoles de l'Amérique, mais aussi pour la France: la polémique est dirigée contre la

47. Sur le fondement de la morale, voir le *Salon de 1767* (*Salons*, iii.148). Sur ce passage du *Salon*, qui permet de voir clairement le lien existant entre le FP I et le FP II, voir R. Mauzi, 'Diderot et le bonheur', *D.Stud.* 3 (1963), p.263-64; M. Duchet, *Anthropologie et histoire*, p.428-29.

48. Sur *éclat* et *bonheur*, voir *Réfutation d'Helvétius*, A.T., ii.431. L'opposition éclat / bonheur devient dans *De la félicité publique* (1772) de Chastellux un critère d'analyse historique. Dans le passage de la *Réfutation* que l'on vient de citer, Diderot mentionne cet ouvrage.

49. Sur la société moitié policée et moitié sauvage, voir la *Réfutation d'Helvétius*, A.T., ii.431-32, et M. Duchet, *Anthropologie et histoire*, p.459-63.

politique qui vise à développer prioritairement les mines. Les FP IV et XIV sur les Chinois critiquent un faux modèle de société agricole, celui que proposent les physiocrates.[50]

Enfin les FP VI et VII roulent sur un aspect important de la pensée politique du philosophe: ils définissent les coordonnées politiques de cette nouvelle société qu'il esquisse en partie dans d'autres FP. Le FP VI établit que le principe de toute souveraineté est dans la volonté générale et qu'"il n'y a point de vrai souverain que la nation' (OP, p.343): il faut donc limiter le pouvoir des rois,[51] ils ne sont que les 'intendants de la maison'. Le FP VIII contient une rigoureuse condamnation de toute forme de limitation de la liberté individuelle au nom de l'intérêt public et une violente dénonciation de toute sorte d'esclavage (le ton rappelle parfois les *Eleuthéromanes*).

On peut résumer dans le tableau suivant les noyaux thématiques les plus importants des FP:

1. La lutte contre la nature est le fondement des liens communautaires entre les hommes, le fondement d'une nouvelle sociabilité et d'une nouvelle société (FP I). La similitude d'organisation pousse les hommes à se rassembler: quand ils n'aperçoivent pas cette similitude, 'base primitive de la morale', les hommes en viennent à traiter leurs semblables comme des bêtes sauvages (FP IX). Rapports particuliers qui s'établissent entre l'homme et la nature (FP III).

2. Société sauvage et société policée: l'homme sauvage est tout à fait différent de l'homme policé, en ce qui concerne la morale, le caractère, etc. (FP X, XI, XII).

3. Avantages de la société sauvage et de la société policée; juste limite ('heureuse médiocrité') de la lutte contre la nature: une société moitié sauvage et moitié policée (FP II). Refus de toute forme de société moderne marchande, qui étouffe la nature et favorise le développement d'un luxe déréglé et d'un faux éclat des lettres et des beaux-arts (FP VIII).

4. Développement d'une nouvelle société policée (ou civilisation d'un peuple barbare): il faut dans la lutte contre la nature 'commencer par le commencement', c'est-à-dire mettre en vigueur d'abord les conditions basses et l'agriculture, et développer ensuite les arts. Cette forme de société permet de combiner *bonheur* et *éclat* (FP XVI).

5. Contre tout faux modèle de développement de la société: contre le modèle

50. Pour la critique du modèle chinois, voir la *Satire contre le luxe* (1771), insérée par Naigeon dans le *Salon de 1767* (*Salons*, iii.125).

51. Il est à remarquer que dans le FP VI Diderot semble se rappeler le chapitre 'De la prérogative' du *Du gouvernement civil* de J. Locke (Bruxelles 1749, p.239-42; pour le texte anglais, cf. J. Locke, *Two treatises of government*, éd. P. Laslett, Cambridge 1960, 'The second treatise', ch.14, §§165-66, p.395-96).

chinois des physiocrates (FP IV et XIV) et contre toute politique qui accorde une attention privilégiée à des secteurs secondaires, comme celui des mines de métaux précieux (FP XV).

6. Point capital: la nouvelle société née d'une sociabilité nouvelle a comme condition essentielle d'existence la liberté civile et politique. La souveraineté réside dans le peuple: il faut limiter le pouvoir des rois (FP VI). Tout attentat à la liberté et à la propriété individuelle au nom de l'intérêt public est à condamner (FP VII; la réflexion du FP V sur les petites aristocraties peut être rattachée à ce dernier noyau).

II. En faisant ressortir l'unité des FP, on en dégage aussi assez clairement le caractère politique.

De manière générale les FP marquent dans la réflexion politique de Diderot la fin de la période ouverte par la composition du *Salon de 1767*, écrit, comme on le sait, tout au long de 1768: c'est dans les pages foisonnantes de cet ouvrage que l'on trouve discutés des sujets (bonheur, luxe, fondement de la morale, etc.) ou des idées qui sont liées directement à l'origine des FP.[52] Mais ce qu'il faut surtout souligner c'est que la discussion amorcée dans le *Salon* est marquée clairement par les débuts du débat sur les idées des physiocrates qui va s'élargir de plus en plus à la fin des années 60. On connaît le rôle qu'y joua l'intervention de Galiani et on sait aussi l'attention passionnée avec laquelle Diderot suivit les discussions qui vont opposer les uns aux autres les hommes des Lumières:[53] ce sont elles qui semblent pousser le philosophe à remettre en cause une série d'idées, à redéfinir ou à proposer d'une manière nouvelle quelques-unes des exigences fondamentales du mouvement. Ce sont des idées mûries dans ce débat qui vont trouver leur expression dans les FP. Les fragments de 1772 constituent le point d'aboutissement de la participation de Diderot au débat entre Galiani et les physiocrates et illustrent la manière dont il parvient à dépasser l'opposition des points de vue en définissant une position tout à fait originale. Certes rien dans les FP ne témoigne directement de la participation

52. On a déjà cité des exemples de relations existant entre le texte du *Salon* et le texte des FP. Un cas assez significatif est celui du FP XVI: l'histoire de la peuplade d'agriculteurs et de la peuplade de brigands est déjà dans le *Salon de 1767* (*Salons*, iii.210-11). Pour cette histoire à la Galiani Diderot pourrait bien s'être inspiré de *L'A.B.C.* de Voltaire (éd. Moland, xxvii.343). Sur les pages du *Salon*, voir J. Proust, '"Le joueur de flûte de Passy": Diderot et l'image du paysannat russe', dans *L'Objet et le texte: pour une poétique de la prose française du XVIIIe siècle* (Genève 1980), p.233-44.

53. Voir E.-M. Strenski, 'Diderot, for and against the physiocrats', *S.V.E.C.* 57 (1967), p.1435-55, et surtout F. Venturi, 'Galiani entre les encyclopédistes et les physiocrates', dans *Europe des Lumières: recherches sur le XVIIIe siècle* (Paris, La Haye 1971), p.172-92, et M. Minerbi, 'Diderot, Galiani e la polemica sulla fisiocrazia (1767-1771)', *Studi storici* 14 (1973), p.147-84. Cf. aussi *La Bagarre: Galiani's lost parody*, éd. S. L. Kaplan (The Hague, Boston, London 1979).

de Diderot aux discussions qui opposent les physiocrates à Galiani. La question est différente. On sait comment Diderot présente dans l'*Apologie de Galiani* l'opposition entre Morellet, l'allié des physiocrates, et l'abbé napolitain: 'il y a un point que l'abbé Galiani et l'abbé Morellet ont méconnu tous les deux; ils ont à l'envi sauté par-dessus en sens contraire; et le saut fait, ils se sont trouvés l'un et l'autre également loin de la vérité' (OP, p.108).[54] Au début des années 70, la pensée de Diderot est précisément à la recherche de ce 'point moyen' que les physiocrates et Galiani ont méconnu. Pour le montrer, il suffit de considérer deux exemples: la discussion sur 'administration' et 'police' dans le FP VII et d'autre part le modèle de développement proposé pour une société nouvelle qui serait basée sur la formation d'un tiers état, thème qui constitue le noyau central du FP XVI sur la Russie.

Une grande partie du FP VII est consacrée à la défense du droit de propriété entendu comme *ius utendi atque abutendi*. Même si la défense du principe est assez commune,[55] c'est chez les physiocrates que l'on trouve des formulations qui rappellent celle du philosophe.[56] C'est ainsi que Le Mercier de La Rivière dans sa réponse de 1771 à l'ouvrage de Galiani remarquait: 'Quelqu'un me disoit un jour: Croyez-vous que je sois maître de brûler mes moissons ou de jetter mes vins dans la rivière [...]? Une telle liberté n'est-elle pas contraire à l'intérêt commun? Non, lui répondis-je, elle n'est point contraire à l'intérêt commun, parce qu'il faut être fou pour adopter cette manière extravagante de jouir [...]. – Et, si je le fais, quelle peine m'infligera-t-on? – Aucune [...].'[57] Mais c'est surtout une discussion sur l'extension du droit de propriété parue dans le *Journal de l'agriculture* de l'abbé Roubaud juste en juin 1772 (dans la période dans laquelle Diderot travaille aux FP) qu'il faut citer: 'quel droit donne la propriété? Le droit de faire tout ce que l'on veut de ce qu'on possède à ce titre, *proprietas continet ius uti et abuti*. Si le règlement que vous proposez sur les défrichemens avoit lieu, la propriété se trouveroit depouillée de son plus beau

54. Voir aussi: 'C'est que, comme je l'ai dit plus haut, il y a un point moyen. L'abbé Galiani, en qualité de machiavéliste, a sauté par-dessus ce point. L'abbé Morellet, en qualité d'homme personnel, a sauté par-dessus le point, et d'autant en sens contraire de l'abbé qu'ils s'en sont trouvés également éloignés, le dos tourné l'un à l'autre et à la vérité' (OP, p.121).

55. Voir Marmontel, *Bélisaire* [...] (Paris 1767), ch.13, p.186: 'Il n'en est pas des loix civiles comme des loix militaires [...] Aucune loi ne peut empêcher le Citoyen de s'enrichir par des moyens honnêtes: aucune loi ne peut l'empêcher de disposer de ses richesses et d'en jouir paisiblement [...] Il a le droit de les dissiper, comme celui de les enfouir.'

56. G. Weulersse dans *La Physiocratie à la fin du règne de Louis XV (1770-1774)* (Paris 1959), p.81, 86, cite, pour illustrer les principes de l'ordre social physiocratique, le FP.

57. *L'Intérêt général de l'Etat* [...] (Amsterdam, Paris 1770), p.50, note. Dans la suite du passage on lit: 'Prenez garde qu'il est des actions qu'on ne défend point aux hommes, parce qu'elles ne peuvent être faites par un homme sage, qu'autant qu'il tombe dans des méprises qu'il lui importe d'éviter' (p.51).

droit, et le Propriétaire se verroit réduit à la simple qualité d'usufruitier. En effet, la seule différence qu'il y a entre ces deux sortes de titres, consiste en ce que l'usufruitier a seulement le droit de jouir, *ius uti*, au lieu que le Propriétaire a le droit de jouir, et d'employer, à tel usage qu'il juge convenable ce qu'il possède'.[58]

Sur le droit de propriété, Diderot s'était opposé à l'abbé Morellet dans l'*Apologie de l'abbé Galiani*.[59] On pourrait considérer que la position soutenue dans cet ouvrage est en contradiction avec ce que Diderot dit dans le FP sur la même question. Mais le point de vue des deux écrits est en partie différent. Dans l'*Apologie*, Diderot donne d'abord une leçon de réalisme à l'abbé Morellet: le principe de la *Salus populi suprema lex esto* a été et est toujours employé comme un simple prétexte par les souverains (OP, p.85). En second lieu, Diderot voit une contradiction entre le caractère sacré reconnu à la propriété par les physiocrates et le 'despotisme légal' qu'ils prônent: seul un 'gouvernement des anges' pourrait faire qu'un despote soit respectueux du droit de propriété (OP, p.90-91). Enfin, comme le principe *Salus populi suprema lex esto*[60] est toujours valable quand il s'agit de la tranquillité et de la sûreté publique, qui regardent la 'partie de police' de toute administration, il semble bien que, selon Diderot, dans l'*Apologie* mais aussi dans le FP, il ne soit pas question de respect absolu du droit de propriété quand sont en jeu des problèmes vitaux pour la société.

C'est à la lumière d'un passage des *Dialogues sur le commerce des bleds* que s'éclairent à la fois les pages sur le droit de propriété de l'*Apologie de Galiani* et le texte du FP: 'la propriété et la liberté sont des droits sacrés à l'homme; ils sont les premiers des droits, ils sont en nous, ils constituent notre essence politique comme le corps et l'âme constituent notre physique; excepté les liens qui nous attachent à la société, rien ne doit les troubler [...] Ni le caprice d'un despote d'un côté, ni les spéculations d'un métaphysicien de l'autre, ni les cris insensés de la multitude, ni les alarmes mal fondées d'un gouvernement injuste

58. *Journal de l'agriculture*, juin 1772, p.16-17 (cf. G. Weulersse, *La Physiocratie à la fin du règne de Louis XV*, p.215). La discussion est centrée sur le problème des terres en friches (l'état inculte des terres est-il un motif valable pour en déposséder les propriétaires?), problème sur lequel il y avait des hésitations même chez Mirabeau (voir G. Weulersse, *Le Mouvement physiocratique en France de 1756 à 1770*, Paris 1910, ii.9). Mirabeau, de toute façon, en écrivant à Rousseau en 1767, observait: 'Sacrilège impie, cet axiome affreux: *Salus populi suprema lex esto*; affreux, sitôt qu'il suppose la moindre lésion de la propriété particulière' (*ibid.*, p.37).

59. Sur le droit de propriété chez Diderot, voir J. Perkins, 'Diderot's theories of property', dans *Diderot: digression and dispersion. A bicentennial tribute*, éd. J. Undank et H. Josephs (Lexington 1984), p.193-204.

60. Sur la récurrence de l'expression dans les théories politiques du dix-huitième siècle et surtout chez des écrivains qui visent à limiter le droit de propriété, voir en général A. Lichtenberger, *Le Socialisme au XVIIIe siècle: étude sur les idées socialistes dans les écrivains français du XVIIIe siècle avant la Révolution* (Paris 1895).

par foiblesse et arbitraire par timidité, n'ont de droits légitimes ni d'excuses valables pour se mêler de nos affaires.'[61] Comme on le voit, à côté d'éléments physiocratiques ou d'inspiration physiocratique, le FP semble reprendre des suggestions qui viennent de Galiani. Ce n'est pas un aspect mineur de sa complexité que cette tendance à 'concilier' dans la même page Galiani et les physiocrates. Il est vrai que, comme le remarque un des interlocuteurs des *Dialogues*, le chevalier de Zanobi semble assez proche dans le passage en question des positions des physiocrates. Mais les deux exceptions qu'il introduit pour limiter le droit de propriété (intérêt d'un tiers et intérêt général) séparent nettement sa position de celle des 'économistes'.[62] En particulier, l'exception concernant l'intérêt général nous ramène à la partie de police de toute administration dont traite le FP, mais surtout à la distinction entre gouvernement de police et gouvernement d'administration que Chastellux avançait dans son ouvrage *De la félicité publique* (Amsterdam 1772). A l'origine de la distinction de Chastellux entre police et administration il y a sans doute des suggestions physiocratiques (le mot 'administration' devient un terme technique dans le langage des 'économistes'), mais elle est développée dans un esprit qui n'est pas conforme à celui de la 'secte'. '*Politeia* chez les *Grecs*, *Civitas* chez les *Romains* ne signifioient dans leur origine que le gouvernement d'une Ville, quoiqu'ils ayent désigné ensuite tout ce qui appartenoit à l'administration en général: Et de nos jours encore, le terme de *Police* peut s'entendre du gouvernement des hommes par opposition à celui d'administration qui désigne plutôt le gouvernement des propriétés' (t.i, ch.5, p.59). Les physiocrates ('ces Philosophes estimables'), remarque Chastellux, ont justement établi que 'l'agriculture devoit être le premier objet des Législateurs, et la propriété le principe de l'agriculture', mais malheureusement 'le contraire est arrivé': 'les villes ont été les premiers rudiments des Nations' et par conséquent 'le gouvernement de police a servi de principe à la constitution des Etats' (p.60-61). Il s'agit d'un gouvernement qui est l'"irréconciliable ennemi de la propriété'. Sous des gouvernements de cette espèce on voit 'des convulsions perpétuelles, des censures, des réformes, des partages de terre, des distributions de grains, des taxes arbitraires, des amendes excessives, enfin la propriété compromise dans toutes les querelles politiques' (p.63).

Cette discussion comporte un côté historique qui concerne l'origine de la

61. Voir *Dialogues sur le commerce des bleds*, 'Septième dialogue', dans *Illuministi italiani*: vi. *Opere di Ferdinando Galiani*, p.532. Sur ce passage de Galiani, comparer S. L. Kaplan, *Bread, politics and political economy in the reign of Louis XV* (The Hague 1976), ii.596-97.

62. Sur la manière dont les physiocrates envisagent la maxime que l'intérêt public doit l'emporter sur l'intérêt particulier, voir en général le 'Discours de l'éditeur' que Du Pont de Nemours mit à la tête de *Physiocratie, ou constitution naturelle du gouvernement* [...] (Pékin, Paris 1768), i.lvi-lxiii.

société: est-elle née, comme disent les physiocrates, du gouvernement de paisibles cultivateurs ou a-t-elle plutôt été créée par des brigands et des vagabonds? Autrement dit, y a-t-il eu à l'origine un gouvernement d'administration ou un gouvernement de police. Mais le débat porte aussi sur un problème actuel: quel est le rapport entre administration et police, entre gouvernement des propriétés et gouvernement des hommes? Comment concilier l'idéal des Lumières avec la nécessité politique de tenir compte de la réalité complexe à laquelle toute action réformatrice doit faire face? Peut-on passer tout à coup d'un gouvernement de police à un gouvernement d'administration, du gouvernement des hommes au gouvernement des propriétés et des choses? C'est un point central, on le voit, du débat des Lumières au tournant des années 70.

Le FP prend position dans cette discussion. Diderot, comme Galiani, ne veut pas renoncer à 'a kind of policy calculated for the ways of the world' (OP, p.105), mais sa manière, plus vigoureuse même que celle des physiocrates, de faire valoir une exigence absolue de liberté (la défense du droit de propriété devient condamnation de toute forme d'esclavage civil et politique) montre bien comment il s'oppose à tout usage détourné de la notion d'intérêt public et d'intérêt général. Il s'agit d'une position significative, surtout si on la met en rapport avec l'évolution du régime de Louis XV et en particulier les opérations et les coups d'autorité du 'triumvirat'.

Venons-en au cas du FP XVI. Il n'est pas possible d'analyser ici l'ensemble du fragment. Il suffira de s'arrêter un instant sur les deux devises qui jouent un grand rôle dans l'économie du morceau: d'une part 'Suivez la marche constante de la nature', de l'autre 'il faut commencer par le commencement'. Elles permettent de voir aisément comment dans le morceau fusionnent le point de vue physiocratique et le point de vue de Galiani.

'Suivre la marche constante de la nature' a dans le fragment une signification avant tout polémique: il faut l'entendre en opposition à l'expression 'forcer la nature' que Voltaire avait employée (éd. Moland, xvi.626) pour caractériser positivement l'ouvrage accompli par le tsar Pierre 1er. 'Forcer la nature' définit un programme que l'on pourrait qualifier de 'mercantiliste', programme qui a pour but l'accroissement de la puissance militaire et économique de l'Etat et sa splendeur culturelle et artistique. Les méthodes de réalisation de ce programme sont 'violentes': elles reposent sur une exploitation forcée des ressources de la nation et surtout sur une accélération 'contre nature' de la mise en place des objectifs envisagés. 'Suivre la marche de la nature' définit un programme opposé à la fois par les buts et par les méthodes. En forçant la nature on a recherché plus l'*éclat* que la véritable *utilité* (H 74, ii.294-95). Il faut changer d'objectif: c'est le *bonheur* de la nation entière qui doit être considéré. Quant aux méthodes, il n'est pas question de brusquer le cours du développement social et la mise en place des innovations. Il faut respecter les 'lois naturelles' qui règlent le fonctionnement des sociétés: faire fi de ces lois, c'est vouloir bâtir un édifice en commençant par le toit. La référence aux théories des physiocrates semble claire dans cette invitation à suivre la nature. Tout à fait physiocratique est également la primauté reconnue à l'agriculture. Le renvoi aux économistes est d'ailleurs évident dans les pages du *Salon de 1767* qui entament la discussion sur la mise en vigueur des conditions basses (*Salons*, iii.210) et sur le développement de la 'bonne Cérès' (*Salons*, iii.119, 125), pages qui sont étroitement liées à la genèse du fragment. Mais l'ordre naturel décrit par les physiocrates est essentiellement statique: la prépondérance reconnue à l'agriculture est l'élément d'une structure stable et permanente; tandis que, dans le cas de Diderot, la primauté de l'agriculture n'est qu'un point de départ dans le montage d'un ordre social nouveau, dans la mise en place d'une société nouvelle. Il s'agit d'une société qui ne garde pas un caractère essentiellement agricole (l'homme n'y est pas mis 'à la queue d'une charrue', comme dira plus tard le philosophe)[63] mais qui va plutôt devenir 'civile' ou, pour ainsi dire, 'bourgeoise' (le tiers état en est la couche dominante). Ce qui intéresse Diderot, c'est d'établir comment se développe à partir d'un état barbare cette forme de société 'civile' et donc de définir les articulations majeures du processus de *civilisation*. Or concernant ces problèmes, l'attention que porte le philosophe à certaines thèses de Galiani est à considérer. C'est aux *Dialogues sur le commerce des bleds* que nous ramène l'expression 'il faut commencer par le commencement' qui reprend un passage du 'Second dialogue': 'on auroit dû leur dire comme Hamilton, Bélier, mon ami, ne pourrois-tu pas commencer par le commencement [...]?'[64] L'expression a dans l'ouvrage de l'abbé une valeur méthodologique: c'est une valeur qu'elle garde dans le FP. Mais au delà de cette concordance, le rapprochement atteste une référence à Galiani qui a une signification plus générale. Dans les *Dialogues* Diderot trouvait exposé un point de vue dynamique sur l''ordre social'. Ce point

63. Voir *Observations sur le Nakaz*, OP, p.446.

64. Voir *Dialogues sur le commerce des bleds*, 'Second dialogue', dans *Illuministi italiani*: vi. *Opere di Ferdinando Galiani*, p.381. La dérivation est claire à en juger par la citation de la formule dans un texte écrit pour Catherine II (voir *D.H.S.* 10 (1978), p.202: 'presque en toutes choses le mot de "Bélier, mon ami, ne pourrais-je pas commencer par le commencement" est très bien appliqué'). L'autographe des *Dialogues* (*Dialogues entre M. Marquis de Roquemaure, et Mr le chevalier Zanobi*, éd. Ph. Koch, Frankfurt am Main 1968, p.67) ne comporte pas la citation du conte d'Hamilton (voir *Le Bélier, conte par le C. Antoine Hamilton*, s.l. 1749, p.69). Il en ressort que le passage tel qu'il paraît dans l'édition de 1770 est le résultat de la révision faite en 1769 par Diderot et Mme d'Epinay, c'est-à-dire le résultat d'une curieuse collaboration entre Galiani et Diderot. Le mot 'il faut commencer par le commencement' eut une certaine fortune après l'emploi qu'en fit Galiani: voir une lettre de Turgot (*Œuvres de Turgot et documents le concernant*, éd. G. Schelle, t.iii, Paris 1919, p.420) et une lettre de Mme d'Epinay (*Gli ultimi anni della signora d'Epinay: lettere inedite all'abate Galiani*, éd. Fausto Nicolini, Bari 1933, p.11).

de vue repose sur l'idée de lutte contre la nature, centrale dans la conception de Galiani, qui l'oppose à l'idée de reconnaissance ou de rétablissement de l'ordre naturel prônée par les physiocrates.[65] L'ordre social, selon l'abbé, n'est pas donné immédiatement en nature; l'ordre est variable: on peut y introduire des modifications avec le temps. Cette possibilité de variation signifie possibilité de croissance, c'est-à-dire d'augmentation de la puissance de l'homme sur la nature. Dans cette perspective l'attention de Galiani se concentrait (en particulier dans le 'Cinquième dialogue') sur un nœud central: la différence entre un pays purement agricole et un pays manufacturier.[66] C'est à la lumière de cette conception générale qu'il faut comprendre la maxime 'suivre la marche constante de la nature'. L'expression n'est pas à entendre en opposition à l'idée de lutte contre la nature, que Diderot a si énergiquement évoquée dans le FP I. Selon le philosophe il faut lutter contre la nature en suivant la marche même de la nature, c'est-à-dire en tenant compte de la nécessité naturelle, des conditionnements objectifs, qui pèsent en général sur toute entreprise humaine et qui, dans le cas spécifique du développement de la société, imposent des étapes obligées à parcourir pour arriver à une société capable de combiner le *bonheur* de tous avec l'*éclat* des lettres et des beaux-arts.

Le titre

Le titre de la CL *Pensées détachées ou Fragments politiques échappés du portefeuille d'un philosophe* est à considérer attentivement, bien qu'on ne sache pas s'il est de Diderot ou de Grimm. *Pensées détachées* est un titre que le philosophe affectionne. Il semble dans notre cas être donné comme l'équivalent de *Fragments politiques*: on pourrait dire, au premier abord, que le syntagme *Pensées détachées* est déterminé par celui plus précis de *Fragments politiques*. Or *fragment* est un mot que Diderot lui-même a parfois employé pour désigner des morceaux détachés qu'il a écrits. Le titre de *Fragments divers* du dossier du fonds Vandeul pourrait en donner un exemple, mais on ne sait pas en ce cas s'il est d'origine ou s'il a été ajouté par les Vandeul. C'est dans l'autographe (n.a.fr. 13004, f.1) des *Regrets sur ma vieille robe de chambre* que l'on trouve une indication précieuse: au dessus du titre on lit *Fragment du Sallon de 1769* (voir DPV, xviii.51).[67] On

65. Sur l'importance que l'idée de lutte contre la nature a dans l'ouvrage de Galiani, voir S. L. Kaplan, *Bread, politics and political economy*, ii.595-96.

66. Sur ce point, voir F. Venturi, 'Galiani entre les encyclopédistes et les physiocrates', p.181-82.

67. Voir J. Seznec, 'A propos de la *Vieille robe de chambre*', dans *Europäische Aufklärung: Herbert Dieckmann zum 60. Geburtstag*, éd. H. Friedrich et F. Schalk (München 1967), p.279, et l'introduction de J. Varloot à l'édition du morceau dans DPV, xviii.41-42. Comparer aussi les remarques de J. Varloot dans la 'Préface' de: Diderot, *Lettres à Sophie Volland* (Paris 1984), p.31-32.

voit donc qu'un morceau autonome, conçu séparément, est rattaché après coup par le philosophe lui-même à un autre ouvrage et désigné comme fragment de cet ouvrage.

C'est à la lumière de cet exemple significatif que l'on peut se demander si les deux expressions *pensées détachées* et *fragments* sont vraiment équivalentes et donc interchangeables. En ce qui concerne les *Regrets*, il est facile de constater que l'on ne peut substituer *fragment* à *pensée détachée*. L'indication *pensée détachée* ne convient pas à un morceau comme les *Regrets*. Il s'agit avant tout d'une question de longueur: le morceau semble trop long pour être appelé *pensée détachée*. Mais il y a aussi autre chose. Par *pensées* ou *pensées détachées* Diderot désigne en général un ensemble de réflexions qui abordent et traitent sous des points de vue différents un sujet et des thèmes ayant une certaine unité organique. Chaque pensée, bien que dotée d'une autonomie particulière, s'intègre dans l'ensemble des autres *pensées*. *Pensées détachées* renvoie donc à un tout plus ou moins cohérent. Au contraire, dans le cas de *fragment*, on a affaire à la partie d'un tout, à ce que l'on peut considérer comme une espèce d'éclat qui a été écarté d'un tout achevé ou qui reste d'un tout perdu; ou encore comme ce qui peut compléter un tout déjà constitué, c'est-à-dire comme une partie destinée à être ajoutée à un texte achevé.

Or cette différence entre *pensée détachée* (une réflexion particulière qui, tout en gardant son autonomie, renvoie à un ensemble d'autres *pensées*) et *fragment* (éclat d'un tout ou addition à un texte déjà achevé) doit être retenue: elle peut permettre de mieux expliquer le titre des FP. En effet, le *ou* de ce titre, au lieu de marquer une simple équivalence, pourrait bien signifier une discrète alternative. Ce que le titre nous présente, c'est un ensemble plus ou moins cohérent de pensées sur un certain nombre de thèmes et de sujets politiques, mais *aussi* une série de *fragments* destinés à constituer des additions écrites en marge d'un autre ouvrage. Si cette interprétation est valable, le double titre pourrait faire allusion, bien que d'une manière presque imperceptible, au double emploi des morceaux: d'une part, ensemble de pensées détachées destiné à être diffusé dans la CL; de l'autre, fragments nés du travail sur l'ouvrage de Raynal et destinés à constituer des additions à cet ouvrage.

Un mot sur la seconde partie du titre: *échappés du portefeuille d'un philosophe*. *Echappés* semble marquer le caractère quelque peu disparate des morceaux, ce qu'ils ont d'aléatoire et de fortuit. Le *portefeuille d'un philosophe* semble renvoyer à l'origine concrète des morceaux, à une espèce de réservoir dont ils ont été tirés. Ce que l'on connaît sur la composition des FP permet de mieux expliquer l'expression. Les FP naissent d'un travail de mise en forme de pensées, d'idées longtemps mûries. Rien n'empêche de penser qu'elles aient été jetées de temps en temps sur le papier sous forme de 'réclames' (*Mémoires pour Catherine II*, p.247) et gardées dans quelque portefeuille. En ce qui concerne, enfin, le syntagme *d'un philosophe*, il faut rappeler qu'il est employé dans d'autres titres d'ouvrages de Diderot: voir par exemple *Discours d'un philosophe à un roi*.

Les notes de Grimm

Les notes de Grimm aux FP révèlent une discussion du philosophe avec son ami qui n'est pas sans intérêt. La raison n'est pas qu'elle permet de mieux suivre la rédaction de certains FP.[68] Elle nous fait plutôt saisir d'une manière nette la profonde différence d'opinions politiques entre les deux hommes. Il s'agit bien de la cristallisation d'un contraste politique qui aboutira à la *Lettre apologétique de l'abbé Raynal*.

Ce n'est pas la première fois que Grimm commente et discute dans la CL certains passages d'un ouvrage du philosophe: l'exemple le plus connu est celui des *Salons*. En dehors des interventions qui visent à apporter des précisions, il faut signaler, dans le *Salon de 1767* (*Salons*, iii.84-85), la présence d'un passage où la polémique politique se manifeste. Les flatteries de Grimm envers les souverains (et surtout envers les souverains à qui est adressée la CL) donnent l'occasion au philosophe de rappeler la critique que son ami fait de 'l'évidence' des physiocrates. Grimm répond assez vertement dans la note qu'il ajoute à ce passage. Or la discussion, dans ce cas précis, est centrée sur les physiocrates, et l'on sait bien que Diderot va bientôt changer de sentiment à leur sujet. Mais ce qui est l'essentiel de l'opposition semble bien demeurer. En 1767-1768 en effet, Diderot défend surtout 'l'évidence' des physiocrates au nom de l'importance d'avoir une opinion publique éclairée: l'opinion est la reine du monde, elle est le point d'appui de l'action des philosophes. La diffusion des Lumières entraîne nécessairement la création de l'évidence: décrier l'évidence, c'est donc décrier la philosophie. A sa propre conception Diderot oppose celle de ceux qui soutiennent que 'ce monde est abandonné sans resource [...] à la force, à l'ignorance, au fanatisme, à l'erreur, au mensonge' (CORR, vii.171).[69]

Grimm est sans doute à placer parmi ceux que vise Diderot: non seulement il a attaqué plusieurs fois dans la CL les physiocrates (et en particulier Le Mercier de La Rivière), mais il a aussi défendu et théorisé le 'tout est force':

68. C'est le sentiment de Mme Duchet, *Diderot et l'Histoire des deux Indes*', p.39-40.

69. La relation entre le passage cité du *Salon de 1767* et la lettre considérée est prouvée par la récurrence des mêmes expressions: dans le *Salon* Diderot accuse Grimm d'avoir dit que 'le métier des Montesquieu est au-dessous du métier de cordonnier' (*Salons*, iii.85); dans les lignes de la lettre précédant celles qu'on a citées, le philosophe s'en prend à ceux qui 'se sont mis à décrier l'évidence et la vérité, et à rabaisser le métier du philosophe au-dessous de celui du cordonnier' (CORR, vii.170-71).

Je n'entends parler dans les écoles que de principes et de droit; j'ouvre l'histoire, et n'y trouve que pouvoir et fait [...] Ne vaudrait-il pas mieux partir du principe simple, qu'à la vérité tout est force dans la morale comme en physique, que le plus fort a toujours droit sur le plus faible; mais que, tout calcul fait, le plus fort est celui qui est le plus juste, le plus modéré, le plus vertueux [...] O médecin, qui que tu sois, soit que tu te mêles de guérir les maux du corps ou ceux de l'âme, souviens-toi que tout est force, poulie, ressort, levier dans la nature.[70]

Si l'on revient aux FP et aux notes que Grimm y ajoute, on remarque, par exemple dans le FP VII, qu'au discours épris de liberté de Diderot, son ami oppose toute une philosophie de la force. On y retrouve à peu près les mêmes images tirées de la statique ('les résultats sont conformes à la complication des contrepoids et réagissent les uns sur les autres'), images qui servent d'appui à une réduction mécaniste de la réalité et surtout à justifier une philosophie politique conservatrice. Dans les quelques lignes de sa note Grimm semble critiquer toute la vision politique que Diderot va développer dans l'HDDI: la défense de la 'cause du genre humain', les 'déclamations contre l'esclavage', l'appel à la révolte des esclaves et des opprimés ... On pourrait même dire que la note de Grimm rend plus nette, par contraste, la philosophie politique de Diderot à cette date.

En outre il ressort très clairement des notes aux FP que Grimm est tout à fait étranger au tournant des Lumières des années 70, quand les philosophes de la coterie holbachienne en viennent à dénoncer le despotisme à la fois des prêtres et des rois. L'unique point, à ce propos, sur lequel Diderot et Grimm semblent s'accorder est que le sort s'est 'complu à désigner, des fous après des fous, issus de Roix en roix, pour régir la machine' du monde (CORR, xvi.45) et que ce n'est que de temps en temps qu'il accorde 'par-ci par-là, à quelque peuple, un prince vertueux et éclairé' (note au FP VII). Mais les conclusions qu'ils en tirent sont tout à fait opposées: selon Grimm, il faut attendre l'avènement de ce prince comme le 'seul baume qui calme et adoucisse les maux de tant de plaies profondes'; tandis que pour Diderot, il faut limiter drastiquement le pouvoir des rois: le gouvernement le plus heureux n'est point celui d'un despote juste et éclairé.

Un autre point de désaccord assez important entre les deux amis concerne un aspect méthodologique général. Dans la note apposée au FP XIII Grimm remarque: 'Je n'aime pas trop ces ébauches de théories politiques *a priori*, quoique l'autorité du président de Montesquieu qui les affectionnait particulièrement soit en leur faveur.' De son côté, Diderot dans le passage du *Salon de 1767* déjà cité reproche à son ami d'avoir dit que 'le métier des Montesquieu est au-dessous du métier de cordonnier'. Pourquoi ces renvois à Montesquieu?

70. *Correspondance littéraire*, éd. M. Tourneux, 1er juin 1766, vii.53-54.

Le désaccord ne concerne pas des aspects spécifiques de la théorie politique de l'auteur de l'*Esprit des lois*. Grimm justifie de la sorte ses réserves contre toute théorie politique: 'En fait de politique rien n'arrive deux fois de la même manière, et un principe qui n'est vrai qu'une fois n'est pas un principe.' On peut voir dans une telle énonciation un écho des prises de position de Galiani contre les lois générales des physiocrates. Mais s'il y a quelque chose de semblable dans le machiavélisme de Galiani et dans le 'tout est force' de Grimm, il faut aussi remarquer la différence entre les deux: Galiani, en opposition aux 'vides généralités' des physiocrates, élabore des schémas socio-économiques et socio-politiques à variables multiples qui tiennent compte des différentes conditions d'application, tandis que chez Grimm le refus de toute abstraction devient refus de toute loi régissant les sociétés politiques: l'histoire ne doit être qu'un simple récit des événements: 'Ne serait-il pas plus sage et plus instructif de conter les grands événements tout simplement comme ils sont arrivés, d'en indiquer les causes particulières, parce qu'elles sont presque toujours évidentes, et de laisser là les principes généraux dont l'influence n'est jamais certaine?' C'est là l'anthithèse parfaite de l'histoire telle que Diderot va la pratiquer dans la collaboration à l'ouvrage de Raynal. L'HDDI devient pour Diderot une espèce d'encyclopédie ouverte à caractère anthropologique et sociologique où peuvent s'élaborer des aperçus historiques généraux, des théories ou des esquisses de théories politiques, qui doivent servir à entretenir les peuples de leurs plus grands intérêts pour préparer l'amélioration de leur sort, ainsi qu'il le déclare dans les dernières pages de la deuxième édition de l'ouvrage de Raynal.[71]

71. H 74, vii, XIX, 47, p.421-24: 'Peuples, je vous ai entretenus de vos plus grands intérêts [...] Je n'ai pas ignoré qu'assujettis à des maîtres, votre sort doit être sur-tout leur ouvrage [...] Je me suis transporté en idée dans le conseil des puissances. J'ai parlé sans déguisement et sans crainte, et je n'ai pas à me reprocher d'avoir trahi l'honorable cause que j'osois plaider. J'ai dit aux souverains quels étoient leurs devoirs et vos droits. Je leur ai retracé les funestes effets du pouvoir inhumain qui opprime, ou du pouvoir indolent et foible qui laisse opprimer. Je les ai environnés des tableaux de vos malheurs, et leur cœur a du tressaillir. Je les ai avertis que s'ils en détournoient les yeux, ces fideles et effrayantes peintures seroient gravées sur le marbre de leur tombe, et accuseroient leur cendre que la postérité fouleroit aux pieds [...] j'ai contribué autant qu'il a été en moi au bonheur de mes semblables, et préparé peut-être de loin l'amélioration de leur sort.' Le passage est repris dans H, x, XIX, 14, p.379-81 (H^a, p.477-80), et dans les PD, p.394-97.

ROLAND MORTIER

Les références grecques et latines dans l'annexe au *Plan d'une université*

Composé à la demande expresse de Catherine II, probablement entre mars et juillet 1775, le *Plan d'une université* a fait l'objet d'additions, de suppressions et d'interpolations de la part de Diderot au cours des deux ou trois années suivantes. Il ne fut pas repris dans l'édition Naigeon, qui se bornait à le résumer en quelques pages avec un commentaire très élogieux. Guizot en donna de larges extraits dans les *Annales de l'éducation* (novembre 1813-janvier 1814), d'après un manuscrit autographe qu'il tenait de Suard. C'est en 1875 seulement que l'édition Assézat-Tourneux offrit enfin un texte intégral (ou du moins présenté comme tel), dont le véritable éditeur était d'ailleurs Léon Godart, qui l'avait copié, assez hâtivement, en 1856 sur un manuscrit conservé alors à l'Ermitage (Saint-Pétersbourg). Cette édition est à la fois incomplète et souvent approximative. Elle a isolé deux fragments que Diderot avait intégrés dans le *Plan*: la sortie contre Orlov et la digression sur 'la belle page et la belle action'. Elle n'a pas repris la 'liste des meilleures éditions des auteurs grecs et latins', sans que nous sachions si c'est de propos délibéré ou faute de temps. La transcription est souvent imprécise, parfois fantaisiste (à commencer par le titre).

L'édition critique du *Plan* doit se fonder aujourd'hui sur plusieurs manuscrits:

D ms. autographe, fonds Vandeul, BN, n.a.fr. 13724 (ms. utilisé par Guizot) – ne contient qu'une annexe, la 'sortie contre Orlov'

D2 ms. autographe, BN, n.a.fr. 23004 – contient la fin (2 p.) du fragment sur 'la belle page et la belle action'

M (Moscou, Ts. G.A.D.A., fonds 17, no 82) – copie de la main de Roland Girbal – offre le texte primitif de 1775, y compris le fragment sur la 'belle action' et la 'liste des meilleures éditions des auteurs grecs et latins' (la sortie contre Orlov est postérieure)

N copie établie par Naigeon (BN, n.a.fr. 13783) – incorpore des additions postérieures à 1775 et la 'sortie contre Orlov', mais omet 'la belle action' et la 'liste des meilleures éditions'

L (Leningrad, fonds Diderot, vol. xxvii), de la main de Girbal (vraisemblablement en 1782) – excellente copie, la seule à offrir le texte intégral et définitif

V (BN, n.a.fr. 13758) – copie très médiocre de *L*.

La 'liste des meilleures éditions' existe donc dans les deux manuscrits conservés en Russie, et il est probable que Godart l'a jugée sans intérêt.

Cette exclusion a eu pour effet, non seulement de mutiler le *Plan* (qui est truffé de références bibliographiques fort intéressantes), mais aussi d'occulter une face importante du savoir classique et philologique de Diderot. Son innutrition classique était bien connue (voir les travaux de J. Seznec et de R. Trousson), mais on en ignorait l'étendue et la rigueur scientifique.

La précision et la longueur de ce catalogue sont impressionnantes. Or Diderot nous assure y avoir omis délibérément un grand nombre d'auteurs 'parce que la connaissance n'en appartient point aux élèves' et s'être limité à ceux qui 'doivent faire le fond d'une bonne bibliothèque de lecture'.

La compétence de Diderot y apparaît jusque dans l'annonce d'éditions récentes ou de travaux en cours. On pourrait y suspecter la main du traducteur de Lucrèce et de Sénèque, le jeune Lagrange, précepteur des enfants d'Holbach, mais celui-ci était gravement malade en 1775 (il devait mourir le 18 octobre de cette année) et ne fut même pas en état d'achever sa traduction de Sénèque.

Il n'y a donc aucune raison de retirer à Diderot la paternité de cette liste, qui établit son admirable connaissance des grands, et des moins grands classiques, à la suite d'un ouvrage où il retirait cependant (pour des raisons socio-économiques) aux études gréco-latines la primauté absolue qu'elles avaient eue jusqu'alors dans l'enseignement.

Annexe: extrait de la 'liste des meilleures éditions'

Les rhéteurs grecs, Edit. donnée par les Aldes. 2 vol. in f°. Elle ne contient que le texte grec sans version latine.

Denys d'Halycarnasse, *De l'arrangem[t] des mots*, Edition d'Hudson, Londres, 1702. 1 vol. in 8°.

Démétrius de Phalère, *Sur l'Elocution*; Edit. de Londres ou d'Oxf. 1 vol. in 8°.

Elien, *Histoires diverses*, Edit. de Périxenius, Leyde, 2 vol. in 4°.

Elien, *Histoire des Animaux*, Edit. de Londres. 2 vol. in 4°

Le *Corpus Poetarum Graecorum*, par Henri Etienne. 1 vol. in f°.

Homère, de Barnes, Cambridge, 1711. 2 vol. in 4°

Homère, Edit. de Clarke, Londres, 174... 2 vol. in 4°

Lysias, Edit. de Taylor, Lond. 1736. 1 v. in 4°
Hésiode, Edit. de Robinson, Lond. 17 …, 1 v. in 4°
Julien, ses *Satyres*, ses *Lettres*, Edit. de Spanheim, Leips. 1694. 2 vol. in f°
Athénée, ses *Déipnosophistes ou les Sophistes à table* …, Edit. de Casaubon, Lyon, 1612 et 1626. 2 vol. in f°.
Callimaque, Edit. d'Ernesti, Leyd. 2 vol. in 8°
Théocrite, Edit. de Warthon, Lond. 17… 2 v. in 4°
Aristophane, Edit. de Kuster, Amst. 1710. 1 vol. in f°
Aristophane, Edit. de Bergerus, Leyde, 17… 2 vol. in 4°
Euripide, Edit. de Barnes, Cambridge, 1696. 1 vol. in f°
Un Anglais nommé Musgrave va en publier une nouvelle édition beaucoup meilleure qu'il faudra se procurer. Elle sera en 3 ou 4 vol. in 4°. publiée en *1778*
Eschyle, Edit. de Stanley, Cambridge, 16…, 1 vol. in f°.
Pindarc, Edition de Sudorius (Le Sueur), Oxf., 17…, 1 vol. in f°
Sophocle, Edit. de Johnson, Oxford, 1745, 3 vol. in 8°,
Isocrate, Edit. de Batties, Londres, 17…, 2 vol. in 8°
Diogène de Laërce, Edit. donnée par Ménage. Amst. 1692. 2 vol. in 4°.
La *Collection des principaux Auteurs de Médecine*, 1 vol. in f°.

Dictionnaires grecs

Suidas, Edit. de Kuster, Camb. 1703, 3 v. in f°.
Hésychius, Edit. d'Alberti, Leyd. 1746. 2 v. in f°.
Le *Trésor grec*, d'Henri Etienne. 5 vol. in f° avec le glossaire.
Le Scapula, Edit. d'Elzevier, 1 vol. in f°.
Le Constantin, Edit. de Portus, Genève, 1692. 1 v. in f°.
Hédericus, donné par Ernesti, Lond. 1766. 1 v. in 4°

GEORGES DULAC

Pour reconsidérer l'histoire des *Observations sur le Nakaz* (à partir des réflexions de 1775 sur la physiocratie)[1]

H. DIECKMANN remarquait en 1951 que les *Observations sur l'Instruction de Sa Majesté impériale* étaient 'une des œuvres les plus importantes de Diderot' qui restait 'curieusement négligée par les érudits' (INV, 43). La situation a certes changé mais pas entièrement: peut-être parce qu'il s'agit d'un texte exclusivement politique qui pousse même assez loin une certaine technicité, sur les questions économiques notamment. Peut-être aussi parce que les *Observations* sont souvent obscures: le rapport avec les articles de l'*Instruction* impériale est loin d'être toujours évident; certaines réflexions bifurquent soudain d'une manière déconcertante; à quoi s'ajoutent quelques menues bizarreries, des citations d'origine inconnue, ou encore cette déclaration prêtée inopinément à un 'procureur général' dont on se demande ce qu'il vient faire dans le débat (observation 30, *O.P.*, p.372). Les annotateurs invoquent le libre jeu des associations d'idées, ou rappellent l'étourderie bien connue du philosophe, qui a dû mal lire certains passages qu'il commente; enfin on finit par se demander s'il ne lui arriverait pas de critiquer, sans prévenir, un autre texte que l'*Instruction*: Paul Vernière songe à un commentaire physiocratique du Code de Catherine (*O.P.*, p.466). Hypothèse judicieuse, nous allons le voir, car ce commentaire existe, et doit être mis en parallèle avec l'œuvre de Diderot, qui est souvent un commentaire au second degré. Cependant si la prise en considération de cette source peut améliorer la lisibilité de certaines 'observations', une vingtaine environ, dont plusieurs très développées, elle nous conduira également à réexaminer l'histoire du texte: en effet, à partir de la constatation que le manuscrit le plus ancien (le seul revu par Diderot) est nécessairement plus tardif qu'on ne croyait, il devient possible de proposer une nouvelle explication à l'existence de deux versions de l'œuvre et aussi de reconsidérer leurs rapports avec les contributions du philosophe à la troisième édition de l'*Histoire des deux Indes*.

1. Quand nous aurons à nous référer à une des *Observations sur le Nakaz*, nous indiquerons en chiffres arabes le numéro qui lui est affecté dans l'édition Vernière (Diderot, *Œuvres politiques*, Paris 1963; ci-après: *O.P.*). Cette numérotation, qui ne respecte pas tout à fait l'organisation du manuscrit, sera modifiée dans l'édition critique à paraître dans DPV, xxii.

Georges Dulac

L'Esprit de l'Instruction

L'existence d'un commentaire physiocratique de l'*Instruction* est attestée par une lettre de Catherine II à Grimm datée du 28 février 1776:

> Quoi qu'il en soit, ce ne sont point les économistes qui me guideront; j'aime à la folie le parlement de Paris depuis l'absurde débat où on délibérait s'il fallait les déclarer secte, et secte *nuisible à l'Etat*. Le bon sens selon moi ne régnait que dans les trois mots soulignés.
>
> Si vous saviez comment ces pécores me bombardent de livres! Ils ont commenté mon instruction pour les lois, et ainsi accommodée, ils me l'ont envoyée par le prince Orlof, apparemment pour lui donner du poids, comme je ne la lirai pas [...][2]

Où découvrir ce 'livre'? Il ne semble rien exister de ce genre parmi les ouvrages imprimés à cette époque: les journaux publiés par les 'économistes' n'en soufflent mot, alors que les moindres productions de l'Ecole et de ses sympathisants y sont analysées. Aucune trace non plus d'un commentaire du *Nakaz* dans la bibliographie très complète des doctrines économiques avant 1800 publiée par l'I.N.E.D.[3] En revanche parmi les manuscrits provenant de l'Ermitage impérial, la Bibliothèque publique de Leningrad possède un gros in-folio intitulé *L'Esprit de l'Instruction de Sa Majesté l'impératrice de Russie, pour la formation d'un Code de loix; ou Développement de ses principes puisés dans la dite Instruction.*[4] Ce manuscrit anonyme correspond bien aux termes de la lettre de février 1776: il contient des extraits de l'*Instruction* assortis de commentaires. Une brève préface ('la flatterie n'a point dicté cet écrit ...') indique nettement que le destinataire n'est autre que l'impératrice elle-même. Sont ensuite reproduits l'Introduction du *Nakaz*, les chapitres 1 et 2, puis chacun des chapitres suivants jusqu'au 22, à l'exception du 21 qui fait l'objet d'un *nota-bene*: 'Le chapitre XXI traite de la Police. Cette matière étant fort vaste, on a jugé plus à propos d'en faire le développement dans un ouvrage séparé.' Nous ignorons de quel ouvrage il s'agit. Ces différents morceaux sont suivis d'une ou plusieurs notes, certaines de quelques mots, d'autres de plusieurs pages; numérotées de 1 à 111, elles résument les principes de l'école de Quesnay sur les problèmes les plus

2. *Sbornik imperatorskago rousskago istoritcheskago obchestva* [*Recueil de la Société impériale russe d'histoire*], t.xxiii (Saint-Pétersbourg 1878), p.44 (désormais: *SRIO*).

3. *Les Doctrines françaises avant 1800: économie et population. Bibliographie générale commentée*, Institut national d'études démographiques, cahier no 28 (Paris 1956) [fait suite à: Joseph Spengler, *Les Doctrines françaises avant 1800: économie et population*, I.N.E.D., Paris 1954].

4. Cote: ERM.FR.5. C'est un volume relié de 32 cm × 20 cm; le dos est de cuir rouge et les plats sont couverts de papier marbré. Il comporte au total 216 folios; une étiquette de la Bibliothèque étrangère de l'Ermitage impérial confirme l'origine indiquée par la cote. Nous voudrions remercier ici M. Franco Venturi, qui nous a apporté une aide décisive en nous signalant l'intérêt de ce manuscrit. *L'Esprit de l'Instruction* est décrit dans l'édition du *Nakaz* donnée par M. D. Tchetchouline (Saint-Pétersbourg 1907), p.cxxvi-cxxvii.

importants: législation, gouvernement, liberté politique, luxe, commerce, impôts ... Ces deux derniers sujets sont les plus développés. Seules quelques notes se réfèrent à la Russie, notamment à propos du servage. A l'exception d'une seule, toutes les citations d'origine inconnue que comportent les *Observations* de Diderot (*O.P.*, p.372, 420, 421, 444) se retrouvent dans *L'Esprit de l'Instruction*. La comparaison des deux textes fait même apparaître dans celui de Diderot quelques citations non signalées par les manuscrits: en particulier le début de la définition de l'Etat donnée dans l'observation 97 est repris d'une note de *L'Esprit* (*O.P.*, p.421: 'L'Etat est un corps politique [...] les entrepreneurs de culture.'). Enfin comme le montre le tableau ci-après, de nombreux passages des *Observations* répondent clairement au commentaire physiocratique. La filiation ne paraît pas douteuse, bien qu'il soit dans l'ensemble difficile de circonscrire exactement l'étendue des rapports entre les deux textes; pour un certain nombre de cas où la relation est certaine parce que Diderot cite, ou du moins suit de très près, *L'Esprit de l'Instruction*, il en est d'autres où elle n'est que probable: *L'Esprit* ne semble lui offrir qu'un point de départ pour traiter d'un sujet qui n'est pas abordé dans l'*Instruction* (voir par exemple l'observation 71 sur l'origine de la société, ou l'observation 87 sur le luxe). D'autre part certaines allusions aux thèses physiocratiques peuvent se trouver dans les remarques sur l'*Instruction* sans être nécessairement inspirées par la lecture du commentaire anonyme: le souvenir des débats de 1768-1771, notamment sur la question des blés, restait vivace chez le philosophe. Nous ne retiendrons donc que les cas où, en l'absence de rapport direct entre les *Observations* et l'*Instruction*, le rapprochement avec *L'Esprit* peut être proposé avec une certaine vraisemblance. Mais ce faisant nous avons surtout voulu constituer un dossier dont bien des éléments peuvent être discutés.

Après une étude plus attentive de *L'Esprit de l'Instruction*, une autre cause d'incertitude se présente: certaines notes, dont plusieurs de celles que commente Diderot, sont tirées à peu près littéralement de *L'Ordre naturel et essentiel des sociétés politiques* de Le Mercier de La Rivière, ouvrage que le philosophe avait lu, relu et admiré en 1767.[5] On n'en sera pas pour autant conduit à remettre en question le fait qu'il a eu entre les mains le texte de *L'Esprit*: en effet tous les passages de *L'Ordre essentiel* auxquels les *Observations* font référence se trouvent dans *L'Esprit*; et inversement plusieurs observations se rapportent à des passages de *L'Esprit* qui semblent originaux. Enfin nous verrons qu'une fois identifié l'auteur du commentaire physiocratique, on peut découvrir dans le

5. Ces emprunts sont signalés dans le tableau d'ensemble qu'on trouvera ci-dessous; nous nous référons aux chapitres de *L'Ordre naturel* en indiquant les pages de l'édition de Londres, J. Nourse, et Paris, Desaint, 1767, 2 vol. in-12°.

texte de Diderot une allusion qui confirme le rapport entre les deux ouvrages.

L'Esprit de l'Instruction fut remis au prince Grigori Grigorievitch Orlov, qui arriva à Paris dans la première quinzaine d'août 1775 et en repartit peu après le 6 septembre.[6] Diderot revit alors l'ancien favori de l'impératrice, très amateur de discussions métaphysiques, parfois au grand dam de son interlocuteur, comme en témoigne la violente sortie que le philosophe ajouta alors au *Plan d'une université* qu'il venait d'achever (CORR, xiv.156-58). L'entrevue, qui avait mal tourné, ne fut sans doute pas unique: 'S'il reste à Paris jusqu'à la fin de ses disputes avec Diderot,' écrit Catherine à Grimm le 27 août, 'il ne reverra de longtemps sa patrie' (*SRIO*, 23, p.36). Il est probable que l'auteur de *L'Esprit de l'Instruction* voulut tirer parti de ces circonstances et remit son ouvrage à Diderot en lui demandant de servir d'intermédiaire. Sans doute aussi savait-on à Paris que Grigori Orlov était un des fondateurs de la Société libre d'économie de Pétersbourg,[7] qui avait attiré l'attention de l'Europe en mettant au concours en 1766 une question sur la propriété paysanne: un adepte de la 'philosophie rurale' ne pouvait imaginer meilleur messager que le prince.

Qui était cet 'économiste' plein d'illusions qui espérait révéler les vrais principes de la science politique à une souveraine qui, huit ans auparavant, n'avait pas voulu les apprendre de Le Mercier de La Rivière lui-même, arrivé à Pétersbourg avec la recommandation de Diderot (CORR, vii.93-96)? Pour apprécier équitablement la démarche de l'auteur du commentaire, et l'assistance que Diderot lui accorda probablement, il faut se garder d'une erreur de perspective. La correspondance de Catherine II, et certaines lettres de Falconet inspirées par elle,[8] nous renseignent abondamment sur les sentiments qu'elle portait aux disciples de Quesnay. Grimm n'exagérera nullement en confiant à Galiani qu'il ne lui a 'vu de la haine que pour ces gens-là'.[9] Bien des raisons peuvent expliquer ces dispositions, depuis la prétention des physiocrates à diriger les souverains au nom de la science, jusqu'à leur dénonciation véhémente du servage, qui pouvait compromettre certains faux-semblants de sa politique. Mais l'impératrice se gardait de faire éclater ses véritables sentiments au dehors, car ils auraient pu lui aliéner une partie de l'opinion éclairée. Cette dissimulation explique, par exemple, que le Dr Nicolas Gabriel Clerc, adepte enthousiaste de la physiocratie, ait pu citer le marquis de Mirabeau et les *Ephémérides du citoyen* dans son introduction aux *Plans et statuts des établissements de Sa Majesté impériale*, publication quasi officielle qui venait de paraître à Amsterdam grâce

6. Voir à ce sujet *SRIO*, 23, p.33, et CORR, xiv.156.

7. Sur cette société, fondée en 1765, voir Michael Confino, *Domaines et seigneurs en Russie vers la fin du XVIIIe siècle* (Paris 1963).

8. Voir par exemple CORR, viii.35.

9. *Correspondance inédite de F. M. Grimm*, éd. J. Schlobach (München 1972), p.203.

aux bons soins de Diderot. Et certes le Dr Clerc connaissait la tsarine et sa cour. L'envoi d'une exhortation physiocratique à Catherine II ne pouvait donc passer pour incongru en 1775 et son auteur n'était pas nécessairement quelque obscur et naïf épigone. Au contraire, la qualité des démonstrations, le relief vigoureux de certaines formules révèlent un homme entraîné à argumenter. Or en l'absence de tout témoignage, seules des comparaisons de textes peuvent nous permettre de l'identifier. L'application d'une telle méthode ne va cependant pas sans difficulté, s'agissant d'écrivains qui multiplient entre eux les emprunts, sans même juger utile de les signaler. Car le discours qu'ils tiennent est à leurs yeux celui de l''évidence' scientifique et n'a donc aucun caractère personnel; essentiellement anonyme, il ne laisse aucune place à la 'fonction-auteur'.[10] Il n'est donc guère étonnant que *L'Esprit de l'Instruction* soit, de manière inavouée mais très largement, composé d'extraits de *L'Ordre naturel*, un classique de la physiocratie. D'ailleurs Diderot lui-même n'y a pas vu un texte d'*auteur*: ainsi en annonçant l'exposé de ses idées sur le luxe, à placer en regard d'une note de *L'Esprit*, il se propose de 'laisser la liberté du choix entre les physiocrates et [lui]' (*O.P.*, p.411). Mais si l'identité de notre économiste n'entre pas en ligne de compte pour l'interprétation de son écrit, qui n'est qu'un discours sans visage, il en va tout autrement pour qui veut préciser l'histoire des textes.

Fort heureusement, si l'on écarte les emprunts qui constituent une bonne partie de l'ouvrage (mais peut-on être assuré de les avoir tous découverts?), il subsiste assez d'indices pour autoriser une identification au moins vraisemblable. Plusieurs passages, originaux semble-t-il, se retrouvent dans les écrits de Guillaume François Le Trosne, et notamment dans les notes de son *Recueil de plusieurs morceaux économiques* publié en 1768.[11] Ainsi la note 74 de *L'Esprit* sur le luxe (ci-dessous no 12) reproduit la note *m* du *Recueil* (p.55); la note 99 sur les privilèges exclusifs (ci-dessous no 26) reprend sous une forme légèrement abrégée la note *d* du *Recueil* (p.14-22); un autre passage de l'*Esprit* (note 106 sur la 'balance de commerce', p.403) se retrouve sous une forme presque identique à la fois dans le *Recueil* de 1768 (p.210-11) et dans *De l'intérêt social* (p.636-37), un ouvrage plus important publié en 1777 à la suite de *De l'ordre social*. Nous pourrions donner d'autres exemples. Mais le texte même de Diderot nous semble apporter un argument en faveur de l'attribution du manuscrit à Le Trosne. Voici en effet l'observation 30 (*O.P.*, p.372), à laquelle nous avons déjà fait allusion: 'C'est à la législation à suivre l'esprit de la nation. Le P.ʳ gal dit cette observation regarde les lois civiles politiques et [criminelles] et non pas

10. Michel Foucault, *L'Ordre du discours* (Paris 1971).

11. *Recueil de plusieurs morceaux économiques, principalement sur la concurrence des étrangers dans le transport de nos grains* (Amsterdam, Paris 1768).

les lois naturelles. Donc les premières ne sont pas de[s] conséquences essentielles de celles-ci, donc elles sont variables' (texte du manuscrit n.a.fr. 24938, que nous appellerons *V1*; nous rétablissons *criminelles* d'après les autres manuscrits au lieu de *naturelles*). La première phrase est extraite du *Nakaz* (art. 57) et fait l'objet d'une autre observation de Diderot (no 36; *O.P.*, p.370-71); la remarque prêtée au procureur général (l'abréviation est développée dans les autres manuscrits) est une citation tirée de *L'Esprit de l'Instruction* (note 23, p.51-52) que Diderot commente à son tour: il ne fait guère de doute qu'il dialogue ainsi avec Le Trosne, avocat du roi au bailliage d'Orléans.

G. F. Le Trosne (1728-1780) était depuis 1764 un des membres les plus actifs de l'Ecole.[12] Il avait collaboré au *Journal de l'agriculture* puis aux *Ephémérides du citoyen* et avait publié plusieurs brochures, dont l'argumentation claire et incisive avait été remarquée. De 1765 à 1768 il s'était particulièrement attaché à combattre les dispositions qui restreignaient la liberté du commerce, notamment celles qui pour assurer de plus grands profits aux commerçants nationaux leur réservaient l'exportation des grains. Dupont avait écrit que Le Trosne s'était 'en quelque sorte approprié cette branche de démonstration dans la science de l'économie' (*Ephémérides du citoyen*, 1768, vi.192). Cette préoccupation est très marquée dans *L'Esprit de l'Instruction*; et c'est précisément l'insistance de l'auteur à démontrer que le commerce est essentiellement cosmopolite et étranger à la nation, qui a provoqué les plus vives objections de Diderot (observation 97; *O.P.*, p.419-22). Depuis 1770 Le Trosne avait travaillé à approfondir d'autres questions, en particulier dans le domaine de la fiscalité. Il avait été le premier à étudier les effets économiques et sociaux des impôts indirects, notamment de la gabelle:[13] l'observation minutieuse de la réalité, le souci de la pratique ne lui étaient nullement étrangers, comme devait le confirmer son dernier ouvrage, très technique: *De l'administration provinciale et de la réforme de l'impôt* (1779). Sur ce point aussi on peut constater une certaine concordance avec le commentaire manuscrit puisque sept notes y sont consacrées au problème de l'impôt, dont trois semblent avoir été à l'origine de réflexions de Diderot. Signalons enfin une brochure de Le Trosne datée de janvier 1777 et intitulée *Réflexions politiques sur la guerre actuelle de l'Angleterre avec ses colonies, et sur l'Etat de la Russie*[14] qui témoigne en plusieurs endroits de préoccupations identiques à celles qui inspi-

12. Voir Jérôme Mille, *Un physiocrate oublié, G.-F. Le Trosne* (Paris 1905). Le Trosne était membre de la Société d'agriculture d'Orléans, honoraire de celle de Berne et associé de l'Académie des belles-lettres de Caen.

13. *Les Effets de l'impôt indirect prouvés par les deux exemples de la gabelle et du tabac* (Paris 1770).

14. Brochure in-8° de 16 pages, sans nom d'auteur et sans page de titre dans l'exemplaire que nous avons pu consulter (Bibliothèque municipale d'Orléans, H 6726.3). Le titre qui figure au dessus du texte, p.[1], est accompagné de la date: janvier 1777. Cet opuscule est attribué à Le Trosne par Barbier.

rent le commentaire manuscrit du *Nakaz*. Après avoir salué la lutte libératrice menée par les Etats-Unis d'Amérique, l'auteur revient sur un de ses thèmes de prédilection pour reprocher à l'Angleterre d'être incapable de reconnaître que 'l'intérêt d'une nation agricole est très différent de celui des agents du trafic' et de s'obstiner à calculer 'sa prospérité par les bénéfices qu'accumulent les marchands, comme si les marchands étaient la nation' (p.6). La seconde partie de la brochure, qui est consacrée à la Russie, rappelle également certaines notes du manuscrit et participe du même esprit général en proposant une vision optimiste de la 'civilisation de la Russie' (p.11) que Diderot est bien loin de partager à cette date: 'Il y a bien moins de chemin à faire pour achever cet ouvrage,' écrit Le Trosne, 'qu'il n'y en avait pour l'amener au point où il est.' Et de mettre au crédit de l'impératrice, parmi ses 'grandes vues réalisées', ou près de l'être, 'un Code de lois que l'Europe attend avec impatience et qui sans doute aura pour base les lois immuables de la justice essentielle' (p.12). Tout comme dans *L'Esprit de l'Instruction* adressé à Catherine II, Le Trosne déclare prouvé par l'exemple de la Russie 'qu'il n'y a rien d'impossible à l'autorité souveraine et qu'elle fait des peuples tout ce qu'elle veut' (p.12). Aussi réaffirme-t-il, selon les principes de l'Ecole, que 'le Prince doué du courage et des lumières nécessaires ne peut avoir une autorité trop grande, puisqu'il est question d'opérer une Révolution' (p.13): on aura reconnu à ces mots le 'despote juste, ferme et éclairé' que Diderot ne se lassait pas de dénoncer comme un danger.

Diderot et la physiocratie en 1775

Il n'entre pas dans notre propos d'analyser en détail les objections que Diderot adresse à l'auteur de *L'Esprit*. Remarquons pourtant qu'à les considérer de ce point de vue, les *Observations sur le Nakaz* apparaissent comme le plus important des textes où s'exprime directement sa position à l'égard des thèses physiocratiques. Car l'*Apologie de l'abbé Galiani*, qui y fait de nombreuses allusions, n'atteint souvent les 'économistes' que par ricochet: Diderot s'en prend à Morellet, qui n'était pas des leurs, et la personnalité de 'l'abbé Panurge' joue un rôle important dans sa diatribe. Au contraire, dans la vingtaine d'observations qui se rapportent au condensé de la physiocratie la plus orthodoxe qu'est l'ouvrage de Le Trosne, on peut percevoir sans interférences les principaux refus qu'il oppose à la doctrine et aussi d'autres aspects moins évidents de la relation très vivante qu'il entretient avec elle. La discussion embrasse cette fois un ensemble étendu de problèmes qui concernent non seulement la production et la circulation des richesses (le grand négoce, le rôle de l'argent, l'économie des beaux arts, l'impôt ...) mais les principes mêmes de l'organisation sociale et politique (l'origine de la société, le rapport entre 'lois naturelles' et 'lois positives', l'autorité souveraine, la séparation des pouvoirs, l'efficacité politique des Lumières ...). L'élargissement du débat est d'autant plus sensible qu'à propos des questions économiques elles-mêmes, Diderot n'accepte pas de se laisser enfermer dans le système d'axiomes et de calculs qui, pour Le Trosne et ses amis, constitue l'armature intangible de la science politique. Ainsi les observations 73 et 130 sur le 'luxe' (*O.P.*, p.403-404, 444-46) s'opposent vigoureusement à cette sorte d'économisme qui prétend limiter les 'jouissances' au nom d'une théorie des conditions optimales de la 'reproduction' des richesses de la terre: elles sont très représentatives d'une démarche qui, sans dédaigner les apports de la 'Science', prétend fonder sa légitimité à un autre niveau, en donnant valeur de principe à une conception du bonheur individuel qui exclut tout ascétisme et suppose l'acceptation de l'épanouissement matériel auquel tend invinciblement la société contemporaine.

Le recours à un certain pragmatisme et les références plus ou moins allusives à la situation politique française sont une autre façon de déplacer les questions pour les soustraire aux impératifs dogmatiques des théoriciens du 'produit net': l'impôt territorial unique que préconisent les physiocrates peut bien avoir les avantages économiques et financiers qu'ils exposent, c'est son efficacité même qui paraît dangereuse à Diderot parce qu'elle risque de renforcer inconsidérément l'emprise du prince sur ses sujets et sur leurs biens. Et une telle perspective est particulièrement redoutable dans une monarchie acculée à la banqueroute, et si portée aux expédients financiers les plus scandaleux que le directeur de l'*Encyclopédie* avait appris, sur le tard, à apprécier la résistance pourtant ambiguë que lui opposaient les parlements en ce domaine. L'argument politique l'emporte donc sur les considérations économiques puisque, écrit Diderot à ce propos, 'tout rentre toujours dans la grande difficulté, celle de limiter l'autorité souveraine ou d'emmailloter Briarée' (observation 131, *O.P.*, p.447, texte du manuscrit *V1*).[15] De telles réflexions, comme d'autres qui visent l'attachement de Le Trosne à l'absolutisme et son hostilité aux 'contre-forces physiques' (observations 12 et 39), se situent dans le droit fil de celles qu'avaient inspirées un an plus tôt les articles du *Nakaz*: loin de faire dévier le philosophe de son

15. Il existe quatre manuscrits des *Observations* dans le fonds Vandeul: la copie n.a.fr. 24938, que nous appelons *V1*, est la plus ancienne et la seule à avoir été corrigée par Diderot; elle ne comporte pas de titre et 'semble ramasser dans un ordre anarchique, au hasard des fiches, les notes de Diderot sur le *Nakaz*' (P. Vernière, *O.P.*, p.336). La copie n.a.fr. 13741, que nous appellerons *V2*, est très proche de *V1*: elle en reproduit le désordre. Elle porte des additions marginales de Vandeul qui préparent l'insertion de passages tirés de la troisième édition de l'*Histoire des deux Indes*. Les deux autres copies (n.a.fr. 13766 et 24939) comportent ces additions et suivent l'ordre du *Nakaz*.

propos initial, la lecture de *L'Esprit de l'Instruction* l'amène plutôt à préciser sa pensée dans cette occasion où il s'oppose pour la première fois de manière explicite aux thèses proprement politiques des physiocrates.

Malgré certaines apparences, le point de vue politique est également essentiel dans l'apologie des 'commerçants' et du grand négoce international présentée dans l'observation 97 (*O.P.*, p.419-22). Ce texte constitue une réfutation suivie d'une longue note où Le Trosne insiste, à son ordinaire, sur le caractère 'cosmopolite' de l'activité des négociants qui seraient, selon lui, étrangers à la nation et ne partageraient pas ses intérêts, les seuls véritables citoyens dignes de la sollicitude du gouvernement étant les propriétaires fonciers et les 'entrepreneurs de culture': définition restrictive du 'corps politique' que Diderot reprend pour l'élargir aux 'agents' indirects de la mise en valeur de la terre, tels que les commerçants et les manufacturiers, qui 'tous doivent être favorisés'. De telles vues renouent avec ce qui avait constitué une des visées profondes de l'entreprise encyclopédique, la volonté de rapprocher par une connaissance mutuelle les éléments les plus actifs et les plus entreprenants de la société, afin qu'en dépit des contradictions secondaires qui les opposaient, ils pussent peser ensemble en faveur de mesures utiles, notamment de celles qui accroîtraient la liberté économique. Cette réponse à Le Trosne comporte des idées qui sont nouvelles sous la plume de Diderot et on peut y reconnaître une première esquisse de l'éloge du commerce auquel il devait donner un grand développement dans la troisième édition de l'*Histoire des deux Indes* (livre XIX, ch.6). Ce n'est pas le seul cas, nous le verrons, où la lecture de *L'Esprit de l'Instruction* semble avoir contribué à alimenter à la fois les *Observations sur le Nakaz* et, au moins indirectement, les contributions à l'ouvrage de Raynal. Dans l'*Histoire*, cependant, les conseils de bonne conduite que le philosophe prodigue aux grands négociants ne laissent pas de suggérer qu'il n'était pas loin de partager jusqu'à un certain point la méfiance des physiocrates à leur égard.

Le contenu le plus souvent critique des observations suscitées par *L'Esprit de l'Instruction* ne doit pas masquer certaines convergences, plus nombreuses peut-être qu'il ne semblerait à première vue. A elle seule, la tonalité générale des remarques de Diderot, très éloignée des sarcasmes dirigés contre Morellet dans l'*Apologie de l'abbé Galiani*, témoigne de l'estime qu'il continue à porter aux travaux de l'Ecole. Ses objections mêmes s'accompagnent parfois d'égards marqués (par exemple lorsqu'il reconnaît la 'sagesse' de la note 54 de *L'Esprit* avant de proposer des vues différentes sur l'origine de la société dans l'observation 71); et les remarques plus ou moins nettement approbatrices ne sont pas rares, surtout en matière d'économie ou de finances: ainsi à propos de la malfaisance des privilèges exclusifs (observation 133), de 'l'arbitraire de l'impôt sur les personnes et les choses commerçables' (observation 134), du rôle de l'argent (observation 138) ... Une idée importante, que Le Trosne semble avoir préféré laisser dans un certain flou (un peuple ne peut manquer de trouver les moyens de mettre fin à des 'désordres' qui menacent ses intérêts vitaux), est reprise en termes beaucoup plus vigoureux par le philosophe qui ne craint pas d'annoncer que la révolte est inéluctable en pareil cas: 'Le terme du malheur ou de l'oppression est limité par la nature. Il est tracé dans le sillon du laboureur [...] parce qu'en dernier contrecoup, toute oppression revient sur la terre' (observation 44; *O.P.*, p.380). Ces formules de couleur très physiocratique sont à rapprocher de celle qui, dans l'observation 5, également suscitée par le texte de Le Trosne, sert à qualifier la mauvaise loi imposée arbitrairement par le souverain: '*Donc votre volonté, sire, est que nous brûlions nos moissons*' (*O.P.*, p.353, texte de *V1*). Cette 'métaphore énergique mais vraie, effrayante mais symbolique de ce qui se pratique dans toutes les contrées', comme l'écrira Diderot en la reprenant dans la troisième édition de l'*Histoire des deux Indes* (livre XII, ch.31), figurait déjà dans une longue lettre à Falconet du 6 septembre 1768 (CORR, viii.114), en grande partie consacrée à l'apologie de Le Mercier de La Rivière et de certains de ses principes: de tels exemples prouvent que la lecture de *L'Esprit de l'Instruction* ne faisait dans bien des cas que réactiver un vieux fonds d'idées et d'images qui n'étaient sans doute pas d'une doctrine très pure, du point de vue de l'Ecole de Quesnay, mais qui restaient un acquis auquel Diderot n'avait pas renoncé lorsqu'il avait pris quelques distances avec elle, à l'époque des *Dialogues sur les blés* de Galiani (1770). On pourrait en trouver une confirmation dans le recours fréquent à un vocabulaire très marqué par son origine physiocratique que n'imposait pas nécessairement, dans les *Observations*, le besoin de se référer aux thèses de Le Trosne. Il ne s'agit pas seulement de termes techniques comme 'produit net', 'reproduction' (des richesses), 'impôts directs' (c'est-à-dire pesant immédiatement sur la terre); Diderot emploie également volontiers 'évidence' au sens politique habituel aux physiocrates (observation 12), et même le mot 'jouissances' – malgré le célèbre article de l'*Encyclopédie* – n'est probablement si souvent répété dans l'observation 73 (qui vise 'le principe des économistes porté à l'excès', c'est-à-dire la nécessité d'assurer en priorité la 'reproduction') que parce que *L'Esprit de l'Instruction* insiste sur le rôle moteur de 'l'appétit des plaisirs': les notes de Le Trosne développent en effet longuement une formule héritée de Le Mercier de La Rivière, '*Désir de jouir et liberté de jouir, voilà l'âme du mouvement social*'. Il est vrai que, dans ce cas et dans quelques autres, Diderot ne semble emprunter à l'Ecole des mots importants que pour mieux les assimiler à sa propre pensée en en gauchissant le sens doctrinal.

Chronologie et filiation des manuscrits

Diderot a vraisemblablement remis le manuscrit de Le Trosne au prince Orlov en août 1775, mais nous ignorons à quelle date il a pu en avoir lui-même connaissance. Or de la réponse à cette question dépend en partie la date que l'on pourra attribuer à la copie la plus ancienne des *Observations sur l'Instruction* (*V1*), qui comprend déjà les réflexions inspirées par *L'Esprit*. Sans avoir aucune certitude, il nous semble que le commentaire physiocratique a dû être composé peu avant d'être confié à Orlov. En effet, s'il avait été prêt avant que fût annoncée la venue du prince, il aurait probablement été expédié à Pétersbourg par une autre voie, comme quantité d'opuscules que recevait Catherine. D'autre part, c'est au cours de l'année 1775 que se répandit la nouvelle que l'impératrice allait reprendre son œuvre de législatrice, interrompue par la guerre avec la Turquie et la révolte de Pougatchev, qui n'avait été définitivement écrasée qu'en septembre 1774. L'ordonnance d'avril 1775 qui fixait de nouvelles circonscriptions administratives fut le premier acte marquant de cette nouvelle période de 'législomanie' dont Catherine devait entretenir régulièrement ses correspondants au cours de cette année et de la suivante. En janvier 1776 elle annoncera par exemple à Grimm qu'elle en est à rédiger le trentième chapitre des nouveaux règlements, un ouvrage à son avis 'meilleur que l'instruction pour le code' (*SRIO*, 23, p.42). Ce sont probablement ces circonstances qui ont inspiré à Le Trosne son projet. Enfin *L'Esprit*, composé en grande partie de morceaux d'emprunts, ne donne pas l'impression d'avoir été longuement mûri, surtout lorsqu'on sait que son auteur était fort capable de donner des ouvrages de son cru: on pourrait y voir un ouvrage improvisé à l'occasion de la visite du prince Orlov à Paris.

Si Diderot n'a vraisemblablement lu le commentaire de Le Trosne qu'au cours de l'été 1775, la copie n.a.fr. 24938 (*V1*) est postérieure d'un an *au moins* à la date proposée par P. Vernière (*O.P.*, p.336). Mais une fois admis que *V1* représente non pas l'état premier du texte, ces notes en marge du *Nakaz* dont Diderot parlait à Catherine en septembre 1774 (CORR, xiv.85), mais un état plus tardif et déjà augmenté de diverses additions, la question de la date de cette copie doit être réexaminée plus à fond. Ni l'écriture du copiste inconnu ni le filigrane ne peuvent nous renseigner.[16] Seul un indice, unique, mais qui nous semble net, invite à situer *V1* plus tard encore que 1775. L'observation

16. La copie *V1* est d'un scribe dont on ne connaît pas d'autres travaux; Paul Vernière le classe parmi les 'copistes anciens' pour la seule raison que son manuscrit est antérieur aux trois autres que nous possédons; il a utilisé ce que le même auteur appelle un 'vieux papier PRO PATRIA' (*Diderot, ses manuscrits et ses copistes*, Paris 1967, p.42), mais aucun rapprochement n'a permis d'en dater l'utilisation.

129 (*O.P.*, p.442), qui met en garde contre les soldats de métier, 'ces hommes disponibles qui tuent les tyrans dans les états despotiques, et qui enchaînent les peuples dans les états libres', recommande l'adoption de mesures capables d'écarter cette menace: il sera plus loin question de faire de 'l'art de la guerre [...] une partie de l'éducation nationale'. Le premier paragraphe de l'observation se termine par ces mots (qui sont peut-être une addition par rapport à une première rédaction): 'Ce que je vous dis est peut-être une vision politique, mais qu'importe? Je sais du moins que si j'avais été le législateur de l'Amérique septentrionale, la chose n'aurait pas été autrement.' Il nous semble que cette dernière phrase n'a pu être écrite qu'après la déclaration d'indépendance de juillet 1776, quand plusieurs des nouveaux Etats-Unis d'Amérique se sont dotés de constitutions qui ont suscité de nombreux commentaires en Europe. La même idée, associée à des réflexions sur l'indépendance des colonies anglaises, devait réapparaître dans la célèbre apostrophe 'aux peuples de l'Amérique septentrionale' insérée dans l'*Essai sur Sénèque* publié en décembre 1778.[17] La copie *V1* des *Observations* correspondrait-elle à un état du texte datant au plus tôt de 1776, ou, plus vraisemblablement, des années suivantes, au cours desquelles l'œuvre des législateurs américains fut commentée en Europe?[18] C'est alors que Diderot se mêla aux débats qu'elle suscitait en écrivant ses contributions à la troisième édition de l'*Histoire des deux Indes*. Malgré la minceur de cet indice, une telle hypothèse mérite nous semble-t-il d'autant plus d'attention qu'elle n'est nullement contredite, bien au contraire, par ce que des découvertes récentes nous apprennent de la relation qui unit les deux copies les plus anciennes (voir ci-dessus l'article d'A. Angremy et A. Lorenceau, 'Du fonds Vandeul au fonds de Leningrad'). En effet *V1*, la seule copie des *Observations* qu'ait revue Diderot, est aussi la seule des quatre qui nous sont parvenues à avoir pu servir de modèle pour l'établissement du manuscrit envoyé à Catherine II et sans doute détruit par elle (*O.P.*, p.333-34). Ce travail a dû être effectué entre 1780 et 1784, période pendant laquelle a été préparée la collection qui devait être jointe à la bibliothèque de Diderot. Cette filiation peut être indirectement établie grâce aux indices qui en révèlent une autre: ainsi qu'il arrive fréquemment dans le fonds Vandeul, le manuscrit n.a.fr. 13741, que nous appellerons *V2*, se termine par un chiffre indiquant le nombre de

17. *Essai sur la vie de Sénèque* (Paris 1779), p.441, §93 (liv. II, §74, dans l'*Essai sur les règnes de Claude et de Néron*, 1782; DPV, xxv.356).

18. Ainsi c'est en janvier 1777 que Le Trosne, dans la brochure que nous avons citée, annonce que les Etats-Unis 's'occupent en ce moment à se donner une constitution politique': 'Le congrès a signé le 4 octobre 1776, un projet qui doit être proposé à chacun des Etats-Unis, pour être ratifié dans l'Assemblée générale' (*Réflexions politiques sur la guerre*, p.4). C'est en 1779 au plus tôt que Diderot a pu commenter la 'constitution fédérative' que se sont donnés les Américains (*Histoire des deux Indes*, livre XVIII, ch.45).

pages de son modèle qui, comme dans tous les cas analogues, faisait partie de la collection préparée pour Catherine II. Nous apprenons ainsi que la copie qui devait provoquer la colère de l'impératrice en novembre 1785 comportait 141 pages et, fait plus important, qu'elle était identique à *V2*:[19] or *V2*, abstraction faite des interventions ultérieures de Vandeul, est elle-même identique à *V1*, à quelques détails près, au point qu'on a cru jusqu'à présent qu'elle en était directement issue. Il ne fait donc guère de doute qu'il existait en 1785 trois copies donnant la même version des *Observations*, caractérisée par un désordre apparent (la succession des articles du *Nakaz* n'y est pas respectée) et aussi, bien sûr, par l'absence des additions tirées de l'*Histoire des deux Indes*, qui n'ont été incorporées au texte qu'après la mort de Diderot. Du vivant du philosophe, seule a été disponible la version représentée par *V1*, et cette copie elle-même n'a vraisemblablement été reproduite pour Catherine II que vers 1780: elle peut donc très bien être aussi tardive que nous le supposons.

L'histoire du texte n'en est pas pour autant totalement éclaircie, il s'en faut de beaucoup. Comment expliquer, notamment, le désordre persistant de la version représentée par *V1* et *V2*, alors qu'il était facile de classer les observations selon les numéros des articles du *Nakaz* qui sont portés en tête de chacune? Comment admettre que l'œuvre ait pu être envoyée à Catherine II, certainement selon la volonté de Diderot, sous cette forme qui semble la défigurer? Car Paul Vernière a toutes raisons d'affirmer qu'"aucune méthode de travail ne peut expliquer une telle confusion' (*O.P.*, p.336), même si certaines observations se trouvent rapprochées de manière peut-être significative dans ce manuscrit, comme le signalait naguère Georges Benrekassa.[20] On ne peut espérer apporter de réponses à ces questions, qui tiennent à plusieurs autres, qu'en serrant de plus près les différents moments de l'évolution de l'œuvre que les indices chronologiques que nous venons d'examiner permettent de considérer sous un jour nouveau. Encore faut-il bien marquer qu'il s'agit de proposer une reconstitution hypothétique qui permette de rendre compte des quelques faits certains et des autres, plus nombreux, qui ne sont que vraisemblables.

19. Bien que, dans la collection destinée à Catherine II, presque toutes les œuvres d'une certaine importance aient été copiées par Girbal, il est peu probable que tel ait été le cas des *Observations*: en effet le rapport entre la longueur des copies de Girbal et celle des copies du scribe C (auteur du manuscrit 13741) est à peu près constant (aux alentours de 1,3): soit 1,24 pour le *Plan d'une université*, 1,29 pour les *Principes de politiques*, 1,32 pour le *Salon de 1761*, 1,37 pour *La Religieuse*, etc. Dans le cas de la copie disparue, qui servit de modèle au copiste C, ce rapport n'est que de 1,08.

20. G. Benrekassa, 'Le texte introuvable: les manuscrits n.a.fr. 24938 et 24939 des *Observations sur le Nakaz*', *Diderot, autographes, copies, éditions* (Saint-Denis 1986), p.115-30. Jean Christophe Rebejkow a préparé sous la direction de G. Benrekassa une édition critique des *Observations* en prenant pour texte de base celui du manuscrit n.a.fr. 24938, dont il a respecté l'ordre (thèse de 3e cycle, Université de Paris VII, novembre 1986).

Les *Observations* de 1774

Le 13 septembre 1774 Diderot écrivait à l'impératrice: 'J'ai relu l'Instruction que vous avez adressée aux commissaires assemblés pour la confection des lois; et j'ai eu l'insolence de la relire, la plume à la main' (CORR, xiv.84-85). Au début de la même lettre, il l'avait félicitée pour la 'glorieuse paix' conclue avec les Turcs, cette paix qu'il appelait de ses vœux dans la conclusion des *Observations*, dont une première version a donc dû être achevée au plus tard dans le courant du mois d'août, avant que ne parvienne à La Haye la nouvelle du traité de Koutchouk-Kaïnardji (21 juillet). C'est également à ce moment là qu'a dû intervenir l'épisode qu'évoque Naigeon dans une lettre à Mme de Vandeul (3 août 1786): 'Je n'ai point non plus les *Observations sur le Code*, ou plutôt les *Instructions de Catherine II relativement aux lois*. Cet ouvrage que j'ai lu et dont le prince Galitzin a volé l'original à Diderot en forçant ses malles comme un voleur de grand chemin, mériterait d'être cité et j'aurais voulu en donner quelque idée, mais il me manque ainsi que beaucoup d'autres très importants que M. Diderot m'a promis cent fois et qu'il ne m'a jamais donnés.'[21] Le témoignage de Naigeon est ici d'autant plus digne de foi qu'il ne faisait sans doute que rappeler à Mme de Vandeul un fait qu'elle n'avait pas dû ignorer. Que Dmitri A. Golitsyn ait agi sur ordre ou de sa propre initiative, mais selon l'idée qu'il pouvait se faire des devoirs de sa charge, il est certain qu'un brusque refroidissement intervint alors dans ses relations avec Diderot. Il suffira pour notre propos de noter que l'intervention de l'ambassadeur a dû se produire avant le 2 septembre, date à laquelle les bagages du philosophe ont été embarqués pour Rotterdam (CORR, xiv.67, lettre du 3 septembre 1774 aux dames Volland): ce qui confirme qu'une première version de l'œuvre avait dû être achevée au plus tard en août. Il en existait vraisemblablement déjà deux manuscrits: celui que put sauver Diderot était peut-être une simple liasse de 'petits papiers volants', analogues à ceux qu'avait suscités deux ans auparavant la lecture de l'*Histoire des deux Indes* (CORR, xii.102). C'est de ce dossier de notes, complété ultérieurement, que pourrait être issue notre copie la plus ancienne, *V1*.

Il est possible qu'en informant l'impératrice, le 13 septembre, qu'il avait 'eu l'insolence' de commenter son *Instruction*, Diderot ait tenu compte du fait qu'elle avait pu en être déjà informée par D. A. Golitsyn: désirait-il avoir l'occasion de lui envoyer, comme seule authentique, une version plus acceptable que celle que son ambassadeur venait peut-être de lui communiquer? Cependant il

21. J. Massiet Du Biest, 'Lettres inédites de Naigeon à Mr et Mme de Vandeul (1786-1787) concernant un projet d'édition des œuvres de Diderot', *Bulletin de la Société historique et archéologique de Langres* 12 (1948).

semble bien que dès avant cette date, et pendant plusieurs mois, il ait envisagé de lui donner à lire ces réflexions, comme un supplément aux 'feuillets' qu'il lui avait lus et commentés à Pétersbourg. C'est ce qu'annonçait un des derniers qu'il lui ait remis et qui contenait notamment la liste des travaux et commissions qu'il s'engageait à exécuter pour elle une fois revenu en France: 'Je demande à sa Maj. Imp. la permission de joindre à cela, les choses folles ou sages dont il reste à ma vieille cervelle d'enfant de se délivrer, et de barbouiller de mes réflexions les marges de son bréviaire. Ce sacrilège sera bien expié par les vues saines et profondes que mes petites idées inspireront à votre Maj. avec laquelle je continuerai au loin, le rôle que j'ai fait de près, celui de la pierre à aiguiser, qui ne coupe point, mais qui fait couper.'[22] Ce 'bréviaire' qu'il se proposait d'annoter était sans doute l'*Esprit des lois*, ou peut être déjà le *Nakaz* qui s'en inspirait si souvent. L'annonce du 13 septembre ne faisait donc que rappeler celle de février 1774. Catherine n'ayant pas réagi, Diderot lui rappellera, le 17 décembre, qu'ayant relu son *Instruction*, il avait 'eu la hardiesse de l'apostiller de quelques réflexions' (CORR, xiv.122). Cette insistance indique assez clairement qu'il souhaitait que l'impératrice demandât à prendre connaissance de ses observations. Mais de quel texte s'agissait-il? Celui que nous possédons comporte, dès la version la plus ancienne, des passages dont le ton est bien trop brutal pour qu'on puisse supposer qu'ils avaient l'impératrice pour destinataire immédiat. Après avoir, le 6 septembre, laissé deviner à Mme Necker son opinion sur la situation politique et sociale de la Russie ('Je serais un ingrat si j'en disais du mal; / Je serais un menteur si j'en disais du bien'), Diderot la priait de ne rien répéter de ces confidences allusives pour éviter de le compromettre (CORR, xiv.75): comment aurait-il pu au même moment envisager, par exemple, de mettre sous les yeux de sa protectrice un tableau en raccourci de la 'calamité générale' qui accablait la Russie (observation 80; *O.P.*, p.408)? Aurait-il montré ainsi sans ménagement qu'il n'avait ajouté aucune foi aux réponses optimistes que Catherine avait faites à certaines de ses questions sur la société russe? Se serait-il permis quelques approbations ironiques des principes affirmés dans le *Nakaz*: 'Tout cela est fort bien ...', 'Tout ce qe vous dites-là est fort beau; pourquoi avez-vous donc fait le contraire?' (*O.P.*, p.408, 424)? Aurait-il souligné comme à plaisir les lacunes de l'*Instruction*, avant de préciser ce qu'elle aurait dû contenir afin qu''au lieu d'être un extrait', elle fût 'un ouvrage original, une institution de bonne foi' (observation 51; *O.P.*, p.387)? Parmi d'autres exemples possibles, ne retenons que le passage qui anticipe sur la lecture que fera l'impératrice de ses réflexions: 'Si en lisant ce que je viens d'écrire et en écoutant

22. E. Lizé, 'Mémoires inédits pour Catherine II', *D.H.S.* 10 (1978), p.221. Sur le 'bréviaire' que serait pour l'impératrice l'*Esprit des lois*, voir les *Mémoires pour Catherine II* (Paris 1966), p.117.

sa conscience, son cœur tressaillit de joie, elle ne veut plus d'esclaves; si elle frémit, si son sang se retire, si elle pâlit, elle s'est crue meilleure qu'elle n'était' (observation 2, *O.P.*, p.345). Ces lignes, si cruellement prophétiques, ne pouvaient figurer que dans ce 'testament de mort' qui permet au philosophe de parler au souverain librement et avec force 'du fond de son tombeau' (*Essai sur Claude et Néron*, DPV, xxv.249). Il est vrai que de tels passages sont peu nombreux et que beaucoup d'autres (et notamment la conclusion, qui est clairement datée de 1774) sont d'un ton beaucoup plus compatible avec l'éventualité de ce dialogue à distance qu'envisageait Diderot avant de quitter Pétersbourg. Faut-il penser qu'il disposait, à l'automne 1774, d'un dossier de notes dont il aurait pu extraire une version acceptable pour l'impératrice? Ou bien certains passages un peu rudes sont-ils plus tardifs, comme peut le suggérer une certaine parenté avec les réflexions pessimistes sur la Russie écrites quelques années plus tard pour l'*Histoire des deux Indes* (livre V, ch.23 et surtout livre XIX, ch.2)? Les deux hypothèses ne sont pas contradictoires mais plutôt complémentaires; la seconde cependant est la plus vraisemblable.

Les étapes de la constitution du texte

Nous avons vu que le dossier des *Observations* avait dû être rouvert pendant l'été de 1775, quand Diderot avait pris connaissance du commentaire de Le Trosne; l'existence dans plusieurs cas de deux observations différentes comportant une référence au même article du *Nakaz* confirme l'existence de cette seconde étape (voir par exemple dans le tableau développé, ci-après, ce qui est dit des observations 11 et 12, qui se rapportent à l'article 19, et aussi les remarques sur les observations 44, 132, 133). Une troisième étape a dû intervenir deux ou trois ans plus tard, si l'on en juge par l'allusion au 'législateur de l'Amérique septentrionale': elle se situerait donc pendant la période de préparation des contributions à la troisième édition de l'*Histoire des deux Indes*, qu'il faut placer, semble-t-il, entre 1777 et 1780.[23] Peut-être même est-ce ce dernier travail qui a amené Diderot à reprendre le dossier des *Observations*, puisque de nombreux rapprochements peuvent être faits entre les deux œuvres. Nous reviendrons sur ce point. Notons seulement pour l'instant un fait capital: quelles que soient la chronologie exacte et l'importance des accroissements apportés au texte avant l'établissement de la copie *V1*, il est certain qu'il n'était plus question de le faire servir à prolonger les entretiens de Pétersbourg.

23. Michèle Duchet, *Diderot et l''Histoire des deux Indes' ou l'écriture fragmentaire* (Paris 1978), p.29. D'après des indices internes, certaines contributions du philosophe semblent avoir été rédigées fin 1779 ou début 1780.

L'impératrice avait assez montré son indifférence et le philosophe, de son côté, avait adopté par moments un ton qui ne pouvait lui convenir. L'image du destinataire initial tendait donc à s'estomper (même si Diderot envisageait que Catherine pût lire un jour ce qu'il n'écrivait plus pour converser avec elle de son vivant), et de ce fait même l'entreprise qui consistait à commenter le *Nakaz* article par article perdait de son intérêt, d'autant que le cadre fourni par la compilation impériale paraissait souvent trop étroit: une des observations n'esquisse-t-elle pas un autre projet, celui d'un 'ouvrage original', organisé en chapitres, dont la composition serait plus satisfaisante que celle de l'*Instruction* (observation 51; *O.P.*, p.387)? En cette matière, l'ordre d'exposition a lui-même une signification politique, comme le montrent bien les trois observations qui seront placées en tête des manuscrits les plus tardifs (n.a.fr. 13766 et 24939) mais se trouvent déjà dans *V1*: elles précisent ce qu'il faut mettre 'à la première ligne d'un code bien fait' et ce qu'il faut au contraire éviter d'y placer: l'invocation à Dieu (*O.P.*, p.343-46). Quelques feuillets du fonds Vandeul intitulés *Fragments d'un manuscrit de 1774 ayant pour titre Observations* (n.a.fr. 24938, f.136-44) semblent confirmer qu'un tel ouvrage a bien été envisagé: il s'agit d'une liste d'incipit classés en neuf chapitres dont la succession correspond en gros au plan ébauché dans l'observation 51. Les Vandeul ont donc tenté de réorganiser les *Observations*, probablement selon des indications laissées par Diderot.

A moins d'en refondre complètement la rédaction (ce que seul l'auteur aurait pu faire), recomposer un tel ouvrage était une tâche difficile, voire impossible: il aurait fallu, contradictoirement, l'affranchir de la progression suivie par les articles du *Nakaz* tout en maintenant avec le texte de Catherine les rapports indispensables à l'intelligibilité des remarques qui s'y rapportaient. La présence d'observations inspirées par le texte de Le Trosne (dont on avait sans doute perdu assez vite le souvenir) venait encore compliquer la situation. Les héritiers du philosophe ont donc dû renoncer à reclasser ses réflexions, pour en revenir à l'ordre du *Nakaz* qui est suivi par les deux derniers manuscrits: tous deux sont certainement postérieurs à la mort de Diderot puisqu'ils comportent les additions tirées de l'*Histoire des deux Indes*, déjà indiquées en surcharge dans *V2* à partir de fragments imprimés extraits d'une édition composite mise en vente au plus tôt au cours de l'année 1784 (voir ci-dessus l'article de G. Goggi, 'L'édition de l'*Histoire des deux Indes*'). L'un de ces manuscrits (n.a.fr. 13766) a pour particularité, comme l'a noté Paul Vernière, 'de supprimer le numéro des articles du *Nakaz* et de donner l'impression d'un traité continu divisé en chapitres' (*O.P.*, p.339), ce qui peut être interprété comme une trace ultime de l'intention qu'avait eue Diderot de tirer du dossier des *Observations* une œuvre autonome. Il n'avait pas eu le temps de refondre son ouvrage, mais on comprend mieux qu'à l'époque où a été confectionnée la copie *V1* (époque plus tardive qu'on ne croyait jusqu'à présent), *l'ordre des articles du Nakaz ne présentait plus d'intérêt à ses yeux*: il a donc fait reproduire le dossier en l'état, avant que soit préparée la copie, sans doute plus soignée, qui entrerait dans la collection destinée à Catherine II. Le cas n'est pas pour surprendre puisque Girbal a copié pour la même collection, probablement en 1780 ou 1781, une version des *Eléments de physiologie* qui se présentait également comme un dossier de travail, une œuvre encore en chantier qui devait subir peu après la refonte complète dont témoigne la copie du fonds Vandeul.[24]

Les *Observations* ne devaient pas connaître ce stade ultime d'une transformation que Diderot avait peut-être conçue à la fin des années 1770, alors que les relations avec Catherine II s'étaient définitivement distendues et qu'il était porté à adopter un ton plus radical dans ses contributions à l'ouvrage de Raynal, où le *Nakaz* est qualifié tout bonnement de 'comédie' (livre XIX, ch.2). Peut-être cet inachèvement est-il dû en partie à la tension née de la coexistence, sur le même chantier textuel, de deux attitudes politiques différentes: celle, habile mais non dépourvue de concessions, du Diderot-Sénèque qui avait envisagé, en 1774, de donner une suite à son travail de Pétersbourg et celle, autrement audacieuse, de l'historien des Deux Indes qui quelques années plus tard s'adressait plus volontiers aux 'peuples' qu'aux souverains. Toujours est-il que les rapprochements qu'on peut faire entre les deux ouvrages sont assez nombreux pour qu'on puisse se demander si le dossier des *Observations* n'a pas été utilisé, pendant un temps, comme un laboratoire de réflexions politiques qui, bien sûr, ne concernaient pas uniquement la Russie. Une quinzaine de passages des *Observations* présents dans la copie *V1* sont très proches de contributions introduites ou développées dans l'édition de 1780 de l'*Histoire*. D'autre part seize fragments tirés de l'ouvrage de Raynal seront incorporés à la version longue des *Observations* représentée par les deux derniers manuscrits: et ce dans des conditions telles 'qu'il faut exclure l'hypothèse d'un remaniement dont M. et Mme de Vandeul auraient seuls pris l'initiative' (Michèle Duchet, *Diderot et l'"Histoire des deux Indes*', p.134). Il n'entre pas dans notre propos d'approfondir les problèmes posés par cette situation. Remarquons seulement que l'on comprend mieux l'"osmose' (selon le mot de Michèle Duchet) qui s'est produite entre les deux œuvres si l'on admet que le dossier des *Observations* était encore ouvert aux alentours de 1777, quand Diderot a repris sa collaboration avec Raynal. Son enrichissement a pu se poursuivre parallèlement à ce travail, avant, puis après la confection de la copie *V1*; car si cette copie ne faisait que fixer un

24. Voir à ce sujet l'étude de Jean Mayer, ci-dessus ('La composition fragmentaire des *Eléments de physiologie*', p.254), ainsi que l'article de Jean Varloot, 'La physiologie de Diderot', *Beiträge zur romanischen Philologie* 24 (1985), p.227-33 et DPV, xvii.

état provisoire d'une œuvre que Diderot projetait de refondre, il était naturel qu'il envisageât dès ce moment la réutilisation, à cette fin, de fragments écrits pour l'*Histoire*.

Ajoutons, pour terminer, une dernière hypothèse qui, bien que ne concernant qu'un point mineur, pourrait illustrer assez bien le rôle qu'ont pu jouer les *Observations* à une époque tardive. On ne peut que reconnaître avec Paul Vernière 'l'admirable adaptation' au contexte des *Observations* des additions tirées de l'*Histoire* (*O.P.*, p.339). Or deux de ces additions s'y intègrent même beaucoup plus naturellement que dans ce qu'on suppose être leur contexte d'origine. Ainsi les réflexions pessimistes sur le rôle politique du philosophe et la vanité des 'conseils qu'il s'opiniâtre d'adresser aux nations et à ceux qui les gouvernent' (*O.P.*, p.366-67) paraissent quelque peu disproportionnées par rapport aux problèmes que pose la réorganisation de la Guyane (*Histoire*, livre XIII, ch.11); elles viennent bien plus à propos après qu'aient été évoquées la nécessité et la difficulté d'abolir les 'privilèges factices attachés aux conditions' (observation 20). De même le développement consacré à la corruption qui menace les enfants des rois surprend dans l'*Histoire*, où il est accroché à quelques lignes qui évoquent un usage éducatif des sauvages de Célèbes (*Histoire*, livre II, ch.10); il prolonge au contraire tout naturellement l'observation 106 qui dès la copie *V1* évoque le problème de l'éducation 'des successeurs à l'empire' (*O.P.*, p.428).[25] De tels passages n'auraient-ils pas été suggérés par une relecture des *Observations*, par exemple lors de la révision de la copie *V1*? Simple supposition sans doute, qui importe assez peu en elle-même, mais qui peut permettre de comprendre comment le chantier des *Observations* a dû communiquer avec celui de l'*Histoire*, évoluer avec lui, contribuer à l'approvisionner en matériaux et finalement lui être sacrifié. Certes on peut être à peu près assuré que l'œuvre apparemment en ordre et 'achevée' que présentent les deux derniers manuscrits (n.a.fr. 13766 et 24939) est fondée sur des indications laissées par Diderot aux Vandeul qui les ont fait confectionner. Elle n'en constitue pas moins, selon toute probabilité, une sorte de régression, un pis aller, à défaut de l'ouvrage qui n'avait pu voir le jour (des *Eléments de politique*?): celui qu'annonçait déjà vaguement sans doute, cette copie de travail *en désordre* et *sans titre* que nous avons appelée *V1*. Mais qu'il nous soit permis de rappeler une dernière fois combien l'évolution et la circulation des textes du dernier Diderot laisse peu de place aux certitudes.

25. Contrairement à ce que semble indiquer l'édition Vernière, le paragraphe qui aborde cette question ('Au reste, l'éducation ... nation', *O.P.*, p.428) figure bien dans *V1*, f.478.

Le commentaire du commentaire

1. *Liste sommaire des passages des* Observations sur le Nakaz *à mettre en rapport avec* L'Esprit de l'Instruction

N.B. Les numéros affectés aux observations sont ceux de l'édition Vernière; ils ne seront pas exactement conservés dans DPV, xxii. Nous renvoyons d'autre part aux rapprochements numérotés du tableau développé qu'on trouvera à la suite.

Numéros des observations	*Thème*	*Numéros dans le tableau*
5	'[...] dans une société bien ordonnée, le méchant ne peut nuire à la société, sans se nuire à lui-même'.	1
12	L'évidence, 'contre-force' insuffisante.	2
12 (fin)	Certaines lois ne peuvent être immuables.	3
19	C'est une utopie de croire que la découverte de l''Ordre' suffit à assurer le bonheur de la société.	4
30	Les lois peuvent varier.	5
39	Séparation des pouvoirs législatif, exécutif et judiciaire.	6
44	Le terme de l'oppression est fixé par la nature: la révolte est inéluctable quand il est atteint.	7
46	Procédure des Romains.	8
70	Peu d'esclaves à Lacédémone.	9
71 à 74	Origine de la société et de la souveraineté.	10
73	Un citoyen doit pouvoir employer sa richesse selon son goût, même s'il 'ne renvoie pas directement son superflu à la terre'.	11
87	Sur le luxe	12
95	Compagnies de commerce privilégiées.	13
97	Apologie du commerce et des commerçants.	14-20
129	Danger que constituent les soldats au service du souverain.	21
130	Apologie du citoyen riche qui se plaît à des dépenses fastueuses, utiles à la nation même si elles ne servent pas immédiatement à la 'reproduction'.	22
131	Sur l'impôt territorial.	23
132	Se garantir de l'arbitraire du fisc. L'impôt unique.	24-25
133	Les privilèges exclusifs.	26
134	L'impôt sur les consommations.	27
136	L'intérêt du commerçant national et celui de la nation doivent-ils être distingués?	28
137	Comment une nation peut-elle s'enrichir par le commerce?	29
138	L'argent, gage intermédiaire.	30
139	L'herbe et l'écu: revenus agricoles, revenus commerciaux.	31

2. *Tableau développé*

Dans chaque cas nous citons successivement l'*Instruction* de Catherine II, en donnant le numéro de l'article, la note de *L'Esprit de l'Instruction* qui s'y rapporte et enfin le passage des *Observations sur le Nakaz* qui a pour point de départ le commentaire de Le Trosne. Nous avons évité de citer trop longuement Diderot; il pourra être utile de se reporter au texte complet. Les références aux *Observations* sont données d'après l'édition procurée par P. Vernière (*Œuvres politiques*, Paris 1963); la numérotation des observations est celle de cette édition mais le texte est celui du manuscrit le plus ancien, revu par Diderot (Bibliothèque nationale, n.a.fr. 24938, f.445-91, que nous appelons *V1*). Dans tous les cas l'orthographe est modernisée mais la ponctuation est conservée. Nous avons mis en italiques, dans le texte des *Observations*, les citations ou propositions que Diderot commente. Chacun des rapprochements ainsi opéré est numéroté. Lorsque la filiation est certaine entre le texte de Le Trosne et celui de Diderot, nous l'avons indiqué par un astérisque. Dans les autres cas la filiation n'est que probable. Nos remarques, aussi réduites que possible, sont données entre crochets.

Les croix en marge constituent un système de renvois qui signalent les passages qui se font écho dans l'un et l'autre texte.

I

Instruction, art. 5.

Car les lois les plus conformes à la nature sont celles sont la disposition particulière se rapporte le mieux à la disposition du peuple pour lequel elles sont faites [...]

L'Esprit, note 3 à l'art. 5 (p.4-5).

\+ Généralement parlant, il y a deux sortes de lois. 1° de naturelles et communes. 2° de positives ou particulières à chaque nation. Les premières sont d'une nécessité évidente et absolue. Les secondes n'en doivent être que le développement, ou plutôt l'application.

La loi naturelle se réduit (en état d'ordre social) à se faire à soi-même le sort le meilleur qu'il soit possible, sans attenter aux propriétés d'autrui. Voilà la Règle fondamentale et l'abrégé des devoirs. Mais ce qu'il faut bien expliquer et bien inculquer aux hommes réunis en société; ce qu'il faut rendre le plus manifeste, le plus sensible qu'il se peut à tous; c'est qu'en vertu de l'ordre social, il est physiquement impossible que les mortels justes, qui n'usurpent rien sur les propriétés d'autrui, se fassent un bon sort à eux-mêmes sans opérer le bien des autres hommes: tout au contraire que les usurpateurs ne paraissent se procurer par leurs attentats, les objets qu'ils désirent qu'en occasionnant une destruction, ou du moins en empêchant dans la société une production de biens, dont il est physiquement impossible que
++ l'anéantissement ne retombe pas d'une manière ou d'autre sur eux-mêmes ... C'est l'ignorance de cette grande et sublime vérité qui cause tous les désordres des sociétés humaines [...]

Observations, 5 (p.352-53); *V1*, f.447. art. 5.

++ Il est évident que dans une société bien ordonnée, le méchant ne peut nuire à la société, sans se nuire à lui-même.

Le méchant sait cela; mais ce qu'il sait encore mieux, c'est qu'il gagne plus comme méchant, qu'il ne perd comme membre de la société à laquelle il nuit.

Croyez-vous qu'en France les fermiers généraux n'aient pas senti de tout temps, qu'ils se nuisaient à eux-mêmes, en nuisant à la société? Ont-ils renoncé à leur état? Non.

Le grand problème à résoudre, ce serait que le mal que l'on fait à la société fût toujours moindre que celui qu'on se ferait à soi-même. Et comment résout-on ce problème?

Il y a et il y aura toujours telle circonstance dont un méchant saura profiter, où il n'y a nul rapport entre le bien qu'il se fait comme méchant, et le mal qu'il se fait comme citoyen.

Le principe dont il s'agit s'applique rigoureusement au souverain; par la raison qu'il est maître de tout; et qu'il est impossible que sa méchanceté ne l'appauvrisse; mais il n'en est pas de même des particuliers.

De conséquence en conséquence, il n'y a aucune mauvaise loi qui ne conduise à ce dernier résultat; *Donc votre volonté, sire, est que nous brûlions nos moissons*.

Voici pourtant une difficulté à laquelle il faudrait répondre.

\+ Les lois naturelles sont éternelles et communes;

Les lois positives ne sont que des corollaires des lois naturelles. Donc les lois positives sont également éternelles et communes. Cependant il est certain que telle loi positive est bonne et utile dans une circonstance, nuisible et mauvaise dans telle autre.

Il est certain qu'il n'y a point de code qu'il ne faille réformer avec le temps.

Cette difficulté n'est peut-être pas insoluble; mais il faut la résoudre.

[P. Vernière remarque que cette observation 'paraît en porte-à-faux'. Elle est précédée d'une référence à l'article 5 de l'*Instruction* mais ne se rapporte en fait qu'à la note de Le Trosne dont les deux premiers points sont repris dans l'ordre inverse, par une sorte de chiasme.]

2

Instruction, art. 19.

J'ai dit: les pouvoirs intermédiaires subordonnés et dépendants du pouvoir suprême: en effet, le souverain est la source de tout pouvoir politique et civil.

L'Esprit, note 8 à l'art. 19 (p.14-16).

Dans un gouvernement dont les principes seraient arbitraires, il serait inutile de se mettre l'esprit à la torture pour trouver des contre-forces; car, ce qui rend vicieux ce gouvernement; c'est précisément la multitude des contre-forces, qui s'y forment naturellement, parce qu'il s'y établit naturellement un grand nombre d'opinions différentes et d'intérêts particuliers opposés les uns aux autres: aussi, cette division tend-elle à l'anarchie et à la dissolution des sociétés. Pour faire cesser ce désordre, toutes forces factices sont impuissantes; parce que toute opinion n'est forte qu'en raison de la faiblesse de celles qui lui sont contraires. On ne peut donc employer
\+ alors que la force naturelle de l'Evidence, comme seule et unique contre-force de l'arbitraire.

L'arbitraire, en cela qu'il est une production monstrueuse de l'ignorance, ne sait remédier à un désordre que par un autre désordre. Dans cet état les hommes deviennent nécessairement le jouet de l'inconstance orageuse de l'opinion. Ces vérités si simples, si évidentes par elles-mêmes, ont cependant échappé aux plus grands génies; et de leur inattention est provenu le système des contre-forces, qu'ils ont prétendu devoir être opposé à l'autorité pour en arrêter les abus.

Ou les principes d'un gouvernement sont clairs et évidents, ou ils ne le sont pas. S'ils le sont, toutes les forces et toute l'autorité sont acquises à leur évidence; ainsi les contre-forces ne peuvent avoir lieu. Il n'y a pour lors qu'une seule force, parce qu'il n'y a qu'une seule volonté; si au contraire ces principes ne sont pas évidents, l'établissement des contre-forces est une opération impraticable; car quelle contre-force peut-on opposer à celle de l'ignorance, si ce n'est celle de l'évidence? Comment dissiper les ténèbres de l'erreur, si ce n'est par la lumière de la vérité? Qu'est-ce que le projet de choisir un aveugle pour servir de guide à un autre aveugle? On craint l'ignorance dans le souverain; et pour empêcher qu'on ne l'égare, on lui oppose d'autres hommes qui ne sont pas en état de se conduire eux-mêmes: voilà ce qu'on appelle des contre-forces [...]

Observations, 12 (p.358-59); *V1*, f.449*v*-450*r*.

art. 19.

\+ Je ne nie pas le bon effet de l'évidence qui est la suite de l'instruction générale mais je propose mes doutes contre la solidité de cette *contre-force*.

1^ement^ Comment rend-on cette évidence générale. Les 19 vingtièmes d'une nation sont condamnés à l'ignorance par leur état et leur imbécillité

2^nt^ L'autre vingtième est à présent même très éclairé et l'est sans effet.

3^nt^ L'évidence n'empêche ni le jeu de l'intérêt ni celui des passions. Un commerçant déréglé voit évidemment qu'il se ruine, et ne se ruine pas moins. Un souverain sentira qu'il tyrannise ou par lui-même ou par ses ministres, et n'en tyrannisera pas moins. Est-ce l'évidence qui a manqué en France sous le règne passé?

4^nt^ L'expérience montre qu'on écrit bien, qu'on parle bien sous les règnes éclairés, et que rien ne va bien que sous les bons rois.

5^nt^ Nous en savons certainemnt plus qu'on n'en savait sous Sully et sous Henri IV; pourquoi sommes-nous moins heureux.

6^nt^ Ce qu'on objecte aux contre-forces physiques d'un corps politique surveillant de l'autorité souveraine, me paraît peu solide. Témoin le Parlement d'Angleterre qui me paraît une terrible contre-force au pouvoir du roi.

Qu'on exclue un représentant, je ne dis pas accusé mais convaincu de séduction, et qu'on laisse au peuple l'entière liberté de son choix, et l'on verra ce que deviendra cette contre-force. Le peuple, non séduit par des largesses nommera certainement l'homme le plus honnête et le plus instruit. Il est dans la nature d'écouter son intérêt, quand on n'est pas aveuglé ou séduit.

Cependant il faut éclairer et instruire; mais ne se pas trop promettre de ce moyen.

[Dans *V1* deux observations successives portent une référence à l'article 19 de l'*Instruction*: cette indication est justifiée dans le cas de l'observation 11, qui précède celle que nous venons de citer; dans cette dernière, au contraire, la référence désigne seulement l'article du *Nakaz* auquel se rapporte la note de Le Trosne. Le manuscrit garde ainsi la trace de deux étapes de la constitution du texte de Diderot.]

*3

Instruction, art. 43.

Pour que les lois puissent être inviolablement suivies, il faudrait qu'elles fussent si bonnes, et qu'elles continssent des moyens si justes de parvenir au bien suprême, que chacun fût indubitablement convaincu qu'il est obligé, pour son propre avantage, d'observer inviolablement ces lois.

L'Esprit, note 19 à l'art. 43 (p.50-51).

+ [...] Il est clair aussi que [les lois positives] ne peuvent être immuables, qu'autant que nos opinions sont fixées par l'évidence; car il n'y a que l'évidence qui ne soit pas sujette aux changements. [Emprunt littéral à *L'Ordre naturel*, ch.11, i.122.]

Observations, 12 (fin), p.359; *V1*, f.450*r*.

art. 42 et 44.

+ Je ne crois pas que l'évidence ni aucun autre moyen puisse les rendre immuables. Je les crois non pas toutes; mais quelques-unes du moins, abandonnées aux vicissitudes des circonstances.

La position actuelle d'un État inspire une loi très sage; et cette loi dépendante de la circonstance, serait très nuisible, si la position venait à changer.

[Contrairement à l'indication donnée dans l'apparat critique de l'édition Vernière, ce paragraphe figure bien dans *V1*: il constitue à lui seul une observation distincte, qui suit celle à laquelle il sera rattaché dans la version finale. Les deux textes qui constituent l'observation 12 de l'édition Vernière se rattachent donc à deux notes différentes de *L'Esprit de l'Instruction*. Les articles 42 et 44 du *Nakaz* se rapportent aux lois mais n'ont pas de rapport avec l'observation de Diderot: on constate fréquemment de fausses références de ce genre.]

*4

Instruction, art.58.

Pour introduire de meilleures lois, il est nécessaire que les esprits y soient préparés; mais que ceci ne serve pas de prétexte pour ne pas établir ce qu'il y aurait de plus utile [...]

L'Esprit, note 24 à l'art. 58 (p.52-53).

Puisque l'homme est gouverné par des lois invariables, et que telle était l'intention du Créateur en le formant, (voyez la note 19) on doit tâcher d'atteindre à la connaissance de ces lois, afin qu'il pût être bien gouverné. Puisque ces lois sont invariables, elles doivent dépendre d'un Ordre, et consister dans un Ordre. Puisqu'el-
+ les consistent dans l'ordre et qu'elles en dépendent, la connaissance et la découverte de cet ordre est le seul vrai moyen pour bien gouverner les hommes; par conséquent de les faire jouir de tout le bonheur possible.

Cet ordre n'étant qu'une branche de l'ordre physique, ses principaux devoirs seront de n'avoir rien d'arbitraire; d'être, au contraire, simples, évidents, immuables, les plus avantageux possible au corps entier d'une société, et à chacun de ses membres en particulier.

Observations, 19 (p.365-66); *V1*, f.450.

Cela se peut.

+ Mais quand on aura découvert cet ordre; qui est-ce qui l'introduira?

Combien d'intérêts s'opposeront à son établissement?

En France, il faudrait commettre une foule incroyable d'injustices; en abolissant des privilèges, des droits, des distinctions etc. dont les unes ont été accordées comme récompenses de services, et les autres acquises à prix d'argent.

Il faudrait que le monarque foulât aux pieds le serment qu'il a fait à son sacre.

Il faudrait qu'il manquât à tous les ordres de l'Etat.

En Russie; à Constantinople, c'est risquer sa couronne et sa tête.

Mais dira-t-on c'est une réforme à introduire peu à peu. C'est-à-dire que vous comptez sur deux ou trois souverains justes, bons et éclairés, et surtout fermes. Est-ce la loi de la nature?

Et voilà, malheureusement ce qui fait rentrer le livre de la Rivière, du moins en grande partie, dans la classe des utopies [...]

Et puis que penser d'un système où l'on ne fait point entrer en compte la folie et les passions; l'intérêt et les préjugés etc. [...]

[Dans la copie n.a.fr. 24939, qui représente l'état final de l'œuvre, cette observation est rapportée à l'article 33 du *Nakaz* ('Il faut que les lois pourvoient, autant qu'il est en elles, à la sûreté de chaque citoyen en particulier'), ce qui d'évidence n'est pas justifié. Au contraire *V1* donne comme référence l'article 58, auquel se rapporte la note de Le Trosne que commente Diderot. L'édition Vernière rapproche à tort cette observation de l'article 34, qui est cité et commenté dans l'observation suivante. L'allusion de l'avant-dernière phrase citée vise bien sûr *L'Ordre naturel et essentiel des sociétés politiques* de Le Mercier de La Rivière (1767).]

*5

Instruction, art. 57.

C'est à la législation à suivre l'esprit de la nation. Nous ne faisons rien de mieux que ce que nous faisons librement, sans contrainte et en suivant notre inclination naturelle.

L'Esprit, note 23 à l'art. 57 (p.51-52).

+ Cette observation regarde les lois civiles, politiques et criminelles etc. et non pas les lois naturelles. Celles-ci sont les mêmes partout, et partout elles sont fixes, stables et permanentes; elles sont pour une nation comme pour plusieurs; et l'esprit d'une nation n'a rien de mieux à faire, et ne saurait faire autre chose que de s'y soumettre [...]

Observations, 30 (p.372); *V1*, f.466*v*.

art.57

C'est à la législation à suivre l'esprit de la nation.

+ Le P^r gal dit *cette observation regarde les lois civiles, politiques et [criminelles] et non pas les lois naturelles*. Donc les premières ne sont pas des conséquences essentielles de celles-ci, donc elles sont variables.

[Ce procureur général n'est autre que Le Trosne, avocat du roi au présidial d'Orléans. Nous rétablissons entre crochets *criminelles*, que donne la copie n.a.fr. 24939, au lieu de *naturelles*, lapsus de *V1*.]

*6

Instruction, art. 98.

Le pouvoir du juge doit se borner à la seule exécution des lois, afin que la liberté et la sûreté du citoyen ne soient pas douteuses.

L'Esprit, note 30 à l'art. 98 (p.83-86).

La puissance législatrice et la puissance exécutrice ne peuvent être séparées sans désordre; car le pouvoir de commander deviendrait de nul usage, sans le pouvoir de se faire obéir. Si pour former deux puissances, on place dans une main le pouvoir législatif, et dans une autre, le dépôt de la force publique, à laquelle des deux faudra-t-il obéir, lorsque les lois de la première et les commandements de la seconde seront + en contradiction? Si l'obéissance alors reste arbitraire, tout sera dans la confusion; [...] Mais autant est-il nécessaire que ces deux puissances soient réunies, autant est-++ il essentiel qu'elles soient séparées des fonctions de la magistrature. [...] Si le législateur était aussi magistrat, il ne pourrait que couronner et consommer comme magistrat, toutes les méprises qui lui seraient échappées comme législateur. Si le magistrat était aussi législateur, les lois n'existant que par sa seule volonté, il ne serait pas assujetti à les consulter pour juger; et il pourrait toujours ordonner comme législateur, ce qu'il aurait décidé comme magistrat. [...]

[La seconde et la troisième phrase (Si pour former ... confusion) sont empruntées à l'*Ordre naturel*, ch.14, i.170-71. Il en est de même, à quelques mots près, des deux dernières (Si le législateur ... magistrat), qui se trouvent au ch.12, i.138-39.]

Observations, 39 (p.377); *V1*, f.446*v*.

art. 98.

\+ Mais si la puissance législative et la puissance exécutrice ne peuvent être séparées sans causer la confusion, il s'ensuit des deux choses l'une, ou qu'il faut se soumettre au despotisme, ou qu'il n'y a de bon gouvernement que le démocratique.

++ Je pense que ces deux puissances doivent être séparées de la magistrature; parce que l'expérience m'a démontré deux choses que quand le magistrat s'occupe des affaires d'administration, il néglige celles des particuliers, et que quand le législateur ne se conduit pas au gré du magistrat, celui-ci s'en venge en cessant ses fonctions de magistrat.

[Diderot fait allusion à l'attitude des parlements, et surtout du parlement de Paris, qui, pour soutenir leurs prétentions politiques, suspendaient l'exercice de leurs fonctions judiciaires.]

7

Instruction, art. 107.

A mesure que les jugements des tribunaux se multiplient dans les états monarchiques, la jurisprudence se charge de décisions, qui quelquefois se contredisent, ou parce que les juges, qui se succèdent, pensent différemment [...] ou enfin par une infinité d'abus qui se glissent dans tout ce qui passe par la main des hommes.

L'Esprit, note 33 à l'art. 107 (p.89-90).

Lorsque les défauts, soit dans la forme, soit dans l'administration du gouvernement, produisent dans la société des désordres excessifs et intolérables, l'intérêt commun découvre et emploie bientôt les remèdes les plus propres à détruire le mal [...] Au reste il y a un dernier degré d'abaissement comme d'élévation, d'où les choses humaines, lorsqu'elles y sont arrivées, retournent en sens contraire, et qu'elles ne passent presque jamais, ni dans leur progrès, ni dans leur déclin.

Observations, 44 (p.380); *V1*, f.451*r-v*.

[...] Le principe secret de tous les désordres; c'est que sans s'en douter, le souverain égoïste se sépare toujours de sa nation. Il se croit en guerre avec elle. Heureux le moment où les souverains sentiront que le bonheur de leurs sujets, et leur sécurité, c'est une même chose. Ils ne nous tiendront plus dans un état de faiblesse, quand ils ne redouteront plus notre force. Il n'y a jamais que le malheureux ou l'opprimé qui se révolte.

Le terme du malheur ou de l'oppression est limité par la nature. Il est tracé dans le sillon du laboureur.

La terre redemande une portion
Celui qui la cultive en doit réserver une seconde pour lui
La troisième appartient au propriétaire

Je défie le despote le plus atroce d'enfreindre cette répartition, sans condamner une portion de son peuple à mourir de faim. Voilà le moment de la révolte. J'ai pris l'agriculture pour exemple; parce qu'en dernier contrecoup, toute oppression revient sur la terre.

[Le début de l'observation se rapporte bien au texte de Catherine II, alors que les derniers alinéas, que nous venons de citer, commentent les phrases prudemment allusives de Le Trosne: en appelant 'révolte' le remède à ces 'désordres excessifs' dont les gouvernements sont responsables, Diderot dépasse peut-être la pensée de l'avocat du roi; mais il est curieux de constater que le dernier paragraphe est en un sens plus physiocratique que la note de *L'Esprit* dont il est très probablement parti.]

8

Instruction, art.111.

On entend dire souvent en Europe qu'il faudrait que la justice fût rendue comme en Turquie [...]

art. 112.

[Les formalités de justice] sont le prix que chaque citoyen donne pour sa liberté.

L'Esprit, note 34 aux art. 111-14 (p.90-93).

[Contre les formalités longues et coûteuses 'dans les procès civils'; les Romains observaient des formes strictes mais qui n'allongeaient pas les procès ...] les formalités ne sont utiles qu'aux gens de loi, elles entraînent la ruine de tous les autres. L'exemple des Romains prouve ce que je viens d'avancer. Aussi longtemps que ce peuple fut libre, il ne connut point de formalités dans les procès (j'entends de ces formalités qui entraînent des longueurs et des dépenses). Il y avait des formules, sans lesquelles rien ne se faisait en justice, ni par le préteur, ni par les juges, ni par aucune des parties [...]

[Le Trosne analyse longuement la procédure romaine, p.92-99.]

Observations, 46 (p.382); *V1*, f.448*r*.

[...] Je ne sais si la procédure des Romains est compatible avec nos législations modernes. Cette matière est bien plus compliquée qu'elle ne le paraît. Ce que je vois, c'est que ce sont toujours les fripons qui embarrassent tout [...]

[Catherine II ne cite pas les Romains à propos de cette question. Dans *V1* cette remarque forme un paragraphe, vers la fin de l'observation; elle est suivie de quelques réflexions générales sur la procédure.]

*9

Instruction, art. 257.

A Lacédémone, les esclaves ne pouvaient avoir aucune justice. L'excès de leur malheur était tel, qu'ils n'étaient pas seulement esclaves d'un citoyen, mais encore du public.

L'Esprit, note 57 à l'art. 257 (p.169).

On doit observer ici que la portion d'esclaves à Lacédémone était bien peu considérable: ce n'étaient pas même des nationaux, mais des ilotes; autrement Sparte n'aurait jamais joué un aussi grand rôle dans le monde. Il y en avait aussi à Rome; mais ce n'étaient pas des Romains. La même chose à Athènes.

Observations, 70 (p.402); *V1*, f.467*r*.

La portion d'esclaves était peu considérable à Lacédémone. Je le crois. On les tuait pendant la nuit, afin que le nombre ne s'en augmentât pas.

[La remarque de Diderot ne porte pas sur le fond de l'argumentation de Le Trosne, dirigée contre le servage; celui-ci entend prouver qu'un Etat ne peut être prospère et puissant si les agriculteurs, la partie 'la plus nombreuse et la plus respectable' de ceux qui le constituent, sont dans l'esclavage: situation qui est 'le comble de l'inhumanité et de l'absurdité'.]

10

Instruction, art. 250.

Il faut dans la société civile, comme en toute autre chose, un certain ordre: il faut que les uns gouvernent et ordonnent, tandis que les autres obéissent.

L'Esprit, note 54 à l'art. 250 (p.165-66).

[...] Les seuls vrais fondements naturels de la société sont les besoins et les craintes des individus. C'en est du moins le seul solide et naturel, et son unique ciment. C'est ce que nous entendons par le premier contrat social, et qui, sans peut-être avoir jamais été exprimé formellement dans l'institution d'aucun état, ne laisse pas d'être toujours sous-entendu et renfermé dans l'acte même de l'association; c'est-à-dire que le tout dut protéger les parties, et que chaque partie dut obéir à la volonté du tout; ou ce qui revient au même, que la communauté dut défendre le droit de chaque membre individuel qui la compose, et qu'en retour de cette protection, chaque individu dut se soumettre aux lois de la communauté: sans quoi il n'était pas possible que cette protection pût être accordée à personne; car la société une fois formée, le gouvernement doit naturellement en résulter, comme un moyen nécessaire pour y conserver l'ordre, attendu que si on n'y constituait pas quelque puissance supérieure, dont les ordres et les décisions dussent être observées par tous les membres, ils se retrouveraient encore comme dans l'état de nature, sans avoir aucun juge sur la terre, pour définir, régler leurs droits, et réparer les torts particuliers.

Observations, 71 (p.402-403); *V1*, f.454*r*.

art. 250

J'ai une autre idée sur l'origine de la société. Ce qui ne m'empêche pas de reconnaître la sagesse de cette note.

Si la terre avait satisfait d'elle-même à tous les besoins de l'homme; il n'y aurait point eu de société.

D'où il s'ensuit, ce me semble, que c'est la nécessité de lutter contre un ennemi commun, toujours subsistant, la nature, qui a rassemblé les hommes.

Ils ont senti qu'ils luttaient plus avantageusement avec des forces réunies qu'avec des forces séparées.

Le mal est qu'ils ont passé le but. Ils ne se sont pas contentés de vaincre; ils ont voulu triompher. Ils ne se sont pas contentés de terrasser l'ennemi; ils ont voulu le fouler aux pieds.

De là la multitude des besoins artificiels[.]

Faites que la nature soit une meilleure mère, et que la terre satisfasse à tous les besoins de l'homme, sans en exiger aucun travail, et à l'instant vous dissoudrez la société. Il n'y aura plus ni vice ni vertu; ni attaques ni défenses; ni lois.

Au reste si cette cause n'est pas la première ni la seule, de la formation de la société, elle en est une qui n'a point eu de commencement et qui n'aura point de fin.

[L'*Instruction* ne propose pas de théorie de 'l'origine de la société'; d'autre part le mot 'note', dans l'observation ci-dessus, s'applique exactement au texte de Le Trosne et non à celui de Catherine II. Les observations suivantes, 72, 73 (début) et 74 (début) portent également sur l'origine de la société et de la souveraineté sans qu'il y ait de rapport avec les articles 251, 252 et 253 du *Nakaz* auxquels il est fait référence dans les manuscrits.

Il est possible qu'elles aient au moins en partie pour origine les notes 54 et 55 de l'*Esprit*. Cette dernière commence ainsi (p.166): 'Les hommes ne sont pas réunis par hasard en sociétés civiles. Ce n'est pas sans raison qu'ils ont étendu la chaîne naturelle des devoirs réciproques; qu'ils se sont soumis à une Autorité souveraine: ils avaient, ils ont un but nécessairement marqué, par leur nature, pour se conduire ainsi. Or leur constitution physique, celle des autres êtres dont ils sont environnés, ne permettent pas que les moyens pour parvenir à ce but soient arbitraires [...]'. En ce qui concerne l'observation 73, voir ci-après.]

II

L'Esprit, note 16 à l'art. 38 (p.40-41).

[...] L'homme ne se met en action qu'autant qu'il est aiguillonné par le désir de jouir. Or le désir de jouir ne peut agir sur nous qu'autant qu'il n'est point séparé de la liberté de jouir [...] *Désir de jouir et liberté de jouir, voilà l'âme du mouvement social*; voilà le germe fécond de l'abondance [...]

L'Esprit, note 94 à l'art. 577 (p.375-76)

[...] Voici les règles qui décident le mérite ou le démérite de tout emploi du revenu public ou privé.

Le premier, le plus excellent de tous, consiste à consacrer en dépenses productives, une partie du revenu net et disponible, afin de faire accroître de plus en plus, la reproduction, la richesse nationale, le revenu général et particulier [...]

Le second emploi est le faste de consommation, dirigé le mieux qu'il est possible, + à l'avantage de la reproduction; c'est-à-dire qui reverse le plus immédiatement la richesse à ceux qui la font renaître.

Le troisième est un faste de décoration qui n'est ni luxe ni prodigalité, que la justice est obligée de permettre au propriétaire qui veut user à son gré de la liberté de jouir, qui se contente de ne pas faire mal, et qui préfère au plaisir de faire le bien public, celui de satisfaire son inclination ou son caprice.

++ Mais au delà de ce terme, tout est délit [...]

Observations, 73 (p.403-405); *V1*, f.462*v*-463*v*.

[...] L'homme qui dispose de son superflu pour en satisfaire ses goûts et qui ne le + renvoie pas directement à la reproduction n'est point un mauvais citoyen.

[...] Une société ne pourrait-elle pas être heureuse et éclatante[?]

Si la liberté et la propriété sont assurées, ne serait-il pas permis à un citoyen d'employer sa richesse selon son goût.

Pourquoi devient-on riche? Est-ce pour être riche? C'est pour être heureux. Comment est-on heureux? N'est-ce pas par les jouissances? [...]

Mais voyons ce que fait cet homme riche qui ne renvoie pas directement son + superflu à la terre? Il rend sa nation recommandable à ceux qui la visitent; il fait vivre un grand nombre de citoyens qui sont autant de consommateurs qui donnent du prix aux fruits de la terre. Et satisfaisant son goût, il accroît le nombre de mes jouissances.

Si l'homme n'est fait que pour labourer, recueillir, manger et vendre, tout est bon. Mais il me semble qu'un être qui sent, est fait pour être heureux par toutes ses

++ pensées; y-a-t-il quelque raison à poser une limite à l'esprit et aux sens, et à dire à l'homme, tu ne penseras, tu ne sentiras que jusque là [...]

Le principe des économistes porté à l'excès, condamnerait une nation à n'être que des paysans.

[Le texte de *V1* diffère de celui de la copie n.a.fr. 24939, sur laquelle est fondée l'édition Vernière, notamment par la première phrase que nous citons. Notons également que, contrairement à ce qu'indique l'apparat critique de cette édition, le paragraphe 'Mais voyons ce que fait ... jouissances' figure bien dans *V1*. Aucune référence au *Nakaz* n'est donnée en tête de cette observation dans ce manuscrit. Le passage que nous citons de manière très abrégée est explicitement dirigé contre 'le principe des économistes porté à l'excès'. Diderot semble se souvenir de plusieurs notes de Le Trosne: nous n'avons cité que deux des plus significatives. Une phrase de la note 94 de *L'Esprit* que nous avons reproduite ci-dessus est citée et commentée dans l'observation 130: voir plus loin.]

12

Instruction, art. 306.

La vanité est un aussi bon ressort pour un gouvernement, que l'orgueil en est un dangereux. Pour s'en convaincre il n'y a qu'à se représenter d'un côté les biens sans nombre qui résultent de la vanité: de là l'industrie, les arts et les sciences, la politesse et le goût. Et d'un autre côté, les maux infinis qui naissent de l'orgueil de certaines nations: la paresse, la pauvreté, l'abandon de tout [...]

L'Esprit, note 74 à l'art. 306 (p.241-42).

En fait de gouvernement ou de politique, si orgueil et luxe n'est pas synonyme, décidément l'orgueil y inspire le luxe, ou il en est la cause; or le luxe est aussi funeste dans l'ordre physique, que dans l'ordre moral; et si l'on voulait en approfondir la cause; ce serait d'après les principes économiques qu'il faudrait la chercher. On la trouverait dans les différentes causes qui appauvrissent une nation; qui détruisent la valeur des blés et par conséquent la culture; qui déprécient les héritages, et font plus rechercher les richesses pécuniaires, que les richesses foncières; qui accumulent l'argent par tas, et l'empêchent de retourner rapidement à la terre qui le fournit; qui multiplient les revenus fictifs, l'usure, l'agiotage etc., qui à raison de la difficulté de subsister dans la profession la plus honnête et la plus fructueuse de la société, déplacent les hommes, et les forcent de quitter les campagnes pour peupler les villes; de chercher une ressource précaire dans les travaux stériles et variés à l'infini, et de s'évertuer pour faire naître des fantaisies à un petit nombre de riches. Enfin l'on verrait constamment se réunir les deux excès opposés du luxe et de l'extrême pauvreté.

[Ce développement sur le luxe se trouve mot pour mot dans une note (p.55) d'un opuscule intitulé *De l'utilité des discussions économiques ou lettre à M. Rouxelin, secrétaire perpétuel de l'Académie des Sciences et Belles lettres de Caen*, première pièce d'un *Recueil de plusieurs morceaux économiques* [...] par M. Le Trosne, Amsterdam et Paris, Desaint, 1768.]

Observations, 87 (p.411-12); *V1*, f.453*r-v*.

art. 306 et 307.

Je ne puis me contenter de ces idées sur le luxe: je vais vous dire les miennes; et vous laisser la liberté du choix entre les physiocrates et moi.

Je reprendrai les choses d'un peu loin, mais j'irai vite.

Dans toute contrée où les talents et les vertus ne méneront à rien; l'or sera le dieu du pays.

Il faudra ou avoir de l'or ou faire croire qu'on en a [...]

[Il n'est pas question du luxe dans l'article de l'*Instruction*.]

*13

Instruction, art. 327.

Encore moins un Etat doit il s'assujetir à ne vendre ses marchandises qu'à une seule nation, sous prétexte qu'elle les prendra toutes à un certain prix.

art. 328.

La vraie maxime est de n'exclure aucune nation de son commerce sans des raisons très importantes.

L'Esprit, note 78 aux art. 327-28 (p.244).

La manière dont l'intérêt bien entendu des commerçants, tient à l'intérêt commun des autres hommes, sape par les fondements, tout système qui tend à concentrer le + commerce d'une nation dans une classe particulière de commerçants; ou à se borner à commercer avec une telle nation seulement, pour en exclure toutes les autres. Par ce moyen, vous diminuez la concurrence; vous l'énervez. Elle n'a plus assez de force pour obliger les agents de votre commerce, de tenir au rabais leurs salaires ou leurs profits: de là s'ensuit que les consommateurs nationaux achètent plus cher, et vendent à plus bas prix; ainsi, la plus grande liberté possible du commerce est évidemment le moyen unique de concilier l'intérêt particulier des commerçants nationaux avec l'intérêt commun de la nation [...]

[Ce passage est emprunté à *L'Ordre naturel*, ch.39, ii.320, avec de légères modifications, notamment l'addition d'un membre de phrase: 'ou à se borner ... autres'.]

Observations, 95 (p.417-18); *V1*, f.459*r*.

art. 327 et 328

Il n'y a qu'un seul cas où il semble qu'il faille concentrer le commerce dans une + classe particulière de commerçants.

C'est lorsque le commerce d'une nation se fait d'une contrée dans une contrée très éloignée, où il n'y a nul exercice des lois [...]

[Par classe particulière de commerçants, Le Trosne et Diderot entendent une compagnie privilégiée, comme celle des Indes, dont le privilège avait été suspendu en août 1769: Diderot s'était alors indigné du rôle joué par Morellet dans la campagne, inspirée par le Contrôleur général, qui avait préparé l'opinion à cette mesure (CORR, ix.120). Nous avons cité ci-dessus le début de la très longue note 78 consacrée au commerce (*L'Esprit*, p.244-63). Dans l'observation 97, Diderot va en citer ou paraphraser plusieurs passages pour les critiquer: nous présenterons successivement les différents points débattus.]

14

Instruction, art. 327-28 (voir ci-dessus).

L'Esprit, note 78 aux art. 327-28 (p.245-46).

> [Les peuples qui ne sont composés que de commerçants] n'ont d'autres revenus que les salaires qui leur sont payés par les nations qui se servent d'eux pour commercer entre elles [...] Mais chez les nations agricoles et productives, l'intérêt du commerce est l'intérêt de la reproduction; car c'est par le moyen de la reproduction et pour la reproduction que le commerce est institué. C'est sur elles-mêmes que sont pris les salaires ou les bénéfices des commerçants; la diminution de ces mêmes salaires est donc ce qu'elles doivent se proposer, parce que cette diminution devient pour elles augmentation de richesses [...]

Observations, 97 (p.419-20); *V1*, f.459*v*.

> Il y a dans les observations sur le commerce une affectation de déprécier le commerce, qui me semble poussée beaucoup trop loin.
>
> 1° *Il faut qu'il y ait dans une nation agricole une portion plus ou moins grande d'individus qui n'aient d'autres revenus que des salaires qui leurs soient payés par leur nation qui les emploie*, et en dernier ressort, par la nation pour laquelle ils sont employés. Car ces salaires, pour qui augmentent-ils le prix de la denrée? Pour l'acheteur.

[La première phrase de l'observation 97 porte sur l'ensemble de la note 78 de *L'Esprit*, que Diderot va discuter en suivant à peu près l'ordre dans lequel les thèses physiocratiques sur le commerce y sont exposées.

La 'reproduction' est la production des terres qui peut être renouvelée chaque année et dans une large mesure accrue grâce à des avances importantes. Selon les physiocrates, le commerce, nécessaire pour valoriser les productions agricoles, ne produit pas de richesses mais occasionne seulement des frais (les bénéfices ou 'salaires' des commerçants), qui doivent être réduits au minimum, car ils viennent en déduction des capitaux qui peuvent être investis dans l'agriculture. Contrairement à Le Trosne, Diderot estime que ce sont les acheteurs, et non les producteurs-vendeurs, qui paient ces 'frais'. La phrase que nous avons mise en italiques exprime bien un aspect de la pensée de Le Trosne mais elle ne se trouve pas dans *L'Esprit*.]

*15

L'Esprit, note 78 (suite, p.246).

> De tels peuples [formés seulement de commerçants] diffèrent des nations agricoles, en ce qu'ils ne forment pas de véritables corps politiques, au lieu que ces nations ou puissances ont une consistance physique, et dont rien ne peut ébranler les fondements.

\+ En effet chez ces peuples, un commerçant ne tient à l'Etat par aucun lien qu'il ne puisse rompre aisément; partout ailleurs, il peut être également commerçant, faire les mêmes opérations et les mêmes profits. Il n'en est pas de même des hommes vraiment nationaux que sont les propriétaires fonciers. Leurs intérêts les tiennent ++ attachés au sol, de manière qu'ils ne peuvent que perdre en s'expatriant.

[Ce développement est emprunté à *L'Ordre naturel*, ch.39, ii.322, avec de légères modifications.]

Observations, 97 [suite, p.420); *V1*, f.460*r*.

\+ 2° *Un commerçant ne tient à l'État par aucun lien*. Je n'entends pas cela. Partout un commerçant tient à l'État par des liens moraux et par des liens physiques.

Par tous les liens moraux qui attachent un propriétaire foncier à son pays, on ne voit pas que les négociants s'expatrient plus souvent que les autres citoyens.

Par des liens physiques. Un commerçant raisonnable n'acquiert que pour réaliser. La portion de sa fortune qu'il réalise est la seule qu'il mette en sûreté; et il n'y a point de commerçant qui ne le sache. En conséquence, il y a des maisons, des meubles et des terres.

++ Il est attaché au sol par la branche de commerce même qu'il exerce; et il n'est pas indifférent à un commerçant ou de passer d'une branche de commerce à une autre; ou de suivre la même branche, celle des huiles par exemple, de Marseille à Londres, ou de Londres à Marseille.

3° Un commerçant, considéré comme un autre citoyen, ne se déplace pas sans pertes réelles, parce que tout déplacement en entraîne[,] sans risquer le crédit dont il jouit où il est et qu'il a à recréer dans l'endroit où il va; ce risque est une terrible chaîne. Il la trouve presque aussi forte que celle du propriétaire foncier.

*16

L'Esprit, note 78 (à la suite, p.246-47).

\+ D'ailleurs un peuple de commerçants n'existe que par le commerce qu'il fait des productions étrangères; commerce qui demain peut lui être enlevé par d'autres nations. Son existence politique dépend de quelques préférences qu'il peut perdre d'un instant à l'autre.

[Passage emprunté à *L'Ordre naturel*, ch.39, ii.322.]

Observations, 97 (à la suite, p.420); *V1*, f.460*r-v*.

\+ 4. Il est vrai qu'*un peuple commerçant n'existe que par le commerce des productions étrangères*; mais il n'en est pas ainsi du commerçant chez un peuple agricole. Celui-ci existe par le commerce des productions du pays et des productions étrangères. C'est le dépositaire de l'agricole qui ne saurait être tout à la fois, sous peine d'être tout mal ou rien.

Quand on y regarde de près, voici ce qu'on trouve. La terre veut un propriétaire, un fermier, des valets, des animaux, des manufacturiers, des commerçants[,] des voituriers, sans quoi la quantité de denrées disponibles perd sa valeur; et tous ces agents-là sont nécessaires, et doivent tous être favorisés; d'autant plus qu'il est impossible qu'aucune de ces classes d'hommes enchaînés les uns aux autres surabonde.

*17

L'Esprit, note 78 (suite, p.252-54).

\+ Ce qu'on nomme l'Etat est un corps politique composé de différentes parties, unies entre elles par un intérêt commun, qui ne leur permet pas de s'en détacher, sans se préjudicier à elles-mêmes. Cette définition nous fait voir que l'Etat ne réside essentiellement que dans le souverain qui en est le chef, dans les propriétaires du produit net et dans les entrepreneurs de culture; car leur profession est locale; ils ne peuvent se proposer d'aller l'exercer dans un autre pays, attendu que chaque pays ne comporte qu'un certain nombre de cultivateurs, qui déjà sont en possession du sol; d'ailleurs leurs effets ne sont pas transportables comme l'argent; et ils ne pourraient, sans perte, les convertir en argent. Il n'en est pas ainsi d'un commerçant ++ considéré comme commerçant seulement, et abstraction faite des propriétés foncières qu'il peut avoir: chez quelque nation qu'il veuille s'établir, il trouvera place pour sa personne et pour sa profession. Son émigration même est d'autant plus facile, qu'il n'est étranger dans aucun des lieux où s'étendent les relations de son commerce; et souvent sa fortune est répandue beaucoup plus au dehors qu'au dedans. Le commerçant, en sa qualité de sujet de commerce, d'homme attaché au service du commerce, +++ n'appartient à aucun pays en particulier; il est nécessairement cosmopolite, parce qu'il est impossible que sa profession ne le soit pas. En effet, le commerce extérieur se fait toujours entre plusieurs nations; ainsi le commerçant, comme instrument de commerce, est nécessairement aux gages de plusieurs nations à la fois; et son utilité est commune à toutes celles entre lesquelles se fait le commerce dont il est agent ++++ [...] Quand un commerçant achète, il ne considère pas de quels pays sont les vendeurs; quand il revend, il ne considère pas plus de quel pays sont ses acheteurs [...] Tous les acheteurs, et tous les vendeurs sont et doivent être égaux à ses yeux, de quelques nations qu'ils soient, sa profession les traite et doit les traiter tous de la même manière [...] Il est donc, comme commerçant, véritablement cosmopolite, homme pour qui nulle nation n'est étrangère, et qui n'est étranger pour aucune nation.

[Passage emprunté, à quelques mots près, à *L'Ordre naturel*, ch.39, ii.308-11. La note 106, p.408, contient des affirmations analogues: 'le commerce n'a point de patrie; il habite au milieu des nations sans appartenir à aucune d'elle: il forme une république à part'.]

Observations, 97 (suite, p.421); *V1*, f.460*v*-461*r*.

\+ Si l'État est un corps politique composé de différentes parties unies entre elles par un intérêt commun qui ne leur permet pas de se détacher, sans se préjudicier à elles-mêmes; l'État me semble résider dans le souverain, les propriétaires, les entrepreneurs de culture, et tous ceux que cette entreprise doit employer, chacun selon le rang qu'il occupe.

++ Pour attaquer le commerçant, on en fait un être abstrait qui n'existe nulle part. C'est en conséquence de cette abstraction qu'on le fait nécessairement cosmopolite.

+++ Décrier le commerçant, comme agent de plusieurs nations à la fois; c'est décrier l'air et l'eau par leur utilité générale. C'est perdre de vue, le bien commun de l'univers.

Il me semble qu'il ne serait pas difficile de faire l'éloge du commerçant, par les côtés mêmes qu'on lui objecte. Il appartient à toutes les nations; tant mieux; toutes
++++ les nations ont donc un égal intérêt à le protéger. Il ne discerne personne, soit qu'il achète, soit qu'il vende; tant mieux. La partialité restreindrait son état. Toutes les glèbes parlent en faveur du commerçant; la seule glèbe qu'il cultive parle en faveur de l'agricole.

Mais enfin ce commerçant [se] fixe quelque part. Il laisse son coffre-fort, en mourant, dans quelque contrée de la terre; et l'expérience nous montre que cette contrée est sa patrie, la demeure de toute sa famille qui revendique et qui recouvre sa fortune, en quelque recoin du monde qu'elle ait été déposée. Il n'est donc pas exact de dire que tout pays lui soit égal et qu'il soit égal à tout pays.

[Dans le paragraphe précédent Diderot affirme, contre Le Trosne, que si commerçants, voituriers, manufacturiers sont 'nécessaires' à la mise en valeur de la terre, 'tous doivent être favorisés': voir ci-dessus le no 16.]

*18

L'Esprit, note 78 (suite p.255-57).

[Les commerçants ne font pas 'partie des hommes qui constituent l'Etat', 'leur richesses mobilières et occultes ne font jamais corps avec les richesses de l'Etat': on ne peut réellement imposer leurs bénéfices, car un tel impôt n'est pour eux qu'une augmentation de leurs frais dont ils s'indemnisent eux-mêmes.]

\+ Si des besoins urgents mettaient l'Etat dans la nécessité de chercher des ressources en argent, il n'aurait aucun moyen pour se procurer l'argent de ses commerçants nationaux, à meilleur compte que celui des commerçants étrangers. Ces deux richesses en argent ne lui appartiennent donc pas plus l'une que l'autre; alors que
++ dans un tel cas, les revenus des propriétaires fonciers lui préparent des secours qu'ils ont intérêt à ne pas lui refuser; parce qu'il importe à la sûreté de leur propriété de les accorder.

Observations, 97 (suite, p.421); *V1*, f.461*r*.

\+ *Si le besoin urgent d'un État exigeait une ressource, l'argent d'un commerçant régnicole lui serait prêté au même taux que l'argent du commerçant étranger.* Vous verrez que le
++ propriétaire foncier est plus désintéressé. Dites qu'on violente plus aisément celui-ci, ce qui est un avantage pour le tyran seul.

*19

L'Esprit, note 78 (suite, p.257-58).

\+ Le produit net des terres étant la seule richesse disponible dans une nation, l'intérêt commun du souverain et de cette nation, est donc d'avoir le plus grand produit net possible. Or ils ne peuvent obtenir cet avantage, qu'en retirant le plus grand prix possible de leurs productions. Le commerçant au contraire, quoique national, a un intérêt tout opposé; car ce qu'il gagne est en diminution de ce même prix, et par conséquent du produit net qui fait la richesse du souverain et de la nation.

Observations, 97 (suite, p.421-22); *V1*, f.461*r*.

\+ *Le produit net est la seule richesse disponible*; mais chacun lutte à sa manière contre ce produit net; le bœuf en mangeant tant qu'il peut; le valet en faisant augmenter son salaire; le manufacturier en exagérant de son mieux le prix de la main-d'œuvre; le marchand en portant le plus haut, son agence intermédiaire; et le voiturier ne fait pas son marché plus mal que les autres.

Le bœuf et le commerçant entrent également dans la quotité des frais.

[Ce passage vient immédiatement après celui que nous avons cité sous le no 18.]

*20

L'Esprit, note 78 (suite, p.260-63).

[Les profits des commerçants sont-ils 'payés par les consommateurs' ou 'par les premiers vendeurs'? En réalité, par les deux à la fois ...]

Nous échangeons vous et moi, 100 mesures de votre vin contre 100 mesures de mon
\+ blé. Des circonstances nous obligent de placer entre nous un agent intermédiaire, qui, pour les services qu'il nous rend, retient sur votre vin 10 mesures et autant sur mon blé. Sur lequel de nous deux prend-il les dix mesures de vin? Belle question! ce sera sur qui l'on voudra; mais toujours est-il vrai qu'il s'approprie la dixième partie de ce que sans lui, votre vin vous permettrait de consommer en blé, et la dixième partie de ce que mon blé me permettrait de consommer en vin.

Telle est pourtant au fond cette question importante aux yeux d'un grand nombre de politiques qui, pour la plupart, l'ont décidée de manière qu'ils se sont persuadés que les agents du commerce gagnent tout sur les étrangers, et rien sur la nation dont ils trafiquent les productions. C'est une telle chimère qui a fait éclore les privilèges exclusifs et les autres polices que chaque nation adopte pour donner des entraves à son commerce extérieur, et favoriser l'accroissement des profits de ses agents nationaux.

Comme toutes les erreurs s'entretouchent et se tiennent, il a bien fallu que pour étayer leur système, ces mêmes politiques regardassent les bénéfices faits par les agents nationaux du commerce, comme des bénéfices faits par l'Etat, et qu'ils donnassent aux intérêts particuliers de ces agents, le nom d'intérêt du commerce, ou plutôt le nom imposant d'intérêt général de l'Etat. Je ne crois pas qu'il soit possible de se tromper davantage; car il n'y a rien de plus opposé à l'intérêt général de l'Etat, que l'intérêt personnel de ces mêmes agents, lorsque pour les favoriser, on les sépare des commerçants étrangers, et qu'on renonce à la concurrence de ces derniers, en leur donnant l'exclusion. Les frais pour parvenir à la consommation, qui est la fin que tout commerce se propose, se partagent nécessairement entre tous les consommateurs, parce qu'ils sont alternativement acheteurs et vendeurs [...]; ils ont
++ donc tous un intérêt commun à diminuer cette dépense, autant qu'il est possible; au lieu que ceux qui profitent de cette même dépense, ont tous intérêt de l'augmenter.

[Passage emprunté à *L'Ordre naturel*, ch.39, ii.305-307.]

Observations, 97 (fin, p.422); *V1*, f.461*r-v*.

\+ Voilà deux échangeurs, l'un régnicole, l'autre étranger qui ont besoin d'un agent intermédiaire. Il prend dix pour cent de l'un et de l'autre. Cela fait, qu'arrive-t-il! Les dix pour cent qu'il a pris de son compatriote restent dans le pays, ils n'ont fait que changer de poche; les dix [pour] cent qu'il a pris de l'étranger, soit en argent soit en marchandise, sont un accroissement à la richesse nationale qui n'est que la somme des biens de ceux qui composent la nation. D'où l'on voit qu'il n'est pas indifférent que l'agent intermédiaire des deux échangeurs soit étranger ou régnicole.

Je sais bien que si vous admettez l'agent intermédiaire étranger en concurrence ++ avec l'agent intermédiaire régnicole, le service de celui-ci baissera de prix. Mais cette opération ne serait pas la meilleure. Il me semble qu'à tout prendre, il vaut mieux que l'agent intermédiaire soit payé plus cher par les deux échangeurs, et qu'il soit votre sujet.

*21

Instruction, art.576.

La conservation de l'Etat en son entier exige:

1°. L'entretien de la défense, c'est-à-dire, des troupes de terre et de mer, des forteresses, de l'artillerie, et de tout ce qui y appartient.

L'Esprit, note 93 à l'art. 576 (p.369).

Un grand et puissant intérêt fondamental pour les propriétaires des fonds et les cultivateurs, est que le souverain jouisse d'une assez grande portion des fruits + disponibles, pour dévouer un nombre suffisant d'hommes disponibles à la sécurité publique et privée. Sans elle il est évident que les propriétés foncières ne pourraient ni s'établir, ni se perfectionner, ni devenir assez fructifiantes [...].

Observations, 129 (p.442-43); *V1*, f.463*v*.

art. 576

\+ Mais je ne sais comment les choses sont ordonnées; ce sont ces hommes disponibles qui tuent les tyrans dans les états despotiques, et qui enchaînent les peuples dans les états libres. Faites que la nature réunisse par une langue de terre deux continents que les eaux ont divisés, la France et l'Angleterre; et au même moment l'Angleterre aura besoin d'une milice nationale; le souverain sera ou deviendra le chef de cette milice; c'est lui qui nommera à tous les grades; et tous les soldats deviendront autant d'hommes disposés à enchaîner, même tuer leurs pères, leurs mères, leurs concitoyens, au premier signe du souverain. Je puis donc m'adresser également aux despotes et aux peuples libres, et leur dire vous, vous chancellerez sans cesse sur le trône, vous, vous porterez à jamais des chaînes, vous serez éternellement abandonné à la merci ou d'un enfant insensé ou d'une bête féroce, si vous ne savez pas prendre quelque mesure raisonnable contre ce corps qu'on tire de vos foyers, pour les armer contre vous, et pour vous asservir.

Ce que je vous dis est peut-être une vision politique. Mais qu'importe. Je sais du moins que si j' [avais] été le législateur de l'Amérique septentrionale, la chose n'aurait pas été autrement.

La suite des révolutions amène toujours un moment où il serait à souhaiter que tous les sujets d'un empire eussent été élevés comme s'ils devaient être soldats [...]

[Nous avons corrigé le manuscrit qui porte: ... si j'*aurais* été ... Diderot reprend ironiquement une expression de Le Trosne au départ de cette longue observation qui a probablement été complétée après 1776, ainsi que semble l'indiquer l'allusion au 'législateur de l'Amérique septentrionale': à ce sujet voir notre étude, ci-dessus, p.477-78.]

*22

Instruction, art. 577.

[La conservation de l'Etat exige ...]
2°. le maintien du bon ordre dans l'intérieur, de la tranquillité et de la sûreté [...]

art. 578.
3°. des entreprises tendant au même objet, comme la construction des villes, des chemins et des canaux [...]

art. 579
4°. la décence demande que l'abondance et la magnificence environnent le trône [...]

L'Esprit, note 94 aux art. 577-78 (p.370-77).

[...] Par le mot de magnificence ou de faste, on entend une grande dépense apparente [...] Faste signifie la grandeur et l'éclat de la dépense; luxe signifie l'excès [...] [Ce dernier] est toujours mauvais et préjudiciable, puisqu'il est caractérisé par un accroissement de dépenses stériles qui diminue les dépenses productives, et nuit à
\+ la production. Une dépense qui se fait aux dépens de celle qui est affectée à la reproduction est luxe et toujours nuisible. [...] Le faste public ou privé peut être avantageux à l'Etat; et voici la règle la plus simple pour en juger. Toute grande et forte dépense qui fait multiplier les productions du territoire ou bonifie leur prix, est un faste avantageux de la part du souverain ou des riches particuliers [...]

Voici les règles qui décident le mérite ou le démérite de tout emploi du revenu public ou privé.

Le premier, le plus excellent de tous, consiste à consacrer en dépenses productives, une partie du revenu net et disponible, afin de faire accroître de plus en plus, la
\+ reproduction, la richesse nationale, le revenu général et particulier. Cet emploi est sagesse dans le simple particulier; il est grandeur dans le Prince [...]

Le second emploi est le faste de consommation dirigé le mieux qu'il est possible, à l'avantage de la reproduction; c'est-à-dire qui reverse le plus immédiatement possible la richesse à ceux qui la font renaître.

Le troisième est un faste de décoration qui n'est ni luxe ni prodigalité, que la justice est obligée de permettre au propriétaire qui veut user à son gré de la liberté
\++ de jouir, qui se contente de ne pas faire mal, et qui préfère au plaisir de faire le bien public, celui de satisfaire son inclination ou son caprice.

\+++ Mais au delà de ce terme, tout est délit. Pour peu que la dépense publique ou privée touche au dépôt sacré des avances nécessaires à la reproduction; pour peu qu'elles les rendent moins fructifiantes en multipliant les frais, les embarras et les pertes, la reproduction totale et le revenu sont altérés. Le luxe destructeur commence ses ravages.

Observations, 130 (p.444-46); *V1*, f.464*v*.

++ *Qui se contente de ne pas faire le mal, et qui préfère au plaisir de faire le bien public, celui de satisfaire son inclination ou son caprice.*

Cela n'est pas exact. Il ne faut pas dire[:] qui se contente de ne pas faire le mal; mais il faut dire[:] qui se contente de ne pas faire le plus grand bien, et qui aime mieux concilier le bien public avec sa satisfaction particulière.

Celui qui fait élever un somptueux et bel édifice, emploie les matières et les hommes du pays; il embellit la nation; ces embellissements y attirent et font séjourner les étrangers qui laissent des sommes immenses dans la ville; parce que ceux qui voyagent sont communément des hommes puissants et qui traînent à leur suite de longs cortèges; ôtez à l'Italie moderne ses palais, ses ruines et ses tableaux, et vous comblez sa misère. C'est le faste de Rome ancienne qui soutient aux dépens de toutes les nations Rome moderne. Colbert dépensa des millions à un carrousel qui rendit
++ le double ou le triple de la dépense [...] Un bon citoyen n'est pas celui qui se contente de ne pas faire le mal. Un bon citoyen est celui qui fait le bien; un excellent citoyen est celui qui fait le plus grand bien; et si le plus grand bien, c'est de tourner tout son
\+ superflu à la reproduction, j'avoue que je ne veux pas habiter une pareille société, et que si j'en suis éloigné, je ne serai guère tenté de la venir voir. Avec l'aisance, le goût des commodités augmente; peu à peu ce goût s'avance jusqu'à l'extrême recherche; chemin faisant il produit des choses qui sont belles et qui ne sont pas sans utilité; car le beau ne se sépare point de l'utile. Je ne veux point arrêter ce progrès. Si la
+++ reproduction est la limite de l'utile; et si cette limite ne peut être franchie, sans cesser d'être bon, toutes les mathématiques se réduisent à quatre pages, toute la mécanique à six propositions, toute l'hydraulique à deux expériences, toute l'astronomie à rien, toute la physique à l'étude des engrais, toute science à l'économie politique et domestique, tous les beaux-arts sont supprimés ou réduits à la grossièreté chinoise, toutes les manufactures restreintes au travail des matières de première nécessité. Ces visions suivies jusqu'où une bonne logique pouvait les conduire, ont mis l'homme de Rousseau à quatre pattes, et celui des économistes à la queue d'une charrue. C'est que ces honnêtes gens-là n'ont jamais vu que la pointe de leur clocher. Ces derniers ont oublié un de leurs grands principes, c'est que, quand tout du reste est bien ordonné, les choses se mettent d'elles-mêmes de niveau [...]

[Des remarques analogues sont développées dans l'observation 73 (p.403-405), qui a peut-être été également suscitée par la lecture de *L'Esprit*: voir ci-dessus les no 10 et 11.]

23

Instruction, art. 582.

Sur quels objets faut-il établir les impôts?

L'Esprit, note 95 à l'art. 582 (p.377).

Il ne dépend pas des hommes d'asseoir l'impôt selon leur caprice. Il a une force et une base irrévocablement établies par l'ordre physique. L'impôt doit fournir à des dépenses perpétuellement renaissantes; il ne peut donc être pris que sur des richesses renaissantes. L'impôt ne saurait même porter indifféremment sur toutes les richesses renaissantes. La nature a refusé, par exemple, à celles qu'on appelle reprises des cultivateurs, la faculté de contribuer à l'impôt, puisqu'elle leur a nécessairement imposé la loi d'être employées en entier, à entretenir et à perpétuer la culture, sous peine de voir anéanties, par degrés, la culture, la récolte, la population des empires etc ... La portion des récoltes nommée produit net, est donc la seule contribuable à l'impôt; la seule que la nature ait rendue propre à y subvenir.

Observations, 131 (p.446-47); *V1*, f.455*r-v*.

art. 582.

Les observations sur cet article tendent à réduire tous les impôts à un seul, l'impôt territorial. J'avoue que je n'ai pas encore des idées nettes sur ce point important.

Je vois seulement, 1° que cette opération demande des opérations longues et difficiles, et cependant préliminaires; un cadastre général. Comment fait-on un cadastre général de la France, par exemple? Comment le fait on assez bien pour servir de mesure à l'impôt. Bien fait, il est sujet à des vicissitudes perpétuelles. 2° L'impôt unique et [territorial] attache au souverain un titre de copropriétaire général; et cette conséquence m'effarouche pour la suite des temps. 3° Ce moyen entraîne une parfaite connaissance de toutes les ressources des sujets; et je ne suis pas fâché qu'il y ait beaucoup de richesses occultes.

Celui qui ne calcule pas sur vingt mauvais souverains pour un bon, calcule mal. Toute spéculation politique doit être subordonnée aux lois de la nature, sans cela avantageuse pour un instant, elle est funeste pendant une longue suite de siècles.

[Le Trosne revient sur l'impôt territorial dans la note 98 et Diderot dans une partie de l'observation 132; voir ci-dessous les no 24-25.]

*24

Instruction, art. 583.

Comment rendre [les impôts] moins onéreux pour le peuple?

L'Esprit, note 96 à l'art. 583 (p.378-80).

Lorsque les sociétés ont pris forme et consistance; lorsqu'elles sont devenues de véritables corps politiques, elles se sont trouvées dans le cas d'avoir des besoins politiques qui exigeaient d'elles des dépenses. Pour y satisfaire, il a fallu instituer des fonds publics; on a dû nécessairement fixer la proportion dans laquelle chaque revenu particulier y contribuerait. Cette institution d'un revenu public, étant donc faite en faveur de la propriété, elle n'a pu ni dû être destructive de la propriété. Il en résulte donc évidemment que la contribution au revenu public n'a pu ni dû rester arbitraire, ni dans les contribuables, ni dans l'autorité qui avait l'administration de ce revenu: arbitraire dans les contribuables; les besoins du corps politique auraient pu n'être pas satisfaits; elle eût donc été hors d'état de remplir l'objet de son institution, de procurer aux propriétés particulières la sûreté, la stabilité qui leur étaient essentielles: arbitraire dans l'administrateur, la propriété foncière serait devenue nulle, en ce qu'elle se serait trouvée séparée de la propriété des produits nets [...] Il est donc évident que dans une société formée, la loi la plus essentielle, la loi fondamentale concernant l'impôt, est qu'il n'y ait rien d'arbitraire [...]

[Développement partiellement emprunté à *L'Ordre naturel*, ch.27, ii.34-35, 43.]

Observations, 132 (p.447); *V1*, f.455*v*.

art. 583.

+ Tout cela est fort beau. Il est évident que ni la qualité de l'impôt ni sa répartition ne doivent être arbitraires ni de la part du fisc ni de la part du contribuable.

Mais comment se garantir de l'arbitraire d'un fisc soit avare, soit avide et qui a quatre cent mille mains pour prendre et autant de bras pour assommer.

Tout rentre toujours dans la grande difficulté, celle de limiter l'autorité souveraine ou d'emmailloter Briarée.

[Dans *V1* l'observation s'arrête là: ce qui indique probablement une origine distincte de celle du paragraphe qui a été placé à la suite dans la version finale. On trouvera ce paragraphe sous le numéro suivant (25): 'L'impôt unique ...'

Dans la seconde phrase, 'qualité' est très probablement un lapsus pour 'quotité'.]

25

Instruction, art. 585.

Comment assurer les revenus?

art. 586.
Comment les administrer?

L'Esprit, note 98 aux art. 585 et 586 (p.381-82).

Tribut ou impôt est une portion prise dans les revenus annuels d'une nation, à l'effet d'en former le revenu particulier du souverain, pour le mettre en état de soutenir les charges de sa souveraineté, dont la plus essentielle est de garantir la propriété. De cette définition il résulte évidemment, que l'impôt qui n'est qu'une portion d'un revenu net annuel, ne peut être établi que sur les produits nets annuels [...] On ne peut donc demander l'impôt qu'à ceux qui se trouvent possesseurs de la totalité des produits nets, dont l'impôt fait une partie. Ainsi la vraie forme de l'impôt consiste à le prendre directement où il est, et à ne pas vouloir le prendre où il n'est pas. Il est donc évident que les fonds qui appartiennent à l'impôt ne peuvent se trouver que dans les mains des propriétaires des terres, ou plutôt des cultivateurs ou fermiers, qui, à cet égard, les représentent: ceux-ci reçoivent les fonds de la terre même; et lorsqu'ils les rendent au souverain, ils ne donnent rien de ce qui leur appartient. C'est donc à eux qu'il faut demander l'impôt, pour qu'il ne soit à la charge de + personne. Changer cette forme directe de l'établissement de l'impôt pour lui donner une forme indirecte, c'est renverser un ordre naturel, dont on ne peut s'écarter sans les plus grands inconvénients.

[Passage emprunté, à quelques mots près, à *L'Ordre naturel*, ch.30, ii.91-93.]

Observations, 132 (suite, p.447-48); *V1*, f.455*r*-456.

L'impôt unique est le plus funeste de tous, s'il ne s'assied pas également sur tous. Réduisez à cette condition, si vous le pouvez, les grands, les nobles, les militaires, les magistrats et les ecclésiastiques.

C'est à un Français que je m'adresse, tâchez de réduire toutes les conditions à une seule.

[...] D'ailleurs, il n'est pas possible de toucher à l'impôt unique sans mettre en un moment toute une nation au désespoir. Doit-on exposer un fou à cette folie?

En un trait de plume, on voit jusqu'où cet impôt unique peut être poussé. Doit-on, peut-on sans conséquence autoriser un tyran à nous mener jusqu'à cette ligne de démarcation[?]

Garantissez-moi une longue génération de rois sages, et je consens à l'impôt unique. Si vous ne le pouvez, permettez que j'y pense et que je me méfie d'une si belle spéculation.

C'est qu'il y a le mieux de la chose, et le mieux relatif aux personnes et aux lieux.

L'impôt territorial ou direct est certainement le mieux de la chose; mais est-il le mieux relatif aux personnes? sous un gouvernement héréditaire où le trône passe à un enfant despote et méchant.

L'impôt unique et direct s'accorde à merveille avec la pure démocratie? S'accorde-t-il aussi bien avec la monarchie? et les autres sortes de gouvernement.

[On remarquera l'apostrophe au 'Français' dans le premier paragraphe. L'expression 'impôt direct' est employée par Diderot dans le sens physiocratique qu'explique le passage de Le Trosne: seul est direct le prélèvement opéré sur les revenus fonciers; tous les autres impôts, assis sur les personnes, sur les bénéfices du commerce et de l'industrie, sur les consommations, pèsent indirectement sur la seule source de richesse, la terre: voir ci-dessus le no 23.

Sur le même sujet, on trouve un passage proche à la fois du texte de Le Trosne et de celui de Diderot dans l'*Histoire des deux Indes* (éditions de 1774 et 1780; livre XIX, ch.10. de l'édition de 1780) et dans les *Mélanges* du fonds Vandeul (éd. Goggi, Sienne 1977, p.99ss.]

*26

Instruction, art. 590.

Mais pour rendre, autant qu'il est possible, le poids des impôts moins sensible aux sujets, il faut observer constamment la règle d'éviter en toute occasion les monopoles [...]

L'Esprit, note 99 à l'art. 590 (p.382-83).

Le monopole, ou privilège exclusif, attaque de toute part la propriété des biens, la valeur des productions, la facilité des échanges, la liberté de l'emploi des hommes et des richesses; entrave le commerce, enchaîne l'industrie, renchérit les services et multiplie les dépenses stériles. Le nombre de ceux qui subsistent est immense; il est des monopoles et des privilèges exclusifs de tout genre et de toute espèce, de toute taille, de toute figure et de toute couleur. Heureusement ils ne sont connus en Russie qu'en partie.

1°) Il en est de nation à nation. Ils ont pour objet de réserver aux négociants nationaux telle ou telle branche de revente ou de voiturage [...]

2°) Il en est de province à province; ils font de chacune d'elles autant de petites nations ennemies qui cherchent à se supplanter et à se nuire [...]

3°) Il en est de particuliers à des cantons de province, qui sont dirigés contre le surplus de la province, et contre les provinces voisines.

4°) Il en est qui attaquent directement la propriété foncière en prohibant la culture de certaines productions, qui accroîtraient la somme des richesses nationales.

5°) Il en est qui s'emparent du droit de vendre telle ou telle marchandise [...]

6°) Il en est qui placés sur les chemins, en gênent la communication et renchérissent la dépense des voyages et des transports [...]

7°) Il en est qui ont été accordés pour faciliter des entreprises [...]

+ 8°) Il est des privilèges accordés à des inventeurs de secrets et de découvertes nouvelles; mais loin de favoriser le progrès des arts et des inventions utiles; ils le suspendent et l'empêchent; car un homme qui aurait pu, de son côté, faire la même découverte, ou perfectionner celle qui est déjà faite, cesse d'y travailler, dès qu'il se voit prévenu et devancé par un privilégié [...]

[Le même texte, assorti de quelques exemples, se trouve dans la note *d* du *Recueil* de Le Trosne déjà cité, p.14-22.]

Observations, 133 (p.448-49); *V1*, f.466*r-v*.

art. 590

Tout ce détail de privilèges exclusifs et de monopoles est vrai; c'est une grande plaie.

+ Le cas le plus favorable au privilège exclusif, est celui où l'inventeur a consumé sa fortune et sa vie à la recherche de son invention.

Il faut absolument alors que la société achète l'invention.

Question. Une nation doit-elle rendre publique une invention utile qui lui est propre.

[Dans la copie n.a.fr. 24939 que reproduit l'édition Vernière, le début de cette observation concerne le commerce des blés: c'est une réminiscence des débats de 1768-1770; la suite (ci-dessus), inspirée par la lecture du manuscrit de Le Trosne, est d'une orientation tout à fait différente: elle forme une observation distincte dans *V1*.]

*27

Instruction, art. 601.

[...] on compte cinq objets de revenu. Mais les impôts sont dans un Etat, ce que sont les voiles dans un vaisseau, pour le conduire, l'assurer, l'amener au port désiré; non pas pour le charger [...].

L'Esprit, note 100 à l'art. 601 (p.387-89).

La forme de l'impôt est indirecte, lorsqu'il est établi ou sur les personnes mêmes, ou sur les choses commerçables: dans l'un et l'autre cas, les préjudices qu'il cause au souverain et à la nation sont énormes et inévitables. L'impôt sur les personnes est nécessairement arbitraire, destructif par conséquent du droit de propriété; car quelle mesure évidente peut-on suivre pour fixer la quotité d'un tel impôt? Il est impossible d'en indiquer une. Par lui-même notre individu ne fait que des consommations; par lui-même il ne produit rien, et ne peut rien payer. Il n'y a donc aucun rapport connu, ou pour mieux dire, aucun rapport possible entre nos individus et un impôt établi sur eux [...]

L'impôt sur les choses commerçables a le même défaut. Sous quelque aspect qu'on l'envisage, il est impossible de partir d'un point évident, pour en déterminer la proportion. Le prix auquel la chose sera vendue est incertain et très inconstant; les facultés de celui qui la vendra, et ce qu'elle lui coûte à lui-même sont des particularités totalement ignorées; les richesses de celui qui l'achètera ou qui voudra l'acheter, pour la consommer, ne peuvent même se présumer [...] Cet impôt [...] n'ayant ainsi rien que d'incertain et d'inconnu; il est impossible qu'il ne soit pas arbitraire [...].

Axiome. Impositions indirectes, pauvres paysans; pauvres paysans, pauvre royaume; pauvre royaume, pauvre souverain [...]

[A l'exception de la dernière phrase, ce passage est emprunté presque littéralement à *L'Ordre naturel*, ch.30, ii.93-94.]

Observations, 134 (p.449); *V1*, f.456*r*.

art. 601.

On a bien démontré l'arbitraire de l'impôt sur les personnes, et sur les choses commerçables. Mais il me semble qu'on a glissé bien légèrement sur les consommations.

La consommation est une imposition. 1° libre, 2° assez équitable, car on consomme à la raison de la fortune, ou l'on n'use pas de sa fortune. 3° très générale, car elle s'étend sur toutes les sortes de richesses; l'homme à portefeuille y est assujetti.

Je ne prétends pas défendre l'impôt sur la consommation; mais j'aurais désiré qu'on m'en eût mieux exposé l'injustice, et surtout son influence sur l'état du paysan.

*28

Instruction, art.612.

Le commerce qui se fait au dehors n'est pas toujours le même.

L'Esprit, note 105 à l'art. 612 (p.398).

La méprise la plus commune sur ce qui constitue l'intérêt du commerce, celle même dans laquelle des hommes à grande réputation sont tombés; c'est de confondre l'intérêt commun de la nation relativement au commerce, avec l'intérêt particulier des commerçants nationaux qui pourtant ne sont que les instruments du commerce; en conséquence on n'a plus jugé de l'importance et de l'utilité du commerce que par les fortunes de ces commerçants, sans examiner aux dépens de qui ces fortunes sont acquises, ni par qui elles sont disponibles. On s'est bonnement persuadé que la nation s'enrichissait, quand on voyait ces mêmes commerçants s'enrichir; ce n'est que dans leurs opérations qu'on a considéré leur commerce; et c'est à leur intérêt personnel exclusif, présenté comme étant l'intérêt général, que l'on a sacrifié les intérêts communs de tous les membres essentiels de la société [...]

[En fait, selon les physiocrates, le commerçant ne fait que 'trafiquer'; seul 'commerce' vraiment le propriétaire foncier, car 'on commerce quand on tire de son propre fonds les marchandises qu'on échange contre des valeurs quelconques, en autres marchandises ou en argent.' Ce passage est emprunté à l'*Ordre naturel*, ch.38, ii.281.]

Observations, 136 (p.450); *V1*, f.458*r*.

art. 613

\+ Je ne sais si la distinction du commerçant national et de la nation est bien fondée.

Dans l'état d'imposition où sont les choses, il est, ce me semble évident que le fisc y gagne; ou les contribuables.

Dans tout état d'imposition il me semble que le commerçant riche, boit, mange, ++ vend, achète, fait bâtir, peuple etc., et que sous tous ces aspects sa richesse se confond avec la richesse nationale.

[La référence à l'art. 613 du *Nakaz* n'est pas justifiée.]

29

Instruction, art. 614.

De là naissent les richesses qui sont 1°) richesses naturelles ou acquises.

L'Esprit, note 107 à l'art. 614 (p.409-11).

\+ Il est aisé d'expliquer comment le commerce enrichit une nation. Il en enrichit une, comme il les enrichit toutes, non en les mettant dans le cas de gagner les unes sur les autres; car ou ces gains seraient alternatifs et par conséquent nuls; ou bientôt ils ne pourraient plus avoir lieu; parce que les nations qui vous avaient enrichis, se seront appauvries par là même. Mais il les enrichit, en ce que procurant le débit de toutes les productions nationales au meilleur prix possible, il fait passer dans les mains des cultivateurs tout le produit sur lequel ils ont dû compter [...] Le commerce extérieur enrichit une nation ou plutôt lui présente des occasions dont elle peut profiter pour multiplier les richesses que son territoire peut lui fournir [...]

[Le premier passage cité est emprunté à peu près littéralement à L'*Ordre naturel*, ch.37, ii.272-73.]

Observations, 137 (p.450); *V1*, f.456*v*.

art. 614.

\+ Je ne saurais guère imaginer qu'une nation puisse s'enrichir par le commerce que, lorsque 1° elle ne manque de rien 2° elle jouit exclusivement à toutes les nations d'une denrée dont elle seule fait le commerce. 3° elle a plus de cette denrée qu'elle n'en peut consommer.

Un corollaire nécessaire de cet avantage; c'est que l'industrie se tournera tout entière vers cette denrée unique, et restreindra son travail et ses efforts au besoin absolu, des autres côtés.

Un cas qui n'est pas imaginaire, c'est qu'elle négligera même totalement une sorte de production; si les efforts tournés vers la production unique lui rendaient plus que ses efforts partagés [...].

30*

Instruction, art. 633.

Observons ici que l'or et l'argent qui sont tour à tour marchandises et signes représentatifs de tout ce qui peut être échangé, se tirent ou des mines, ou du commerce.

L'Esprit, note 110 à l'art. 633 (p.416-18).

\+ L'argent est le gage des échanges. Le mot de gage ne signifie point ici nantissement, mais assurance pour le vendeur, que ce qu'il a reçu lui servira pour acheter tout ce
++ qu'il voudra [...] L'argent [...] ne peut jamais être à l'égard de celui qui le reçoit qu'un gage intermédiaire entre les ventes et les achats [...].

[Cette dernière phrase se trouve dans le *Recueil* de 1768, p.199 et dans *De l'ordre social, ouvrage suivi d'un Traité élémentaire*, 1777, p.531.]

Observations, 138 (p.451); *V1*, f.457*r*.

art. 618.

Tout représente l'argent, comme l'argent représente tout.

++ L'idée de regarder l'argent comme un gage intermédiaire qui circule entre des consommateurs est très juste; si juste qu'il y a des sacs d'argent qui ont passé par 10000 mains en trois ou quatre ans, et qui passeront encore en autant de temps, en autant de mains, sans être ouverts.

\+ Je vous donne ce qui vous manque; vous me donnez un gage ou une assurance qu'un autre me donnera ce que je n'ai pas.

[Contrairement à ce qu'indique une note de l'édition Vernière, la formule initiale ne semble pas provenir du *Nakaz*; comme souvent, la référence donnée par *V1* est erronée.]

31

L'Esprit, note 110 à l'art. 633 (suite, p.425).

[...] C'est une erreur de croire qu'une nation qui par la vente des marchandises de son sol et de ses manufactures, attirerait une grande masse d'argent, augmenterait ses richesses. Elle augmenterait la masse de l'argent chez elle, et non ses richesses; car elle aurait payé cet argent tout ce qu'il vaut. Elle aurait acquis de l'argent; mais elle n'aurait plus les richesses qu'elle aurait données pour l'avoir: il n'y a donc point là d'augmentation de richesses. Celui qui est riche de deux, et qui les donne pour avoir deux, reste toujours riche de deux; car comment par ce moyen, serait-il devenu riche de trois? Il a changé l'espèce de sa richesse; mais sans augmentation ni diminution de la valeur vénale, à moins qu'on ne croie qu'il n'y a que l'argent qui

\+ soit richesse. Ce sentiment étonnerait beaucoup un cultivateur qui est bien convaincu qu'une brebis vaut mieux qu'un écu; parce que dans une année, elle fournit sa toison,
++ donne un élève et du fumier: au lieu qu'un écu gardé pendant un an, ne lui aurait rien produit, et que le meilleur pour lui est de s'en défaire au plus tôt pour une autre richesse plus profitable.

[La note précédente, no 109, opposait également la richesse en argent, qui ne se renouvelle pas, à la richesse que constituent les productions agricoles, qui se renouvellent chaque année.

Le passage de la note 110 cité ci-dessus se trouve déjà dans le *Recueil* de 1768, p.205-206.]

Observations, 139 (p.451-52); *V1*, f.461*v*.

art. 622.

\+ L'herbe croît sur le pré tandis que l'écu reste le même dans ma bourse. Si j'emploie mon écu, l'aurai-je employé à acheter de l'herbe, l'herbe achetée périt; et l'herbe continue de croître sur le pré. A la longue, la touffe d'herbe qui continue toujours de croître sur le pré, vaut mieux que l'écu.

Mais l'herbe ne croît pas sans travail, sans dépense sur le pré, et l'homme sage travaille son écu. Ils ont chacun leurs frais de culture et leur produit net.

La seule différence que j'y vois, c'est que l'herbe nourrit, et qu'on ne saurait manger son écu.

L'herbe va chercher l'écu; l'écu vient chercher l'herbe.

La pluie, la sécheresse, la grêle, ont mis presque toutes ces sortes de richesses de niveau.

Il est rare que la disette soit générale dans toutes les provinces de la France. Il est encore pus rare qu'il n'y ait pas une contrée de l'Europe où l'écu hollandais ne puisse aller chercher l'abondance.

L'écu enfoui dans le sillon est mis à un jeu de hasard où l'on est presque sûr de gagner gros.

L'écu mis dans le commerce a ses risques et ses rentrées plus ou moins considérables.

++ De toutes les denrées, l'écu est celle qui se conserve le plus longtemps sans déchet.

L'écu qui se repose ne produit rien, ni la terre non plus.

L'écu peut rendre toute l'année sans dépenser. La terre ne rend que dans un moment et dépense toujours [...]

GIANLUIGI GOGGI

Chronologie interne des *Fragments imprimés* et d'autres manuscrits de l'*Histoire des deux Indes*

La source la plus précieuse pour une étude de la chronologie interne des manuscrits du fonds Vandeul contenant des contributions à l'*Histoire des deux Indes* [HDDI] est sans doute l'ensemble des *Fragments imprimés* [FI] conservés dans deux volumes des n.a.fr. (vol.24940 en deux tomes ou parties). Plus généralement, toute étude qui vise à éclaircir les problèmes de la collaboration de Diderot à l'ouvrage de Raynal doit partir de ces documents. Bien qu'ils aient été déjà étudiés par des spécialistes de Diderot (notamment H. Dieckmann et Mme Duchet), ils méritent encore par certains aspects d'être examinés de plus près, parce qu'ils peuvent nous donner beaucoup de renseignements sur la nature du travail fait pour préparer leur transcription dans les autres manuscrits. C'est M. de Vandeul qui a fait tout (ou presque tout: on verra plus bas le sens qu'il faut donner à ce *presque*) le travail sur les FI: toutes les corrections à la plume doivent lui être attribuées. Le travail effectué par le gendre de Diderot est complexe: il présente une stratification qu'il faut analyser attentivement. Je me propose en particulier d'étudier la relation entre les corrections des FI et deux autres manuscrits du fonds Vandeul recopiés sur les FI: celui des *Pensées détachées* [PD] (dans le volume 24939 des n.a.fr.) et celui des *Mélanges* [Mél.] (n.a.fr.13768). Il s'agit sans doute, avec ceux des *Observations sur le Nakaz*, des plus importants des manuscrits contenant des contributions à l'HDDI.

Commençons par les quelques éléments externes qui permettent d'établir des repères chronologiques réels. Les FI ont été extraits d'un exemplaire d'une impression en dix volumes in-12 de l'HDDI. Il s'agit d'une édition composite, assez irrégulière, dont nous étudions les caractéristiques dans une autre contribution au présent recueil.[1] Il faut surtout retenir ici que trois volumes sur les dix qui composent l'exemplaire portent la date de 1784 sur la page de titre, tandis que les sept autres portent la date de 1780. Il est difficile de dire quand cette édition a été diffusée, mais il semble de toute façon assez improbable qu'elle ait été mise en vente avant 1784. Cette date constitue par conséquent

1. On trouvera une description de cette impression ci-dessus, p.89-126.

un terme *a quo*: le travail sur les FI n'a pu commencer avant 1784.

Plus intéressant et peut-être plus important est le deuxième élément externe dont on dispose. La plupart des FI, tels qu'ils sont conservés dans le fonds Vandeul, sont regroupés en paquets: pour chaque paquet un feuillet de garde (ou 'chemise') donne le titre ou, parfois, les titres différents que Vandeul a essayés. Or, sur une de ces chemises en papier bleuté (f.17, chemise avec le titre: *Philosophie des Brames*), on trouve la contremarque d'un filigrane avec une date: au-dessous de deux lettres ('CD') couronnées et placées entre deux branches de laurier dans un cercle, on lit sur deux lignes: 'H. PETIT / 1784'.[2] C'est évidemment cette date qui est intéressante: elle permet de dire que Vandeul a utilisé pour son travail du papier fabriqué en 1784 (ou, de toute façon, pas avant 1784). Si en plus on considère le temps pris par la fabrication et par la commercialisation du papier, il faut en conclure qu'il est assez difficile que le travail sur les FI ait commencé dans les premiers mois de 1784. Il semble bien plus vraisemblable d'en reporter le terme *a quo*, au moins, à la seconde moitié de l'année, c'est-à-dire *après* la mort de Diderot.

Pour revenir aux FI, il faut, avant tout, remarquer qu'une partie des feuillets imprimés qui étaient à l'origine dans le fonds Vandeul a été perdue.[3] C'est ce que semblent bien prouver certaines anomalies que l'on constate dans l'ensemble des FI. Par exemple, en ce qui concerne le chapitre des PD *Sur les beaux-arts et belles-lettres*, on trouve parmi les FI tous les feuillets imprimés qui ont servi à la transcription du texte, *sauf un*, celui contenant le premier fragment du chapitre. Le cas de la section *Sur l'impôt et le crédit public* des Mél. est inverse: on n'a cette fois que le feuillet (f.79) manuscrit contenant les dernières lignes de la section.[4] Il semble tout à fait naturel de conclure dans ces cas à la disparition des feuillets qui manquent.[5] Malgré ces pertes, les FI qui restent constituent un chantier admirable pour apprécier le travail fait par Vandeul,

2. Des restes du même filigrane se trouvent sur deux autre chemises des FI (voir f.1 et 62). D'autres chemises, toujours en papier bleuté, gardent des restes de filigranes différents (voir FI, f.73 et 74). A ce sujet, voir ci-dessus, p.161 et 171.

3. Voir H. Dieckmann, INV, 152-53.

4. Voir Michèle Duchet, *Diderot et l''Histoire des deux Indes' ou l'écriture fragmentaire* (Paris 1978), p.24.

5. La perte d'une partie considérable des feuillets imprimés semble également prouvée par un aspect du travail fait par Vandeul sur les FI. Sur beaucoup de feuillets il a ajouté, en marge ou en bas de page, des renvois à d'autres fragments. Ils ont servi à signaler l'ordre dans lequel les fragments devaient être transcrits ou à signaler la place à laquelle les fragments devaient être interpolés. Beaucoup de ces renvois se rapportent à des fragments pour lesquels on trouve encore aujourd'hui dans le fonds Vandeul les feuillets imprimés correspondants; d'autres se rapportent à des fragments de l'HDDI pour lesquels on ne trouve pas dans le fonds Vandeul de feuillets imprimés. La méthode de travail de Vandeul ne permet pas d'expliquer une telle anomalie: elle semble bien la conséquence de la perte d'une partie considérable des feuillets imprimés.

quoique bien des difficultés subsistent pour son interprétation. En général, on peut dire que les états successifs sur lesquels s'étagent les corrections et d'autre part les marques qu'on lit sur les FI ne concordent pas toujours: il s'agit d'états qui, loin de montrer une homogénéité dans le travail accompli, attestent des écarts, des espèces de failles entre les corrections successives, qui rendent peu cohérente la stratification dans son ensemble. Il n'est d'ailleurs pas toujours possible de parler d'états bien distincts: on ne parvient à définir différentes phases de travail que pour une partie bien déterminée des FI, en raison de la correspondance qui s'établit en ce cas entre les corrections successives sur les feuillets et les textes des PD et des Mél. Nous reviendrons sur cette question.

Il faut maintenant commencer par l'étude de l'état le plus ancien du travail fait sur les FI: il est attesté par une marque au crayon rouge tracée en marge des passages qui ont été 'corrigés' et préparés pour la transcription par Vandeul.

La marque au crayon rouge: Beaucoup de cas nous montrent clairement que Vandeul a travaillé à partir de cette marque: elle est sans doute antérieure à tout son travail de correction à la plume. A qui faut-il l'attribuer? Peut-on l'attribuer à Diderot lui-même? Ou faut-il penser toujours à Vandeul? Rien ne nous permet de nous prononcer là-dessus. On sait que selon une indication de Salverte, recueillie par Quérard (voir INV, 152), Diderot aurait marqué dans un exemplaire in-4° de la troisième édition de l'HDDI tous les passages qui lui appartenaient.[6] Or, l'édition d'où les FI ont été tirés est in-12. Faut-il penser à une erreur de Salverte ou de Quérard? Ou faut-il penser que la marque au crayon rouge a été recopiée sur l'exemplaire in-12 à partir de l'exemplaire in-4°? Rien, je le répète, ne permet de répondre à ces questions.

Ce qui est certain, c'est que la marque rouge témoigne d'une grande minutie: elle a été tracée avec beaucoup de soin et d'attention; à preuve, les corrections, évidemment immédiates, qu'elle présente dans quelques cas. Autre preuve de son intérêt, le fait qu'elle parvient parfois à distinguer avec une précision absolue l'addition de Diderot du texte de la source exploitée par Raynal.[7]

Si Vandeul a fait son travail à partir de cette marque, il ne l'a pas toujours respectée; au contraire, il a pris avec elle beaucoup de libertés. De nombreux exemples pourraient le montrer. Face à cette constatation, il reste à choisir entre les deux conclusions suivantes:

1. Si la marque rouge est de Diderot (ou si elle a été tracée sous la direction

6. Cf. aussi Maurice Tourneux, *Les Manuscrits de Diderot conservés en Russie* (reprint: Genève 1967), p.39.

7. Par exemple, sur un FI, f.176*v*, la marque au crayon rouge permet de distinguer la fin d'une pensée détachée de Diderot d'avec un passage tiré du *Voyage à la Martinique* (Paris 1763) de J.-B. Thibault de Chanvalon.

de Diderot), Vandeul n'a pas suivi les indications qu'on lui avait laissées;

2. Si la marque a été tracée par Vandeul lui-même, il faut constater qu'en passant d'une phase de son travail à l'autre, il a changé de critères.

Les corrections à la plume de Vandeul: Passons maintenant aux corrections et plus généralement à tout le travail que Vandeul a fait à la plume (marques muettes, signes, passages ajoutés, etc.) sur les FI.

Nous ne connaissons les critères adoptés par M. de Vandeul que par les résultats de son travail. Cela devrait en général suffire. Mais juger sur les résultats ne nous permet pas toujours de voir clairement les choix qu'il a faits et surtout ne nous permet pas d'éclaircir d'une manière satisfaisante tous les doutes que l'étude des matériaux suscite.

En analysant le travail de Vandeul et notamment ses corrections, on aperçoit les difficultés qu'il a rencontrées dans la distribution des matériaux et dans l'agencement des fragments: a. On note tout d'abord des hésitations de Vandeul sur la destination des fragments, par exemple sur leur affectation aux PD ou aux *Observations sur le Nakaz*;[8] b. On trouve dans les FI des corrections qui témoignent d'un certain nombre de *repentirs* de Vandeul concernant l'agencement des fragments. Il s'agit, il faut le remarquer, de repentirs assez importants qui portent non seulement sur l'arrangement des fragments à l'intérieur d'un chapitre, mais aussi sur l'inclusion de certains fragments dans un chapitre ou un autre des PD;[9] c. Nous constatons enfin la mise en œuvre par Vandeul de 'parcours' doubles, où les mêmes fragments sont agencés de deux manières différentes. C'est le cas de certains chapitres des PD et des Mél., qui sont constitués des mêmes fragments. De tels faits nous amènent à examiner de plus près les rapports entre le manuscrit des PD et celui des Mél.

Mais avant d'aborder cette question, il faut s'arrêter un instant sur les caractères généraux de ces deux manuscrits, afin d'établir comment Vandeul a travaillé à leur constitution et compléter ainsi le tableau des critères qu'il a suivis dans son travail de regroupement et d'arrangement des fragments.

Les manuscrits des PD et des Mél. Commençons par les PD:

a. Tout d'abord s'impose l'impression que l'arrangement des fragments et des passages tirés de l'HDDI repose sur le projet de constituer un texte suivi.

8. Voir par exemple les corrections successives sur FI, f.46*r*.

9. On pourrait donner plusieurs exemples à ce propos. Il suffit ici de signaler le cas de la pensée détachée des f.259*v*-260*r* recopiée dans le chapitre 6, section 'Colonies françaises', des PD. Comme il ressort des corrections qu'on lit sur FI, f.260*r*, on avait originairement envisagé de recopier, à la suite de ce fragment, une pensée détachée qui se trouve actuellement dans le chapitre 3 des PD. De cette dernière pensée, nous n'avons pas le feuillet imprimé conservé parmi les FI.

A partir du texte des contributions de Diderot à l'ouvrage de Raynal, on a voulu constituer un texte autonome, un *autre* texte, qui développe des sujets liés entre eux. Peut-on établir quel principe M. de Vandeul a suivi dans l'organisation du manuscrit? Nous n'avons pas d'éléments sûrs pour nous prononcer là-dessus. On ne peut qu'émettre une hypothèse.

Le manuscrit des PD, tel qu'il figure dans le volume 24939 des n.a.fr., comprend non seulement la partie constituée des fragments de l'HDDI, mais aussi une partie pédagogique, constituée de pensées détachées sur l'éducation que Diderot écrivit en différentes occasions. Cette juxtaposition d'une partie historique et politique, et d'une partie pédagogique est intéressante. On la retrouve en effet dans un manuscrit publié pour la première fois par H. Dieckmann[10] sous le titre de *Les Parents et l'éducation*:[11] c'est l'esquisse d'un ouvrage de pédagogie et de morale que Diderot envisageait d'écrire. Dans la partie relative aux gouvernements (INV, 207), on trouve annotés et marqués des titres de chapitres ou des sujets à développer. Parmi ces titres ou ces 'réclames' (c'est ainsi que Diderot appelle les notes de cette espèce), tout à fait significative est la présence de thèmes que Diderot développe dans sa collaboration à l'HDDI. Il ne semble donc pas déplacé de penser que Diderot a conçu, à un moment donné, l'idée de réaliser en partie ce projet de traité et que le travail d'arrangement de ses contributions à l'HDDI l'a amené à regrouper, autour de certains thèmes directeurs, beaucoup de fragments tirés de l'ouvrage de Raynal.

Le manuscrit de *Les Parents et l'éducation* ne nous présente qu'une idée à l'état embryonnaire. Mais, étant donné que les projets du philosophe ont généralement connu un lent mûrissement, elle reste significative. Elle pourrait bien avoir donné lieu à un plan plus détaillé de regroupements thématiques mis à profit par M. de Vandeul.[12]

10. Voir INV, 185ss.

11. Comme le remarque H. Dieckmann, ce titre 'ne convient qu'à la première partie' du manuscrit. Dans la copie conservée dans le volume 13764 des n.a.fr., f.14*r* (INV, 80), Vandeul a donné au manuscrit le titre de *Projet d'un traité*.

12. Un autre élément peut contribuer à expliquer les raisons qui ont poussé Diderot à rassembler ses contributions à l'HDDI: ce sont les deux recueils anthologiques de l'ouvrage de Raynal qui parurent en 1782, *Esprit et génie de M. l'abbé Reynal* [*sic*] (Genève 1782), in-8°, et *Esprit de Guillaume-Thomas Raynal* (Londres 1782), 2 vol. in-12; voir A. Feugère, *Bibliographie critique de l'abbé Raynal* (Angoulême 1922), p.49, no 69 et no 71. Si l'on examine ces ouvrages, on constate que les différents chapitres sont constitués de passages de l'HDDI agencés de manière à former un texte suivi. Pourquoi ne pas supposer que de tels recueils ont pu donner à Diderot l'idée de former des textes suivis en assemblant ses contributions à l'HDDI? D'autant plus que dans la plus grande partie des chapitres de ces recueils les passages employés étaient des contributions de Diderot à l'ouvrage de Raynal. Il s'agit là, cependant, d'une simple et pure hypothèse qu'aucun élément objectif ne permet de confirmer.

b. Deuxième aspect à retenir de l'organisation générale du manuscrit des PD: le découpage des morceaux de l'HDDI semble viser non à reprendre intégralement les passages écrits par Diderot, mais seulement à retenir les passages qui peuvent s'adapter au contexte dans lequel ils doivent figurer. Le découpage est fait en fonction du texte nouveau à construire. Le fait ressort clairement si l'on considère la manière dont sont utilisés des passages qui sont sûrement de Diderot. Considérons un instant les *Fragments politiques* que le philosophe écrivit pour l'abbé Raynal en 1772. Ils sont utilisés dans l'HDDI avec des modifications parfois assez considérables. Or, ils sont repris dans les PD, tels qu'ils paraissent dans la troisième édition de l'ouvrage. Ce qui doit nous surprendre et aussi nous intriguer, ce n'est pas que le texte des *Fragments politiques* ne soit pas donné à partir de la *Correspondance littéraire* ou de la version originale que contient le fonds Vandeul:[13] puisque le travail est fait à partir de la troisième édition de l'HDDI, il est tout à fait normal que les fragments soient transcrits d'après le livre de Raynal. Ce qui doit plutôt surprendre, c'est que le texte n'en soit repris qu'en partie: certains passages ne sont transcrits dans aucun manuscrit du fonds Vandeul. Ainsi dans le cas des PD, on n'enregistre que la reprise des seuls passages qui peuvent servir à constituer le texte suivi d'un nouvel ouvrage.

Le volume des Mél. semble confirmer cette constatation. Si on le compare aux autres manuscrits contenant des contributions à l'ouvrage de Raynal, il donne l'impression d'avoir servi à recueillir les morceaux de l'HDDI qui restaient après leur constitution. Les morceaux des Mél. sont en effet autonomes et consacrés à des sujets précis: par leur étendue ils se prêtaient mal à être utilisés dans des contextes préétablis. Le manuscrit rassemble des morceaux qui ne pouvaient être utilisés pour constituer des textes nouveaux (comme dans le cas des PD) ou pour bourrer d'autres textes (comme dans le cas des *Observations sur le Nakaz*). Mais il faut aussi remarquer qu'il ne rassemble pas tout ce qui restait, tous les morceaux qui ne pouvaient être utilisés dans des contextes préétablis: ainsi Vandeul n'y a pas inséré le morceau sur la *Philosophie des Brames* compris dans les FI. D'autre part le manuscrit recueille des morceaux qui n'ont pas été tirés de l'HDDI. Il a donc bien le caractère d'un volume de mélanges, c'est-à-dire d'une série de morceaux autonomes sur des sujets assez disparates.

Ce qui frappe surtout dans ce manuscrit des Mél., c'est que sa seconde partie est constituée de fragments de l'HDDI qui sont également utilisés dans les PD. Cependant l'agencement des fragments est différent dans les deux manuscrits: comme nous l'avons dit plus haut, ce sont deux parcours différents mis en

13. Voir n.a.fr.24938, f.17-30.

œuvre par Vandeul. Cet aspect nous amène à étudier de plus près les relations entre les deux manuscrits et surtout les rapports chronologiques qu'il faut établir entre eux. C'est là un point capital.

Rapports chronologiques entre PD et Mél.: Ce sont les FI qui nous permettent d'étudier les rapports chronologiques entre les PD et les Mél. Les parties communes de ces deux manuscrits ont été, en effet, recopiées sur les mêmes FI: dans les deux cas les feuillets imprimés ont été préparés et 'corrigés' de manière différente parce que l'ordre d'agencement des fragments n'est pas le même.

Il faut souligner que les sections communes des PD et des Mél. présentent les deux différences suivantes: a. Dans le cas des Mél., les sections ou chapitres comprennent moins de fragments: les sections sur les mêmes sujets sont plus minces que celles des PD. b. Les mêmes fragments sont agencés dans un ordre différent. Dans les FI on trouve des traces évidentes de ces deux opérations, nouvelle préparation des fragments et sélection d'une partie des fragments: 1. une partie d'une section des FI (section appelée par Mme Duchet *Fragments isolés*; FI, f.112-61) est constituée des fragments qui ont été écartés quand on a choisi ceux qui devaient constituer les sections des Mél.; 2. les FI portent des corrections qui ont été faites pour permettre l'insertion de certains passages dans le texte des Mél. C'est justement la correspondance entre la série des corrections successives des FI et les textes des PD et des Mél., qui nous permet d'identifier clairement deux états dans le travail sur les FI.

Or l'analyse des FI nous amène à constater que la seconde partie des Mél. a été recopiée sur les FI *après* les sections correspondantes des PD. Comment interpréter cette postériorité de la deuxième partie des Mél. vis-à-vis de certains chapitres des PD?

On connaît l'interprétation que Mme Duchet a donnée, dès 1960, de ce problème. Je crois que l'on peut résumer son opinion ainsi: la deuxième partie du manuscrit des Mél. est sans doute postérieure aux parties des PD qui utilisent les mêmes fragments, mais cela n'exclut pas que les deux copistes des Mél. et des PD (qui sont respectivement Michel et le copiste E, selon la classification de Vernière) ont travaillé à peu près en même temps. La postériorité d'un manuscrit (ou d'une partie d'un manuscrit) par rapport à l'autre s'explique en pensant à des phases différentes d'un *même* travail. A ce qu'il semble, selon Mme Duchet, on peut généraliser cette remarque et dire que tous les manuscrits contenant des contributions à Raynal ont été préparés et transcrits à peu près en même temps. Tous sont le résultat d'un projet unique de préparation et de transcription.

On arrive donc à supposer une tranche synchronique déterminée, à l'intérieur de laquelle se situe le travail fait par Vandeul et ses copistes. A l'intérieur de cette tranche, il y a bien sûr des écarts et des décalages temporels entre les différents manuscrits et en particulier entre les différentes parties des divers manuscrits: mais cela ne doit pas empêcher de reconnaître qu'à l'origine de tous il n'y a qu'un *seul* projet.

Cette interprétation, selon Mme Duchet, va de soi. Mais quels sont les éléments sur lesquels elle l'appuie? Il faut le reconnaître, il s'agit d'éléments assez minces. En particulier, l'élément qui la porte à penser que le travail de transcription a été fait en même temps pour les manuscrits des PD et des Mél. est vraisemblablement à interpréter d'une manière différente.

En effet, comme nous le montrons dans l'*Annexe*, la présence parmi les FI de feuillets en double (l'un imprimé, l'autre manuscrit) d'un même fragment de l'HDDI n'a pas été entraînée, comme le veut Mme Duchet, par la nécessité de garantir aux deux copistes (le copiste E et Michel) la possibilité de recopier à peu près en même temps les PD, les Mél. et les autres manuscrits contenant des contributions à l'ouvrage de Raynal. Il s'agit là d'une donnée qu'il faut plutôt interpréter comme le résultat des modalités de travail de Vandeul, c'est-à-dire de la manière dont Vandeul a travaillé à distribuer et à regrouper les FI dans les différents paquets.

Mais, à part cela, ce qui semble très mal s'expliquer en supposant l'existence d'un projet unique pour la préparation des fragments de l'HDDI, c'est la présence dans les deux manuscrits de chapitres et de sections faisant double emploi, c'est-à-dire de chapitres constitués des mêmes fragments. Comment en effet penser qu'à l'intérieur d'un projet unique de préparation par exemple des *Œuvres complètes* de Diderot, les mêmes fragments aient pu figurer deux fois, même arrangés différemment? Il semble bien difficile d'admettre l'existence d'un tel projet. Je crois qu'il faut plutôt penser que la décision d'utiliser pour la deuxième partie des Mél. des fragments déjà utilisés pour les PD a été prise quand on avait renoncé à compléter les PD. Ce manuscrit en effet, il faut le remarquer, n'a pas été achevé: il a été à un moment donné interrompu. L'analyse de la table des matières et de la partie qui recueille les pensées détachées sur l'éducation le montre clairement.

Il devient à ce point facile de supposer que la renonciation à compléter ce manuscrit et donc à l'insérer à un moment donné dans le plan des *Œuvres* du philosophe (dans le fonds Vandeul il ne figurait pas parmi les volumes reliés) a poussé Vandeul à en utiliser les fragments pour d'autres manuscrits.[14]

14. Qu'il y ait eu démembrement et nouvel assemblage des fragments utilisés pour les PD semble aussi prouvé par la *Table des matières* du manuscrit des *Mélanges*, vol.13782 des n.a.fr. Ce manuscrit, transcrit par Michel, n'a pas été complété, mais de la *Table des matières* il ressort que l'on envisagea d'y insérer des morceaux qu'on peut identifier, semble-t-il, comme des fragments déjà utilisés pour

Faut-il penser que seule la deuxième partie des Mél. est le fruit d'un projet mûri après qu'on eut renoncé au manuscrit des PD? Certains éléments pourraient le faire supposer: une coupure nette entre la première et la deuxième partie (entre la section *Révolution de l'Amérique anglaise* et la section *Sur la découverte de l'Amérique par les Espagnols*) des Mél. est marquée a. par un nouvel 'envoi' au copiste Michel des feuillets imprimés à recopier;[15] b. par des éléments matériels (encre différente).[16] Mais si l'on analyse attentivement la première partie du manuscrit et surtout, bien sûr, les FI qui ont servi à la recopier, je crois que l'on arrive à des conclusions contraires. Dans le paquet des FI, intitulé *Sur le gouvernement ecclésiastique* (qui a servi à recopier la section des Mél. portant le même titre), on trouve des 'corrections' que Vandeul a biffées dans un second moment. Je suis parvenu à les déchiffrer à l'aide du microfilm. Il s'agit des *incipit* de quelques fragments que l'on trouve transcrits dans le chapitre 1 des PD[17] (pour ces fragments, nous n'avons pas les feuillets imprimés correspondants parmi les FI). Comment interpréter ces renvois, tout à fait semblables à ceux que Vandeul emploie couramment? L'unique interprétation possible est qu'il a envisagé, à un moment donné, d'insérer dans le long passage sur le gouvernement ecclésiastique tiré du chapitre 2 du livre XIX des fragments sur la religion qui avaient été déjà transcrits dans les PD. J'ai dit 'qui avaient été déjà transcrits' parce qu'il semble sûr que Vandeul a envisagé ces interpolations *après* la transcription du manuscrit des PD, et non *avant*. Ce qui semble le prouver, c'est la correction apportée au titre primitif qu'on lit sur la 'chemise' du paquet des FI (f.62): *Sur la religion et le gouvernement ecclésiastique* corrigé en: *Sur le gouvernement ecclésiastique*. La première partie du titre primitif (*Sur la religion*) correspondait au contenu des fragments qui sont transcrits également dans le chapitre 1 des PD et que Vandeul avait envisagé, à un moment donné, d'insérer dans le long morceau sur le *gouvernement ecclésiastique*. Or, si l'on

les PD: par exemple, la section intitulée *Des beaux-arts et belles-lettres* (voir INV, 112) devait peut-être reprendre des fragments du chapitre des PD portant le même titre.

15. Voir FI, f.233. Ce que Vandeul a écrit sur ce feuillet de garde ('M. Michel est prié de copier ce paragraphe à la suitte des melanges que je lui ai envoïé') permet de dire que le paquet contenant les feuillets de la section *Sur la découverte de l'Amérique par les Espagnols* a été envoyé (ou passé) à Michel quelque temps après les paquets des sections précédentes. Même si l'on pense que les paquets ont été envoyés (ou passés) à Michel à plusieurs reprises, il est évident que l'envoi en question est fortement souligné par ce qu'on lit sur le f.233.

16. Dans le volume des Mél. on constate une nette différence en ce qui concerne l'encre employée par Michel quand on passe de la section *Révolution de l'Amérique anglaise* à celle *Sur la découverte de l'Amérique par les Espagnols* (voir Mél., p.239).

17. Sur un FI, f.69*v*, on lit en marge: *L'inquisition établie d'abord p.326*; sur le f.70*v*: *les écrivains p.9* et *la superstition p.346*; sur le f.72*v*: *Rien de plus absurde que l'autorité des moines en Amérique. Ils y sont p.377*. Il s'agit de renvois à des pensées transcrites dans le chapitre 1 des PD. Sur le f.67*v* il y a aussi un renvoi (*De tous les systèmes religieux p.142*) à une pensée du chapitre 3 des PD.

considère que Vandeul a corrigé dans le manuscrit des PD le titre du chapitre 1 'De la superstition' en 'De la religion', on parvient à la conclusion vraisemblable que le titre primitif du f.62 des FI a été écrit par Vandeul *après* la correction du titre du chapitre 1 des PD, c'est-à-dire *après* que les fragments en question aient été transcrits dans le manuscrit des PD.

En bref, quelle conclusion tirer? L'ensemble du manuscrit des Mél. a été préparé alors qu'on avait renoncé à achever celui des PD. Les Mél. sont le fruit d'un nouveau projet d'arrangement des fragments ou d'une partie des fragments tirés de l'HDDI, qui est venu à se substituer à celui des PD. L'autre conclusion, c'est évidemment que la tranche synchronique à laquelle appartiennent les PD est à séparer de la tranche synchronique à laquelle appartiennent les Mél.

Les conclusions auxquelles nous sommes parvenus au terme de notre analyse semblent trouver une confirmation dans les conclusions générales auxquelles P. Vernière arrivait en 1966 dans son étude sur les manuscrits de Diderot: il distinguait nettement l'ère du copiste Michel (le copiste des Mél.) des ères précédentes. L'ère Michel est à placer *après* la mort de Diderot: elle est tout entière sous la responsabilité des Vandeul.[18] Malheureusement, dans ses analyses, P. Vernière n'a pris qu'indirectement en considération certains manuscrits contenant des contributions à l'HDDI. Il est donc tout à fait naturel de vérifier par l'analyse interne son interprétation. L'analyse interne, de toute façon, ne peut résoudre tous les doutes. Il faudrait peut-être pour cela appliquer à nos manuscrits d'autres méthodes, par exemple étudier attentivement le papier employé par les copistes.

Encore une remarque pour terminer: les problèmes posés par l'intervention de Vandeul dans la constitution de plusieurs manuscrits du fonds Vandeul sont loin d'être résolus. Seuls peut-être les échanges d'informations entre les collaborateurs de l'édition des *Œuvres complètes* pourraient faire avancer la recherche sur ce point.

Annexe: feuillets en double dans les FI

La présence parmi les FI de feuillets manuscrits (l'écriture est celle de Vandeul) qui font double emploi avec des feuillets imprimés (ils contiennent des pages de texte qui sont aussi dans les feuillets imprimés) a fait émettre à Mme Duchet l'hypothèse que les manuscrits des PD [*Pensées detachées*] et des Mél. [*Mélanges*] ont été copiés en même temps. C'est l'impossibilité d'employer simultanément

18. Voir Paul Vernière, *Diderot, ses manuscrits et ses copistes: essai d'introduction à une édition moderne de ses œuvres* (Paris 1967), p.48-49.

à des ouvrages différents les mêmes feuillets imprimés qui aurait poussé M. de Vandeul à recopier certaines pages.

Il faut discuter un instant cette hypothèse.

Tout d'abord, il est évident qu'on ne peut entendre d'une manière absolue cette simultanéité des deux entreprises de copie. En effet, deux copistes seulement ont travaillé à la transcription des FI, Michel et le copiste E. Il est évident qu'ils n'ont pu recopier *en même temps* toute la série des manuscrits contenant des contributions à l'HDDI. D'ailleurs, dans le cas des rapports entre PD et Mél., c'est Mme Duchet elle-même qui constate une certaine postériorité des Mél. (ou d'une partie des Mél.) par rapport aux PD: autrement on ne pourrait expliquer le fait que des FI, déjà employés pour la transcription des PD, ont été réemployés pour recopier aussi les Mél.

En second lieu, pour donner une explication complète de la présence des feuillets manuscrits qui font double emploi avec des feuillets imprimés, il faut considérer non seulement un cas, comme le fait Mme Duchet,[19] mais l'ensemble des cas à la fois de feuillets en double et de transcriptions sur des feuillets imprimés de passages considérables qui font double emploi avec des pages imprimées. Or, si l'on considère les manuscrits principaux, PD, Mél. et les deux manuscrits des *Observations sur le Nakaz* contenant des fragments de l'HDDI, on obtient à peu près le tableau suivant de feuillets en double dont l'origine pourrait s'expliquer à la lumière de la volonté de résoudre des cas d'incompatibilités particulièrement significatives:

1)	f.78 / f.128	Mél.	PD
2)	f.83 / f.151	Mél.	Nakaz
3)	f.46 / f.47	Nakaz	PD

La première incompatibilité concernerait les f.78 et 128.

La deuxième incompatibilité concernerait les f.83 et 151.

La troisième incompatibilité concernerait les f.46 et 47.

En présence d'un semblable tableau d'incompatibilités, il est évident que si Vandeul avait été poussé à recopier des pages dont il avait le feuillet imprimé par des incompatibilités temporelles qui surgissaient dans le travail des copistes, il faudrait obtenir, pour *toutes les séries simultanées*, des moments dans lesquels les deux copistes, Michel et le copiste E, travaillent en même temps.

19. Michèle Duchet, 'Diderot collaborateur de Raynal: à propos des *Fragments imprimés* du fonds Vandeul', *RHLF* 60 (1960), p.536: 'la présence dans les "Fragments isolés" d'une page manuscrite [c'est-à-dire, f.128], dont l'original se trouve dans un paquet destiné aux "Mélanges" [c'est-à-dire, f.78] contredit cette impression [que la copie des PD soit antérieure à celle des Mél.]; les deux copistes ont dû, à un moment donné, travailler en même temps'. Voir aussi dans le même article la remarque I à la p.548. Comparer, enfin, M. Duchet, *Diderot et l'Histoire des deux Indes'*, p.26, 150.

Il n'est pas difficile de comprendre qu'il s'agit d'une chose impossible. En distribuant dans les cases du tableau ci-dessous les sigles des deux copistes (M = Michel; E = copiste E), on obtient les résultats suivants:[20]

i)

t_1	M	E
t_2		E
t_3	M	

ii)

t_1	M	E
t_2		M
t_3	E	

iii)

t_1		E
t_2	M	E
t_3	M	

iv)

t_1	M	
t_2		E
t_3	M	E

Dans le tableau i), on constate qu'en t_1 Michel et le copiste E ont recopié respectivement les Mél. et les PD, qu'en t_2 le copiste E a recopié le manuscrit des *Observations sur le Nakaz* du vol.13766 et qu'en t_3 Michel a recopié la copie des *Observations sur le Nakaz* contenue dans le vol.24939. Le tableau ii) présente une variante de détail: tandis qu'en t_2 c'est le copiste Michel qui a transcrit sa copie des *Observations*, en t_3 c'est le copiste E qui a transcrit sa copie du même ouvrage. Dans le tableau iii), on constate qu'en t_1 le copiste E a transcrit les PD, qu'en t_2 Michel a recopié les Mél. et le copiste E sa copie des *Observations* et qu'enfin en t_3 Michel a transcrit sa copie des *Observations*. Dans le tableau iv), on constate qu'en t_1 Michel a transcrit les Mél., qu'en t_2 le copiste E a

20. Pour bien comprendre les tableaux, il faut d'abord rappeler que le copiste Michel a recopié le volume des Mél. et la copie des *Observations sur le Nakaz* contenue dans le vol.24939 des n.a.fr., tandis que le copiste E a recopié le manuscrit des PD et la copie des *Observations sur le Nakaz* du vol.13766. Comme on le sait, les deux copies que l'on vient de mentionner des *Observations* ont été recopiées sur les mêmes FI. Deuxièmement il faut remarquer que les indications temporelles: t_1, t_2, t_3 sont approximatives. Pour prendre en considération toutes les possibilités temporelles il faudrait compliquer un peu le jeu des possibilités.

transcrit sa copie des *Observations* et qu'enfin en t_3 Michel a transcrit sa copie des *Observations* et le copiste E les PD.

Les résultats sont clairs. Dans les cas i) et ii), l'incompatibilité n'existe qu'entre Mél. et PD: mais pourquoi Vandeul n'a-t-il pas résolu dans ce cas l'incompatibilité de la même manière que dans le cas d'autres pages des Mél. récopiées sur des FI déjà utilisés pour les PD (c'est-à-dire pour les pages des chapitres de la deuxième partie des Mél., qui utilisent des fragments déjà utilisés pour les PD)? Pourquoi n'a-t-il pas utilisé deux fois les mêmes FI?

En deuxième lieu, pourquoi recopier des pages que les copistes n'ont pas recopiées en même temps, comme celles des Mél. et des *Observations sur le Nakaz* (deuxième incompatibilité) et celles des *Observations sur le Nakaz* et les PD (troisième incompatibilité)?

Dans le cas iii), l'incompatibilité entre les Mél. et les *Observations sur le Nakaz* n'aurait pas dû entraîner l'incompatibilité entre les Mél. et les PD et entre les *Observations sur le Nakaz* et les PD.

Dans le cas iv), l'incompatibilité entre les *Observations sur le Nakaz* et les PD n'aurait pas dû entraîner l'incompatibilité entre les Mél. et les PD et entre les Mél. et les *Observations sur le Nakaz*.

Quelle conclusion tirer de ces remarques? Ce que nous avons dit sur l'existence des feuillets en double (imprimés et manuscrits) semble montrer que Vandeul n'a pas transcrit certaines pages, pour lesquelles il disposait d'un feuillet imprimé, pour permettre aux deux copistes de travailler en même temps. Il faut plutôt expliquer la présence de ces feuillets en double en pensant à des modalités du travail de Vandeul. Dans la phase de distribution des FI dans les différents paquets, avant même l'envoi ou la remise aux copistes pour la transcription, Vandeul pourrait bien avoir eu recours à la transcription de certaines pages pour de simples raisons d'ordre: la composition de chaque paquet de FI était ainsi plus claire et n'entraînait pas de recoupements avec d'autres paquets.

Index

Ces index, établis avec le concours d'Annette Lorenceau, ont des finalités essentiellement pratiques. Le premier donne les titres des œuvres de Diderot sous leur forme courante et souvent abrégée: ainsi les textes critiques sont généralement désignés par le titre de l'œuvre à laquelle ils se rapportent. Les références à la Correspondance, aux éditions A.T., Club français du livre et DPV n'ont pas été relevées. Nous donnons à part les références aux éditions collectives parues avant 1800.

L'index des noms de personnes et titres rassemble sous une forme sommaire les références bibliographiques contenues dans le recueil. Les références aux recueils et actes de colloques sont données sous chacune des études citées, mais il a parfois été fait une entrée au titre, voire au nom de l'éditeur. Les ouvrages russes sont désignés par un titre traduit suivi du titre russe abrégé. Les 150 noms russes qui font l'objet de notices classées alphabétiquement (p.319-40) n'ont pas été repris dans l'index, à l'exception de ceux qui figurent dans le corps de ces notices. Les copistes anonymes sont désignés selon la nomenclature proposée par P. Vernière, complétée sur un point (copiste H[1]).

Titres d'œuvres de Diderot

Editions collectives des *Œuvres* de Diderot antérieures à 1800

Noms de personnes, ouvrages et articles cités